大学赤本シリーズ

222

青山学院大学

全学部日程

教学社

は　し　が　き

おかげさまで，大学入試の「赤本」は，今年で創刊 70 周年を迎えました。

これまで，入試問題や資料をご提供いただいた大学関係者各位，掲載許可をいただいた著作権者の皆様，各科目の解答や対策の執筆にあたられた先生方，そして，赤本を使用してくださったすべての読者の皆様に，厚く御礼を申し上げます。

以下に，創刊初期の「赤本」のはしがきを引用します。これからも引き続き，受験生の目標の達成や，夢の実現を応援してまいります。

本書を活用して，入試本番では持てる力を存分に発揮されることを心より願っています。

編者しるす

＊　＊　＊

学問の塔にあこがれのまなざしをもって，それぞれの志望する大学の門をたたかんとしている受験生諸君！　人間として生まれてきた私たちは，自己の欲するままに，美しく，強く，そして何よりも人間らしく生きることをねがっている。しかし，一朝一夕にして，この純粋なのぞみが達せられることはない。私たちの行く手には，絶えずさまざまな試練がまちかまえている。この試練を克服していくところに，私たちのねがう真に人間的な世界がはじめて開かれてくるのである。

人生最初の最大の試練として，諸君の眼前に大学入試がある。この大学入試は，精神的にも身体的にも，大きな苦痛を感ぜしめるであろう。あるスポーツに熟達するには，たゆみなき，はげしい練習を積み重ねることが必要であるように，私たちは，計画的・持続的な努力を払うことによって，この試練を克服し，次の一歩を踏みだすことができる。厳しい試練を経たのちに，はじめて満足すべき成果を獲得できるのである。

本書は最近の入学試験の問題に，それぞれ解答を付し，さらに問題をふかく分析することによって，その大学独特の傾向や対策をさぐろうとした。本書を一般の参考書とあわせて使用し，まとはずれのない，効果的な受験勉強をされるよう期待したい。

（昭和 35 年版「赤本」はしがきより）

挑む人の、いちばんの味方

1954 年に大学入試の過去問題集を刊行してから 70 年。赤本は大学に入りたいと思う受験生を応援しつづけてきました。これからも，苦しいとき落ち込むときにそばで支える存在でいたいと思います。

そして，勉強をすること，自分で道を決めること，努力が実ること，これらの喜びを読者の皆さんが感じることができるよう，伴走をつづけます。

そもそも赤本とは…

受験生のための大学入試の過去問題集！

70年の歴史を誇る赤本は，500点を超える刊行点数で全都道府県の370大学以上を網羅しており，過去問の代名詞として受験生の必須アイテムとなっています。

なぜ受験に過去問が必要なのか？

大学入試は大学によって問題形式や頻出分野が大きく異なるからです。

赤本の掲載内容

傾向と対策

これまでの出題内容から，問題の「**傾向**」を分析し，来年度の入試に向けて具体的な「**対策**」の方法を紹介しています。

問題編・解答編

- 年度ごとに問題とその解答を掲載しています。
- 「**問題編**」ではその年度の試験概要を確認したうえで，実際に出題された過去問に取り組むことができます。
- 「**解答編**」には高校・予備校の先生方による解答が載っています。

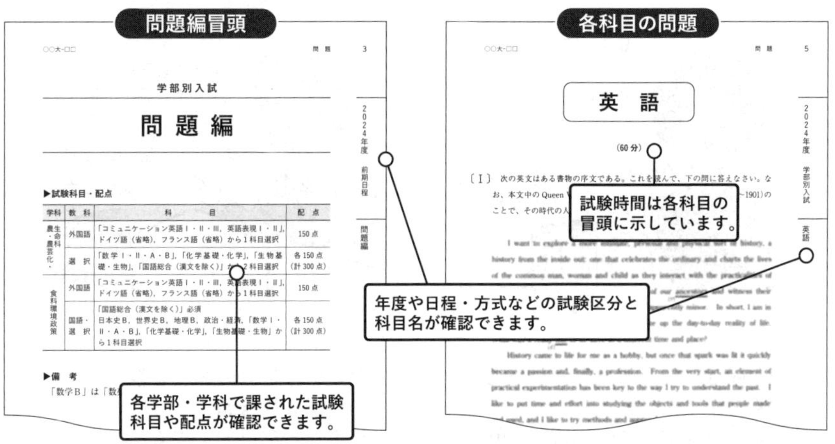

他にも，大学の基本情報や，先輩受験生の合格体験記，在学生からのメッセージなどが載っていることがあります。

掲載内容について

著作権上の理由やその他編集上の都合により問題や解答の一部を割愛している場合があります。
なお，指定校推薦入試，社会人入試，編入学試験，帰国生入試などの特別入試，英語以外の外国語科目，商業・工業科目は，原則として掲載しておりません。また試験科目は変更される場合がありますので，あらかじめご了承ください。

受験勉強は

過去問に始まり，

STEP 1

なにはともあれ

まずは解いてみる

過去問は，**できるだけ早いうちに解く**のがオススメ！
実際に解くことで，**出題の傾向，問題のレベル，今の自分の実力**がつかめます。

STEP 2

じっくり具体的に

弱点を分析する

間違いは自分の弱点を教えてくれる**貴重な情報源。**
弱点から自己分析することで，**今の自分に足りない力や苦手な分野**が見えてくるはず！

合格者があかす赤本の使い方

傾向と対策を熟読
（Fさん／国立大合格）

大学の出題傾向を調べるために，赤本に載っている「傾向と対策」を熟読しました。

繰り返し解く
（Tさん／国立大合格）

１周目は問題のレベル確認，２周目は苦手や頻出分野の確認に，３周目は合格点を目指して，と過去問は繰り返し解くことが大切です。

赤本の使い方 解説

過去問に終わる。

STEP 3

志望校にあわせて

苦手分野の重点対策

明日からはみんなで頑張るよ！
参考書も！ 問題集も！
よろしくね！

参考書や問題集を活用して，苦手分野の**重点対策**をしていきます。**過去問を指針**に，合格へ向けた具体的な学習計画を立てましょう！

STEP 1 ▶ 2 ▶ 3

サイクルが大事!

実践を繰り返す

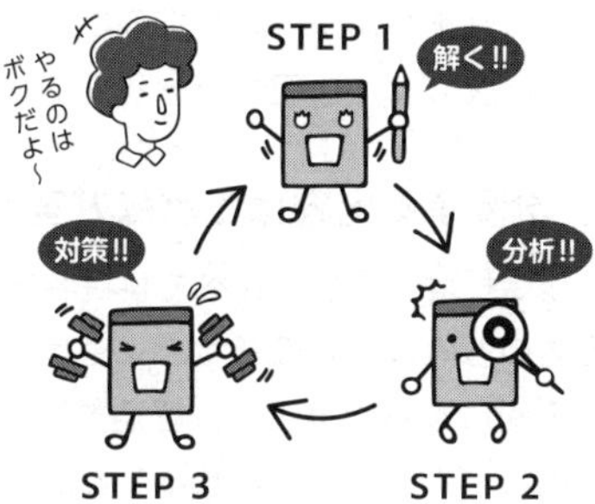

STEP 1〜3を繰り返し，実力アップにつなげましょう！
出題形式に慣れることや，**時間配分を考えること**も大切です。

目標点を決める
(Yさん／私立大合格)
赤本によっては合格者最低点が載っているので，それを見て目標点を決めるのもよいです。

時間配分を確認
(Kさん／私立大学合格)
赤本は時間配分や解く順番を決めるために使いました。

添削してもらう
(Sさん／私立大学合格)
記述式の問題は先生に添削してもらうことで自分の弱点に気づけると思います。

新課程入試 Q&A

2022 年度から新しい学習指導要領（新課程）での授業が始まり，2025 年度の入試は，新課程に基づいて行われる最初の入試となります。ここでは，赤本での新課程入試の対策について，よくある疑問にお答えします。

Q1. 赤本は新課程入試の対策に使えますか？

A. もちろん使えます！

旧課程入試の過去問が新課程入試の対策に役に立つのか疑問に思う人もいるかもしれませんが，心配することはありません。旧課程入試の過去問が役立つのには次のような理由があります。

● 学習する内容はそれほど変わらない

新課程は旧課程と比べて科目名を中心とした変更はありますが，学習する内容そのものはそれほど大きく変わっていません。また，多くの大学で，既卒生が不利にならないよう「経過措置」がとられます（Q３参照）。したがって，出題内容が大きく変更されることは少ないとみられます。

● 大学ごとに出題の特徴がある

これまでに課程が変わったときも，各大学の出題の特徴は大きく変わらないことがほとんどでした。入試問題は各大学のアドミッション・ポリシーに沿って出題されており，過去問にはその特徴がよく表れています。過去問を研究してその大学に特有の傾向をつかめば，最適な対策をとることができます。

出題の特徴の例	・英作文問題の出題の有無 ・論述問題の出題（字数制限の有無や長さ） ・計算過程の記述の有無

新課程入試の対策も，赤本で過去問に取り組むところから始めましょう。

Q2. 赤本を使う上での注意点はありますか？

A. 志望大学の入試科目を確認しましょう。

注意

過去問を解く前に，過去の出題科目（問題編冒頭の表）と 2025 年度の募集要項とを比べて，課される内容に変更がないかを確認しましょう。ポイントは以下のとおりです。科目名が変わっていても，実際は旧課程の内容とほとんど同様のものもあります。

英語・国語	科目名は変更されているが，実質的には変更なし。 ▶▶ **ただし，リスニングや古文・漢文の有無は要確認。**
地歴	科目名が変更され，「歴史総合」「地理総合」が新設。 ▶▶ **新設科目の有無に注意。ただし，「経過措置」(Q３参照) により内容は大きく変わらないことも多い。**
公民	「現代社会」が廃止され，「公共」が新設。 ▶▶ **「公共」は実質的には「現代社会」と大きく変わらない。**
数学	科目が再編され，「数学 C」が新設。 ▶▶ **「数学」全体としての内容は大きく変わらないが，出題科目と単元の変更に注意。**
理科	科目名も学習内容も大きな変更なし。

数学については，科目名だけでなく，どの単元が含まれているかも確認が必要です。例えば，出題科目が次のように変わったとします。

旧課程	「数学Ⅰ・数学Ⅱ・数学 A・数学 B（数列・ベクトル）」
新課程	「数学Ⅰ・数学Ⅱ・数学 A・**数学 B（数列）・数学 C（ベクトル）**」

この場合，新課程では「数学C」が増えていますが，単元は「ベクトル」のみのため，実質的には旧課程とほぼ同じであり，過去問をそのまま役立てることができます。

Q3.「経過措置」とは何ですか？

A. 既卒の旧課程履修者への対応です。

多くの大学では，既卒の旧課程履修者が不利にならないように，出題において「経過措置」が実施されます。措置の有無や内容は大学によって異なるので，募集要項や大学のウェブサイトなどで確認しておきましょう。

◯旧課程履修者への経過措置の例

- 旧課程履修者にも配慮した出題を行う。
- 新・旧課程の共通の範囲から出題する。
- 新課程と旧課程の共通の内容を出題し，共通範囲のみでの出題が困難な場合は，旧課程の範囲からの問題を用意し，選択解答とする。

例えば，地歴の出題科目が次のように変わったとします。

旧課程	「日本史 B」「世界史 B」から 1 科目選択
新課程	「**歴史総合**，日本史探究」「**歴史総合**，世界史探究」から 1 科目選択※ ※旧課程履修者に不利益が生じることのないように配慮する。

「歴史総合」は新課程で新設された科目で，旧課程履修者には見慣れないものですが，上記のような経過措置がとられた場合，新課程入試でも旧課程と同様の学習内容で受験することができます。

要チェックだホン

新課程の情報は WEB もチェック！
より詳しい解説が赤本ウェブサイトで見られます。
https://akahon.net/shinkatei/

科目名が変更される教科・科目

	旧課程	新課程
国語	国語総合 国語表現 現代文A 現代文B 古典A 古典B	現代の国語 言語文化 論理国語 文学国語 国語表現 古典探究
地歴	日本史A 日本史B 世界史A 世界史B 地理A 地理B	歴史総合 日本史探究 世界史探究 地理総合 地理探究
公民	現代社会 倫理 政治・経済	公共 倫理 政治・経済
数学	数学Ⅰ 数学Ⅱ 数学Ⅲ 数学A 数学B 数学活用	数学Ⅰ 数学Ⅱ 数学Ⅲ 数学A 数学B 数学C
外国語	コミュニケーション英語基礎 コミュニケーション英語Ⅰ コミュニケーション英語Ⅱ コミュニケーション英語Ⅲ 英語表現Ⅰ 英語表現Ⅱ 英語会話	英語コミュニケーションⅠ 英語コミュニケーションⅡ 英語コミュニケーションⅢ 論理・表現Ⅰ 論理・表現Ⅱ 論理・表現Ⅲ
情報	社会と情報 情報の科学	情報Ⅰ 情報Ⅱ

目　次

2022 年度 問題と解答

●一般選抜（全学部日程）

基本情報

沿革

1874（明治 7）	ドーラ・E・スクーンメーカーが東京麻布に女子小学校を開校。のちに東京築地に移転し海岸女学校となる
1878（明治 11）	ジュリアス・ソーパーが東京築地に耕教学舎を開校。のちに東京英学校となる
1879（明治 12）	ロバート・S・マクレイが横浜山手町に美會神学校を開校
1882（明治 15）	美會神学校が東京英学校と合同
1883（明治 16）	東京英学校が東京青山に移転し東京英和学校と改称
1888（明治 21）	海岸女学校の上級生を青山に移し東京英和女学校として開校
1894（明治 27）	東京英和学校は青山学院と改称。海岸女学校が東京英和女学校と合同
1895（明治 28）	東京英和女学校は青山女学院と改称
1904（明治 37）	青山学院と青山女学院が専門学校の認可を受ける
1927（昭和 2）	青山女学院が青山学院と合同
1949（昭和 24）	新制大学として青山学院大学を開校（文・商・工の 3 学部。

	工学部は 1950 年関東学院大学に移管)
1953（昭和 28）	商学部を経済学部に改組
1959（昭和 34）	法学部を設置
1965（昭和 40）	理工学部を設置
1966（昭和 41）	経営学部を設置
1982（昭和 57）	国際政治経済学部を設置
2008（平成 20）	総合文化政策学部および社会情報学部を設置
2009（平成 21）	教育人間科学部を設置
2015（平成 27）	地球社会共生学部を設置
2019（平成 31）	コミュニティ人間科学部を設置

校章

1952 年，図案を学生から公募して決定しました。盾は「信仰を盾として」（新約聖書　エフェソの信徒への手紙 6 章 16 節）からきたもので，信仰の象徴を示しています。山形の A と G は青山と学院の頭文字。その下に，Univ.（大学）があります。盾の発案は青山学院大学校友によるもので，「中央および左右の先端は尖って高峰のごとく，側面の弧は豊かな頬を思わせるふくらみを持ち，全体が均整のとれた 4 つの弧で囲まれているようなもの」を正しい形状と定めています。

 学部・学科の構成

大　学

●文学部　青山キャンパス

英米文学科（イギリス文学・文化コース，アメリカ文学・文化コース，グローバル文学・文化コース，英語学コース，コミュニケーションコース，英語教育学コース）

フランス文学科（文学分野，語学分野，文化分野）

日本文学科（日本文学コース，日本語・日本語教育コース）

史学科（日本史コース，東洋史コース，西洋史コース，考古学コース）

比較芸術学科（美術領域，音楽領域，演劇映像領域）

●教育人間科学部　青山キャンパス

教育学科（人間形成探究コース，臨床教育・生涯発達コース，教育情報・メディアコース，幼児教育学コース，児童教育学コース）

心理学科（一般心理コース，臨床心理コース）

●経済学部　青山キャンパス

経済学科（理論・数量コース，応用経済コース，歴史・思想コース）

現代経済デザイン学科（公共コース〈パブリック・デザイン〉，地域コース〈リージョナル・デザイン〉）

●法学部　青山キャンパス

法学科

ヒューマンライツ学科

●経営学部　青山キャンパス

経営学科

マーケティング学科

●国際政治経済学部　青山キャンパス

国際政治学科（政治外交・安全保障コース，グローバル・ガバナンスコース）

国際経済学科（国際経済政策コース，国際ビジネスコース）

国際コミュニケーション学科（国際コミュニケーションコース）

●総合文化政策学部 青山キャンパス

総合文化政策学科（メディア文化分野，都市・国際文化分野，アート・デザイン分野）

●理工学部 相模原キャンパス

物理科学科

数理サイエンス学科

化学・生命科学科

電気電子工学科

機械創造工学科

経営システム工学科

情報テクノロジー学科

●社会情報学部 相模原キャンパス

社会情報学科（社会・情報コース，社会・人間コース，人間・情報コース）

●地球社会共生学部 相模原キャンパス

地球社会共生学科（メディア／空間情報領域，コラボレーション領域，経済・ビジネス領域，ソシオロジー領域）

●コミュニティ人間科学部 相模原キャンパス

コミュニティ人間科学科（子ども・若者活動支援プログラム，女性活動支援プログラム，コミュニティ活動支援プログラム，コミュニティ資源継承プログラム，コミュニティ創生計画プログラム）

（備考）コース等に分属する年次はそれぞれで異なる。

大学院

文学研究科 / 教育人間科学研究科 / 経済学研究科 / 法学研究科 / 経営学研究科 / 国際政治経済学研究科 / 総合文化政策学研究科 / 理工学研究科 / 社会情報学研究科 / 国際マネジメント研究科 / 会計プロフェッション研究科

大学所在地

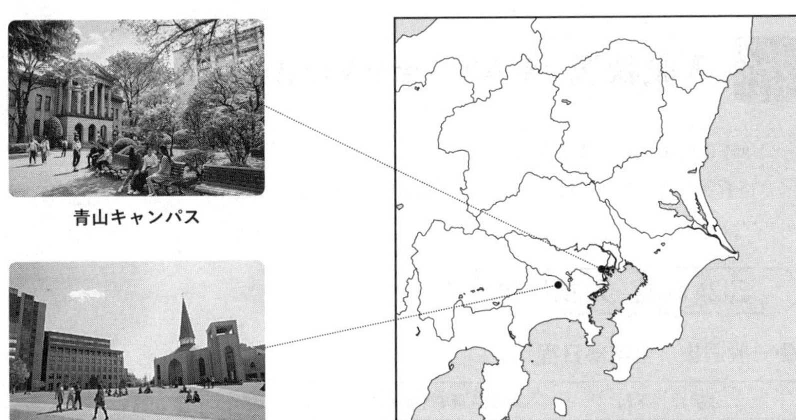

青山キャンパス

相模原キャンパス

青山キャンパス　〒150-8366　東京都渋谷区渋谷 4-4-25

相模原キャンパス　〒252-5258　神奈川県相模原市中央区淵野辺 5-10-1

入試データ

入試状況（競争率・合格最低点など）

◯競争率は受験者数÷合格者数で算出。

◯合格者数および合格最低点には補欠合格者を含む（※印で表示）。

2024年度 入試状況

●一般選抜（全学部日程）

学部・学科		募集人員	志願者数	受験者数	合格者数	競争率	合格最低点/満点
文	英米文	約5	194	189	28	6.8	260.0/350
	フランス文	約15	342	331	68	4.9	244.0/350
	日本文	約8	169	163	30	5.4	287.0/400
	史	約20	278	267	59	4.5	291.0/400
	比較芸術	約5	195	185	17	10.9	312.0/400
教育人間科	教育	約70	1,013	989	※235	4.2	243.0/350
	心理	約58	626	601	※178	3.4	243.0/350
経済	経済	約30	654	626	109	5.7	260.0/350
	現代経済デザイン	約10	119	114	16	7.1	253.0/350
法	法	約80	1,502	1,448	351	4.1	246.0/350
	ヒューマンライツ	約25	870	844	146	5.8	245.0/350
経営	経営	約25	879	841	※130	6.5	256.0/350
	マーケティング	約15	519	503	※63	8.0	256.0/350
国際政治経済	国際政治	約5	162	152	※27	5.6	275.0/350
	国際経済	約5	106	102	26	3.9	262.0/350
	国際コミュニケーション	約5	126	120	24	5.0	270.0/350
総合文化政策		約55	856	832	※172	4.8	260.0/350

（表つづく）

学部・学科		募集人員	志願者数	受験者数	合格者数	競争率	合格最低点/満点
理工	物理科	約 12	132	125	37	3.4	248.0/400
	数理サイエンス	約 6	122	117	41	2.9	225.0/400
	化学・生命科	約 13	115	104	20	5.2	262.0/400
	電気電子工	約 13	170	162	※ 50	3.2	222.0/400
	機械創造工	約 15	131	124	29	4.3	233.0/400
	経営システム工	約 10	149	138	※ 33	4.2	256.0/400
	情報テクノロジー	約 10	154	143	15	9.5	265.0/400
社会情報	A 方式	約 17	237	225	29	7.8	253.0/350
	B 方式	約 10	130	124	22	5.6	285.0/400
地球社会共生		約 45	460	448	100	4.5	242.0/350
コミュニティ人間科		約 50	634	617	※ 131	4.7	237.0/350

2023 年度　入試状況

●一般選抜（全学部日程）

学部・学科		募集人員	志願者数	受験者数	合格者数	競争率	合格最低点/満点
文	英米文	約 5	143	138	17	8.1	279.0/350
	フランス文	約 15	195	192	70	2.7	253.0/350
	日本文	約 8	180	167	30	5.6	309.0/400
	史	約 20	293	280	※ 77	3.6	304.0/400
	比較芸術	約 5	218	202	22	9.2	312.0/400
教育人間科	教育	約 70	1,147	1,117	※ 241	4.6	266.0/350
	心理	約 58	635	622	141	4.4	268.0/350
経済	経済	約 30	792	751	101	7.4	278.0/350
	現代経済デザイン	約 10	93	88	15	5.9	267.0/350
法	法	約 80	1,354	1,302	379	3.4	265.0/350
	ヒューマンライツ	約 25	287	281	112	2.5	256.0/350
経営	経営	約 25	696	664	※ 108	6.1	273.0/350
	マーケティング	約 15	517	498	※ 50	10.0	279.0/350
国際政治経済	国際政治	約 5	146	134	27	5.0	283.0/350
	国際経済	約 5	94	88	16	5.5	283.0/350
	国際コミュニケーション	約 5	124	116	17	6.8	283.0/350

（表つづく）

学部・学科		募集人員	志願者数	受験者数	合格者数	競争率	合格最低点/満点
総合文化政策		約55	758	734	※156	4.7	272.0/350
理工	物理科	約12	143	139	45	3.1	270.0/400
	数理サイエンス	約6	166	164	53	3.1	265.0/400
	化学・生命科	約13	119	112	19	5.9	286.0/400
	電気電子工	約13	136	128	※38	3.4	258.0/400
	機械創造工	約15	189	178	28	6.4	274.0/400
	経営システム工	約10	144	136	22	6.2	292.0/400
	情報テクノロジー	約10	160	148	14	10.6	296.0/400
社会情報	A方式	約17	272	259	※47	5.5	266.0/350
	B方式	約10	117	112	※26	4.3	279.0/400
地球社会共生		約45	364	348	109	3.2	256.0/350
コミュニティ人間科		約50	692	669	※164	4.1	256.0/350

2022年度 入試状況

●一般選抜（全学部日程）

学部・学科		募集人員	志願者数	受験者数	合格者数	競争率	合格最低点/満点
文	英米文	約5	285	269	15	17.9	297.0/350
	フランス文	約15	488	470	67	7.0	282.0/350
	日本文	約8	135	129	31	4.2	321.0/400
	史	約20	219	214	※66	3.2	312.0/400
	比較芸術	約5	150	150	23	6.5	323.0/400
教育人間科	教育	約70	1,013	989	※236	4.2	276.0/350
	心理	約58	705	685	129	5.3	283.0/350
経済	経済	約30	590	555	93	6.0	283.0/350
	現代経済デザイン	約10	179	170	20	8.5	283.0/350
法	法	約80	1,624	1,550	※390	4.0	280.0/350
	ヒューマンライツ	約25	742	717	※128	5.6	282.0/350
経営	経営	約25	974	932	※76	12.3	293.0/350
	マーケティング	約15	460	444	※54	8.2	292.0/350

（表つづく）

学部・学科		募集人員	志願者数	受験者数	合格者数	競争率	合格最低点/満点
国際政治経済	国際政治	約5	199	189	23	8.2	296.0/350
	国際経済	約5	129	120	16	7.5	297.0/350
	国際コミュニケーション	約5	168	161	16	10.1	297.0/350
総合文化政策		約55	948	922	※156	5.9	290.0/350
理工	物理科	約12	231	221	※71	3.1	275.0/400
	数理サイエンス	約6	155	149	※56	2.7	244.0/400
	化学・生命科	約13	136	128	28	4.6	274.0/400
	電気電子工	約13	182	165	※41	4.0	269.0/400
	機械創造工	約15	148	141	30	4.7	270.0/400
	経営システム工	約10	188	183	34	5.4	290.0/400
	情報テクノロジー	約10	188	175	19	9.2	294.0/400
社会情報	A方式	約17	239	228	※43	5.3	276.0/350
	B方式	約10	164	154	※29	5.3	300.0/400
地球社会共生		約45	440	429	※140	3.1	272.0/350
コミュニティ人間科		約50	879	845	※197	4.3	269.0/350

募集要項（出願書類）の入手方法

一般選抜および大学入学共通テスト利用入学者選抜は Web 出願です。出願に関する詳細は，11 月中旬以降に大学公式ウェブサイトに公表する入学者選抜要項で各自ご確認ください。

問い合わせ先

青山学院大学　入学広報部
〒150-8366　東京都渋谷区渋谷 4-4-25
☎ (03)3409-8627
公式ウェブサイト　https://www.aoyama.ac.jp/

青山学院大学のテレメールによる資料請求方法

スマートフォンから　QRコードからアクセスしガイダンスに従ってご請求ください。

パソコンから　教学社 赤本ウェブサイト(akahon.net)から請求できます。

気になること、聞いてみました！

在学生メッセージ

大学ってどんなところ？　大学生活ってどんな感じ？
ちょっと気になることを，在学生に聞いてみました。

以下の内容は 2020～2023 年度入学生のアンケート回答に基づくものです。ここで触れられている内容は今後変更となる場合もありますのでご注意ください。

Message from current students

メッセージを書いてくれた先輩　●青山キャンパス　：［文学部］ Y.H. さん
［法学部］ A.M. さん
［経営学部］ R.M. さん
●相模原キャンパス：［理工学部］ K.N. さん
［コミュニティ人間科学部］ H.T. さん

大学生になったと実感！

制服を着て参考書を読んでいる高校生を通学の際によく見かけます。そのときに，かつては自分もそうだったがもう制服を着ることはないのだと実感します。また，自分で授業を決めて時間割を作る履修登録が高校との大きな違いだと思います。（H.T. さん／コミュニティ人間科）

通学する洋服が自由で，化粧 OK，髪型が自由など，全体的に自由度が増しました。また，空きコマに友達とカフェに行ったり，授業終了後に自由に好きな場所に寄って帰ることができるなど，高校生のときに比べたらできることが増えたと思います。（A.M. さん／法）

自分の責任で行動しなければならないことが多く，大学生になったなと感じます。自由な時間が増えるので，自分の好きなように予定を入れることができますが，その分課題を計画的に終わらせなければならないので，勉強と自由時間をうまく調節して効率よくこなすのが大変だなと思います。(K.N. さん／理工)

大学生活に必要なもの

パソコンは必須です。大学からのお知らせを受け取ったり，オンライン授業を受けたり，レポートを提出したり，多くのことをパソコンで行います。パソコンのケースやパソコンが入るリュックも用意しました。(H.T. さん／コミュニティ人間科)

この授業がおもしろい！

第二外国語の授業です。私は韓国語の授業を選択しています。韓国語の授業を受けることで，K-POP のハングルの歌詞が読めるようになったり，韓国ドラマで聞き取れる単語が増えたり，と異国の文化をもっと楽しめるようになりました。(H.T. さん／コミュニティ人間科)

大学の学びで困ったこと＆対処法

自分で決めなければいけないことがとても多いことです。入学してすぐ，履修登録でとても苦労しました。選択肢がたくさんあり，抽選の授業などもあります。私は大学でできた友達と，気になる授業の内容，日程，評価基準などを確認して決めました。友達と一緒に協力して決めるのはよいと思います。(H.T. さん／コミュニティ人間科)

部活・サークル活動

いくつかのサークルや委員会に入っています。学部内での親交を深めるためにイベントを企画したり，ボランティア活動として大学付近のゴミ拾いをしたり，今までやったことのない新しいことに挑戦しています。(H.T. さん／コミュニティ人間科)

交友関係は？

入学式やオリエンテーションで近くにいた人に話しかけてみました。また授業が多くかぶっている人とは自然と仲良くなりました。先輩とはサークル活動を通して仲良くなりました。(H.T. さん／コミュニティ人間科)

いま「これ」を頑張っています

サークルでの活動を大学以外の人にも知ってもらうために広報活動に力を入れています。大学付近のお店に行ってインタビューをするなど，大学での活動をきっかけとして町全体を盛り上げられるように努力しています。(H.T. さん／コミュニティ人間科)

経営学部公認の学生団体に所属して，学校のために，学生のために，地域のために，様々な点に目を向けて活動しています。高校の生徒会などとは規模が圧倒的に違う場所で活動できることがおもしろくて，いま熱中してなにかができないかなと思考してます。(R.M. さん／経営)

普段の生活で気をつけていることや心掛けていること

大学の授業のない日や休日はすることがなく，家でダラダラとした生活を送ってしまいがちなので，規則正しい生活を送ることを心掛けています。特に早寝早起きを意識しています。（H.T. さん／コミュニティ人間科）

毎朝ランニングを1時間半しています。ランニングをすると目も覚めますし，課題の効率も上がるのでかなりおすすめです。体力もつきますし，免疫力も上がると思います。僕は毎朝のランニングで性格が明るくなった気もします。外見だけではなく内面をも変えてくれると思うので，おすすめです。（Y.H. さん／文）

おススメ・お気に入りスポット

相模原キャンパスにはとても広い芝生があります。授業のない時間にくつろいでいる学生もいます。天気の良い日は，芝生でピザパーティーをしたり，昼食を食べたり，お昼寝したり，とても快適です。（H.T. さん／コミュニティ人間科）

高校生のときに「これ」をやっておけばよかった

パソコンのスキルをもっと身につけておくべきでした。レポートではWord，プレゼンではPowerPointなどを使う機会が多く，今までパソコンをあまり使ってこなかった私は使い慣れるまでとても苦労しました。（H.T. さん／コミュニティ人間科）

Message from current students

入学してよかった！

今まで関わったことのないタイプの人と，たくさん関わることができることです。留学生と交流できる機会も多いので，様々な国の人と話すことができます。また，スポーツ推薦で来ている駅伝選手など，大学の名前を背負って優秀な成績を収めている人と身近に関わることができます。(H.T. さん／コミュニティ人間科)

自分の将来をしっかり考えて努力している人がとても多いところです。自分が勉強を怠けてしまっているとき，同級生の努力している姿を見ると自分も頑張らなければという気持ちにさせてもらえます。また，大学の周りにおしゃれなお店がたくさんあるところもよいです！（A.M. さん／法）

合格体験記

みごと合格を手にした先輩に，入試突破のためのカギを伺いました。
入試までの限られた時間を有効に活用するために，ぜひ役立ててください。

（注）ここでの内容は，先輩方が受験された当時のものです。2025 年度入試では当てはまらないこともありますのでご注意ください。

・アドバイスをお寄せいただいた先輩・

H.T. さん 地球社会共生学部
全学部日程 2023 年度合格，神奈川県出身

合格の最大のポイントは，自分の目標をブレさせないことです！私の場合，志望大学は高 3 の春頃に決まりました。模試での判定はいずれも E 判定でしたが，どうしても受かりたいと思い，勉強に励みました。もちろん，過去問演習や模試で思うように成果が出ないことも多くありましたが，決めた目標があったからこそ，くじけずに勉強を続けられたと思っています。志望大学などの自分の目標が目に付くところにあると目標を見失わず突き進めると思います。私は志望大学名をスマートフォンのホーム画面に設定し，いつでも見えるようにしていました。

その他の合格大学 桜美林大（ビジネスマネジメント），神奈川大（国際日本）

R.M. さん 経営学部（経営学科）
全学部日程 2020 年度合格，愛知県出身

最後まで諦めなければ，必ず成果として報われます。最後まで志望校に向かって突き進んでください。

その他の合格大学 青山学院大（経済〈センター利用〉），近畿大（経済，経営〈センター利用〉）

入試なんでも Q & A

受験生のみなさんからよく寄せられる，
入試に関する疑問・質問に答えていただきました。

Q 「赤本」の効果的な使い方を教えてください。

A 第一志望の赤本は手元にあると単純にモチベーションになりますし，倍率や合格最低点などを確認することもできます。まず 1 周目は印刷して解き，そのあとに期間を少し空けてから 2 周目を赤本に直接書き込むようにして解きました。間違えた問題は，はじめは解説を見ずに参考書を使って自力で理解するように努めました。そのあとに解説を確認し，再度自分の解き方が合っていたかを確かめました。その際に，自分の解き方が合っているかわからなかったら，先生に質問することをお勧めします。解説のやり方とは違っても合っている場合はあるし，よりよい別の方法が見つかる可能性もあると思います。 （H.T. さん／地球社会共生）

1年間のスケジュールはどのようなものでしたか？

A　4～6月は単語や漢字，古典文法などの土台を完璧にするように心がけました。7～9月の夏休み期間は，周りの受験生もだらけてしまっているような感じがしたので，「ここで負けてはいけない」と自分に言い聞かせ，各科目の基礎，そして演習に少しずつシフトするようにしていきました。10月末頃に自分なりに基礎が固まったと思い，ここから本格的に演習と過去問に取り組んでいきました。ここでは，試験時間や単元などを意識しつつ，「解説で勉強」するようにしていました。直前期は主に過去問を解き，抜けているところを随時補っていく勉強をしました。

（R.M. さん／経営）

時間をうまく使うためにしていた工夫があれば，教えてください。

A　時間を効率よく使うためにオンとオフの切り替えを意識しました。そのためには，自分が集中できる時間帯や場所を把握できるといいと思います。私は家の外でよく集中することができたので，学校や塾ではスマホ等での休憩は最小限にとどめ，家に帰ってから夕飯の間にテレビを観るなどして，学校と塾ではオン，帰宅後はオフというように自分の中で切り替えをするように意識しました。個人的には場所が変わると切り替えがうまくいくと思います。

（H.T. さん／地球社会共生）

A　まず，英単語や漢字，軽い計算などでウォーミングアップをしてから勉強に取り組みました。午前中は頭が冴えているので，数学や英語の長文読解などの重い問題から取り組むようにし，午後は英文法や復習などを行うようにしました。そして，就寝の直前は，必ずその日にやったことの復習をし，英単語を覚えるようにしました。何事も習慣にすることが大切だと思います。

（R.M. さん／経営）

Q 青山学院大学を攻略するうえで，特に重要な科目は何ですか？また，どのような勉強をしましたか？

A 「英語の青学」と言われていますが，全学部日程の英語は読解英文こそ長いものの，そこまで難しくありません。よって，１個のミスが致命傷となりうる高得点勝負となるのは必至です。そのため，英語は特に集中して，取れる問題は絶対に落とさないという気持ちで取り組みました。国語もそこまで難しくはありませんが，文学史が合否を左右することもありうるので，勉強しておくことをおすすめします。

（R.M. さん／経営）

Q 併願する大学を決めるうえで重視したことは何ですか？また，注意すべき点があれば教えてください。

A 志望順位が低い大学から最後に第１志望の大学となるよう，段階を踏むように日程を組みました。ここで気をつける点は，入学金等の振込締切日です。第１志望校に落ちた場合，併願校に入学金を振り込まなければ大学に進学できないなんてこともありうるので，注意するようにしましょう。

（R.M. さん／経営）

Q スランプに陥ったとき，どのように抜け出しましたか？

A 私は成績や判定が不調なスランプのときこそ勉強しました。志望校に合格したときのことや入学後の生活を想像し，自分の目指す大学を再確認することで，「スランプに陥ったとしても，勉強するしかない」と気持ちを奮い立たせて，自分自身を無理やりにでも前進させました。なので，目指したい大学があるならば，スランプのときこそ目標を再度確認し，大変かもしれませんが，頑張って勉強するべきだと思います！

（H.T. さん／地球社会共生）

試験当日の試験場の雰囲気はどのようなものでしたか？
緊張のほぐし方，交通事情，注意点等があれば教えてください。

A　やはり当日は，周りの受験生が自分よりも賢そうに見えてしまいます。しかし，ここで萎縮していては，試験に集中することができず，最高のパフォーマンスをすることもできなくなってしまうので，周りを気にせず，今までやってきたことを信じましょう。あとは，当日の現地への行き方の確認をしておくとよいです。また，当日は受験生で人があふれて，普段より到着するのに時間がかかってしまうこともありうるので，少し早めの行動を取ることをおすすめします。　(R.M. さん／経営)

受験生へアドバイスをお願いします。

A　もし判定が振るわずに悩んでいる受験生がいたら，ぜひお伝えしたいことがあります。判定に惑わされるな！ 私は高2から模試を受けてきましたが，第一志望大学において一度もE判定以外の判定を受けたことはありませんでした。学校や塾の先生方からはE判定から合格する受験生もいると何度も言われてきました。その言葉を信じ，模試では判定よりも偏差値や順位を確認するようにしました。結果，E判定から合格することができました。なので，模試で思うような判定が出ないとしても決して心配しすぎることはありません。勉強を継続するのみです。判定に惑わされるなー！　(H.T. さん／地球社会共生)

科目別攻略アドバイス

みごと入試を突破された先輩に，独自の攻略法や
おすすめの参考書・問題集を，科目ごとに紹介していただきました。

英　語

長文は本当に長いので，内容を忘れないように 2 ～ 3 段落ごとに問題を解くことをお勧めします！　時間に配慮しつつも，正確に根拠を探しながら解くとよいと思います。　（H.T. さん／地球社会共生）

おすすめ参考書　『リンケージ英語構文 100』（旺文社）
『英単語ターゲット 1900』（旺文社）

青学の英語はやはり長文問題が中心になるので，長文を読む集中力と速読力を鍛えるために，『速読英単語』シリーズを使用しました。
（R.M. さん／経営）

おすすめ参考書　『速読英単語 上級編』（Z 会）

世界史

近代史はどの受験生も勉強時間がほかの単元と比較して少なくなりがちですが，反対に，しっかりと勉強時間が確保できると，差をつけるチャンスになると思います！　（H.T. さん／地球社会共生）

おすすめ参考書　『世界史基礎問題精講』（旺文社）
『大学入試 全レベル問題集 世界史（世界史探究）』（旺文社）
『HISTORIA［ヒストリア］世界史精選問題集』（Gakken）

数　学

青学の全学部日程の数学は比較的簡単であるので，計算ミスをしないで確実に点を取ることが鍵となります。日頃から簡単な計算でも丁寧にすることを意識すると，本番でのミスも減ると思います。（R.M. さん／経営）

おすすめ参考書　『チャート式 数学』シリーズ（数研出版）

国　語

勝負になるのは読解です！　類似したワードや言い換えに注目すると正解のヒントになると思います。本文中の語彙を大切に読解できるといいと思います！　（H.T. さん／地球社会共生）

おすすめ参考書　『現代文単語 評論・小説』（桐原書店）
『ことばはちからダ！ 現代文キーワード』（河合出版）

全学部日程の国語は一部の学科を除いて，現代文 2 題を 70 分で解くので，時間的には余裕があります。そのため，いかに論理的に思考し，解けるかで得点が変わってくるので，現代文には積極的に触れることをおすすめします。（R.M. さん／経営）

おすすめ参考書　『入試現代文へのアクセス』シリーズ（河合出版）

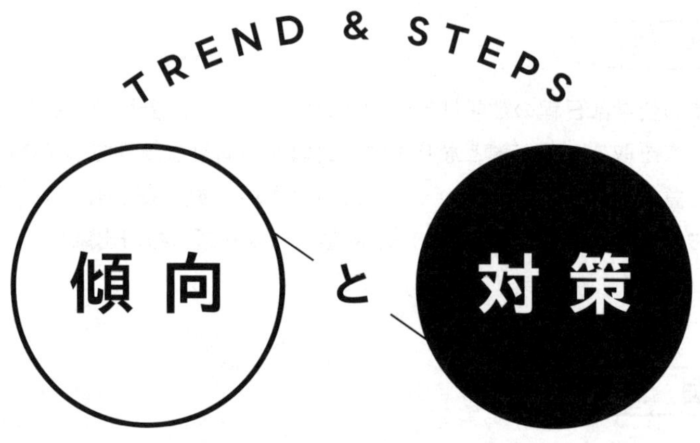

科目ごとに問題の「傾向」を分析し，具体的にどのような「対策」をすればよいか紹介しています。まずは出題内容をまとめた分析表を見て，試験の概要を把握しましょう。

注　意

「傾向と対策」で示している，出題科目・出題範囲・試験時間等については，2024年度までに実施された入試の内容に基づいています。2025年度入試の選抜方法については，各大学が発表する学生募集要項を必ずご確認ください。

英　語

年度	番号	項　目	内　容
2024 ●	〔1〕	読　　解	内容説明
	〔2〕	読　　解	空所補充
	〔3〕	文法・語彙	誤り指摘，空所補充
	〔4〕	会 話 文	内容説明
2023 ●	〔1〕	読　　解	内容説明
	〔2〕	読　　解	空所補充
	〔3〕	文法・語彙	語句整序，空所補充
	〔4〕	会 話 文	内容説明
2022 ●	〔1〕	読　　解	内容説明
	〔2〕	読　　解	空所補充
	〔3〕	文法・語彙	語句整序
	〔4〕	文法・語彙，会 話 文	空所補充，内容説明

（注）●印は全問，◑印は一部マークシート方式採用であることを表す。

読解英文の主題

年度	番号	主　題
2024	〔1〕	AI による新たな芸術
	〔2〕	ベラフォンテと公民権運動
2023	〔1〕	ロドリゲス島への誘い
	〔2〕	ウォルト＝ディズニーの功績
2022	〔1〕	南北戦争の英雄，グラント将軍
	〔2〕	気候変動がもたらす影響

読解問題と文法・語彙問題中心
標準的読解力と基礎的文法・語彙力の養成を

01 出題形式は？

例年，読解問題が２題，文法・語彙問題が２題（そのうちの１題に会話文の問題が含まれる）という構成であったが，2023 年度以降は構成に若干の変更があった。2022 年度まで〔４〕で出題されていた空所補充が〔３〕に移り，〔４〕は会話文のみの出題となった。また，2024 年度は，〔３〕の語句整序に代わって誤り指摘が出題された。全体の解答個数は例年 40 個で，全問マークシート方式による選択式である。試験時間は 80 分。

02 出題内容はどうか？

〔１〕の長文読解問題は与えられた英文を完成させる形式の内容説明，〔２〕の長文読解問題は語句による空所補充となっている。文法・語彙問題は，語句整序，短文の誤り指摘，短文の空所補充が出題されている。会話文の問題では，イディオム的表現の意味などが出題されている。

03 難易度は？

〔１〕の読解問題は英文の量が多く，読むのに多少時間がかかるかもしれないが，設問に先に目を通して，どの段落のことを問われているかがわかれば比較的容易に答えることができる。焦らず確実に解いていけばよい。文法・語彙問題は標準的なので高得点が取れる出題である。時間配分としては，〔１〕〔２〕合わせて 45～50 分，〔３〕〔４〕合わせて 20～25 分，見直しに５～10 分くらいと考えておけばよいだろう。

対策

01 読解力を高める

読解問題は標準的なレベルなので，まず高校の授業の予習・復習をしっかり行って基礎学力を身につけることが大切である。長文を読み慣れていなかったり，英文構造を正確に理解できていない場合は，『大学入試 ひと目でわかる英文読解』（教学社）などの英文解釈の参考書を使って，精読から始めよう。読解の基礎学力が身についたら，『大学入試 ぐんぐん読める英語長文』（教学社）などの長文対策用問題集で一定時間で数ページのまとまりのある英文を読むことにチャレンジしたい。その際，とりあえず時間内に内容把握を試みる。その後，辞書を引きながら知らなかった単語やイディオムを確認し，それを自前の単語帳に書き込んでいく。そして，その単語を覚えた後に，もう一度全体を読み通す。この繰り返しによって，語彙力を増強し，速読力を身につけるとよい。

02 文法・語彙力の増強

基本問題中心なので，いわゆる頻出のものをしっかり覚えればよい。頻出事項収載の問題集を使って，ひととおりの知識を確実に身につけたい。その後は過去問をできるだけこなし，自分ができなかった問題や知らなかった文法項目などはノートに書き出して，どんどん覚えていくとよい。読解の基本となる語彙・イディオムは，日頃使う教科書，問題集の英文などを読むときに，自分が知らなかったものを書き出して覚え，自分が使いやすいと思う市販の単語集でどれくらい覚えたかを折に触れチェックしておこう。

03 語句整序，誤り指摘

語句整序も誤り指摘も基本的な問題が中心であるので，文構造をしっかりと把握する力を身につけたい。語句整序に関しては，薄手のものでよいので，整序英作文の問題集を1冊仕上げておくのが望ましい。

04 会話文

出題されているのは，どちらかというと会話文独特の表現を問うというよりは，状況を把握し，心情を説明する語句や表現を選択する問題が多い。その意味では読解問題とみてよいが，イディオム的表現を問う設問もあり，口語表現をきちんと読み取れるようにしておくことが大切である。

青山学院大「英語」におすすめの参考書

Check!

✓『大学入試 ひと目でわかる英文読解』（教学社）
✓『大学入試 ぐんぐん読める英語長文』（教学社）

日本史

年度	番号	内容	形式
2024 ●	〔1〕	原始〜中世の政治・社会・文化・外交 ⊘史料	選択・正誤・配列
	〔2〕	中世〜近世の政治・経済・文化・外交	選択・正誤
	〔3〕	「近衛声明」ほか―近代の政治・文化・外交 ⊘史料	選択
2023 ●	〔1〕	原始〜中世の政治・社会・経済・文化	選択・配列・正誤
	〔2〕	近世の対外関係	選択
	〔3〕	「日韓協約」ほか―近現代の外交・政治 ⊘史料	選択
2022 ●	〔1〕	原始〜中世の政治・社会・経済	選択・配列・正誤
	〔2〕	14〜17 世紀の日朝関係史	選択
	〔3〕	近現代の文化・外交 ⊘史料・視覚資料	配列・選択

（注）●印は全問，◑印は一部マークシート方式採用であることを表す。

原始〜近現代にわたる幅広い学習が必要 基本的問題が大部分を占める

01 出題形式は？

例年，出題数は 3 題，解答個数は 50 個。全問マークシート方式による選択式である。空所補充や下線部に関する一問一答式で基本的な歴史的名辞を問う問題がほとんどであるが，そのほかに正文（誤文）を選ぶ問題や，正しい組合せを選ぶ問題，年代順の配列を問う問題も出題されている。試験時間は 60 分。

なお，2025 年度は出題科目が「日本史探究」となる予定である（本書編集時点)。

02 出題内容はどうか？

時代別では，原始から近現代まで幅広く出題されているので，不得意な時代をつくらないようにする必要がある。

分野別では，政治史・外交史・文化史・社会経済史からの出題が中心となっているが，近年は外交史の比重が大きい。政治史を中心に，偏りなく学習することが望ましい。

また，例年史料問題が出題されている。使用される史料は教科書に掲載されている基本史料から，初見と思われる史料まで幅広い。また，過去には地図などを用いた出題もみられた。図録などを活用して，歴史的地名や場所の把握にも努めておくとよい。

03 難易度は？

全体的に，基本的事項を中心とした標準的な問題がほとんどである。一部に難問もみられるが，これらの難問ばかりに気をとられることなく，教科書レベルの基本的な問題で着実に得点できるようにしておくことが重要である。本番の試験では，標準的な問題を手早く的確に解答し，残りの時間で難問に取り組むなど，時間配分を工夫したい。

対策

01 基礎的学力の徹底

基本的・標準的な内容からの出題がほとんどである。したがって，難問以外の問題は確実に得点することが重要であり，そのためには，まず教科書の精読が最も有効な学習法である。その際，図表や脚注もおろそかにせず，あわせて用語集をうまく活用して，知識の定着をはかろう。

02 時代・分野で偏りのない学習を

合格点を確保するためには，時代的にも分野的にも偏りのない知識が必要とされる。年間の学習計画をしっかりと立て，それに沿って学習を進めていくことが重要である。特に時代的には現代史，分野的には政治史・外交史・文化史・社会経済史の学習を充実させるようにしておきたい。

03 史料問題対策

受験生には初見と思われる史料も出題されており，設問内容も語句の空所補充や史料の時代背景を問うなど多岐にわたる。こうした史料問題は例年出題されており，今後も注意を要する。教科書掲載の史料は必ず目を通しておくこと。さらに，史料問題集を用いて，頻出史料についてはあらかじめ出題傾向をつかんでおくことが望ましい。

04 過去問の演習

合格に必要な知識の定着をはかるためには，問題演習を数多くこなしておくことが不可欠となる。過去問と類似した問題が反復して出題されることも考えられるので，過去問演習を通して出題形式に慣れ，出題傾向をつかんでおきたい。

世界史

年度	番号	内　容	形　式
2024 ●	〔1〕	騎馬遊牧民，中国の中央集権的専制国家体制	選　択
	〔2〕	アメリカ大陸と太平洋地域における国境線	選択・配列・正誤
	〔3〕	冷戦　⊘史料	選択・配列・正誤
2023 ●	〔1〕	チベットの歴史，中国王朝の辺境統治	選　択
	〔2〕	宗教改革とその影響　⊘史料	選択・正誤・配列
	〔3〕	帝国主義と２つの世界大戦　⊘地図・史料	選択・配列・正誤
2022 ●	〔1〕	前近代におけるヨーロッパの危機	選択・正誤
	〔2〕	20 世紀の東アジア情勢	選択・配列
	〔3〕	東西冷戦	選択・正誤・配列

（注）●印は全問，◐印は一部マークシート方式採用であることを表す。

語句選択や正文・誤文選択が中心
基礎学習をしっかりと

01　出題形式は？

例年，出題数は３題で，解答個数は 46～50 個。全問マークシート方式による選択式である。空所や下線部に関する語句（人物・地名・数字・年代など）または語句の組合せの選択，正文・誤文選択が出題されている。正文・誤文選択は，2022 年度は 15 問，2023 年度は 14 問，2024 年度は 15 問の出題であった。２つの文章の正誤を判定する正誤法のほか，年代順の配列を選ぶ配列法も出題されている。なお，2023 年度は地図問題と史料問題，2024 年度は史料問題が出題された。試験時間は 60 分。

なお，2025 年度は出題科目が「世界史探究」となる予定である（本書編集時点)。

02 出題内容はどうか？

地域別では，欧米地域から１題，アジア地域から１題，多地域を見渡すグローバルな視点からの大問が１題という傾向が基本である。2022 年度は欧米地域２題，アジア地域１題であったが，2023・2024 年度は欧米地域１題，アジア地域１題，グローバル問題１題となった。ただし，欧米地域がテーマとなっていても一部の問題でアジア地域が問われたり，また，その逆の場合もあるため，幅広い地域から問われる傾向が強いといえる。

時代別では，2022 年度は大問２題が 20 世紀，2023 年度は大問１題が７～20 世紀，もう１題が 19～20 世紀，2024 年度は１題が前３世紀～13 世紀，１題が 16～19 世紀，１題が 20 世紀に関するものであった。古代から近現代まで幅広く出題されている。

分野別では，政治史・外交史が中心となっているが，文化史・宗教史からの出題もみられ，2023 年度は〔２〕で宗教改革が大問で出題された。また，文化史は他の大問でも小問で出題されている。

03 難易度は？

一部に用語集の説明文レベルの詳細な知識を必要とする問題がみられる場合があるが，ほとんどは教科書レベルの知識で対応できるものである。正文・誤文選択や正誤の組合せも，誤りの部分がわかりやすく作問されている問題がほとんどである。ただし，配列法が複数出題されており，この点がやや難度を高めている。年度によって出題内容に変化がみられるため，時間的余裕がある場合とそうでない場合が想定される。いずれにせよ，まずは試験時間内での完答と見直しの時間を確保できるよう効率的な時間配分を心がけたい。

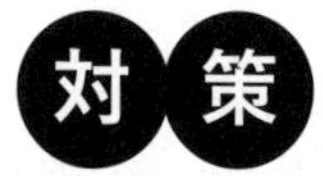

01 教科書の徹底学習

大部分は教科書レベルの基本的事項が問われている。したがって，基本的な問題を落とさないことが最重要である。そのためにも教科書の内容は確実に理解しておくことが大切で，地図や脚注，史料はもちろんのこと，写真などの視覚資料にも目を向ける必要がある。その際，空所補充問題を意識しながら，重要語句とその前後の文章のつながりに注意して読み込むようにしたい。問題集としては，『体系世界史』（教学社）をすすめる。地域ごとの「歴史の流れ」が合理的に理解できる構成になっており，各単元の理解度を確認するのに最適である。

02 用語集の活用

教科書は各社から何種類も出版されており，自分の使用している教科書には掲載されていない事項も数多くある。こうした事項を確認・理解するためにも『世界史用語集』（山川出版社）などの用語集は必ず利用したい。

03 文化史の学習

流れのある政治史・外交史と違い，文化史は単調なため学習を怠りがちである。しかし，青山学院大学では文化史からの出題も少なくない。文化史についても地道で丹念な学習を心がけなければならない。図録の写真やまとめの表などを活用して，楽しみながら身につけてほしい。

04 近現代史に注意

学校の授業では，近現代史の分野は時間的な制約から受験直前になってしまうことが多い。そのため学習量が少なく受験生の弱点となりがちである。しかし，2023 年度は約 3 分の 1，2022・2024 年度は約 3 分の 2 が近現代史であることから，この時代の解答の出来が合否を左右する可能性も十分考えられる。全学部日程ではグローバルな視点が重視される傾向があるので，戦後史まで含めて早めにまとめておいたほうがよいだろう。

05 過去問の研究

それぞれの学部・日程ごとに出題形式や内容に傾向があり，全学部日程でも 2022 年度に東西冷戦が問われ，2024 年度にも冷戦が大問で出題されている。本シリーズを活用して過去問の研究を行い，自分に不足している点を確認して対策してほしい。

政治・経済

年度	番号	内容	形式
2024 ●	〔1〕	市場機構，財政，消費者政策 ⊘グラフ	選択
	〔2〕	地方自治	選択
	〔3〕	国際連合 ⊘グラフ	選択
2023 ●	〔1〕	民主主義・憲法改正・核兵器	選択
	〔2〕	財政のしくみ	選択
	〔3〕	日本の経済格差	選択
2022 ●	〔1〕	国際政治と人権保障	選択
	〔2〕	地球環境と資源エネルギー問題	選択
	〔3〕	市場メカニズムとその限界	選択

（注）●印は全問，◐印は一部マークシート方式採用であることを表す。

選択式問題で幅広く全範囲から出題
最新の時事問題やデータにも注意！

01 出題形式は？

全問マークシート方式による選択式である。例年，大問は3題で，2022～2024年度の解答個数は50個である。問題は，リード文を読んで空所補充をしたり小問に答える形式のものが多く，ほとんどが知識問題であるが，図表やグラフから読み解く問題が出題されることもある。試験時間は60分。

02 出題内容はどうか？

2023年度までは経済分野重視で，設問のおよそ3分の2を占めていたが，2024年度は政治分野の出題がおよそ6割と逆転した。政治・経済両分野ともバランスのとれた学習を行うことが肝要である。

政治分野ではここ数年，国際政治の分野からの出題が続いている。冷戦，国際機関のしくみ，核兵器と軍縮問題など国際関係に関する対策が必要だといえよう。また2024年度は地方自治が出題された。

経済分野では，2022年度は地球環境問題や市場の失敗に関する問題，2023年度は財政や日本の経済格差に関する問題，2024年度は市場機構，財政，消費者政策に関する問題が出題された。教科書に記載されている基本事項をしっかりと理解していれば，十分に対応できるレベルである。経済分野に関する近年の出題内容の傾向からは，経済史，経済学説，市場機構，経済主体など経済の諸問題について，幅広く出題しようとする意図がうかがえる。

両分野を通じての特徴は，時事問題に関連して詳細な知識を必要とする問題が一部に出題されていることである。データ分析では，詳細な知識や応用力が必要な問題も出題されている。

03 難易度は？

多くは教科書や資料集レベルで解答可能な知識問題であるが，一部に詳細な知識や応用力が必要な問題も出題されている。その意味では，入試問題としては標準レベルをやや超えた難易度といえよう。各大問に難易度の差はあまりみられない。

対策

01 基礎的事項を確実に

一部に教科書レベルを超えた内容が出題されているが，多くの問題は教科書の内容を確実に押さえていれば解答可能なものである。したがって，まずは教科書の精読から始めたい。本文だけでなく，注やグラフにも細心の注意を払って読み進め，しっかり理解しておきたい。

02 資料集の活用を

教科書レベルを超えた知識は資料集で補おう。経済学説や経済史，政治史など，教科書には掲載されていない詳細な知識が整理されているので精読しておきたい。また，データなども多く掲載されているので，教科書を読みながら，資料集の当該部分をチェックしておこう。その際，データなどを丸暗記するのではなく，変遷をチェックしたり，解説を読んで項目をさらに深く理解したりする努力を続けたい。

03 用語集も利用しよう

ほとんどの問題が知識問題である。したがって，用語集を用意して出てきた項目や最新の項目をチェックしておくとよい。『用語集 政治・経済』（清水書院）は新しい用語も加えられているので，教科書や資料集と併用し，最後のまとめの知識整理にも活用しよう。また，余力があれば，『ニュース検定公式テキスト』シリーズ（毎日新聞出版）や『現代用語の基礎知識』（自由国民社）などの時事用語集などにも目を通しておくことをすすめる。さらに，新聞を毎日読むことも大事な受験対策である。一般に，「政治・経済」の受験対策は，社会全体の動きを自分なりに実感しながら進めることが大切であり，これは大学に入学した後も必要な姿勢であるので心しておきたい。

04 問題演習を

過年度においても同じ分野からの出題が確認できる。その意味でも，しっかり過去問演習に取り組んで準備を進めておきたい。

数　学

▶数学Ⅰ・Ⅱ・Ⅲ・A・B

年度	番号	項　目	内　容
2024 ●	〔1〕	図形と方程式	動点に対する式の最大値，アポロニウスの円
	〔2〕	確　　率	反復試行（点が移動する確率）
	〔3〕	数列の極限	合成関数の決定，漸化式と極限
	〔4〕	微・積分法	関数の最小値，接線の方程式，曲線と直線と x 軸で囲まれた図形の面積
	〔5〕	微・積分法	微分可能，曲線と x 軸で囲まれた図形の面積，回転体の体積
2023 ●	〔1〕	整数の性質	恒等式，方程式の整数解
	〔2〕	確　　率	図形上の頂点を動く点の確率，条件付き確率
	〔3〕	数　　列	和 S_n と漸化式
	〔4〕	微・積分法	極値をもつ条件，定積分
	〔5〕	積 分 法	絶対値記号を含む関数の定積分
2022 ●	〔1〕	確　　率，対数関数	さいころの確率，初めて0以外の数字が現れる小数の位
	〔2〕	三角関数	三角形の決定，角の二等分線の長さ
	〔3〕	数　　列	群数列
	〔4〕	微・積分法	定積分で表された関数の極大値，グラフの変曲点
	〔5〕	微・積分法	接線の方程式，曲線と x 軸で囲まれた図形の面積

（注）●印は全問，◑印は一部マークシート方式採用であることを表す。

▶数学Ⅰ・Ⅱ・A・B

年度	番号	項　目	内　容
2024 ●	〔1〕	対数関数	式の値，条件つき最小値（相加・相乗平均の関係利用），最大値
	〔2〕	三角関数	三角形の決定，円に内接する四角形の対角線，辺の長さ
	〔3〕	ベクトル	直線と平面の交点，交点の存在範囲，内積の最大値・最小値
	〔4〕	微・積分法	法線の方程式，放物線と法線で囲まれた図形の面積

年度	番号	項目	内容
2023 ●	〔1〕	場合の数	グループ分け
	〔2〕	対数関数	n 進法の桁数，最高位の数
	〔3〕	ベクトル	空間における条件を満たす点の座標
	〔4〕	微分法	面積の最大値
2022 ●	〔1〕	確率	文字列の確率とカードの枚数
	〔2〕	ベクトル	ベクトルの同一直線条件・垂直条件，ベクトルの大きさ
	〔3〕	積分法	絶対値を含む関数の最小値，グラフと x 軸で囲まれた部分の面積
	〔4〕	指数・対数関数，微分法	指数方程式，方程式が実数解をもつ文字定数の値の範囲

（注）●印は全問，◑印は一部マークシート方式採用であることを表す。

出題範囲の変更

2025 年度入試より，数学は新教育課程での実施となります。詳細については，大学から発表される募集要項等で必ずご確認ください（以下は本書編集時点の情報）。

	2024 年度（旧教育課程）	2025 年度（新教育課程）
理工学部	数学Ⅰ・Ⅱ・Ⅲ・A・B（数列，ベクトル）	数学Ⅰ・Ⅱ・Ⅲ・A・B（数列）・C（ベクトル，平面上の曲線と複素数平面）
社会情報学部B方式	数学Ⅰ・Ⅱ・Ⅲ・A・B（数列，ベクトル）	数学Ⅰ・Ⅱ・Ⅲ・A・B（数列）・C（ベクトル，平面上の曲線と複素数平面）
	数学Ⅰ・Ⅱ・A・B（数列，ベクトル）	数学Ⅰ・Ⅱ・A（図形の性質，場合の数と確率）・B（数列）・C（ベクトル）
その他	数学Ⅰ・Ⅱ・A・B（数列，ベクトル）	数学Ⅰ・Ⅱ・A（図形の性質，場合の数と確率）・B（数列）・C（ベクトル）

旧教育課程履修者への経過措置

2025 年度においては，旧教育課程の履修者にも配慮した出題を行う。

基本～標準レベルの問題が中心 スピードと正確な計算力を

01 出題形式は？

全問マークシート方式による空所補充形式である。理系数学と文系数学が別問題となっており（社会情報学部B方式はいずれも必須），前者が試験時間70分で5題，後者は試験時間60分で4題となっている。

02 出題内容はどうか？

例年，微・積分法を中心に，確率，ベクトル，対数関数など幅広い分野にわたって出題されている。

03 難易度は？

教科書の章末問題程度の基本的・標準的な問題が中心であり，基本事項が理解できているかが問われている。ただし，大問1題あたり15分前後で解くことを想定すると，特に理系では問題の分量に対して試験時間が十分とはいえないので，グラフなどを正確に描き，スピードと正確な計算を心がける必要がある。

対策

01 基礎学力の充実

基本～標準レベルの出題への対策として，基本的な知識・公式を丸暗記するのではなく，しっかり理解し，自分のものとして使いこなせるようにしたい。そのためには，教科書を繰り返し学習し，例題および章末問題は必ず解いておくこと。その上で，傍用問題集で基礎学力をつけ，さらに『チャート式 基礎からの数学』シリーズ（数研出版）や『Focus Gold 5th

Edition』シリーズ（啓林館）などで少し難しい問題にも当たって，さまざまな解法を学んでおこう。

02 マークシート方式対策

空所補充形式の問題では，計算ミスは致命的である。マークシート方式だからといって，計算過程を乱雑に書くことなく，あとで見直しができるよう整理して書いておくこと。日頃から注意深く計算する習慣をつけるとともに，効率のよい計算方法の習得に努めることが重要である。

青山学院大「数学」におすすめの参考書

- ✓『チャート式 基礎からの数学』シリーズ（数研出版）
- ✓『Focus Gold 5th Edition』シリーズ（啓林館）

物　理

年度	番号	項　目	内　容
2024 ●	〔1〕	力学	連結された物体の運動
	〔2〕	電磁気	誘導起電力，電流が磁場から受ける力
	〔3〕	波動	クインケ管，ヤングの実験
2023 ●	〔1〕	力学	板の上にのっている物体の運動
	〔2〕	電磁気	様々な抵抗とコンデンサーを含む電気回路
	〔3〕	波動	反射板も動く場合のドップラー効果
2022 ●	〔1〕	力学	等加速度直線運動する電車内でのおもりの運動
	〔2〕	電磁気	交流電源に接続された抵抗，コイル，コンデンサー
	〔3〕	熱力学	仕切り壁で隔てられた２気体の状態変化

（注）●印は全問，◑印は一部マークシート方式採用であることを表す。

標準レベルを中心にやや難の問題も 教科書レベル以上の学習は必須！

01　出題形式は？

出題数は３題。全問マークシート方式による選択式であり，３題とも空所補充形式である。試験時間は 60 分。解答個数は，2022 年度は 44 個，2023 年度は 38 個，2024 年度は 33 個となっている。

02　出題内容はどうか？

出題範囲は「物理基礎・物理」である。

例年，力学，電磁気から各１題出題され，残りの１題は，2022 年度は熱力学，2023・2024 年度は波動からの出題となった。

03 難易度は？

各大問の初めは基本的な問題が出題されているが，後半にかけては標準レベルか，あるいはそれ以上の難度となっていることが多い。2022 年度の〔2〕については，三角関数の合成など数学的なスキルがないと難しい出題であったが，2023・2024 年度は全て標準レベルの出題であった。難しい問題に時間をとられすぎないよう，手をつけやすい問題を見つけて，そちらを先に解くのがよいだろう。

対策

01 基本事項の徹底

教科書レベルの基本事項はしっかり押さえておくこと。公式の丸暗記ではなく，その法則の導出過程からきちんと学習し，身につけておこう。たとえ初めて見た問題設定であったとしても，物理現象をしっかり把握できる学力がついていれば必ず解けるレベルである。

02 教科書からのレベルアップを

各大問の初めの数問は基本問題であるが，それ以降はある程度の難度になる。標準レベルかそれより少し上の問題集でしっかり練習を積んでおきたい。例えば，『体系物理〔第 7 版〕』（教学社）の標準問題などを解くとよい。いずれにしても，問題中の現象をしっかりと把握しながら解く意識をもつようにしたい。

化　学

年度	番号	項　目	内　容
2024 ●	〔1〕	有　機	有機化合物の性質，油脂の構造　⊘計算
	〔2〕	無　機	アンモニアソーダ法
	〔3〕	変化・状態	気体の反応と量的関係，燃焼熱，コロイドの性質と浸透圧　⊘計算
2023 ●	〔1〕	有機・高分子	構造異性体の数，芳香族化合物の合成，セルロース　⊘計算
	〔2〕	無　機	2族元素の化合物と性質
	〔3〕	変　化	格子エネルギー，中和滴定　⊘計算
2022 ●	〔1〕	有機・高分子	有機化合物の性質，芳香族化合物の分離，アミノ酸の性質　⊘計算
	〔2〕	変　化	酸化還元反応　⊘計算
	〔3〕	状　態	メタンハイドレートの組成，蒸気圧と気体　⊘計算

（注）●印は全問，◐印は一部マークシート方式採用であることを表す。

理論，無機，有機とバランスのよい出題

01 出題形式は？

大問3題の出題で，試験時間は60分。全問マークシート方式であり，計算問題は結果のみが問われるという形式が続いている。解答個数は，2022年度は30個，2023年度は34個，2024年度は32個となっている。

02 出題内容はどうか？

出題範囲は「化学基礎・化学」である。

理論分野，有機分野，無機分野からバランスよく出題されている。理論分野では，化学結合，気体の性質，水溶液の性質，反応熱，酸・塩基，酸化還元反応，気体や固体の溶解度など広い範囲から偏りなく出題されている。有機分野は，元素分析とC，H，Oを含む化合物の推定の出題が多い。

03 難易度は？

全問マークシート方式であり内容も標準的である。2023・2024年度はやや少なかったものの，例年計算問題も多く出題されているので，60分という試験時間を考えると，かなり速く答えていかなければすべてを解くことはできないだろう。

対策

01 理　論

標準的な内容ではあるが広い範囲から出題されているため，どの分野も偏りなく学習しておく必要がある。例年，計算問題は量も多く，煩雑なので，すばやい計算力が要求される。過去問，『実戦 化学重要問題集 化学基礎・化学』（数研出版）や『チョイス 新標準問題集 化学基礎・化学』（河合出版）などの標準的な問題集を使って学習しておこう。

02 有　機

標準的な問題集の演習を通して，芳香族も含めた有機化合物の構造推定ができるようにしておこう。炭素数が5程度の脂肪族アルコールの酸化などによる生成物とそれらの検出反応（銀鏡反応やヨードホルム反応など）や，芳香族化合物ではベンゼン関連化合物の関係は図にまとめておきたい。また，元素分析の計算は必ずできるようにしておこう。さらに，タンパク質やアミノ酸，油脂や糖類，DNAやRNAといった天然高分子化合物の性質や構造についても十分に理解しておくこと。

03 無　機

無機分野は理論分野の中で問われることが多い。気体の性質や金属イオンの性質などの基本的な事項はしっかり学習しておくこと。酸についての性質が詳しく問われたこともあるので，酸・塩基や酸化剤・還元剤については詳しく学習しておこう。化学反応式も空所補充形式で出題されるので，重要な反応式は覚えておきたい。また，2024 年度はアンモニアソーダ法に関する出題もみられたので，工業化学の問題にも注意が必要である。

国 語

年度	番号	種　類	類別	内　容	出　典
2024 ●	〔1〕	現代文	評論	語意，空所補充，内容説明，書き取り，読み，内容真偽	「非有機的生」 宇野邦一
	〔2〕	現代文	評論	書き取り，内容説明，空所補充，語意，内容真偽	「民主主義とは何なのか」 長谷川三千子
	〔3〕	古　文	私家集	語意，空所補充，口語訳，書き取り，和歌解釈，文法，内容説明，内容真偽	「成尋阿闍梨母集」 成尋阿闍梨母
2023 ●	〔1〕	現代文	評論	内容説明，書き取り，空所補充，語意，内容真偽	「続 ものぐさ精神分析」 岸田秀
	〔2〕	現代文	評論	空所補充，内容説明，書き取り，語意，内容真偽	「『できなさ』から WE ターンへ」 出口康夫
	〔3〕	古　文	説話	口語訳，語意，文法，内容説明，指示内容，読み	「駿台雑話」 室鳩巣
2022 ●	〔1〕	現代文	評論	書き取り，空所補充，内容説明，四字熟語，内容真偽	「不寛容論」 森本あんり
	〔2〕	現代文	評論	四字熟語，内容説明，書き取り，語意，指示内容，読み，内容真偽	「日本語の奇跡」 山口謠司
	〔3〕	古　文	軍記物語	文法，語意，内容説明，書き取り，古典常識，空所補充，和歌解釈，口語訳，内容真偽	「源平盛衰記」

（注） ●印は全問，◐印は一部マークシート方式採用であることを表す。
文（日本文・史・比較芸術）学部は全問を，その他の学部・学科は〔1〕〔2〕を解答。

基本的な知識から本格的な読解力まで広範囲にわたる力を試す良問

01 出題形式は？

文（日本文・史・比較芸術）学部は現代文２題と古文１題の計３題，その他の学部・学科は〔３〕の古文を除いた現代文２題で，試験時間は全学部・学科とも 70 分。全問マークシート方式による選択式である。

02 出題内容はどうか？

〔１〕〔２〕の**現代文**は，例年，評論が２題出題されている。本文の内容や主旨の理解度を試す問題，書き取り・読み・語意・四字熟語などの知識問題，文章の構造を理解できているかを試す空所補充問題などが，バランスよく出題されている。

〔３〕の**古文**は，さまざまなジャンルの文章が出題されている。2024 年度は平安時代後期の日記文学的な私家集から出題された。設問は，古語や古典常識に関する知識を問う問題，文法問題，文章全体を読解する力を試す問題など，多岐にわたる。なお，和歌を含む文章が出題された場合は，和歌の意味や修辞について問われることが多い。

03 難易度は？

すべてマークシート方式であるが，選択肢に紛らわしいものはあまりないので，本文の読解が的確になされていれば対応できる。現代文・古文とも，受験生の学力がきちんと反映される，標準レベルの良問である。時間配分としては，現代文２題は難易度に差があるので，文（日本文・史・比較芸術）学部の場合は，解きやすい方を 20 分，難解な方を 30 分とし，古文は 20 分を目安とすればよい。その他の学部・学科は試験時間に余裕があるが，過去問に取り組んでペースを確認しておこう。

対策

01 現代文

評論では，文章の論理展開を正確に把握する力が必要である。『高校生のための現代思想エッセンス ちくま評論選 二訂版』（筑摩書房）や『現代評論 20』（桐原書店）などの解説つきアンソロジーや問題集でさまざまな評論を読み，読解力を養おう。授業や問題集で扱われる文章の主旨をまとめたり，段落ごとの重要事項を箇条書きにしてまとめたりする練習をするのも効果的である。また，マークシート方式の問題集をできるかぎり多く仕上げておくことをすすめる。そうして幅広いジャンルの文章に接しておくのがよい。語意を問う問題が複数出題されているので，何となく意味がつかめるけれども正確には把握できていないような言葉に出合ったときは，見過ごさずにきちんと辞書で調べて理解する習慣を日頃からつけておこう。

02 古 文

文章全体を把握する力が必要である。対策としては，授業や問題集で扱われる古文を丁寧に現代語訳する習慣を身につけること。和歌の修辞についても，百人一首の中から代表的な和歌を復習するなどして，ひととおり押さえておこう。また，古語・古典常識・文法・文学史について，それぞれの参考書・問題集を１冊ずつ仕上げておくと力がつく。古文の世界での行動形式や約束事，さらには和歌の解釈についての知識を身につけるには，『大学入試 知らなきゃ解けない古文常識・和歌』（教学社）が最適である。

青山学院大「国語」におすすめの参考書

- ✓『高校生のための現代思想エッセンス ちくま評論選 二訂版』（筑摩書房）
- ✓『現代評論 20』（桐原書店）
- ✓『大学入試 知らなきゃ解けない古文常識・和歌』（教学社）

2024年度

問題と解答

一般選抜（全学部日程）

問　題　編

▶試験科目・配点

<table>
<tr><th colspan="2">学部・学科</th><th>教　科</th><th>科　　目</th><th>配　点</th></tr>
<tr><td rowspan="6">文</td><td rowspan="3">英米文・フランス文</td><td>外国語</td><td>コミュニケーション英語Ⅰ・Ⅱ・Ⅲ，英語表現Ⅰ・Ⅱ</td><td>150 点</td></tr>
<tr><td>選　択</td><td>日本史Ｂ，世界史Ｂ，政治・経済，「数学Ⅰ・Ⅱ・Ａ・Ｂ」から１科目選択</td><td>100 点</td></tr>
<tr><td>国　語</td><td>国語総合（古文・漢文を除く）</td><td>100 点</td></tr>
<tr><td rowspan="3">日本文・史・比較芸術</td><td>外国語</td><td>コミュニケーション英語Ⅰ・Ⅱ・Ⅲ，英語表現Ⅰ・Ⅱ</td><td>150 点</td></tr>
<tr><td>選　択</td><td>日本史Ｂ，世界史Ｂ，政治・経済，「数学Ⅰ・Ⅱ・Ａ・Ｂ」から１科目選択</td><td>100 点</td></tr>
<tr><td>国　語</td><td>国語総合</td><td>150 点</td></tr>
<tr><td colspan="2" rowspan="3">教育人間科・経済・法・経営・国際政治経済・総合文化政策・地球社会共生・コミュニティ人間科</td><td>外国語</td><td>コミュニケーション英語Ⅰ・Ⅱ・Ⅲ，英語表現Ⅰ・Ⅱ</td><td>150 点</td></tr>
<tr><td>選　択</td><td>日本史Ｂ，世界史Ｂ，政治・経済，「数学Ⅰ・Ⅱ・Ａ・Ｂ」から１科目選択</td><td>100 点</td></tr>
<tr><td>国　語</td><td>国語総合（古文・漢文を除く）</td><td>100 点</td></tr>
<tr><td rowspan="6">理工</td><td rowspan="3">物理科</td><td>外国語</td><td>コミュニケーション英語Ⅰ・Ⅱ・Ⅲ，英語表現Ⅰ・Ⅱ</td><td>150 点</td></tr>
<tr><td>数　学</td><td>数学Ⅰ・Ⅱ・Ⅲ・Ａ・Ｂ</td><td>150 点</td></tr>
<tr><td>理　科</td><td>物理基礎・物理</td><td>100 点</td></tr>
<tr><td rowspan="3">その他</td><td>外国語</td><td>コミュニケーション英語Ⅰ・Ⅱ・Ⅲ，英語表現Ⅰ・Ⅱ</td><td>150 点</td></tr>
<tr><td>数　学</td><td>数学Ⅰ・Ⅱ・Ⅲ・Ａ・Ｂ</td><td>150 点</td></tr>
<tr><td>理　科</td><td>「物理基礎・物理」，「化学基礎・化学」から１科目選択</td><td>100 点</td></tr>
</table>

社会情報	A方式	外国語	コミュニケーション英語Ⅰ・Ⅱ・Ⅲ，英語表現Ⅰ・Ⅱ	150点
		選　択	日本史B，世界史B，政治・経済，「数学Ⅰ・Ⅱ・A・B」から1科目選択	100点
		国　語	国語総合（古文・漢文を除く）	100点
	B方式	外国語	コミュニケーション英語Ⅰ・Ⅱ・Ⅲ，英語表現Ⅰ・Ⅱ	150点
		数　学	数学Ⅰ・Ⅱ・Ⅲ・A・B	150点
		数　学	数学Ⅰ・Ⅱ・A・B	100点

▶備　考

- 合否判定は総合点による。ただし，場合により特定科目の成績・調査書を考慮することもある。
- 「数学B」は「数列・ベクトル」から出題する。

英語

（80分）

I 次の英文を読んで，後の質問に答えなさい。

We have always been told that computers cannot be truly creative in the way that humans are. Yet suddenly, millions of people are using new AI tools to generate[1A] never-before-seen pictures. Most of these people are not professional artists, and that's the point: they do not have to be. Not everyone can direct an award-winning film or paint like Picasso, but anyone can open an AI image generator[1B] and type in an idea. What appears on the screen can be impressive in its realism and depth of detail. Several new commercial services allow users to co-create images with AI, including one called DALL-E. Thanks to these new tools, AI art has crossed a line.

For fans of the new technology, AI has crossed into territory that once belonged only to humans. For them, AI-generated art defines progress, and marks an exciting frontier in both artistic creativity and human technology. Increased engagement with digital art will surely increase interest in all kinds of art. AI can work with humans to make us all visual artists, even if we have never painted before or if we know nothing about the history of art. Such technology promises to be truly democratic, making art available to all.

For critics, though, AI has crossed a red line, with potentially dangerous consequences. When emotionless AI machines create art, what happens to the idea of an artist's own self-expression? What will become of "artist" as a career choice? Copyright laws are supposed to protect the rights of people. Yet, how can such laws work when all internet-sourced images become food for the AI machine to eat up in order to deliver so-called "original" output? Although AI art is dependent on pre-existing visual images created by humans, those human artists must become faceless and their works reduced to data for the consumption of image generators. The meaning and value of what used to be considered "original art" changes.

Because these amazing new AI tools have learned their art from billions of pictures made by humans, their output is usually what we expect pictures to look like. But because they are <u>generative AI[2]</u> machines, fundamentally mysterious even to their developers, they restructure the new pictures in a way no human is likely to think of, filling in details most of us would not have the artistic talent to imagine, much less the skills to execute. They can be instructed to generate variations of something we like, in whatever style we like. This, ultimately, is their most powerful advantage — they can make new things that we understand but that are, simultaneously, so unexpected that they leave us with our mouths wide open: "Wow!" These new AI-generated images are so unpredictable that new questions quickly follow whatever amazement we might first experience: Is human-made art over? Who can compete with the speed, low cost, scale, and yes, wild creativity of these machines? Is art yet another human activity that we must give up to robots? Kevin Kelly of *Wired* magazine has long explored such questions while working with AI machines, users, and developers. His prediction is that generative AI will alter how we design just about everything. He also predicts that human artists will not lose jobs because of this new technology.

It is no exaggeration to call images generated with AI "co-creations." The secret of this new power is that the best results come not from lazy humans typing in a single question followed by the machine's immediate output doing all the work but rather from very long, ongoing conversations between humans and machines. Progress for each image comes after many repetitions and revisions, not to mention hours, sometimes days, of teamwork between the human and the AI. This kind of teamwork could only come about after many years of advancements in machine learning.

It is not necessary for users to understand how AI image generators work. Human users can enter a string of words that describes the image they seek — the prompt. Like magic, an image will be generated from that prompt. But, in order for this magic to happen, researchers had to collect from the Internet many images with accompanying text, such as captions. Billions of these examples were then used to connect visual forms to words, and words to forms. The researchers combined two separate technologies: one a deep learning network model inspired by the human brain and the other a natural language model that can connect to the image-generating engine. In the end, users access the magic of this technology simply by typing in a few words.

Scientists who invented the kinds of models and <u>algorithms</u>[3] that are at the core of image generators today are now at Google, but the company has not opened its own experimental generators to the public. One of the most popular image generators open for public use right now is DALL-E, the product of a company called OpenAI, which also created ChatGPT, a text generator. The name "DALL-E" comes from combining the name of the Disney/Pixar robot character from the animated film *WALL-E* and the last name of the Spanish artist Salvador *Dali*. Originally an emotionless robot designed to clean up Earth after wasteful humans destroy it, WALL-E represents an AI machine that unexpectedly starts to express some feelings that humans have lost; Dali, on the other hand, represents the kind of artist who brings exciting new art into the world. In name, at least, DALL-E speaks to both supporters and critics of the new technology.

Many people are excited to play with AI image generators for the same reason that humans have always made most art, which is to create beauty. Like flames in a campfire, the light patterns attract the eye. The images never repeat themselves; they surprise constantly. Users can share their creations but 99 percent of the 20 million images currently generated each day are only ever viewed by a single human: their co-creator. As with any art, the images can also be healing. People spend time making AI pictures for the same reason they might paint on Sundays, or write in a journal. They use the media to work out problems in their own lives, or say something that cannot be said otherwise. Digital images speedily respond to a user's temporary psychological or spiritual needs. For instance, images might show what animal heaven looks like to someone sad over the loss of a dear pet. However, some worry about handing over our mental health to AI machines, and others wonder about the misuse to which AI art engines could be put. After all, believable images can be used in fake information campaigns about people or about events that never really happened. These kinds of fears are as real as the powerful and realistic images such machines can generate.

And yet, fears of AI are often overemphasized. Just as photography did not kill human-created illustrations a century ago despite fears that it would, so too do image generators open up possibilities for more art, not less. In the near future, AI-created images that are contextually generated in an automatic way will likely start to appear in the spaces that are usually blank in emails, text messages, blogs, books, and social media — not unlike tools that already fill in answers to emails even before we read them. We can expect AI-generated pictures to become increasingly convenient and useful.

At this point, AI generators are dependent on human-created visual art, not the other way around. So perhaps no traditional artists will lose their jobs, especially when most users produce their illustrations just for personal entertainment or for their blogs. Still, it is hard to believe that the system for evaluating art will not face big changes in coming years as AI technologies become either tightly regulated, or even more lawless. Meanwhile, whatever line exists between human and machine is getting harder and harder to see.

用語解説

1) A) generate: 生成する。

B) AI image generator: AI 画像生成ツール。

出典追記：Picture Limitless Creativity at Your Fingertips, WIRED on November 17, 2022 by Kevin Kelly

2) generative AI: テキスト，画像，音声など様々なコンテンツを生成することができる人工知能技術を指す。

3) algorithms: 問題を解決したり，計算を実行したりするために使用される手順。

設問 本文の内容に即して，以下の問いの答えとして最も適切なものをそれぞれ①～④の中から選び，解答欄1から10にマークしなさい。

1. Users of new AI tools can ＿＿＿＿＿.

① not be as creative as the new technology that will replace them one day

② impress their friends by drawing amazing pictures by themselves

③ be taught by those tools to draw just as skillfully as famous artists such as Picasso

④ work together with the technology to co-create impressive pictures

2. Supporters of AI image generators believe that ＿＿＿＿＿.

① the technology will not lead to the end of human-created art

② a knowledge of art history is essential for the creation of great art

③ painting will be far more enjoyable since robots can guide the artist's hand

④ democracy cannot truly exist without the aid of tools such as AI image generators

3. One of the criticisms of AI image generators is that they will ＿＿＿＿＿.

① produce so much data that the original art works can easily be found

② show emotions that are inappropriate

③ make artists lose face

④ make it more difficult to enforce copyright laws

4. Among the best features of the AI tools described in the text is that ________.

① artistic details still have to be filled in by human co-creators

② their output is both unpredictable and familiar

③ they create images that are far beyond what we think of as pictures

④ they are unlikely to fundamentally change how we design things

5. Those who want to get the best outcome from AI image generators should not ________.

① call images generated with AI "co-creations"

② be satisfied with the first image generated

③ waste time overthinking the process

④ interact with the technology too much

6. In order to use AI image generators, the users need to ________.

① input a prompt for the image they want

② have detailed knowledge of how images are generated

③ know how the deep learning model works with the natural language model

④ collect images from the Internet

7. The name DALL-E ________.

① was generated by ChatGPT

② combines the name of an artist with that of a film character

③ is a character in a popular Disney/Pixar film

④ was created after Google released its own image generator to the public

8. Now most of the images created through AI image generators are ________.

① so powerful and realistic that even computers can be fooled by them

② likely seen only by the people who co-create them

③ used by counselors to help patients work out psychological problems

④ posted on social media in fake information campaigns

9. Rather than taking existing jobs away from human artists and illustrators, AI-created images might ________.

① be put in places that had no, or few, visual elements before

② threaten the jobs of bloggers, authors, and social media influencers

③ make photographers less afraid of competition from illustrators

④ answer emails for us even before we read them

10. The final paragraph expresses ________.

① a certainty that traditional artists will lose their jobs

② a hope that the line between human and machine will be erased

③ uncertainty about how this technology will be used or regulated in the future

④ doubt that users will use AI-generated images for their own entertainment

II 次の英文の11～25に入るのに最も適当なものを，それぞれ①～④の中から1つ選び，解答欄11～25にマークしなさい。

When Caribbean[1] music became popular in 1950's America, one man was the face and voice of it all: Harry Belafonte. At a time when segregation[2] was legal, and Black faces were (11) rare on U.S. television and film screens, Belafonte's rise to the top ranks of show business was nothing (12) a miracle. He adapted Caribbean folk music into such hit songs as "Day-O (The Banana Boat Song)." His album "Calypso" stayed at the top of the radio charts for more than six months when it was released in 1956. It was the first album by a single artist to sell more than a million copies.

Belafonte was born in Harlem, New York City, in 1927 to immigrant parents from the West Indian islands of Martinique and Jamaica. He rarely saw his father, and his mother (13) to support her children by cleaning other peoples' homes. When he was nine years old, Harry moved with his mother and younger brother to join family in Jamaica. They returned to Harlem in 1940. During World War II, Harry (14) high school to join the U.S. Navy. He married, and after the war was over, he appeared on stage with the American Negro Theater in Manhattan. There he met his lifelong friend and rival, the actor Sidney Poitier.

By 1959, Belafonte had become the most highly paid Black performer (15) history. He attracted large audiences for his lively calypsos[3], traditional folk music, and deep-voiced blues and work songs. (16) as a singer led to movie offers, and Belafonte was the first Black actor to become a leading man in Hollywood. Sidney Poitier soon replaced him in that role, but making movies was never Belafonte's only goal (17). After a while, making music wasn't either.

Belafonte entertained well into the 21st century but he considered his real life's work to be civil rights. With his astonishing (18) to fame from modest immigrant origins, Belafonte realized one kind of American Dream; yet, he also directly experienced America's racism. In interviews, he often spoke of the challenges of introducing the Black cultures of America, Africa, and the West Indies to fans who were mostly white. Just performing (19) with white female singers angered many viewers. His money and fame did not prevent Belafonte from being refused service in restaurants simply for being Black.

At other times, Black critics raised their voices too. Some suggested that Belafonte (20) his success to the lightness of his skin (two of his grandparents were white). Even Trinidad, the Caribbean island home of calypso music, criticized Belafonte after his record company promoted him as the "King of Calypso." Trinidad chose its own "king" each year in a special competition, and Belafonte was not even from Trinidad. Belafonte himself never (21) to be the king of Trinidad's calypso. He and his songwriting partners just loved folk music and saw nothing wrong with shaping it to their own needs.

Early on, Belafonte became close friends with Dr. Martin Luther King, Jr., and joined his fight for racial equality. He raised funds for Dr. King's political activities. For years, he helped to get Dr. King and civil rights' supporters (22) when they were arrested for protesting against racial injustice. He even gave his own money to (23) that the King family was taken care of after Dr. King was murdered in 1968.

Belafonte spoke his mind. He strongly criticized the Bush administration after the U.S. invaded Iraq, and in 2016 (24) voters about Donald Trump: "Mr. Trump asks us what we have to lose, and we must answer: Only the dream, only everything." For most of his long life, Harry Belafonte devoted his joyful talent and (25) fame and financial resources towards Dr. King's dream of racial and social equality.

用語解説

1) Caribbean: カリブ海

カリブ海は，西インド諸島(West Indian islands: マルティニーク，ジャマイカ，トリニダード，など)，中米，南米北岸に挟まれた海域。

2) segregation: 隔離

隔離とは，歴史的に人種を基準として，人々を分離する人種差別(racism)行為。

3) calypsos: カリプソは西インド諸島(元はトリニダード)の音楽の一種。

11. ① well ② partly
③ medium ④ still

12. ① pray for ② to create
③ short of ④ doing with

13. ① abandoned ② struggled
③ ruled ④ crossed

14. ① dropped out of ② leaned on
③ started on ④ went out to

15. ① out of ② in
③ outside ④ around

16. ① Knowing ② Outcome
③ Conducting ④ Success

17. ① anyway ② found
③ directed ④ thereby

18. ① decline ② frame
③ rise ④ inside

19. ① staging ② staged
③ for stages ④ on stage

20. ① borrowed ② owed
③ paid ④ found

21. ① said ② achieved
③ claimed ④ called

22. ① from freedom ② out of jail
③ without the help ④ in teams

23. ① make sure ② improve
③ deny ④ be cheerful

24. ① suggested ② encouraged
③ warned ④ disgusted

25. ① gained ② grown
③ considerable ④ upcoming

Ⅲ

Part I　次の 26～30 のそれぞれの英文において，下線部の①～④のうち，英語として正しくないものを 1 つずつ選び，その番号を解答欄 26 から 30 にマークしなさい。

26. If I am stress① about something, I tend to② have a hard time falling③ asleep④.

27. Some would equate the Internet with① print and television, the two earlier technologies that most② transformed the communications③ environment which in④ people live.

28. I was over time① for the last train yesterday. Otherwise,② I would have stayed③ in the nearby④ hotel.

29. The developers will call① as soon as the design will be② completed. But③ we don't know when it will be④.

30. The witness never① identified the criminal despite② the fact that③ she sees④ the crime.

Part II　次の英文のかっこに入れるのに最も適切なものをそれぞれ①～④の中から 1 つ選び，解答欄 31 から 35 にマークしなさい。

31. Did he turn (　　　) for the meeting?

① across

② in

③ against

④ up

32. Three (　　　) two is six.

① is multiplied by

② multiplied by

③ multiplies by

④ multiplying by

33. Most people are quite (　　　) about the way in which languages come into being.

① puzzling

② puzzled

③ to puzzle

④ being puzzling

34. Megaphones make your voice sound louder than (　　　).

① is it usually

② usually is

③ is usually

④ it usually is

35. My colleague was so kind (　　　) to offer to give me a ride.

① but

② for

③ as

④ through

IV 次の4つのダイアローグを読んで，36〜40の問いに対する答えとして最も適切なものを，それぞれ①〜④の中から1つ選び，解答欄36から40にマークしなさい。

Dialogue A

Two police officers are eating lunch after visiting a crime scene.

Pete: Do you think we might have missed some evidence at the scene of the crime?

Sally: Come on! All you want to talk about is that jewelry store robbery.

Pete: It's just that I really want to get to the bottom of it.

Sally: I do too! But can't it wait until after we finish lunch?

36. When Pete says that he really wants to "get to the bottom of it," he means that he wants to ________.

① recover what he left at the scene of the crime

② dig under the jewelry store

③ find out who robbed the jewelry store

④ drop the subject of the jewelry store robbery

Dialogue B

In art class, a student is making a figure out of clay under the watchful eye of the teacher.

Rita: How's this, Mrs. Montgomery?

Mrs. Montgomery: Hmm. . . You might want to make the head a little rounder.

Rita: [Puts more clay on the figure] Like this?

Mrs. Montgomery: That's it. Now you're getting the hang of it. We'll turn you into a professional artist before long.

37. When Mrs. Montgomery tells Rita that she's "getting the hang of it," she means that Rita is ________.

① mastering the technique

② making the head hang down

③ making money as a professional artist

④ letting her mistakes get her down

Dialogue C

A young man is asking a friend to help in his job search.

Sidney: You really like your job at Sonic Corporation, don't you? I hear they're hiring now.

Thomas: That's right. They're looking for a new salesperson.

Sidney: Do you think you could put in a good word for me?

Thomas: I'd be happy to, but after that you're going to have to go the distance on your own.

38. When Sidney asks Thomas to "put in a good word" for him, he means that he wants ________.

① Thomas to tell the boss an amusing story about him

② to impress Thomas by showing that he knows important people

③ Thomas to tell his employer positive things about him

④ to add more words to his vocabulary

39. When Thomas replies to Sidney, saying that he needs "to go the distance" on his own, he implies that ________.

① being a long distance runner might be an advantage

② getting the job would also depend on Sidney's efforts

③ the burden would be on Thomas to help him succeed

④ the friendship between Sidney and Thomas is too distant

Dialogue D

Josh and Nancy are university classmates discussing their childhood experiences.

Nancy: You're always so well dressed, Josh. You must spend a fortune on clothes.

Josh: No, not really. Actually, I buy all my clothes at used clothing shops.

Nancy: No kidding? I never would have known. I thought you must come from a rich family.

Josh: Far from it. When I was growing up, my family lived hand to mouth.

40. When Josh says that his family lived "hand to mouth," he means that they __________.

① could only satisfy their basic and immediate needs

② went from being extremely rich to terribly poor

③ had different table manners since they tended to eat with their hands

④ suffered from a disease called "hand to mouth"

日本史

（60分）

I 次のA～Cの文章を読んで，後の問に答えなさい。（解答番号 1 ～ 20 ）

A　今から約1万年前，地球はⓐ更新世から完新世へと移行した。自然環境の変化とともに，日本列島各地ではⓑ縄文文化が展開するようになり，食料の獲得技術の進歩など社会には様々な変化が生じた。

紀元前4世紀頃※になると，西日本に水稲農耕とⓒ金属器の使用を特色とする弥生文化が成立し，やがて東日本にも広まっていった。社会の仕組みは大きく変化し，集落間の共同作業や祭祀，交易などをつかさどるⓓ強い政治的権限をもった人物も出現するようになった。また，ⓔ次の中国の歴史書の記述からは，各地の有力者が大陸へ遣使していたことも確認することができる。

［ア］の永初元年，倭の国王帥(師)升等，生口百六十人を献じ，請見を願ふ。桓霊の間，ⓕ倭国大いに乱れ，更相攻伐して歴年主なし。（原漢文）

3世紀中頃から後半になると，西日本を中心に前方後円墳をはじめとする古墳が造られるようになり，4世紀中頃までには九州南部から東北地方南部まで波及した。各地のⓖ出現期の古墳は墳形や副葬品が画一的で，特に巨大なものは奈良盆地に多く造られたことから，大和地方の勢力を中心とした広範囲の政治連合が形成されていたものと考えられる。

※弥生時代の開始年代については，諸説ある。

問1　下線部ⓐに関する説明として適切でないものを，次の選択肢の中から一つ選び，マークしなさい。 1

① 岩宿遺跡の調査により，更新世に堆積した関東ローム層から石器が発見された。

② 寒冷な氷期と比較的温暖な間氷期が交互におとずれた氷河時代であった。

③ 日本列島は北海道から南西諸島に至るまでユーラシア大陸と常に陸続きであった。

④ 日本列島各地でナウマンゾウやヘラジカなどが確認されている。

問 2 日本列島で発見された下線部ⓐに属する化石人骨については，確実なものは全て［イ］段階のものと考えられている。空欄［イ］に入る語句として適切なものを，次の選択肢の中から一つ選び，マークしなさい。［2］

① 猿　人　② 旧　人　③ 新　人　④ 原　人

問 3 下線部ⓑで見られる道具や習俗として適切でないものを，次の選択肢の中から一つ選び，マークしなさい。［3］

① 横穴墓　② 環状集落　③ 骨角器　④ 打製石器

問 4 下線部ⓒに関する文Ⅰ，Ⅱについて，その正誤の組み合わせとして適切なものを，次の選択肢の中から一つ選び，マークしなさい。［4］

Ⅰ 弥生時代後期の西日本では，青銅製祭器は種類に応じて分布のあり方が異なっており，共通の祭祀を用いる地域的なまとまりが出現していたことが分かる。

Ⅱ 弥生時代には，鉄製の武器や工具が用いられたが，鉄製の刃先をもつ農具は古墳時代にならないと出現しなかった。

① Ⅰ 正　Ⅱ 正　② Ⅰ 正　Ⅱ 誤

③ Ⅰ 誤　Ⅱ 正　④ Ⅰ 誤　Ⅱ 誤

問 5 下線部ⓓに関連し，福岡県の［ウ］では，弥生時代中期の甕棺墓の中から中国鏡や青銅製武器などおびただしい副葬品が発見されており，地域の支配者の墓と考えられている。空欄 ウ に入る遺跡名として適切なものを，次の選択肢の中から一つ選び，マークしなさい。 5

① 須玖岡本遺跡　② 荒神谷遺跡
③ 紫雲出山遺跡　④ 砂沢遺跡

問 6　下線部ⓔの歴史書の名称として適切なものを，次の選択肢の中から一つ選び，マークしなさい。 6

① 宋　書　② 三国志　③ 漢　書　④ 後漢書

問 7　下線部ⓔに関連し，空欄 ア にはいる語句として適切なものを，次の選択肢の中から一つ選び，マークしなさい。 7

① 文　帝　② 光　武　③ 順　帝　④ 安　帝

問 8　下線部ⓕに関連し，諸国は共同で卑弥呼を王に立てることで，争乱をおさめたと考えられている。下線部ⓔの歴史書や，その他の中国の歴史書に記された卑弥呼および邪馬台国に関する説明として適切でないものを，次の選択肢の中から一つ選び，マークしなさい。 8

① 邪馬台国には大人や下戸といった身分秩序が存在した。
② 邪馬台国には租税や刑罰の制度が存在した。
③ 狗奴国をはじめ約 30 国の小国により，邪馬台国連合がつくられた。
④ 卑弥呼は呪術的権威を背景に政治を行った。

問 9　下線部ⓖに関連する文Ⅰ，Ⅱについて，その正誤の組み合わせとして適切なものを，次の選択肢の中から一つ選び，マークしなさい。 9

Ⅰ　横穴式石室を用いる前方後円墳が一般的であった。
Ⅱ　被葬者である首長の権威を示した鉄製武器や武具などが主に副葬された。

① Ⅰ 正　Ⅱ 正　② Ⅰ 正　Ⅱ 誤
③ Ⅰ 誤　Ⅱ 正　④ Ⅰ 誤　Ⅱ 誤

B　6世紀末に隋が中国を統一すると，その圧力は周辺諸国へも及び，東アジアの国際関係は大きく揺れ動いた。そうしたなか，ⓐ国内では推古天皇が即位し，厩戸王や蘇我馬子らによって政治の改革が進められた。

その後，隋が滅んで唐が興ると，ⓑ朝鮮諸国への侵攻などにより国際的な緊張は高まり，周辺諸国は国力強化の必要にせまられた。国内でも中大兄皇子らが蘇我氏を滅ぼし，天皇を中心とした中央集権国家体制の確立をめざして，政治改革を進めた。

8世紀になると，律令にもとづく国家体制がととのえられ，支配領域の拡大も進められていった。一方で，皇族と貴族との間で比較的均衡に保たれていた政治体制が，藤原氏の政界進出により崩れ始め，ⓒ政治情勢は揺れ動いていくこととなる。

8世紀末に桓武天皇が即位すると，天皇権力の強化を目指して政治改革を進め，その改革はⓓ平城天皇や嵯峨天皇にも引き継がれた。しかし，しだいに藤原氏の北家が勢力をのばし，[エ]，その子の良房，良房の地位を継いだⓔ基経が政治的な地位を確立させていった。その後，親政が行われた時期もあったが，969年ⓕ安和の変を経て，藤原氏北家の勢力は安定したものとなっていった。

問10　下線部ⓐに関連する説明として適切なものを，次の選択肢の中から一つ選び，マークしなさい。[10]

① 八色の姓を定めて，天皇を中心とした身分秩序に豪族を編成した。

② 初めての冠位制度である冠位十二階の制を定めた。

③ 憲法十七条を制定し，公地公民制や税制など隋の制度にもとづく基本政策を示した。

④ 最初の戸籍である庚午年籍を作成し，農民支配の根本台帳とした。

問11　下線部ⓑに関連し，668年に滅亡した国について説明した文として適切なものを，次の選択肢の中から一つ選び，マークしなさい。[11]

① この国は鴨緑江岸に形成され，4世紀初頭には楽浪郡を滅ぼして朝鮮半島北部を支配するようになった。

② 6世紀初頭，この国と結んだ筑紫国造が朝廷に対して大規模な反乱を起こした。

③ この国から多くの貴族が倭に亡命し，彼らの指導のもとで朝鮮式山城の築造などが行われた。

④ この国の復興を支援するため倭は大軍を派遣したが，白村江において唐・新羅連合軍に大敗した。

問12 下線部ⓒに関連し，8世紀の出来事について述べた文Ⅰ～Ⅲについて，古いものから年代順に並べたものとして適切な組み合わせを，次の選択肢の中から一つ選び，マークしなさい。 12

Ⅰ 権勢をふるう藤原仲麻呂に対し，橘奈良麻呂らが反乱を企てた。

Ⅱ 恵美押勝は権勢回復を目的に挙兵したが，対立する孝謙太上天皇側によって鎮圧された。

Ⅲ 藤原不比等の子(藤原四子)が，策謀によって長屋王を自殺させた。

① Ⅰ－Ⅱ－Ⅲ　② Ⅰ－Ⅲ－Ⅱ　③ Ⅱ－Ⅰ－Ⅲ
④ Ⅱ－Ⅲ－Ⅰ　⑤ Ⅲ－Ⅰ－Ⅱ　⑥ Ⅲ－Ⅱ－Ⅰ

問13 下線部ⓓに関連する文Ⅰ，Ⅱについて，その正誤の組み合わせとして適切なものを，次の選択肢の中から一つ選び，マークしなさい。 13

Ⅰ 平城遷都を主張する平城太上天皇と嵯峨天皇が対立し，政治的混乱が生じた。

Ⅱ 嵯峨天皇のもとでは法制の整備が行われ，延喜格式が編纂された。

① Ⅰ 正　Ⅱ 正　② Ⅰ 正　Ⅱ 誤
③ Ⅰ 誤　Ⅱ 正　④ Ⅰ 誤　Ⅱ 誤

問14 文章Bの空欄 エ の人物は，嵯峨天皇により蔵人頭に任命されている。空欄 エ に入る人物として適切なものを，次の選択肢の中から一つ選び，マークしなさい。 14

① 藤原頼通　② 藤原広嗣　③ 藤原冬嗣　④ 藤原道長

問15　下線部ⓔの人物の死後，藤原氏を外戚としない宇多天皇は菅原道真を重用したが，藤原時平の策謀によって道真は［オ］に左遷された。空欄［オ］に入る語句として適切なものを，次の選択肢の中から一つ選び，マークしなさい。［15］

①　鎮守府　②　鎮西探題　③　大宰府　④　筑後国府

問16　下線部ⓕに関する説明として適切なものを，次の選択肢の中から一つ選び，マークしなさい。［16］

①　藤原氏の陰謀により，左大臣の源高明を失脚させた事件。

②　伴健岑や橘逸勢らが謀反を企て，配流された事件。

③　大納言伴善男が応天門へ放火し，失脚した事件。

④　権勢を強めた吉備真備や玄昉を除こうとして，藤原氏が挙兵した事件。

C　11世紀後半にはじまる院政時代は，武士の成長と中央政界の変化により社会が大きく揺れ動いた時期であるが，この頃につくられた文学作品からは，貴族たちが武士や民衆に目を向けるようになっていたことも分かる。初期の軍記物である『将門記』や『［カ］』，インド・中国・日本の説話を集めた『［キ］』などはその代表例であり，これらの作品を通して，この時期の武士の動きや庶民の姿をうかがい知ることができる。

鎌倉時代ⓐになると，伝統文化の担い手は貴族などであったが，武士や民衆に支持された新しい文化も形成されていった。武士たちの活躍は『保元物語』ⓑなどの軍記物に描きだされ，武士や民衆を含めた幅広い階層の説話を収めた『宇治拾遺物語』なども世に出された。

問17　空欄［カ］に入る語句として適切なものを，次の選択肢の中から一つ選び，マークしなさい。［17］

①　平家物語　②　陸奥話記　③　愚管抄　④　吾妻鏡

問18　空欄 [キ] に入る語句として適切なものを，次の選択肢の中から一つ選び，マークしなさい。 [18]

①　今昔物語集　②　栄華物語
③　梁塵秘抄　④　十六夜日記

問19　下線部ⓐの出来事について述べた文Ⅰ～Ⅲについて，古いものから年代順に並べたものとして適切な組み合わせを，次の選択肢の中から一つ選び，マークしなさい。 [19]

Ⅰ　御内人の筆頭である平頼綱によって，有力御家人の安達泰盛が一族とともに滅ぼされた。
Ⅱ　時の将軍が暗殺され，摂関家出身の九条頼経が将軍職をついだ。
Ⅲ　北条時頼が対抗勢力の三浦泰村一族を滅ぼし，北条氏の地位を不動のものとした。

①　Ⅰ－Ⅱ－Ⅲ　②　Ⅰ－Ⅲ－Ⅱ　③　Ⅱ－Ⅰ－Ⅲ
④　Ⅱ－Ⅲ－Ⅰ　⑤　Ⅲ－Ⅰ－Ⅱ　⑥　Ⅲ－Ⅱ－Ⅰ

問20　下線部ⓑの題材となった保元の乱に関する説明として適切なものを，次の選択肢の中から一つ選び，マークしなさい。 [20]

①　藤原信頼が源義朝と結んで挙兵し，藤原通憲を排除しようとした。
②　藤原成親や俊寛らが平氏打倒を企てたが，失敗した。
③　北陸から入京を図る源義仲軍と平氏軍が激突し，敗北した平氏は都落ちした。
④　後白河天皇が平清盛や源義朝らを動員して，対立する崇徳上皇方を打ち破った。

Ⅱ 次のA～Cの文章を読んで，後の問に答えなさい。（解答番号 21 ～ 35 ）

A　14世紀，鎌倉幕府が崩壊し，ⓐ建武政権（建武政府）が誕生した。だが，政権はわずか数年で瓦解し，室町幕府が成立する。幕府将軍の足利氏は，自らの直轄軍である奉公衆を組織化するとともに，各国にⓑ守護を置くことで，諸国の武士を統轄しようとした。3代将軍・足利［ア］の時代には，南北朝の合体が果たされるなど，幕府の支配は比較的安定化していき，室町時代，ⓒ各地を結ぶ遠隔地交通も活発化した。しかし，15世紀後半，応仁の乱（応仁・文明の乱）が勃発すると，主な戦場となった京都は戦火に焼かれて荒廃し，幕府将軍（足利氏）の権力も次第に衰退していった。以後，時代は地域の実力者たちが相争うⓓ戦国の世を迎えることになる。

問1　下線部ⓐに関して述べた文として適切でないものを，次の選択肢の中から一つ選び，マークしなさい。 21

① 後醍醐天皇は，幕府も院政も摂政・関白も否定して，権限集中を図った。

② 中央には所領関係の裁判を担う雑訴決断所が置かれた。

③ 地方には鎌倉府・奥州探題が置かれ，皇子が派遣された。

④ 北条氏の残党が反乱を起こし，鎌倉が占領された。

問2　下線部ⓑに関して述べた文として適切でないものを，次の選択肢の中から一つ選び，マークしなさい。 22

① 守護は在国が原則とされていた。

② 刈田狼藉の取り締まりや，幕府判決の強制執行（使節遵行）などを行った。

③ 守護の力が弱い地域では，しばしば国人が団結し，守護の支配に抵抗した。

④ 東国の守護は，基本的に鎌倉に邸宅を持ち，鎌倉に出仕した。

問 3　空欄 ［ ア ］ にはいる語句として適切なものを，次の選択肢の中から一つ選び，マークしなさい。 ［23］

①　義　満　　②　義　持　　③　義　教　　④　義　政

問 4　下線部ⓒに関して述べた文として適切でないものを，次の選択肢の中から一つ選び，マークしなさい。 ［24］

①　蝦夷ヶ島南部に和人が進出し，港や館を中心に居住地をつくった。

②　津軽の十三湊と畿内を結ぶ日本海交易が盛んに行われた。

③　「兵庫北関入船納帳」は，瀬戸内海各港から畿内に向かう船の情報を記している。

④　日本は琉球王国と国交を結び，王国は都の那覇，外港の首里が繁栄した。

問 5　下線部ⓓに関連して，戦国大名の名称Ｘ・Ｙと，その城下町ａ～ｄの組み合わせとして適切なものを，次の選択肢の中から一つ選び，マークしなさい。 ［25］

Ｘ　今川氏

Ｙ　大友氏

ａ　越後春日山　　ｂ　駿河府中　　ｃ　周防山口　　ｄ　豊後府内

①　Ｘ－ａ　Ｙ－ｃ　　②　Ｘ－ａ　Ｙ－ｄ

③　Ｘ－ｂ　Ｙ－ｃ　　④　Ｘ－ｂ　Ｙ－ｄ

Ｂ　16 世紀後半から 17 世紀前半にかけて，織豊政権ⓐそして徳川政権によって列島社会は平和と統合が果たされていった。徳川氏は江戸に幕府を開き，全国的な支配を展開したが，同時に，各藩(大名)もまたそれぞれの領地を自治的に統治した。こうした将軍(幕府)と大名(藩)が統治する支配体制を幕藩体制ⓑと呼んでいる。幕藩体制下，江戸・大坂・京都(三都)ⓒを中心に，各地の城下町をつなぐ全国的な街道(陸上交通)ⓓが整備された。そして，大量の物資を安価に運ぶうえで必要な水上交通・海上交通も整えられていった。江戸の商人 ［ イ ］ は，出羽酒田を起点として，江戸にいたる東廻り海運・西廻り海運のルートを整備したことで知られる。

問 6　下線部ⓐに関連する文Ⅰ，Ⅱについて，その正誤の組み合わせとして適切なものを，次の選択肢の中から一つ選び，マークしなさい。 26

Ⅰ　織田信長は，比叡山延暦寺や石山本願寺などの宗教勢力を屈服させた。

Ⅱ　豊臣秀吉は，堺や博多などの豪商の力を活用した。

①　Ⅰ　正　Ⅱ　正　　②　Ⅰ　正　Ⅱ　誤

③　Ⅰ　誤　Ⅱ　正　　④　Ⅰ　誤　Ⅱ　誤

問 7　下線部ⓑに関して述べた文として適切でないものを，次の選択肢の中から一つ選び，マークしなさい。 27

①　幕府は武家諸法度を制定して，大名を統制した。

②　大名は石高に応じて，一定数の兵馬を常備した。

③　大名は戦時には将軍の命で出陣し，平時には城の修築や河川工事を負った。

④　徳川家光は大名に参勤交代を義務付けて，大名の妻子を国元に住まわせた。

問 8　下線部ⓒに関連する文Ⅰ，Ⅱについて，その正誤の組み合わせとして適切なものを，次の選択肢の中から一つ選び，マークしなさい。 28

Ⅰ　卸売市場として，江戸の日本橋魚市場，大坂の堂島米市場が知られる。

Ⅱ　京都では，西陣織や京染・京焼など，高度な技術の手工業生産が発達した。

①　Ⅰ　正　Ⅱ　正　　②　Ⅰ　正　Ⅱ　誤

③　Ⅰ　誤　Ⅱ　正　　④　Ⅰ　誤　Ⅱ　誤

問 9　下線部ⓓに関して述べた文として適切でないものを，次の選択肢の中から一つ選び，マークしなさい。 29

① 五街道とは，東海道・中山道・甲州道中・日光道中・奥州道中である。

② 主な関所に，東海道の碓氷・木曽福島，中山道の箱根・新居などがある。

③ 伊勢街道・北国街道・中国街道・長崎街道のような脇街道が整備された。

④ 御用通行が最優先とされ，使用される人馬は宿駅や近隣の人々が負担した。

問10 空欄 イ にはいる語句として適切なものを，次の選択肢の中から一つ選び，マークしなさい。 30

① 角倉了以　　② 河村瑞賢

③ 茶屋四郎次郎　　④ 末吉孫左衛門

C 18世紀後半から19世紀前半にかけて，幕藩体制は大きなまがりかどを迎えた。ⓐ一揆や打ちこわしが多発するとともに，ⓑロシア・イギリス・アメリカなどの船が日本近海に出現したのである。こうした「内憂外患」に対し，幕府がこれまでのような威信を発揮できなくなると，存在感を増してきたのが諸大名たちであった。ⓒ各藩のなかには，すでにこれまでにも改革を行って藩政の刷新を行った人物がいたが，江戸時代後期には，ⓓ薩長土肥などの大藩のほか，伊達宗城の宇和島藩，松平慶永(春嶽)の福井(越前)藩など，実力を強化する藩が各地にあらわれた。他方，幕府も ウ に命じて伊豆韮山に反射炉を築かせるなど改革を推し進めた。

問11 下線部ⓐに関連して，全藩一揆の名称X・Yと，その所在地a～dの組み合わせとして適切なものを，次の選択肢の中から一つ選び，マークしなさい。 31

X 嘉助騒動

Y 磐城平元文一揆

a 愛知県　　b 長野県　　c 福島県　　d 鳥取県

① X－a Y－c　② X－a Y－d
③ X－b Y－c　④ X－b Y－d

問12 下線部ⓑに関連する文Ⅰ，Ⅱについて，その正誤の組み合わせとして適切なものを，次の選択肢の中から一つ選び，マークしなさい。 32

Ⅰ 江戸幕府は，近藤重蔵・最上徳内らに択捉島を探査させた。
Ⅱ 江戸幕府は，間宮林蔵に樺太とその対岸を探査させた。

① Ⅰ 正 Ⅱ 正　② Ⅰ 正 Ⅱ 誤
③ Ⅰ 誤 Ⅱ 正　④ Ⅰ 誤 Ⅱ 誤

問13 下線部ⓒに関して述べた文として適切でないものを，次の選択肢の中から一つ選び，マークしなさい。 33

① 江戸時代前期には，池田光政(岡山)・保科正之(会津)・徳川光圀(水戸)・前田綱紀(加賀)らがいて，儒者を顧問にした。
② 池田光政は，庶民の教育をめざす郷校(郷学)・足利学校を設けた。
③ 江戸時代中期には，細川重賢(熊本)・上杉治憲(米沢)・佐竹義和(秋田)らがいて，名君とみなされた。
④ 時習館・興譲館・明徳館などの藩校が設立され，人材登用に力が注がれた。

問14 下線部ⓓに関して述べた文として適切でないものを，次の選択肢の中から一つ選び，マークしなさい。 34

① 薩摩藩は，奄美三島(大島・徳之島・喜界島)の黒砂糖の専売を強化した。
② 長州藩は，調所広郷が多額の借財を整理し，紙・蠟の専売制を改革した。
③ 土佐藩は，「おこぜ組」と呼ばれる改革派が財政の緊縮と再建に努めた。
④ 肥前藩は，陶磁器の専売を進め，大砲製造所を設けて，近代化を推進した。

問15　空欄 ウ にはいる語句として適切なものを，次の選択肢の中から一つ選び，マークしなさい。 35

①　島津斉彬　②　会沢安　③　江川坦庵　④　鍋島直正

Ⅲ　次の史料A・Bを読んで，後の問に答えなさい。（解答番号 36 ～ 50 ）

【史料　A】

抑（そもそも）欧洲ニ於テハ憲法政治ノ萌芽セルコト千余年，独（ひと）リ人民ノ此（この）制度ニ習熟セルノミナラス，又タ宗教ナル者アリテ之カ機軸ヲ為シ，深ク人心ニ浸潤シテ人心此（これ）ニ帰一セリ。然（しか）ルニ我国ニ在テハ宗教ナル者，其力微弱ニシテ，一モ国家ノ機軸タルヘキモノナシ。<u>仏教</u>ⓐハ一（ひと）タヒ隆盛ノ勢ヲ張リ，上下ノ人心ヲ繋キタルモ，今日ニ至テハ已ニ衰替（すいたい）ニ傾キタリ。<u>神道</u>ⓑハ祖宗ノ遺訓ニ基キ之ヲ祖述ストハ雖（いえども），宗教トシテ人心ヲ帰向セシムルノ力ニ乏シ。我国ニ在テ機軸トスヘキハ独リ皇室アルノミ。是ヲ以テ此憲法草案ニ於テハ専ラ意ヲ此点ニ用ヰ，君権ヲ尊重シテ成ルヘク之ヲ束縛セサランコトヲ勉メリ。

（『枢密院会議筆記』）

問１　史料Aは，大日本帝国憲法の草案作成の責任者が，枢密院でこの草案が審議された際に行った発言であるが，その人物の説明として適切なものを，次の選択肢の中から一つ選び，マークしなさい。 36

①　尊王攘夷派の公卿で，明治維新後は太政大臣をつとめた。

②　外務大臣として条約改正交渉に当たった。

③　市制・町村制や府県制・郡制の制定に当たって中心的な役割を果たした。

④　４次にわたって内閣を組織した。

問 2　下線部ⓐについて，明治維新後の仏教に関する説明として適切なものを，次の選択肢の中から一つ選び，マークしなさい。 37

① 大きな勢力をもっていた浄土真宗の総本山である本願寺が，東本願寺と西本願寺に分かれた。

② 廃仏毀釈によって打撃を受けた。

③ 国民教化を行うために政府が設けた教導職から，仏教の僧侶は排除された。

④ 寺請制度によって人々の信仰を統制する仕組みが存続した。

問 3　下線部ⓑについて，明治維新後の神道に関する説明として適切なものを，次の選択肢の中から一つ選び，マークしなさい。 38

① 明治初期に神道国教化政策が推進されたが，成果はあがらなかった。

② 神仏習合という信仰のあり方が継続した。

③ 大日本帝国憲法では信教の自由が認められたが，その後も宗教として位置づけられた神社神道は国家によって保護された。

④ 国学の流れの中から復古神道が登場した。

問 4　大日本帝国憲法の説明として適切でないものを，次の選択肢の中から一つ選び，マークしなさい。 39

① 天皇によって制定された憲法であり，改正の発議も天皇が行うと規定された。

② 大日本帝国憲法を改正する形式をとって，日本国憲法が制定された。

③ 天皇を補佐する役割を果たすものとして，元老が憲法で公式に規定された。

④ 憲法によって臣民に認められた言論の自由や結社の自由は，法律によって制限することができた。

問 5　大日本帝国憲法で規定された天皇の統治権に関する説明として適切なものを，次の選択肢の中から一つ選び，マークしなさい。 40

① 内閣を構成する国務大臣を任命する際は，帝国議会の賛成が必要だった。

② 帝国議会の議員を任命することはできなかった。

③ 緊急の必要がある場合は，帝国議会の賛成がなくても，国務大臣の助言にもとづいて予算を成立させることができた。

④ 憲法の条規に従い，国務大臣や帝国議会のような，憲法で定められた国家機関の助言や賛成を受けて行使された。

問 6 大日本帝国憲法が公布された際に内閣総理大臣をつとめていた人物を，次の選択肢の中から一つ選び，マークしなさい。 41

① 黒田清隆　② 山県有朋　③ 大隈重信　④ 松方正義

問 7 枢密院の議決の影響によって総辞職に至った内閣を，次の選択肢の中から一つ選び，マークしなさい。 42

① 浜口雄幸内閣　② 加藤友三郎内閣

③ 若槻礼次郎内閣　④ 加藤高明内閣

【史料　B】

政府ハ本年再度ノ声明ニ於テ明カニシタル如ク，終始一貫，抗日 ア ノ徹底的武力掃蕩（そうとう）ヲ期スルト共ニ，支那ニ於ケル同憂具眼ノ士ト相携（あいたずさ）ヘテⓒ東亜新秩序ノ建設ニ向ツテ邁進セントスルモノデアル。……

日満支三国ハ東亜新秩序ノ建設ヲ共同ノ目的トシテ結合シ，相互ニ善隣友好，ⓓ共同防共， イ ノ実ヲ挙ゲントスルモノデアル。之ガ為ニハ支那ハ先ヅ何ヨリモ旧来ノ偏狭ナル観念ヲ清算シテ，抗日ノ愚トⓔ満洲国ニ対スル拘泥ノ情トヲ一擲スルコトガ必要デアル。即チ日本ハ支那ガ進ンデ満洲国ト完全ナル国交ヲ修メンコトヲ率直ニ要望スルモノデアル。

（『日本外交文書』）

問 8　史料Bは，日本政府による日中戦争の和平工作の一環として，日本の戦争目的と和平方針を示した声明だが，この工作に呼応して親日政府を樹立した人物を，次の選択肢の中から一つ選び，マークしなさい。 43

①　蔣介石　②　汪兆銘　③　毛沢東　④　張学良

問 9　史料Bの声明を出した人物の説明として適切なものを，次の選択肢の中から一つ選び，マークしなさい。 44

①　陸軍軍人で，1937年に組閣の大命を受けたが，陸軍の反対により組閣を断念した。

②　1940年の新体制運動の中心となり，大政翼賛会の総裁に就任した。

③　軍人以外では唯一，東京裁判で死刑判決を受けた。

④　第二次世界大戦が勃発したときに内閣総理大臣をつとめていた。

問10　空欄 ア に当てはまる中国の政府の名称を，次の選択肢の中から一つ選び，マークしなさい。 45

①　国民政府　②　北京政府

③　冀察政府　④　中華民国維新政府

問11　下線部ⓒの説明として適切なものを，次の選択肢の中から一つ選び，マークしなさい。 46

①　列強によって積極的に支持され，東アジア地域における国際協調体制の基盤となった。

②　中国との自由な貿易を重視していたアメリカの反発を引き起こした。

③　日本が戦争を遂行していくための物資を十分に供給できる経済圏となった。

④　第一次世界大戦後の日本外交において，一貫して目標とされていた。

問12　下線部ⓓに関して，適切でないものを次の選択肢の中から一つ選び，マークしなさい。 47

① 共産主義国であるソ連は，1928年に開始した第1次5カ年計画以降，急速に国力を高め，対外的影響力を強めた。

② ソ連を中心とする国際共産主義運動に対抗するため，日本はドイツと日独防共協定を結んだ。

③ 史料Bの声明が出された当時，中国では中国国民党と中国共産党との間で内戦が続いていた。

④ 華北分離工作を進めた関東軍は，傀儡政権の冀東防共自治政府を華北に樹立した。

問13 空欄 [イ] に当てはまる語句を，次の選択肢の中から一つ選び，マークしなさい。[48]

① 資源開放　② 経済提携　③ 主権尊重　④ 共存共栄

問14 下線部ⓔについて，その建国をもたらした事変の発端となった事件を，次の選択肢の中から一つ選び，マークしなさい。[49]

① 関東軍が奉天郊外で南満州鉄道の線路を爆破した事件。

② 日中両国軍が北京郊外で衝突した事件。

③ 関東軍が張作霖を奉天郊外で爆殺した事件。

④ 日本軍が国民革命軍と衝突し，済南を占領した事件。

問15 史料Bの声明に関連して，衆議院議員斎藤隆夫によって行われた演説として適切なものを，次の選択肢の中から一つ選び，マークしなさい。[50]

① 蛮勇演説　② 粛軍演説　③ 超然演説　④ 反軍演説

世界史

（60分）

〔Ⅰ〕 次の【A】【B】を読んで，それぞれ以下の設問に答えなさい。

【A】

中央ユーラシアは古来，騎馬遊牧民の活発な活動の舞台となった。次の文章は，これに関する小松久男・荒川正晴・岡洋樹編『中央ユーラシア史研究入門』(山川出版社，2018年)のなかの文章である。これについて，下の問いに解答しなさい。

スキタイ，匈奴(きょうど)，アランなどは，ほぼ共通の騎馬遊牧民文化を基層として各地に勢力をふるい，広域にわたる交流や移動をおこないながら国家形成(a)の主体となった。のちの突厥，ウイグル，キタイ，モンゴル(b)なども含めて，彼ら騎馬遊牧民の卓越した軍事力は，火器が軍事力の中心となるまで，長きにわたって政治権力を樹立する基盤となった。…10世紀に唐の世界帝国的な秩序が解体すると，中央ユーラシア東部にはさまざまな勢力が自立し，相互に覇を競うようになった。宋の西北から北部にかけて台頭した遼(キタイ)(c)，金(ジュシェン)(d)，西夏(タングート)の諸政権はその代表的な存在であり，遼と金は華北の重要な地域を領有して経済的な基盤を強化した。

問1 下線部(a)に関連して，6世紀後半の中央ユーラシアに見られる諸国家とその東西の位置関係についての組合せとして最も適切なものを一つ選び，その番号をマークしなさい。 1

① 西＝西　晋　　東＝東　晋

② 西＝キルギス　　東＝ソグド

③ 西＝西突厥　　東＝東突厥

④ 西＝モンゴル　　東＝満　州

問 2　下線部(b)に関連して，1227年にモンゴル帝国によって倒されたチベット系の王朝として最も適切なものを一つ選び，その番号をマークしなさい。 2

① 西 遼　② 契 丹　③ 後 周　④ 西 夏

問 3　下線部(c)において最も支配的であった民族は，どの系統か。最も適切なものを一つ選び，その番号をマークしなさい。 3

① 突 厥　② モンゴル　③ 女 真　④ タングート

問 4　民族的に下線部(d)の流れを汲むと意識された後金は，次のどの王朝の源流となったか。最も適切なものを一つ選び，その番号をマークしなさい。 4

① 明　② 清　③ 渤 海　④ 高句麗

問 5　下線部(d)に関連して，猛安・謀克の説明として最も適切なものを一つ選び，その番号をマークしなさい。 5

① モンゴル人の軍事行政組織

② モンゴル語を表す文字体系

③ 女真人の軍事行政組織

④ 女真語を表す文字体系

問 6　ソグド文字に由来し，モンゴル文字の原型となった文字は何か。最も適切なものを一つ選び，その番号をマークしなさい。 6

① 西夏文字　② 則天文字

③ 字 喃　④ ウイグル文字

【B】

中国は約2000年にわたって皇帝を中心とする中央集権的専制国家体制を維持したが，その制度の基盤は戦国諸国を統一した秦の始皇帝によって確立され，漢(e)によって受け継がれた。また6～10世紀には隋(f)や唐(g)によって科挙や律令が整備され，朝鮮や日本など周辺諸国に大きな影響を与えた。その後，960年に始まる宋(h)の時期には長江流域の開発も本格化し，経済が大いに発展した。

問7 下線部(e)に関連して，五胡十六国の五胡に**含まれないもの**を一つ選び，その番号をマークしなさい。 7

① 鮮 卑　② 羯　③ 匈 奴　④ 吐 蕃

問8 下線部(e)に関連して，訓詁学を大成した鄭玄が活躍したのと同じ時期におきた政争として最も適切なものを一つ選び，その番号をマークしなさい。 8

① 武韋の禍　② 党錮の禁　③ 大化改新　④ 三藩の乱

問9 下線部(e)と匈奴との関係について述べた文として最も適切なものを一つ選び，その番号をマークしなさい。 9

① 前漢の武帝は，匈奴と組んで大月氏を挟撃しようとして，匈奴に張騫を送った。
② 秦檜は匈奴に破れた。
③ 冒頓単于の時代に匈奴は強大となった。
④ 岳飛は匈奴を退けることによって地位を確立した。

問10 下線部(e)に関連し，前漢・後漢それぞれの皇帝の姓の組合せとして正しいものを一つ選び，その番号をマークしなさい。 10

① 前漢 — 趙，後漢 — 劉　② 前漢 — 劉，後漢 — 趙
③ 前漢 — 趙，後漢 — 趙　④ 前漢 — 劉，後漢 — 劉

問11 下線部(f)の第2代皇帝煬帝について述べたものとして最も適切なものを一つ選び，その番号をマークしなさい。 11

① 高句麗に遠征した。
② 北斉を滅ぼした。
③ その治世は「貞観の治」と呼ばれた。
④ 尚書省を廃止し六部を皇帝の直属とし，専制体制を強化した。

問12　下線部(f)に関連し，遣隋使の派遣について述べたものとして最も適切なものを一つ選び，その番号をマークしなさい。 12

① 大化改新の後に始められた。
② 日本で国風文化が栄える中で，894年に停止された。
③ 厩戸王(聖徳太子)の時代に行われた。
④ これによって景徳鎮の白磁が日本にもたらされた。

問13　下線部(g)の玄宗について述べたものとして最も適切なものを一つ選び，その番号をマークしなさい。 13

① 自ら絵画をよくし，董其昌とともに院体画を開いた。
② 楊貴妃と恋をした。
③ 靖康の変でとらわれた。
④ (g)の高祖李淵に大臣として仕えた。

問14　下線部(g)に関連し，長安付近が戦乱に巻き込まれた唐代の出来事として最も適切なものを一つ選び，その番号をマークしなさい。 14

① 土木の変　② 黄巾の乱　③ 紅巾の乱　④ 安史の乱

問15　下線部(h)に関連し，北宋の首都開封について述べたものとして最も適切なものを一つ選び，その番号をマークしなさい。 15

① 朱全忠が立てた後梁の首都となった。
② のち北京と呼ばれるようになった。
③ 蜀の首都でもあった。
④ 伝統的に金陵と称された。

問16　下線部(h)に関連し，北宋・南宋それぞれの皇帝の姓の組合せとして正しいものを一つ選び，その番号をマークしなさい。 16

① 北宋 ― 趙，南宋 ― 劉　② 北宋 ― 劉，南宋 ― 趙
③ 北宋 ― 趙，南宋 ― 趙　④ 北宋 ― 劉，南宋 ― 劉

問17　下線部(h)の対外関係について述べたものとして最も適切なものを一つ選び，その番号をマークしなさい。 17

① 新羅と結んで高句麗を滅ぼした。

② 南宋は遼と西夏の連合軍によって滅ぼされた。

③ 遼と澶淵の盟と呼ばれる和議を結んだ。

④ モンゴル軍の侵攻によって欽宗は臨安に逃れた。

問18　下線部(h)に関連し，宋代の技術について述べたものとして最も適切なものを一つ選び，その番号をマークしなさい。 18

① 金属活字が盛んに使われた。　② 鉄砲の使用が広がった。

③ 太陽暦(授時暦)が採用された。　④ 羅針盤が生まれた。

問19　下線部(h)の時期に，科挙の出題の中心であった儒教経典の研究にも新たな展開が見られた。その中で現れた朱子と呼ばれる思想家の名として最も適切なものを一つ選び，その番号をマークしなさい。 19

① 朱元璋　② 朱　熹　③ 黄宗羲　④ 陸九淵

問20　宋学と呼ばれる学問をおこしたのは誰か。最も適切なものを一つ選び，その番号をマークしなさい。 20

① 王守仁　② 顧炎武　③ 孫星衍　④ 周敦頤

〔Ⅱ〕 アメリカ大陸と太平洋地域における国境線の変更に関する以下の文章を読み，設問に答えなさい。

イギリスは，いわゆる大英帝国というイメージが強いが，海外進出においてしばしば後れをとった。

南北アメリカ大陸では，(1)スペインやポルトガルが16世紀中に広大な植民地を領有するにおよんだ。それに対し，フランスなどが大陸部に植民地を領有するのはようやく17世紀に入ってのことであり，イギリスも同様だった。イギリスは後発国としてスタートを切ったのである。

北アメリカ最初のイギリスの植民地は，1607年に入植が開始された（　a　）植民地であり，後のニューイングランド地方は，1620年のピルグリム・ファーザーズの到着により入植が始まったにすぎない。13植民地がそろうのは，（　b　）植民地が創設された1732年のことであった。この創設は，サウス・カロライナ植民地とスペイン領フロリダ植民地のあいだの国境争いを背景としていたが，スペイン領フロリダ植民地の創設が1565年にさかのぼることと比べると，イギリスの出遅れは否めない。

後発国としてのイギリスの北米統治は，他国の植民地とのあいだの国境争いに直面した。イギリスは（　c　）の植民地を1664年に奪った一方で，フランスとのカナダやルイジアナをめぐる争いは長期化し，(2)北アメリカでの軍事衝突はしばしばヨーロッパでの戦争と連動した。戦争はヨーロッパ諸国間の交渉を通じて結ばれる条約で終結し，それらの条約は住民たちの意向を無視し，恣意的に北米における国境を引き直すこともあった。

1776年にイギリスからの独立を宣言した13植民地は，国際関係と連動した国境線変更の歴史を相続することとなる。米国が，(3)ミシシッピ川以西のフランス領ルイジアナや，いったんイギリス領とされたのに再度スペイン領となっていたフロリダを購入したのは，その典型といえる。いわゆる西部開拓史は，フロンティア＝無主地への民衆による入植の歴史だけで語ることはできない。連邦政府による他国との外交交渉およびその延長線上の戦争の結果としての国境線の書き換えの歴史でもある。

たとえば，スペイン領（　d　）植民地への米国の介入は1810年代に始まり，(4)メキシコがスペインからの独立を達成すると，まずは米国民衆によるメキシコ領（　d　）への入植が始まる。メキシコ政治の混乱につけこんで米国系メキシコ人が独立を宣言すると，米国政府はメキシコ政府の反対，イギリスやフランスの警告を無視して（　d　）共和国を承認するにいたる。(5)1845年，米国は（　d　）共和国の併合と州への昇格を強行したが，それがきっかけとなり開戦したアメリカ・メキシコ戦争の結果，（　e　）を含む広大な領域を米国領とすることで，米国政府は民衆に新たな「フロンティア」を開放したのである。ときは1848年，ゴールドラッシュの前年であった。

(X)これ以後，米国政府にとり，民衆に提供すべき新たな「フロンティア」は主として太平洋，そしてその先のアジアということになる。

A．以下の問いに答えなさい。

問1　（　a　）に入る語として最も適切なものを一つ選び，番号をマークしなさい。21

① プリマス　② ヴァージニア

③ コネティカット　④ ニュージャージー

問2　（　b　）に入る語として最も適切なものを一つ選び，番号をマークしなさい。22

① ジョージア　② ニューファンドランド

③ ニューヨーク　④ ペンシルヴェニア

問3　（　c　）に入る語として最も適切なものを一つ選び，番号をマークしなさい。23

① ロシア　② スペイン　③ オランダ　④ ポルトガル

問4　（　d　）に入る語として最も適切なものを一つ選び，番号をマークしなさい。24

① テネシー ② テキサス
③ ケンタッキー ④ オクラホマ

問 5 (e)に入る語として最も適切なものを一つ選び，番号をマークしなさい。 25

① オレゴン ② モンタナ
③ アイダホ ④ カリフォルニア

問 6 下線部(1)に関連して，スペインが北アメリカで滅ぼした先住民の王国の首都として最も適切なものを一つ選び，番号をマークしなさい。 26

① テオティワカン ② チチェン・イツァ
③ クスコ ④ テノチティトラン

問 7 下線部(2)に関連して，北米での衝突とヨーロッパでの戦争の組合せとして最も適切なものを一つ選び，番号をマークしなさい。 27

① プラッシーの戦い ― 七年戦争
② アン女王戦争 ― ファルツ戦争
③ アンボイナ事件 ― 三十年戦争
④ ジョージ王戦争 ― オーストリア継承戦争

問 8 下線部(3)に関連して，次の文a～cが，年代の古いものから順に正しく配列されているものを一つ選び，その番号をマークしなさい。 28

a ナポレオンはミシシッピ川以西のルイジアナを米国に売却した。
b ハイチはフランスからの独立を宣言した。
c 米国はスペインからフロリダ全域を買収した。

① a→b→c ② a→c→b
③ b→a→c ④ b→c→a
⑤ c→a→b ⑥ c→b→a

問 9　下線部(4)について述べた文 a と b の正誤の組合せとして正しいものを一つ選び，番号をマークしなさい。 29

a　スペインは，イダルゴによるメキシコ独立運動を弾圧した。

b　メキシコは，イダルゴの指導下，1821 年に独立を達成した。

① a ― 正　b ― 正

② a ― 正　b ― 誤

③ a ― 誤　b ― 正

④ a ― 誤　b ― 誤

問10　下線部(5)について述べた文として最も適切なものを一つ選び，番号をマークしなさい。 30

① フランスのナポレオン 3 世はこれに反対し，メキシコに派兵した。

② スペインはメキシコ再征服のため，米国と共同してメキシコに派兵した。

③ 米国はこの措置をモンロー主義によって正当化した。

④ この時期，「明白な天命」という新たな考え方が米国内で広がった。

B．リード文中の波線部(X)に関連して，以下の問いに答えなさい。

出来事

(あ) パナマ運河の完成
(い) ハワイの併合
(う) 南北戦争の終結
(え) ペリーの日本初来航
(お) カンザス・ネブラスカ法の制定
(か) 最初の大陸横断鉄道の開通

年代の古いものから順の並び替え

［A］→［B］→(う)→［C］→［D］→［E］

問11　出来事(あ)〜(か)を年代の古いものから順に正しく並べると，年代の一番古い［A］に入るものとして最も適切なものを一つ選び，番号をマークしなさい。なお，3番目には(う)が入る。［31］

① (あ)　② (い)　③ (え)　④ (お)　⑤ (か)

問12　出来事(あ)〜(か)を年代の古いものから順に正しく並べると，4番目となる［C］に入るものとして最も適切なものを一つ選び，番号をマークしなさい。［32］

① (あ)　② (い)　③ (え)　④ (お)　⑤ (か)

問13　出来事(あ)について述べた文として最も適切なものを一つ選び，その番号をマークしなさい。［33］

① フランス人技師レセップスがパナマ運河を完成させた。

② パナマ運河建設計画は棍棒外交の一環だった。

③ パナマ運河完成時の米国大統領はセオドア・ローズヴェルトだった。

④ パナマ運河完成時，善隣外交の成功例として喧伝された。

問14　出来事(い)と同じ年に米国に併合された島々として**誤っているもの**を一つ選び，番号をマークしなさい。［34］

① プエルトリコ　② フィリピン

③ グアム　④ ビスマルク諸島

問15　出来事(か)について述べた文として最も適切なものを一つ選び，その番号をマークしなさい。［35］

① クーリーは鉄道建設のための労働力として導入された。

② この鉄道の開通がアラスカ買収へとつながった。

③ この開通を受け，ホームステッド法が制定された。

④　中国系移民は開通への貢献を評価され，1882年の移民法による排斥対象から外された。

〔Ⅲ〕　次の文章を読んで，以下の設問に答えなさい。

冷戦は，イデオロギー対立という側面でみれば<u>ロシア革命</u>(a)に，アメリカ合衆国とソ連という超大国の対立という側面では第二次世界大戦中の<u>ヤルタ会談</u>(b)に，その起源を求めることができる。第二次世界大戦後に，ソ連が東ヨーロッパへの影響力を強め，さらに，中華人民共和国が成立し，社会主義圏が世界的に形成されていった。他方で，アメリカを中心として，西ヨーロッパ諸国や日本は，資本主義圏を形成したため，冷戦は経済体制の対立でもあった。

1920年代以来ソ連の指導者であったスターリンが1953年に死去すると，1956年には<u>スターリン批判</u>(c)が行われ，社会主義圏に大きな衝撃が走った。同年，ポーランドの(　ア　)では，生活改善と民主化を要求する民衆と軍・警察が衝突した。また，ハンガリーで起こった社会主義体制からの離脱を求める運動に対し，ソ連が軍事介入を行い，ハンガリー首相(　イ　)はのちに処刑された。1968年には，「プラハの春」と呼ばれる民主化運動がおこったが，ワルシャワ条約機構軍が軍事介入し，改革は潰えた。以後，社会主義圏においては，改革運動は阻害され，政治・経済の停滞へとつながった。

他方，<u>西側諸国の金融・経済体制</u>(d)は，1944年7月の(　ウ　)での会合から構築された。1950年には，西ヨーロッパ諸国の経済復興が進み，<u>ヨーロッパ地域統合の動き</u>(e)も現れた。日本は，<u>朝鮮戦争</u>(f)を機に経済復興が進み，1950年代後半から高度経済成長が始まった。1973年に第4次中東戦争が起こると，石油輸出国機構は原油価格を大幅に引き上げたため，先進工業国は大きな打撃を受けた。そこで，経済成長の鈍化，多国籍企業，環境など相互に共通する問題に対応するため，1975年から(　エ　)が開催されるようになった。

1970年代後半以降，ソ連では，経済面で社会主義体制が行き詰まりを見せていた。1980年代後半には，ソ連の書記長ゴルバチョフとアメリカ合衆国大統領(　オ　)との対話によって，米ソ間の緊張緩和が進んだ。そして，1989年12月には冷戦の終結が宣言され，1989年から1990年代初頭に<u>東ヨーロッパの社会主義体制は崩壊した</u>(g)。

問 1 （　ア　）に入る語として最も適切なものを一つ選び，その番号をマークしなさい。 36

① ポズナニ　② ダンツィヒ　③ リヴィウ　④ ワルシャワ

問 2 （　イ　）に入る語として最も適切なものを一つ選び，その番号をマークしなさい。 37

① コシュート　② フス　③ ナジ　④ マデロ

問 3 （　ウ　）に入る語として最も適切なものを一つ選び，その番号をマークしなさい。 38

① ダンバートン・オークス　② オタワ

③ ブレトン・ウッズ　④ ワシントン

問 4 （　エ　）に入る語として最も適切なものを一つ選び，その番号をマークしなさい。 39

① 国連人間環境会議　② コミンテルン

③ 国連貿易開発会議　④ 先進国首脳会議（サミット）

問 5 （　オ　）に入る語として最も適切なものを一つ選び，その番号をマークしなさい。 40

① ケネディ　② ニクソン　③ レーガン　④ オバマ

問 6 下線部(a)について述べた文として**誤っているもの**を一つ選び，その番号をマークしなさい。 41

① 地主の土地所有が廃止された。

② 社会民主党が臨時政府を指導した。

③ ペトログラードの蜂起が革命の契機となった。

④ ニコライ2世を退位させた。

問 7　下線部(b)について述べた文として最も適切なものを一つ選び，その番号をマークしなさい。 42

① 日本とソ連の相互不可侵が取り決められた。

② 戦後のドイツの共同管理が決定された。

③ アメリカ合衆国から連合国に武器貸与が認められた。

④ フランス北部への上陸作戦が約束された。

問 8　下線部(c)について，次の資料を読み，スターリンの事績に関する下の文**あ**～**お**について，資料から読み取れる内容を正しく述べているものを一つ選び，その番号をマークしなさい。(引用文には，省略したり，改めたりしたところがある。) 43

著作権の都合上，省略。

著作権の都合上，省略。

あ　一国社会主義を唱えたこと。

い　五か年計画を導入したこと。

う　一党独裁体制をとったこと。

え　独ソ不可侵条約を締結したこと。

お　「大粛清」を行ったこと。

①　資料からは，**あ**～**お**のすべてが批判されていることが読みとれる。

②　資料からは，**い**，**う**，**え**のみが批判されていることが読みとれる。

③　資料からは，**あ**のみが批判されていることが読みとれる。

④　資料からは，**え**のみが批判されていることが読みとれる。

⑤　資料からは，**お**のみが批判されていることが読みとれる。

問 9　資料中の下線部(x)に関連して，歴史上における崇拝の事例について述べた文として最も適切なものを一つ選び，その番号をマークしなさい。 44

①　ソロンは，皇帝として崇拝された。

②　アメンホテプ 4 世は，アトン神への崇拝を強制した。

③　ルイ 14 世は，太陽崇拝を行ったことで「太陽王」と呼ばれた。

④　ムッソリーニは，王制を打倒したことで崇拝の対象となった。

問10　下線部(d)の歴史について述べた次の文 a ～ c が，年代の古いものから順に正しく配列されているものを一つ選び，その番号をマークしなさい。 45

a　世界貿易機関（ＷＴＯ）が設立された。

b　国際通貨基金（ＩＭＦ）が設立された。

c　ドル＝ショックが起こった。

①　a → b → c　②　a → c → b
③　b → a → c　④　b → c → a
⑤　c → a → b　⑥　c → b → a

問11　下線部(e)について，現在のＥＵへとつながっていく組織に対抗して，イギリスを中心に1960年に設立された組織として最も適切なものを一つ選び，その番号をマークしなさい。 46

①　ヨーロッパ自由貿易連合（ＥＦＴＡ）
②　ヨーロッパ経済共同体（ＥＥＣ）
③　ヨーロッパ原子力共同体（ＥＵＲＡＴＯＭ）
④　ヨーロッパ石炭鉄鋼共同体（ＥＣＳＣ）

問12　下線部(f)について述べた次の文ａとｂの正誤の組合せとして正しいものを一つ選び，その番号をマークしなさい。 47

ａ　ソ連が人民義勇軍を派兵して，戦局が膠着（こうちゃく）した。
ｂ　戦争の結果，朝鮮民主主義人民共和国と大韓民国が成立した。

①　ａ ― 正　ｂ ― 正
②　ａ ― 正　ｂ ― 誤
③　ａ ― 誤　ｂ ― 正
④　ａ ― 誤　ｂ ― 誤

問13　下線部(g)に関連して，1989年から1991年に東ヨーロッパで起こったことについて述べた文として最も適切なものを一つ選び，その番号をマークしなさい。 48

①　ポーランドで，自主管理労働組合「連帯」が創設された。
②　ルーマニアで，大統領だったチャウシェスクが処刑された。
③　チェコスロヴァキアが独立した。
④　セルビアとモンテネグロが分離した。

政治・経済

（60分）

I 次の文章1～3を読み，下の問い（問1～20）に答えなさい。

文章1

次頁の図は，ⅰ）パンデミック前（2019年），ⅱ）パンデミック期（2020年），ⅲ）パンデミックからの需要回復期（2021年），ⅳ）ロシアによるウクライナ侵略以降（2022年）のそれぞれの時期における物価変動を需給均衡メカニズムの観点から概説するためのイメージ図である。

まず，ⅰ）からⅱ）に対しての変化は，経済社会活動の停滞に伴う［ A ］であった。［ B ］したため，この時期の物価はパンデミック前と比して低水準であった。ⅱ）からⅲ）の状態に移行するに連れ，経済社会活動の再開により主に欧米諸国で需要曲線は［ C ］していった一方で，労働市場に人が戻ってこず，また，財の供給元である［ D ］では依然としてパンデミックに伴う経済社会活動の制限のために供給は依然としてパンデミック前の状態には戻らなかったため，物価は上昇した。こうした状況の中，ⅳ）ロシアによるウクライナ侵略により，［ E ］の供給リスクが高まり，［ F ］にシフトし，更なる物価上昇を招いた。

（中略）

（上記の）近年の物価上昇が［ G ］に起因する側面が強いものであるにも関わらず，金融引締め政策(a)を講じることは，需要の抑制を通じて経済を緊縮させうるものであり，労働力の減少や［ H ］の混乱等に伴う供給のボトルネックを早期に解消するとともに，これらの強靱性を高め，供給力を強化させることで，インフレ圧力(b)を低減させると同時に経済成長を促していくことが重要であるということができる。

（出所　経済産業省『令和５年版通商白書』，第Ｉ部，第２章，第１節，1．pp. 78-79　より，一部改稿。）

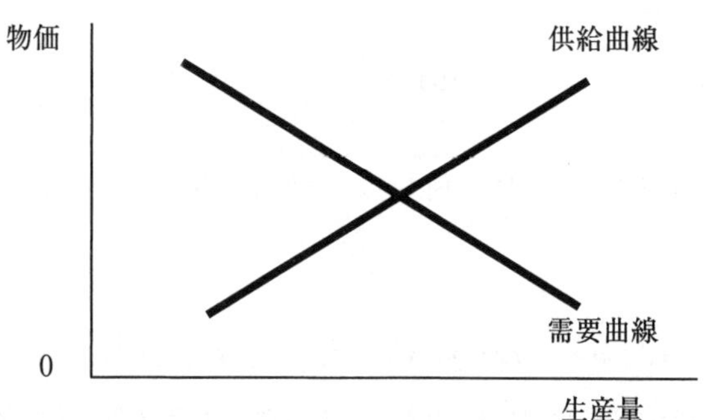

問１　［ A ］に入る文節として最も適切なものを選択肢①～④の中から一つ選んで，解答用紙の［ 1 ］にマークしなさい。

① 需要曲線と供給曲線の左側シフト

② 需要曲線と供給曲線の右側シフト

③ 需要曲線と供給曲線の現状維持

④ 需要曲線の右側シフトと供給曲線の左側シフト

問２　［ B ］に入る文節として最も適切なものを選択肢①～④の中から一つ選んで，解答用紙の［ 2 ］にマークしなさい。

① 供給と需要がともに増加　　② 需要能力以上に供給が減少

③ 供給能力以上に需要が減少　　④ 供給と需要がほぼ一致

問３　［ C ］に入る文節として最も適切なものを選択肢①～④の中から一つ選んで，解答用紙の［ 3 ］にマークしなさい。

① 分散化　　② 右側にシフト

③ 非弾力化　　④ 左側にシフト

問 4 [D] に入る語句として最も適切なものを選択肢①～④の中から一つ選んで，解答用紙の [4] にマークしなさい。

① 先進国　② OECD 諸国
③ G 7 諸国　④ 新興国・途上国

問 5 [E] に入る語句として，ロシアから他国への主要輸出品目も考慮して，最も適切なものを選択肢①～④の中から一つ選んで，解答用紙の [5] にマークしなさい。

① 医薬品　② エネルギーや食料
③ 電気機器　④ 機械装置

問 6 [F] に入る文節として最も適切なものを選択肢①～④の中から一つ選んで，解答用紙の [6] にマークしなさい。

① 需要曲線がさらに右側　② 需要曲線がさらに左側
③ 供給曲線がさらに右側　④ 供給曲線がさらに左側

問 7 [G] に入る語句として最も適切なものを選択肢①～④の中から一つ選んで，解答用紙の [7] にマークしなさい。

① 貯蓄サイド　② 需要サイド
③ 輸出入サイド　④ 供給サイド

問 8 下線部(a)に関する説明として最も適切なものを選択肢①～④の中から一つ選んで，解答用紙の [8] にマークしなさい。

① 中央銀行が資金供給オペレーションを行う。
② 市場金利を低下させる。
③ マネーサプライを増やす。
④ 中央銀行が国債を売る。

問 9 [H] に入る語句として最も適切なものを選択肢①～④の中から一つ選んで，解答用紙の [9] にマークしなさい。

① 消費者ネットワーク　② 生活協同組合
③ サプライチェーン　④ ソーシャル・ネットワーク・サービス

問10　下線部(b)に関する説明として最も適切なものを選択肢①～④の中から一つ選んで，解答用紙の 10 にマークしなさい。

① 外国通貨に対して自国通貨の為替レートの下落は，当該国でのインフレ圧力となる。
② 「商品の価値」が下がり「お金の価値」が上がる方向への圧力となる。
③ 原材料の投入価格の下落はインフレ圧力となる。
④ 労働組合の賃上げ交渉の失敗はインフレ圧力となる。

文章2

感染症の影響で経済への下押し圧力が急速に顕在化する中，政府は，大規模な経済対策(a)等を通じて，感染拡大の防止と，事業・雇用(b)をはじめ国民生活を守ることに優先的に取り組んできた。その結果，基礎的財政収支(PB)(c)赤字が拡大し，債務残高も大きく積み上がったが，一方で，リーマンショック(d)時以来の大幅なマイナスの経済成長となったにもかかわらず，税(e)収が増加するなど，過去に経験したことのないような動きもみられた。

（出所　内閣府『令和４年度　年次経済財政報告』，令和４年７月，第１章，第３節，p. 75　より）

問11　下線部(a)に関連して，国の予算に関する説明として最も適切なものを選択肢①～④の中から一つ選んで，解答用紙の 11 にマークしなさい。

① わが国の令和以降の各年度の一般会計予算は500兆円を超えている。
② 令和以降，各特別会計の歳出予算額を単純に合計した歳出総額は，各年度において100兆円を上回ったことはない。
③ わが国の令和以降の各年度の一般会計予算の歳入において「租税及び印紙収入」が55兆円を超えている。
④ わが国の令和以降の各年度の一般会計予算の歳出において，国債費が50％を超えている。

問12 下線部(b)に関連して，いわゆる労働三法に含まれる法律として最も適切なものを選択肢①～④の中から一つ選んで，解答用紙の 12 にマークしなさい。

① 最低賃金法　② 男女雇用機会均等法

③ 労働契約法　④ 労働組合法

問13 下線部(c)に関する説明として最も適切なものを選択肢①～④の中から一つ選んで，解答用紙の 13 にマークしなさい。

① PB＝政策的経費－税収等　と計算される。

② わが国では，PB の均衡化が目指されてきたが，その背景に国と地方の借金（長期債務残高）が，GDP 比 1270％を超えていることがある。

③ わが国の PB 単年度黒字化は，2019 年に達成されている。

④ PB の改善には，政策上，公債発行増加が不可欠である。

問14 下線部(d)は 2008 年に起きた米国における住宅バブル崩壊に伴う景気悪化であるが，それに関連する説明として**適切ではないもの**を選択肢①～④の中から一つ選んで，解答用紙の 14 にマークしなさい。

① 当時は共和党の大統領であった。

② 米国のみならず世界の株式市場で株価の暴落に波及した。

③ 急激なドル安円高に波及した。

④ 日本銀行は 2008 年 10 月に政策金利の引上げに踏み切った。

問15 下線部(e)に関する説明として**適切ではないもの**を選択肢①～④の中から一つ選んで，解答用紙の 15 にマークしなさい。

① 累進課税制度には，ビルト・イン・スタビライザーがあるとされる。

② 法人税引き下げの背景の一つには，国際的な企業誘致の競争がある。

③ 消費税制度における軽減税率導入は，逆進性による公平性を意図したものである。

④ わが国での税収の直間比率は，約 6 割が直接税，約 4 割が間接税である。

文章3

消費者庁(a)では，消費者基本法(b)の規定に基づき，消費者政策を計画的に進め，消費者の利益の擁護・増進を図るための政府の施策の方針を定める消費者基本計画を策定しています。

（中略）

第五の柱は「消費者行政を推進するための体制整備」です。地方消費者行政の充実・強化に向け，「地方消費者行政強化作戦2020」を策定し，相談体制の強化，質の向上等を推進するとともに，社会のデジタル化(c)等に対応するため，消費生活相談(d)のデジタル化を推進することとしています。また，2020年7月に徳島県に設置した「新未来創造戦略本部」の活用を進め，消費者政策(e)に関する研究を推進することとしています。

（出所　消費者庁『令和4年度　消費者政策の実施の状況』，令和5年6月，第2部，第1章，第1節，pp. 142-143　より）

問16　下線部(a)を所管する上部組織として最も適切なものを選択肢①～④の中から一つ選んで，解答用紙の 16 にマークしなさい。

①　経済産業省　　②　厚生労働省

③　総務省　　④　内閣府

問17　下線部(b)に関する説明として**適切ではないもの**を選択肢①～④の中から一つ選んで，解答用紙の 17 にマークしなさい。

①　消費者保護基本法が改正されたものである。

②　商品及び役務の計量や規格，表示についての条項が含まれている。

③　苦情処理は，迅速化のため，消費者庁で集中的かつ専権的に行う旨が規定される。

④　消費者の権利の尊重及びその自立の支援を理念とする法である。

問18　下線部(c)に関する説明として**適切ではないもの**を選択肢①～④の中から一つ選んで，解答用紙の 18 にマークしなさい。

① デジタル庁の発足は安倍晋三政権下であった。

② DX とはデジタル・トランスフォーメーションを指す言葉である。

③ デジタル庁は，マイナンバー制度を担当している。

④ 政府は，2021 年にデジタル社会形成基本法を含む複数の法律を制定した。

問19 下線部(d)を担う消費者庁所管の独立行政法人として最も適切なものを選択肢①～④の中から一つ選んで，解答用紙の 19 にマークしなさい。

① 国民生活センター ② 消費生活協同組合

③ 製品評価技術基盤機構 ④ 消費生活センター

問20 下線部(e)に関する説明として**適切ではないもの**を選択肢①～④の中から一つ選んで，解答用紙の 20 にマークしなさい。

① 米国にて消費者の 4 つの権利が示されたのは，フォード大統領政権下であった。

② 消費者の 4 つの権利は，1980 年代には「健全な環境を求める権利」などを加え，8 つの権利に増えた。

③ 日本において，製造物責任法が成立したのは，1994 年であった。

④ 日本におけるクーリングオフは，主として特定商取引法に規定されている。

Ⅱ 次の文章を読み，下の問い(問 21～35)に答えなさい。

日本国憲法は，「地方自治」の章を設けて，明治以来の中央集権的な仕組みを第2次世界大戦後に改めた。［ A ］が「地方自治は民主主義の学校」と主張したように，地方自治は，人々が身近に抱える問題への取り組みを通じて，国政の運営に必要な能力を養う場と考えられる。地方自治を実現するために，地方公共団体(地方自治体)が設けられている。日本国憲法第 92 条に基づいて，地方自治法では「地方自治の本旨」として2つの原理を取り入れた。それは，「［ B ］自治」，つまり地方自治体が国から自立して政治を行うこと，そして「［ C ］自治」，つまり人々が参加し自治を行うことである。地方自治体は，法律上「普通地方公共団体」(都道府県と市町村)と「特別地方公共団体」(東京都の特別区，広域連合他)に区分されるが，地方自治体というと通常，都道府県，市町村と特別区を指す。地方自治体には，執行機関としての<u>首長</u>(a)と議事機関としての議会が置かれており，ともに住民の直接選挙によって選ばれる二元代表制が採用されている。また，地方自治体には，<u>行政委員会</u>(b)が執行機関として設置されている。

「［ B ］自治」については，日本国憲法第 94 条では，「地方公共団体は，その財産を管理し，事務を処理し，及び行政を執行する権能を有し，［ D ］の範囲内で［ E ］を制定することができる」と定められている。「［ C ］自治」に関しては，地方自治を豊かにするには地域の人々の声を地方自治体に反映させる必要がある。そのために，例えば，地方自治法で<u>直接請求権</u>(c)が認められている。また，最近では<u>住民投票条例による住民投票</u>(d)が各地で行われるようになった。その代表的な事例が<u>1996 年 8 月に新潟県巻町で実施された住民投票</u>(e)である。

他方で，第2次世界大戦後の日本では，地方自治は国からの強い関与・統制を受けてきた。特に，国の指揮監督のもとで国の機関として行う［ F ］が地方自治体の仕事の広範囲にわたっていた。そこで，1999 年に［ G ］が成立し，それまでの［ F ］は廃止され，地方自治体の仕事の内容は大きく改められた。

地方自治のためには財源も必要である。地方自治体の財源は，地方税のほか，地方交付税(f)，国庫支出金，地方債などから構成される。第２次世界大戦直後に来日し，税制の近代化を勧告した［H］は，地方税財源のあり方にも影響を与えた。

しかし，長期にわたる経済不況や高齢社会の進展で地方財源は充実せず，財政効率化のために市町村合併が進んだ。また，小泉内閣によって，国から地方自治体への税源移譲や国庫支出金削減などを通じて財政自由度を高めることを目指すため実現された［I］だったが，結果的に財政悪化に繋がった。加えて，大幅に人口が減少し，崩壊に瀕する集落(限界集落)が急増している。限界集落とは，住民の［J］が満［K］歳以上で，地域社会の維持そのものが困難になった集落をいう。

問21　［A］に入る用語として最も適切なものを選択肢①～④の中から一つ選んで，解答用紙の［21］にマークしなさい。

①　ルソー　②　バーク　③　ブライス　④　ロック

問22　［B］に入る用語として最も適切なものを選択肢①～④の中から一つ選んで，解答用紙の［22］にマークしなさい。

①　団　体　②　地　域　③　住　民　④　公　共

問23　［C］に入る用語として最も適切なものを選択肢①～④の中から一つ選んで，解答用紙の［23］にマークしなさい。

①　団　体　②　地　域　③　住　民　④　公　共

問24　［D］と［E］に入る用語の組み合わせとして最も適切なものを①～④の中から一つ選んで，解答用紙の［24］にマークしなさい。

①　D：法　律　E：条　例
②　D：政　令　E：条　例
③　D：法　律　E：規　則
④　D：政　令　E：規　則

問25 [F] に入る用語として最も適切なものを選択肢①～④の中から一つ選んで，解答用紙の [25] にマークしなさい。

① 団体委任事務　② 法定受託事務
③ 自治事務　④ 機関委任事務

問26 [G] に入る用語として最も適切なものを選択肢①～④の中から一つ選んで，解答用紙の [26] にマークしなさい。

① 新町村建設促進法　② 地方分権一括法
③ 地域再生法　④ 行政手続法

問27 [H] に入る用語として最も適切なものを選択肢①～④の中から一つ選んで，解答用紙の [27] にマークしなさい。

① ドッジ　② ガリオア　③ シャウプ　④ マーシャル

問28 [I] に入る用語として最も適切なものを選択肢①～④の中から一つ選んで，解答用紙の [28] にマークしなさい。

① 三位一体の改革　② 地方財政健全化法の制定
③ 財政投融資改革　④ ふるさと納税制度の導入

問29 [J] と [K] に入る用語と数字の組み合わせとして最も適切なものを選択肢①～④の中から一つ選んで，解答用紙の [29] にマークしなさい。

① J：過半数　K：75
② J：３分の２以上　K：65
③ J：過半数　K：65
④ J：３分の２以上　K：75

問30 下線部(a)の首長のうち都道府県知事の説明として最も適切なものを選択肢①～④の中から一つ選んで，解答用紙の [30] にマークしなさい。

① 都道府県知事は都道府県議会を解散することができる。

② 都道府県知事は条例の制定権を有する。

③ 都道府県知事の被選挙権は満25歳以上の国民にある。

④ 都道府県知事の任期は6年である。

問31 下線部(b)に関連して，地方自治体の行政委員会として都道府県のみに設置されているものを選択肢①～④の中から一つ選んで，解答用紙の 31 にマークしなさい。

① 選挙管理委員会　② 教育委員会

③ 公安委員会　④ 人事委員会

問32 下線部(c)の直接請求権として地方自治法に**存在しないもの**を選択肢①～④の中から一つ選んで，解答用紙の 32 にマークしなさい。

① 条例の制定または改廃の請求　② 事務監査の請求

③ 議会の招集請求　④ 首長の解職請求

問33 下線部(d)について，**誤っているもの**を選択肢①～④の中から一つ選んで，解答用紙の 33 にマークしなさい。

① 住民投票条例による住民投票の結果は法的拘束力をもつ。

② 住民投票条例による住民投票の実施には，特定の問題のためでなく常設型の住民投票を制度化する地方自治体もみられる。

③ 住民投票条例による住民投票はレファレンダムとも呼ばれる。

④ 住民投票条例による住民投票の投票権を中学生に認める事例がある。

問34 下線部(e)について，この時に実施されたのは何についての住民投票だったか，最も適切なものを選択肢①～④の中から一つ選んで，解答用紙の 34 にマークしなさい。

① 市町村合併　② 産業廃棄物最終処分場の建設

③ 米軍基地の縮小　④ 原子力発電所の建設

問35　下線部(f)の説明として，最も適切なものを選択肢①～④の中から一つ選んで，解答用紙の 35 にマークしなさい。

① 地方自治体がその使途を自主的に決定できない。

② 国税と地方税の一部を原資としている。

③ 地方自治体間の財政格差を均等化することを目的としている。

④ 2022年度の地方自治体全体の歳入に占める割合は地方税収よりも多い。

Ⅲ 次の文章を読み，下の問い(問36～50)に答えなさい。

国際連合は国際連合 A に基づいて設立された国際機構である。国際連合 A は1945年4月から米国西海岸の B で開催された「国際機構に関する連合国会議」(a)(B 会議)における交渉の結果，同年6月26日に50か国によって署名された。同年10月24日に国際連合 A が発効したことを受けて，51か国を原加盟国として国際連合が発足した(b)。日本は1952年6月に国際連合への加盟を申請し，この申請は1956年12月になって認められた(c)。1960年に採択された「植民地独立付与宣言」(d)を受けて植民地の独立が進んだこと，1980年代末の冷戦終結に関連してその後に生じた地域情勢や各国情勢の変化(e)などを反映し，加盟国は今日までに193か国に増加した。

国際連合 A 第7条1項の規定により，国際連合の主要機関として，総会，安全保障理事会，経済社会理事会， C 理事会， D 裁判所および事務局が設けられている。総会はすべての加盟国によって構成され，国際の平和および安全の維持に関する勧告，安全保障理事会の非常任理事国の選挙，新加盟国の国際連合への加盟の承認，加盟国としての権利および特権の停止，加盟国の除名，予算問題(f)などを含む幅広い事項について権限を持つ。重要問題に関する決定は出席しかつ投票する構成国の3分の2の多数によって行われるのに対して，その他の問題に関する決定は出席しかつ投票する構成国の過半数によって行われる。安全保障理事会は当初は E か国で構成されていたが，1963年の改正が1965年に発効したことによって，［F］か国で構成されることになり，現在に至っている。なお，国際連合［A］第23条1項は，「［G］，フランス，［H］，グレート・ブリテン及び北部アイルランド連合王国及びアメリカ合衆国は，安全保障理事会の常任理事国となる」と規定する。この文言は国際連合［A］の成立以来維持されてきた。安全保障理事会は国際の平和および安全の維持に関する主要な責任を負い，とくに国際連合［A］第7章に基づいて非軍事的措置と軍事的措置をとることができる。安全保障理事会の決定は手続事項とそれ以外で大きく異なる。現在の国際連合［A］第27条の規定により，手続事項に関する決定は，「［I］理事国の賛成投票によって行われる」のに対して，その他のすべての事項に関する決定は，「［J］の同意投票を含む［I］理事国の賛成投票によって行われる。但し，第6章及び第52条3に基く決定については，［K］は，投票を棄権しなければならない。」

資料1：1956年10月30日の安全保障理事会第749回会合における安全保障理事会決議案(スエズ動乱)に対する理事国の投票行動

賛成　常任理事国3か国，キューバ，イラン，ペルー，ユーゴスラビア

反対　常任理事国2か国

棄権　オーストラリア，ベルギー

資料2：2022年5月26日の安全保障理事会第9048回会合における安全保障理事会決議案(朝鮮民主主義人民共和国の大陸間弾道ミサイルの発射)に対する理事国の投票行動

賛成　常任理事国3か国，アルバニア，ブラジル，ガボン，ガーナ，インド，アイルランド，ケニア，メキシコ，ノルウェー，アラブ首長国連邦

反対　常任理事国2か国

棄権　なし

問36　［A］に入る語句として最も適切なものを選択肢①～④の中から一つ選んで，解答用紙の［36］にマークしなさい。

① 議定書
② 規　約
③ 憲　章
④ 条　約

問37 [B] に入る地名として最も適切なものを選択肢①～④の中から一つ選んで，解答用紙の [37] にマークしなさい。

① サンフランシスコ
② シカゴ
③ ニューヨーク
④ ワシントンDC

問38 下線部(a)に関し，この会議に参加した国として最も適切なものを選択肢①～④の中から一つ選んで，解答用紙の [38] にマークしなさい。

① 英　国
② シンガポール
③ ドイツ
④ 日　本

問39 下線部(b)に関し，「国際機構に関する連合国会議」には参加しなかったものの，国際連合の原加盟国として認められた国として最も適切なものを選択肢①～④の中から一つ選んで，解答用紙の [39] にマークしなさい。

① イタリア
② スイス
③ ポーランド
④ リトアニア

問40 下線部(c)に関し，それまで日本の加盟に反対していた国が立場を変更してこれを支持する旨明らかにした文書として最も適切なものを選択肢①～④の中から一つ選んで，解答用紙の [40] にマークしなさい。

① 日韓基本条約

② 日ソ共同宣言

③ 日中共同声明

④ 日米安全保障条約

問41 下線部(d)に関連して，次の記述のうち**適切ではないもの**を選択肢①～④の中から一つ選んで，解答用紙の 41 にマークしなさい。

① 「植民地独立付与宣言」は総会において採択された。

② 「植民地独立付与宣言」は自決権に触れている。

③ 1960年はアフリカの17か国が国際連合に加盟したことから「アフリカの年」と呼ばれている。

④ 1960年代末までにアフリカの国際連合加盟国は50か国を超えた。

問42 下線部(e)に関し，旧ユーゴスラビア諸国の中で2022年3月末時点において国際連合に加盟していない国として最も適切なものを選択肢①～④の中から一つ選んで，解答用紙の 42 にマークしなさい。

① クロアチア

② コソボ

③ セルビア

④ モンテネグロ

問43 C に入る語句として最も適切なものを選択肢①～④の中から一つ選んで，解答用紙の 43 にマークしなさい。

① 一 般

② 閣 僚

③ 人 権

④ 信託統治

問44 D に入る語句として最も適切なものを選択肢①～④の中から一つ選んで，解答用紙の 44 にマークしなさい。

① 国際刑事

② 国際司法

③ 常設国際司法

④ 常設仲裁

問45　下線部(f)に関し，日本，英国，中国，ドイツ，フランス，米国，ロシアの通常予算の分担率は次のグラフのとおりである。α・β・γに該当する国の組み合わせとして最も適切なものを選択肢①～④の中から一つ選んで，解答用紙の 45 にマークしなさい。

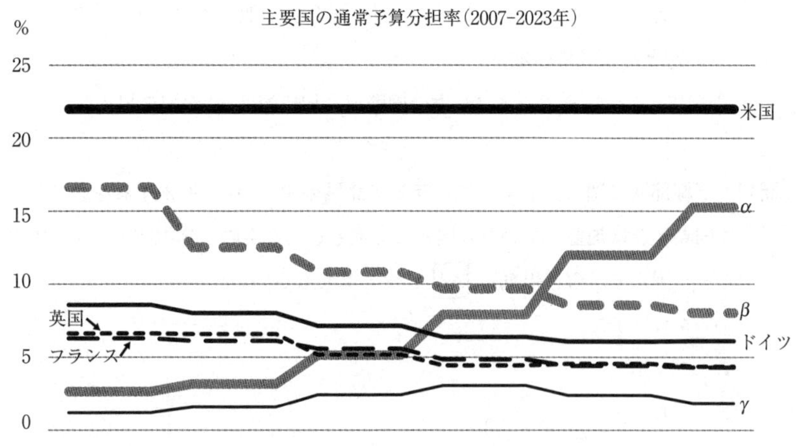

(出所　国際連合ホームページ掲載のデータに基づき作成)

① α：中国　β：ロシア　γ：日本

② α：日本　β：中国　γ：ロシア

③ α：中国　β：日本　γ：ロシア

④ α：日本　β：ロシア　γ：中国

問46　[E] に入る数字として最も適切なものを選択肢①～④の中から一つ選んで，解答用紙の 46 にマークしなさい。

① 10

② 11

③ 12

④ 13

問47 [F] と [I] に入る数字の組み合わせとして最も適切なものを選択肢①～④の中から一つ選んで，解答用紙の [47] にマークしなさい。

① F：15　I：8

② F：15　I：9

③ F：20　I：12

④ F：20　I：15

問48 [G] と [H] に入る国名の組み合わせとして最も適切なものを選択肢①～④の中から一つ選んで，解答用紙の [48] にマークしなさい。

① G：中華人民共和国　H：ソヴィエト社会主義共和国連邦

② G：中華民国　H：ソヴィエト社会主義共和国連邦

③ G：中華人民共和国　H：ロシア連邦

④ G：中華民国　H：ロシア連邦

問49 [J] と [K] に入る語句の組み合わせとして最も適切なものを選択肢①～④の中から一つ選んで，解答用紙の [49] にマークしなさい。

① J：常任理事国　K：紛争当事国

② J：非常任理事国　K：紛争当事国

③ J：常任理事国　K：国連非加盟国

④ J：非常任理事国　K：国連非加盟国

問50 資料1および資料2に関し，いずれの決議案にも賛成した常任理事国として最も適切なものを選択肢①～④の中から一つ選んで，解答用紙の [50] にマークしなさい。

① 英 国
② 中 国
③ フランス
④ 米 国

数学

マーク・シート記入上の注意

1　解答は，解答用紙の問題番号に対応した解答欄にマークすること．

2　問題の文中の [1]，[2][3] などには，特に指示がないかぎり，符号(−)，数字(0～9)又は文字(a～d)が入る．1，2，3，… の一つ一つは，これらのいずれか一つに対応する．それらを解答用紙の1，2，3，… で示された解答欄にマークして答えよ．

例　[1][2][3] に −83 と答えたいとき

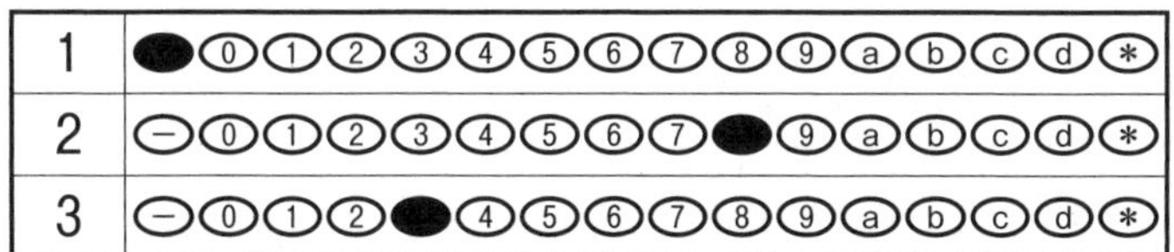

なお，同一の問題文中に [1]，[2][3] などが2度以上現れる場合，2度目以降は，[1]，[2][3] のように細字で表記する．

3　分数形で解答する場合，分数の符号は分子につけ，分母につけてはいけない．

例えば，$\dfrac{[4][5]}{[6]}$ に $-\dfrac{4}{5}$ と答えたいときは，$\dfrac{-4}{5}$ として答えよ．

また，それ以上約分できない形で答えること．

例えば，$\dfrac{3}{4}$ と答えるところを，$\dfrac{6}{8}$ のように答えてはいけない．

4　根号あるいは対数を含む形で解答する場合は，根号の中や真数に現れる自然数が最小となる形で答えよ．

例えば，$[7]\sqrt{[8]}$ に $4\sqrt{2}$ と答えるところを，$2\sqrt{8}$ のように答えてはいけない．また，$[9]\log_2[10]$ に $6\log_2 3$ と答えるところを，$3\log_2 9$ のように答えてはいけない．

5　分数形で根号を含む形で解答する場合，$\dfrac{\boxed{11}+\boxed{12}\sqrt{\boxed{13}}}{\boxed{14}}$ に $\dfrac{3+2\sqrt{2}}{2}$ と答えるところを，$\dfrac{6+4\sqrt{2}}{4}$ や $\dfrac{6+2\sqrt{8}}{4}$ のように答えてはいけない．

◀数学Ⅰ・Ⅱ・Ⅲ・A・B▶

（70分）

Ⅰ

(1) 点$(x,\ y)$が楕円 $5x^2+y^2=4$ 上を動くとき，$2x-y$ の最大値は

$$\frac{\boxed{1}\sqrt{\boxed{2}}}{\boxed{3}}$$ であり，そのときのx，yの値は $x=\dfrac{\boxed{4}\sqrt{\boxed{5}}}{\boxed{6}\boxed{7}}$，

$$y=\frac{\boxed{8}\boxed{9}\sqrt{\boxed{10}}}{\boxed{11}}$$ である.

(2) 相異なる2点A$(-1,\ a)$，B$(b,\ 0)$に対して，AP：BP＝1：2 を満たす点Pの軌跡が中心$(-2,\ -4)$の円になるとき，$a=\boxed{12}\boxed{13}$，$b=\boxed{14}$ である．また，この円の半径は$\boxed{15}\sqrt{\boxed{16}}$ である.

Ⅱ 数直線上に2点P，Qがある．青球5個，赤球3個，白球1個が入った袋から同時に2個の球を取り出し，取り出された青球の数の長さだけPを正の方向に，赤球の数の長さだけQを負の方向に動かす．ただし，取り出された球に青球がなければPは動かさず，赤球がなければQは動かさない．最後に，取り出した球を袋に戻す．

はじめP，Qは両方とも原点Oにあるとし，上の操作を3回繰り返す．

(1)　1回目の操作後にPが2にある確率は $\dfrac{\boxed{17}}{\boxed{18}\boxed{19}}$ である．

(2)　2回目の操作後にPが2にありQが－1にある確率は $\dfrac{\boxed{20}\boxed{21}}{\boxed{22}\boxed{23}\boxed{24}}$ である．

(3)　2回目の操作後にPとQの距離がちょうど2である確率は $\dfrac{\boxed{25}}{\boxed{26}\boxed{27}}$ である．

(4)　3回目の操作後にPとQの距離が4以上である確率は $\dfrac{\boxed{28}\boxed{29}\boxed{30}}{\boxed{31}\boxed{32}\boxed{33}}$ である．

Ⅲ　a，b を実数の定数とする．関数 $f(x) = ax + b$ に対して，$f_1(x) = f(x)$ とおき，自然数 n に対して，

$$f_{n+1}(x) = f(f_n(x))$$

と定める．例えば $f_2(x) = f(f(x))$，$f_3(x) = f(f_2(x))$ である．

(1)　$a = 2$，$b = 1$ のとき，

$$f_3(x) = \boxed{34}\,x + \boxed{35}, \quad f_5(x) = \boxed{36}\boxed{37}\,x + \boxed{38}\boxed{39}$$

である．

以下，$f_n(x)$ の x の係数を a_n，定数項を b_n と表す．

(2)　$a = \dfrac{1}{2}$，$b = 3$ のとき，$\lim\limits_{n \to \infty} a_n = \boxed{40}$，$\lim\limits_{n \to \infty} b_n = \boxed{41}$ が成り立つ．

(3)　$a = 3$，$b = 5$ のとき，$\lim\limits_{n \to \infty} \dfrac{a_n}{b_n} = \dfrac{\boxed{42}}{\boxed{43}}$ が成り立つ．

(4)　$f(0) = f_3(0)$，$f(0) \neq f_2(0)$ のとき，$a = \boxed{44}\boxed{45}$ である．

IV 次で定義される関数 $y=f(x)$ $(x>1)$ を考える．

$$f(x)=\frac{1}{2}x^2-6\log(x-1)+\frac{3}{2}$$

(1) 関数 $y=f(x)$ は，$x=\boxed{46}$ のとき最小値 $\boxed{47}-\boxed{48}\log\boxed{49}$ をとる．

(2) 曲線 $y=f(x)$ 上の点 P$(5,\ f(5))$ における接線の方程式は

$$y=\frac{\boxed{50}}{\boxed{51}}x-\frac{\boxed{52}}{\boxed{53}}-\boxed{54}\boxed{55}\log\boxed{56}$$

である．

(3) 曲線 $y=f(x)$，直線 $x=3$，$x=5$ および x 軸で囲まれた部分の面積は

$$\frac{\boxed{57}\boxed{58}}{\boxed{59}}-\boxed{60}\boxed{61}\log\boxed{62}$$

である．

V　a, b を実数の定数とする．関数 $f(x)$ $(0 \leqq x \leqq \pi)$ を

$$f(x)=\begin{cases} 2-4\cos x & \left(0 \leqq x \leqq \dfrac{\pi}{3}\right) \\ a\sin x+b & \left(\dfrac{\pi}{3} < x \leqq \pi\right) \end{cases}$$

で定める．$f(x)$ は $x=\dfrac{\pi}{3}$ で連続であり，さらに微分可能とする．

(1)　$a=\boxed{63}\sqrt{\boxed{64}}$，$b=\boxed{65}\boxed{66}$ である．

(2)　$f(x)=0$ となるのは，$x=\dfrac{\boxed{67}}{\boxed{68}}\pi$ および $\dfrac{\boxed{69}}{\boxed{70}}\pi$ のときである．

ただし，$\dfrac{\boxed{67}}{\boxed{68}}<\dfrac{\boxed{69}}{\boxed{70}}$ とする．

(3)　曲線 $y=f(x)$ の $\dfrac{\boxed{67}}{\boxed{68}}\pi \leqq x \leqq \dfrac{\boxed{69}}{\boxed{70}}\pi$ の部分と x 軸で囲まれた図形を D とする．D の面積は

$$\boxed{71}\sqrt{\boxed{72}}-\boxed{73}\pi$$

であり，D を x 軸の周りに1回転してできる回転体の体積は

$$\boxed{74}\boxed{75}\pi^2-\boxed{76}\boxed{77}\sqrt{\boxed{78}}\pi$$

である．

◀数学Ⅰ・Ⅱ・A・B▶

（60分）

I 以下の問に答えよ．

(1) $\left(\dfrac{1}{216}\right)^{\log_6 \frac{2}{3}} = \dfrac{\boxed{1}\boxed{2}}{\boxed{3}}$ である．

(2) $\log_2 x + \log_2 (4y) = 6$ のとき，

$\dfrac{3}{x} + \dfrac{1}{y}$ の最小値は $\dfrac{\sqrt{\boxed{4}}}{\boxed{5}}$ であり，

そのとき $x = \boxed{6}\sqrt{\boxed{7}}$，$y = \dfrac{\boxed{8}\sqrt{\boxed{9}}}{\boxed{10}}$ である．

(3) $\dfrac{x^2}{4} + \dfrac{y}{7} = 1$，$x > 0$，$y > 0$ のとき，

$\log_2 x - \log_4 \dfrac{1}{y}$ の最大値は $\dfrac{\boxed{11}}{\boxed{12}} \log_2 \boxed{13}$ であり，

そのとき $x = \sqrt{\boxed{14}}$，$y = \dfrac{\boxed{15}}{\boxed{16}}$ である．

Ⅱ　△ABCにおいて，AB：BC：CA＝7：3：8であり，その面積は$18\sqrt{3}$であるとする．

(1)　$\cos\angle ACB=\dfrac{\boxed{17}}{\boxed{18}}$である．

(2)　$AB=\boxed{19}\sqrt{\boxed{20}}$である．

(3)　△ABCの外接円の半径は$\boxed{21}$である．

(4)　∠ACBの二等分線と外接円の交点のうちCでない方をDとおくと，

$$BD=\boxed{22},\quad CD=\boxed{23}\boxed{24}$$

である．

Ⅲ　xyz空間に3点

$$A(2,4,1),\quad B(-2,4,1),\quad C(0,6,2)$$

がある．線分AB上に点Pをとる．直線PCとxy平面の交点をQとする．なお，線分とは両端の2点を含むものとする．

(1)　点Pが点Aにあるとき，点Qの座標は$\left(\boxed{25},\boxed{26},0\right)$である．

(2)　点Pが線分AB上を動くとき，点Qの存在範囲は

$$\begin{cases}\boxed{27}\boxed{28}\leqq x\leqq\boxed{29}\\ y=\boxed{30}\\ z=0\end{cases}$$

である．

(3)　点Qが(2)で求めた範囲を動くとき，内積 $\overrightarrow{AQ}\cdot\overrightarrow{CQ}$ の最大値は $\boxed{31}\boxed{32}$ であり，最小値は $\boxed{33}$ である.

IV　放物線 $C: y=\frac{1}{2}x^2$ 上の，x 座標が2である点をPとする.
点Pを通り，Pにおける C の接線と垂直に交わる直線を ℓ とする.

(1)　直線 ℓ の方程式は

$$y=\frac{\boxed{34}\boxed{35}}{\boxed{36}}x+\boxed{37}$$

である.

放物線 C 上の，x 座標が1である点をQとする.
点Qを通り，Qにおける C の接線と垂直に交わる直線を m とする.

(2)　直線 ℓ，m の交点の座標は $\left(\boxed{38}\boxed{39},\ \frac{\boxed{40}}{\boxed{41}}\right)$ である.

(3)　放物線 C の $x\geqq 0$ の部分と直線 ℓ および直線 m で囲まれた図形の面積は

$\frac{\boxed{42}\boxed{43}}{\boxed{44}\boxed{45}}$ である.

物　理

（60 分）

1 次の文章を読み，空欄(1)～(13)にあてはまるもっとも適切な式，または数値をそれぞれの解答群より選び，**解答用紙（その１）**の該当する記号をマークせよ。

図１―１のような固定された水平な台の上に質量 M_A のブロック A をおき，その上に質量 M_B のブロック B をおく。ブロック A には質量の無視できるひも P をつける。ひも P は滑車まで水平にのび，滑車を介して質量 M_C のブロック C につながっている。図１―１のようにブロック A，B に対しては水平右向きに x 軸を，ブロック C に対しては鉛直下向きに y 軸を設定する。それぞれのブロックは座標軸の方向にそってのみ運動するとし，ブロック A，B，C の座標軸にそった加速度をそれぞれ a_A，a_B，a_C とする。最初，ブロック A，B は静止しており，ひも P が張った状態でブロック C を固定する。この状態を状態 S とよぶ。以下では常に，ブロック A は台の上，ブロック B はブロック A の上，ひも P は伸び縮みせずぴんと張った状態，にあるとする。ひも P の張力の大きさを T とすると，これは力の大きさなので $0 \leqq T$ である。重力加速度の大きさを g とする。以下では摩擦は考えない。

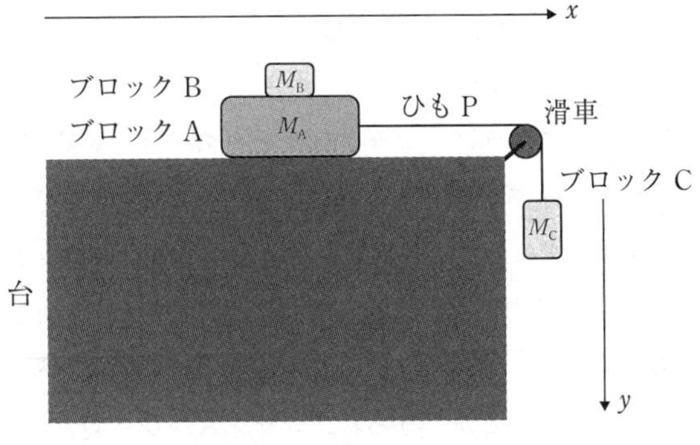

図１―１

Ⅰ．状態Sで時刻 $t=0$ にブロックCの固定をそっと外したところ，ブロックCは y 軸正の向きに落ちだした。このとき3つのブロックの運動方程式はそれぞれ

$$M_A a_A = \boxed{(1)}$$
$$M_B a_B = \boxed{(2)}$$
$$M_C a_C = \boxed{(3)}$$

と表される。

(1)，(2)，(3)の解答群

① T	② $-T$	③ $M_C\cdot g$
④ $-M_C\cdot g$	⑤ $M_C\cdot g+T$	⑥ $M_C\cdot g-T$
⑦ $-M_C\cdot g+T$	⑧ $-M_C\cdot g-T$	⑨ 0

これより a_A は

$$a_A = \frac{\boxed{(4)}}{\boxed{(5)}}\times g$$

と求まる。

(4)，(5)の解答群

① M_A	② M_B	③ M_C
④ M_A+M_B	⑤ M_A+M_C	⑥ M_B+M_C
⑦ $M_A+M_B+M_C$	⑧ 0	

Ⅱ．次に図1―2のようにブロックBをとりのぞき，質量 M_D のブロックDを質量 M_Q のひもQでブロックAにつなぎ，それ以外は状態Sと同じ状態にして時刻 $t=0$ でブロックCの固定をそっと外した。ブロックDは常に台の上にあり，ひもQは常に水平に張っており伸び縮みしない。ひもQの重心の x 軸方向の加速度を a_Q とすると，このひもの重心の運動方程式は質点の場合と同じように考えることができる。ブロックAがひもQから受ける力を F_{QA}，およびブロックDがひもQから受ける力を F_{QD} とする。力 F_{QA} と F_{QD} の符号

は x 軸の正の向きを正とする。ひも Q はブロック A，D をそれぞれ引っ張るので，F_{QA} は負の値，F_{QD} は正の値となる。ブロック D の x 軸方向の加速度を a_D とする。

このときブロック A，C，D とひも Q の運動方程式はそれぞれ

$$M_A a_A = \boxed{(6)}$$

$$M_C a_C = \boxed{(3)}$$

$$M_D a_D = \boxed{(7)}$$

$$M_Q a_Q = \boxed{(8)}$$

と表される。

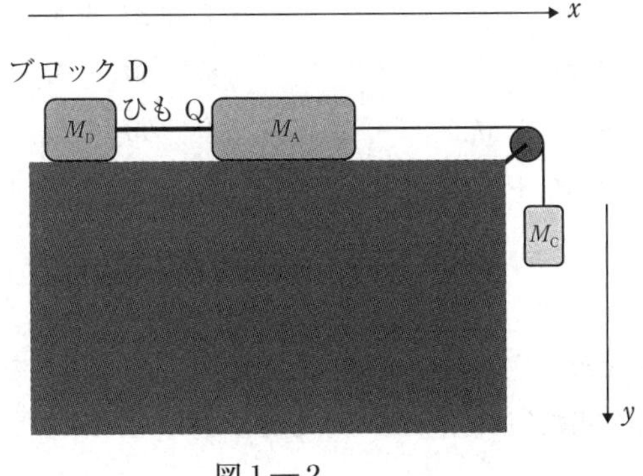

図 1 — 2

(6)，(7)，(8)の解答群

① T　② $-T$　③ $T + F_{QA}$

④ $T - F_{QA}$　⑤ F_{QD}　⑥ $-F_{QD}$

⑦ $F_{QA} + F_{QD}$　⑧ $F_{QA} - F_{QD}$　⑨ $-F_{QA} - F_{QD}$

⓪ 0

これより F_{QA}，F_{QD} は

$$F_{QA} = \frac{-\left\{\boxed{(9)} \times \boxed{(10)}\right\}}{\boxed{(11)}} \times g$$

$$F_{QD} = \frac{\boxed{(12)}}{\boxed{(13)}} \times g$$

と表される。F_{QA} と F_{QD} の大きさは異なることがわかる。

(9)，(12)の解答群

① M_A　② M_B　③ M_C　④ M_D　⑤ M_Q
⑥ $M_A M_C$　⑦ $M_C M_D$　⑧ $M_C M_Q$　⑨ $M_D M_Q$　⓪ 0

(10)，(11)，(13)の解答群

① $(M_A + M_C)$　② $(M_A + M_D)$
③ $(M_A + M_Q)$　④ $(M_D + M_Q)$
⑤ $(M_C + M_Q)$　⑥ $(M_A + M_C + M_Q)$
⑦ $(M_A + M_C + M_D)$　⑧ $(M_A + M_D + M_Q)$
⑨ $(M_C + M_D + M_Q)$　⓪ $(M_A + M_C + M_D + M_Q)$

2　以下の文章を読み，空欄(14)～(24)に最も良くあてはまるものをそれぞれの解答群より選び，**解答用紙（その１）**の該当する記号をマークせよ。

Ⅰ．以下の図２―１のような装置を考える。水平な台の上に十分に長い２本のレールが間隔 a で x 軸に平行に固定されており，その上を y 軸に平行に棒が置かれている。棒の質量を m とし，棒はレールの上を転がることなくなめらかに滑るものとする。棒とレールの接点をそれぞれ S，T とする。図の様にレールの左端をそれぞれ D，E とし，そこから導線を介してそれぞれ端子 P，Q に接続されている。このとき D，P，Q，E は y 軸に平行な直線上に並び，また PQ 間の長さ b は a に比べて極めて小さいものとする。

磁束密度の大きさが B の磁場が紙面の上から下の向きに紙面に垂直にかかっている。レール，棒および導線は抵抗の無視できる金属でできており，棒とレールの接点の抵抗も無視できるものとする。

これ以降，装置は空気中に置かれており，空気の透磁率を μ_0 とする。この装置を装置Ⅰと呼ぶ。

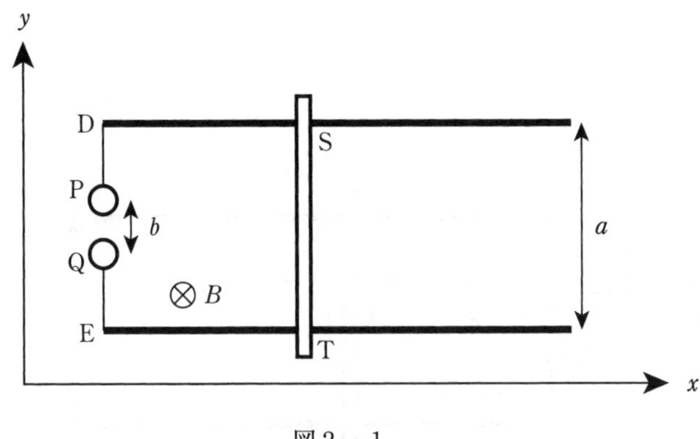

図2―1

棒が速さ v で図の右向きに動いている瞬間に，PQ 間に生じる誘導起電力の大きさは $V =$ [⒁] である。これは以下のように理解できる。ある時刻 t においてDS間の距離が x であるとき，図2―1の長方形DSTEで囲われた部分を貫く磁束の大きさを Φ とすると，$\Phi =$ [⒂] である。$\varDelta t$ 後には棒は位置 $x + \varDelta x$ に移動するため，この磁束の大きさは $\varDelta\Phi =$ [⒃] だけ変化する。$\varDelta t$ が微小なときは棒の速さは $|\varDelta x/\varDelta t|$ で，また起電力の大きさは $|\varDelta\Phi/\varDelta t|$ で表されるため，$V =$ [⒁] が導かれる。

⒁，⒂，⒃の解答群

① Ba　② Bb　③ Bax　④ Bbx　⑤ Bav

⑥ $Ba\varDelta x$　⑦ Bab　⑧ Bvx　⑨ $Bv\varDelta t$　⓪ $Bav\varDelta x$

Ⅱ．装置Ⅰに，図2―2のようにバネをつないだものを装置Ⅱとする。棒上の点S，Tの中点をUとし，ここに x 軸に平行に置かれたばね定数 k のバネが接続されている。バネは絶縁体でできており，バネの他端はレールをのせた台に固定されている。バネの長さが自然長のときの棒の位置を x 軸の原点に取る。

装置Ⅱの端子PQに，図2－2の様に起電力がV_0で内部抵抗が無視できる電池，抵抗Rの抵抗，およびスイッチを接続する。先ほどと同様に，磁束密度の大きさがBの磁場が紙面の上から下の向きに紙面に垂直にかかっている。

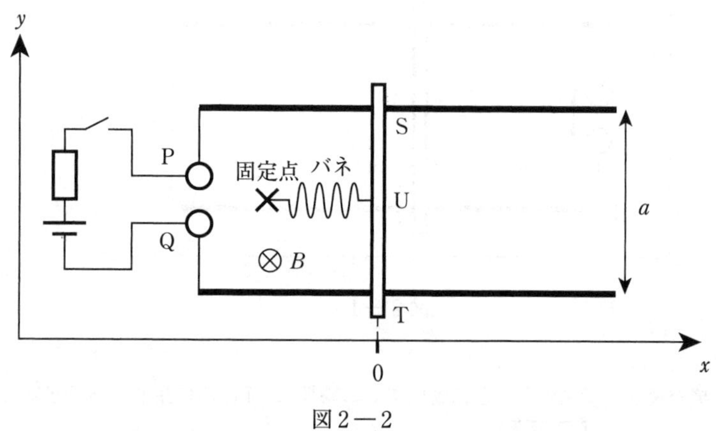

図2－2

最初，棒は静止していた。ここでスイッチを入れると，PQ間には大きさ$I_0 =$ (17) の電流が流れ，棒には大きさ$F_0 =$ (18) の力がかかる。その後，棒は移動し電流の大きさも変化するが，十分に時間がたつと棒は位置x_0で静止し，電流の大きさは再びI_0となった。このとき，$x_0 =$ (19) である。

(17)の解答群

① 0　② V_0　③ R　④ V_0R
⑤ V_0/R　⑥ V_0^2/R　⑦ V_0^2/R^2

(18)，(19)の解答群

① 0　② B　③ Ba　④ Ba^2　⑤ Ba/k
⑥ Ba^2/k　⑦ BI_0　⑧ BaI_0　⑨ Ba^2I_0　⓪ BaI_0/k

Ⅲ．図2―3のように，ソレノイドの内部の中心付近に装置Ⅱを入れたものを装置Ⅲとする。ソレノイドの長さLは十分長く，断面積をS，巻き数をNとする。Nは十分に大きな数として扱って良い。ソレノイドの軸はz軸に平行である。装置Ⅱはソレノイドの断面よりも十分に小さく，その位置はソレノイドの中央で，図の様に端子PとP′およびQとQ′が接続されている。

装置Ⅱは図2―3の右図のようにおかれている。先ほどと同様にバネの長さが自然長の時の棒の位置をx軸の原点に取る。z軸はこの図の紙面に垂直で下から上を向いている。

そして図2―3の左図のように装置Ⅲの端子P″とQ″に抵抗Rの抵抗，スイッチ，および先ほどとは別の電池が取り付けられている。

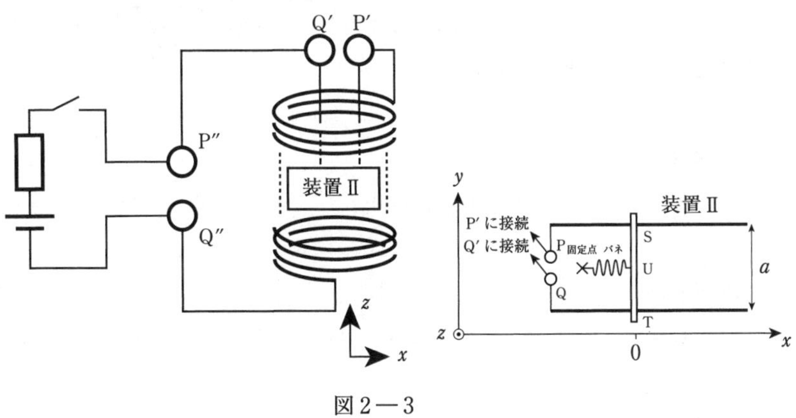

図2―3

スイッチを入れて十分に時間が経つと，棒は静止して装置に一定の電流I_1が流れるようになった。このときに装置Ⅱにかかる磁束密度の大きさは$B_1=$ (20) となる。したがって，このとき電流が磁場から受ける力によって棒にはたらく力の大きさF_1は (21) に比例する。

(20)の解答群

①　0　　②　$\mu_0 N$　　③　$\dfrac{\mu_0 N}{L}$　　④　$\mu_0 L$　　⑤　$\mu_0 N I_1$

⑥　$\dfrac{\mu_0 N I_1}{L}$　　⑦　$\mu_0 L I_1$

(21)の解答群

① I_1　② $\dfrac{1}{I_1}$　③ $I_1^{\,2}$　④ $\dfrac{1}{I_1^{\,2}}$　⑤ R

⑥ $\dfrac{1}{R}$　⑦ I_1R

棒が静止したときの棒の x 座標を x_1 とする。x_1 はバネの変位と一致し，したがって $|x_1|$ は F_1 に比例する。装置Ⅲにおける電流および磁束密度の向きに注意すると，x_1 は [(22)] となる。P″と Q″の接続を逆にして電流の向きを反転させたところ，十分に時間が経った後に棒が静止した。そのときのバネの変位を x_2 とすると，x_1 と x_2 の関係は [(23)] となる。

これらより，棒の位置 $|x_1|$ は抵抗における [(24)] に比例することがわかる。棒の位置を読み取ることによってこのような装置は [(24)] を測る計測器として用いることができる。

(22)の解答群

① $x_1 > 0$　② $x_1 = 0$　③ $x_1 < 0$

(23)の解答群

① $x_2 = x_1$　② $x_2 = -x_1$　③ $|x_2| > |x_1|$　④ $|x_2| < |x_1|$

(24)の解答群

① 電位差　② 電流　③ 消費電力

④ 磁束密度　⑤ 電場

3 以下の文章を読み，空欄(25)〜(33)にあてはまる最も適切な式，または数値をそれぞれの解答群から選び，**解答用紙（その１）**の該当する記号をマークせよ。

I．空気中にある図3―1のような形状の管(クインケ管)では，点Aから音を入れて，二つの経路ACBと経路ADBを通して，音を干渉させて聞くことができる。経路ADBは，管を引き出して経路の長さを変えることができる。はじめ，二つの経路の長さが等しい状態にして，点Aから振動数f_0の音を入れながら経路ADBを長くしていく。音が徐々に小さくなり，引き出した長さがdのときに音が最小になった。このとき音の波長λは［(25)］であり，空気中の音速をvとおくと，振動数f_0は［(26)］とかける。次に二つの経路の長さが等しい状態にもどしてから，管内の圧力を一定に保ったまま温度をあげた。点Aから振動数f_0の音を入れたとき，音を最小にするために管を引き出す長さは，dにくらべて［(27)］。

二つの経路の長さが等しい状態にして，元の温度にもどした。振動数f_0と振動数f_1の音を同時に点Aから入れたところ，点Bからうなりが聞こえた。このとき，うなりの周期はTであった。次に管を引き出して経路ADBを長くしていくと，ある長さでうなりが小さくなり，ほぼ振動数f_0の音だけが聞こえた。これより振動数f_1は，［(28)］であることがわかる。

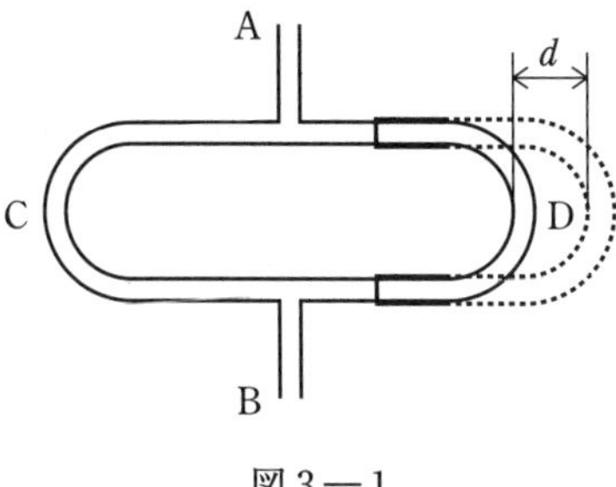

図3―1

(25)の解答群

① $4d$　② $2d$　③ d　④ $\frac{d}{2}$

⑤ $\frac{d}{4}$　⑥ $\frac{3d}{2}$　⑦ $\frac{2d}{3}$　⑧ $5d$

(26)の解答群

① $\frac{4v}{\lambda}$　② $\frac{2v}{\lambda}$　③ $\frac{v}{\lambda}$　④ $\frac{v}{2\lambda}$

⑤ $\frac{v}{4\lambda}$　⑥ $\frac{3v}{2\lambda}$　⑦ $\frac{2v}{3\lambda}$　⑧ $\frac{5v}{\lambda}$

(27)の解答群

① 短くなった　② 長くなった　③ 変わらなかった

(28)の解答群

① $f_0 - 2T$　② $f_0 + 2T$　③ $f_0 - \frac{2}{T}$　④ $f_0 + \frac{2}{T}$

⑤ $f_0 - T$　⑥ $f_0 + T$　⑦ $f_0 - \frac{1}{T}$　⑧ $f_0 + \frac{1}{T}$

Ⅱ．以下の実験は真空中で行った。図3－2のように，波長の異なるいくつかの単色光を同時に放射することのできる光源と，二枚の薄いついたてとスクリーンをそれぞれ平行に立てた。二枚のついたてには，それぞれスリットEと，複スリットFとJがある。スリットはすべて十分に細く，EとJの間の距離とEとFの間の距離は等しい。複スリットFとJの間隔はℓで，これらのスリットとスクリーンの距離はhであり，ℓはhに比べてじゅうぶんに小さい。図3－2のように光源から波長λの単色光Bをスリットに通すと，スクリーンに明暗の縞ができた。FとJの垂直二等分線とスクリーンの交点を点Oとすると，点Oには明線があらわれた。図3－2のように点Oを原点としてx軸をとり，点Pの位置をx_0（$x_0>0$）としたとき，スリットFから点Pと，スリットJから点Pの距離の差は$\dfrac{x_0\ell}{h}$と近似できる。これより，スクリーンの点Oに一番近い$x>0$の明線の位置x_Bは［(29)］とかけ，スクリーン上の隣り合う明線と明線の距離は［(30)］になった。次に波長$\dfrac{4}{3}\lambda$の単色光Rをスリットに通した。スクリーンの点Oに一番近い明線の位置x_Rはx_Bの［(31)］倍の値になった。

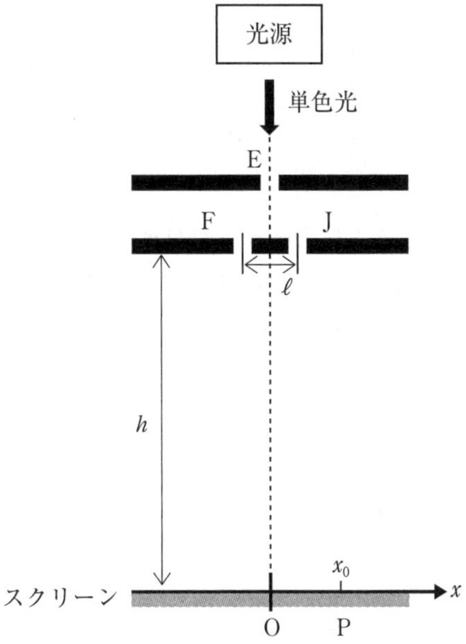

図3－2

(29)，(30)の解答群

① $\dfrac{\ell\lambda}{2h}$　② $\dfrac{\ell\lambda}{3h}$　③ $\dfrac{\ell\lambda}{4h}$　④ $\dfrac{3\ell\lambda}{2h}$　⑤ $\dfrac{2\ell\lambda}{h}$

⑥ $\dfrac{h\lambda}{\ell}$　⑦ $\dfrac{2h\lambda}{\ell}$　⑧ $\dfrac{3h\lambda}{\ell}$　⑨ $\dfrac{4h\lambda}{\ell}$

(31)の解答群

① $\frac{1}{4}$　② $\frac{1}{3}$　③ $\frac{1}{2}$　④ $\frac{2}{3}$　⑤ 1

⑥ $\frac{3}{2}$　⑦ $\frac{3}{4}$　⑧ $\frac{4}{3}$　⑨ 2

こんどは波長 $\frac{8}{7}\lambda$ の単色光Gを加えた。光源から単色光B, R, Gを同じ強度でスリットE, F, Jに通した。この三つの単色光は，同じ強度で同じ位置に照射すると色Wになり，単色光Rと単色光Gのみの照射では色Yに，単色光Bと単色光Rのみの照射では色Mになる。このときスクリーンの点Oの色は (32) であった。また，スクリーン上で，もっとも点Oに近い単色光Rと単色光Bの明線の位置であり，かつ単色光Gの暗線の位置 $x=$ (33) では，色Mが観測された。

(32)の解答群

① 色M　② 色Y　③ 色W

(33)の解答群

① $\frac{\ell\lambda}{2h}$　② $\frac{\ell\lambda}{3h}$　③ $\frac{\ell\lambda}{4h}$　④ $\frac{3\ell\lambda}{2h}$　⑤ $\frac{2\ell\lambda}{h}$

⑥ $\frac{h\lambda}{\ell}$　⑦ $\frac{2h\lambda}{\ell}$　⑧ $\frac{3h\lambda}{\ell}$　⑨ $\frac{4h\lambda}{\ell}$

化 学

（60 分）

次の I ～ III の答を解答用マーク・シート の指定された欄にマークせよ。
必要があれば，原子量は次の値を使うこと。

H 1.0，C 12.0，O 16.0，K 39.0，Fe 56.0

I 次の問 1，問 2 に答えよ。

問 1 以下の記述のうち，下線部が正しいものには①を，誤っているものには②をマークせよ。

(ア) 常温・常圧でプロパンは気体でブタンは液体である。 1

(イ) エチレンを硫酸酸性の過マンガン酸カリウム $KMnO_4$ 水溶液と反応させると，MnO_4^- の赤紫色が消える。 2

(ウ) アセチレンに触媒を用いて塩化水素を付加すると，アクリロニトリルを生じる。 3

(エ) エタノールと濃硫酸の混合物を 130～140 ℃で加熱すると，分子内脱水反応が進行し主生成物としてエチレンを生じる。 4

(オ) マレイン酸とフマル酸はいずれも C＝C 結合の両端にカルボキシ基が結合したジカルボン酸だが，水に対する溶解度はマレイン酸の方がフマル酸よりも大きい。 5

(カ) 酢酸とエタノールの混合物に少量の濃硫酸を加えて加熱すると，酢酸エチルと水が生じる。 6

(キ) 白金を触媒として，メタノールを空気中で酸化し生じた気体とヨウ素を水酸化ナトリウム水溶液中で混合すると，特有の臭気をもつ黄色沈殿が生じる。 7

問 2　以下の文を読み，設問(1)〜(3)に答えよ。

炭素数が m，C＝C 結合が n 個の脂肪酸のみで構成される油脂Aがある。1.09×10^2 g の油脂Aを完全にけん化するのに必要な水酸化カリウムの質量は 2.10×10^1 g だった。2.00×10^2 g の油脂Aにニッケルを触媒として水素を付加したところ，不飽和脂肪酸のすべてが飽和脂肪酸に変わり，固化した油脂Bが生じた。

(1)　油脂Aの分子量として最も適切な値を以下の①〜⓪から一つ選べ。 [8]

①　864　②　868　③　872　④　876　⑤　880
⑥　884　⑦　888　⑧　892　⑨　896　⓪　900

(2)　m と n の組み合わせで最も適切なものを以下の①〜⑨から一つ選べ。
[9]

①　$m = 14$，$n = 1$　②　$m = 14$，$n = 2$
③　$m = 14$，$n = 3$　④　$m = 16$，$n = 1$
⑤　$m = 16$，$n = 2$　⑥　$m = 16$，$n = 3$
⑦　$m = 18$，$n = 1$　⑧　$m = 18$，$n = 2$
⑨　$m = 18$，$n = 3$

(3)　油脂Bの質量(g)として最も適切な値を以下の①〜⓪から一つ選べ。
[10]

①　200　②　204　③　208　④　212　⑤　216
⑥　220　⑦　224　⑧　228　⑨　232　⓪　236

Ⅱ 以下の文を読み，設問(1)〜(4)に答えよ。

炭酸ナトリウムは，工業的には，次のようなアンモニアソーダ法(ソルベー法)によって製造される。(a)[11]の飽和水溶液に[12]を十分に吸収させた後，[13]を吹き込むと，比較的溶解度の小さい[14]が沈殿する。この沈殿を分離して熱分解すると，炭酸ナトリウムが得られる。この熱分解で生じた[13]は回収して，下線部(a)の反応に利用するが，不足する分は(b)[15]を熱して得る。下線部(b)の反応にて生じた[16]を[17]と反応させて[18]を得て，これと下線部(a)の反応にて生成した[19]を反応させ，[12]を回収し，再利用する。

(1) [11]，[14]〜[19]にあてはまる化合物として最も適切なものを次の①〜⓪から一つ選べ。

① H_2O　② NH_4Cl　③ $NaHCO_3$　④ Na_2CO_3
⑤ $NaCl$　⑥ $Ca(HCO_3)_2$　⑦ $CaCO_3$　⑧ CaO
⑨ $Ca(OH)_2$　⓪ $CaCl_2$

(2) [12]，[13]にあてはまる気体として最も適切なものを次の①〜⓪から一つ選べ。

① H_2　② CH_4　③ CO　④ CO_2　⑤ N_2
⑥ NH_3　⑦ NO_2　⑧ O_2　⑨ O_3　⓪ Cl_2

(3) [16]は[20]ともよばれる。[20]にあてはまる最も適切な語句を次の①〜⑧から一つ選べ。

① 珪砂　② 重曹　③ 消石灰　④ 食塩
⑤ 生石灰　⑥ 石灰石　⑦ ソーダ灰　⑧ 氷晶石

(4) 以下の記述のうち，誤りを含むものの組み合わせを次の①〜⓪から一つ選べ。[21]

ア [14]に塩酸を加えると，二酸化炭素を発生する。
イ [15]に塩酸を加えると，水素を発生する。

ウ　16 は乾燥剤として利用される。

エ　18 の飽和水溶液に 13 を通じると，15 を生じる。

オ　19 の水溶液は塩基性を示す。

① アとイ　② アとウ　③ アとエ　④ アとオ
⑤ イとウ　⑥ イとエ　⑦ イとオ　⑧ ウとエ
⑨ ウとオ　⓪ エとオ

III　以下の問1，問2に答えよ。必要があれば，気体定数 8.3×10^3 Pa·L/(K·mol) を使うこと。

問1　以下の文を読み，下線①，②の値を有効数字2桁で求め，22 〜 27 にあてはまる最も適切な数値を，同じ番号の解答欄にマークせよ。ただし，気体は全て理想気体とし，水に溶けないものとする。また，燃焼反応で生成した液体の水の体積と水蒸気圧は無視できるものとする。燃焼熱は，25℃，1.013×10^5 Pa での値に換算したものである。

メタンとエタンの混合気体 0.50 mol と十分な量の酸素を容積一定の密閉容器に入れ，T(K)に保つと容器内の全圧は p(Pa)になった。容器中で混合気体を完全燃焼させたところ，酸素は 1.60 mol 消費され，715 kJ の熱が放出された。エタンの燃焼熱が 1565 kJ/mol であるとすると，①メタンの燃焼熱は，22 . 23 $\times 10^{24}$ kJ/mol であることがわかる。この後，十分に時間が経過し容器内の温度が T(K)になった際に容器内の全圧は $\frac{2}{3}p$(Pa)となった。このことから②最初に容器に入れた酸素の物質量は，

25 . 26 $\times 10^{27}$ mol であることがわかる。

問2　以下の文を読み，設問(1)〜(4)に答えよ。

コロイド粒子は半透膜を透過できない大きさだが，水分子は透過できるた

め，コロイド溶液は浸透圧を示す。沸騰水に0.3 mol/Lの塩化鉄(Ⅲ)$FeCl_3$水溶液10 mLを加え，透析により十分精製して100 mLの赤褐色のコロイド溶液**A**を得た。また，0.64 gのタンパク質**X**を分子コロイドとして水に分散させ100 mLのコロイド溶液**B**を得た。いずれのコロイド溶液も温度300 Kにおいて浸透圧は5.0×10^2 Paであった。以上のことから，コロイド溶液**A**中のコロイド粒子は平均 [28] 個の鉄(Ⅲ)イオンを含むことがわかる。また，タンパク質**X** 1分子の質量は，コロイド溶液**A**のコロイド粒子の平均質量の [29] 倍であることがわかる。

コロイド溶液**A**中のコロイド粒子は，表面の [a] により水に分散している。そこに電解質を [b] ，①粒子が集まり沈殿する。また，タンパク質やデンプンなどのコロイド粒子は，表面の [c] により水に分散している。そこに電解質を [d] ，②粒子が集まり沈殿する。

(1) [28] にあてはまる数値として最も適切なものを①～⓪から一つ選べ。ただし，反応の過程で全ての鉄(Ⅲ)イオンはコロイド粒子になったものとする。

① 25　② 50　③ 75　④ 100　⑤ 125
⑥ 150　⑦ 175　⑧ 200　⑨ 225　⓪ 250

(2) [29] にあてはまる数値として最も適切なものを①～⓪から一つ選べ。

① 0.5　② 1.0　③ 1.5　④ 2.0　⑤ 2.5
⑥ 3.0　⑦ 3.5　⑧ 4.0　⑨ 4.5　⓪ 5.0

(3) [a]，[b]，[c]，[d] の組み合わせとして最も適切なものを①～⑧から一つ選べ。 [30]

① a 水和　b 少量加えると
　 c 電荷どうしの反発　d 多量に加えて初めて
② a 水和　b 多量に加えて初めて
　 c 電荷どうしの反発　d 少量加えると
③ a 水和　b 少量加えると
　 c 電荷どうしの反発　d 少量加えると

④　a 水和　b 多量に加えて初めて
　c 電荷どうしの反発　d 多量に加えて初めて
⑤　a 電荷どうしの反発　b 少量加えると
　c 水和　d 多量に加えて初めて
⑥　a 電荷どうしの反発　b 多量に加えて初めて
　c 水和　d 少量加えると
⑦　a 電荷どうしの反発　b 少量加えると
　c 水和　d 少量加えると
⑧　a 電荷どうしの反発　b 多量に加えて初めて
　c 水和　d 多量に加えて初めて

(4) 下線①の理由として最も適切なものを①～⑧から一つ選べ。 31
また，下線②の理由として最も適切なものを①～⑧から一つ選べ。 32
適切な文が無い場合は⓪を選ぶこと。

① コロイド粒子に水和している水分子が，電解質のイオンと反対符号の電荷を帯びるため。

② コロイド粒子に水和している水分子が，電解質のイオンと同符号の電荷を帯びるため。

③ コロイド粒子に水和している水分子が，電解質のイオンによって増やされ粒子が大きくなるため。

④ コロイド粒子に水和している水分子が，電解質のイオンによって引き離されるため。

⑤ コロイド粒子表面の電荷が，電解質のイオンの周りの水分子を奪い，粒子が大きくなるため。

⑥ コロイド粒子表面の電荷が，電解質のイオンの周りの水分子と反対電荷になるため。

⑦ コロイド粒子表面の電荷が，電解質のイオンの電荷によって打ち消されるため。

⑧ コロイド粒子表面の電荷が，電解質のイオンによって増やされるため。

④　そうであっても命が短いならば、阿闍梨は帰国なさって、この世で会ってくれただろうに。
⑤　そうであっても命が短いならば、阿闍梨は帰国なさって、この世で出世した姿を見せてくれただろうに。

問十二　空欄 **D** に入る言葉として最適なものを次の①～⑤から選び、記号をマークせよ。解答欄番号は 35 。

①　澄み　②　励み　③　慰み　④　弱り　⑤　憤り

問十三　本文の内容の説明として、**合致しないもの**を次の①～⑤から一つ選び、記号をマークせよ。解答欄番号は 36 。

①　阿闍梨と会えないことを悲痛に感じている母の様子が書かれている。
②　肥前殿が自分を気に掛けてくれているのは、阿闍梨が頼んだためであろうと母は推察している。
③　阿闍梨たちが唐土でどのように過ごしているかは、母宛ての文に書かれている。
④　阿闍梨が唐土に行ったことについて、母は納得する気持ちも持っている。
⑤　母は長年、日が沈む際に西の方角を拝むことにしているため、日を隠すような雲は嫌に感じる。

① 筑紫なる人から阿闍梨への文
② 阿闍梨から母への文
③ 母から阿闍梨への文
④ 唐人から阿闍梨への文
⑤ 阿闍梨から唐人への文

問九　空欄 C に入る言葉として最適なものを次の①～⑤から選び、記号をマークせよ。解答欄番号は 32 。

① 出世　② 孝行　③ 恋心　④ 本意　⑤ 予言

問十　傍線部 g「さはかしこにおはし着きて見たまふべき人」とはどのような人を意味しているか、最適なものを次の①～⑤から選び、記号をマークせよ。解答欄番号は 33 。

① 世界の各地に赴いて仏教を広めていくべき人
② 筑紫に行って新たな寺を運営すべき人
③ 唐土に渡って修行をすべき人
④ 日本に帰って修行を続けるべき人
⑤ 家に帰って親の命を見届けるべき人

問十一　傍線部h「さはありとならば、阿闍梨おはして、この世に見えたまへかし」の意味について、最適なものを次の①～⑤から選び、記号をマークせよ。解答欄番号は 34 。

① それでも命が長らえるのならば、阿闍梨は唐土で修業を続け、この世の栄華を極めた姿を見せてほしい。
② それでも命が長らえるのならば、阿闍梨は帰国なさって、この世で会わせてほしい。
③ それでも命が長らえるのならば、阿闍梨も長生きして、この世で最後まで一緒にいてほしい。

①　隙　②　差　③　離　④　別　⑤　隔

問五　傍線部d「あまたたび年も暮れゆく別れには我がみとせをや忘られぬらん」の和歌に関する説明として、最適なものを次の①～⑤から選び、記号をマークせよ。解答欄番号は 28 。

①「あまたたび」は、阿闍梨と文を何度も交わしたことを指す。
②「年も暮れゆく」は、自分と肥前殿の二人の年が老いることを表している。
③「我がみとせ」には、「我が身」と「三年」の意味が掛かっている。
④「ぬ」は完了を示す助動詞の已然形である。
⑤三年ぶりに阿闍梨から文が来た喜びを詠んだ歌である。

問六　空欄 B に入る言葉として最適なものを次の①～⑤から選び、記号をマークせよ。解答欄番号は 29 。

①　聞け　②　聞く　③　聞こゆ　④　聞こえけり　⑤　聞こえし

問七　傍線部e「あやしくおぼつかなく思ひはべる」とあるが、なぜそのように思ったのか、最適なものを次の①～⑤から選び、記号をマークせよ。解答欄番号は 30 。

①阿闍梨からの文を預かった僧が、京で行方不明となったと聞き、受け取ることが出来ていないため。
②阿闍梨からの文を預かった僧が、それを京で紛失したと聞き、受け取ることが出来ていないため。
③母は僧に文を託したが、まだ僧が京にいるうちに阿闍梨が行方不明になったという連絡を聞いたため。
④母は僧に文を託したが、まだ僧が京にいると聞き、不審に感じるが文を取り返すことも出来ていないため。
⑤母は僧に文を託したが、それを京で紛失したと聞き、不審に感じるが文を取り返すことも出来ていないため。

問八　傍線部f「文もなし」とあるが、誰から誰への文がないのか、最適なものを次の①～⑤から選び、記号をマークせよ。解答欄番号は 31 。

＊大都の守…杭州の都督。
＊なんつい山のきようかけ寺…南屛山の興教寺のこと。
＊さいすはし、おもく迎へらる…斎事法会が開かれ、厚遇されたことを指す。
＊ふてそう、たまはりて…旅行証明書をいただいて、の意。
＊おりはへ…長く引き続くこと。

問一　傍線部 a「帝おりさせたまふ」とはどのようなことを指すか。最適なものを次の①〜⑤から選び、記号をマークせよ。解答欄番号は 24 。
①　移動をすること　②　牛車を降りること　③　帝位を譲ること　④　病気に罹ること　⑤　地方に下ること

問二　空欄 A に入る言葉として最適なものを次の①〜⑤から選び、記号をマークせよ。解答欄番号は 25 。
①　ばや　②　ながら　③　しが　④　かし　⑤　さへ

問三　傍線部 b「例の空目のみしつつ」とはどのような意味か。最適なものを次の①〜⑤から選び、記号をマークせよ。解答欄番号は 26 。
①　いつものようにぼんやりとしながら
②　いつものように目を凝らしながら
③　習ったように瞑想しながら
④　習ったように暗唱しながら
⑤　習ったように黙祷しながら

問四　傍線部 c「ヘダ」にあたる漢字として最適なものを次の①〜⑤から選び、記号をマークせよ。解答欄番号は 27 。

く天に着く。二十九日、*大都の守、*なんつい山のきようかけ寺に、うけ来たる八人の僧に、*さいすはし、おもく迎へらる。日本の朝の面目とす。五月一日、*ふてそう、たまはりて」

人々あれど、ここには文もなし。筑紫にありと聞けど、見えねばおぼつかなさは慰む方もなし。ただ、「[C]かなひて、心ゆきたまへらんぞ、さはかしこにおはし着きて見たまふべき人にこそ」と、すこしことわらるれど、我が身のおぼつかなさ、ただ今日か明日かを待つ命なれば、この世のこともおぼゆまじ。いとどはるかなる別れなりけん身のほど、あはれにぞ。年ごろも、心にかけたる西の方をうちながめつつ、入日の折は拝むに、ともすれば曇り雲の隠すに、

その方と慕ふ入日をたち隠すようき雲の厭はしきかな

よろづにつけて身のみ厭はしけれど、心憂かりける命の長さをぞ思ひわびては、「さはありとならば、阿闍梨おはして、この世に見えたまへかし、それこそは長き命のかひならめ」と思へど、心地の[D]行くさまは、あるべくもおぼえはべらず。

尽きもせず落つる涙はから国のとわたる船に*おりはへもせじ

とのみひとりごちて、目は霧りつつ過ぐす。

（『成尋阿闍梨母集』より）

（注）

*肥前殿…肥前守藤原定成。

*岩倉より仁和寺へ渡りしは…阿闍梨との別れの際のことを指す。岩倉は阿闍梨が住寺する寺があった。

*治郎の君…治部卿源隆俊。

*みむしうのふくゐ山…明州（現在の中国浙江省）の地名。

*ゑしうのしらのそく…越州（現在の中国浙江省）の地名。

*杭州のふかく天…杭州（現在の中国浙江省）の地名。

問題 Ⅲ は、日本文学科・史学科・比較芸術学科の受験生のみ解答すること。

Ⅲ

次の文章は、仏道修行のために唐土に渡った我が子である阿闍梨を慕う母が、自分の気持ちを書いた『成尋阿闍梨母集』の一部である。これを読んで後の問いに答えよ。

その八日、「帝おりさせたまふ」[a]と人々言ひ騒ぐにも、世 A 変る心地して、西のふたがる方なれば、死なんことなど思ひて、仁和寺より迎へに車おこせたまひつるに、渡らんとするほどに、「肥前殿*より」とて文あり。見れば、さまざまのものの書きつけて、「阿闍梨の御かはりに見よ」とぞあるにも、言ひおきたまへる名残にこそなどのみ、かへりて例の空目のみしつつ過ぐす[b]。

正月になりても、「この月のつごもりぞかし、岩倉*より仁和寺へ渡りしは」と思ひ出づるに、「三年になりにける」と、いとあはれなるにも、「おぼつかなくへ[c]ダてける年かな」とぞ。

あまたたび年も暮れゆく別れには我がみとせをや忘られぬらん[d]

などひとりごつ。

正月七日ぞ、治郎*の君の文持て来たりし僧の、「筑紫へまかで、唐人の渡らんたよりに参りて、やがて御房のこなたにおはせんに来ん」といふに、文書きて取らすれど、行方も知らぬ心地してぞあるに、「まだ京にありとこそ B 」とあり。心も得られねば、え取りも返さでぞ、あやしくおぼつかなく思ひはべるに[e]、二月十四日、岩倉より、「唐より筑紫なる人のもとに、おこせたまへる文」とて、「殿ばらに持て来たる」とてあるを見はべれば、去年の正月一日ありける。「三月十九日、筑紫の肥前の国松浦の郡に、壁島といふ所を離れて、同じ二十三日、みむしう*のふくゐ山を見る。そこに三日の風なくてあるに、はじめて羊の多かるを見る。同じ二十九日、ゑしう*のしらのそくに着く。たよりの風なくして、数の日をつめらる。四月十三日、杭州*のふか

④　個人ではなく集団や党派の意向を大切にし衆議による知性を得る能力。
⑤　討論の限界を知り国家のためになるアイディアを国民全体で考える能力。

問十　空欄 D に入る語句として最適なものを次の①〜⑤から選び、記号をマークせよ。解答欄番号は 22 。

①　多数決　②　民主主義　③　知的謙虚　④　システム　⑤　アイディア

問十一　本文の内容と合致するものを次の①〜⑤から一つ選び、記号をマークせよ。解答欄番号は 23 。

①　国民の意思を尊重する民主主義には、人々が相互の意見で対立する構造を生む側面があり、相互の意見を理解し合い、正しい考えに至る議論を抑制してしまうので、留意しなければならない。
②　国民の意思を尊重する民主主義には、人々が相互の意見で譲歩する構造を生む側面があり、相互の意見を理解し合い、正しい考えに至る議論を促進するので、推奨しなければならない。
③　国民の意思を否定する民主主義には、人々が相互の意見で誤解する構造を生む側面があり、相互の意見を理解し合い、正しい考えに至る議論を曲げてしまうので、批判しなければならない。
④　国民の意思を否定する民主主義には、人々が相互の意見で混乱する構造を生む側面があり、相互の意見を理解し合い、正しい考えに至る議論を曖昧にしてしまうので、究明しなければならない。
⑤　国民の意思を肯定する民主主義には、人々が相互の意見で合意形成する構造を生む側面があり、相互の意見を理解し合い、正しい考えに至る議論を進めすぎてしまうので、抑制しなければならない。

③ 聖徳太子は平静に他人と議論することを説いたから。

④ 人間の合理主義が優れた案を望ませないから。

⑤ お互いに相手を同調させるために議論しているから。

問六　空欄 C に入る語句として最適なものを次の①〜⑤から選び、記号をマークせよ。解答欄番号は 18 。

① 躊躇　② 憧憬　③ 矛盾　④ 錯覚　⑤ 固執

問七　傍線部d「コッケイ」の「コッ」と同じ漢字が含まれている表現を次の①〜⑤から一つ選び、記号をマークせよ。解答番号は 19 。

① カツラク事故防止のために柵を増やすことになった。

② 父があまりにも変な格好なので思わずシッショウしてしまった。

③ 雨不足による不作がケネンされる。

④ 人目をハバカッテいては何もできない。

⑤ 問題をワイショウカしないようデータをしっかり提示する。

問八　傍線部e「教条」の意味と近い意味で使われる語句を次の①〜⑤から一つ選びなさい。解答欄番号は 20 。

① コミューン　② ジレンマ　③ パラドクス　④ ポストモダン　⑤ ドグマ

問九　傍線部f「本当の意味での理性」とはなにか、最適なものを次の①〜⑤から選び、記号をマークせよ。解答欄番号は 21 。

① 説得の過程を重視し多数決をもって他者とものごとを解決する能力。

② 自説にとらわれることなく虚心に他者の意見を聴き正しい結論を得る能力。

③ 自己の考えを否定し相手の意見を受け入れ和を重んじる能力。

び、記号をマークせよ。解答欄番号は 14 。

① 反対者を説得するのは辛く苦しい行為であるため。
② 他人の意見に従う方が自分の意見を主張するよりも容易なため。
③ 自らの意見との異同で他人の意見の是非を捉えてしまうため。
④ 人は誰しも自分の意見に自信が持てず気後れするため。
⑤ 第三者から見れば自分の意見も他人の意見も大差はないため。

問三　空欄 A に入る文として最適なものを次の①〜⑤から選び、記号をマークせよ。解答欄番号は 15 。

① 反対者を排除し、自分に賛同するものを選ぶための、政治によるたたかい
② 反対者に譲歩し、自分の考えに歩み寄らせるための、理性によるたたかい
③ 反対者に同調し、自分から歩み寄るための、独断によるたたかい
④ 反対者を説得し、自分の意見に従わせるための、言葉によるたたかい
⑤ 反対者と議論し、自分の意見とは異なる知恵を得るための、衆議によるたたかい

問四　空欄 B に入る語句として最適なものを次の①〜⑤から選び、記号をマークせよ。解答欄番号は 16 。

① けれども　② だからこそ　③ そればかりか　④ なぜならば　⑤ さもなければ

問五　傍線部 c「そのような議論のうちから、（あらかじめ人々がたずさえていた）甲案や乙案よりもさらに優れた案が発見される、ということは決して起こりえない」とあるが、それはなぜか。筆者の主張として最適なものを次の①〜⑤から選び、記号をマークせよ。解答欄番号は 17 。

① 自らの主張を自分から疑えば誤りだとわかるから。
② 古代アテナイの人々よりも知性の面で劣るから。

活させることが不可欠なのである。

もしもわれわれが本当に理性というものを取り戻すことができたなら、われわれは新しい目をもって、自分たち人間の手にしているさまざまのものを再評価し、しずかな感謝をささげることができるであろう。たとえば、そのときには、「国家」というものが、それまで民主主義がひき起こしてきた絶え間のない愛憎の交錯から解放されて、まさにわれわれの「生命、自由および幸福」を支えてくれる土台として、その本来の姿をあらわすことになるであろう。もともと人間は群れを作って、そのなかで生きてゆく生物であり、国家というものもその延長上に生じてきたのである。ところで、民主主義の錯乱した「理論」は、国家と国民との関係のうちに、常に闘争的なものを持ち込み、その実像を歪めてきたのであった。その錯乱がとり除かれてみれば、国家と、それが保ってきた文化、伝統、歴史というものを、ほかならぬわれわれ自身の財産として素直に受け取ることが可能となる。実際、理性の本質である D というものを身につけてみれば、われわれが自己自身の手柄と思い込んでいるものが、いかに多く、先人から伝えられた文化、伝統、歴史の支えによるものであるかが見えてくるのである。

（長谷川三千子『民主主義とは何なのか』による）

問一　傍線部a「理」と同じ漢字が含まれている表現を次の①～⑤から一つ選び、記号をマークせよ。解答欄番号は 13 。

① 入院した父を見舞ったところワリアイ元気だった。
② 臨機応変に対応するためにはハンダンリョクが必要だ。
③ 会計に関わる仕事をしたいと考えケイリカを希望した。
④ 言葉にあると信じられた霊力をコトダマという。
⑤ 大学生になったらジカツできるようにアルバイトもしたい。

問二　傍線部b「これは決してた易いことではない」とあるが、それはなぜか。筆者の主張として最適なものを次の①～⑤から選

「夫れ事独り断むべからず。必ず衆と論ふべし。少き事は是軽し。必ずしも衆とすべからず。唯大きなる事を論ふに逮びては、若しは失有ることを疑ふ。故、衆と相弁ふるときは、辞則ち理を得」

ここに語られる「独断のいましめ」のうちには、まったく何一つ[e]教条的なものはない。あのアテナイ民主政における「僭主政恐怖症」や、近代民主主義における「君主嫌悪症」の類とも、これはまったく無縁である。ここにあるのは、ただ淡々たる合理主義と、それを支えている知的謙虚である。そもそも一人の人間の理性には限界があり、自分では理を尽したつもりでも、思いがけないところに見落しがあったり、充分に遠くまでを見通せていなかったりすることがある。その限界を自らよく心得る者は、重大な事柄については、むしろ自らすすんで独断をつつしみ、虚心に他の人々の意見に耳を傾けるはずである。なぜならば、もっとも重要なことは、誰の意見が通るのかということではなくて、理の通った正しい結論が得られるかどうか、ということなのだからである。

こうしてあらためて述べてみれば、あまりにも当り前で、気恥かしくなってしまうほどである。しかし、このあまりにも当り前のことが、当り前でないのが民主主義なのである。そこでは、「国民の意思」や「民意」という言葉が、「理にかなった結論を得る」という大目標を蹴ちらしてしまう。と同時に、現実の政治決定とは（多くの要素を視野に収めて上手にバランスをとってゆくという）大変に難しい作業なのだということも、すっかり忘れ去られてしまう。その結果として、（当然のことながら）多くの場合、「民意」を最優先した政治決定は失敗する。そして人々は、政府は充分に「民意」にかなった政治をしなかった、と言って非難するのである。

このようにして、民主主義（デモクラシー）の問題点がその「没理性」というところにあるのだということが解ってみると、そこから自ずと、民主主義を克服して、よりよいシステムを築いてゆくにはどうしたらよいのかという、これからの道筋がひらけてくる。すなわち、「人民の、人民による、人民のための政治」ということ自体はまっとうな政治観であって、これを変更する必要はまったくない。ただ、その実現のためには、これまで民主主義によっておさえつけられていた人間の理性——[f]本当の意味での理性——を復間が議論をつくせば、互いの言葉が互いのアンテナにキャッチされて、一人で考えていたときには思いも寄らなかった優れた斬新なアイディアが浮んでくることにもなる――これはたった三人だから可能なのだ、と言って片付けるべきことではない。何百人の議論であっても、議論が正しく議論であるためには、同じ態度が必要なのである。

おそらく、古代アテナイの哲学者ソクラテスが貫こうとしていたのも、こうした「理性的な態度」であったに違いない。数々の対話篇のなかで、プラトンは、「知恵」をさずかろうとしてやって来るアテナイ人たちとソクラテスの、[d]コッケイなほどのすれ違いのさまを生き生きと描き出している。自分は何もことさらの知恵など持ち合わせているわけではない。自分が持ち合わせているのは、ひたすら真の知恵（ソフィア）を得たいと願う強い情熱と、（そのためには不可欠の）知的謙虚の姿勢と、知恵のある言葉を聞き分けるよい耳と、ただそれだけであって、それ以外のものではない――ソクラテスが何度そのようにくり返しても、人々は、その姿勢を学ぼうとするかわりに、手を差し出して、すぐにも役に立つ知恵を受け取ろうとするのである。

アテナイ市民たちが、そうしたソクラテスの示す知的謙虚の姿勢をついに学ばなかったことは、その後のアテナイの歴史を眺めてみても明らかである。ふり返ってみれば、あのソロンが政治詩「エウノミア」（良き政治）においてアテナイ市民に訴えていたのも、やはり同じく、心の怒りをしずめ、傲慢（ヒュブリス）を抑えて「理性的な態度」を取ることであった。しかし、こうした人々の忠告にもかかわらず、「デーモクラティア」の潮流におし流されたアテナイ人たちは、そうした態度を身につけることができなかったのである。

しかし、いくらそれを身につけるのが難しくとも、このような理性的態度というものが基本となるかぎりにおいて、あの民主主義の特色である「衆議」ということも意味を持ちうる。さもなければ、それは各人が自らの意見に他者を従わせようとして繰りひろげる「説得」のゲームとなってしまうのである。本来の「衆議」とは、一人の判断では見落しや思い違いがあるかもしれないのを、多くの目で見ることによって防ぐ――そういう合理的なシステムとして機能すべきものであって、聖徳太子の十七条憲法の最後の条に語られるのが、まさにそういう衆議衆論の教えである。

来上ってゆく。

そうなってしまうと、そこでの議論は、もはや人々の知恵を集めてより良い方策をさがしあてるための作業ではなくなって、単なる討論――［A］――というものになってしまう。そして、これは(誰もが体験するとおり)きわめてしばしば起こりがちなことなのである。

『近代民主主義とその展望』のなかで、福田歓一氏は、民主主義の方法原理としてまず第一に挙げるべきものは、「討論と説得」であると述べて、民主主義お得意の「多数決」を行うまえに、まず「じゅうぶんな討論と説得の過程がなければならない」と言う。そして「問題をじゅうぶんに議論いたしまして、それぞれの主張のなかで、お互いに根拠を挙げて、相手の同調を獲得しようという説得の行動をやっていくことです」と語っている。たしかに、民主主義に言う「議論」とはこういうものなのである。各人は、自らの主張を自分から疑ってみようとは決してしない。ただひたすら反対者を説得するためにのみ、自らの理性を使い、言葉を使う。それが「議論」というものなのだ、と民主主義者は思っている。そして、それを誇りにしてさえいる。

［B］、このような「討論と説得」などというものは、議論のもっとも堕落した形の一つにすぎないのである。たしかに、この「討論と説得」が理想的に機能した場合には、甲と乙とに分かれた意見の内の、より良い意見の方に全員が説得される、ということになろう。けれども、その場合ですら、cそのような議論のうちから、(あらかじめ人々がたずさえていた)甲案や乙案よりもさらに優れた案が発見される、ということは決して起こりえない。そもそもそこに集まる人々が、最初からそんなことは望んでもいないからである。

「三人寄れば文殊の知恵」という言葉がある。甲乙丙の三人が集まって、本当に正しい議論をつくせば、最初に甲乙丙の誰が持っていた意見よりも優れた意見に到達しうる、ということである。このようなことが可能となるためには、三人が三人とも、虚心に相手の言葉に耳と心を開く、という態度を取ることが不可欠である。そして、各人が、自信をもって自説を正確に述べつつも、決して自説に［C］せず、常にそれを他人の目で眺められるようでなければならない。そういう心構えで三人の人

Ⅱ　次の文章を読んで、後の問いに答えよ。

「和ぐを以て貴しとし、忤ふること無きを宗とせよ」

多くの人は、この出だしだけを見て、これを単なる「従順に生きよ」という道徳の教えだと思い込んでいる。人によっては、このような「和の伝統」のせいで、日本人は[a]理を通して議論をすることが苦手なのだ、とすら言う。そういう人は、この第一条の後半を一度も読んだことがないのに相違ない。そこには次のように語られているのである——「人皆党有り。亦達る者少し。是を以て、或いは君父に順はず。乍隣里に違ふ。然れども、上和ぎ下睦びて、事を論ふに諧ふときは、事理自づからに通ふ。何事か成らざらむ」。

これはまさに理を通して議論をすることができるためのアドヴァイスそのものである。すなわち、人間は誰しも党派、利害というものがあり、それを超越して達観しうる者は少い。したがって、上の人々にたてついたり、よその集団と対立したりしがちである。しかし、そういう不和、争いを抑制して、上も下もそれぞれむつまじく平静に仲良く論議するならば、「事理自づからに通ふ」というかたちで正しい結論が得られる。そして、このような仕方で正しい結論が得られたときには、何をやっても必らずうまくゆく——この第一条が語っているのは、そういうことなのである。

もちろん、[b]これは決してた易いことではない。われわれ自身がなにか小さな集まりの中で議論をする時のことを考えてみても、このような「和」の精神を保って理性的に議論をするということは、なかなか難しい。一人一人が、問題となっている事柄について真剣に考えていればいるほど、各自が自分なりの意見を持ち、自説に愛着を持っている。他人が自分とは反対の意見を出してくれれば、それはいったいどのような考え方なのかと耳をすまして理解しようと努める前に、まず反撥が先立ってしまう。意見の中身についてじっくりと考える前に、ただ、それは自分の意見に近いのか遠いのかという色分けだけで見てしまう。そこには自ずと「党派」が出来上って、自分と意見の近い人々を応援し、反対の意見の人々に対しては手厳しく反論する、という形が出

④　自分よりも優秀なものを作り出すほど優れている
⑤　AIに支配される宿命にある弱き非有機体である

問九　傍線部e「毎日人間は睡眠をとるという不能率なこともしている」とあるが、これに対する筆者の考えとして最適なものを、次の①〜⑤から選び、記号をマークせよ。解答欄番号は 9 。

①　人間が不完全であることの証し
②　人間が退化していることの証し
③　人間が複雑であることの証し
④　人間が社会性を持つことの証し
⑤　人間が怠惰であることの証し

問十　傍線部f「弛緩」の読みとして最適なものを、次の①〜⑤から選び、記号をマークせよ。解答欄番号は 10 。

①　きゅうだん　②　しかん　③　かんだん　④　ゆうよ　⑤　やゆ

問十一　空欄 E に入る語句として最適なものを、次の①〜⑤から選び、記号をマークせよ。解答欄番号は 11 。

①　常識　②　データ　③　技術　④　哲学　⑤　自己

問十二　本文の内容に**合致しない**ものを、次の①〜⑤から一つ選び、記号をマークせよ。解答欄番号は 12 。

①　科学技術の進歩は指数関数で考えなくてはならないというカーツワイルの信念は、必ずしも科学的なものとは言い難い。
②　将棋やチェスのようなゲームでは、技術革新によりAIが人間に勝つところまで来ている。
③　人間が機械と異種交配をおこない、より創造的な楽しい生活を営みうるという構想は現在でも提示されることがある。
④　「人間が苦しむ」ということを思考の還元不可能な特徴として挙げたのがリオタールである。
⑤　カーツワイルの構想の中では、死がなくなるという考えまでは含まれてはいない。

① 老化や記憶の限界を克服できると考える誤解。
② 人間の知性をコンピュータによって補助できると考える誤解。
③ 生命や脳をそっくり複写し再現できると考える誤解。
④ 技術革新によって人間は神を超越できると考える誤解。
⑤ 人間の常識を越えたＡＩを作り出すことができると考える誤解。

問五　傍線部ｃ「サク誤」の「サク」の漢字として最適なものを、次の①～⑤から選び、記号をマークせよ。解答欄番号は 5 。

① 搾　② 割　③ 策　④ 錯　⑤ 炸

問六　傍線部ｄ「常識」のここでの内容として最適なものを、次の①～⑤から選び、記号をマークせよ。解答欄番号は 6 。

① 膨大な電子メモリーに還元された不死の人間を有機性とはみなさない常識的判断。
② 理性によって制御された非有機的な人間を生み出すことを忌避する倫理観。
③ 哲学的な思考によって知性の暴走を抑制しようとする確固たる意志。
④ 無限の可能性を求めて技術革新を追い求める科学に迎合しない良識的判断。
⑤ ある種の生命観や歴史・社会の有機的な構成にしたがおうとする思考。

問七　空欄 C に入る語句として最適なものを、次の①～⑤から選び、記号をマークせよ。解答欄番号は 7 。

① 特化　② 潜在　③ 収斂　④ 還元　⑤ 瓦解

問八　空欄 D に入る語句として最適なものを、次の①～⑤から選び、記号をマークせよ。解答欄番号は 8 。

① 決してＡＩとは共生できない宿命にある
② これ以上進化することが見込めない生物である
③ 感性にのみ依存する非論理的な存在である

（注）
＊シンギュラリティ…人工知能（ＡＩ）が人類の知能を超える転換点。米国の未来学者レイ・カーツワイルが提唱。

問一　傍線部ａ「長足の進歩」の意味として最適なものを、次の①～⑤から選び、記号をマークせよ。解答欄番号は 1 。
① 長い時間をかけてゆっくり進展すること。
② 地道な改良によって進展すること。
③ 長期に及ぶ基礎研究によって発展すること。
④ 長期的視野の中で段階的に進化すること。
⑤ 短期間で大幅に進歩すること。

問二　空欄 Ａ に入る語句として最適なものを、次の①～⑤から選び、記号をマークせよ。解答欄番号は 2 。
① 到達不可能に見える遠い目標
② 脳科学の知見に裏づけられた強固な論理
③ 従来の倫理観を補強する新たな生命観
④ 科学的に立証可能な堅実な仮説
⑤ 実現可能性が高い計画

問三　空欄 Ｂ に入る語句として最適なものを、次の①～⑤から選び、記号をマークせよ。解答欄番号は 3 。
① ところで　② もっとも　③ ただし　④ しかし　⑤ それゆえ

問四　傍線部ｂ「致命的な誤解」とはどういうことか。最適なものを、次の①～⑤から選び、記号をマークせよ。解答欄番号は 4 。

神と身体の両方を規定する状態と考えている）。気分や気遣いの波動の中で、つねに複雑な曲線をたどりながら思考が行われている。そして、やがて死に至る。いかに突然の死があろうと、とにかく死は周到に準備されている。病気や不慮の死に遭わなくても、細胞分裂の回数には限界があって、その回数を超すと終わりを迎える（分裂しない細胞は、もっと確実に死へと定められている）。つまり死は避けられない。[e]毎日人間は睡眠をとるという不能率なこともしている。つねに情動の波立ちがあり、休み、[f]弛緩する必要があり、そのリズムの中に思考がある。「非人間的なもの」を考察しながら、リオタールは「人間が苦しむ」ということを、思考の還元不可能な特徴として挙げていた。しかし苦しみ、感情、情動さえも、デジタルな操作によって全部再現し操作してみせるという、そのような技術さえも構想することができるだろう。また細胞分裂の回数という決定的限界（テロメア）を超える技術さえも考えられていくのだろう。

それにしても人間に、そして生命、身体に固有の〈様態〉とは何か。将棋のような活動さえも、勝つことに集中する情念や緊張に導かれて思考や計算は進行し、それを同時に楽しむような〈 E との関係〉さえもそこでは作動している。ところが設計されたプログラムにしたがうゲームには、実は勝利と敗北の違いさえなく、駒の配置というデータの差異があるだけだ。人間に情念があり、愛があり、欲望があり、苦しみがあるということは、もちろん不完全性のしるしでもある。そして究極的な「不完全」とは、まさに人間が死ぬということである。死がなくなる世界とは何を意味するか、考えることはないし、そんな必要もないのだ。マクルーハンのように、メディア（機械）と人間が異種交配を行い、より創造的な楽しい（人間的な！）生活を営みうるという構想はいまも続いている。そして人間と機械が相互浸透する度合は圧倒的に深まり、それは異次元の非有機的生を実現しているとも言える。しかし人間の思考作用はきわめて複雑であるとはいえ、これを単なる記憶装置の運用として定義することも、まったく不条理とは言えない。

（宇野邦一『非有機的生』による）

ある。哲学もまた、常識を深く疑うと同時に、常識の深みと重みに根ざす知でもある。そして「常識」とは何か、決して正解があるわけではない。技術か、人間か。人間の答えがあり、技術の答えがある。常識とは、いわば有機的な知識なのだ。ある種の生命観、そして歴史、社会の有機的な構成にしたがおうとする思考である。そのような有機性に対しては、非有機性の側からの批判がたえずむけられるし、むけられねばならない。しかしカーツワイルの言うような「シンギュラリティ」だけが、非有機性の可能性ではない。膨大な電子メモリーに還元された不死の人間とは、極限まで非有機化された有機性である。しかし私たちが、人類史を導くかのような言語に、精神に、技術に見出してきた非有機性とは、あくまでも有機体とともにあり、有機体の別の様態としての非有機性である。この非有機性は、決して生命の有機性を超越するのではなく、あくまでもそれに内在する。しばしば有機性を超越するように見えるが、それもむしろ有機性に［Ｃ］していたものであるかのようである。

たとえば、将棋やチェスのようなゲームでは、ＡＩが人間を負かすところまで技術は進化した（正確に言えば、人間はそれほど高度なプログラムとメモリーを作ることができるようになった）。しかし将棋がいかに複雑な計算を要するにしても、人間が思考すること自体は、それと比べても桁違いに複雑なのだ。どんなに弱い指し手であろうと、一人の人間が将棋を指すときのパフォーマンスは、ＡＩのそれとは、ちがう次元をもっている。計算の能力と、思考の能力とは、同じ能力ではない。しかしこの違いはどう的確に、説明され、論証されるだろうか、いやはたして論証しうることだろうか。生命、人間の身体、そして脳の「働き」の複雑さは、どのように複雑で、この複雑性は何を意味しているのか。脳とＡＩでは「思考」の性質がまったく異なっているのか、それとも処理可能なデータの量的差異があるにすぎないのか。それなら質的差異のほうは十分解明され定義されたのか。人間は、能力の劣るコンピュータにすぎないのか。この劣等者は、［Ｄ］というわけだろうか。

たとえば人間はほとんどいつも、毎日ある種の気分（あるいは感情）の中で、気分が悪ければ良くしようと思い、あるいは何か欲望があればそれを実現しようと思い、気がかりがあれば解消しようとして生きている。つねにそういう波立ちとともにある気分とは、それ自体複雑な、まさに様々な力の組み合わせから出てくる（スピノザは、それを端的に「喜び」と「悲しみ」と呼び、精況は現実にそういう進化をとげているだろう。大量のナノボットを脳の中に注入して、思考の活動を精密にスキャンすることもできる。すでに外部から脳のスキャニングをすることができるようになり、脳科学は長足の進歩[a]をとげているが、まだ分からないことが多い。脳内を至近距離から精密にスキャンすることによって、思考や記憶のほとんどの機能を人工的に作り出し、再現できるようになる。ついには個々の人間の記憶と履歴の全体がダウンロードされ、保存され、移送されるSF的な世界が実現されるだろう。

技術の進化は、そのように［ A ］をまずたてておいて、そこに少しでも近づくための試行錯誤を繰り返すことによって実現されてきたのにちがいない。そういう極端な仮説的立場にも有効性があること自体は否定すべくもない。「身体」についても、カーツワイルの構想は、細胞がますます精巧に修復できるようになり、究極的には死がなくなるということまで折り込んでいる。「不死の人間」が、技術の最終目的の一つなのだ。脳に関しても、細胞のメカニズムが分かってくるにつれて、その作用を人工的に再現し拡張する可能性が考えられていく。［ B ］完璧に機械化されて、もはやデータの蓄積と処理しかしない身体とは、もはや身体ではないだろう。もちろんそれが身体であるか、ないかということは、技術の野望にとって問題ではない。目標はあくまでも最高のパフォーマンスを達成する不死の身体なのだ。

こういう認識の姿勢には、身体とは何か、思考とは何かということに対する、致命的な誤解[b]が含まれているかもしれない。人間の思考は、きわめて複雑で特別な進化の果てにあるもので、人間が作り出したものではない。それは神という名前さえもたない〈自然〉ではないか。生命に関しても、脳に関しても、どこまで解明が進んでも、それをそっくり複写し再現しうると思うことは、まったくのサク誤[c]ではないのか。シンギュラリティにむかって猛進していくかわりに、むしろこのように問う立場もあり続けるだろう。コンピュータのメモリーに完璧に複写されうる不死の人間、ついにはそのような技術を、技術自体の生み出した脳によって実現する人間とは、技術者にとって究極の夢にちがいない。しかし、それを疑う人間の〈常識[d]〉がそれにたちはだかる。

常識を疑わなければ新しいものの創造はないとしても、かろうじて常識の重みが、知性の暴走を抑制するという局面も確かに

国語

（七〇分）

（注）文（日本文・史・比較芸術）学部はⅠ～Ⅲ、その他はⅠ・Ⅱを解答すること。

問題Ⅰ Ⅱは全受験者が解答すること。

Ⅰ

次の文章を読んで、後の問いに答えよ。

「シンギュラリティ」*について語るカーツワイルの本を読んでいると、技術がどこまでも進化するということを、彼が全く信じ込んでいることに驚く。ある種テクノナルシシズムと言いたくなるような傾向も見えてくる。彼の主張自体よりも、無限の可能性を信じるその信念のほうが驚きなのだ。科学技術のすさまじい進歩は指数関数で考えなくてはならない、と科学（工学）の成果をもとに彼は予測しているが、この信念自体はそれほど科学的なものではない。

たとえば、ナノボットといわれるような、ナノスケールのロボットを作り出して、それを口から吸引したり、体内に投入したりする。脳の記憶は進化にしたがってだんだん容量を増やしてきたが、ナノボットによってそれをさらに飛躍的に増大することができるという。記憶の限界などないといわんばかりの可能性を、カーツワイルは唱えている。そしてある局面では、技術の状

解答編

英語

I **解答**　1－④　2－①　3－④　4－②　5－②　6－①　7－②　8－②　9－①　10－③

全訳

《AIによる新たな芸術》

1　私たちは常々，コンピュータは人間のように本当に創造的にはなれないと言われてきた。しかし突如として，何百万という人たちが，これまでに見たことがない絵を生成するのに新しいAIツールを使っている。これらの人々のほとんどはプロの芸術家ではないが，そこがポイントである。プロの芸術家でなくていいのだ。誰もが賞を取れるような映画を演出したり，ピカソのように絵を描いたりできるわけではないが，誰でもAI画像生成ツールを開いてアイディアを打ち込むことはできる。画面上に現れるものは写実性と細部の細かさにおいて印象的でありうる。いくつかの新しい商業用サービスは，ユーザーが，DALL-Eと呼ばれるものを含めたAIと画像を共同制作することを可能にしている。これらの新しいツールのおかげで，AI芸術はある一線を越えた。

2　この新しい技術の熱烈な支持者にとって，AIはかつて人間だけのものだった領域に踏み込んだのだ。彼らにとって，AIによって生成された芸術は進歩を象徴し，そして芸術的創造性と人間の技術の両方において，興奮させるような未開拓の分野を切り開いている。デジタルアートに関わることが増えれば，あらゆる類いの芸術に対する関心が確実に増すであろう。たとえ私たちが一度も絵を描いたことがなかったとしても，あるいは，私たちが芸術の歴史について何も知らなくても，AIは人間と一緒に作業して私たち全てを視覚芸術家にすることができる。そのような技術は実に大衆的になって，芸術を誰にでも楽しめるようにする見込みがある。

3 しかし，批判者にとって，AI は潜在的に危険な影響を持っており，越えてはいけない線を越えてしまったのだ。感情を持たない AI 機器が芸術を制作するなら，芸術家の自己表現という観念はどうなるだろうか。職業の選択肢としての「芸術家」はどうなるだろうか。著作権法は人間の権利を守るものとされている。しかし，インターネットを出所とするあらゆる画像が，AI 機器がいわゆる「オリジナル」を出力するために消費する材料となれば，そのような法律はどう機能するだろうか。AI 芸術は人間が制作した，すでに存在する視覚芸術に依存しているが，これらの人間の芸術家の顔は見えなくなり，彼らの作品は画像生成ツールが消費するためのデータに成り下がるに違いない。かつて「オリジナル作品」と考えられていたものの意味と価値が変わるのだ。

4 これらの驚くべき新しい AI ツールは人間によって制作された何十億点もの絵から例の芸術を学んでいるので，それらが出力する作品はたいてい，私たちが，絵とはそういうものであろうと予想するものである。しかし，それらは開発者にとってさえも根本的に謎に包まれている生成 AI なので，私たちのほとんどがそれを想像する芸術的才能を持たず，まして制作する技術など持ち合わせていないであろう細部を描き入れながら，どんな人間も思いつきそうにない方法で新たな絵を再構築する。それらは，私たちがどのような表現形式を好きであっても，私たちが好きなものとちょっとだけ違うものを生成するように指示することができる。最終的に，このことがそれらの最も強力な利点と言える。つまり AI は，私たちが理解できるが，それと同時に私たちが「うわぁ！」と口を大きく開けたままになるほど予想外の新しいものを作り出すことができるのだ。これらの新しく AI が生成した画像はあまりにも予測不可能なので，私たちが最初にどんな驚きを経験したとしても，次のような新たな疑問がすぐに湧く。人間による芸術は終わったのだろうか。誰がこれらの機械のスピードと，コストの低さと，スケールと，そして，そう，奔放な想像力にかなうだろうか。芸術はもう，私たち人間がロボットに明け渡さないといけない人間の活動なのだろうか。雑誌『ワイアード』のケヴィン＝ケリーは，AI 機器とそのユーザー，そして開発者たちと関わる仕事をしながら，そのような質問を長らく検討してきた。彼の予測は，生成 AI はあらゆるものについて私たちの設計の仕方を変えるだろうというものだ。彼はまた，この新しい技術のために人間の芸術家が職を失うことはないだろうと予測している。

5　AIで生成した画像を「共同制作品」と呼ぶことは大袈裟ではない。この新しい力の秘密は，最もよい答えが得られるのは怠惰な人間が一つの質問を入力した後に機械の迅速な出力で全作業が処理されることからではなく，むしろ人間と機械の間で進行中のとても長い会話からだ，ということである。一枚一枚の画像の進化は，多くの繰り返しと修正はもちろん，人間とAIとの間の数時間，時には数日にわたるチームワークの結果なのだ。この類いのチームワークは機械学習における長年の発展の後に初めて実現した。

6　どのようにAI画像生成ツールが機能しているかをユーザーが理解する必要はない。人間のユーザーは，自分が求める画像の特徴を述べる文字列を入力することができる。つまりプロンプトである。魔法のように，そのプロンプトから画像が生成される。しかしこの魔法が成立するには，研究者はインターネットからキャプションなどの文がついているたくさんの画像を集めなければならなかった。その後，こうした何十億という画像例は，画像を言葉と結びつけ，言葉を画像と結びつけるのに用いられた。研究者は二つの別々の技術を組み合わせていた。つまり，一つは人間の脳に着想を得たディープラーニングのネットワークモデルであり，もう一つは画像生成エンジンとつながる自然言語モデルである。最終的に，ユーザーはたった数語を入力するだけで，この魔法のような技術にアクセスできるのだ。

7　今日の画像生成ツールの核心であるこの類いのモデルやアルゴリズムを発明した科学者たちは，今はグーグル社に在籍しているが，グーグル社はその実験的な生成ツールを公にはしていない。今現在，公共利用のためにオープンになっている最も人気のある画像生成ツールの一つはDALL-Eであり，これは文章生成ツールであるChatGPTをも世に送り出した，OpenAIと呼ばれる会社の製品である。「DALL-E」という名前は，ディズニー・ピクサー社のアニメ映画『ウォーリー』のロボットキャラクターの名前と，スペイン人画家サルバドール＝ダリの名字を組み合わせてできた。もともとは，浪費的な人間がめちゃくちゃにした後に地球をきれいにするために設計された感情のないロボットのウォーリーが，人間がなくしたいくつかの感情を思いがけず表現し始めるAI機械を表しており，その一方ダリは，刺激的な新しい芸術を世に出すような芸術家を表している。少なくとも名前では，DALL-E は新しい技術の支持者と批判をする人たちの両方に話しかけているのだ。

8　多くの人間がわくわくして AI 画像生成ツールで遊んでいる理由は，人間がずっとほとんどの芸術を作り出してきた理由と同じだ。つまり美を作り出すためである。キャンプファイアーの炎のように，光のパターンは目を引きつける。その画像は決して繰り返されない。つまり私たちを常に驚かせるのだ。ユーザーは自分が作り出したものを共有することができるが，現在，毎日生成されている 2000 万の画像のうちの 99%はたった一人の人間にしか見られていない。つまり共同制作者である。どんな芸術とも同様に，画像は癒やしにもなりうる。人々は毎週日曜日に絵を描く，あるいは日記を書くのと同じ理由で AI 画像を生成するのに時間を費やす。人々は自分の生活で起こった問題を解決するために，あるいは他の方法では言えないことを言うためにメディアを用いる。デジタル画像は，ユーザーの一時的な心理的あるいは精神的要求にすぐに反応する。たとえば，画像は大切なペットを失って悲しんでいる人に，動物の天国はどのようなものかを示してくれるかもしれない。しかしながら，私たちのメンタルヘルスを AI 機器に委ねることを懸念する人もいるし，あるいは AI 芸術エンジンが誤った使い方をされることはないかと懸念している人もいる。何と言っても，本物に思える画像は，人や実際に起こっていない出来事についての偽情報キャンペーンに用いられることがあるからだ。こうした恐れは，そのような機械が生成することができる力強くそして写実的な画像と同じくらい現実的である。

9　しかし，AI に対する不安はしばしば過度に強調されている。100 年前，そうなるだろうという不安があったけれども，写真が人間の描いたイラストに終止符を打たなかったように，画像生成ツールも，より多くの芸術の可能性を開いているのであって，可能性を狭めているのではない。近い将来，メールやテキストメッセージやブログや本やソーシャルメディアの通常は空白だったところに，自動的に文脈に合わせて AI が生成した画像が現れるようになる可能性があるだろう。それは私たちが読んでもいないうちからメールの返事を書くツールとは違う。私たちは AI が生成した画像がますます便利で役立つものになることを期待できる。

⑩　今の時点では，AI 画像生成ツールは人間が作り出した視覚芸術に頼っており，その逆ではない。したがって，とりわけほとんどのユーザーが個人の楽しみや自分のブログのためだけに画像を作成するなら，従来の芸術家が仕事を失うことはおそらくないだろう。それでも，AI 技術が厳しく規制されるか，あるいはさらに無法状態になるにつれて，今後数年内に芸術を評価するシステムが大きな変化に直面しないとは信じがたい。その一方で，人間と機械の間に存在するいかなる線も，ますます見えにくくなっていくだろう。

解説

1.「新しい AI ツールのユーザーは…できる」

新しい AI ツールを用いて利用者ができることは第 1 段に書かれており，第 4 文（Not everyone can …）に「誰もが賞を取れるような映画を演出したり，ピカソのように絵を描いたりできるわけではないが，誰でも AI 画像生成ツールを開いてアイディアを打ち込むことはできる」とあり，第 5 文（What appears on …）に「画面上に現れるものは写実性と細部の細かさにおいて印象的でありうる」とあるので，④「印象的な画像を共同で作り出すのにその技術と一緒に作業（できる）」が，正解に相応しい。

①「いつの日か，彼らに取って代わるだろう新しい技術と同じくらい創造的である（はずがない）」 ②「自分で描いた驚くほど素晴らしい絵で友だちを感動させることが（できる）」 ③「ピカソのような有名な芸術家と同じくらい上手に絵が描けるように，それらの機械に教わることが（できる）」

2.「AI 画像生成ツールの支持者は…と考えている」

AI 支持者の意見については第 2 段で述べられており，第 4 文（AI can work …）に「…，AI は人間と一緒に作業して私たち全てを視覚芸術家にすることができる」とあるので，①「その技術は人間が作り出す芸術に終止符を打たないだろう」が，正解に相応しい。②「素晴らしい芸術作品を作るのに芸術の歴史の知識は不可欠だ」 ③「ロボットが芸術家の手を導いてくれるので絵を描くことは遙かに楽しくなる」 ④「AI 画像生成ツールのようなツールの助けなしに，民主主義は真に存在しえない」

3.「AI 画像生成ツールに対する批判の一つは，それらは…だろうというものである」

AI 画像生成ツールに反対する人たちの意見は第3段で述べられており，第4文（Copyright laws are …）に「著作権法」とあるのに対し，第5文（Yet, how can …）に「インターネットを出所とするあらゆる画像が，AI がいわゆる『オリジナル』を出力するために消費する材料となれば，そのような法律はどう機能するだろうか」とあるので，④「著作権法を守らせることをより難しくする」が，正解に相応しい。①「あまりにもたくさんのデータを作り出すので，オリジナルの芸術作品が簡単に見つけられる」 ②「不適切な感情を表す」 ③「芸術家の面目をつぶす」

4.「本文で説明されている AI ツールの最大の長所の一つに…という点がある」

AI ツールの特徴は第4段で述べられており，第4文（This, ultimately, is …）に「…，AI は，私たちが理解できるが，それと同時に私たちが『うわぁ！』と口を大きく開けたままになるほど予想外の新しいものを作り出すことができるのだ」とあるので，②「それらの出力結果は予想不可能で，かつ馴染みがあるものである」が，正解に相応しい。①「芸術的な細部はまだ人間の共同制作者によって描き込まれなければならない」 ③「それらは私たちが絵と考えるものを遙かに超える画像を作り出す」 ④「それらは私たちの設計の仕方を基本的に変えることはなさそうだ」

5.「AI 画像生成ツールから最良の結果を得たい人は，…すべきではない」

AI との共同制作の具体的なプロセスについては第5段で述べられており，第2文（The secret of …）に「最もよい答えが得られるのは…，むしろ人間と機械の間で進行中のとても長い会話からだ」とあり，第3文（Progress for each …）に「一枚一枚の画像の進化は，多くの繰り返しと修正はもちろん，人間と AI との間の数時間，時には数日にわたるチームワークの結果なのだ」とあるので，②「最初に生成された画像で満足する（べきではない）」が，正解に相応しい。①「AI とともに生成した画像を『共同制作品』と呼ぶ（べきではない）」 ③「その過程について考えすぎて時間を無駄にする（べきではない）」 ④「その技術とやりとりし過ぎる（べきではない）」

6.「AI 画像生成ツールを使うには，ユーザーは…する必要がある」

AI で画像生成をするときに利用者がするべきことは，第6段第1・2

文（It is not necessary … the prompt.）に「どのようにAI画像生成ツールが機能しているかをユーザーが理解する必要はない」「人間のユーザーは，自分が求めている画像の特徴を述べる文字列を入力することができる」とあり，それ以降は開発者側の行ったことが書かれている。したがって，①「自分のほしい画像のプロンプトを入力する」が，正解に相応しい。②「どのように画像が生成されるかについて詳しい知識を持っている」③「ディープラーニングモデルがどのように自然言語モデルと機能するか知っている」④「インターネットから画像を集める」

7.「DALL-Eという名前は…」

DALL-Eの名前の由来は第7段で述べられており，第3文（The name “DALL-E” …）に「『DALL-E』という名前は，ディズニー・ピクサー社のアニメ映画『ウォーリー』のロボットキャラクターの名前と，スペイン人画家サルバドール＝ダリの名字を組み合わせてできた」とあるので，②「芸術家の名前と映画のキャラクターの名前を組み合わせている」が，正解に相応しい。①「ChatGPTによって作られた」③「人気のディズニー・ピクサー映画のキャラクターである」④「グーグルが一般に自社の画像生成ツールを公開してから作られた」

8.「現在，AI画像生成ツールによって生成された画像の大半は…」

AIが画像を生成した後のことについては，第8段で述べられており，第4文（Users can share …）に「ユーザーは自分が作り出したものを共有することができるが，現在，毎日生成されている2000万の画像のうちの99%はたった一人の人間にしか見られていない。つまり共同制作者である」とあるので，②「恐らくそれらを共同制作する人によってのみ見られている」が，正解に相応しい。①「とても力強く写実的なのでコンピュータでさえそれらに騙される」③「患者が心理的な問題を解決するのを手伝うのにカウンセラーによって用いられる」④「偽情報キャンペーンでソーシャルメディアに投稿される」

9.「AIによって生成された画像は，人間の芸術家やイラストレーターから既存の仕事を奪うというより，…かもしれない」

近い将来における，AIによって生成された画像がもたらすだろう影響が第9段で述べられており，第3文（In the near …）に「近い将来，メールやテキストメッセージやブログや本やソーシャルメディアの通常は空白だったところに，自動的に文脈に合わせてAIが生成した画像が現れるようになる可能性があるだろう」とあるので，①「以前は視覚的要素が全く，あるいはほとんどなかった箇所に用いられる」が，正解に相応しい。②「ブログを書く人や執筆家やソーシャルメディアのインフルエンサーの仕事を脅かす」 ③「写真家がイラストレーターとの競争を恐れなくなる」 ④「私たちが読む前であっても私たちの代わりにメールに返事をする」

10.「最終段は…を表している」

最終段第3文後半（as AI technologies become …）に，「AI技術が厳しく規制されるか，あるいはさらに無法状態になるにつれて」とあり，どう規制されるかが不透明であることがわかるため，③「この技術が将来どう利用されるか，あるいはどう規制されるかが不透明であること」が正解に相応しい。①「従来の芸術家が仕事を失うという確かな見込み」 ②「人間と機械の間の線が消えるという希望」 ④「ユーザーはAIが生成した画像を個人的な楽しみに使わないのではないかという疑い」

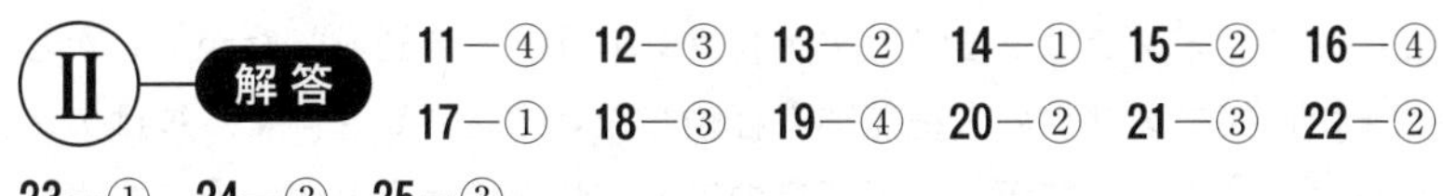
II　解答　**11**—④　**12**—③　**13**—②　**14**—①　**15**—②　**16**—④　**17**—①　**18**—③　**19**—④　**20**—②　**21**—③　**22**—②　**23**—①　**24**—③　**25**—③

全訳

《ベラフォンテと公民権運動》

1　カリブの音楽が1950年代のアメリカで人気になったとき，ある一人の男がその全ての代表だった。ハリー＝ベラフォンテである。人種差別が合法で，黒人の顔がアメリカのテレビや映画のスクリーンではまだ珍しかった当時，ベラフォンテがショービジネスの世界でトップランクにまで上り詰めたことは奇跡以外の何物でもなかった。彼はカリブ海の民族音楽を「デイ・オー（バナナ・ボート）」といったようなヒットソングに取り入れた。彼のアルバム『カリプソ』は，1956年にリリースされたときには6カ月以上ラジオチャートのトップにランクインし続けた。それは100万枚以上売れた，ソロアーティストによる初めてのアルバムだった。

2　ベラフォンテは1927年にニューヨークのハーレムで，西インド諸島のマルティニーク島とジャマイカ島出身の移民の両親の元に生まれた。彼が父親に会えることは滅多になく，彼の母親は，よその家の掃除をして子供たちを苦労して育てた。9歳のとき，ハリーは母親と弟と共に，ジャマイカにいる親戚と一緒に住むために引っ越した。彼らは1940年にハーレムに戻った。第二次世界大戦の間，ハリーはアメリカ海軍に入隊するために高校を中退した。彼は結婚して，戦争が終わった後，マンハッタンにあるアメリカン・ネグロ劇場でステージに立つようになった。そこで彼は生涯の友人でありライバルでもある俳優のシドニー＝ポワチエと出会った。

③ 1959年までに，彼は史上最高額の出演料をもらう黒人パフォーマーとなった。彼は多くの聴衆を，元気のいいカリプソと，伝統的な民族音楽と，低音が豊かなブルースと，労働歌で魅了した。歌手としての成功が映画のオファーにつながり，ベラフォンテはハリウッドで主演男優となる初の黒人俳優となった。その役ではシドニー＝ポワチエがすぐに彼に取って代わったが，いずれにせよ映画を撮ることが彼の唯一の目的では決してなかった。しばらくして，音楽を作ることもそうではなくなった。

④ 彼は21世紀になっても活躍し続けたが，自分の本当の生涯をかける仕事は公民権だと考えていた。目立たない移民の出自から驚くほどの名声を得て，ベラフォンテはある種のアメリカンドリームを達成したが，しかし，彼はまた直接アメリカの人種差別も経験した。インタビューで，彼はアメリカやアフリカそして西インド諸島の黒人文化をほとんどが白人であるファンに紹介することの難しさをしばしば語った。白人の女性歌手と舞台で歌うだけで多くの視聴者が怒った。彼のお金と名誉が，彼が単に黒人であるというだけで，レストランで接客を拒否されることを妨げることはなかった。

⑤ また違う時には，黒人批評家も声を上げた。なかには，ベラフォンテが成功したのは肌の色の薄さのおかげだと示唆する者もいた（彼の祖父母のうち2人は白人だった）。カリブ海の島でカリプソ音楽の発祥の地であるトリニダードでさえ，彼のレコード会社が彼のことを「カリプソの王」としてプロモーションすると，ベラフォンテのことを批判した。トリニダードは毎年，自分たちの「王」を特別なコンテストで選んでいたが，ベラフォンテはトリニダード出身でさえなかったのだ。ベラフォンテ自身がトリニダードのカリプソ王だと主張したことは一度もなかった。彼と彼の歌を書いていたパートナーは民族音楽がただ好きなだけで，それを自分たちのニーズに合わせて形作ることに何も問題を見いだしてはいなかった。

6　早くから，ベラフォンテはマーティン＝ルーサー＝キング＝ジュニア牧師と親しい友だちになり，彼が率いた人種的平等のための戦いに参加した。彼はキング牧師の政治活動のための資金を調達した。キング牧師や公民権運動支援者が人種差別に反対して抗議したことで逮捕されたときには，ベラフォンテは数年間，彼らを刑務所から出す助けをした。キング牧師が1968年に殺された後には，彼はキング牧師の家族が世話を確実に受けられるよう自分のお金を渡しさえした。

7　ベラフォンテは自分の考えを正直に話した。彼は，アメリカがイラクに侵攻した後，ブッシュ政権を強く批判し，2016年にはドナルド＝トランプについて有権者たちに警告した。「トランプ氏は私たちに，私たちは何を失わなければいけないかと尋ねます。そして私たちは答えなければなりません。ただ夢だけです，全て（を失う）だけです，と」 彼の長い人生のほとんどの間，ハリー＝ベラフォンテは自分の人を楽しませる才能と多大な名声と財源を人種と社会の平等というキング牧師の夢に捧げた。

解説

11. 空欄の前では，「人種差別が合法で」とあり，社会的に黒人に光が当たっていなかったと考えられるので，「まだ」という意味の④stillを選ぶことで，あまり黒人がテレビや映画のスクリーンに映ることはなかったという自然な文意になり，正解に相応しい。

12. 空欄を含む文の前半では，「黒人の顔がテレビや映画のスクリーンではまだ珍しかった当時」とあるので，ベラフォンテがショービジネスの世界で成功することは簡単ではなかったことがわかる。③を選ぶことで，nothing short of～「～以外の何物でもない」という定型表現が完成し，文意から考えても正解に相応しい。

13. 空欄の前後では，ベラフォンテの貧しかった子供時代のことに触れられており，②struggledを選ぶことにより，struggle to *do*「～しようと努力する」の語法が成立し，彼の母親が苦労して生活を支えたことを述べる英文となり，正解に相応しい。

14. drop out of～「～を中途退学する」という意味の定型表現である。

15. in history「史上」という意味の定型表現である。

16. ①Knowingと③Conductingは動名詞となっているが，元々が他動詞なので動名詞になっても必要な目的語がないため，正解には相応しくない。②Outcome「結果」は可算名詞なので，単数形で冠詞をつけずに用いることはできない。④Success「成功」を補うことによって，「歌手として成功したことが」という適切な文意になり，正解に相応しい。

17. 空欄が含まれている第3段までは，ベラフォンテのショービジネス界での活躍と成功が書かれているが，次の第4段からは彼が公民権運動に協力したことが書かれていることを踏まえる。①anyway「どうせ，どのみち」を選ぶことによって，彼がショービジネスよりも公民権運動に重きを置いていたことを示唆する文意となり，正解に相応しい。

18. rise to fame「有名になること，名声を得ること」という意味の定型表現である。

19. on stage「舞台上で」という意味の定型表現である。

20. owe *A* to *B*「*A* は *B* のおかげである」という意味の定型表現である。

21. 空欄の前までは，レコード会社がベラフォンテを「カリプソの王」としてプロモーションしたことが書かれている。①said は，*A* is said to be *B*「*A* が *B* だと言われている」の語法はあるが，空欄の前に be 動詞がないので成立しない。③claimed を選ぶことにより，claim to be ～「～であると主張する」の語法が成立し，本文の流れに合う文意となり，正解に相応しい。

22. 空欄より前に get があることに着目し，②を選ぶことで，get *A* out of *B*「*A* を *B* から連れ出す」の定型表現が完成する。jail は「刑務所」という意味。

23. ②improve は that 節をとらず，③deny は deny that SV「S は V しないと言う，S が V することを否定する」となり，内容的に齟齬が生じる。①make sure を選ぶことにより，make sure that SV「S が V することを確実にする」が成立し，本文の流れに合う文意となり，正解に相応しい。

24. 空欄の後に about があることに着目し，③warned を選ぶことで，warn *A* about *B*「*B* のことについて *A* に警告をする」の語法が成立し，本文の流れに合う文意となる。また，コロン（：）の後にどのように警告したのかその内容も具体的に書かれていることから，正解に相応しい。④の disgust は，「(人，もの，ことが)（人）をむかつかせる，うんざりさせる」という語法であり，He disgusts me.「彼は私をうんざりさせる」

のように使うので，相応しくない。なお，選択肢①，②，④で用いられている動詞には about と一緒に用いる語法はない。

25. 空欄の後に，devoted「〜を捧げた」の目的語として fame がきていることに着目する。本文の前半でベラフォンテがショービジネスで大きな成功を収めたことが述べられているので，③considerable を選べば，「多大な名声」となり，内容にあった文意となり，正解に相応しい。

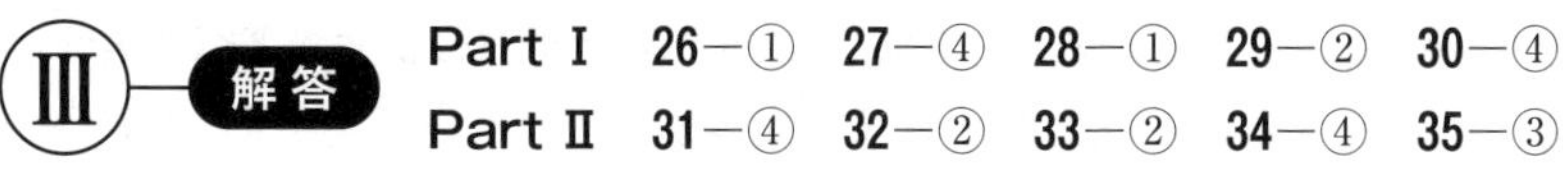

Ⅲ 解答 Part Ⅰ 26―① 27―④ 28―① 29―② 30―④
Part Ⅱ 31―④ 32―② 33―② 34―④ 35―③

解説

Part Ⅰ

26. ①stress を stressed にする。stress を名詞扱いするなら「私はストレスです」という意味になり英文が成立しない。stress には，「〜にストレスを感じさせる」という意味の他動詞の用法があり，これを受動態にすることによって，「私はストレスを受ける」となり，全体として「私は何かにストレスを受けると，なかなか寝付けなくなる傾向がある」という意味になる。fall asleep「眠りにつく」

27. ④which in を in which あるいは where にする。ここは the communications environment を先行詞とした関係代名詞になっているが，先行詞を関係詞節内に戻すと，people live in the communications environment となるので，先行詞に付いている前置詞は関係詞の前に置かなければならない。全体としては，「人によっては，インターネットを，人々が生活するコミュニケーション環境を最も変えた2つの先行する技術である，印刷とテレビと同一視するだろう」という意味になる。

28. ①over を in にする。over time は「時を経て，やがて」という意味の定型表現で，これでは英文が成立しない。in time「間に合って」という意味の定型表現にすることによって，全体として「私は昨日最終列車に間に合った。さもなければ近くのホテルに泊まっていただろう」という意味になる。

nearby「近くの」「場所」を修飾する形容詞としては，near は限定用法では用いられない（最上級の nearest にした場合のみ限定用法で用いることができる）ので，「近くのホテル」は the nearby hotel で，正しい表現である。

29. ②will be を is にする。as soon as SV は「S が V するとすぐに」という意味の定型表現であるが，これは，時や条件を表す副詞節の働きをしているため，as 以下の節内では未来のことは現在時制で表す。全体として「デベロッパーは設計が完成したらすぐに電話をかけてくるだろう。しかしそれがいつかは私たちにはわからない」という意味になる。

30. ④sees を saw にする。この問題の英文は全体的に過去に起こったことについて言及している。一般動詞の現在形は現在の状態や習慣を表すので，このままでは英文として意味を成さない。全体として，「目撃者は犯罪を目撃したという事実にもかかわらず，犯人を決して特定できなかった」という意味になる。

Part Ⅱ

31.「彼は会議に来ましたか」

turn up「姿を現す，到着する」

32.「3 かける 2 は 6 である」

A multiplied by *B* is〔makes〕*C*「*A* かける *B* は *C* になる」という定型表現である。この表現では multiplied by *B* が過去分詞として *A* を後置修飾している。

33.「ほとんどの人は言語がどうやって誕生するのかを全く理解できない」

puzzle「(理解できないことで) ～を困らせる，～を悩ませる」は be puzzled のように受動態にすると「理解できない，困る，悩む」という意味になる。

34.「メガホンは声を通常よりも大きくする」

比較級に用いられる than は元来，接続詞であり，その後には主語と述語が続く。than を用いる根拠となっている比較級の louder は，通常の「声」とメガホンを使ったときの「声」の大きさを比べているが，than の後に your voice を意味する単語 (it) を用いなければ，than 以下の比較対象が文全体の主語である megaphones になってしまい英文として成立しない。④が正解。

35.「私の同僚はとても親切なので，車に乗せてくれると申し出てくれた」

so ～ as to *do*「とても～なので…する」という意味の定型表現である。

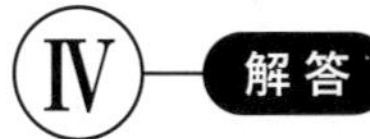

36－③　37－①　38－③　39－②　40－①

解説

Dialogue A

(二人の警察官が事件現場を訪れた後に，お昼ご飯を食べている。)

ピート：僕たち，事件現場で何か証拠を見落としたかもしれないと思わない？

サリー：もう！　あなたが話したがるのは宝石店強盗のことばかりね。

ピート：ただ，その真相を本当に知りたいだけなんだ。

サリー：私もよ！　でも，お昼ご飯を食べ終わるまで待てない？

36. 直前に「あなたが話したがるのは宝石店強盗のことばかりね」と，サリーがほんの少しピートを非難する発言があり，それに対してピートが言い訳をする発言であること，また直後に「私もよ！」というサリーの発言があることを踏まえると，③「誰が宝石店を襲ったかを知る」が正解に相応しい。get to the bottom of ～ は「～の真相を知る」という意味の表現である。①「自分が事件現場に忘れたものを取り戻す」 ②「宝石店の地下を掘る」 ④「宝石店強盗の話をするのをやめる」

Dialogue B

(美術の授業中に，生徒が先生の監視下で粘土から人物像を作っている。)

リタ：これはどうですか，モンゴメリー先生。

モンゴメリー先生：ん～。もう少し頭部を丸くした方がいいかもしれませんね。

リタ：[粘土を像に足して] このようにですか。

モンゴメリー先生：そうよ。もうコツをつかんだわね。すぐにプロの芸術家になれるわ。

37. リタにアドバイスをして，リタがそれに従った後の発言であり，かつ直後に「すぐにプロの芸術家になれる」という発言が続いていることを踏まえると，①「技術を習得している」が正解に相応しい。get the hang of it は「コツを覚える」という意味の表現である。②「像をうなだれさせている」 ③「プロの芸術家としてお金を稼いでいる」 ④「彼女の失敗でがっかりしている」

Dialogue C

(若い男性が友だちに仕事探しを手伝うよう頼んでいる。)

シドニー：君，ソニック・コーポレーションの仕事を本当に気に入ってるよね。今，従業員を募集しているって聞いたんだけど。

トーマス：そうだよ。新しい営業担当を探しているんだ。

シドニー：僕のために口添えしてくれる？

トーマス：喜んでやるよ，でもその後は自力で頑張らないとね。

38. 就職先を探しているシドニーが，ソニック・コーポレーションで仕事をしているトーマスと会話している状況であることを読み取ると，③「トーマスに，雇用主に自分（シドニー）について肯定的なことを言ってもらいたい」が正解に相応しい。put in a good word for ～ は「～を推薦する，～のことをよく言う」という表現である。①「トーマスに，上司に自分について面白い話をしてもらいたい」 ②「自分が重要な人を知っていることを示してトーマスに印象づけたい」 ④「自分の語彙を増やしたい」

39. to go the distance on your own はシドニーに上司への口添えを頼まれて，承諾した直後の発言であることに着目する。distance は「距離」という意味であるが，この会話では移動に関する話をしていないことから，これは何かの例えだと判断する。この会話はシドニーの就職が主な話題であり，目標が就職を決めることであると踏まえると，distance はそれまでの道のりのことであるとわかる。また，on your own がシドニーのことを指していることから，②「仕事を得ることはシドニーの努力次第でもある」が正解に相応しい。go the distance は「やり遂げる」という表現である。①「長距離走者であることは利点であるかもしれない」 ③「シドニーの成功を助けることはトーマスの負担になるだろう」 ④「シドニーとトーマスの友情はあまりにも離れている」

Dialogue D

(ジョシュとナンシーは大学のクラスメイトで，自分たちの子供時代の経験について話し合っている。)

ナンシー：いつもおしゃれね，ジョシュ。服にたくさんお金をかけているに違いないわね。

ジョシュ：全然だよ。実際，僕，いつも服は古着屋さんで買ってるんだ。

ナンシー：え，冗談でしょ？　全く知らなかったわ。お金持ちの家の出だと思ってたもの。
ジョシュ：全然そんなことないよ。僕が子供のときは，僕の家はその日暮らしだったよ。

40. ジョシュの普段の服装からナンシーが彼のことをお金持ちだと思っていた，という会話である。my family lived hand to mouth は，ジョシュが far from ～「～からはほど遠い」を用いて，自分の家はお金持ちではないと否定した直後の発言であることに着目すると，①「基本的かつ目の前の必要を満たすことしかできなかった」が正解に相応しい。②「大金持ちからひどい貧困状態になった」 ③「彼らは手で食べる傾向があったので，異なるテーブルマナーを持っていた」 ④「『手（足）口病』と呼ばれる病気にかかっていた」（＊手足口病 hand, foot and mouth disease を選択肢に用いようとしたのだろうと考えられる。）

講評

設問数は例年と変わらず 40 問であった。

Ⅰ　英文は，芸術を生み出す AI 画像生成ツールをめぐる議論である。内容把握を問う問題で，問題文に先に目を通し，関連箇所を見つけることができれば，解答は難しくない。間違った選択肢には，本文には一切記載がないものもあり，それらは特に排除しやすいだろう。

Ⅱ　英文は，米国の歌手・俳優にして公民権運動家，ハリー＝ベラフォンテの伝記である。問題は内容把握ではなく空所補充となっている。文脈に沿った語句を補うもの，熟語を完成させるものが主で，それほど難しい問題は見られなかった。

Ⅲ　Part Ⅰは短文の誤り指摘，Part Ⅱは短文の空所補充で，どちらも文法語法や定型表現の知識を問う問題である。基本的な知識が身についていれば，迷うことはほとんどないだろう。

Ⅳ　会話文に出てくるイディオムの意味を答える問題である。イディオムだけを見ると難しく思えるかもしれないが，会話の要点と流れをつかむことができれば，意味を推測することは十分可能である。

日本史

A．問1．③　問2．③　問3．①　問4．②
問5．①　問6．④　問7．④　問8．③　問9．④
B．問10．②　問11．①　問12．⑤　問13．②　問14．③　問15．③
問16．①
C．問17．②　問18．①　問19．④　問20．④

解説

《原始～中世の政治・社会・文化・外交》

A．問1． ③誤文。更新世の時代には日本列島とユーラシア大陸は「常に陸続きであった」わけではなく，少なくとも2回，日本列島はアジア大陸北東部と陸続きになったと想定されている。更新世末期の最後の氷期には，対馬と朝鮮半島の間，本州と北海道の間は切れていたと考えられている。

問3． ①横穴墓は縄文時代には存在せずに5世紀後半に九州に出現し，6～7世紀に各地に広がった。よってこれが正解。④打製石器を想起した受験生もいるだろうが，縄文時代には打製石器・磨製石器が併用されていた。旧石器時代は打製石器，縄文時代は磨製石器が使用されていたと誤解している人が多いので注意したい。

問4． Ⅰ．正文。Ⅱ．誤文。弥生時代後期には鉄製の刃先をつけた鍬・鋤も現れ，鉄鎌も使用されていた。

問5． 福岡県の甕棺墓で有名な遺跡は①須玖岡本遺跡。②荒神谷遺跡は島根県のもので，1984～85年に358本の細形銅剣と銅矛16本・銅鐸6個が出土した遺跡。③紫雲出山遺跡は香川県のもので，高地性集落で有名な遺跡。④砂沢遺跡は青森県のもので，東日本最古の水田跡の遺跡。

問8． ③誤文。「狗奴国」は邪馬台国とは敵対関係にあった。

問9． Ⅰ．誤文。出現期の古墳とは前期古墳（3世紀中頃～4世紀後半）のことであり，「横穴式石室」が登場するのは後期古墳（6～7世紀）になってからである。前期古墳の石室は，「竪穴式石室」であった。Ⅱ．誤文。「鉄製武器や武具」などが主な副葬品となるのは中期古墳（4世紀末～5世紀末）である。

B．問10. ②が正解。①八色の姓を定めたのは天武天皇である。③憲法十七条は官人への道徳的訓戒を内容としたもので，「公地公民制や税制」などを示したのは憲法十七条ではなく改新の詔である。また改新の詔は「隋の制度」ではなく，「唐の制度」に基づく基本政策を示した。④最初の戸籍である庚午年籍を作成したのは天智天皇である。

問11. 668年に滅亡した国は高句麗なので，正解は①。②は新羅，③・④は百済の説明文である。

問12. Ⅲ.「藤原不比等の子（藤原四子）が，策謀によって長屋王を自殺させた」(729年長屋王の変）→Ⅰ.「権勢をふるう藤原仲麻呂に対し，橘奈良麻呂らが反乱を企てた」(757年橘奈良麻呂の変）→Ⅱ.「恵美押勝は権勢回復を目的に挙兵したが，対立する孝謙太上天皇側によって鎮圧された」(764年恵美押勝の乱)

問13. Ⅰ．正文。Ⅱ．誤文。嵯峨天皇のもとで編纂されたのは，「延喜格式」ではなく「弘仁格式」である。

問14. ③藤原冬嗣とともに810年に初代蔵人頭に任命された巨勢野足も押さえておきたい。

問16. 969年に起こった安和の変の説明なので，正解は①。②は842年に起こった承和の変，③は866年に起こった応天門の変，④は740年に起こった藤原広嗣の乱の説明文である。

C．問17. 院政期の軍記物なので，正解は②『陸奥話記』。①『平家物語』は鎌倉時代前期の軍記物，③『愚管抄』は慈円によって鎌倉時代前期に書かれた最初の歴史哲学書，④『吾妻鏡』は鎌倉時代後期に成立した歴史書である。

問18. 院政期に成立した説話集なので，正解は①『今昔物語集』。②『栄華物語』は院政期に成立した赤染衛門による藤原氏を賛美して書かれた歴史物語，③『梁塵秘抄』は院政期に成立した後白河法皇の撰による歌謡集，④『十六夜日記』は鎌倉時代に阿仏尼が書いた日記・紀行文である。

問19. Ⅱ.「時の将軍が暗殺され，摂関家出身の九条頼経が将軍職をついだ」(1226年）→Ⅲ.「北条時頼が対抗勢力の三浦泰村一族を滅ぼし，北条氏の地位を不動のものとした」(1247年宝治合戦）→Ⅰ.「御内人の筆頭である平頼綱によって，有力御家人の安達泰盛が一族とともに滅ぼされた」(1285年霜月騒動)

年号がわからなくても，Ⅰは鎌倉時代後期，Ⅱは鎌倉時代前半，Ⅲは鎌倉時代中頃の出来事と判断できれば正解できる。

問20. 保元の乱の説明なので，正解は④。①は1159年の平治の乱，②は1177年の鹿ケ谷の陰謀，③は倶利伽羅峠（砺波山）の戦いの説明文である。

Ⅱ 解答 A. 問1. ③　問2. ①　問3. ①　問4. ④　問5. ④

B. 問6. ①　問7. ④　問8. ①　問9. ②　問10. ②

C. 問11. ③　問12. ①　問13. ②　問14. ②　問15. ③

解説

《中世～近世の政治・経済・文化・外交》

A. 問1. ③の「鎌倉府・奥州探題」が置かれたのは，建武政権（建武政府）ではなく室町幕府である。建武政権で置かれたのは「鎌倉将軍府・陸奥将軍府」であり，鎌倉将軍には成良親王，陸奥将軍には義良親王が派遣された。

問2. ①誤文。室町時代の守護は「在国」が原則ではなく，「在京都・鎌倉」が原則であり，領国の管理は守護代に行わせた。

問4. ④誤文。琉球王国の都は「那覇」ではなく「首里」であり，外港は「首里」ではなく「那覇」である。

問5. aの越後春日山を城下町に持った戦国大名は上杉氏，cの周防山口は大内氏である。

B. 問7. ④誤文。参勤交代では大名の妻子を「国元」ではなく，「江戸」に住まわせたのである。

問9. ②誤文。東海道の関所は「碓氷・木曽福島」ではなく「箱根・新居」であり，中山道の関所は「箱根・新居」ではなく，「碓氷・木曽福島」である。

問10. 東廻り海運・西廻り海運を整備したのは②河村瑞賢。①角倉了以（京都），③茶屋四郎次郎（京都），④末吉孫左衛門（長崎）はいずれも有名な朱印船貿易家である。

C. 問11. やや難。Xの嘉助騒動は1686年信州松本藩（長野）領で起きた年貢減免を要求した一揆。Yの磐城平元文一揆は1738年陸奥磐城平

（福島）で起こった全藩一揆である。一揆の名前は知っていても，起こった場所までは詳細な知識がないと正解できない。

問13． ②誤文。池田光政が岡山藩に設けた郷校（郷学）は「足利学校」ではなく「閑谷学校」である。足利学校は中世に下野国足利に設けられた儒学・易学の学校で，関東管領上杉憲実が円覚寺の僧快元を招いて再建した。宣教師ザビエルが西洋に「坂東の大学」と紹介したことも知っておこう。

問14． ②誤文。長州藩で藩政改革を主導したのは「調所広郷」ではなく「村田清風」である。調所広郷は薩摩藩で藩政改革を主導した人物である。

Ⅲ　解答

A．問1． ④　**問2．** ②　**問3．** ①　**問4．** ③
問5． ④　**問6．** ①　**問7．** ③

B．問8． ②　**問9．** ②　**問10．** ①　**問11．** ②　**問12．** ③　**問13．** ②
問14． ①　**問15．** ④

解説

《近代の政治・文化・外交》

A．問1． 史料Aは初見史料であり，誰の発言かは判断できないだろうが，設問の「大日本帝国憲法の草案作成の責任者」という部分から伊藤博文を想起したい。①は三条実美，②は井上馨・大隈重信・青木周蔵・陸奥宗光・小村寿太郎ら，③は山県有朋，④は伊藤博文の説明文と判断できれば，正解は④とわかる。

問2． ①不適。本願寺は江戸時代に西本願寺と東本願寺に分かれた。③不適。1870年の大教宣布の詔で，神道国教化を推進し，大教院を設け，全神職と僧侶などを教導職に任命した。④不適。江戸幕府によって定められた寺請制度は明治時代に廃止された。

問3． ②不適。「神仏習合という信仰のあり方が継続」したのではなく，1868年に神仏分離令が出され，神道の国教化が目指された。③不適。明治政府は，神社神道を宗教としては扱わず，国家神道として保護した。④不適。復古神道は平田篤胤によって大成された江戸時代の神道教説である。

問4． ③誤文。「元老」は天皇の最高顧問だが非公式の地位であり，大日本帝国憲法には規定されていない。

問5． ①誤文。天皇が国務大臣を任命する際には帝国議会の賛成は必要なかった。②誤文。勅任議員（勅選議員・多額納税者議員など）は天皇が任命した。③誤文。予算の成立は議会の協賛が必要とされた。また天皇は，議会閉会中に緊急の必要を要する事態に際し，法律に相当する内容の法令を勅令として発することができた（緊急勅令）が，次の議会での承諾が必要であったことも知っておこう。

問7． 金融恐慌の際に，台湾銀行を緊急勅令によって救済しようとしたが，枢密院の了承が得られずに，第1次③若槻礼次郎内閣は総辞職に追い込まれた。①浜口雄幸内閣は首相の病状悪化，②加藤友三郎内閣と④加藤高明内閣は首相の病死により総辞職した。

B．問8． 重慶から脱出した②汪兆銘は1940年に南京政府を樹立したが，事実上は日本の傀儡政権であった。

問9． 史料Bは，「東亜新秩序」「善隣友好，共同防共」などの語句から，第1次近衛文麿内閣の第2次近衛声明と判断できる。近衛文麿は第2次内閣のときに一国一党の国民組織結成をめざして新体制運動を展開し，大政翼賛会の総裁となった人物なので，正解は②。①は宇垣一成，③は広田弘毅，④は阿部信行の説明文である。

問11． ①誤文。列強による支持を得られなかった。③誤文。「戦争を遂行していくための物資を十分に供給できる経済圏」とならなかったので，資源を求めて北進論や南進論をとる結果となった。④誤文。「第一次世界大戦後の日本外交において，一貫して目標とされていた」のは幣原喜重郎による協調外交である。

問12． ③誤文。史料Bは1938年に出されたものであるが，1937年9月に第二次国共合作が行われており，すでに抗日戦が遂行されていた。

問14． 満洲国建国をもたらした事変の発端となった事件とは1931年の柳条湖事件のことなので，正解は①。②は1937年の盧溝橋事件，③は1928年の張作霖爆殺事件，④は山東出兵中に起こった1928年の済南事件の説明文である。

講評

I　原始から中世までを対象とした問題で，政治・社会・文化・外交とバランスよく出題されている。形式面では正文・誤文選択問題，語句選択問題，正誤問題，年代配列問題であった。難問はみられず，全問正解をめざせる問題群であった。

Ⅱ 中世～近世までを対象とした問題で，政治・経済・文化・外交とバランスよく出題されている。形式面では誤文・語句選択問題，正誤問題などであった。一揆の名称と所在地の組み合わせを選ばせる問 11 がやや難であったが，それ以外は正解できる問題群であった。

Ⅲ 史料を用いた近代の政治・文化・外交を中心とした問題。史料Aは枢密院での伊藤博文の発言で初見史料だろうが，問 1 は設問文から正解にたどりつけ，他の問題も基本的な知識を持っていれば解答できる。史料Bは第 2 次近衛声明とわかれば，どの問題も基礎的な知識で解答できる。形式面では正文・誤文選択問題，語句選択問題であった。難問はなかったので，全問正解をめざせる問題群であった。

ごく一部にやや難の問題が見られたものの，全体としてはかなりの高得点が期待できる問題であった。

世界史

A．問1．③　問2．④　問3．②　問4．②
問5．③　問6．④

B．問7．④　問8．②　問9．③　問10．④　問11．①　問12．③
問13．②　問14．④　問15．①　問16．③　問17．③　問18．④
問19．②　問20．④

解説

《騎馬遊牧民，中国の中央集権的専制国家体制》

A．問2．④西夏はチベット系タングート族の国で，1227年，チンギス＝ハンによって滅ぼされた。

問3．②遼を建てた契丹族はモンゴル系の民族とされる。

問4．②後金は女真族（建州女真）のヌルハチ（太祖）が1616年に建てた国で，1636年，第2代ホンタイジ（太宗）が清と改称した。

問5．③正文。猛安・謀克は女真人の軍事行政組織で，行政面では300戸を1謀克部，10謀克部を1猛安部とし，軍事面では1謀克部から約100名を徴集して1謀克軍を編成，10謀克部を1猛安軍とした。

B．問7．④吐蕃は7世紀，ソンツェン＝ガンポがチベットに建てた国。五胡は①の鮮卑，②の羯，③の匈奴に氐・羌を加えた5種族で，4～5世紀に華北で活動した。

問9．①誤文。前漢の武帝は大月氏と手を組んで匈奴を挟撃しようとして，大月氏に張騫を送った。

②誤文。秦檜は南宋の政治家で，金との講和（1142年，紹興の和議）を成立させた人物。

④誤文。岳飛は南宋の武将で金との徹底抗戦を主張して転戦したが，秦檜らによって投獄され，殺された。

問11．①正文。煬帝は高句麗に3回遠征軍を派遣したが（612，613，614年），いずれも失敗に終わった。

②誤文。北斉を滅ぼしたのは，北周時代の楊堅（のちの隋の文帝）。

③誤文。その治世が「貞観の治」と呼ばれたのは唐の太宗（李世民）。

④誤文。六部を皇帝直属としたのは明の洪武帝。また，それまで六部は中書省の管理下にあったが，洪武帝はこれを廃止した（尚書省は元代に廃止されていた）。

問12. ①誤文。大化改新は645年以降の政治改革で，隋（581〜618年）はすでに滅んでいる。

②誤文。894年に停止されたのは遣唐使で，国風文化はこれ以降に発展した。

④誤文。景徳鎮で白磁の生産が盛んになったのは宋代。

問13. ①誤文。院体画を開いた皇帝は北宋の徽宗で，「桃鳩図」が有名。また，董其昌は明代の南宗画を代表する画家である。

③誤文。靖康の変（1126〜27年）でとらわれたのは北宋の徽宗と欽宗。

④誤文。玄宗は唐の第9代皇帝である。

問15. ②誤文。北京は燕雲十六州に位置しており，北宋時代には遼の支配下にあった。北宋末，一時的に領有したが，まもなく金がこの地を支配した。

③誤文。蜀の首都は成都。

④誤文。金陵は南京の旧名。

問16. ③北宋の建国者は趙匡胤。南宋を建てた高宗は徽宗の子（欽宗の弟）で姓名は趙構。

問17. ①誤文。新羅と組んで高句麗を滅ぼしたのは唐（668年）。

②誤文。南宋は元のフビライ＝ハン（世祖）によって滅ぼされた（1276年または1279年）。

④誤文。欽宗は靖康の変で金に連行された。

問18. ①不適。金属活字は高麗で13世紀ごろに使用され始めた。

②不適。鉄砲の使用が広まるのは15世紀以降。宋代に開発されたのは火薬である。

③不適。授時暦は元代に郭守敬が作成した太陰太陽暦である。

問20. ④宋学は北宋の周敦頤にはじまり，程顥・程頤を経て，南宋の朱熹が大成した学問で，朱子学とも呼ばれる。

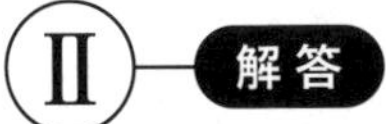

A. 問1. ②　**問2.** ①　**問3.** ③　**問4.** ②
問5. ④　**問6.** ④　**問7.** ④　**問8.** ①　**問9.** ②

問10. ④

B．問11. ③ **問12.** ⑤ **問13.** ② **問14.** ④ **問15.** ①

解説

《アメリカ大陸と太平洋地域における国境線》

A．問3． イギリスは1664年，③オランダのニューネーデルラント植民地を奪い，その中心都市ニューアムステルダムをニューヨークと改称した。

問6． ④正解。スペイン人征服者（コンキスタドール）のコルテスは，1521年にテノチティトランを征服しアステカ王国を滅ぼした。

①誤り。テオティワカンは前2～後6世紀ごろにメキシコ高原で栄えた文明（都市）。

②誤り。チチェン・イツァはユカタン半島にあるマヤ文明の遺跡。1200年ごろ，他都市の攻撃を受けて崩壊した。

③誤り。クスコはペルー南部に位置するインカ帝国（1200年ごろ～1533年）の首都。

問7． ④正解。英仏間の北米での衝突とヨーロッパでの戦争の組合せ，およびそれぞれの講和条約は以下の通り。

ウィリアム王戦争（1689～97年）― ファルツ戦争（1688～97年）　ライスワイク条約（1697年）

アン女王戦争（1702～13年）― スペイン継承戦争（1701～13年）　ユトレヒト条約（1713年）

ジョージ王戦争（1744～48年）― オーストリア継承戦争（1740～48年）　アーヘンの和約（1748年）

フレンチ・インディアン戦争（1754～63年）― 七年戦争（1756～63年）　パリ条約（1763年）

問8． やや難。①正解。a．ナポレオンがミシシッピ川以西のルイジアナを米国に売却したのは1803年。b．ハイチがフランスからの独立を宣言したのは1804年。c．米国がフロリダ全域を買収したのは1819年。したがって，年代の古いものから順に正しく配列するとa→b→cとなる。

問9． ②a．正文。b．誤文。イダルゴは民衆蜂起を指導したが，捕らえられ1811年に処刑された。

問10. ①誤文。ナポレオン3世はメキシコ政府が外債の利息支払いを停止したことを口実にメキシコに派兵した（1861年）。

②誤文。スペインはテキサス併合に際し，メキシコに派兵していない。

③誤文。モンロー主義は1823年のモンロー教書に基づく孤立主義外交政策。

B．問11・問12． やや難。(あ)パナマ運河の開通は1914年。(い)ハワイの併合は1898年。(う)南北戦争の終結は1865年。(え)ペリーの日本初来航は1853年。(お)カンザス・ネブラスカ法の制定は1854年。(か)最初の大陸横断鉄道の開通は1869年。

したがって，年代の古いものから順に正しく並べると，(え)→(お)→(う)→(か)→(い)→(あ)となるので，Aに入るのは③の(え)，Cに入るのは⑤の(か)となる。

問13． ①誤文。レセップスはスエズ運河の建設に成功したが，パナマ運河の建設には失敗した。

③誤文。パナマ運河はセオドア＝ローズヴェルト大統領（第26代，共和党）時代の1904年に着工，ウッドロー＝ウィルソン大統領（第28代，民主党）時代の1914年に完成した。

④誤文。善隣外交はフランクリン＝ローズヴェルト大統領（第32代，民主党）のラテンアメリカ諸国との友好を進める外交政策。

問14． ④誤り。ビスマルク諸島は1884年にドイツ領となり，第一次世界大戦後，オーストラリアの委任統治領となった。

①プエルトリコ，②フィリピン，③グアムはいずれもアメリカ・スペイン（米西）戦争の結果，スペインから獲得した地域。

問15． ②誤文。アラスカ買収は1867年で，大陸横断鉄道開通より前の出来事。

③誤文。ホームステッド法は南北戦争中の1862年に出された法。公有地で5年間定住した開拓者に160エーカー（約65ha）の土地を与えるという内容で，これによって西部開拓が促進された。

④誤文。1882年の移民法は中国人の移民を禁止するものである。

Ⅲ　解答

問1． ①　**問2．** ③　**問3．** ③　**問4．** ④　**問5．** ③
問6． ②　**問7．** ②　**問8．** ⑤　**問9．** ②　**問10．** ④
問11． ①　**問12．** ④　**問13．** ②

解説

《冷　戦》

問2． ③ナジ（ナジ＝イムレ）はハンガリー反ソ暴動（ハンガリー事件）に際して首相に復帰，一党独裁体制の放棄とワルシャワ条約機構からの脱退を表明したが，ソ連軍に捕まり処刑された。

問3． ③ブレトン・ウッズ会議では国際通貨基金（IMF）と国際復興開発銀行（世界銀行　IBRD）の設立を決定，米ドルを基軸通貨とする固定相場制が確定された（ブレトン＝ウッズ体制）。

問4． ④先進国首脳会議（サミット）の第1回会議は1975年，パリ郊外のランブイエで開かれ，仏・米・英・西独・伊・日の首脳が集まった。以後，毎年開催され，カナダ（1976年），EC委員長（1977年），ロシア（1997年）が加わった。ロシア参加後は主要国首脳会議と呼ばれるが，2014年以降ロシアの参加資格は停止された。

問5． ③レーガン大統領（第40代，共和党）は“強いアメリカ”を訴えて当選，当初はソ連に対して強硬姿勢をみせたが，ソ連にゴルバチョフが登場すると，中距離核戦力（INF）全廃条約を締結するなど，協調姿勢をとるようになった。

問6． ②誤文。臨時政府を指導したのは立憲民主党（カデット）である。

問7． ①誤文。ヤルタ会談（1945年）ではソ連の対日参戦と南樺太・千島領有が取り決められた。

③誤文。アメリカは1941年に武器貸与法を成立させ，連合国に対する軍事援助を開始した。

④誤文。フランス北部（ノルマンディー地方）への上陸作戦が約束されたのはテヘラン会談（1943年）。

問9． ①誤文。ソロンは前6世紀初め，アテネで負債の帳消し・債務奴隷の禁止や財産政治の実施といった改革をおこなった人物。

③誤文。ルイ14世は熱心なカトリック教徒であり，1685年にはナントの王令を廃止している。

④誤文。ムッソリーニは国王の権威を利用しつつ独裁体制を維持した。

問10． ④ａ．世界貿易機関（WTO）が設立されたのは1995年。ｂ．国際通貨基金（IMF）が設立されたのは1946年。ｃ．ドル＝ショックが起こったのは1971年。したがって，年代の古いものから順に正しく配列するとb→c→aとなる。

問11. ①ヨーロッパ自由貿易連合（EFTA）は1960年，イギリス主導のもとスウェーデン・ノルウェー・デンマーク・オーストリア・スイス・ポルトガルの7カ国で結成された。しかし，イギリスはヨーロッパ共同体（EC）に加盟するため1973年にデンマークとともに脱退。その後，1986年にポルトガル，1995年にスウェーデン・フィンランド（1986年に正式加盟）・オーストリアがヨーロッパ連合（EU）加盟に伴い脱退した。

問12. ④a．誤文。人民義勇軍を派兵したのは中華人民共和国。b．誤文。朝鮮民主主義人民共和国と大韓民国は1948年に成立，その後，1950年に朝鮮戦争が始まった。

問13. ①不適。ポーランドで自主管理労働組合「連帯」が創設されたのは1980年。

③不適。チェコスロヴァキアが独立したのは第一次世界大戦後の1918年。

④不適。セルビアとモンテネグロが分離したのは2006年。

講評

Ⅰ　【A】騎馬遊牧民と【B】中国の中央集権的専制国家体制に関する大問で，【A】のリード文は出版物からの抜粋となっている。下線部に対する設問で構成されており，出題形式は語句の組合せ，語句選択と正文選択で，内容もおおむね標準レベルである。

Ⅱ　アメリカ大陸と太平洋地域における国境線の変更というテーマで，イギリスの北米植民地と独立後のアメリカ合衆国を中心に問う大問。空所補充の語句選択の他，語句の組合せ，配列法，２つの文章の正誤を判断する正誤法，正文選択と様々な形式で出題されている。問８・問11・問12の配列法は年代が近いものがあり，正確な知識が求められている。

Ⅲ　冷戦に関する大問。空所補充の語句選択の他，正文・誤文選択，配列法，語句選択，２つの文章の正誤を判断する正誤法などの形式で出題されている。問８は史料問題であるが，きちんと読めば解答できるレベル。問13は選択肢に2000年代のものが含まれる。内容はおおむね標準レベルといえる。

政治・経済

I 解答

問1．① 問2．③ 問3．② 問4．④ 問5．②
問6．④ 問7．④ 問8．④ 問9．③ 問10．①
問11．③ 問12．④ 問13．① 問14．④ 問15．③ 問16．④
問17．③ 問18．① 問19．① 問20．①

解説

《市場機構，財政，消費者政策》

問1． ①が正しい。パンデミックによる感染拡大を防ぐため，企業は工場を停止したり休業したりするため，供給が減少する。よって供給曲線は左側にシフトする。消費者は消費活動を自粛するため，需要が減少する。よって需要曲線も左側へシフトする。

問2． ③が正しい。Bの後に「物価はパンデミック前と比して低水準」とあるので，モノ余りの状況になっているとわかる。よって，供給>需要を表している「供給能力以上に需要が減少」が正解。

問3． ②が正しい。Cの前に「経済社会活動の再開」とあるので，消費者の消費活動が復活したと考えられる。よって，需要曲線は右側にシフトする。

問4． ④が正しい。Dの後に「依然としてパンデミックに伴う経済社会活動の制限」とあることから，ワクチンの供給が遅れている国であることがわかるので，新興国・途上国が正解。

問5． ②が正しい。エネルギー市場に影響力をもつロシア，穀物市場で高いシェアをもつウクライナを結びつけ，エネルギーや食料の供給リスクが高まると判断する。

問6． ④が正しい。Fの前に「供給リスクが高まり」とあるので，供給が減ると考えることができる。よって，供給曲線がさらに左側へシフトするとわかる。

問7． ④が正しい。（中略）の前に「供給リスクが高まり」「更なる物価上昇を招いた」とあるので，供給サイドに起因する物価上昇とわかる。

問8． ④が正しい。金融引締め政策は，景気の過熱や物価の急騰を抑えるために，通貨量を減らすことである。よって，中央銀行が国債を売る（＝売りオペ）ことによって，市中銀行から資金を吸収する④が正しい。その他の選択肢は，通貨量を増やす金融緩和政策である。

問9．③が正しい。Hの後に「供給のボトルネック」とあるので，原材料の生産から製品の消費者への販売までの供給の流れであるサプライチェーンであるとわかる。

問10．①が正しい。自国通貨の為替レートの下落は，輸入品の価格の上昇をもたらすので，インフレ圧力となる。②誤文。インフレは，「商品の価値」が上がり「お金の価値」が下がることである。③誤文。原材料の投入価格の下落は，生産コストが安くなるため，物価の下落につながるので，インフレ圧力とならない。④誤文。労働組合の賃上げ交渉の失敗は，賃金の上昇を抑えるため，物価の上昇につながらないので，インフレ圧力とならない。

問11．③が正しい。①誤文。例えば2022年度当初予算の一般会計総額は107.6兆円であり，500兆円を超えていない。②誤文。例えば2022年度特別会計の歳出予算額を単純に合計した歳出総額は467.3兆円（各会計間のやりとりや国債の借換えを除いた純計は218.5兆円）であり，100兆円を上回っている。④誤文。例えば2022年度の一般会計予算の歳出における国債費の割合は22.6％であり，50％を超えていない。

問12．④が正しい。労働三法とは，労働組合法，労働関係調整法，労働基準法である。

問13．①が正しい。②誤文。国と地方の借金は，例えば2022年度末においてGDP比220％であり，1270％を超えていない。③誤文。PB単年度黒字化は2019年に達成されていない。政府は2025年度の達成を掲げている。④誤文。PBの改善には，公債発行以外の税収等の増加が不可欠である。

問14．④が適切でない。リーマンショックにより日本経済が悪化したため，日本銀行は景気を刺激するために政策金利の引下げを行った。

問15．③が適切でない。消費税の逆進性とは，低所得者の負担割合が高くなることであり，税負担の垂直的公平を損なうものであるので，「逆進性による公平」という記述は誤り。逆進性を緩和するために食料品などの生活必需品に対して軽減税率が適用される。

問17．③が適切でない。苦情処理及び紛争解決の促進は，地方公共団体が努めるものであると，消費者基本法第19条に規定されている。

問18. ①が適切でない。デジタル庁の発足は2021年9月であり，菅義偉政権下である。

問20. ①が適切でない。米国で消費者の4つの権利が示されたのは，ケネディ大統領政権下である。

Ⅱ　解答　**問21.** ③　**問22.** ①　**問23.** ③　**問24.** ①　**問25.** ④　**問26.** ②　**問27.** ③　**問28.** ①　**問29.** ③　**問30.** ①　**問31.** ③　**問32.** ③　**問33.** ①　**問34.** ④　**問35.** ③

解説

《地方自治》

問25. ④が正しい。機関委任事務は，法令により，国から地方公共団体の首長などの機関に対して委任された事務で，国の指揮・監督を受けていた。地方分権一括法の制定により廃止された。①誤り。団体委任事務は，法令によって国から地方公共団体に委任された事務で，地方分権一括法の制定により廃止された。②誤り。法定受託事務は，法令によって国または都道府県から地方公共団体に委託された事務で，地方分権一括法制定後の新たな事務区分の一つである。③誤り。自治事務は，地方公共団体の処理する事務のうち，法定受託事務を除いたものである。

問26. ②が正しい。国から地方公共団体への権限移譲のために，地方自治法などの関連法を一括して改正した法律。①誤り。新町村建設促進法という法律はないが，新市町村建設促進法が1956年に制定されている。③誤り。地域再生法は，地域経済の活性化などを目的に2005年に制定された。④誤り。行政手続法は，行政運営における公正の確保と透明性の向上を図ることを目的として，1994年に施行された。

問27. ③が正しい。①誤り。ドッジは戦後復興期に来日して，ドッジ＝ラインと呼ばれる日本経済を安定化させるための財政・金融引き締め政策を実施した。②誤り。ガリオアは，アメリカの占領地に食料や医薬品などの生活必需品を供給するための援助金である。④誤り。アメリカ大統領トルーマンの国務長官であるマーシャルは，マーシャル＝プランを策定し，ヨーロッパ諸国の経済復興のための援助を行った。

問28. ①が正しい。三位一体の改革は，補助金の削減，国から地方への税源移譲，地方交付税の見直しを内容とする。②誤り。地方財政健全化法は，北海道夕張市の財政破綻などを受けて，地方公共団体の財政を健全化することを目的に2009年に施行された。③誤り。2001年の財政投融資改革によって，財政投融資の資金調達のあり方が，郵便貯金や年金積立金などの大蔵省（現在の財務省）資金運用部への預託から，財投債（国債）の発行中心に転換した。④誤り。ふるさと納税制度は，自分の選んだ自治体に寄付を行った際に，2000円を超える部分については所得税と住民税から控除されるもので，2008年から開始された。

問30. ①が正しい。都道府県知事は議会から不信任決議を受けた場合，10日以内に議会を解散するか辞任しなければならない。②誤り。条例は，地方議会の議決によって制定される。③誤り。都道府県知事の被選挙権は，満30歳以上の国民にある。④誤り。都道府県知事の任期は，4年である。

問31. ③が正しい。①誤り。選挙管理委員会は，都道府県，市区町村及び特別区に設置される。②誤り。教育委員会は，都道府県，市区町村及び特別区に設置される。④誤り。人事委員会は，都道府県，政令指定都市等に設置される。

問32. ③が存在しない。議会の招集請求は，地方公共団体の長が行う。

問33. ①が誤り。住民投票条例による住民投票の結果は，法的拘束力をもたない。

問35. ③が正しい。①誤り。地方交付税は，地方自治体がその使途を自主的に決定できる。②誤り。地方交付税は国が地方公共団体に配分するものなので，その原資に地方税は含まれない。地方交付税の原資は，「所得税及び法人税の33.1%」，「酒税の50%」，「消費税の19.5%」，「地方法人税の全額」である。④誤文。2022年度地方財政計画によると，歳入における地方税の割合は45.5%，地方交付税の割合は19.9%であり，地方税収よりも地方交付税は少ない。

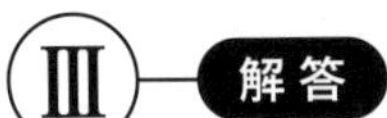

問36. ③　**問37.** ①　**問38.** ①　**問39.** ③　**問40.** ②
問41. ④　**問42.** ②　**問43.** ④　**問44.** ②　**問45.** ③
問46. ②　**問47.** ②　**問48.** ②　**問49.** ①　**問50.** ④

解説

《国際連合》

問38. ①が正しい。②誤り。シンガポールは，当時はイギリスの植民地なので，国際機構に関する連合国会議（サンフランシスコ会議）には参加していない。③・④誤り。ドイツと日本は，第二次世界大戦において連合国と敵対する枢軸国であったため，国際機構に関する連合国会議（サンフランシスコ会議）に参加していない。

問39. ③が正しい。ポーランドは，国内の権力闘争で国際機構に関する連合国会議（サンフランシスコ会議）に代表者を送れなかったが，その後に臨時政府が成立して原加盟国に加わることができた。①誤り。国際連合の原加盟国は，第二次世界大戦中の連合国である。イタリアは枢軸国として敗戦したため，原加盟国ではなく，国連加盟は 1955 年である。②誤り。永世中立国であるスイスの国連加盟は，冷戦が終結しヨーロッパが安定した後の 2002 年である。④誤り。リトアニアは第二次世界大戦中にソ連に併合されたので，原加盟国ではなく，国連加盟は独立後の 1991 年である。

問40. ②が正しい。①誤り。日韓基本条約は 1965 年に調印された。③誤り。日中共同声明は 1972 年に出された。④誤り。日米安全保障条約は，1951 年にサンフランシスコ平和条約と同日に調印された。

問41. ④が適切ではない。国連加盟国のうち，アフリカに属するのは，現在 54 か国である。そのうち，旧ポルトガル植民地（ギニアビサウ，アンゴラ，モザンビーク）の独立は 1970 年代，南スーダンの独立は 2011 年であることなどから，1960 年代末までに国際連合加盟国が 50 か国を超えていないと考えられる。

問42. ②が正しい。コソボはセルビアからの独立を宣言しているが，セルビアは承認しておらず，国連加盟を果たしていない。①誤り。クロアチアは，1992 年に国連に加盟した。③誤り。セルビアは，ユーゴスラビア連邦共和国（新ユーゴスラビア）として，2000 年に国連に加盟した。④誤り。モンテネグロは，2006 年に国連に加盟した。

問44. ②が正しい。国際司法裁判所は国家間の紛争を裁く裁判所である。①誤り。国際刑事裁判所は，ローマ規定によって 1998 年に設立された。③誤り。常設国際司法裁判所は，国際連盟の付属機関として 1921 年に設立された。国際司法裁判所の前身である。④誤り。常設仲裁裁判所は，国際紛争平和的処理条約にもとづいて，1901 年に設立された。

問45. ③が正しい。α は通常予算分担率が上昇して世界で 2 番目になっていることから，経済発展してきた中国とわかる。β はかつて世界 2 位であったが現在は 3 位と比率が低下していることから，経済が停滞している日本であるとわかる。γ は残ったロシアである。

問48. ②が正しい。現在の安全保障理事会常任理事国は米国，イギリス，フランス，中国，ロシアである。空欄G・Hの 2 行後に「この文言は国際連合 [A] の成立以来維持されてきた」とあり，国際連合憲章の成立は 1945 年であるので，当時の中国を代表する国家である中華民国と，ロシアを代表するソヴィエト社会主義共和国連邦とわかる。

問50. ④が正しい。資料 1 のスエズ動乱は英国，フランス，イスラエルがエジプトを攻撃したものであるので，決議に反対した常任理事国は英国とフランスであると考えられる。資料 2 の朝鮮民主主義人民共和国の大陸間弾道ミサイルの発射について，常任理事国で朝鮮民主主義人民共和国と関係が近い国は中国とロシアであるので，決議に反対した常任理事国はこの 2 か国であると考えられる。以上から，いずれの決議案にも賛成した常任理事国はアメリカである。

講評

Ⅰ 文章が 3 つに分かれており，文章 1 が市場機構，文章 2 が財政，文章 3 が消費者政策がテーマの経済分野の大問となっている。文章 1 では 10 問のうち，問 1・問 2・問 3・問 6・問 7 の 5 問が需要曲線と供給曲線のシフトの問題であった。文章 2 では問 11 の予算の金額や，問 13 の長期債務残高の GDP 比など，数値を問う問題が出題され，資料集レベルの統計データの知識理解を求められた。文章 3 では，問 18・問 20 の選択肢に年代の正誤を問うものが出題されているが，消去法で解答できるものであった。

Ⅱ 地方自治の知識を問う大問である。問 31 では都道府県のみに設置されている行政委員会を選ぶという，やや詳細な知識が問われた。

Ⅲ 国際連合をテーマとした国際政治分野の知識を問う大問である。「国際機構に関する連合国会議」（サンフランシスコ会議）には参加しなかったが国際連合の原加盟国に認められた国を選ぶ問 39，植民地独立付与宣言に関する問 41，旧ユーゴスラビア諸国の中で国際連合に未加盟の国を選ぶ問 42，スエズ動乱や朝鮮民主主義人民共和国に対する安保理決議に関する問 50 など，世界史的なやや詳細な知識を問う問題があった。

全体として，多くは教科書レベルの基本的な学習で対応できる出題となっているものの，やや細かい知識や応用力が必要な問いがいくつかあり，標準レベルをやや超えた難易度である。

数　学

◀数学Ⅰ・Ⅱ・Ⅲ・A・B▶

(1) 1 6　2 5　3 5　4 4　5 5　6 7 15
8 9 −2　10 5　11 3

(2) 12 13 −3　14 2　15 2　16 2

解説

《動点に対する式の最大値，アポロニウスの円》

(1)　$2x-y=k$ とおく。

$y=2x-k$　……① を $5x^2+y^2=4$ に代入して整理すると

$$9x^2-4kx+k^2-4=0$$

この2次方程式の判別式を D とおくと

$$\frac{D}{4}=(-2k)^2-9(k^2-4)=-5k^2+36$$

直線①と楕円が共有点をもつときの k の範囲は

$\dfrac{D}{4}=-5k^2+36\geqq 0$ より　　$-\dfrac{6\sqrt{5}}{5}\leqq k\leqq\dfrac{6\sqrt{5}}{5}$

ゆえに，求める最大値は　$\dfrac{6\sqrt{5}}{5}$　(→ 1 〜 3)

また，このとき方程式は重解をもつから

$$x=\frac{2\cdot\frac{6\sqrt{5}}{5}}{9}=\frac{4\sqrt{5}}{15},\quad y=2\cdot\frac{4\sqrt{5}}{15}-\frac{6\sqrt{5}}{5}=\frac{-2\sqrt{5}}{3}\quad (\to \boxed{4}\sim\boxed{11})$$

(2)　$\mathrm{P}(x,\ y)$ とおくと

$$\mathrm{AP}^2=(x+1)^2+(y-a)^2,\quad \mathrm{BP}^2=(x-b)^2+y^2$$

$\mathrm{AP}:\mathrm{BP}=1:2$ のとき　$\mathrm{BP}=2\mathrm{AP}$

両辺を平方すると　$\mathrm{BP}^2=4\mathrm{AP}^2$

$$(x-b)^2+y^2=4\{(x+1)^2+(y-a)^2\}$$

整理すると

$$3x^2+(8+2b)x+3y^2-8ay+4a^2-b^2+4=0 \quad \cdots\cdots②$$

ゆえに，条件を満たす点 P は円②上にある。

逆に，円②上の任意の点は条件を満たす。

②式を変形すると

$$\left(x+\frac{4+b}{3}\right)^2+\left(y-\frac{4a}{3}\right)^2=\left(\frac{4+b}{3}\right)^2+\frac{16a^2}{9}-\frac{1}{3}(4a^2-b^2+4) \quad \cdots\cdots(*)$$

これが中心 $(-2,\ -4)$ の円を表すから

$$-\frac{4+b}{3}=-2,\quad \frac{4a}{3}=-4$$

$a=-3,\ b=2$　(→ 12～14)

このとき，(＊)の右辺は

$$4+16-\frac{1}{3}(36-4+4)=8=(2\sqrt{2})^2$$

となるので，円の半径は　$2\sqrt{2}$　(→ 15・16)

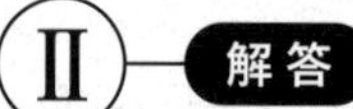別解　条件よりアポロニウスの円を表す。

線分 AB を 1：2 に内分する点，外分する点はそれぞれ

$$\left(\frac{b-2}{3},\ \frac{2a}{3}\right),\ (-b-2,\ 2a)$$

となる。2 点を結ぶ線分の中点は $\left(\frac{-b-4}{3},\ \frac{4a}{3}\right)$ であるから

$\frac{-b-4}{3}=-2,\ \frac{4a}{3}=-4$ より　$a=-3,\ b=2$

Ⅱ　解答

(1) 17 5　18 19 18

(2) 20 21 35　22 23 24 216

(3) 25 4　26 27 81　(4) 28 29 30 721　31 32 33 729

解説

《反復試行（点が移動する確率）》

1 回の操作を行うとき，次の A～E のいずれかの事象となる。

A：青球 2 個　B：青球 1 個，赤球 1 個　C：青球 1 個，白球 1 個

D：赤球 2 個　E：赤球 1 個，白球 1 個

(1)　A が起こる場合であるから

$$\frac{{}_5C_2}{{}_9C_2}=\frac{5}{18}$$ （→ 17 ～ 19）

(2)　AとEがそれぞれ1回，または，BとCがそれぞれ1回の2つの場合である。各事象の確率は

$$A:\frac{5}{18},\ B:\frac{{}_5C_1\times{}_3C_1}{36}=\frac{5}{12},\ C:\frac{{}_5C_1\times 1}{36}=\frac{5}{36},$$

$$D:\frac{{}_3C_2}{36}=\frac{1}{12},\ E:\frac{{}_3C_1\times 1}{36}=\frac{1}{12}$$

であるから，求める確率は

$${}_2C_1\times\frac{5}{18}\times\frac{1}{12}+{}_2C_1\times\frac{5}{12}\times\frac{5}{36}=\frac{35}{216}$$ （→ 20 ～ 24）

(3)　1回の操作後，P，Qの距離は，A，B，Dで2，C，Eで1となる。

ゆえに，Cが2回，またはCとEがそれぞれ1回，またはEが2回の場合で

$$\left(\frac{5}{36}\right)^2+{}_2C_1\times\frac{5}{36}\times\frac{1}{12}+\left(\frac{1}{12}\right)^2=\frac{25+30+9}{36^2}=\frac{64}{36\times 36}$$

$$=\frac{4}{81}$$ （→ 25 ～ 27）

(4)　3回の操作後，P，Qの距離は3以上となるので，余事象は距離が3の場合である。それは(3)の後，CまたはEとなる場合で

$$\frac{4}{81}\times\left(\frac{5}{36}+\frac{1}{12}\right)=\frac{4}{81}\times\frac{2}{9}=\frac{8}{729}$$

よって，求める確率は

$$1-\frac{8}{729}=\frac{721}{729}$$ （→ 28 ～ 33）

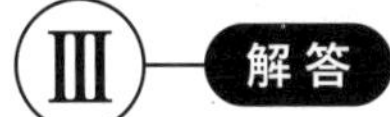

(1) 34 8　35 7　36 37 32　38 39 31

(2) 40 0　41 6　**(3)** 42 2　43 5　**(4)** 44 45 −1

解説

《合成関数の決定，漸化式と極限》

(1)　$a=2$，$b=1$ のとき，$f(x)=2x+1=f_1(x)$ より

$$f_2(x)=2(2x+1)+1=4x+3$$

$$f_3(x)=2(4x+3)+1=8x+7$$ （→ 34 ・ 35）

2024年度　全学部日程　数学

$$f_4(x)=2(8x+7)+1=16x+15$$

$$f_5(x)=2(16x+15)+1=32x+31 \quad (\to \boxed{36}\sim\boxed{39})$$

(2)　$f_{n+1}(x)=a(a_nx+b_n)+b=a\cdot a_nx+ab_n+b$ より

$$a_{n+1}=a\cdot a_n,\ \ b_{n+1}=ab_n+b$$

これより，$\{a_n\}$ は初項 a，公比 a の等比数列であるから，$a_n=a\cdot a^{n-1}=a^n$ である。

$a\neq1$ のとき

$$b_{n+1}-\frac{b}{1-a}=a\left(b_n-\frac{b}{1-a}\right)$$

より，数列 $\left\{b_n-\frac{b}{1-a}\right\}$ は初項 $b_1-\frac{b}{1-a}=b-\frac{b}{1-a}$，公比 a の等比数列であるから

$$b_n-\frac{b}{1-a}=\left(b-\frac{b}{1-a}\right)a^{n-1}$$

$$b_n=-\frac{b}{1-a}a^n+\frac{b}{1-a}$$

$a=\frac{1}{2}$，$b=3$ のとき

$$\lim_{n\to\infty}a_n=\lim_{n\to\infty}\left(\frac{1}{2}\right)^n=0 \quad (\to \boxed{40})$$

$$\lim_{n\to\infty}b_n=\lim_{n\to\infty}\left\{-6\left(\frac{1}{2}\right)^n+6\right\}=6 \quad (\to \boxed{41})$$

(3)　$a=3$，$b=5$ のとき，$a_n=3^n$，$b_n=\frac{5}{2}\cdot3^n-\frac{5}{2}$ より

$$\lim_{n\to\infty}\frac{a_n}{b_n}=\lim_{n\to\infty}\frac{2}{5}\cdot\frac{3^n}{3^n-1}=\lim_{n\to\infty}\frac{2}{5}\cdot\frac{1}{1-\frac{1}{3^n}}$$

$$=\frac{2}{5} \quad (\to \boxed{42}\cdot\boxed{43})$$

(4)　$f_3(x)=a_3x+b_3=a\cdot a_2x+(ab_2+b)$

$$=a^2\cdot a_1x+\{a(ab_1+b)+b\}=a^3x+a^2b+ab+b$$

$f(0)=b$ であるから，$a^2b+ab+b=b$ より

$$ab(a+1)=0 \quad \cdots\cdots①$$

$$f_2(x)=a_2x+b_2=a^2x+ab+b$$

$f(0) \neq f_2(0)$ のとき，$ab+b \neq b$ より　　$ab \neq 0$

よって，①より　　$a=-1$　(→ [44][45])

Ⅳ　解答　(1) [46] 3　[47] 6　[48] 6　[49] 2

(2) [50] 7　[51] 2　[52] 7　[53] 2　[54][55] 12　[56] 2

(3) [57][58] 94　[59] 3　[60][61] 36　[62] 2

解説

《関数の最小値，接線の方程式，曲線と直線と x 軸で囲まれた図形の面積》

(1)　$f'(x)=x-\dfrac{6}{x-1}=\dfrac{x^2-x-6}{x-1}=\dfrac{(x-3)(x+2)}{x-1}$

$x>1$ における $y=f(x)$ の増減表は右のようになる。

x	1	…	3	…
$f'(x)$		$-$	0	$+$
$f(x)$		↘	$6-6\log 2$	↗

増減表より，$x=3$ のとき，最小値 $6-6\log 2$ をとる。(→ [46]～[49])

(2)　$f(5)=14-6\log 4$，$f'(5)=\dfrac{7}{2}$

接線の方程式は，$y-(14-6\log 4)=\dfrac{7}{2}(x-5)$ より

$$y=\frac{7}{2}x-\frac{7}{2}-12\log 2$$　(→ [50]～[56])

(3)　$6-6\log 2>0$ であるから，求める面積は

$$\int_3^5\left\{\frac{1}{2}x^2-6\log(x-1)+\frac{3}{2}\right\}dx$$

$$=\left[\frac{1}{6}x^3-6\{(x-1)\log(x-1)-(x-1)\}+\frac{3}{2}x\right]_3^5$$

$$=\frac{1}{6}(125-27)-6(4\log 4-2\log 2-2)+3$$

$$=\frac{94}{3}-36\log 2$$　(→ [57]～[62])

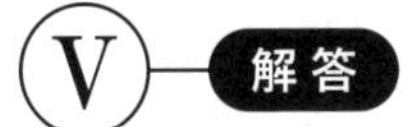

(1) [63] 4　[64] 3　[65][66] -6

(2) [67] 1　[68] 3　[69] 2　[70] 3

(3) [71] 4　[72] 3　[73] 2　[74][75] 20　[76][77] 36　[78] 3

解説

《微分可能，曲線と x 軸で囲まれた図形の面積，回転体の体積》

(1) $x=\frac{\pi}{3}$ で連続であるとき

$$\lim_{x\to\frac{\pi}{3}+0} f(x)=f\left(\frac{\pi}{3}\right)$$

$\displaystyle\lim_{x\to\frac{\pi}{3}+0} f(x)=\lim_{x\to\frac{\pi}{3}+0}(a\sin x+b)=\frac{\sqrt{3}}{2}a+b$，$f\left(\frac{\pi}{3}\right)=2-4\cdot\frac{1}{2}=0$ より

$$\frac{\sqrt{3}}{2}a+b=0 \quad \cdots\cdots①$$

また，$f\left(\frac{\pi}{3}\right)=0$ と①より $b=-\frac{\sqrt{3}}{2}a$ を利用し

$$\begin{aligned}\lim_{h\to+0}\frac{f\left(\frac{\pi}{3}+h\right)-f\left(\frac{\pi}{3}\right)}{h}&=\lim_{h\to+0}\frac{a\sin\left(\frac{\pi}{3}+h\right)+b-\left(\frac{\sqrt{3}}{2}a+b\right)}{h}\\&=\lim_{h\to+0}\frac{a\left(\frac{\sqrt{3}}{2}\cos h+\frac{1}{2}\sin h\right)-\frac{\sqrt{3}}{2}\cdot a}{h}\\&=\lim_{h\to+0}\left(-\frac{\sqrt{3}}{2}a\cdot\frac{1-\cos h}{h}+\frac{1}{2}a\cdot\frac{\sin h}{h}\right)\end{aligned}$$

次に

$$\begin{aligned}\lim_{h\to-0}\frac{f\left(\frac{\pi}{3}+h\right)-f\left(\frac{\pi}{3}\right)}{h}&=\lim_{h\to-0}\frac{2-4\cos\left(\frac{\pi}{3}+h\right)}{h}\\&=\lim_{h\to-0}\frac{2-4\left(\frac{1}{2}\cos h-\frac{\sqrt{3}}{2}\sin h\right)}{h}\\&=\lim_{h\to-0}2\left(\frac{1-\cos h}{h}+\sqrt{3}\cdot\frac{\sin h}{h}\right)\end{aligned}$$

ここで

$$\lim_{h\to0}\frac{\sin h}{h}=1,$$

$$\lim_{h\to0}\frac{1-\cos h}{h}=\lim_{h\to0}\frac{\sin^2 h}{h(1+\cos h)}=\lim_{h\to0}\frac{\sin h}{h}\cdot\frac{\sin h}{1+\cos h}=1\cdot0=0$$

であるから

$$\lim_{h\to+0}\frac{f\left(\frac{\pi}{3}+h\right)-f\left(\frac{\pi}{3}\right)}{h}=\frac{1}{2}a,\quad \lim_{h\to-0}\frac{f\left(\frac{\pi}{3}+h\right)-f\left(\frac{\pi}{3}\right)}{h}=2\sqrt{3}$$

ゆえに，$x=\frac{\pi}{3}$ で微分可能となるとき

$\frac{1}{2}a=2\sqrt{3}$ より　　$a=4\sqrt{3}$　（→ 63・64）

①より　　$b=-6$　（→ 65 66）

(2)　(1)より　　$f(x)=\begin{cases}2-4\cos x & \left(0\leqq x\leqq\frac{\pi}{3}\right)\\ 4\sqrt{3}\sin x-6 & \left(\frac{\pi}{3}<x\leqq\pi\right)\end{cases}$

$2-4\cos x=0$ より　　$\cos x=\frac{1}{2}$

$0\leqq x\leqq\frac{\pi}{3}$ であるから　　$x=\frac{\pi}{3}$　（→ 67・68）

$4\sqrt{3}\sin x-6=0$ より　　$\sin x=\frac{\sqrt{3}}{2}$

$\frac{\pi}{3}<x\leqq\pi$ であるから　　$x=\frac{2}{3}\pi$　（→ 69・70）

(3)　$\frac{\pi}{3}\leqq x\leqq\frac{2}{3}\pi$ のとき $4\sqrt{3}\sin x-6\geqq 0$ であるから，D の面積は

$$\int_{\frac{\pi}{3}}^{\frac{2}{3}\pi}(4\sqrt{3}\sin x-6)dx=\left[-4\sqrt{3}\cos x-6x\right]_{\frac{\pi}{3}}^{\frac{2}{3}\pi}=4\sqrt{3}-2\pi$$

（→ 71～73）

求める回転体の体積は

$$\begin{aligned}\pi\int_{\frac{\pi}{3}}^{\frac{2}{3}\pi}(4\sqrt{3}\sin x-6)^2dx&=12\pi\int_{\frac{\pi}{3}}^{\frac{2}{3}\pi}(4\sin^2x-4\sqrt{3}\sin x+3)dx\\&=12\pi\int_{\frac{\pi}{3}}^{\frac{2}{3}\pi}\{2(1-\cos 2x)-4\sqrt{3}\sin x+3\}dx\\&=12\pi\left[-\sin 2x+4\sqrt{3}\cos x+5x\right]_{\frac{\pi}{3}}^{\frac{2}{3}\pi}\\&=12\pi\left(\frac{\sqrt{3}}{2}+\frac{\sqrt{3}}{2}-2\sqrt{3}-2\sqrt{3}+5\cdot\frac{\pi}{3}\right)\end{aligned}$$

$$=20\pi^2-36\sqrt{3}\pi \quad (\to \boxed{74}\sim\boxed{78})$$

講評

全問マークシート方式による空所補充形式である。全般的に基本から標準レベルの問題であり，幅広い分野にわたって出題されている。

Ⅰ　(1)条件付き最大・最小の頻出問題である。実数解条件を用いて求める。(2)軌跡の基本問題で，アポロニウスの円の要素を求める問題である。ミスなく丁寧に変形をしていきたい。(1)・(2)とも必ず得点したい。

Ⅱ　反復試行の頻出問題である。1回の操作が行われた事象を挙げ，条件を満たすそれぞれの事象の回数の組合せを考えていく。(4)は(3)の解を利用することで計算を楽にしたい。

Ⅲ　(1)具体例であり，必ず得点したい。(2)$f_{n+1}(x)=f(f_n(x))$の結果から，漸化式を求めていく。2項間漸化式は必須事項であり，それぞれの場合の解法を理解し，使いこなせるようにしておきたい。(3)数列の極限の基本問題である。必ず得点したい。(4)条件を丁寧に利用できれば問題はない。

Ⅳ　(1)増減表を作り求めていく。(2)接線の方程式を求める基本問題である。(3)グラフの上下，積分区間を求め，丁寧な計算を心掛けて得点していきたい。大問Ⅳは頻出の基本問題であり，必ず得点したい。

Ⅴ　(1)連続であること，微分可能であることの定義が理解できているかが問われている。左側極限・右側極限，左側微分係数・右側微分係数を，ミスなく丁寧な変形をしていきたい。(3)グラフの上下，積分区間を求めていく。丁寧な計算を心掛けて得点していきたい。

すべての問題で，基本事項を理解できているかが問われている。教科書を繰り返し勉強することが合格への一歩である。1つ1つの問題に注意深く対応し，見直しをするなど極力ミスを避けるようにしたい。試験時間が十分であるとはいえないため，普段から数多くの問題に接することで考え方・解法のパターンを身につけるとともに，微・積分計算など基本的な計算を繰り返すことでスピードにも対応することができれば，合格ラインに達するのは難しいことではないだろう。

◀数学Ⅰ・Ⅱ・A・B▶

Ⅰ　解答　(1) 1 2 27　3 8

(2) 4 3　5 2　6 4　7 3　8 4　9 3　10 3

(3) 11 1　12 2　13 7　14 2　15 7　16 2

解説

《式の値，条件つき最小値（相加・相乗平均の関係利用），最大値》

(1)　$$\left(\frac{1}{216}\right)^{\log_6\frac{2}{3}}=(6^{-3})^{\log_6\frac{2}{3}}=6^{-3\log_6\frac{2}{3}}=6^{\log_6\left(\frac{2}{3}\right)^{-3}}$$

$$=\left(\frac{2}{3}\right)^{-3}=\frac{27}{8}\quad (\to 1 \sim 3)$$

(2)　真数正であるから，$x>0$，$4y>0$ より　$y>0$

$$\log_2 x+\log_2 4+\log_2 y=6$$

$$\log_2 xy=4=\log_2 2^4 \text{ より}\quad xy=16 \quad \cdots\cdots①$$

$x>0$，$y>0$ のとき，$\frac{3}{x}>0$，$\frac{1}{y}>0$ であるから，相加・相乗平均の関係より

$$\frac{3}{x}+\frac{1}{y}\geqq 2\sqrt{\frac{3}{xy}}=2\sqrt{\frac{3}{16}}=\frac{\sqrt{3}}{2}$$

等号成立は $\frac{3}{x}=\frac{1}{y}$ より　$x=3y$

①に代入すると　$y^2=\frac{16}{3}$

$y>0$ であるから　$y=\frac{4\sqrt{3}}{3}$，$x=4\sqrt{3}$　(→ 6 ～ 10)

ゆえに，最小値は　$\frac{\sqrt{3}}{2}$　(→ 4・5)

(3)　$\frac{x^2}{4}+\frac{y}{7}=1$ $(x>0,\ y>0)$ より　$x^2=4\left(1-\frac{y}{7}\right)$

また，$x^2=4\left(1-\frac{y}{7}\right)>0$ より　$0<y<7$

$$\log_2 x - \log_4 \frac{1}{y} = \frac{\log_4 x}{\frac{1}{2}} + \log_4 y = \log_4 x^2 y$$

底 $4>1$ であるから，x^2y が最大となるとき $\log_4 x^2 y$ も最大となる。

$$x^2 y = 4y\left(1-\frac{y}{7}\right) = -\frac{4}{7}\left(y-\frac{7}{2}\right)^2 + 7$$

$0<y<7$ であるから $y=\frac{7}{2}$，$x^2=2$ より $x>0$ であるから $x=\sqrt{2}$ のとき最大値

$$\log_4 7 = \frac{\log_2 7}{\log_2 4} = \frac{1}{2}\log_2 7 \quad (\to [11]\sim[16])$$

をとる。

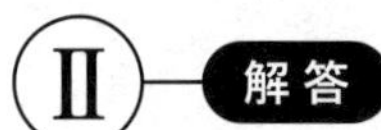

(1) [17] 1　[18] 2　(2) [19] 7　[20] 3
(3) [21] 7　(4) [22] 7　[23][24] 11

解説

《三角形の決定，円に内接する四角形の対角線，辺の長さ》

(1)　条件より，$AB=7k$，$BC=3k$，$CA=8k$ $(k>0)$ とおくと，$\triangle ABC$ において余弦定理より

$$\cos\angle ACB = \frac{BC^2+CA^2-AB^2}{2\cdot BC\cdot CA} = \frac{(3k)^2+(8k)^2-(7k)^2}{2\cdot 3k\cdot 8k}$$

$$= \frac{1}{2} \quad (\to [17]\cdot[18])$$

(2)　(1)より $\angle ACB=60^\circ$ であるから　　$\sin\angle ACB = \frac{\sqrt{3}}{2}$

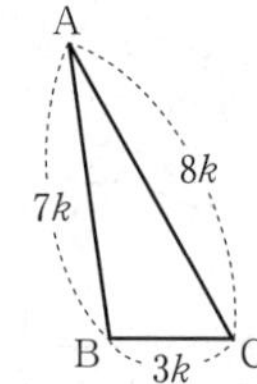

これより $\triangle ABC$ の面積は

$$\frac{1}{2}\cdot BC\cdot CA\cdot \sin\angle ACB = 6\sqrt{3}\,k^2$$

$6\sqrt{3}\,k^2 = 18\sqrt{3}$ より　　$k^2=3$

ゆえに $k>0$ であるから　　$k=\sqrt{3}$

よって　　$AB=7\sqrt{3}$　$(\to [19]\cdot[20])$，$BC=3\sqrt{3}$，$CA=8\sqrt{3}$

(3)　$\triangle ABC$ において正弦定理より

$$\frac{1}{2}\cdot\frac{7\sqrt{3}}{\frac{\sqrt{3}}{2}}=7\quad(\to\boxed{21})$$

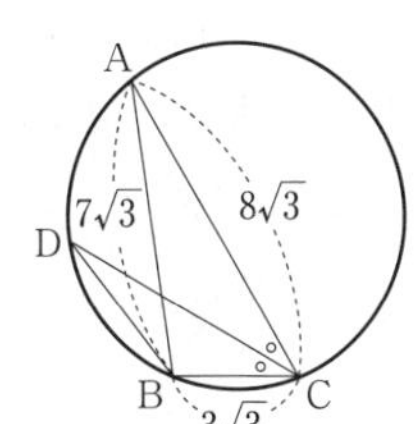

(4)　線分 CD は $\angle$ACB の二等分線であるから

$$\angle \mathrm{BCD}=30^\circ$$

$\triangle$BCD において正弦定理より

$$\mathrm{BD}=2\cdot 7\cdot \sin 30^\circ=7\quad(\to\boxed{22})$$

$\triangle$BCD において余弦定理より

$$7^2=(3\sqrt{3})^2+\mathrm{CD}^2-2\cdot 3\sqrt{3}\cdot \mathrm{CD}\cdot\cos 30^\circ$$

$$\mathrm{CD}^2-9\mathrm{CD}-22=0$$

$$(\mathrm{CD}-11)(\mathrm{CD}+2)=0$$

CD>0 であるから　　CD$=11$　$(\to\boxed{23}\boxed{24})$

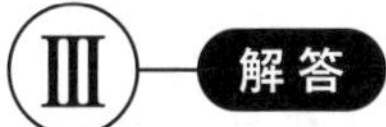

(1) **25** 4　**26** 2　**(2)** **27** **28** -4　**29** 4　**30** 2
(3) **31** **32** 34　**33** 9

解説

《直線と平面の交点，交点の存在範囲，内積の最大値・最小値》

(1)　$\overrightarrow{\mathrm{AC}}=\overrightarrow{\mathrm{OC}}-\overrightarrow{\mathrm{OA}}=(-2,\ 2,\ 1)$ であり，点 P と点 A は一致するから

$$\overrightarrow{\mathrm{OQ}}=\overrightarrow{\mathrm{OP}}+s\overrightarrow{\mathrm{PC}}=\overrightarrow{\mathrm{OA}}+s\overrightarrow{\mathrm{AC}}=(-2s+2,\ 2s+4,\ s+1)$$

となる実数 s が存在する。

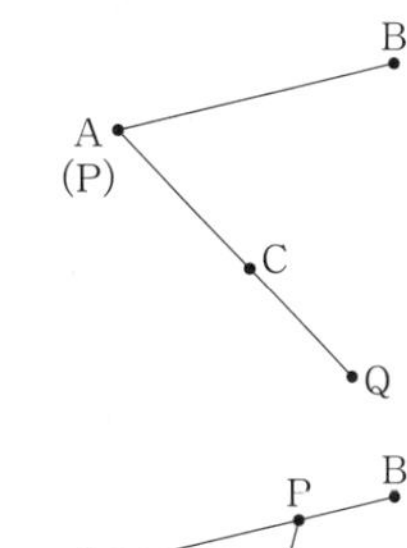

点 Q が xy 平面上にあるとき，$s+1=0$ より

$$s=-1$$

ゆえに，$\overrightarrow{\mathrm{OQ}}=(4,\ 2,\ 0)$ であるから

$$\mathrm{Q}(4,\ 2,\ 0)\quad(\to\boxed{25}\cdot\boxed{26})$$

(2)　点 P は線分 AB 上の点であるから，

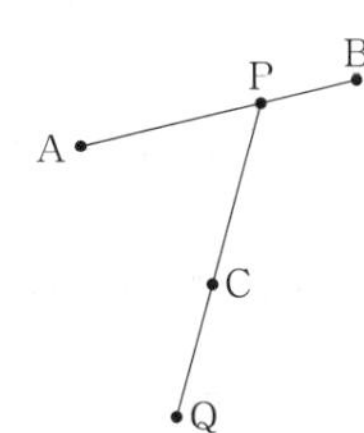

$\overrightarrow{\mathrm{OP}}=(1-t)\overrightarrow{\mathrm{OA}}+t\overrightarrow{\mathrm{OB}}=(2-4t,\ 4,\ 1)$ となる
$0\leqq t\leqq 1$ の実数 t が存在する。

また，
$\overrightarrow{\mathrm{OQ}}=\overrightarrow{\mathrm{OC}}+u\overrightarrow{\mathrm{CP}}=(2u-4ut,\ -2u+6,\ -u+2)$
となる実数 u が存在する。

点 Q が xy 平面上にあるとき，$-u+2=0$ より　　$u=2$

ゆえに　　$\overrightarrow{OQ}=(4-8t,\ 2,\ 0)$

よって，$0\leqq t\leqq 1$ であるから，$-4\leqq 4-8t\leqq 4$ より

$-4\leqq x\leqq 4,\ y=2$　(→ $\boxed{27}$〜$\boxed{30}$)

(3)　(2)より，$Q(x,\ 2,\ 0)$ とおく。

$\overrightarrow{AQ}=(x-2,\ -2,\ -1)$，$\overrightarrow{CQ}=(x,\ -4,\ -2)$ より

$\overrightarrow{AQ}\cdot\overrightarrow{CQ}=x^2-2x+10=(x-1)^2+9$

ゆえに，$-4\leqq x\leqq 4$ であるから

$x=-4$ のとき最大値 34，$x=1$ のとき最小値 9 をとる。(→ $\boxed{31}$〜$\boxed{33}$)

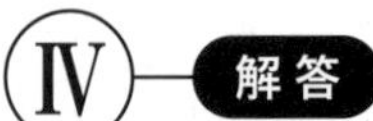

(1) $\boxed{34}\boxed{35}$ -1　$\boxed{36}$ 2　$\boxed{37}$ 3　**(2)** $\boxed{38}\boxed{39}$ -3　$\boxed{40}$ 9　$\boxed{41}$ 2

(3) $\boxed{42}\boxed{43}$ 61　$\boxed{44}\boxed{45}$ 12

解説

《法線の方程式，放物線と法線で囲まれた図形の面積》

(1)　$C: y=f(x)=\dfrac{1}{2}x^2$ とおくと，$f(2)=2$，$f'(x)=x$ より

$f'(2)=2$

直線 l の方程式は $y-2=-\dfrac{1}{2}(x-2)$ より

$y=-\dfrac{1}{2}x+3$　(→ $\boxed{34}$〜$\boxed{37}$)

(2)　$f(1)=\dfrac{1}{2}$，$f'(1)=1$ であるから，直線 m の方程式は

$y-\dfrac{1}{2}=-(x-1)$ より

$y=-x+\dfrac{3}{2}$

$-\dfrac{1}{2}x+3=-x+\dfrac{3}{2}$ より　　$x=-3$

ゆえに，交点の座標は　　$\left(-3,\ \dfrac{9}{2}\right)$　(→ $\boxed{38}$〜$\boxed{41}$)

(3)　直線 l，m 上の x 座標が 1 である点は，それぞれ

$\left(1,\ \dfrac{5}{2}\right)$，$\left(1,\ \dfrac{1}{2}\right)$

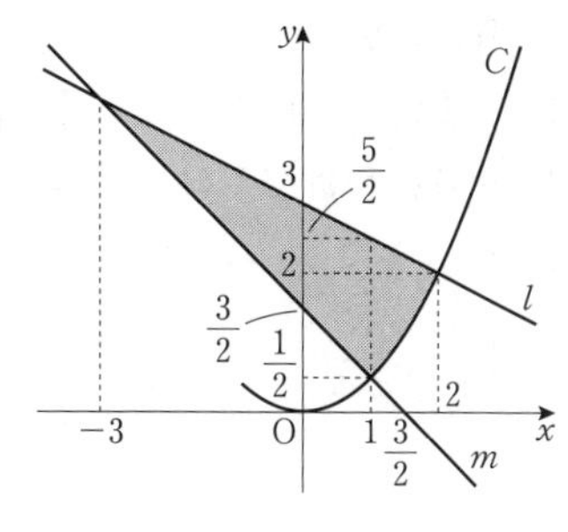

求める面積は右図の網かけ部分であるから

$$\frac{1}{2}\cdot\left(\frac{5}{2}-\frac{1}{2}\right)\cdot\{1-(-3)\}$$
$$+\int_1^2\left(-\frac{1}{2}x+3-\frac{1}{2}x^2\right)dx$$
$$=4+\left[-\frac{1}{6}x^3-\frac{1}{4}x^2+3x\right]_1^2=\frac{61}{12}$$

（→ 42～45）

講評

全問マークシート方式による空所補充形式である。全般的に基本から標準レベルの問題であり，幅広い分野にわたって出題されている。

Ⅰ　対数計算の基本的な問題である。計算をミスなく，速く正確に行い，必ず得点したい。⑵文字式が正，文字式の和・積の形から，相加・相乗平均の関係に気づきたい。

Ⅱ　比例式$=k$とおいて，kで表す頻出問題である。正弦定理・余弦定理・面積・二等分線の性質など，基本事項は使いこなせるようにしておきたい。

Ⅲ　ベクトルを利用して考えていくことがポイントになる。⑴同一直線条件より，$\overrightarrow{OQ}=\overrightarrow{OA}+s\overrightarrow{AC}$ の成分を計算していく。⑵点Pが線分AB上の点であることから，$\overrightarrow{OP}=(1-t)\overrightarrow{OA}+t\overrightarrow{OB}$，$0\leqq t\leqq 1$ と表し，$\overrightarrow{OQ}$ の成分の範囲を求めていく。⑶2次式となる基本問題である。必ず得点したい。

Ⅳ　⑴・⑵基本問題であり，必ず得点したい。⑶グラフをイメージすることで，三角形の面積と曲線・法線で囲まれた図形の面積の和であることに気づきたい。

すべての問題で，基本事項を理解できているかが問われている。まずは，定義・基本事項・公式などを教科書を中心に繰り返し勉強することが合格への一歩である。試験時間は十分と思われるため，１つ１つの問題に注意深く対応し，丁寧な計算と見直しを心がけるなど，極力ミスを避けたい。

また，普段から数多くの問題に接することで考え方・解法のパターンを身につけておけば，合格ラインに達するのは難しいことではないだろう。

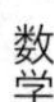

物　理

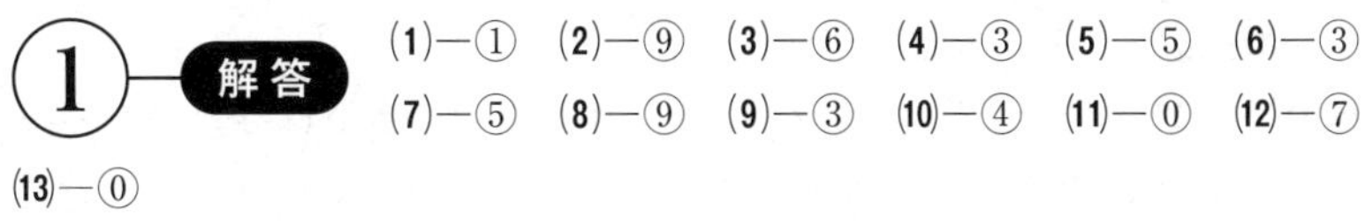

1 解答

(1)—①　(2)—⑨　(3)—⑥　(4)—③　(5)—⑤　(6)—③
(7)—⑤　(8)—⑨　(9)—③　(10)—④　(11)—⓪　(12)—⑦
(13)—⓪

解説

《連結された物体の運動》

Ⅰ．(1)〜(3)　摩擦を考えないため，3つのブロックの運動方程式はそれぞれ

$M_A a_A = T$　……①

$M_B a_B = 0$　……②

$M_C a_C = M_C g - T$　……③

(4)・(5)　AとCの加速度の大きさは等しいから，$a_A = a_C$ である。式①と③の両辺を加えて

$$(M_A + M_C)a_A = M_C g \qquad \therefore \quad a_A = \frac{M_C}{M_A + M_C} \times g$$

（注）　最初，ブロックBは静止している。運動が始まると，その加速度 a_B は式②より $a_B = 0$ である。だるま落としのように，ブロックBの下をブロックAが右に滑っている間，ブロックBはその位置にとどまる。

Ⅱ．(6)・(7)

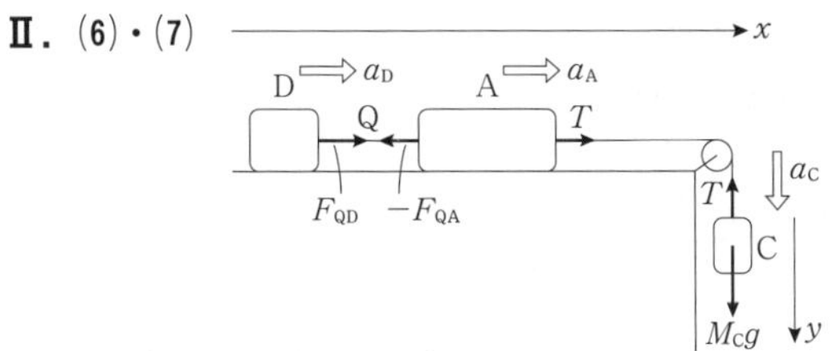

力 F_{QA} と F_{QD} の符号は，x 軸の正の向きを正とすると，F_{QA} は負の値，F_{QD} は正の値であることに注意する。ブロックA，C，Dの運動方程式はそれぞれ

$M_A a_A = T + F_{QA}$　……④

$M_C a_C = M_C g - T$　……⑤

$$M_D a_D = F_{QD} \quad \cdots\cdots ⑥$$

(8)　ひもQにはたらく2つの力は，作用・反作用の法則により，右図のようになる。ひもQの運動方程式は

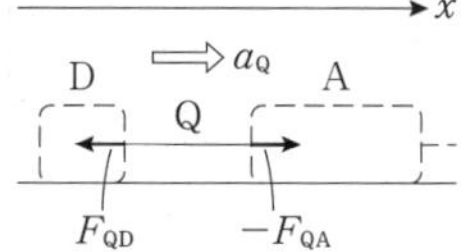

$$M_Q a_Q = -F_{QA} - F_{QD} \quad \cdots\cdots ⑦$$

(9)～(11)　ブロックA，C，DとひもQの加速度の大きさは等しいから，$a_A = a_C = a_D = a_Q$ である。式④＋⑤＋⑥＋⑦より

$$(M_A + M_C + M_D + M_Q)a_A = M_C g$$

$$\therefore \quad a_A = \frac{M_C}{M_A + M_C + M_D + M_Q} \times g \quad \cdots\cdots ⑧$$

式④＋⑤より，T を消去すると

$$(M_A + M_C)a_A = M_C g + F_{QA}$$

$$\therefore \quad F_{QA} = (M_A + M_C)a_A - M_C g$$

式⑧を代入して

$$F_{QA} = (M_A + M_C) \times \frac{M_C}{M_A + M_C + M_D + M_Q} \times g - M_C g$$

$$= \left(\frac{M_A + M_C}{M_A + M_C + M_D + M_Q} - 1 \right) \times M_C g$$

$$= \frac{-M_C \times (M_D + M_Q)}{M_A + M_C + M_D + M_Q} \times g$$

(12)・(13)　式⑥，⑧より

$$F_{QD} = M_D a_A$$

$$= M_D \times \frac{M_C}{M_A + M_C + M_D + M_Q} \times g$$

$$= \frac{M_C M_D}{M_A + M_C + M_D + M_Q} \times g$$

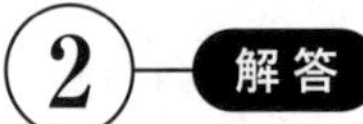

2 解答　(14)―⑤　(15)―③　(16)―⑥　(17)―⑤　(18)―⑧　(19)―⓪
(20)―⑥　(21)―③　(22)―①　(23)―①　(24)―③

解説

《誘導起電力，電流が磁場から受ける力》

Ⅰ．(14)～(16)　長方形DSTEで囲まれた部分を貫く磁束の大きさΦは

$$\Phi = Bax$$

この磁束の大きさの変化 $\varDelta\Phi$ は

$$\varDelta\Phi = Ba\varDelta x$$

起電力の大きさ V は

$$V = \left|\frac{\varDelta\Phi}{\varDelta t}\right| = Ba\cdot\left|\frac{\varDelta x}{\varDelta t}\right| = Bav$$

Ⅱ. ⒄　経路 PSTQ における抵抗は無視できるものとしている。キルヒホッフの第二法則より

$$V_0 = RI_0 \qquad \therefore \quad I_0 = \frac{V_0}{R}$$

⒅・⒆　棒には大きさ $F_0 = BaI_0$ の力がかかる。十分に時間がたったとき，棒にはたらく力のつり合いより

$$F_0 - kx_0 = 0 \qquad \therefore \quad x_0 = \frac{F_0}{k} = \frac{BaI_0}{k}$$

Ⅲ. ⒇　1m あたりの巻き数を $n\left(=\frac{N}{L}\right)$ とすると，ソレノイドの中の磁束密度の大きさは

$$B_1 = \mu_0 n I_1 = \frac{\mu_0 N I_1}{L}$$

(21)　棒にはたらく力の大きさ F_1 は

$$F_1 = I_1 B_1 a = I_1\cdot\frac{\mu_0 N I_1}{L}\cdot a = \frac{\mu_0 N a}{L} {I_1}^2$$

よって，${I_1}^2$ に比例する。

(22)　電流は y 軸の正の向き，磁束密度は z 軸の正の向きである。フレミングの左手の法則より，力は x 軸の正の向きにはたらく。

よって，$x_1 > 0$ である。

(23)　電流は y 軸の負の向き，磁束密度は z 軸の負の向きである。フレミングの左手の法則より，力は x 軸の正の向きにはたらく。力の大きさは等しいので，$x_2 = x_1$ である。

(24)　棒にはたらく力のつり合いより

$$F_1 - kx_1 = 0 \qquad \therefore \quad x_1 = \frac{F_1}{k} = \frac{\mu_0 N a}{kL} {I_1}^2$$

抵抗 R における抵抗の消費電力を $P(= R{I_1}^2)$ とすると，棒の位置 x_1 は抵抗における消費電力 P に比例することがわかる。このような装置は消

費電力を測る計測器として用いることができる。

3 解答　(25)―①　(26)―③　(27)―②　(28)―⑧　(29)―⑥　(30)―⑥
(31)―⑧　(32)―③　(33)―⑨

解説

《クインケ管，ヤングの実験》

Ⅰ．(25)・(26)　はじめ，二つの経路の長さが等しい状態にしているので，音は最大になっている。管を引き出した長さが d のときに音が最小になることから

$$\frac{\lambda}{2}=2d \qquad \therefore \quad \lambda=4d$$

また，$f_0=\dfrac{v}{\lambda}$ である。

(27)　温度が高くなると，音速が大きくなる。振動数が等しいので，波長が長くなる。よって，管を引き出す長さは，d にくらべて長くなる。

(28)　1秒間に起こるうなりの回数は $\dfrac{1}{T}$ であるから

$$\frac{1}{T}=|f_0-f_1|$$

管を引き出していくと，先に音が小さくなるのは波長が小さい方である。音速が等しいとき，振動数が大きい方である。よって，$f_1>f_0$ である。

$$\frac{1}{T}=f_1-f_0 \qquad \therefore \quad f_1=f_0+\frac{1}{T}$$

Ⅱ．(29)　点Pが明線となるのは

$$\frac{x_0 l}{h}=m\lambda \qquad \therefore \quad x_0=\frac{mh\lambda}{l} \quad (m=1,\ 2,\ \cdots)$$

Oに一番近い $x>0$ の明線の位置 x_B は，$m=1$ として

$$x_B=\frac{h\lambda}{l}$$

(30)　隣り合う明線と明線の距離を $\varDelta x$ とすると

$$\varDelta x=\frac{(m+1)h\lambda}{l}-\frac{mh\lambda}{l}=\frac{h\lambda}{l}$$

(31)　単色光Rの波長を $\lambda'\left(=\dfrac{4}{3}\lambda\right)$ とすると，(29)と同様に

$$x_R = \frac{h\lambda'}{l} = \frac{4}{3} \cdot \frac{h\lambda}{l} = \frac{4}{3} x_B$$

(32)　点Oでは，三つの単色光が同じ強度で照射しているため，色Wになる。

(33)　各々の位置を x_B の何倍かで表す。単色光Bの明線の位置は1，2，3，4，…，単色光Rの明線の位置は $\frac{4}{3}$，$\frac{8}{3}$，4，…である。また，単色光Gの暗線になる条件は，経路差が波長 $\frac{8}{7}\lambda$ の半分 $\frac{4}{7}\lambda$ の奇数倍となることである。これに対応する値は，$\frac{4}{7}$，$\frac{12}{7}$，$\frac{20}{7}$，4，…である。共通する最小の値4が，もっとも点Oに近い位置に対応する。

$$x = 4x_B = \frac{4h\lambda}{l}$$

(注)　リード文中に出てくる色は，それぞれの色の頭文字に対応している。青（Blue），赤（Red），緑（Green），白（White），黄色（Yellow），マゼンタ（Magenta）。

講評

例年と同様，大問3題の出題である。難易度も例年通り標準的だが，試験時間を考えると，全問に余裕をもって取り組むのは難しい。

1　連結された物体の運動。これは教科書や問題集でよくみられるものである。それぞれのブロックが連動するのか止まったままなのか，正確に判断する。問題Ⅱで，糸の張力について正の向きが指定されているが，計算の結果，負の値を導くことがあることに注意したい。

2　誘導起電力と電流が磁場から受ける力について。問題Ⅰ，Ⅱ，Ⅲで，設定が徐々に複雑になっていく。いずれも適切な公式を用いて物理量を求めていく。また，本文の内容に沿って物理現象を説明できるようにしたい。

3　クインケ管とヤングの実験の問題。教科書に出てくるような基本的な内容に関しては，確実に正解を出したい。前半のうなり，後半の明暗の位置を求める問題はやや難しいが，情報を整理して，必要な物理量を導けるようにしたい。

いずれの問題も基礎知識や論理的思考力をみる標準的な問題である。出題分野に偏りがなく，総合的な物理の力をみる良問である。

化　学

I　解答

1―②　2―①　3―②　4―②　5―①　6―①
7―②　8―③　9―⑨　10―②

解説

《有機化合物の性質，油脂の構造》

問1．(ア)　誤り。直鎖状アルカンは，炭素数が大きいほど融点や沸点も高くなる。常温・常圧下において，炭素数1～4は気体，炭素数5～17は液体，炭素数18以上は固体で存在する。

(イ)　正しい。アルケンの炭素間二重結合 C=C は酸化されやすく，過マンガン酸カリウム水溶液に通じると，MnO_4^- の赤紫色が消えて MnO_2 の黒色沈殿が生じる。

(ウ)　誤り。アセチレンに塩化水素を付加すると，塩化ビニルが生じる。

$$CH{\equiv}CH + HCl \longrightarrow CH_2{=}CHCl$$

(エ)　誤り。エタノールと濃硫酸を130～140°Cで反応させると，分子間脱水によりジエチルエーテルが得られる。分子内脱水によりエチレンが生じるのは，170°C程度で反応させたときである。

(オ)　正しい。シス形のマレイン酸は，2つのカルボキシ基の極性を分子内で打ち消すことができないため，分子全体の極性が大きく水への溶解度が大きい。一方，トランス型のフマル酸は，カルボキシ基の極性が分子内で打ち消されるため，分子全体の極性が小さく水に溶けにくい。

(カ)　正しい。酢酸とエタノールに濃硫酸を加えて加熱すると，エステルである酢酸エチルと水が生じる。

$$CH_3COOH + CH_3CH_2OH \longrightarrow CH_3COOCH_2CH_3 + H_2O$$

(キ)　誤り。メタノールを酸化するとホルムアルデヒドに変化する。ホルムアルデヒドは CH_3CO- の部分構造をもたないため，ヨードホルム反応は示さない。

問2．(1)　油脂1molをけん化するのに，水酸化カリウムは3mol必要である。油脂 **A** の分子量を M とおくと

$$\frac{1.09\times10^2}{M}\times3\times56=2.10\times10^1$$

$\therefore\ M=872$

(2)　油脂 **A** を構成する脂肪酸の分子量を M' とおく。

(油脂)＝(グリセリン)＋3×(脂肪酸)－3×H_2O

の関係が成り立つことから

$$872=92+3\times M'-3\times18$$

$\therefore\ M'=278$

ここで，炭素数が m，C=C 結合が n 個の脂肪酸の分子式は $C_mH_{2m-2n}O_2$ で表されるので，分子量条件より

$$12m+2m-2n+32=278$$

$$7m-n=123$$

m，n はともに正の整数で，$n\leqq\frac{1}{2}(m-1)$ となるような組み合わせは，$m=18$，$n=3$ である。

(3)　油脂 **A** を構成する脂肪酸には C=C が 3 つ含まれるので，油脂 **A** には C=C が 9 個含まれる。**A** に付加する水素 H_2 の質量〔g〕は

$$\frac{2.00\times10^2}{872}\times9\times2=4.12\text{〔g〕}$$

得られる油脂 **B** の質量〔g〕は

$$2.00\times10^2+4.12=204.12\fallingdotseq204\text{〔g〕}$$

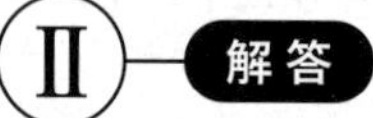

11―⑤　12―⑥　13―④　14―③　15―⑦　16―⑧
17―①　18―⑨　19―②　20―⑤　21―⑦

解説

《アンモニアソーダ法》

(1)・(2)　アンモニアソーダ法は次の 5 つの過程を経て進行する。

過程 1：飽和食塩水にアンモニアを吸収させて二酸化炭素を通じると，炭酸水素ナトリウムの沈殿と塩化アンモニウムが生じる。

$$NaCl+H_2O+NH_3+CO_2\longrightarrow NaHCO_3+NH_4Cl$$

過程 2：炭酸水素ナトリウムを加熱すると分解され，炭酸ナトリウムが得られる。ここで生じる二酸化炭素は回収され，過程 1 で利用される。

$$2NaHCO_3 \longrightarrow Na_2CO_3+H_2O+CO_2$$

過程３：二酸化炭素は石灰石の熱分解によって得られる。

$$CaCO_3 \longrightarrow CaO+CO_2$$

過程４：過程３で得られる酸化カルシウム（生石灰）を水と反応させ，水酸化カルシウムにする。

$$CaO+H_2O \longrightarrow Ca(OH)_2$$

過程５：水酸化カルシウムと，過程１の塩化アンモニウムを反応させ，アンモニアを回収する。

$$2NH_4Cl+Ca(OH)_2 \longrightarrow CaCl_2+2H_2O+2NH_3$$

(4)　ア．正しい。炭酸水素ナトリウムに塩酸を加えると，二酸化炭素が発生する。

$$NaHCO_3+HCl \longrightarrow NaCl+H_2O+CO_2$$

イ．誤り。炭酸カルシウムに塩酸を加えると，水素ではなく二酸化炭素が発生する。

$$CaCO_3+2HCl \longrightarrow CaCl_2+H_2O+CO_2$$

ウ．正しい。酸化カルシウム（生石灰）は塩基性の乾燥剤として用いられる。

エ．正しい。水酸化カルシウム水溶液（石灰水）に二酸化炭素を通じると，炭酸カルシウムが生じて白濁する。

$$Ca(OH)_2+CO_2 \longrightarrow CaCO_3+H_2O$$

オ．誤り。塩化アンモニウムは水に溶けてアンモニウムイオンを生じる。アンモニウムイオンは次のように加水分解し，水溶液は酸性を示す。

$$NH_4{}^+ +H_2O \rightleftarrows NH_3+H_3O^+$$

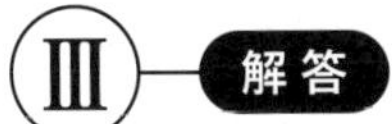

22―⑧　23―⑨　24―②　25―③　26―①　27―⓪
28―⑥　29―④　30―⑤　31―⑦　32―④

解説

《気体の反応と量的関係，燃焼熱，コロイドの性質と浸透圧》

問１． メタンとエタンの燃焼反応はそれぞれ次のとおり。

$$CH_4+2O_2 \longrightarrow CO_2+2H_2O$$

$$2C_2H_6+7O_2 \longrightarrow 4CO_2+6H_2O$$

メタンをx〔mol〕とおくと，エタンは$(0.50-x)$〔mol〕とおくことができる。消費した酸素が1.60 molなので

$$x\times2+(0.50-x)\times\frac{7}{2}=1.60$$

$\therefore\quad x=0.10$〔mol〕

容器に入れたメタンは0.10 mol，エタンは0.40 molと決まる。エタンの燃焼によって生じる熱量は

$0.40\times1565=626$〔kJ〕

メタンの燃焼によって生じる熱量は

$715-626=89$〔kJ〕

となる。メタン1 molが完全燃焼したとき生じる熱量（＝燃焼熱）は

$$\frac{89}{0.10}=8.9\times10^2\text{〔kJ/mol〕}$$（→ 22～24）

また，最初に容器内に入れた酸素の物質量をn〔mol〕とおく。反応前はメタン，エタン，酸素が入っているので，容器内の気体は$(0.50+n)$〔mol〕となる。反応後は，メタンから生じる二酸化炭素が0.10 mol，エタンから生じる二酸化炭素が0.80 mol，残った酸素が$(n-1.60)$〔mol〕あるので，容器内の気体の総物質量は

$0.10+0.80+(n-1.60)=(n-0.70)$〔mol〕

となる。同温，同体積のとき，分圧比＝物質量比の関係が成り立つので

$$\frac{n-0.70}{0.50+n}=\frac{\frac{2}{3}p}{p}=\frac{2}{3}$$

$\therefore\quad n=3.10=3.1\times10^0$〔mol〕（→ 25～27）

問2． (1) 塩化鉄(Ⅲ)に含まれる鉄(Ⅲ)イオンの物質量（mol）は

$$0.3\times\frac{10}{1000}=3.0\times10^{-3}\text{〔mol〕}$$

塩化鉄(Ⅲ)を沸騰水に加えると，次の反応によって水酸化鉄(Ⅲ)のコロイド溶液が得られる。

$$FeCl_3+3H_2O\longrightarrow Fe(OH)_3+3HCl$$

得られた水酸化鉄(Ⅲ)コロイドの物質量をx〔mol〕とおくと，ファントホッフの法則$\mathit{\Pi}=cRT$より

$$5.0\times10^2=\left(x\times\frac{1000}{100}\right)\times8.3\times10^3\times300$$

$\therefore\quad x=2.0\times10^{-5}$〔mol〕

水酸化鉄(Ⅲ)コロイド粒子1個あたりに含まれる鉄(Ⅲ)イオンの数は

$$\frac{3.0\times10^{-3}}{2.0\times10^{-5}}=150\text{ 個}$$

(2)　水酸化鉄(Ⅲ)コロイドは平均して鉄(Ⅲ)イオンを150個含むので，150個の $Fe(OH)_3$ からなることがわかり，その式量は

$$150\times107=1.605\times10^4$$

と表される。浸透圧が等しいので，溶液**A**と溶液**B**のモル濃度は等しく，100mL中に含まれるコロイド粒子の物質量（mol）も等しいことがわかる。溶液**B**について，100mLに含まれるタンパク質も水酸化鉄(Ⅲ)コロイドと同じ 2.0×10^{-5} molであることから，タンパク質の分子量を M とおくと

$$M=\frac{0.64}{2.0\times10^{-5}}=3.2\times10^4$$

タンパク質と水酸化鉄(Ⅲ)コロイドの質量比は

$$\frac{3.2\times10^4}{1.605\times10^4}=1.99\fallingdotseq2.0$$

(3)・(4)　溶液**A**の水酸化鉄(Ⅲ)コロイドは疎水コロイドである。疎水コロイドは，コロイド粒子表面の電荷の反発によって分散している。少量の電解質を加えると，コロイド表面の電荷が中和され，反発力を失うため凝集し沈殿する。これを凝析という。一方，溶液**B**のタンパク質は親水コロイドである。親水コロイドの表面は水分子が取り囲み，水和によって安定する。そのため少量の電解質を加えても沈殿しないが，多量の電解質を加えると水和水が失われるため凝集し沈殿する。これを塩析という。

講評

例年同様，すべてマークシート方式で大問3題であった。総マーク数は32個で例年通りである。計算問題は標準的な難易度で分量も多くはないものの，慣れていないと想定以上に時間がかかったものと思われる。

I　問１は脂肪族化合物の反応や性質に関する正誤問題である。基本的な内容が多かったが，(オ)のマレイン酸とフマル酸の極性に関する内容は，原子間の結合による極性ではなく，官能基と分子全体の極性を考える必要があり，やや発展的であった。問２は油脂に関する計算問題である。油脂の分子量はけん化に必要な水酸化カリウムから求めることができたが，付加した水素の量に言及がなく，炭素間二重結合の数は求めにくかった。

II　アンモニアソーダ法と，関係する化合物の反応や性質に関する内容である。すべて基本的な内容ではあるものの，化合物の性質や用途に関する正確な知識が必要である。

III　問１は燃焼反応における量的関係の変化と反応熱の計算問題である。反応前後の圧力の変化を気体の物質量の変化とみなせると比較的容易に解ける。問２はコロイドと浸透圧に関する出題である。水酸化鉄(Ⅲ)コロイドに含まれる鉄(Ⅲ)イオンの数を求める計算は例題的な計算なので，慣れていれば容易な内容である。(2)のタンパク質と水酸化鉄(Ⅲ)コロイドの質量を比較する問題については，質量の比を分子量や式量の比とみなせたか，水酸化鉄(Ⅲ)コロイドの式量を求めることができたかがポイントになるだろう。疎水コロイドや親水コロイドに関する知識問題も出題されており，基本的な知識を正確に把握しておくことが重要である。

条」という語に当たる外来語を問う問題があり、選択肢として置かれている語句は一般的な現代文用語ではあるものの、うろ覚えの人にとっては選びにくい。

Ⅲ 出典は、古典の文学史にも登場する作品である。テーマは息子を思う母の悲しみであり、そのことを基点として読んでいく必要がある。人物関係と、岩倉―仁和寺の関係がわかりにくいが、文脈把握においてはさほど支障はない。文法問題としては、問二で助詞の用法、問六で係り結びの基本的な用法が問われている。問五の和歌の問題では掛詞が問われており、日頃、修辞法を意識して和歌を読んでいるかが試されている。古文単語としては「おぼつかなし」「あやし」「いとど」など重要単語が出ているので、怠りのない単語暗記が要求されている。

が最適。

問十　「かしこ」（彼処）は〝あちら〟の意であり、これは唐土＝中国のことを指している。③が正解。

問十一　傍線部hを直訳するならば、「それでも命がまだあるということならば、阿闍梨が帰っていらっしゃって、この世で会わせてくださいませ」となる。この内容と合致する②が最適。

問十二　空欄Dの前に、「…それこそは長く生きた甲斐というものであろう』と思うけれど」とあり、長生きすることで老いの衰えは隠せないので、文意から④の「弱り」が最適。

問十三　問八でふれたように、息子・阿闍梨からは母宛ての手紙はなかったのである。③が合致せず、これが正解。

講評

現代文二題、古文一題の出題構成。現代文・古文ともに問題の文章量としては平均的であるが、設問数はいくらか多い。問題の難易度は標準である。設問のパターンは、空所補充問題、内容説明問題をはじめ、例年通りである。

Ⅰ　人間（有機性）とＡＩ（非有機性）の関係の展望を問う今日的な問題が論じられているが、文章は、筆者独特の文体があり、必ずしもわかりやすいものではない。とくに文と文との接続関係がわかりにくい箇所が多い。では、設問にも難解なものが多いのかというとそうではない。最後の全体把握問題（内容真偽問題）以外はどれも部分把握問題であり、解答根拠となる部分は、傍線部や空欄からさほど離れていない。よって解きやすいとも言えるが、問八・問十二については解答が絞りにくいだろう。

Ⅱ　哲学の評論であるが、文章としては読みやすい。内容は、現状の民主主義とはどのようなもので、そこから真に理性的な民主主義を問い直そうとするものである。設問のほとんどは部分把握問題であるが、いくつか解答および解答根拠が、傍線部や空所より離れたところにある問題があり、トータルな読み方の精度が要求されている。問八に「教

（終助詞）は文末に置かれるので、これも不適当。②「ながら」（接続助詞）と⑤「さへ」（副助詞）は体言に接続するが、ここは文意で考える。「さへ」には〝〜までも〟と訳す添加の意があり、天皇が代わることは時代の転換にもなるので、ここは⑤が正解。

問三　「例の」には〝いつものように〟の意味がある。「空目」とは、遠くの空に目をやり、ぼんやりとしている状態をいう。ただし、この意味は一般的ではないので、ここは文脈から考える。成尋の母は、息子のことばかり心配していて上の空のような心持ちで過ごしているので、解答として①が最適。

問四　「へだつ」（タ行下二段動詞）の語幹（「へだて」は連用形）であり、漢字は「隔つ」。

問五　「我がみとせをや忘られぬらん」は、「別れてからもう三年になるのだが、私のこと（我が身）はもう成尋から忘れられてしまったのだろうか」という意味であり、③が正解。他については、①「阿闍梨と文を何度も交わした」、②「自分と肥前殿の二人の年が老いる」、⑤「三年ぶりに阿闍梨から文が来た喜び」が本文内容と異なる。④は「已然形」が誤り。

問六　空欄Bの上に係助詞「こそ」があるので文末は已然形となる。已然形となっている選択肢は①「聞け」（カ行四段動詞・已然形）しかないので、①が正解。

問七　傍線部eの前の部分が「『（あの僧は）まだ都にいると聞いています』と人が言う。事情もわからないので、（手紙を）取り返すこともできなくて」と訳されるので、この内容と一致する④が最適。

問八　傍線部eの後の「二月十四日に、岩倉の寺から、『中国の阿闍梨様から筑紫にいる人のもとに、寄こしなさった手紙です』と言って、『方々のところに持って来たものです』ということで見ましたところ」、傍線部fを含む「他の方々にはあるのに、私宛てには手紙もない」という部分から、阿闍梨の知人たちには手紙はあったが、母にはなかったのである。②が正解。

問九　阿闍梨が唐土＝中国に向かったのは、仏道修行のためであり、それは当人の宿願でもあるので、④「本意（ほい）」

九日に、杭州の都督より、南屏山の興教寺において、招待を受けた八人の僧が、斎事法会にて、厚遇された。（これは）日本の国にとって名誉なことである。五月一日に、旅行証明書をいただいて」（と書いてある。）

他の方々にはあるのに、私宛てには手紙もない。筑紫に在住していると聞いているが、会えないので心配な気持ちは慰めようもない。もっとも、「（成尋は）宿願がかなって、満足なさっているだろうよ、（成尋は）やはり中国にお渡りになって修行なさるべき人であったのだ」と思い、少しは納得した気持ちになるけれども、自分自身の心にかかる気持ちは、もっぱら今日か明日かを待つ命であるから、今後のこと（に期待を寄せるの）は思わないつもりだ。（それにしても）いっそう遠く離れた別れとなってしまったような我が身は、しみじみと悲しい。長年、心にかけてきた西の方角を見渡しては、入日の折には拝んでいるのだが、ややもすると空が曇り、雲が入日を隠すので、

（極楽往生を願い）その方角と心ひかれる西方に向かい入日を拝んでいるのに、それを隠してしまうような浮雲は、なんとも煩わしいことだ。

何事につけても我が身ばかりが煩わしいけれども、つらかった（己の）命の長さを嘆いては、「それでも命が長らえるのならば、成尋が帰国なさって、この世でお目にかからせてほしい、それこそは長く生きた甲斐というものであろう」と思うけれど、気力の弱っていくこの有様では、それほど長く生きられるだろうとも思われません。

尽きることなく落ちる涙は、中国から渡ってくる船が、成尋を乗せて帰ってくる時まで長く続くことはないだろう（その前に私の命が絶えてしまうだろう）。

とだけ一人つぶやいて、目は涙でかすんだままで日々を過ごしている。

解説

問一　「おる（降る）」には、〝降りる〟の他、〝退位する〟という意味がある。帝の進退に関することなので、ここは③が正解。

問二　①「ばや」（終助詞）と③「しが」（終助詞）は上に活用語が接続し、体言には接続しないので不適当。④「かし」

変わってしまう気持ちがして、（自分にとって）西が忌む方角であるため（方違えをしなくてはならず）、死ぬようなことなどを思って、仁和寺から迎えとして車を寄こしなさったので、出かけようとしているときに、「肥前の守様からです」ということで手紙がとどけられた。見たところ、いろいろなことが書きつけられていて、「阿闍梨様のお手紙の代わりとして見てください」と書かれてあるのだが、（成尋が）言い置きなさったためなのだろうと、そのことばかりが思われ、いつものようにぼんやりとしながら過ごしている。

正月になっても、「この月の末のことであったなあ、（成尋が）岩倉の寺から仁和寺へ移ったのは」と思い出すにつけ、「（成尋と別れてもう）三年になったのだ」と、しみじみと哀しくなってくるのだが、「はっきりしない気持ちで長い年月が経ってしまったことだ」と思われた。

多くの年月が過ぎてゆき、成尋と別れてからもう三年になるのだが、私のこと（我が身）はもう成尋から忘れられてしまったのだろうか。

などと一人つぶやく。

一月七日に、治部卿様からの手紙を持って来た僧が、「筑紫へ赴いて、唐人が中国に帰航するついでに（私も船に便乗して中国に）渡って、そのまま阿闍梨様がこちら（日本）にお帰りになるようなときに、一緒に帰ってくるつもりです」と言うので、（成尋宛ての）手紙を書いて託したのだが、当てにならない気持ちでいると、「（あの僧は）まだ都にいると聞いていますと人が言う。事情もわからないので、（手紙を）取り返すこともできなくて、不審に感じ気がかりに思っておりましたところ、二月十四日に、岩倉の寺から、「中国の阿闍梨様から筑紫にいる人のもとに、寄こしなさった手紙です」と言って、「方々のところに持って来たものです」ということで見ましたところ、（それは）去年の一月一日付けであった。「三月十九日、筑紫の肥前の国の松浦郡にある、壁島という場所を離れて、同じ月の二十三日に、明州のふくゐ山を見る。そこに三日間、順風もなく停泊していたところ、はじめて羊がたくさんいるのを見る。同じ二十九日に、越州のしらのそくに着く。頼りの風がなくて、数日間、停泊を強いられた。四月十三日に、杭州のふかく天に到着する。二十

③・④「国民の意思を否定する民主主義」が本文と異なる。
⑤「合意形成する構造を生む」「正しい考えに至る議論を進めすぎてしまう」が本文と異なる。

Ⅲ

出典　成尋阿闍梨母『成尋阿闍梨母集』〈二巻〉

解答

問一　③
問二　⑤
問三　①
問四　⑤
問五　③
問六　①
問七　④
問八　②
問九　④
問十　③
問十一　②
問十二　④
問十三　③

全訳

その（同じ十二月）八日に、「帝が位をお譲りになる」と人々が盛んに言い合っているにつけても、世の中全体までが同調させるために議論を行うのである。⑤が最適。他はどれも本文内容と異なる。

問六　空欄Cの後の、「常にそれを他人の目で眺められるようでなければならない」ということは、自分の意見にしがみつかないということである。よって、〝自分の意見を主張して譲らない〟という意の、⑤「固執」（読みは「こしゅう」または「こしつ」）が最適。他はみな文意にそぐわない。

問八　言葉の知識の設問であり、「教条」とは、教会が公認した教義のことをいう。語義上、最も近い語句は「ドグマ」（英語）である。正解は⑤。

問九　第十三段落を見ると、「その限界を自らよく心得る者は、重大な事柄については、むしろ自らすすんで独断をつつしみ、虚心に他の人々の意見に耳を傾けるはずである」、「もっとも重要なことは、誰の意見が通るのかということではなくて、理の通った正しい結論が得られるかどうか、ということなのだ」とある。「理の通った」ということは「理性的」ということであり、それは虚心に他者の意見に耳を傾けるあり方でもある。こうした内容に一致する②が最適。他の選択肢はみな、本文内容と異なる。

問十　問九と連動する問題である。第十三段落の内容からは、「虚心に他の人々の意見に耳を傾ける」姿勢は理性的なものだと言え、その姿勢を端的に「知的謙虚」と表現している。よって③が最適。他はどれも「理性の本質」に結びつかない。

問十一　①最終段落三行目「民主主義がひき起こしてきた絶え間のない愛憎の交錯」、五、六行目「民主主義の錯乱した『理論』は、…常に闘争的なものを持ち込み」が、「人々が相互の意見で対立する構造を生む側面があり」と内容上合致する。また、第十四段落二、三行目「『国民の意思』や『民意』という言葉が、『理にかなった結論を得る』という大目標を蹴ちらしてしまう」の部分が、「相互の意見を理解し合い、正しい考えに至る議論を抑制してしまう」ということと、これも内容的に合致する。①が最適。

②「譲歩する構造を生む」「正しい考えに至る議論を促進する」が本文と異なる。

問十　③

問十一　①

要旨

民主主義の大目標は「理にかなった結論を得る」ということだが、「国民の意思」や「民意」がこの目標を蹴ちらしてしまう。多くの場合、「民意」を最優先した政治決定は失敗する。今日の民主主義の問題点は「没理性」というところにあり、その錯乱した「理論」は、国家と国民との関係のうちに、常に闘争的なものを持ち込み、その実像を歪めてきた。このような民主主義を克服し、よりよいシステムを築いてゆくための道筋は、虚心に他者の意見に耳を傾ける知的謙虚の姿勢を身につけ、これまで民主主義によっておさえつけられていた本当の意味での人間の理性を復活させることにある。

解説

問二　傍線部bの後に理由は述べられている。「各自が自分なりの意見を持ち」、「それは自分の意見に近いのか遠いのかという色分けだけで見てしまう」、「自分と意見の近い人々を応援し、反対の意見の人々に対しては手厳しく反論する」、以上の内容と一致する③が最適。他はみな、本文内容と異なる。

問三　第五段落において、「そこでの議論」は「単なる討論」ということである。その「議論」とは、第六段落で「ただひたすら反対者を説得するためにのみ、自らの理性を使い、言葉を使う」ものと説明されている。この内容に一致する④が最適。他はみな本文内容と異なる。

問四　空欄B前後の繋がりを見る。前では、「議論」について民主主義者は「それを誇りにしてさえいる」。これに対して後では、「このような『討論と説得』などというものは、議論のもっとも堕落した形の一つにすぎない」として民主主義者の考えを否定している。前後関係は逆接なので、①「けれども」が正解。

問五　第六段落四～六行目に「各人は、自らの主張を自分から疑ってみようとは決してしない。ただひたすら反対者を説得するためにのみ、自らの理性を使い、言葉を使う」とある。各人は反対者＝相手を説得する、つまり自分の意見にから二行目に「人間の思考作用はきわめて複雑である」とあるので、この部分と異なる。他の選択肢はどれも根拠がない。

問十一　空欄Eの前の「情念や緊張に導かれて思考や計算」を進行させ、そんな自分を対象化してそれを同時に楽しんでいる自分がいるということから、〈自己との関係〉ということが言える。⑤が適当。他の選択肢はどれも文意に合わない。

問十二　①は第一段落の三、四行目と、②は第六段落の一行目と、③は最終段落の六、七行目と、④は第七段落の八、九行目と、それぞれ合致する。⑤は第三段落の三、四行目「カーツワイルの構想は、細胞がますます精巧に修復できるようになり、究極的には死がなくなるということまで折り込んでいる」の部分と合致せず。⑤が正解。

Ⅱ

出典　長谷川三千子『民主主義とは何なのか』〈結語――理性の復権――〉（文春新書）

解答

問一　③

問二　③

問三　④

問四　①

問五　⑤

問六　⑤

問七　①

問八　⑤

問九　②

問七　空欄Cの前文に「この非有機性は、決して生命の有機性を超越するのではなく、あくまでもそれ（＝有機性）に内在する」とあり、〈有機性に内在する〉＝〈有機性に　C　する〉という語句の構造になるので、「内在」の言い換えの②「潜在」が適当。

問八　第六段落の内容読み取りの正確さが問われており、ここはAIと人間の対比で考えていく。同段落の四行目に〈計算の能力〉と〈思考の能力〉とあり、この二項は七行目の〈量的差異〉と〈質的差異〉に結びつく。〈計算の能力〉→〈量的差異〉が「人間は、能力の劣るコンピュータにすぎない」と繋がり、〈思考の能力〉→〈質的差異〉が「この劣等者は、　D　」と繋がっている。一、二行目を見ると「AIが人間を負かすところまで技術は進化した（正確に言えば、人間はそれほど高度なプログラムとメモリーを作ることができるようになった）」とあり、AIと人間の〈質的差異〉を考えれば、人間はAIを作りだす〈思考の能力〉をもった主体者であるということである。この内容に合致する④が正解。

①「共生できない」が、最終段落七行目「人間と機械が相互浸透する度合は圧倒的に深まり」に反する。

②　文中に根拠がない。

③　人間は〈思考の能力〉を持っているのだから、「感性にのみ依存する」わけではない。

⑤「AIに支配される宿命にある」が、第五段落最後から二行目の「この非有機性は、決して生命の有機性を超越するのではなく、あくまでもそれに内在する」、最終段落七行目「人間と機械が相互浸透する度合は圧倒的に深まり」と異なる。また「劣等者」＝「人間」は「非有機体」ではない。

問九　人間がなぜ毎日睡眠をとるのかというと、傍線部eの後の内容によれば、つねに情動の波立ちがあるため、休み、弛緩する必要があるからだ。この「情動の波立ち」について、最終段落三、四行目には「人間に情念があり、愛があり、欲望があり、苦しみがある」と具体的な説明がある。こうした「情動」を筆者は「不完全性のしるし」と言っている。よって、傍線部eに対する筆者の考えとしては①が最適。紛らわしい選択肢として③があるが、最終段落最後しており、それは技術者にとっては究極の夢でもある。だが、そうした進化を疑う人間の〈常識〉がそれに立ちはだかる。常識とは有機的な知識であり、ある種の生命観や、歴史、社会の有機的な構成に従おうとする思考である。常識を疑わなければ新しいものの創造はないが、常識の重みが知性の暴走を抑制する側面も持っている。しかし、そうした常識の有機性に対しては、非有機性の側からの批判がたえず向けられなければならない。ただし、この非有機性は決して生命の有機性を超越するものではなく、あくまでそれに内在するものである。

解説

問一　「長足」とは、早足、または進み方の速いことを意味する。そのことから「長足の進歩」とは、短期間で飛躍的に進歩することを意味する。正解は⑤。

問二　空欄Aの次行に「そういう極端な仮説的立場」とあるので、〈空欄A〉=〈極端な仮説的立場〉となる。まず、④は「仮説」とは言っているが「立証可能な堅実な」が〈極端な〉に反するので不適当。他は、②「知見に裏づけられた」、③「従来の倫理観を補強する新たな」、⑤「実現可能性が高い」がいずれも〈極端な〉と一致しない。①の「到達不可能に見える遠い」が〈極端な〉と噛み合うので、これが正解。

問三　前後の文の接続を考える。前文の「その作用を人工的に再現し拡張する可能性」に対して、後文は「完璧に機械化されて、もはやデータの蓄積と処理しかしない身体とは、もはや身体ではない」と前文の内容を打ち消しているので、逆接の「しかし」が適当。正解は④。

問四　傍線部bの二行後に「生命に関しても、脳に関しても、どこまで解明が進んでも、それをそっくり複写し再現しうると思うことは、まったくのサク誤」とあり、「錯誤」は「誤解」の言い換えでもあるので、錯誤の内容に合致する③が最適。他はどれも結びつくものはない。

問六　傍線部dの3行後に「常識とは、いわば有機的な知識なのだ。ある種の生命観、そして歴史、社会の有機的な構成にしたがおうとする思考」とある。この内容に一致する⑤が正解。他はどれも文中に根拠がない。

国語

Ⅰ

出典　宇野邦一『非有機的生』〈第Ⅰ部　総論　第三章　人間あるいはシンギュラリティ　7　技術と人間〉（講談社選書メチエ）

問一　⑤
問二　①

解答

問三　④
問四　③
問五　④
問六　⑤
問七　②
問八　④
問九　①
問十　②
問十一　⑤
問十二　⑤

要旨

技術の進化は、シンギュラリティに向かい、コンピュータのメモリーに完璧に複写されうる不死の人間を生み出そうと

2023年度

問題と解答

■一般選抜（全学部日程）

問題編

▶試験科目・配点

学部・学科		教　科	科　　目	配　点
文	英米文・フランス文	外国語	コミュニケーション英語Ⅰ・Ⅱ・Ⅲ，英語表現Ⅰ・Ⅱ	150 点
		選　択	日本史B，世界史B，政治・経済，「数学Ⅰ・Ⅱ・A・B」から１科目選択	100 点
		国　語	国語総合（古文・漢文を除く）	100 点
	日本文・史・比較芸術	外国語	コミュニケーション英語Ⅰ・Ⅱ・Ⅲ，英語表現Ⅰ・Ⅱ	150 点
		選　択	日本史B，世界史B，政治・経済，「数学Ⅰ・Ⅱ・A・B」から１科目選択	100 点
		国　語	国語総合	150 点
教育人間科・経済・法・経営・国際政治経済・総合文化政策・地球社会共生・コミュニティ人間科		外国語	コミュニケーション英語Ⅰ・Ⅱ・Ⅲ，英語表現Ⅰ・Ⅱ	150 点
		選　択	日本史B，世界史B，政治・経済，「数学Ⅰ・Ⅱ・A・B」から１科目選択	100 点
		国　語	国語総合（古文・漢文を除く）	100 点
理工	物理科	外国語	コミュニケーション英語Ⅰ・Ⅱ・Ⅲ，英語表現Ⅰ・Ⅱ	150 点
		数　学	数学Ⅰ・Ⅱ・Ⅲ・A・B	150 点
		理　科	物理基礎・物理	100 点
	その他	外国語	コミュニケーション英語Ⅰ・Ⅱ・Ⅲ，英語表現Ⅰ・Ⅱ	150 点
		数　学	数学Ⅰ・Ⅱ・Ⅲ・A・B	150 点
		理　科	「物理基礎・物理」，「化学基礎・化学」から１科目選択	100 点

社会情報	A方式	外国語	コミュニケーション英語Ⅰ・Ⅱ・Ⅲ，英語表現Ⅰ・Ⅱ	150点
		選　択	日本史B，世界史B，政治・経済，「数学Ⅰ・Ⅱ・A・B」から1科目選択	100点
		国　語	国語総合（古文・漢文を除く）	100点
	B方式	外国語	コミュニケーション英語Ⅰ・Ⅱ・Ⅲ，英語表現Ⅰ・Ⅱ	150点
		数　学	数学Ⅰ・Ⅱ・Ⅲ・A・B	150点
		数　学	数学Ⅰ・Ⅱ・A・B	100点

▶備　考

- 合否判定は総合点による。ただし，場合により特定科目の成績・調査書を考慮することもある。
- 「数学B」は「数列・ベクトル」から出題する。

英語

（80分）

I 次の英文を読んで，後の質問に答えなさい。

When the plane began to go down towards the small volcanic* island of Rodrigues the first time I visited, I was convinced that something was wrong. Down below, the Indian Ocean stretched unbroken to the very distant horizon. There was no sign of land, or a runway big and long enough to be safely used by a large 737 aircraft like the one I was travelling in. Where did the pilot imagine we would land?

I looked around the plane at the other passengers. No one was panicking. The local people returning to their homes on Rodrigues slept, or casually held children on their knees. There was no announcement from the captain, other than to politely ask passengers to fasten their seatbelts and to ask the crew to prepare for landing. At this point I began to relax and not worry. However, looking out of the window, it was ten, perhaps fifteen long minutes before something, anything, interrupted the view of the sea down below: many white waves, kilometres long, broke not upon land but upon the ocean itself. Then, finally, Rodrigues, and its sleepy little airport at the western end of the island, came into view. Nothing can prepare you for the first time you arrive in Rodrigues. You see nothing out of the plane window but the sea below, for hours and hours, before at last the tiny island appears as a small dark spot in the vast blue ocean. Located about 600 kilometres to the north-east of Mauritius*, the much larger island nation to which it belongs, Rodrigues is one of the world's most remote islands which has people living on it.

When seen from above, from a plane flying in from the west, Rodrigues is a strange and beautiful place surrounded by ocean, and a lagoon*. The white waves mark Rodrigues' outer limits, surrounding a lagoon coloured very deep blue. In turn, the lagoon surrounds the main island, a long row of green mountains, edged by white beaches and shadowed by many smaller islands in the distance. The green mountains rise to their highest point at the eastern end of the island before sloping back into the lagoon. Then the waves gradually disappear as the ocean stretches away towards the far horizon. The blue lagoon which surrounds the tiny volcanic island is where locals come regularly to fish for octopus*. If Rodrigues were a prison, it would be impossible to escape from.

The island of Rodrigues entered recorded human history in the year 1528 when the first ships arrived. Three Dutch ships recorded that they had visited the island briefly that year, before leaving. No one lived on the island back then, and if the crew of any passing ships had landed there before this date, they left no record of their visit. Rodrigues lay too far south and too far east of the busy trade routes and trade winds that connected East Africa with Arabia and Asia. Even when Portuguese, Dutch and French ships, blown a long way off course, landed on Rodrigues at various times throughout the 16th Century, they stayed only long enough to renew their food supplies. Most often, this meant consuming giant tortoises* and the Solitaire, a very fat bird that sailors killed for food and quickly killed them all, just as they had killed many other birds on the larger island of Mauritius.

In the year 1691, a Frenchman named Francois Leguat arrived on the island with seven sailors, who were all escaping from France's Catholic government that wanted to arrest them for their religious beliefs. In his account of his arrival, published many years later, Leguat wrote "Rodrigues has so many giant tortoises that one can take more than 100 steps on their shells without touching the ground." Leguat and the sailors who arrived with him planned to build the first colony and town on Rodrigues, but the remote location was too much for them: after around two years, unable to bear the loneliness any longer, they built a boat from wood that they cut from trees and left the island, never to return. These days, Rodrigues' distance from the rest of the world is central to its charm. In pre-Covid times, nearly 1.5 million tourists visited the large island nation of Mauritius every year. But only a small number of these tourists (less than 6%) travelled to the distant, and far smaller island of Rodrigues. Those that did come found a quiet island with few buildings that is very similar to the way Mauritius was before many tourists began arriving there about forty years ago. There is very little traffic on the island. Things happen there only very slowly. There is almost no crime.

"Rodrigues is a wonderfully safe place," said Francoise Baptiste, one of Mauritius' best-known cooks, who has lived on Rodrigues for 54 years. "Whenever it's warm, which is often, we sleep with our doors open." Part of that sense of safety and security comes from the quiet friendliness of the place. Rodrigues has a population of fewer than 45,000 people. Unlike the main island of Mauritius, which has a population made up of people with many different cultural backgrounds, the people who live on the island of Rodrigues have all become very similar to each other. The island's people all came from both African slaves and European settlers. "We took a special form of dancing called Sega from Africa, afternoon tea and bacon from the English and pastries* from the French," said Francoise Baptiste.

"Rodrigues is a village," added Laval Baptiste, who is a businessman and Francoise's husband. "Everybody knows everybody." And while they often have to travel to the main island of Mauritius for business, medical and other reasons, Francoise and Laval always miss the slow and very relaxed lifestyle of their home island. "We are always very happy to come back after a few days of rushing around," Laval said. Even Rodrigues' capital, Port Mathurin, bursts into life only occasionally — during a five-minute rush hour in the morning and in the evening; during rare minor activity whenever a ship arrives in port; and during the Saturday market that opens at 8:00 a.m. but is empty by 10:00 a.m.

Across the island, Rodrigues is a place of quiet and relaxing pleasures. From Port Mathurin, the road curves and winds along the north coast, heading nowhere in particular, past the tiny town of Anse aux Anglais, offering up still waters and sunset views at the end of a perfect day. In the island's west, an ambitious project called the *Francois Leguat Reserve* aims to restore a piece of the island that slopes gently down to the lagoon's shore. Over the centuries, settlers and visiting sailors killed off all of the island's giant tortoises and cut down most of the trees. In recent years, those running the reserve have set the ambitious goal of restoring this corner of the island to resemble, as closely as possible, how the island of Rodrigues appeared in the 17th Century, before Francois Leguat and his sailor friends arrived. To help achieve this, they have brought in giant tortoises from elsewhere in the Indian Ocean and planted more than 100,000 trees that are native to Rodrigues.

Along the west coast, close to the place known as Pointe du Diable, wooden frames often line the narrow roadside, from which ghostly white octopus limbs move in the ocean wind. These octopuses, freshly caught from the sea, are for sale to people passing by. Octopus is an important piece of Rodrigues' culture and an important food for local people, said Laval, "each Rodriguan will eat octopus two or three times a week."

Fishing for octopus is "mostly practiced by women who are unemployed," Francoise added. "They do it early in the morning. This way they have time to do house duties afterwards and contribute to the family budget at the same time."

Caught with a long pointed stick at low tide in Rodrigues' lagoon, octopus is very important to the island. In fact, the island's leaders have felt that they have to secure the future of their national dish, a sweet and spicy octopus curry, by putting rules in place to prevent overfishing. No one may fish for octopus in February or March or in September or October. During these four months, said Laval, octopus fishers are paid by the island's leaders not to fish, and they are given other paid work, including cleaning local beaches.

At the opposite end of the island, in the tiny village of Saint Francois, is *Robert's Place*, which is one of my favorite places to eat on Rodrigues. In this small wooden beach cafe with an atmosphere of typical Rodrigues island charm, they serve up octopus in many different ways — grilled octopus, fried octopus, octopus curry, octopus and fruit salad — as well as lobster and other fresh seafood. Every time I visit Rodrigues and go to *Robert's Place*, I pretend to study the menu. The menu never changes very much. I ask what's fresh. And I spend long moments, as if lost in thought, staring out to sea through the palm trees. Then I order the octopus. Each time I do so, I feel like I have arrived on the island of Rodrigues for the very first time.

注*

volcanic　火山の，火山性の，火山作用による

Mauritius　モーリシャス

lagoon　潟(かた)，礁湖(しょうこ)

octopus　タコ

tortoise　カメ

pastry　ペストリー(パイ，タルトなどのケーキや菓子)

設問　本文の内容に即して，以下の問いの答えとして最も適当なものをそれぞれ①〜④の中から選び，解答欄1から10にマークしなさい。

1. The island of Rodrigues is in the
   ① Pacific Ocean.
   ② Atlantic Ocean.
   ③ Indian Ocean.
   ④ Arctic Ocean.

出典追記：Rodrigues: The Indian Ocean island time forgot, BBC Travel on April 14, 2022 by Anthony Ham

2. Rodrigues is a

① very busy and crowded island.

② popular tourist destination.

③ very large island with few people.

④ tiny island surrounded by a lagoon.

3. When the first known ships arrived at Rodrigues,

① many locals were fishing for octopus.

② there was a large prison on the island.

③ nobody was living on the island.

④ they met people there from Africa, Arabia and Asia.

4. In the 16th Century Rodrigues was

① part of a busy trade route.

② a place where ships happened to land to find food supplies.

③ full of dangerous wild animals.

④ an island that was owned by Germany.

5. The Frenchman Francois Leguat lived on the island of Rodrigues

① until he died from a painful disease.

② until French ships came to rescue him.

③ for about two years.

④ for over twenty years.

6. One of the things Francoise Baptiste likes about living on Rodrigues is that

① over a million tourists visit each year.

② it is a very safe place.

③ nothing ever happens there.

④ there are no cars on the island.

7. One of the things that the *Francois Leguat Reserve* is doing is
   ① building a statue of Francois Leguat.
   ② filling the island with tortoises.
   ③ cutting down many flowers.
   ④ building a road to connect all parts of the island.

8. Today, two or three times a week, people on the island of Rodrigues eat
   ① a fat bird called the Solitaire.
   ② giant tortoises.
   ③ octopus.
   ④ English pastries.

9. It is not allowed to fish for octopus on Rodrigues in
   ① December.
   ② October.
   ③ May.
   ④ July.

10. *Robert's Place* is
   ① in a large shopping mall.
   ② built next to the sea.
   ③ in an expensive hotel.
   ④ in Port Mathurin, the capital of Rodrigues.

II 次の英文の11〜25に入れるのに最も適当なものを，それぞれ①〜④の中から1つ選び，解答欄11〜25にマークしなさい。

Walt Disney (1901-1966) was an American motion picture and television producer who was famous as a pioneer of animated films*, including Mickey Mouse, and as the creator of the amusement parks Disneyland and Disney World. Disney's first successful film starring Mickey Mouse was a short film called "Steamboat Willie." It (11) at the Colony Theater in New York on November 18, 1928. Sound had just (12) its way into film, and Disney was the voice of Mickey, a character he had developed and that was drawn by his main artist, Bill Workman. The film was an instant success. Disney and Workman made two earlier silent films starring Mickey Mouse, "Plane Crazy" and "The Gallopin' Gaucho." The two earliest silent Mickey Mouse films failed (13) find audiences, because movies with sound were a more popular attraction. In 1929, Disney featured Mickey's newly created friends, Minnie Mouse, Donald Duck, Goofy and Pluto in a new film.

Disney (14) more than 100 feature films. His first full-length film was *Snow White and the Seven Dwarfs*, which was first shown in Los Angeles on December 21, 1937. It earned an amazing 1.5 million dollars, even (15) the economy was very bad at that time. It also won eight Academy Awards. This led Walt Disney Studios to complete another series of full-length films over the next five years. During the mid-1940s, Disney created short films that were packaged together. By 1950, Disney was (16) again focusing on long films. Disney's last major success that he produced himself was the motion picture *Mary Poppins*, which came out in 1964.

Disney was also (17) the first people to use television as entertainment. The *Zorro* and *Davy Crockett* series were extremely popular with children, as was *The Mickey Mouse Club*, a variety show featuring teenagers (18) as the "Mouseketeers." *Walt Disney's Wonderful World of*

Color was a popular Sunday night show, which Disney used to begin advertising his new theme park, Disneyland.

Disney's 17-million-dollar Disneyland theme park opened on July 17, 1955, in Anaheim, California, on (19) was once a farm. Actor (and future U.S. president) Ronald Reagan was the manager of the (20). After a big opening day involving several mistakes (including the distribution of thousands of false invitations), the park soon became known as a place where children (21) their families could explore, enjoy rides and meet the Disney characters. In a very short time, the park made a lot of money, and was entertaining tourists (22) around the world. The original park has had some attendance problems over the years, but still has succeeded. Disneyland has expanded its rides over time and branched out internationally with Walt Disney World near Orlando, Florida, and parks in Tokyo, Paris, Hong Kong and Shanghai.

Within a (23) years of Disneyland's 1955 opening, Disney began plans for the new theme park in Florida and a "Tomorrow" center. These were still under construction (24) Disney died in 1966. After Disney's death, his brother Roy carried on the plans to finish the Florida theme park, (25) opened in 1971 under the name Walt Disney World.

注*

animated film　アニメーション映画

11. ① overtook　② opened
    ③ overcame　④ allowed

12. ① became　② made
    ③ finished　④ traded

13. ① by ② in
③ to ④ it

14. ① produced ② ran
③ returned ④ became

15. ① though ② because
③ as ④ although

16. ① that ② time
③ where ④ once

17. ① allowed ② near
③ among ④ within

18. ① found ② fixed
③ called ④ known

19. ① what ② why
③ not ④ it

20. ① coast ② activities
③ moments ④ pieces

21. ① on ② if
③ and ④ instead

22. ① beyond ② to
③ from ④ through

23. ① more　② few
③ lesser　④ decrease

24. ① project　② why
③ site　④ when

25. ① which　② while
③ who　④ what

III

Part I　次の 26〜30 の英文のかっこの中に，下の①〜⑥の語を最も適切な順序に並べて入れなさい。そのときに(　＊　)の中に入る語は何ですか。その語の番号を解答欄 26 から 30 にマークしなさい。

26. We could have arrived earlier (＊) (　) (　) (　) (　) (　).
① been
② for
③ had
④ it
⑤ not
⑥ rain

27. There (　) (　) (　) (＊) (　) (　) space in the parking lot.
① be
② enough
③ is

④ parking

⑤ thought

⑥ to

28. How ( ) ( ) (*) ( ) ( ) ( ) to the party?

① come

② did

③ him

④ invite

⑤ not

⑥ you

29. I would ( ) ( ) (*) ( ) ( ) ( ) me a brochure.

① appreciate

② would

③ if

④ it

⑤ you

⑥ send

30. I am afraid my time to read is limited. I should ( ) ( ) ( ) ( ) (*) ( ) instructive.

① books

② will

③ as

④ such

⑤ be

⑥ read

Part II　次の英文のかっこに入れるのに最も適切なものをそれぞれ①〜④の中から1つ選び，解答欄31から35にマークしなさい。

31. The population of this city decreased (　　　) 10 percent last year.

① by
② since
③ in
④ with

32. All the books on this list will go (　　　) $30.

① near
② on
③ for
④ through

33. The hill (　　　) a fine view of the sea.

① commands
② looks
③ overcomes
④ gazes

34. It (　　　) me that you are wrong.

① strikes
② seems
③ appears
④ is impressed

35. I must have my computer (　　　) in a few days.

① to fixing

② to be fixing

③ fixing

④ fixed

IV 次の5つのDialogueを読んで，36～40の問いに対する答えとして最も適切なものを，それぞれ①～④の中から1つ選び，解答欄36から40にマークしなさい。

Dialogue A

Two students are talking to each other:

Nozomi: How did you do on the Math test?

Aran: Stayed up all night studying and almost got a perfect score. How did you do?

Nozomi: I came up short for an A.

36. When Nozomi says that she "came up short for an A," what does she mean?

① She almost failed the test.

② She almost made an A on the test.

③ She made an A on the test.

④ She failed the test.

Dialogue B

Two students are talking to each other:

Alan: Professor Smith's assignment is due next Monday.

Lucy: I will have to start work on that.

Alan: I already finished it.

Lucy: It is hard to keep pace with you.

37. When Lucy says "it is hard to keep pace with you," she means that
    ① Alan needs to learn how to relax.
    ② it is good to get regular exercise.
    ③ Alan works more quickly than she does.
    ④ submitting assignments on time is always difficult.

Dialogue C

A group of people are sitting in a classroom:

Jane: Where is John? This meeting started thirty minutes ago!

Bill: I don't know. He told me he was going to come.

The door opens.

John: Hello everybody!

Jane: Well, better late than never I suppose.

38. When Jane says "better late than never I suppose," she means that
    ① she is very glad that John is late.
    ② personally, she is never late for any meetings.
    ③ John is never late for meetings.
    ④ it is good that John has finally joined the meeting.

Dialogue D

Two friends are talking about another friend:

Jill: I heard Dave bought a new apartment.

Julie: I am very happy for him.

Jill: Why don't you buy an apartment or a house?

Julie: I'm finding it hard to make ends meet at the moment.

39. When Julie says that she is "finding it hard to make ends meet," she means that

① she doesn't want to buy a house or apartment.

② she doesn't know what she wants to do in the future.

③ it is very difficult to choose the best place to live.

④ she doesn't have enough money to buy a house or apartment.

Dialogue E

Two colleagues are sitting in an office:

Mary: Did you see that email message from the boss?

Pablo: Yes, I did. So, she wants us to finish our report by Friday?

Mary: Yes, indeed. I guess we will be working overtime this week.

Pablo: It looks that way. Why did she move up the deadline? It isn't fair.

Mary: The boss always wants things done by yesterday.

40. When Mary says "the boss always wants things done by yesterday," what does she mean?

① The boss should have worked harder the day before.

② The boss should have worked more closely with other managers.

③ The boss always pushes people to finish their work quickly.

④ Pablo should have worked harder with the boss yesterday.

日本史

（60分）

I 次のA～Cの文章を読んで，後の問に答えなさい。（解答番号 1 ～ 15 ）

A　日本列島では，ⓐ縄文時代やⓑ弥生時代の長い時間を経過して，次第に全国を統治する国家体制が形成された。8世紀に完成した律令体制のもとでは，ⓒ天皇を頂点とする複雑な行政の仕組みが形成され，それは近代国家の組織のような様相を示している。しかし，古代の律令制にあっては宗教観念が深く関わっていた。毎年11月に挙行される［ア］をはじめとして，天皇の職務の基本要素は，社会の安寧を神々に祈ることであった。全国には数多くの神社が存在し，それに対して，捧げ物が天皇の名によって貢納されたのである。そして，こうした宗教がもつ影響力の大きさは仏教の受容にもつながる。752年には国家的事業としてⓓ東大寺大仏が完成し開眼供養が行われた。

問1　空欄［ア］に入る語句として正しいものを，次の①～④のうちから一つ選んでマークしなさい。 1

①　祈年祭　　②　新嘗祭　　③　大嘗祭　　④　大　祓

問2　下線部ⓐの出来事として正しいものを，次の①～④のうちから一つ選んでマークしなさい。 2

①　中部地方にはナウマン象が生息していた。

②　この時代の日本に居住した人類は旧人に属する。

③　この時代には弓矢を使って動物の捕獲が行われた。

④　縄文晩期には東北地方で文化が隆盛したが，その一例として三内丸山遺跡がある。

問 3　下線部ⓑの出来事として誤っているものを，次の①～④のうちから一つ選んでマークしなさい。 3

① 静岡県の菜畑遺跡では，この時期の水田跡が確認されている。

② 激しい戦いがあったことを反映して高地性集落が作られた。

③ 筑紫平野の吉野ヶ里遺跡には環濠が作られた。

④ 農具の刃先に鉄器が使用されて生産性が向上した。

問 4　下線部ⓒに関して述べた文として正しいものを，次の①～④のうちから一つ選んでマークしなさい。 4

① 班給された口分田は，「名」を単位に経営された。

② 調の品目の中には，木綿でできた布や絹が含まれていた。

③ 租税の一つである雑徭は，女性には課されなかった。

④ それぞれの国の支配は中央から遣わされた国司が実権を握り，支配地域は国司の知行国と呼ばれた。

問 5　下線部ⓓに関して，この時に参列した太上天皇を，次の①～④のうちから一つ選んでマークしなさい。 5

① 淳 仁　② 孝 謙　③ 文 武　④ 聖 武

問 6　奈良時代の出来事Ⅰ～Ⅲについて，古いものから年代順に並べた組合せとして正しいものを，次の①～⑥のうちから一つ選んでマークしなさい。 6

Ⅰ　漢詩集である『懐風藻』が編纂された。

Ⅱ　天然痘に罹患して藤原武智麻呂がなくなった。

Ⅲ　元明天皇によって『風土記』の編纂が命じられた。

① Ⅰ－Ⅱ－Ⅲ　② Ⅰ－Ⅲ－Ⅱ　③ Ⅱ－Ⅰ－Ⅲ

④ Ⅱ－Ⅲ－Ⅰ　⑤ Ⅲ－Ⅰ－Ⅱ　⑥ Ⅲ－Ⅱ－Ⅰ

B　律令制が変質したのちにも，時の有力者は宗教に深い関心を示した。平安中期には，それまでの国家安泰を願う仏教に対し，個人の平安と安寧を祈る浄土教の教えが普及した。延暦寺の［イ］は『往生要集』を著し，平安貴族の間にその教えを広める契機をつくった。院政期にあっても，政治の実権を握った上皇が出家することが一般化したほか，平安京郊外の白河に法勝寺や［ウ］などが建立され，上皇やその一族の信仰拠点となった。のち，後白河法皇も，自邸の近接した場所に，［エ］の奉仕によって蓮華王院を建立している。これに対し，鎌倉幕府は宋から伝えられた禅宗を重視し，禅宗寺院が鎌倉の各所に作られた。幕府は［オ］が伝えた臨済宗との関係を深め，それを宗教的拠り所とした。

問7　空欄［イ］にはいる語句として正しいものを，次の①～④のうちから一つ選んでマークしなさい。［7］

①　源　信　　②　空　也　　③　慶滋保胤　　④　最　澄

問8　空欄［ウ］にはいる語句として正しいものを，次の①～④のうちから一つ選んでマークしなさい。［8］

①　法成寺　　②　寿福寺　　③　尊勝寺　　④　醍醐寺

問9　空欄［エ］にはいる語句として正しいものを，次の①～④のうちから一つ選んでマークしなさい。［9］

①　藤原通憲　　②　平清盛　　③　源頼朝　　④　平正盛

問10　空欄［オ］にはいる語句として正しいものを，次の①～④のうちから一つ選んでマークしなさい。［10］

①　貞　慶　　②　忍　性　　③　明　恵　　④　栄　西

C　蒙古襲来ⓐによって，日本は外国勢力の侵略を受けたが，時の鎌倉幕府はその勢力を撃退した。ただ，敵を撃退したにもかかわらず，動員された武士たちは目立った恩賞もなく，次第に困窮して幕府への不満が高まった。朝廷では幕府の影響のもと，二つの皇統が交互に即位したが，その中で［　カ　］統の後醍醐天皇ⓑは親政を開始し，幕府討伐の動きを強めた。不満を持つ多くの御家人の支持もあって，天皇は幕府を倒し，院政を否定するなどして，旧来の朝廷を一新した。しかしその政策はあまりに急進的で，武家社会に受け入れられず，やがて，足利氏などによって新たな機構が整えられた。しかしその勢力もまた不安定で，14世紀半ばには観応の擾乱ⓒと呼ばれる武家内部の抗争を招いている。南朝と北朝に別れた朝廷勢力と武家政府の対立は，14世紀末の南北朝統一により，ようやく安定した機構を成立させた。

問11　空欄［　カ　］にはいる語句として正しいものを，次の①～④のうちから一つ選んでマークしなさい。［11］

①　持明院　②　仁和寺　③　青蓮院　④　大覚寺

問12　下線部ⓐに関して述べた文Ⅰ，Ⅱについて，その正誤の組合せとして正しいものを，次の①～④のうちから一つ選んでマークしなさい。［12］

Ⅰ　蒙古襲来の犠牲者を弔うため，北条時宗は建長寺を創建した。

Ⅱ　『蒙古襲来絵巻』には，文永の役の武士の活躍が描かれている。

①　Ⅰ　正　Ⅱ　正　②　Ⅰ　正　Ⅱ　誤

③　Ⅰ　誤　Ⅱ　正　④　Ⅰ　誤　Ⅱ　誤

問13　下線部ⓑについて述べた文として誤っているものを，次の①～④のうちから一つ選んでマークしなさい。［13］

①　朝廷運営の基本として貞永式目を制定した。

②　新政府の役所の一つとして，新たに雑訴決断所を置いた。

③　正中の変では，倒幕計画を進めたものの事前に幕府に露見した。

④　元弘の変で幕府に捕えられ，隠岐に流された。

問14　下線部ⓒについて述べた文として正しいものを，次の①～④のうちから一つ選んでマークしなさい。 14

①　新田義貞が戦死した。

②　足利尊氏と弟の直義は対立関係にあった。

③　高師直は足利直義と共に，尊氏方に対抗した。

④　南朝の主力として護良親王が活動した。

問15　13世紀から14世紀の出来事について，古いものから年代順に並べた組合せとして正しいものを，次の①～⑥のうちから一つ選んでマークしなさい。 15

Ⅰ　すぐれた随筆集である『徒然草』が著された。

Ⅱ　後鳥羽上皇の命で『新古今和歌集』が編纂された。

Ⅲ　連歌を集成した『菟玖波集』が著された。

①　Ⅰ－Ⅱ－Ⅲ　②　Ⅰ－Ⅲ－Ⅱ　③　Ⅱ－Ⅰ－Ⅲ

④　Ⅱ－Ⅲ－Ⅰ　⑤　Ⅲ－Ⅰ－Ⅱ　⑥　Ⅲ－Ⅱ－Ⅰ

Ⅱ　次のA・B・Cについて，後の設問に答えなさい。（解答番号 16 ～ 35 ）

A　15世紀から16世紀にかけて，イスラム世界への対抗，キリスト教の布教，海外貿易の拡大などのために，スペイン・ポルトガルを筆頭に，ヨーロッパ諸国が世界に進出した。スペインは ア 大陸から太平洋に進出し， イ を拠点とし，ポルトガルは ウ 西海岸のゴアを根拠地とし，中国の エ に拠点を築いた。日本に最初に到着したヨーロッパ人は，1543年中国人倭寇の船に乗って九州の種子島に漂着し，鉄砲ⓐを伝えたポルトガル人で，以後九州諸港に来航し貿易をおこなった。スペイン人も1584年平戸に来航し，貿易を開始した。

東アジアでは， オ の滅亡とともに日明貿易は杜絶したが，その一方で中国・日本・朝鮮・琉球・安南ⓑなどで国の枠をこえた中継貿易が展開し，広大な東アジア貿易圏が形成されていた。ヨーロッパ人は，当時既に形成されていた東アジア貿易圏に参入することで，日本に来航することができた。南蛮貿易では，日本に中国の生糸，鉄砲，火薬などをもたらし，日本の銀ⓒなどと交易した。

問1　空欄 ア イ ウ エ に当てはまる地名の組み合わせとして正しいものを，次の選択肢の中から一つ選んでマークしなさい。 16

① ア．アフリカ　イ．マニラ　ウ．アメリカ　エ．マカオ
② ア．アメリカ　イ．マニラ　ウ．インド　エ．マカオ
③ ア．アメリカ　イ．マカオ　ウ．インド　エ．香　港
④ ア．アフリカ　イ．マカオ　ウ．アメリカ　エ．広　東

問2　下線部ⓐについて，鉄砲伝来を1542年とする『諸国新旧発見記』の作者は誰か。次の選択肢の中から一つ選んでマークしなさい。 17

① ガスパル＝ヴィレラ　② 文之玄昌
③ アントーニオ＝ガルバン　④ 王　直

問3　空欄 オ に該当するものを，次の選択肢の中から一つ選んでマークしなさい。 18

① 伊達氏　② 松平氏　③ 毛利氏　④ 大内氏

問4　下線部ⓑについて，現在の国名として正しいのはどれか。次の選択肢の中から一つ選んでマークしなさい。 19

① カンボジア　② ベトナム
③ タ　イ　④ フィリピン

問5　下線部ⓒについて，日本は，16世紀中頃の「灰吹法」の導入により飛躍的に増産されるようになり，世界有数の銀産出国となった。17世紀初頭

の日本の産銀量は，世界の総産銀量のおよそどのくらいを占めるにいたったか。次の選択肢の中から一つ選んでマークしなさい。 20

① 3分の1　② 10分の1

③ 30分の1　④ 100分の1

B　1605年征夷大将軍の職を徳川秀忠(ⓓ)に譲った徳川家康は，豊臣秀吉の侵略戦争の後始末に苦慮することになったが，引き続き駿府において積極的に外交・貿易政策を推し進めた。1609年にオランダ，1613年にイギリスに貿易を許可し，［カ］に商館を設けた。また，1596年［キ］以来途絶えていたスペインとの通商をもとめて，京都商人［ク］をノビスパンに派遣した。

貿易がさかんになるにつれて，一部の国の利益独占を排除するため1604年には糸割符制度(ⓔ)を設けるなど，幕府は徐々に統制を加えていった。

問6　下線部ⓓについて，二代将軍徳川秀忠の時代の出来事として，誤っているものを次の選択肢の中から一つ選んでマークしなさい。 21

① 幕領および直属家臣にキリスト教を禁止し，翌年全国にひろげて禁教令を出した。

② 海外に渡航する船は，朱印状のほかに老中発行の奉書を所持することになった。

③ 朝廷・公家を統制するため，禁中並公家諸法度を発令した。

④ 一国一城令を発令し，諸大名の居城以外の城を破却させた。

問7　空欄［カ］に該当する地名を，次の選択肢の中から一つ選んでマークしなさい。 22

① 長　崎　② 平　戸　③ 大　坂　④ 浦　賀

問8　空欄［キ］に該当する事件を，次の選択肢の中から一つ選んでマークしなさい。 23

① サン＝フェリペ号事件　② モリソン号事件

③ フェートン号事件　④ アロー号事件

問 9　空欄 ク に該当する人名を，次の選択肢の中から一つ選んでマークしなさい。 24

① 末次平蔵　　② 角倉了以　　③ 支倉常長　　④ 田中勝介

問10　下線部ⓔに関する記述として誤っているものはどれか。次の選択肢の中から一つ選んでマークしなさい。 25

① 白糸とは，中国産の上質な生糸のことである。

② 糸割符制度は，当初ポルトガル商人の暴利を防ぐために開始され，その後中国・オランダにも拡大した。

③ 糸割符仲間とは，輸入生糸を一括購入して，仲間に分配する特権商人のことである。

④ 五カ所商人とは，堺・長崎・神戸・江戸・大坂の糸割符仲間のことである。

C　廻船が主要な輸送手段ⓕであった中近世においては，海難事故の頻発は避けがたいものであった。日本近海での遭難であっても，天候によっては，廻船や漁船が，異国の地に漂着することも稀ではない。18世紀から19世紀にかけて日本に向かう外国船の中には，日本人漂流民を，通商交渉を有利に進めるための手段とするとともに，彼らの帰国を支援するものもいた。

たとえば，伊勢国の船頭 ケ は，1782年江戸へ向かう途中で遭難し，長期におよぶ漂流の後ロシア人に救われた。首都ペテルブルクで皇帝 コ に謁見し，その後根室に帰国した。その間の ケ の体験は， サ に詳しい。また，第二次ロシア遣日使節レザノフⓖは，同じくアリューシャン列島に漂着した陸奥国宮城郡若宮丸の漁民を護送して長崎に到着した。帰国した漁民らの体験は，大槻玄沢ⓗ監修の漂流記にまとめられた。

幕末になって，漸く帰国を果たし，日本の近代に大きな役割を果たした人物もいる。土佐国幡多郡中ノ浜村の漁師だったこの人物は，1841年足摺岬沖合で遭難，漂流の後 シ の捕鯨船に救助された。その後 シ 本土に渡り英語・数学・測量・航海術・造船技術などを学び，1852年土佐に帰国した。1853 年ペリー来航後直参旗本に取り立てられ，江川英竜ⓘの配下となった。1860 年に派遣された使節団ⓙの随行艦咸臨丸に乗船し通訳を務めた。

問11　下線部ⓕについて，中世においても，廻船は物資輸送の主要な手段であった。15 世紀半ばの瀬戸内海における物資輸送の実態を知る事のできる史料に「兵庫北関入船納帳」があるが，この史料について述べた文として誤っているものを，次の選択肢の中から一つ選んでマークしなさい。 26

① 兵庫湊は，南北朝期に南北に分かれ，二つの関所が置かれた。北関は興福寺，南関は東大寺の管轄となり，それぞれで関銭を徴収した。

② この史料によると，一年間に入港した 1960 隻余の船の積荷の大半は，年貢ではなく商品だった。

③ この史料から，中国・四国地方から畿内にむけての物資の輸送状況がわかる。

④ 年貢の運送には，関銭が免除された。

問12　空欄 ケ に該当する人物を，次の選択肢の中から一つ選んでマークしなさい。 27

① 津太夫　　② 大黒屋光太夫

③ ジョン万次郎　　④ ハンベンゴロウ

問13　空欄 コ に該当する人物を，次の選択肢の中から一つ選んでマークしなさい。 28

① エカチェリーナ二世　　② アレクサンドル一世

③ エリザベス一世　　④ ニコライ二世

問14　空欄 サ に該当する書名はどれか。次の選択肢の中から一つ選んでマークしなさい。 29

① 『赤蝦夷風説考』　　② 『采覧異言』

③ 『西洋紀聞』　　④ 『北槎聞略』

問15 空欄 サ を編述したのは誰か。次の選択肢の中から一つ選んでマークしなさい。 30

① 工藤平助 ② 杉田玄白 ③ 新井白石 ④ 桂川甫周

問16 下線部ⓖに関して，誤っているものを次の選択肢の中から一つ選んでマークしなさい。 31

① 幕府が通商を拒否したため，レザノフの部下によって樺太，翌年長崎が襲撃された。

② レザノフは露米会社の支配人であった。

③ レザノフは，ラクスマンが持ち帰った信牌を持参していた。

④ 幕府は，レザノフへの返答書の中で「通信商」の国を中国・朝鮮・琉球・オランダに限定し，鎖国体制を公式に表明した。

問17 下線部ⓗについて，この人物が，江戸で開いた塾はどれか。次の選択肢の中から一つ選んでマークしなさい。 32

① 尚歯会 ② 養賢堂 ③ 芝蘭堂 ④ 含翠堂

問18 空欄 シ に該当する国名を，次の選択肢の中から一つ選んでマークしなさい。 33

① アメリカ ② イギリス ③ フランス ④ ロシア

問19 下線部ⓘについて，この人物の西洋砲術の師匠は誰か。次の選択肢の中から一つ選んでマークしなさい。 34

① 桂小五郎 ② 佐久間象山 ③ 高島秋帆 ④ 山鹿素行

問20 下線部ⓙについて，このとき同行・随行しなかった人物を，次の選択肢の中から一人選んでマークしなさい。 35

① 新見正興 ② 木村喜毅 ③ 小栗忠順 ④ 岩瀬忠震

Ⅲ　以下の史料Ａ・Ｂを読んで，後の問に答えなさい。（解答番号 36 〜 50 ）

【史料　Ａ】

Ａ－１

一　韓国政府ハ日本政府ノ推薦スル［あ］人一名ヲ［い］顧問トシテ韓国政府ニ傭聘シ，［い］ニ関スル事項ハ総テ其意見ヲ詢（と）ヒ施行スヘシ

一　韓国政府ハ日本政府ノ推薦スル［う］人一名ヲ［え］顧問トシテ外部ニ傭聘シ，［え］ニ関スル要務ハ総テ其意見ヲ詢ヒ施行スヘシ

（『日本外交年表竝主要文書』）

Ａ－２

第一条　日本国政府ハ，在東京外務省ニ由（よ）リ今後韓国ノ外国ニ対スル関係及事務ヲ監理指揮スヘク，日本国ノ外交代表者及領事ハ外国ニ於ケル韓国ノ臣民及利益ヲ保護スヘシ

第二条　日本国政府ハ韓国ト他国トノ間ニ現存スル条約ノ実行ヲ全フスルノ任ニ当リ，韓国政府ハ今後日本国政府ノ仲介ニ由ラスシテ国際的性質ヲ有スル何等ノ条約若（もしく）ハ約束ヲナササルコトヲ約ス

第三条　日本国政府ハ，其代表者トシテ韓国皇帝陛下ノ闕下ニ一名ノ<u>統監</u>ⓐ（レヂデントゼネラル）ヲ置ク，統監ハ専ラ外交ニ関スル事項ヲ管理スル為メ京城ニ駐在シ親シク韓国皇帝陛下ニ内謁スルノ権利ヲ有ス……

（『日本外交年表竝主要文書』）

Ａ－３

第一条　韓国政府ハ施政改善ニ関シ統監ノ指導ヲ受クルコト

第二条　韓国政府ノ法令ノ制定及重要ナル行政上ノ処分ハ予メ統監ノ承認ヲ経ルコト

第四条　韓国高等官吏ノ任免ハ統監ノ同意ヲ以テ之ヲ行フコト

第五条　韓国政府ハ統監ノ推薦スル日本人ヲ韓国官吏ニ任命スルコト

（『日本外交年表竝主要文書』）

A－4

第一条 韓国皇帝陛下ハ韓国全部ニ関スル一切ノ［ア］ヲ完全且永久ニ日本国皇帝陛下ニ譲与ス

第二条 日本国皇帝陛下ハ前条ニ掲ケタル譲与ヲ受諾シ且全然韓国ヲ日本帝国ニ併合スルコトヲ承諾ス

(『日本外交年表竝主要文書』)

問1 A－1の史料に関し，空欄［あ］［い］［う］［え］に当てはまる語句の組み合わせとして適当なものを，次の選択肢の中から一つ選び，マークしなさい。［36］

① あ．外国 い．軍事 う．日本 え．外交
② あ．日本 い．財務 う．外国 え．外交
③ あ．日本 い．外交 う．日本 え．軍事
④ あ．日本 い．財務 う．外国 え．軍事
⑤ あ．日本 い．財務 う．日本 え．軍事

問2 下線部ⓐについて，初代統監に関する説明として適切なものを，次の選択肢の中から一つ選び，マークしなさい。［37］

① 山口出身。内閣制度を創設して初代首相となる。枢密院議長として明治憲法を制定した。立憲政友会総裁などもつとめた。
② 山口出身。1901年以後三回組閣。日英同盟を結び，日露戦争を断行。第三次内閣は憲政擁護運動の攻撃をうけた。
③ 山口出身。参謀本部次長，陸軍士官学校長，陸軍大臣を歴任。1916年首相となり，シベリア出兵を強行し，米騒動後，辞任した。
④ 岡山出身。陸軍大臣時代に軍縮を断行した。1937年組閣にあたったが，陸軍の反対により成立しなかった。

問3 「韓国保護条約」との名称でも呼ばれる条約は【史料A】中でどれか，次の選択肢の中から一つ選び，マークしなさい。［38］

① A－1 ② A－2 ③ A－3 ④ A－4

問 4　A－3の条約が締結される原因となった事件の説明として適切なものを，次の選択肢の中から一つ選び，マークしなさい。 39

① 義兵運動とよばれる軍隊解散命令に対抗した武装闘争事件

② 初代韓国統監の暗殺事件

③ 三・一事件とよばれる朝鮮民族独立運動

④ 第2回万国平和会議に，韓国の外交権回復を提訴した事件

問 5　A－3の条約締結の直前に退位させられた韓国皇帝を，次の選択肢の中から一つ選び，マークしなさい。 40

① 憲　宗　　② 高　宗　　③ 大院君　　④ 純　宗

問 6　空欄 ア にあてはまる語句を，次の選択肢の中から一つ選び，マークしなさい。 41

① 統治権　　② 内政権　　③ 土地収用権　　④ 統帥権

問 7　A－4の条約を調印した日本側全権を，次の選択肢の中から一つ選び，マークしなさい。 42

① 西園寺公望　　② 小村寿太郎　　③ 桂太郎　　④ 寺内正毅

問 8　A－4の条約が調印された年に起こった出来事を，次の選択肢の中から一つ選び，マークしなさい。 43

① 南満州鉄道株式会社設立　　② 工場法公布

③ 大逆事件　　④ 友愛会創立

問 9　A－4の条約につき，この条約を無効と確認した条約を，次の選択肢の中から一つ選び，マークしなさい。 44

① サンフランシスコ平和条約　　② 四カ国条約

③ 日韓首脳共同宣言　　④ 日韓基本条約

【史料　B】

我輩ⓑは前年一たび三党首の結合を図って失敗したが，今や官僚的内閣の続出するを見て黙止せられず，ふたたびその結合を図るの必要を感ずるに至った。…図らずも［　イ　］事件が突発して，山本内閣は倒壊する。引き続いてまたもや，変態の清浦内閣ⓒが出来た。もう遅疑してはおられぬ。…三党首皆揃うた。そこで我輩が一通り憲政擁護のため，三派聯合の必要を説くと，いずれも異議なく賛成して，護憲三派ⓓの結合がいよいよここに成り立ったのだ。…三党首の申合せは，

申合　憲政の本義に則り，政党内閣制の確立を期する事。というのであった。

（『観樹将軍回顧録』中公文庫）

問10　下線ⓑの「我輩」は，三浦梧楼であるが，その人物の説明として正しいものを，次の選択肢の中から一つ選び，マークしなさい。［45］

① 朝鮮駐在公使の時，韓国皇帝の妃が殺害された事件を指揮したとされている。

② 日露戦争で第三軍を指揮し，多大な犠牲を払った末，二〇三高地を攻略し，旅順占領に貢献した。

③ 天皇の最高顧問として，歴代首相の推薦に加わり，絶大な権力を掌握した。

④ 民友社を創立して，『国民之友』などを刊行したが，日清戦争後，国家主義を唱えた。

問11　空欄［　イ　］の事件の説明として正しいものを次の選択肢の中から選び，マークしなさい。［46］

① 足尾鉱毒被害民の救済のため，元衆議院議員が天皇へ直訴した事件。

② 富山県の漁村の主婦たちが米価高騰に対して蜂起した事件を機に各地に広がった暴動事件。

③ 帝国議会の開院式に臨んだ摂政宮が，無政府主義者により狙撃された暗殺未遂事件。

暗殺未遂事件。

④　蔵相の失言から取り付け騒ぎが起こり，銀行・会社の破産や休業が続発した事件。

問12　下線部ⓒの内閣は，貴族院を基盤として成立したが，貴族院についての説明として，正しいものを，次の選択肢の中から一つ選び，マークしなさい。 47

①　大阪会議により，左院を廃して設置された。英国風の「日本国憲按」を作成した。

②　明治憲法の草案を審議するために設置された。天皇の最高諮問機関と位置づけられる。

③　予算先議権をもつ立法機関。選挙権は，当初直接国税15円以上の納税者に限られるなど厳しく制限された。

④　議員の構成や資格を定めた法令は，憲法発布と同時に，勅令で定められた。構成者の中に各県の多額納税者の中から互選された議員を含んでいる。

問13　下線部ⓓについて，スローガンとして「普選断行」とともに掲げられた言葉を，次の選択肢の中から一つ選び，マークしなさい。 48

①　貴族院改革　　②　軍部大臣現役武官制の廃止

③　不平等条約改正　　④　植民地制度の撤廃

問14　護憲三派内閣の首相の説明として正しいものを，次の選択肢の中から一つ選び，マークしなさい。 49

①　立憲改進党の結成に加わり，衆議院議員に当選した。憲政擁護運動を推進し，1929年に立憲政友会総裁となった。

②　外交官として活躍し，立憲同志会の総裁となった。第2次大隈重信内閣では，外務大臣を務めた。

③　日銀総裁などをつとめ，原敬が暗殺された後，立憲政友会総裁となった。金融恐慌では大蔵大臣として支払猶予令を施行した。

④ 新聞記者を経て，衆議院議員となり，連続当選25回。隈板内閣の文部大臣の時，「共和演説事件」で辞職した。政党政治家として活躍し「憲政の神様」といわれた。

問15 護憲三派内閣成立から二大政党の総裁が交代で内閣を組織する「憲政の常道」が継続するが，憲政の常道が途絶えた後に組織した内閣を，次の選択肢の中から一つ選び，マークしなさい。 50

① 斎藤実内閣 ② 犬養毅内閣
③ 田中義一内閣 ④ 寺内正毅内閣

世界史

(60分)

〔Ⅰ〕 次の文章【A】【B】を読んで，以下の設問に答えなさい。

【A】

チベットでは，7世紀初頭にソンツェン・ガンポが王朝を確立し，これは(　ア　)として中国の歴史書にも現れる。この王朝は約250年続いたが，9世紀には政治的に分裂した。また宋朝の時期にオルドス地方にはチベット系(　イ　)の李元昊が建国した(　ウ　)があった。チベットは13世紀には(　エ　)によってモンゴルに服属させられるが，その反面(　オ　)を深く信仰したモンゴルや明の朝廷から多大な援助を得た。しかし中国朝廷へ接近した諸派に対して，厳格な戒律の(　カ　)が現れ，改革が行われた。チベットは清朝時代には実質的に保護国の地位に置かれたが，(　キ　)を機にその最高指導者は中国の宗主権を否定し独立を主張した。しかし中華人民共和国政府は(　ク　)に軍事進攻し，その独立は失われた。

問1 (　ア　)に入る語として最も適切なものを一つ選び，その番号をマークしなさい。 1

① 西夏　② 吐蕃　③ 青海　④ 契丹　⑤ 新疆

問2 (　イ　)に入る語として最も適切なものを一つ選び，その番号をマークしなさい。 2

① タタール　② ツングース　③ オイラト
④ タングート　⑤ ナイマン

問 3 （　ウ　）に入る語として最も適切なものを一つ選び，その番号をマークしなさい。 3

① 西　夏　② 吐　蕃　③ 青　海　④ 契　丹　⑤ 新　疆

問 4 （　エ　）に入るモンゴルの皇帝の名として最も適切なものを一つ選び，その番号をマークしなさい。 4

① チンギス　② フビライ　③ オゴタイ
④ アルタン　⑤ チャガタイ

問 5 （　オ　）に入る宗教の名として最も適切なものを一つ選び，その番号をマークしなさい。 5

① マニ教　② ラマ教　③ ゾロアスター教
④ 全真教　⑤ 天主教

問 6 （　カ　）に入る14－15世紀のツォンカパによって始められた一派として最も適切なものを一つ選び，その番号をマークしなさい。 6

① 十二イマーム派　② パリサイ派　③ 紅帽派
④ ゲルク派　⑤ 閹族派

問 7 （　キ　）に入る出来事として最も適切なものを一つ選び，その番号をマークしなさい。 7

① 日清戦争　② 日露戦争　③ 第一次世界大戦
④ 辛亥革命　⑤ 国共内戦

問 8 （　ク　）に入る年として最も適切なものを一つ選び，その番号をマークしなさい。 8

① 1945年　② 1947年　③ 1950年　④ 1964年

【B】

（　ケ　）とは，辺境を経営する中国古来の官であり，漢および唐には，これを長とした地方機関（　ケ　）府が置かれた。漢代には（　コ　）が西域（　ケ　）となり，大秦（ローマと言われる）を目指して部下の（　サ　）を派遣した。また唐の（　ケ　）府としては，安西・北庭・安北・単于・安東・（　シ　）の6つが名高い。ことに北ベトナムに置かれた（　ケ　）府は，日本から唐に渡って（　ス　）とも交遊し，日本を懐かしんで，「天の原　ふりさけみれば春日なる　三笠の山に　出でし月かも」と詠んだ（　セ　）がその高官に任ぜられたことで知られている。また唐で地方・辺境などに置かれた官職として（　ソ　）がある。8世紀後半に挙兵し長安をも陥れたソグド系突厥人安禄山・（　タ　）は（　ソ　），あるいはその属官であった。

問9　（　ケ　）に入る官職あるいは機関として最も適切なものを一つ選び，その番号をマークしなさい。 9

① 御　史　② 市　舶　③ 理藩院　④ 節度使
⑤ 都　護　⑥ 内閣大学士　⑦ 都　督　⑧ 丞　相

問10　（　コ　）に入る人名として最も適切なものを一つ選び，その番号をマークしなさい。 10

① 阿倍内麻呂　② 阿倍仲麻呂　③ 甘　英　④ 鑑　真
⑤ 史思明　⑥ 李　白　⑦ 蘇我（山田）石川麻呂
⑧ 張　騫　⑨ 班　超　⓪ 班　固

問11　（　サ　）に入る人名として最も適切なものを一つ選び，その番号をマークしなさい。 11

① 阿倍内麻呂　② 阿倍仲麻呂　③ 甘　英　④ 鑑　真
⑤ 史思明　⑥ 李　白　⑦ 蘇我（山田）石川麻呂
⑧ 張　騫　⑨ 班　超　⓪ 班　固

問12　（　シ　）に入る地名として最も適切なものを一つ選び，その番号をマークしなさい。 12

① 南　西　② 安　南　③ 越　南　④ 南　越

問13　（　ス　）に入る人名として最も適切なものを一つ選び，その番号をマークしなさい。 13

① 阿倍内麻呂　② 阿倍仲麻呂　③ 甘　英　④ 鑑　真
⑤ 史思明　⑥ 李　白　⑦ 蘇我(山田)石川麻呂
⑧ 張　騫　⑨ 班　超　⓪ 班　固

問14　（　セ　）に入る人名として最も適切なものを一つ選び，その番号をマークしなさい。 14

① 阿倍内麻呂　② 阿倍仲麻呂　③ 甘　英　④ 鑑　真
⑤ 史思明　⑥ 李　白　⑦ 蘇我(山田)石川麻呂
⑧ 張　騫　⑨ 班　超　⓪ 班　固

問15　（　ソ　）に入る官職あるいは機関として最も適切なものを一つ選び，その番号をマークしなさい。 15

① 御　史　② 市　舶　③ 理藩院　④ 節度使
⑤ 都　護　⑥ 内閣大学士　⑦ 都　督　⑧ 丞　相

問16　（　タ　）に入る人名として最も適切なものを一つ選び，その番号をマークしなさい。 16

① 阿倍内麻呂　② 阿倍仲麻呂　③ 甘　英　④ 鑑　真
⑤ 史思明　⑥ 李　白　⑦ 蘇我(山田)石川麻呂
⑧ 張　騫　⑨ 班　超　⓪ 班　固

〔Ⅱ〕 次の文章を読んで，以下の設問に答えなさい。(引用した資料には，省略したり，改めたりしたところがある。)

宗教改革は，ルターの九十五ヵ条の論題(a)から始まるとされる。

中世のヨーロッパは宗教的に見れば，東には正教世界(b)，西にはカトリック世界が広がっていたが，宗教改革は西ヨーロッパ世界に大きな変化をもたらした。カトリック教会は中世ヨーロッパに大きな権威を誇っていたが，14世紀にはその衰退が見て取れる(c)。また，教皇と教会の権威の失墜だけでなく，教会の堕落や腐敗が明らかになり，それを批判する者を教会は厳しく罰した。このような中，教会ではなく，聖書こそが信仰の権威であると唱えるイギリスの(　ア　)やボヘミアのフスらが現れた。ルターもこの流れにあったといえるだろう。

ルターの宗教改革が成功した要因としては，世俗の諸侯の支持によるところが大きかった。ルターは1521年に(　イ　)で追放された後，ザクセン公によって庇護され，その間に聖書の翻訳を行った(d)。ルターの教えを採用した諸侯とカトリックの諸侯の対立は武力による争いにまで発展したが，1555年のアウクスブルクの和議でいったんは収まった。

スイスでは，(　ウ　)によって宗教改革が開始された。ジュネーヴで独自の宗教改革を行ったカルヴァンの教えは，フランス(e)，ネーデルラント(f)，スコットランド，イングランド(g)にもひろまった。改革側に対し，カトリック側も対抗宗教改革(h)を行った。このように，カトリック側と改革側の争いは，ヨーロッパ中に広まり，17世紀まで宗教戦争は続くこととなった(i)。

問1　(　ア　)に入る語として最も適切なものを一つ選び，その番号をマークしなさい。 17

① アルクイン　　② ウィクリフ
③ オッカム　　④ アンセルムス

問2　(　イ　)に入る語として最も適切なものを一つ選び，その番号をマークしなさい。 18

① コンスタンツ宗教会議　　② クレルモン宗教会議
③ ヴォルムス帝国議会　　④ フランクフルト国民議会

問３（　ウ　）に入る語として最も適切なものを一つ選び，その番号をマークしなさい。19

① トスカネリ　② フェルビースト
③ アベラール　④ ツヴィングリ

問４ 下線部(a)について，以下の資料を読み，そこで述べられているルターの主張として**誤っているもの**を一つ選び，その番号をマークしなさい。20

第５条　教皇は，自身または教会法が課した罰を除いて，どのような罰をも赦免できない。
第20条　したがって，教皇は，すべての罪の完全赦免といっても，(中略)ただ彼自身によって課された罪の赦免とだけ解される。
第45条　困窮している者を見て，彼を無視して贖宥に金銭を払う人は，教皇の贖宥ではなく，神の怒りを自分に招いているのである。
第62条　教会の真の宝は，神の栄光と恵みともっとも聖なる福音である。
第82条　もし教皇が，大聖堂(X)建設のための最も汚れた金，すなわち，最もいやしい理由によって無数の魂を贖(あがな)うとすれば，なぜ教皇は(中略)煉獄(れんごく)をからにしないのであろうか。

緒方純雄訳

① 教皇制度は廃止されるべきである。
② 教皇は，人のすべての罪を免罪することはできない。
③ 信仰で最も重要なのは聖書である。
④ 贖宥にではなく，貧しい者にお金を使うべきである。

問５ 資料中の下線部Xの大聖堂として考えられるものを一つ選び，その番号をマークしなさい。21

① ケルン大聖堂　② サンピエトロ大聖堂
③ シャルトル大聖堂　④ ピサ大聖堂

問6　下線部(b)に関連して，正教が信奉されていたビザンツ帝国について述べた次の文aとbの正誤の組合せとして適切なものを一つ選び，その番号をマークしなさい。 22

a　帝国を軍管区に分け，その司令官に軍事・行政の権限を与えるプロノイア制が敷かれた。

b　ユスティニアヌス帝の勅命によって，『ローマ法大全』が編纂された。

① a ― 正　b ― 正
② a ― 正　b ― 誤
③ a ― 誤　b ― 正
④ a ― 誤　b ― 誤

問7　下線部(b)に関連して，正教はスラヴ世界に広まった。その中で，国家の権威をローマ帝国から引き継いだとして，「第三のローマ」とされた都市として最も適切なものを一つ選び，その番号をマークしなさい。 23

①　モスクワ　②　マドリード　③　ワルシャワ　④　プラハ

問8　下線部(c)について，14世紀の教皇権の衰退について述べた次の文の空欄に当てはまる語句の組合せとして正しいものを下の選択肢から一つ選び，その番号をマークしなさい。 24

13世紀末に教皇となった［ア］は，教皇権の絶対性を主張し，フランス国王と争った。［ア］は，1303年にフランス国王フィリップ4世に捕らえられ，釈放されたのちに死去した。さらに，フィリップ4世は，教皇庁を［イ］に移し，支配下に置いた。その後教皇はローマに戻るが，［イ］にも別の教皇が立ち，双方が対立した。これによって，教皇の権威が失墜した。

①　ア — グレゴリウス７世　　イ — アナーニ

②　ア — グレゴリウス７世　　イ — アヴィニョン

③　ア — ボニファティウス８世　　イ — アナーニ

④　ア — ボニファティウス８世　　イ — アヴィニョン

問９　下線部(d)について，ルターが聖書の翻訳を行った理由として考えられる文として最も適切なものを一つ選び，その番号をマークしなさい。 25

①　ギリシア語からラテン語に聖書を翻訳することで，諸侯への浸透を図った。

②　ヘブライ語からギリシア語に聖書を翻訳することで，ヨーロッパ世界への浸透を図った。

③　ラテン語からドイツ語に聖書を翻訳することで，民衆への浸透を図った。

④　イタリア語から英語に聖書を翻訳することで，ブリテン諸島への浸透を図った。

問10　下線部(e)に関連して，フランスにおける宗教内乱について述べた文として最も適切なものを一つ選び，その番号をマークしなさい。 26

①　カトリックの政治介入を排除するため，政教分離法が制定された。

②　サンバルテルミの虐殺で，多くのカトリック教徒が犠牲となった。

③　アンリ４世がナントの王令を発して，戦争が終結した。

④　ローマ教皇庁とラテラノ条約を結んだ。

問11　下線部(f)に関連して，オランダについて述べた文として最も適切なものを一つ選び，その番号をマークしなさい。 27

①　王国としてスペインから独立した。

②　ハノーヴァーから国王を迎えた。

③　ウィーン会議でベルギー地域を得た。

④　第一次世界大戦後に初めて王国となった。

問12　下線部(g)に関連して，イングランドの歴史について述べた次の文a～cが，年代の古いものから順に正しく配列されているものを一つ選び，その番号をマークしなさい。 28

a　国王がイングランド国内の教会の首長であることを宣言した。

b　スコットランドと合同し，大ブリテン王国となった。

c　クロムウェルが，アイルランドを征服した。

①　a→b→c	②　a→c→b
③　b→a→c	④　b→c→a
⑤　c→a→b	⑥　c→b→a

問13　下線部(h)について，対抗宗教改革について述べた文として**誤っているもの**を一つ選び，その番号をマークしなさい。 29

①　トリエント公会議で，教皇の至上権を確認した。

②　ニケーア公会議で，アリウスの説を異端とした。

③　イエズス会のザビエルが，日本で布教活動を行った。

④　イエズス会のマテオ・リッチが，明代の中国で布教活動を行った。

問14　下線部(i)について，最後の宗教戦争ともいわれる三十年戦争の経緯について述べた次の文の空欄に当てはまる語句の組合せとして正しいものを下の選択肢から一つ選び，その番号をマークしなさい。 30

1618年，ボヘミアの新教徒がカトリック信仰を強制しようとした ア 家の皇帝に対して反抗したことを契機に勃発した。この戦争の対立軸の一つは，カトリック対新教国であった。そのため，皇帝側が優勢となった際に，バルト海の覇権を目指す新教国の イ が参戦したのである。しかし，カトリック国である ウ が新教勢力と同盟して参戦するなど，宗教的対立とは異なるものである世俗の争いの側面も強かった。

① ア — ロマノフ　イ — プロイセン　ウ — フランス
② ア — ロマノフ　イ — スウェーデン　ウ — スペイン
③ ア — ホーエンツォレルン　イ — プロイセン　ウ — スペイン
④ ア — ホーエンツォレルン　イ — デンマーク　ウ — フランス
⑤ ア — ハプスブルク　イ — デンマーク　ウ — スペイン
⑥ ア — ハプスブルク　イ — スウェーデン　ウ — フランス

問15　下線部(i)について，次の資料は三十年戦争の講和条約であるウェストファリア条約の一部である。この資料から読み取れる内容として最も適切なものを下の選択肢から一つ選び，その番号をマークしなさい。 31

> ローマ帝国のすべての選帝侯，諸侯，等族は，彼らの古き諸権利，諸優先権，諸自由，諸特権および領邦高権の自由な行使につき，教会および世俗の事柄において，また支配権限や国王大権やそれらの占有において，誰からも，いつ何時でも，いかなる口実によっても実際に妨害されえないこと，またそれが許されないことを，この条約により確定し，承認する。

歴史学研究会編『世界史史料５』

① カルヴァン派が公認された。
② 各領邦の主権が認められた。
③ スイスが独立した。
④ 神聖ローマ帝国の権力が強化された。

〔Ⅲ〕 次の文章を読んで，以下の設問に答えなさい。(引用した資料には，省略したり，改めたりしたところがある。)

1870年代以降，ヨーロッパ諸国は工業化による巨大な経済力・軍事力を背景として，アジア・オセアニア(a)・アフリカ(b)の諸地域の分割を進めた。列強の進出は，優秀な人種が劣等な人種を支配することを擁護する人種主義(c)を反映するものでもあった。同時に，帝国主義に反対する運動(d)もヨーロッパ各地で高まりを見せた。列強により分割された地域の人々は，時に激しい抵抗運動や独立を目指す運動(e)を起こした。東アジアにおいても，列強が中国で勢力を拡大した(f)。また，19世紀前半に相次いで独立したラテンアメリカ諸国(g)においても，イギリスなどへの経済的な従属が強まった。

列強の対立・競争は，諸民族が混在する東欧においても高まりを見せた。バルカン半島での対立が第一次世界大戦に発展すると，各国は戦争遂行のために総力戦体制(h)を採った。戦争が長期化すると，各国内では戦争の継続に反対する声が高まり，ドイツとロシアでは革命に発展した(i)。戦後，帝政が解体した東欧では，民族自決の原則に基づいて新たに8カ国が独立した(j)。1920年代には列強が主導して国際協調体制(k)の構築が進められた。また，大戦に参戦したアメリカ合衆国(l)は，ヨーロッパに大量の軍需品と資金を提供したことで工業力と金融力を高め，世界経済の中心的存在となった。

1929年に始まった世界恐慌は，列強の社会・経済を混乱に陥れた。アメリカ合衆国では，フランクリン・ローズヴェルトがニューディール(m)と呼ばれる経済復興政策を実施した。スペインでは，左派の人民戦線政府と右派の反乱軍との対立に各国が関与して，国際的なスペイン内戦(n)に発展した。第二次世界大戦および太平洋戦争(o)において，各国は再び総力戦体制を採った。

問 1　下線部(a)について，20 世紀初めにドイツが領有していた地域を示す記号として適切なものを一つ選び，その番号をマークしなさい。 32

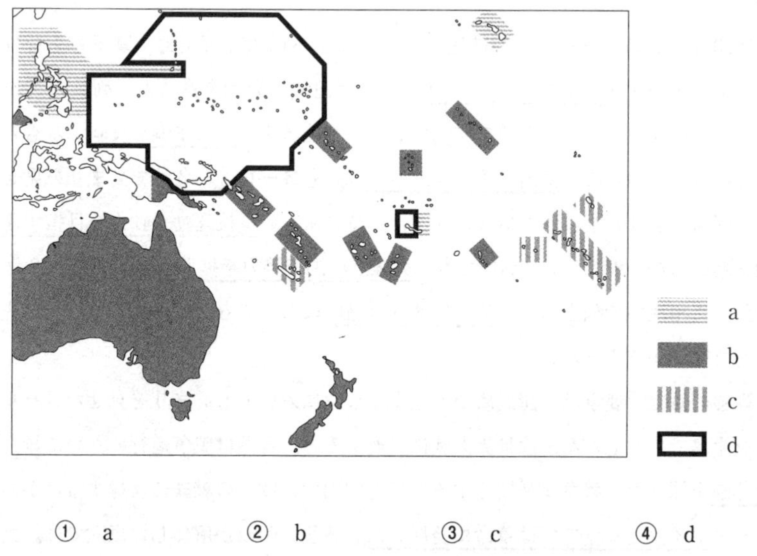

①　a　　②　b　　③　c　　④　d

問 2　下線部(b)について述べた文として最も適切なものを一つ選び，その番号をマークしなさい。 33

①　ドイツは，ベルリン会議においてコンゴ領有を認められた。

②　フランスは，エチオピアを保護国とした。

③　イギリスは，英仏協商においてモロッコにおける優越権を認められた。

④　イタリアは，オスマン帝国からリビアを獲得した。

問 3　下線部(c)に関連して，19 世紀から 20 世紀初めの科学について述べた文として最も適切なものを一つ選び，その番号をマークしなさい。 34

①　スペンサーは，自然淘汰・適者生存の原理を人間社会にも適用した。

②　ランケは，生産力と生産関係の矛盾が歴史の発展の原動力であると論じた。

③　リービヒは，結核菌やコレラ菌などを発見した。

④　リストは，実証主義を体系化し，社会学を創始した。

問 4　下線部(d)について，帝国主義戦争に反対し，反戦平和を掲げてパリで結成された国際的な組織として最も適切なものを一つ選び，その番号をマークしなさい。 35

① シン・フェイン　　② 第2インターナショナル
③ 国際赤十字　　④ コミンテルン

問 5　下線部(e)について述べた文として最も適切なものを一つ選び，その番号をマークしなさい。 36

① イランでは，マフディー派がイギリスに反乱を起こした。
② ビルマ(ミャンマー)では，ホー・チ・ミンがタキン党を組織した。
③ ベトナムでは，日本に留学生を送るドンズー運動が組織された。
④ フィリピンでは，民族主義や社会主義を掲げるサレカット・イスラームが結成された。

問 6　下線部(f)に関連する次の文a～cが，年代の古いものから順に正しく配列されているものを一つ選び，その番号をマークしなさい。 37

a　日本が二十一ヵ条の要求を中国に突きつけた。
b　日本がロシアから南満州の鉄道利権を得た。
c　ドイツが膠州湾を租借地とした。

① a→b→c　　② a→c→b
③ b→a→c　　④ b→c→a
⑤ c→a→b　　⑥ c→b→a

問 7　下線部(g)に関連する次の文aとbの正誤の組合せとして正しいものを一つ選び，その番号をマークしなさい。 38

a　メキシコでは，メキシコ革命により，サパタの独裁体制が倒された。

b　ラテンアメリカ諸国は，アメリカ合衆国への依存から脱するために，パン・アメリカ会議を開催した。

① a — 正　b — 正
② a — 正　b — 誤
③ a — 誤　b — 正
④ a — 誤　b — 誤

問 8　下線部(h)について述べた文として**誤っているもの**を一つ選び，その番号をマークしなさい。 39

① 出征した男性に代わる労働力として，銃後では女性の雇用が進んだ。
② 銃後の国民生活を防衛するため，軍需工業よりも生活必需品の生産が優先された。
③ 経済・軍事・政治のみならず，思想や文化においても統制と動員が行われた。
④ 戦闘員だけでなく，民間人をも巻き込む都市爆撃が行われた。

問 9　下線部(i)に関連する次の文ａとｂの正誤の組合せとして正しいものを一つ選び，その番号をマークしなさい。 40

a　ドイツでは，革命後に共産党が政権を握り，社会民主党などの右派勢力を抑え込んだ。

b　ロシアでは，内戦と干渉戦争に対応するため，レーニンによって戦時共産主義が採用された。

① a — 正　b — 正
② a — 正　b — 誤
③ a — 誤　b — 正
④ a — 誤　b — 誤

問10　下線部(j)について，この8カ国に含まれない国を一つ選び，その番号をマークしなさい。 41

①　ポーランド　②　エストニア
③　チェコスロヴァキア　④　ブルガリア

問11　下線部(k)に関連して，以下の資料1および資料2の組合せとして適切なものを一つ選び，その番号をマークしなさい。 42

資料1

第1条　締約国は，個別及び集団的に，以後の条約において規定されているように，ドイツ・ベルギー間と，ドイツ・フランス間の国境に由来する領土の現状維持ならびに，1919年6月28日にヴェルサイユで調印された講和条約により画定され，遂行された当該国境の不可侵，および軍備禁止地域に関する前述の条約の第42条および第43条の規定の遵守を保障する。

資料2

第1条　中国以外の締約国は，以下に同意する。

(1)中国の主権，独立，領土的ならびに行政的保全を尊重すること。(中略)

第3条　中国における門戸開放あるいは通商と産業に関する機会均等の諸原則を全ての国民により効率的に適用するために，中国以外の締約国は以下を求めず，また各国の国民が以下のことを求めることを支持しないことを約定する。

(a)中国のいかなる地域においても通商上あるいは経済発展に関して，自己の利益のために，なんらかの一般的な優越的諸権利を確立することを主張するような合意。

(以下省略)

資料1・資料2：歴史学研究会編『世界史史料10』

① **資料1** — ロカルノ条約 **資料2** — 四カ国条約
② **資料1** — ロカルノ条約 **資料2** — 九カ国条約
③ **資料1** — ケロッグ・ブリアン協定 **資料2** — 四カ国条約
④ **資料1** — ケロッグ・ブリアン協定 **資料2** — 九カ国条約

問12 下線部(l)に関連して，1920年代のアメリカ合衆国の社会について述べた文として最も適切なものを一つ選び，その番号をマークしなさい。 43

① 共和党政権は，社会福祉政策を重視する「大きな政府」を目指した。
② コンピュータが，家庭に普及した。
③ 排外主義が高まり，ヨーロッパからの移民の入国が全面的に禁止された。
④ 大都市で，ジャズが流行した。

問13 下線部(m)の内容として**誤っているもの**を一つ選び，その番号をマークしなさい。 44

① 労働者の団結権と団体交渉権を保障した。
② テネシー川流域の総合開発事業を推進した。
③ インフレを収束させるために，新紙幣を発行した。
④ 補助金と引き換えに作付けを制限し，農産物価格の引き上げを図った。

問14 下線部(n)について述べた文として最も適切なものを一つ選び，その番号をマークしなさい。 45

① イタリアは，人民戦線政府を援助した。
② フランスは，反乱軍を援助した。
③ イギリスの作家オーウェルは，国際義勇軍に参加した。
④ スペインの画家ピカソは，ソ連軍による都市ゲルニカの空爆を非難した。

問15　下線部(o)について述べた文として**誤っているもの**を一つ選び，その番号をマークしなさい。 46

① ソ連は，ドイツと独ソ不可侵条約を結び，ポーランドに侵攻した。

② アメリカは，真珠湾攻撃への報復として，日本への石油輸出を停止した。

③ フランスでは，ヴィシー政府に対して，レジスタンスが起こった。

④ 台湾では，神社参拝の強制などの，皇民化政策が実施された。

政治・経済

(60分)

Ⅰ 次の文章1～3を読み，以下の問い(問1～問16)に答えなさい。

文章1

民主主義とは，人民が政治に参加する体制である。ヨーロッパの歴史では，イギリスの1642年のピューリタン革命，1688年の［A］，そしてフランス革命によって絶対王政が倒されて民主主義は広まった。

近代ヨーロッパにおいて民主主義の広がりを支えた思想として社会契約論がある。イギリスの哲学者である［B］は，1690年の『統治二論』(『市民政府二論』)において［C］を批判し，人間は自然状態において自由で平等であり，生命・自由・財産に対する権利である［D］を持つとし，［D］を守るために契約を結び，共通の権力である国家を樹立し，政府が［D］を守らない場合，国民は［E］を行使できると説いた。

近代民主主義を支える原則の一つとして［F］がある。これは，中世イギリスでその萌芽が見られた。1215年に出されたマグナ・カルタは，王の専制支配に対して貴族の不当な逮捕・拘禁の制限や，正規の裁判の手続きの保障を説いた。13世紀のイギリスの法律家［G］は，「国王といえども神と法の下にある」と述べた。

問1　［A］に入る用語として最も適切なものを選択肢①～④の中から一つ選んで，解答用紙の［1］にマークしなさい。

①　名誉革命　　②　三十年戦争　　③　宗教改革　　④　英蘭戦争

問2　［B］に入る人名として最も適切なものを選択肢①～④の中から一つ選んで，解答用紙の［2］にマークしなさい。

① トマス・ホッブズ　② ジョン・ロック
③ シャルル・ド・モンテスキュー　④ ジャン・ボーダン

問 3 [C] に入る用語として最も適切なものを選択肢①～④の中から一つ選んで，解答用紙の [3] にマークしなさい。

① 共和政　② キリスト教
③ 王権神授説　④ 天賦の人権説

問 4 [D] に入る用語として最も適切なものを選択肢①～④の中から一つ選んで，解答用紙の [4] にマークしなさい。

① 生存権　② 自然権　③ 所有権　④ 裁判権

問 5 [E] に入る用語として最も適切なものを選択肢①～④の中から一つ選んで，解答用紙の [5] にマークしなさい。

① 抵抗権　② 参政権　③ 国民投票権　④ 解散権

問 6 [F] に入る用語として最も適切なものを選択肢①～④の中から一つ選んで，解答用紙の [6] にマークしなさい。

① 人の支配　② 法の支配　③ 三権分立　④ 代議制

問 7 [G] に入る人名として最も適切なものを選択肢①～④の中から一つ選んで，解答用紙の [7] にマークしなさい。

① トマス・ホッブズ　② オリバー・クロムウェル
③ エドワード・コーク　④ ヘンリー・ブラクトン

文章 2

今日，日本国憲法の改正をめぐる議論が政治的争点の一つとなっている。2007年には憲法改正についての [H] が成立し，憲法改正原案が審議される [I] も両院に設置された。

日本国憲法は，硬性憲法として，改正に対する国民の承認を通常の法律制定の手続きよりも厳格に定めている。日本国憲法第 J 条によれば，憲法改正は，国会で各議院の K の賛成で，国会が憲法改正を発議し，国民投票での L が必要とされている。

憲法改正案の一つとして，憲法における自衛隊の明記という議論も出ている。自衛隊は， M を機に1950年に設けられた警察予備隊を1952年に改編して創設された保安隊をさらに発展させて，1954年に発足した。

民主主義の日本では， N の下，自衛隊の最高指揮監督権は O が持ち，自衛隊の定員・組織・予算などは，国会で議決される。

問 8 H と I に入る用語の組み合わせとして最も適切なものを選択肢①～④の中から一つ選んで，解答用紙 8 にマークしなさい。

① H：住民投票法 I：憲法調査会
② H：国民投票法 I：憲法審査会
③ H：国民投票法 I：憲法調査会
④ H：住民投票法 I：憲法審査会

問 9 J と K と L に入る内容の組み合わせとして最も適切なものを選択肢①～④の中から一つ選んで，解答用紙 9 にマークしなさい。

① J：97 K：出席議員の3分の2以上
L：過半数の賛成
② J：96 K：出席議員の3分の2以上
L：過半数の賛成
③ J：97 K：総議員の3分の2以上
L：3分の2以上の賛成
④ J：96 K：総議員の3分の2以上
L：過半数の賛成

問10 M に入る用語として最も適切なものを選択肢①～④の中から一つ選んで，解答用紙 10 にマークしなさい。

① 国共内戦

② ソ連の核実験成功

③ サンフランシスコ講和条約締結

④ 朝鮮戦争

問11 [N] に入る用語として最も適切なものを選択肢①～④の中から一つ選んで，解答用紙 [11] にマークしなさい。

① 事前協議制

② 行政手続法

③ 文民統制(シビリアン・コントロール)

④ 有事法制

問12 [O] に入る用語として最も適切なものを選択肢①～④の中から一つ選んで，解答用紙 [12] にマークしなさい。

① 防衛大臣　② 統合幕僚長　③ 内閣総理大臣　④ 天皇

文章3

冷戦当初，米ソ両陣営は，核抑止論(a)に基づいて核軍拡競争を行った。しかし，1962年のキューバ危機(b)を契機に，国際社会において核の軍備管理と軍縮の努力が進められた。1963年には部分的核実験禁止条約が，1968年には核拡散防止条約(NPT)(c)が調印された。冷戦終結後は，1996年に包括的核実験禁止条約が採択された。最近では，2017年に核兵器禁止条約が採択された。

問13 下線部(a)の用語の説明として最も適切なものを選択肢①～④の中から一つ選んで，解答用紙 [13] にマークしなさい。

① 報復力の威嚇により，対立する国による核攻撃から防衛する。

② 核保有国が自国の保有する核弾頭数を，中立な第三者機関に報告する。

③ 対立する国の核開発を防ぐために，対立する国に経済制裁を科す。

④ 核の製造と保有を認めるが，移譲は認めない。

問14　下線部(b)についての説明として最も適切なものを選択肢①～④の中から一つ選んで，解答用紙 14 にマークしなさい。

① キューバにアメリカがミサイル基地を設けたことに対して，アメリカのミサイル搬入を阻止するために，ソ連がキューバ海域を封鎖した。

② キューバにソ連がミサイル基地を設けたことに対して，ソ連のミサイル搬入を阻止するために，アメリカがキューバ海域を封鎖した。

③ ソ連が支援したキューバの社会主義革命に対して，アメリカが武力介入した。

④ アメリカが支援したキューバの民主主義革命に対して，ソ連が武力介入した。

問15　下線部(c)に関して，2022年1月時点において(c)を締約している国として最も適切なものを選択肢①～④の中から一つ選んで，解答用紙 15 にマークしなさい。

① ロシア　② インド　③ イスラエル　④ パキスタン

問16　下線部(c)に関して，この条約は，国際原子力機関による査察の受け入れを条件に，非核保有国に原子力の平和利用を認めている。原子力発電についての説明として最も適切なものを選択肢①～④の中から一つ選んで，解答用紙 16 にマークしなさい。

① 原子力発電は火力発電に比べて，発電時における温室効果ガス排出量が少ないので，地球温暖化対策に効果があるといわれている。

② 日本では，2011年3月の東日本大震災による福島第一原子力発電所の事故があったこともあり，2022年1月時点において，国内のすべての原子力発電所が稼働していない。

③ 日本における原子力発電によって発生する放射性廃棄物の最終処分は，国外で行うことが，2019年に決定された。

④ 2011年3月の東日本大震災による福島第一原子力発電所の事故以降，日本政府は再生可能エネルギーについては，安定供給に問題があるため，その普及を推進していない。

Ⅱ 次の文章を読み，以下の問い(問 17 ～問 33)に答えなさい。

財政とは，国や地方公共団体の経済活動のことであり，[A] 配分の機能(a)，[B] 再分配の機能，景気安定化の機能(b)があるとされる。そして，財政は収入や支出をともなうことから予算により管理されている。国の予算(c)は，一会計年度(d)における収入と支出の計画であり，[C] が作成して [D] で議決されることが憲法で明記されており，一般会計(e)・[E] 会計・[F] 予算から構成されている。一般会計の歳出には，[G] などが含まれる一般歳出，および国債費(f)などがある。これに対して，一般会計の歳入には所得税(g)・法人税(h)・消費税(i)などの租税収入や国債を発行(j)することによる収入などがある。

問17 [A] に入る用語として最も適切なものを選択肢①～④の中から一つ選んで，解答用紙の [17] にマークしなさい。

① 所　得　　② 消　費　　③ 貯　蓄　　④ 資　源

問18 [B] に入る用語として最も適切なものを選択肢①～④の中から一つ選んで，解答用紙の [18] にマークしなさい。

① 所　得　　② 消　費　　③ 貯　蓄　　④ 資　源

問19 [C] に入る用語として最も適切なものを選択肢①～④の中から一つ選んで，解答用紙の [19] にマークしなさい。

① 天　皇　　② 国　会　　③ 内　閣　　④ 裁判所

問20 [D] に入る用語として最も適切なものを選択肢①～④の中から一つ選んで，解答用紙の [20] にマークしなさい。

① 与　党　　② 国　会　　③ 内　閣　　④ 裁判所

問21 [E] に入る用語として最も適切なものを選択肢①～④の中から一つ選んで，解答用紙の [21] にマークしなさい。

① 個　別　　② 特　別　　③ 特　定　　④ 特　殊

問22 　F　 に入る用語として最も適切なものを選択肢①～④の中から一つ選んで，解答用紙の 22 にマークしなさい。

① 均衡財政　② 財政投融資
③ 政府系金融機関　④ 政府関係機関

問23 　G　 に入る用語として**適切でないもの**を選択肢①～④の中から一つ選んで，解答用紙の 23 にマークしなさい。

① 社会保障関係費　② 公共事業関係費
③ 防衛関係費　④ 地方財政関係費

問24 下線部(a)に関連して，政府は公共財(public goods)を供給することがあるが，その公共財の持つ広義の性質として**適切でないもの**を選択肢①～④の中から一つ選んで，解答用紙の 24 にマークしなさい。

① 外部経済　② 外部不経済　③ 非競合性　④ 非排除性

問25 下線部(b)に関連して，政府は有効需要を調整する政策を実施することがあるが，有効需要を構成する項目として**含まれないもの**を選択肢①～④の中から一つ選んで，解答用紙の 25 にマークしなさい。

① 家計の消費　② 家計の貯蓄　③ 企業の投資　④ 政府の支出

問26 下線部(c)に関連して，日本の国の予算を企画・立案する中央省庁等として最も適切なものを選択肢①～④の中から一つ選んで，解答用紙の 26 にマークしなさい。

① 金融庁　② 国税庁　③ 財務省　④ 会計検査院

問27 下線部(d)に関連して，日本の国の予算における一会計年度として最も適切なものを選択肢①～④の中から一つ選んで，解答用紙の 27 にマークしなさい。

① 1月1日から12月31日までの期間
② 4月1日から翌年3月31日までの期間

③　7月1日から翌年6月30日までの期間

④　10月1日から翌年9月30日までの期間

問28　下線部(e)に関連して,「基礎的財政収支(プライマリー・バランス)」を黒字や赤字も含めて求める計算式として最も適切なものを選択肢①〜④の中から一つ選んで,解答用紙の 28 にマークしなさい。なお,一般会計の歳出総額と歳入総額は等しく,歳出は「国債費」と「国債費を除く支出」のみで構成され,歳入は「国債発行による収入」と「国債発行を除く収入」のみで構成されるとする。

①「基礎的財政収支」=「国債費」−「国債発行による収入」

②「基礎的財政収支」=「国債費を除く支出」−「国債発行による収入」

③「基礎的財政収支」=「国債費」−「国債発行を除く収入」

④「基礎的財政収支」=「国債費を除く支出」−「国債発行を除く収入」

問29　下線部(f)に関連して,国債費に**計上されないもの**を選択肢①〜④の中から一つ選んで,解答用紙の 29 にマークしなさい。

①　国債を購入した人に対する元本の償還

②　国債を購入した人に対する利子の支払い

③　国債を購入した人が払い込む購入代金

④　国債の事務処理に必要な手数料や事務費

問30　下線部(g)に関連して,日本の所得税の累進税率について説明している最も適切なものを選択肢①〜④の中から一つ選んで,解答用紙の 30 にマークしなさい。

①　所得が低いほど,その所得全部に対してより高い税率が適用される。

②　より低い所得部分に対してより高い税率が適用される。

③　所得が高いほど,その所得全部に対してより高い税率が適用される。

④　より高い所得部分に対してより高い税率が適用される。

問31　下線部(h)に関連して，日本の法人税の課税対象として最も適切なものを選択肢①～④の中から一つ選んで，解答用紙の 31 にマークしなさい。

①　法人の資産　　②　法人の負債　　③　法人の所得　　④　法人の資本

問32　下線部(i)に関連して，「消費税率」と「消費税込みの商品価格」が与えられた場合，「消費税抜きの商品価格」を求める計算式として最も適切なものを選択肢①～④の中から一つ選んで，解答用紙の 32 にマークしなさい。

①　「消費税抜きの商品価格」=「消費税込みの商品価格」×「消費税率」

②　「消費税抜きの商品価格」=「消費税込みの商品価格」÷「消費税率」

③　「消費税抜きの商品価格」=「消費税込みの商品価格」×（1+「消費税率」）

④　「消費税抜きの商品価格」=「消費税込みの商品価格」÷（1+「消費税率」）

問33　下線部(j)に関連して，国債発行に関する財政法上の規定として最も適切なものを選択肢①～④の中から一つ選んで，解答用紙の 33 にマークしなさい。

①　財政法ではいわゆる建設国債と赤字国債の発行を両方とも認めていない。

②　財政法ではいわゆる建設国債と赤字国債の発行を両方とも認めている。

③　財政法ではいわゆる建設国債をのぞき，原則として国債の発行を禁じている。

④　財政法ではいわゆる赤字国債の発行のみを認めている。

III 次の文章を読み，以下の問い(問 34 ～問 50)に答えなさい。

近年，日本国内での所得や資産の不平等，いわゆる経済格差が拡大している。バブル崩壊後より，所得や資産の不平等度を測る指数である［ A ］は上昇傾向にあり，<u>相対的貧困率</u>(a)も現在，国際的にみて高い状況にある。<u>日本の格差拡大の一つの原因として少子高齢化が考えられる</u>(b)。しかしながら，日本の格差の問題はその他の様々な階層においても顕在化している。高齢者間だけでなく，現役世代においても，<u>大企業と中小企業間</u>(c)の賃金格差や，非正規雇用者と正規雇用者の間の格差，いわゆるフリーターや<u>ニート</u>(d)の増加による若年層内の格差，男女間の格差，地域間の格差など様々である。

非正規雇用者と正規雇用者間の経済格差には，グローバルな経済競争などを理由に，企業がコスト削減のために賃金のより低い非正規雇用を拡大してきたという背景がある。2020 年時点において，<u>派遣労働</u>(e)者を含む非正規雇用者の割合は全労働者の約［ B ］割を占めるようになった。2018 年，［ C ］が成立し，雇用形態による不合理な待遇格差を解消する「同一労働・同一賃金」の導入や，<u>長時間労働</u>(f)の是正などに向けた取り組みが始まったばかりである。

また，男女間の格差も依然として大きな社会問題である。1985 年，職場での男女平等を目指し，募集・採用・配置・昇進などにおける女性差別をなくすための［ D ］が制定され，その後<u>2006 年に改正される</u>(g)など，法整備は進みつつあるものの，賃金や労働形態などで依然として男女格差が存在している。2020 年時点においても，男性の労働者は正規雇用者が全体の［ E ］%程を占めるのに対し，女性の労働者は正規雇用者が［ F ］%程度である。また，正社員・正職員において，所定内給与額の男女間賃金格差は年々縮小傾向にあるものの，2019年において，男性の平均給与額を 100 としたときの女性の平均給与は［ G ］となっている。男女の給与格差は，世代別に見ると［ H ］。

このような経済格差の存在は，国民の安心や生活の安定を支える［ I ］の役割を果たす社会保障制度の重要性を改めて我々に問いかけるものである。なかでも<u>生活保護</u>(h)は，すべての国民に対し，健康で文化的な最低限度の生活を保障することを目的としている。生活保護世帯数は 2014 年には約［ J ］万世帯で全世帯の 3 %を超えており，近年は，若年層の生活保護世帯が急増している点が特徴的である。

問34 [A] に入る用語として最も適切なものを選択肢①～④の中から一つ選んで，解答用紙の [34] にマークしなさい。

① ローレンツ指数　　② 消費者物価指数

③ ジニ係数　　④ 人間開発指数

問35 下線部(a)が表すものとして最も適切なものを選択肢①～④の中から一つ選んで，解答用紙の [35] にマークしなさい。

① 相対的貧困率とは，世帯所得がその国の可処分所得の中央値の半分に満たない世帯の割合のことであり，その国や地域の生活水準の中において，大多数よりも貧しい世帯がどの程度あるかを示している。

② 相対的貧困率とは，世帯所得がその国の可処分所得の中央値の半分に満たない世帯の割合のことであり，その国や地域の生活水準とは関係のない貧しさの程度を示している。

③ 相対的貧困率とは，生きる上で必要最低限の生活物資を購入できる所得水準に達していない人々の割合のことであり，その国や地域の生活水準とは関係のない貧しさの程度を示している。

④ 相対的貧困率とは，生きる上で必要最低限の生活物資を購入できる所得水準に達していない人々の割合のことであり，その国や地域の生活水準の中において，大多数よりも貧しい世帯がどの程度あるかを示している。

問36 下線部(b)の理由として最も適切なものを選択肢①～④の中から一つ選んで，解答用紙の [36] にマークしなさい。

① 少子化により，子どもや若年層が受け取る高齢者層からの一人当たり所得移転額が大きくなり，若年世代の所得が極めて大きくなっているため。

② 通常，経済格差は年齢が高くなるほど大きくなることから，全人口における高齢者の割合が増えることは，高齢者間の経済格差が全体の経済格差に反映されやすくなるため。

③ 若年層は高齢者と比較して，消費意欲が低いので，高齢者の割合が増え

ることは景気の悪化を通じて全体の経済状況をより悪化させやすくなるため。

④　子どもの数が減少することにより，子どもが教育を受ける機会の地域間の不平等がなくなり，若年層の所得を押し上げているため。

問37　下線部(c)に関連して，日本における中小企業と大企業の割合について述べた以下の文章の［K］［L］［M］に入る数字の組み合わせとして最も適切なものを選択肢①～④の中から一つ選んで，解答用紙の［37］にマークしなさい。

日本の中小企業は，企業数において全体の約［K］%程度を占めており，全従業員の約［L］%が中小企業で働いている。また日本の小売業においては，中小企業は全体の約［M］%の売り上げを占めている。

①　［K］：99　［L］：50　［M］：50
②　［K］：50　［L］：70　［M］：20
③　［K］：99　［L］：70　［M］：50
④　［K］：50　［L］：50　［M］：20

問38　下線部(d)の用語の意味として最も適切なものを選択肢①～④の中から一つ選んで，解答用紙の［38］にマークしなさい。

①　正規の労働者より，短い時間雇用される労働者のこと。
②　職を得て働いているにもかかわらず，生活保護基準を満たせるかどうかの低い所得水準しか維持できない労働者のこと。
③　非労働力人口のうち，通学，家事もしていない若年無業者のこと。
④　要請があった企業に派遣され，そこでの業務に従事する労働者のこと。

問39　下線部(e)に関する法律である「労働者派遣（事業）法」を説明したものとして最も適切なものを選択肢①～④の中から一つ選んで，解答用紙の［39］にマークしなさい。

① 1985年に制定された労働者派遣法においては，派遣労働は製造業務に限定されていたが，その後の改正によって通訳や翻訳，秘書などより専門性の高い業種にまで拡大された。

② 1985年に制定された労働者派遣法においては，派遣労働はすべての業種・業務において認められていたが，段階的に限定され，現在では専門性の高い13の業種に限定されている。

③ 2012年の改正により「日雇い派遣」が解禁され，以後は派遣労働者の多くがこの雇用形態を余儀なくされるようになった。

④ 2015年の改正により，同一人物が同じ場所で派遣労働者として働ける期間が最長3年とされたことにより，派遣労働者の就労がさらに不安定化することが懸念されている。

問40　[B] に入る数字として最も適切なものを選択肢①～④の中から一つ選んで，解答用紙の [40] にマークしなさい。

① 2　② 4　③ 6　④ 8

問41　[C] に入る用語として最も適切なものを選択肢①～④の中から一つ選んで，解答用紙の [41] にマークしなさい。

① 働き方改革関連法　② 労働契約法

③ パートタイム労働法　④ 労働関係調整法

問42　下線部(f)に関連した文章として最も適切なものを選択肢①～④の中から一つ選んで，解答用紙の [42] にマークしなさい。

① 2015年時点において日本の総実労働時間はドイツやフランスなどのEU諸国に比べて長いものの，購買力平価で換算した日本の賃金水準は欧米先進国よりも高い。

② 労働時間に応じて給与を支払う裁量労働制の拡大により，労働時間が短縮されることが期待される。

③ 労働時間を短縮して，ワーク・ライフ・バランスを実現するために，休暇取得率の向上や，ワークシェアリングが求められている。

④　日本においては，企業規模が小さくなるにつれて，有給休暇の取得率や年間休日日数が上がる傾向がある。

問43　[D] に入る用語として最も適切なものを選択肢①～④の中から一つ選んで，解答用紙の [43] にマークしなさい。

①　男女雇用機会均等法　　②　育児・介護休業法

③　男女共同参画社会基本法　　④　労働基準法

問44　下線部(g)に関して，2006年の改正内容について説明しているものとして最も適切なものを選択肢①～④の中から一つ選んで，解答用紙の [44] にマークしなさい。

①　性別を理由とする差別の禁止について，「女性に対する差別的取扱いの禁止」から「男女双方に対する差別的取扱いの禁止」へ改められた。

②　妊娠や出産などに関するハラスメントである，いわゆるマタハラ(マタニティ・ハラスメント)防止措置義務が規定された。

③　セクシャル・ハラスメント対策について「女性労働者を対象とする事業主の雇用管理上の配慮義務」が規定された。

④　違反企業に対して企業名を公表することが規定されたが，罰則規定は盛り込まれなかった。

問45　[E] [F] に入る数字の組み合わせとして最も適切なものを選択肢①～④の中から一つ選んで，解答用紙の [45] にマークしなさい。

①　[E]：80　[F]：25

②　[E]：80　[F]：45

③　[E]：50　[F]：25

④　[E]：50　[F]：45

問46　[G] に入る数字として最も適切なものを選択肢①～④の中から一つ選んで，解答用紙の [46] にマークしなさい。

①　34.6　　②　52.2　　③　76.6　　④　94.5

問47　[　H　] に入る文章として最も適切なものを選択肢①～④の中から一つ選んで，解答用紙の [47] にマークしなさい。

① 20歳代後半において最も大きく，40歳代後半から以降徐々に小さくなっている

② 30歳代前半において最も大きく，50歳代前半において最も小さくなっている

③ 20歳代後半と40歳代前半が大きく，いわゆるM字カーブを描いている

④ 20歳代前半において最も小さく，50歳代前半において最も大きくなっている

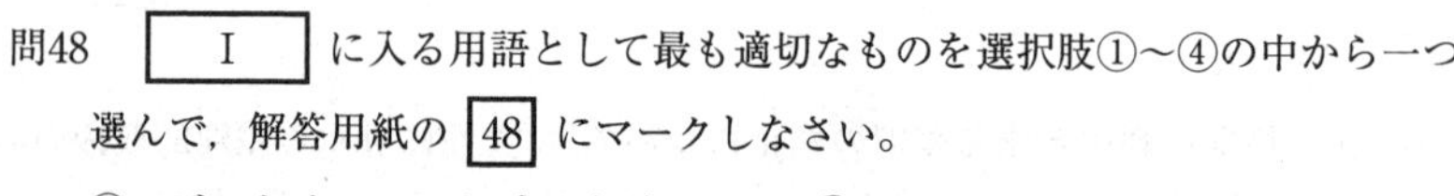

問48　[　I　] に入る用語として最も適切なものを選択肢①～④の中から一つ選んで，解答用紙の [48] にマークしなさい。

① ビルトイン・スタビライザー　　② セーフティーネット

③ 信用創造機能　　④ バリアフリー

問49　下線部(h)に関する説明として最も適切なものを選択肢①～④の中から一つ選んで，解答用紙の [49] にマークしなさい。

① 生活保護は「公的扶助」とも呼ばれ，1956年に制定された生活保護法に基づいて実施される生活困窮者に対する救済制度のことである。

② 生活保護は，収入が最低生活費に満たない場合に，世帯単位ではなく個人単位で適用される。

③ 生活保護の給付には，親族などからの扶養を受けることが先立って求められる。

④ 生活保護の扶助には，生活，教育，医療，介護の4種類があり，費用の一部は公費でまかなわれる。

問50　[　J　] に入る数字として最も適切なものを選択肢①～④の中から一つ選んで，解答用紙の [50] にマークしなさい。

① 50　　② 120　　③ 160　　④ 200

数学

マーク・シート記入上の注意

1　解答は，解答用紙の問題番号に対応した解答欄にマークすること．

2　問題の文中の $\boxed{1}$，$\boxed{2}\boxed{3}$ などには，特に指示がないかぎり，符号(－)，数字(0～9)又は文字(a～d)が入る．1，2，3，… の一つ一つは，これらのいずれか一つに対応する．それらを解答用紙の1，2，3，… で示された解答欄にマークして答えよ．

例　$\boxed{1}\boxed{2}\boxed{3}$ に －83 と答えたいとき

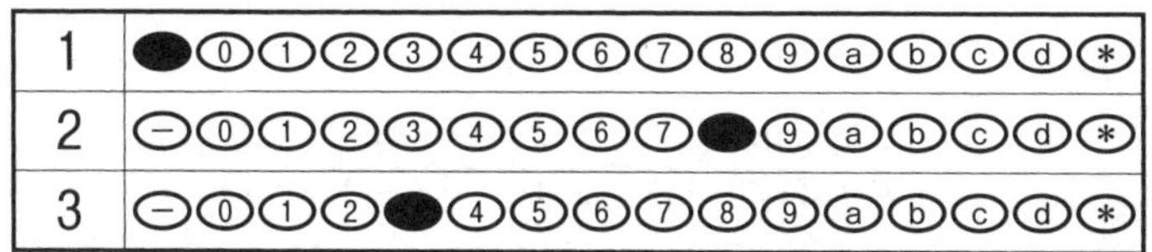

なお，同一の問題文中に $\boxed{1}$，$\boxed{2}\boxed{3}$ などが2度以上現れる場合，2度目以降は，$\boxed{1}$，$\boxed{2}\boxed{3}$ のように細字で表記する．

3　分数形で解答する場合，分数の符号は分子につけ，分母につけてはいけない．

例えば，$\dfrac{\boxed{4}\boxed{5}}{\boxed{6}}$ に $-\dfrac{4}{5}$ と答えたいときは，$\dfrac{-4}{5}$ として答えよ．

また，それ以上約分できない形で答えること．

例えば，$\dfrac{3}{4}$ と答えるところを，$\dfrac{6}{8}$ のように答えてはいけない．

4　根号あるいは対数を含む形で解答する場合は，根号の中や真数に現れる自然数が最小となる形で答えよ．

例えば，$\boxed{7}\sqrt{\boxed{8}}$ に $4\sqrt{2}$ と答えるところを，$2\sqrt{8}$ のように答えてはいけない．また，$\boxed{9}\log_2\boxed{10}$ に $6\log_2 3$ と答えるところを，$3\log_2 9$ のように答えてはいけない．

5　分数形で根号を含む形で解答する場合，$\dfrac{\boxed{11}+\boxed{12}\sqrt{\boxed{13}}}{\boxed{14}}$ に $\dfrac{3+2\sqrt{2}}{2}$ と答えるところを，$\dfrac{6+4\sqrt{2}}{4}$ や $\dfrac{6+2\sqrt{8}}{4}$ のように答えてはいけない．

◀数学Ⅰ・Ⅱ・Ⅲ・A・B▶

（70分）

Ⅰ

(1)　等式

$$\frac{3x+7y}{x^2+4xy+3y^2}=\frac{a}{x+y}+\frac{b}{x+3y}$$

が x，y についての恒等式となるように整数 a，b を決めると，$a=\boxed{1}$，$b=\boxed{2}$ である．

(2)　正の整数 m，n に対して

$$\frac{3m+7n}{m^2+4mn+3n^2}=\frac{2}{3}$$

が成り立つとき，$m+n=\boxed{3}$，$m+3n=\boxed{4}$ であり，$m=\boxed{5}$，$n=\boxed{6}$ である．

(3)　正の整数 m，n に対して

$$\frac{5}{m+n}+m+3n=\frac{58}{3}$$

が成り立つとき，$m=\boxed{7}\boxed{8}$，$n=\boxed{9}$ である．

Ⅱ　下図のような１辺の長さが１の正三角形 ABC と，この正三角形の辺上を動く点Ｐがある．赤玉２個と白玉５個が入った袋から同時に３個の玉を取り出し，取り出した赤玉の数の長さだけ点Ｐを反時計回りに動かす．その後，取り出した玉をすべて袋に戻す．

最初，点Ｐは頂点Ａにあるとし，上の操作を３回続けて行う．

(1)　１回目の操作後に点Ｐが頂点Ｂにある確率は $\dfrac{\boxed{10}}{\boxed{11}}$，頂点Ｃにある確率は $\dfrac{\boxed{12}}{\boxed{13}}$ である．

(2)　３回目の操作後に点Ｐが頂点Ａにある確率は $\dfrac{\boxed{14}\boxed{15}\boxed{16}}{\boxed{17}\boxed{18}\boxed{19}}$ である．

(3)　１回目の操作後に点Ｐが頂点Ｂまたは頂点Ｃにあることがわかっているときに，３回目の操作後に点Ｐが頂点Ａにある条件付き確率は $\dfrac{\boxed{20}\boxed{21}}{\boxed{22}\boxed{23}\boxed{24}}$ である．

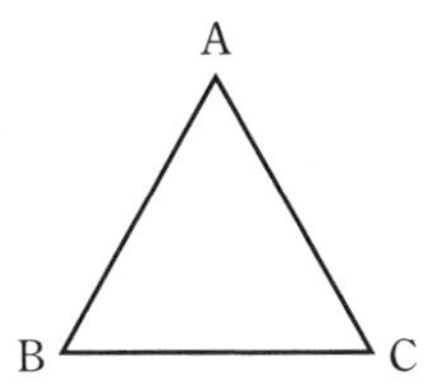

III　数列 $\{a_n\}$ の初項から第 n 項までの和 S_n が

$$S_n = 3a_n + n^2 + 3n \quad (n = 1, 2, 3, \cdots)$$

を満たすとき，$a_1 = \boxed{25}\boxed{26}$ であり，

$$a_{n+1} = \frac{\boxed{27}}{\boxed{28}} a_n - n - \boxed{29} \quad (n = 1, 2, 3, \cdots)$$

が成り立つ．ここで，$b_n = a_{n+1} - a_n$ とおくと，$b_1 = \boxed{30}\boxed{31}$ であり，数列 $\{b_n\}$ は漸化式

$$b_{n+1} = \frac{\boxed{32}}{\boxed{33}} b_n - \boxed{34} \quad (n = 1, 2, 3, \cdots)$$

を満たす．よって，$\{b_n\}$ の一般項を求めると

$$b_n = \boxed{35} - \boxed{36}\left(\frac{\boxed{37}}{\boxed{38}}\right)^{n-1} \quad (n = 1, 2, 3, \cdots)$$

となる．以上より，$\{a_n\}$ の一般項は

$$a_n = \boxed{39}\boxed{40}\boxed{41}\left(\frac{\boxed{42}}{\boxed{43}}\right)^{n-1} + \boxed{44}\,n + \boxed{45} \quad (n = 1, 2, 3, \cdots)$$

である．

IV　c を実数とする．関数 $f(x)=\dfrac{cx+1}{x^2+1}$ が $x=2$ で極値をもつとする．

(1)　c の値は $\dfrac{\boxed{46}\boxed{47}}{\boxed{48}}$ である．

(2)　$f(x)$ は $x=\dfrac{\boxed{49}\boxed{50}}{\boxed{51}}$ のとき $\boxed{52}$ であり，$x=2$ のとき $\boxed{53}$ である．

$\boxed{52}$，$\boxed{53}$ については，下の選択肢 a，b から適切なものを選び，その記号をマークしなさい．

$\boxed{52}$，$\boxed{53}$ の選択肢：

a：極大　　b：極小

(3)　$\displaystyle\int_1^{\sqrt{3}} f(x)\,dx=\frac{\boxed{54}\boxed{55}}{\boxed{56}}\log\boxed{57}+\frac{\pi}{\boxed{58}\boxed{59}}$ である．

V　p を正の実数として，関数 $g(x)$ を

$$g(x)=\sin x+\frac{1}{p}\sin 2x\quad(0\leqq x\leqq\pi)$$

と定める．

(1)　$g(x)=0$ となる x が $x=0$，π 以外に存在するための p に関する必要十分条件は，$0<p<\boxed{60}$ である．

(2)　$\displaystyle\int_0^{\pi} g(x)\,dx=\boxed{61}$ である．

(3)　$p=\dfrac{1}{2}$ のとき $\displaystyle\int_0^{\pi}|g(x)|\,dx=\frac{\boxed{62}\boxed{63}}{\boxed{64}}$ である．

◀数学Ⅰ・Ⅱ・A・B▶

(60分)

Ⅰ　6個の玉を3つの箱に分けて入れることを考える.

(1)　玉も箱も区別しないとき，入れ方は 1 通りである．ただし，玉を1個も入れない箱があってもよいものとする.

(2)　玉を区別せず箱を区別するとき，入れ方は 2 3 通りである．ただし，玉を1個も入れない箱があってもよいものとする.

(3)　玉も箱も区別するとき，入れ方は 4 5 6 通りである．ただし，玉を1個も入れない箱があってもよいものとする.

(4)　玉も箱も区別するとき，入れ方は 7 8 9 通りである．ただし，どの箱にも少なくとも1個の玉を入れるものとする.

Ⅱ 以下の問に答えよ.

(1) 4^{25} を 10 進法で表したときの桁数を a とし, 5^{50} を 10 進法で表したときの桁数を b とすると, $a+b=$ [10][11] である.

(2) 2^{100} を 9 進法で表したときの桁数は [12][13] であり, 最高位の数字は [14] である.

(3) n を 2 以上の整数とする. 10^5 を n 進法で表したときの桁数と 10^5 を $(n+1)$ 進法で表したときの桁数が等しくなるという. このような n のうち最小のものは $n=$ [15] である. また, 10^5 を [15] 進法で表したときの桁数は [16] である.

ただし, $\log_{10} 2=0.3010$, $\log_{10} 3=0.4771$, $\log_{10} 7=0.8451$ とする.

Ⅲ　xyz 空間の2点 A(4, 2, 2)，B(5, 3, 3)を通る直線を ℓ とし，2点 C(2, 1, 1)，D(3, 2, 1)を通る直線を ℓ' とする．
また，点 P，Q はそれぞれ直線 ℓ，ℓ' 上にあるとする．

(1)　点 P が yz 平面上にあるとき，その座標は $\left(\boxed{17},\ \boxed{18}\boxed{19},\ \boxed{20}\boxed{21}\right)$ である．

(2)　△PCD において ∠PCD = 120° であるとき，点 P の座標は

$\left(\boxed{22},\ \boxed{23},\ \boxed{24}\right)$ である．

(3)　直線 PQ が直線 ℓ と直線 ℓ' の両方に直交するとき，点 P の座標は

$\left(\boxed{25},\ \boxed{26},\ \boxed{27}\right)$ である．また，$\mathrm{PQ} = \dfrac{\sqrt{\boxed{28}}}{\boxed{29}}$ である．

Ⅳ　xy 平面上に放物線

$$C : y = x^2$$

がある．放物線 C 上に点 A(−1, 1)，B(4, 16)をとる．

(1)　直線 AB の方程式は

$$y = \boxed{30}\,x + \boxed{31}$$

である．

(2)　放物線 C 上に x 座標が t である点 P をとり，直線 AB 上に x 座標が t である点 Q をとる．t が $-1 < t < 4$ の範囲を動くとき，△APQ の面積の最大値は

$\dfrac{\boxed{32}\boxed{33}\boxed{34}}{\boxed{35}\boxed{36}}$ であり，そのときの t の値は $\dfrac{\boxed{37}}{\boxed{38}}$ である．

物理

（60 分）

1 以下の文章の空欄(1)～(13)にあてはまるもっとも適切な式をそれぞれの解答群から選び，**解答用紙（その 1）**に記された記号をマークせよ。ただし，重力加速度の大きさを g とし，ひもは伸び縮みしたりせず，十分に軽いものとする。また，速度や加速度の向きは図 1 — 1 の右向きを正にとり，物体と板は水平方向のみ運動するものとする。

図 1 — 1 に示すように，一端を天井に固定した長さ L のひもの他端に質量 m_0 の小球を取り付けた単振り子を用意する。その右側に，質量 m の物体を乗せた質量 M の平らな板を滑らかで水平な床に静止させて置いた。

初め，単振り子のひもが鉛直下向きから左側に角度 θ だけ傾いた位置に小球を固定した。その後，小球の固定を静かに外すと，小球が初めて最下点に来た時，ひもが切れて小球は水平方向に飛び出した。この時の床に対する小球速度の水平成分を v_0 とすると，$v_0 =$ [(1)] である。その後，小球はすぐに物体と衝突した。

まず，物体と板の間に摩擦がない場合を考えよう。小球が物体と衝突した後の小球速度の水平成分と物体の速度を各々，床に対する値として v'_0，v とおくと，[(2)] が成り立つ。したがって，衝突の前後で力学的エネルギーが保存すれば，$m_0 = m$ の時，$v =$ [(3)] となり，$m_0 \neq m$ の時，$v =$ [(4)] となる。

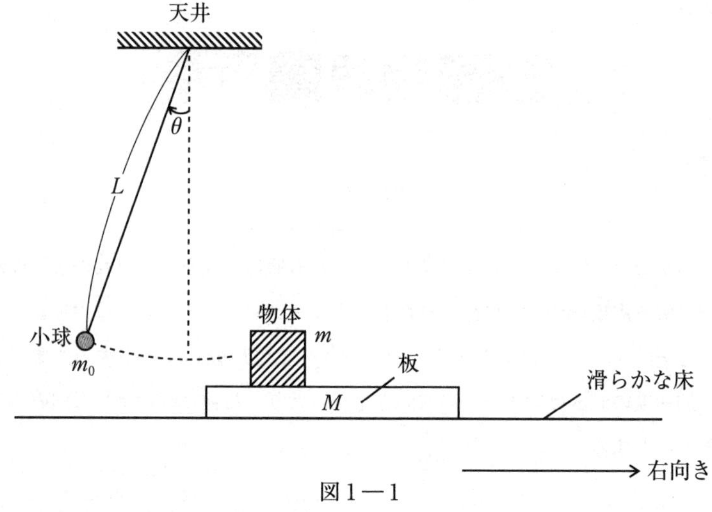

図1－1

次に，物体と板の間に摩擦がある場合を考えよう。今度は衝突直後，小球は床に対する速度がゼロとなり，物体は板に対して静止したまま，床に対して速度 v' で運動したとしよう。この場合，$v' =$ (5) となり，衝突の前後で失われた力学的エネルギーは， (6) となる。

(1)の解答群

① $\sqrt{2gL(1-\sin\theta)}$　② $\sqrt{2gL(1+\sin\theta)}$　③ $\sqrt{2gL}$

④ $2gL$　⑤ $\sqrt{2gL\sin\theta}$　⑥ $\sqrt{2gL\cos\theta}$

⑦ $\sqrt{2gL(1-\cos\theta)}$　⑧ $\sqrt{2gL(1+\cos\theta)}$　⑨ $2gL(1-\cos\theta)$

(2)の解答群

① $m_0(v'_0 - v_0) = mv$　② $m_0 v'_0 = (m+M)v$

③ $m_0 v'_0 = (m_0+M)v$　④ $m_0(v_0 - v'_0) = mv$

⑤ $m_0 v_0 = (m+M)v$　⑥ $m_0 v_0 = (m_0+M)v$

⑦ $m(v_0 - v'_0) = m_0 v$　⑧ $m_0(v_0 + v'_0) = mv$

⑨ $m_0(v_0 - v'_0) = (m+M)v$

(3)の解答群

① $v'_0 - v_0$　② v'_0　③ v_0　④ $\sqrt{2}\,v_0$

⑤ $2\,v_0$　⑥ $v'_0 - 2\,v_0$　⑦ $\frac{1}{2}v_0$　⑧ $\frac{1}{\sqrt{2}}v_0$

(4)の解答群

① $\frac{1}{2}\left(1+\frac{m_0}{m}\right)v_0$　② $\frac{m_0}{m}v_0$　③ $\frac{m}{m_0}v_0$

④ $\frac{m_0}{m_0+m}v_0$　⑤ $\left(1+\frac{m_0}{m}\right)v_0$　⑥ $\frac{m}{m_0+m}v_0$

⑦ $\frac{2m}{m_0+m}v_0$　⑧ $\frac{2m_0}{m_0+m}v_0$

(5)の解答群

① $\frac{m_0}{m+M}v_0$　② $\frac{m_0}{m}v_0$　③ $\frac{m_0}{M}v_0$

④ $\frac{m}{m_0+M}v_0$　⑤ $\frac{m_0+M}{m}v_0$　⑥ $\frac{m_0+M}{m+M}v_0$

⑦ $\frac{m}{m+M}v_0$　⑧ $\frac{m+M}{m_0+M}v_0$

(6)の解答群

① $\frac{1}{2}m_0{v_0}^2$　② $\frac{1}{4}m_0{v_0}^2$

③ $\frac{{m_0}^2{v_0}^2}{2(m+M)}$　④ $\frac{1}{2}m_0{v_0}^2\left(1-\frac{m}{M}\right)$

⑤ $\frac{1}{2}m_0{v_0}^2\left(1-\frac{m+M}{m_0}\right)$　⑥ $\frac{1}{2}m_0{v_0}^2\left(1-\frac{m_0}{m+M}\right)$

⑦ $\frac{1}{2}m_0{v_0}^2\left(1-\frac{m_0}{M}\right)$　⑧ $\frac{1}{2}m_0{v_0}^2\left(1-\frac{m}{m_0+M}\right)$

⑨ $\frac{1}{2}m_0{v_0}^2\left(1-\frac{m_0+M}{m}\right)$

図1―1に示す単振り子のひもは角度θによらず，小球が初めて最下点に来た時に必ず切れると仮定すると，ひもが切れた直後の小球の速度は角度θの関数と見なせる。物体と板の間に摩擦がある場合，角度θがある値を超えるまでは，小球と衝突した後の物体は，板に対しては常に静止したまま，床に対して運動す

る。一方，その値を超えると，衝突後，物体は板から動摩擦力を受けて板の上を滑り，やがて板と一体となって運動する。この場合の物体と板の運動を運動方程式から考えてみよう。

物体が板の上を滑っている時，物体と板の間の動摩擦係数を μ' とすると，床に対する値として，物体の加速度 a は，$a =$ (7) となり，板の加速度は，(8) $\times a$ となる。したがって，小球と衝突した直後の板に対する物体の相対速度を u_0，衝突直後の時刻を $t = 0$ とすると，時刻 $t(>0)$ の関数として物体の板に対する相対速度は，$u(t) =$ (9) と表される。物体が板の上を滑る運動が終了する時刻を t_1 とすると，$t_1 =$ (10) となる。これより，物体が板に対して滑った距離は，(11) となる。また，小球と物体の衝突直後，板は床に対して静止していたとすると，板は物体と一体となって運動するまでの間に，床を距離 (12) だけ進み，物体と一体となって運動している時の床に対する板の速度は，(13) となる。

(7)の解答群

① $\frac{m}{M}\mu' g$　② $-\frac{m}{M}\mu' g$　③ $\frac{1}{2}\mu' g$

④ $-\frac{1}{2}\mu' g$　⑤ $\frac{m}{\sqrt{m^2+M^2}}\mu' g$　⑥ $-\frac{m}{\sqrt{m^2+M^2}}\mu' g$

⑦ $-\left(1-\frac{m}{M}\right)\mu' g$　⑧ $\left(1-\frac{m}{M}\right)\mu' g$　⑨ $-\mu' g$

⓪ $\mu' g$

(8)の解答群

① 1　② $\frac{1}{2}$　③ $\frac{m}{M}$　④ $\frac{M}{m}$

⑤ -1　⑥ $-\frac{1}{2}$　⑦ $-\frac{m}{M}$　⑧ $-\frac{M}{m}$

⑨ $1-\frac{m}{M}$　⓪ $-1+\frac{m}{M}$

(9)の解答群

① u_0　② $u_0-\left(1+\frac{m}{M}\right)\mu' gt$

③ $u_0-\mu' gt$　　④ $u_0-\dfrac{m}{M}\mu' gt$

⑤ $\left(1+\dfrac{m}{M}\right)\mu' gt$　　⑥ $-\left(1+\dfrac{m}{M}\right)\mu' gt$

⑦ $u_0-\left(1-\dfrac{m}{M}\right)\mu' gt$　　⑧ $u_0+\left(1-\dfrac{m}{M}\right)\mu' gt$

⑨ $u_0+\mu' gt$

⑽の解答群

① $\dfrac{u_0}{\mu' g}$　　② $\dfrac{M}{m}\cdot\dfrac{u_0}{\mu' g}$　　③ $\dfrac{m}{M}\cdot\dfrac{u_0}{\mu' g}$

④ $\dfrac{m}{m+M}\cdot\dfrac{u_0}{\mu' g}$　　⑤ $\dfrac{M}{m+M}\cdot\dfrac{u_0}{\mu' g}$　　⑥ $\left(1+\dfrac{m}{M}\right)\dfrac{u_0}{\mu' g}$

⑦ $\left(1+\dfrac{M}{m}\right)\dfrac{u_0}{\mu' g}$　　⑧ $\dfrac{M}{m+M}\cdot\dfrac{u_0}{g}$

⑾，⑿の解答群

① $\dfrac{u_0^2}{2\mu' g}$　　② $\dfrac{u_0^2}{2\mu' g}\cdot\left(1+\dfrac{M}{m}\right)$

③ $\dfrac{u_0^2}{2\mu' g}\cdot\dfrac{M}{m+M}$　　④ $\dfrac{u_0^2}{2\mu' g}\cdot\dfrac{M^2}{(m+M)^2}$

⑤ $\dfrac{u_0^2}{2\mu' g}\cdot\dfrac{mM}{(m+M)^2}$　　⑥ $\dfrac{u_0^2}{2\mu' g}\cdot\dfrac{m^2}{(m+M)^2}$

⑦ $\dfrac{u_0^2}{2\mu' g}\cdot\dfrac{m}{m+M}$　　⑧ $\dfrac{u_0^2}{2\mu' g}\cdot\left(1+\dfrac{M}{m}\right)^2$

⑨ $\dfrac{u_0^2}{2\mu' g}\cdot\dfrac{M}{m}$

⒀の解答群

① $\dfrac{m}{m+M}u_0$　　② $\left(1+\dfrac{M}{m}\right)u_0$　　③ u_0

④ $\dfrac{M}{m+M}u_0$　　⑤ $\left(1+\dfrac{m}{M}\right)u_0$　　⑥ $\left(1-\dfrac{M}{m}\right)u_0$

⑦ $\left(1-\dfrac{m}{M}\right)u_0$　　⑧ $\dfrac{m}{M}u_0$　　⑨ $\dfrac{1}{2}u_0$

⓪ $\dfrac{M}{m}u_0$

2　以下の文章を読み，空欄⑭〜㉖にあてはまる最も適切な式，または数値をそれぞれの解答群から選び，**解答用紙(その1)**の該当する記号をマークせよ。ただし，電池の内部抵抗と導線の抵抗は無視できるものとする。

図2―1に示すように，長さℓ[m]，半径r[m]の円柱状導体を起電力がV_0[V]の電池に導線でつないだ。このとき，大きさI_0[A]の電流が図の矢印の向きに流れ，導体が単位時間あたりに消費する電力量(消費電力)はP_0[W]であった。この導体と同じ抵抗率をもち，長さが$\frac{1}{2}\ell$，半径が$2r$の導体Aと，長さがℓ，半径$\frac{1}{2}r$の導体Bを，図2―2や図2―3のように起電力V_0[V]の電池につないだ。図2―1の回路の電流の大きさI_0[A]と消費電力P_0[W]をもちいると，図2―2に示す電流I_2の大きさは［⑭］$\times I_0$[A]であり，導体Aと導体Bの消費電力は，それぞれ［⑮］$\times P_0$[W]，［⑯］$\times P_0$[W]である。一方，図2―3に示す電流I_3の大きさは［⑰］$\times I_0$[A]であり，導体Aと導体Bの消費電力は，それぞれ［⑱］$\times P_0$[W]，［⑲］$\times P_0$[W]である。

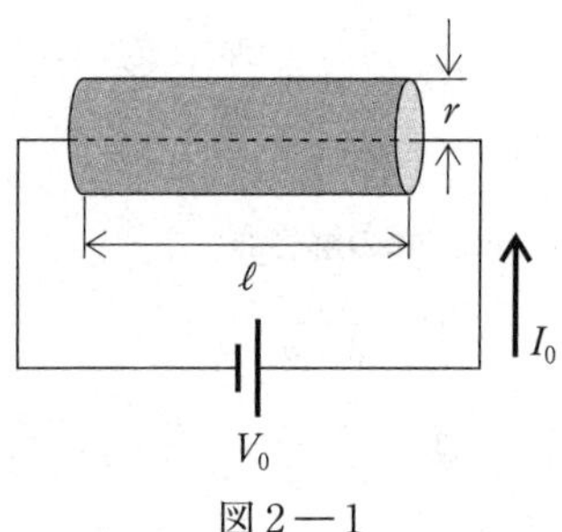

図2―1

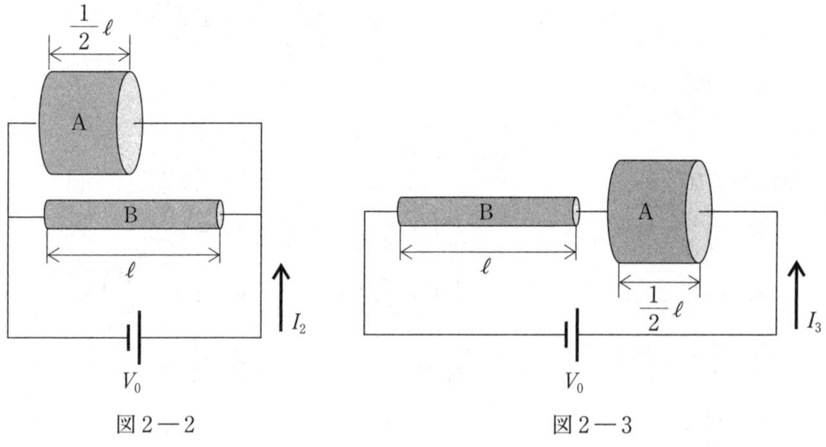

図2―2　図2―3

⑭の解答群

① 0　② $\frac{4}{33}$　③ $\frac{1}{3}$　④ $\frac{2}{5}$　⑤ 1
⑥ $\frac{9}{4}$　⑦ $\frac{5}{2}$　⑧ 3　⑨ $\frac{33}{4}$

⒂，⒃の解答群

① 0　② $\frac{1}{8}$　③ $\frac{1}{4}$　④ $\frac{1}{2}$　⑤ 1
⑥ 2　⑦ 4　⑧ 8　⑨ 16

⒄の解答群

① 0　② $\frac{8}{33}$　③ $\frac{2}{3}$　④ $\frac{4}{5}$　⑤ $\frac{8}{9}$
⑥ $\frac{9}{8}$　⑦ $\frac{5}{4}$　⑧ $\frac{3}{2}$　⑨ $\frac{33}{8}$

⒅，⒆の解答群

① 0　② $\frac{1}{8}$　③ 8　④ $\frac{8}{33}$　⑤ $\frac{33}{8}$
⑥ $\frac{8}{1089}$　⑦ $\frac{1089}{8}$　⑧ $\frac{256}{1089}$　⑨ $\frac{1089}{256}$

次に，図2—4のような可変抵抗Aと抵抗値 R[Ω]の抵抗Bを電源につないだ。初めの可変抵抗Aの抵抗値は $2R$[Ω]であり，電源電圧は V_1[V]であった。その後，電圧を徐々に大きくしながら，同時に可変抵抗Aの抵抗値も変えて，抵抗Bの消費電力を常に一定に保った。電源電圧が $2V_1$[V]に達したときの可変抵抗Aの抵抗値は [⒇] $\times R$[Ω]であり，可変抵抗Aの消費電力は，電源電圧が V_1[V]のときに比べて，[(21)] 倍になる。

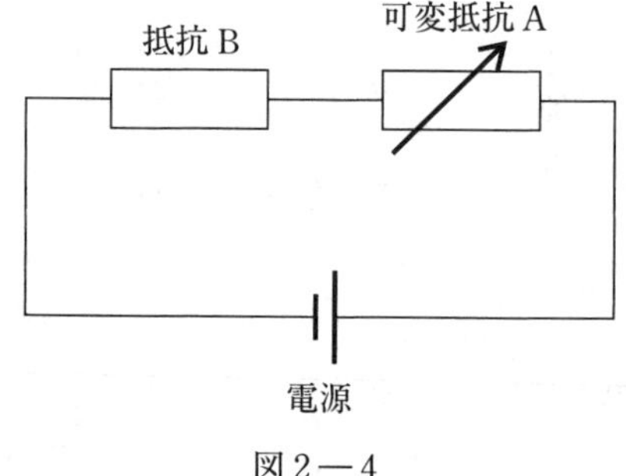

図2―4

(20)の解答群

① 0　② $\frac{1}{8}$　③ $\frac{1}{3}$　④ $\frac{1}{2}$　⑤ 1

⑥ 2　⑦ 3　⑧ 5　⑨ 7

(21)の解答群

① 0　② $\frac{9}{25}$　③ $\frac{2}{5}$　④ $\frac{5}{2}$　⑤ $\frac{25}{9}$

⑥ 4　⑦ 5　⑧ 25　⑨ 49

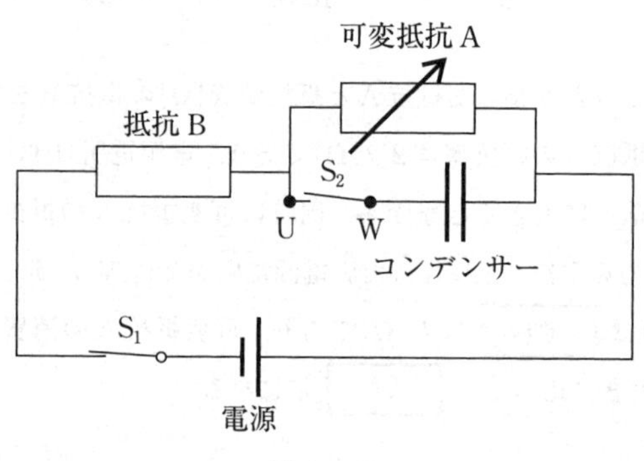

図2―5

最後に，図2―5のように，スイッチ S_1 と S_2，電気容量が C[F]のコンデンサー，可変抵抗A，抵抗値 R[Ω]の抵抗B，電源をつないだ。最初，コンデンサーに電荷はなく，スイッチ S_1 と S_2 は共に開いていた。可変抵抗Aの抵抗値を $2R$[Ω]，電源電圧を V_2[V]にして，以下の操作を(i)～(iii)の順に行った。

(i) スイッチ S_1 を閉じてからスイッチ S_2 を閉じた。その直後に抵抗 B を流れる電流の大きさは [(22)] [A]である。じゅうぶんに時間が経過した後に，抵抗 B を流れる電流の大きさは [(23)] [A]になり，点 U からスイッチ S_2 を通り点 W に流れる電流の大きさは [(24)] [A]になる。

(ii) スイッチ S_2 を開いてから，可変抵抗 A の抵抗値を $2R$ [Ω]から R [Ω]にする。じゅうぶんに時間が経過してからスイッチ S_2 を閉じると，その直後，点 U と点 W の間に [(25)] 。

(iii) じゅうぶんに時間が経過してからスイッチ S_2 を開き，その後，スイッチ S_1 を開いてから再びスイッチ S_2 を閉じた。その直後から，じゅうぶんに時間が経過するまでの間に可変抵抗 A で消費した電力量は [(26)] である。

(22)，(23)，(24)の解答群

① 0　② $\frac{V_2}{3R}$　③ $\frac{V_2}{2R}$　④ $\frac{2V_2}{3R}$　⑤ $\frac{V_2}{R}$

⑥ $\frac{3V_2}{2R}$　⑦ $\frac{2V_2}{R}$　⑧ $\frac{3V_2}{R}$　⑨ $\frac{4V_2}{R}$

(25)の解答群

① 点 U からスイッチ S_2 を通り点 W の向きに電流が流れる

② 点 W からスイッチ S_2 を通り点 U の向きに電流が流れる

③ 電流は流れない

(26)の解答群

① 0　② $\frac{CV_2^2}{9}$　③ $\frac{CV_2^2}{8}$　④ $\frac{CV_2^2}{4}$　⑤ $\frac{CV_2^2}{3}$

⑥ $\frac{2CV_2^2}{9}$　⑦ $\frac{2CV_2^2}{3}$　⑧ $\frac{CV_2^2}{2}$　⑨ CV_2^2

3 以下の文章を読み，空欄(27)～(38)にあてはまる最も適切な解答をそれぞれの解答群より選び，**解答用紙(その１)**の該当する記号をマークせよ。ただし，音速を V[m/s]とし，風は吹いていないとする。また，以下で考える音源，観測者，そして反射板の速さは音速より小さいものとする。

(I) 図３―１のように，振動数 f[Hz]の音源が，静止している観測者へ速さ v_s[m/s]で移動する場合を考える。１波長分の波を１個の波と数えると，音源は１秒間に [(27)] 個の波を出す。ある瞬間でみると，音源と観測者の間の距離 [(28)] [m]の間に [(27)] 個の波が存在することになる。そのため，観測者に聞こえる音の振動数 f' は，$f'=$ [(29)] [Hz]となる。音速の値を340[m/s]とし，直線の道路を速さ20[m/s]で走行する救急車が960[Hz]の音を連続して出すとすると，その前方に静止した人が観測する音の波長は [(30)] [m]となり，その振動数は [(31)] [Hz]となる。

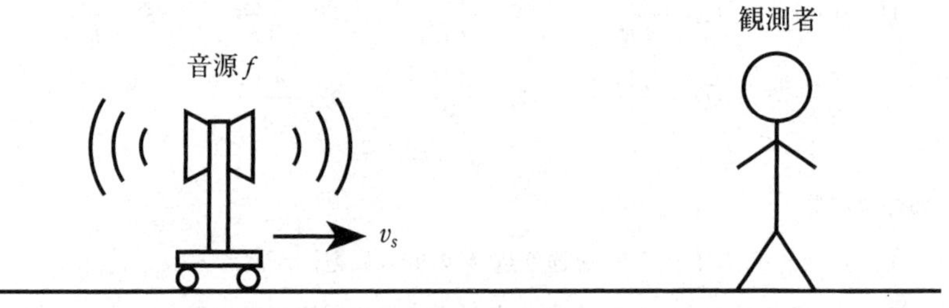

図３―１

(27)，(29)の解答群

① f　② $f-1$　③ $f+1$　④ $\dfrac{V-v_s}{V+v_s}f$

⑤ $\dfrac{V}{v_s}f$　⑥ $\dfrac{V}{V-v_s}f$　⑦ $\dfrac{V}{V+v_s}f$　⑧ $\dfrac{V-v_s}{V}f$

⑨ $\dfrac{V+v_s}{V}f$　⓪ $\dfrac{V+v_s}{V-v_s}f$

(28)の解答群

① V　　② v_s　　③ $V - v_s$　　④ $V + v_s$

(30)の解答群

① $\frac{1}{4}$　　② $\frac{1}{3}$　　③ $\frac{1}{2}$　　④ 1

⑤ 2　　⑥ 3　　⑦ 4　　⑧ 5

(31)の解答群

① 0　　② 68　　③ 85　　④ 120

⑤ 680　　⑥ 1020　　⑦ 1360　　⑧ 1700

次に，図3―2のように，振動数f[Hz]の音源が静止し，観測者が音源から速さv_0[m/s]で遠ざかる場合を考える。観測者を通過する音源からの波は1秒あたり距離 (32) [m]の間にあることになる。観測者に聞こえる音の波長λは変わらないため，1秒間に観測者を通過する波の数は (33) となる。したがって，観測者に聞こえる音の振動数f'[Hz]は，$f' =$ (34) [Hz]となる。

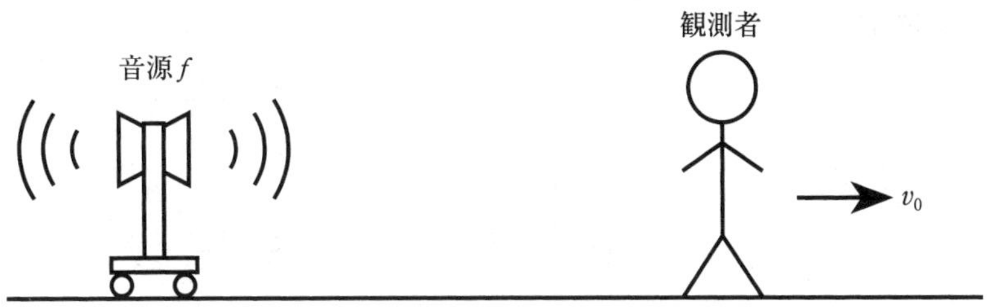

図3―2

さらに，図3―3のように，今度は音源と観測者の両方が一直線上を右向きに移動する場合を考える。この場合，音源の移動による音の振動数の変化と観測者の移動による音の振動数の変化が同時におこる。したがって，音源と観測者の速さをそれぞれv_s[m/s]，v_0[m/s]，音源からの音の振動数をf[Hz]とすると，観測者に聞こえる音の振動数 f' [Hz] は，$f' =$ (35) [Hz] となる。

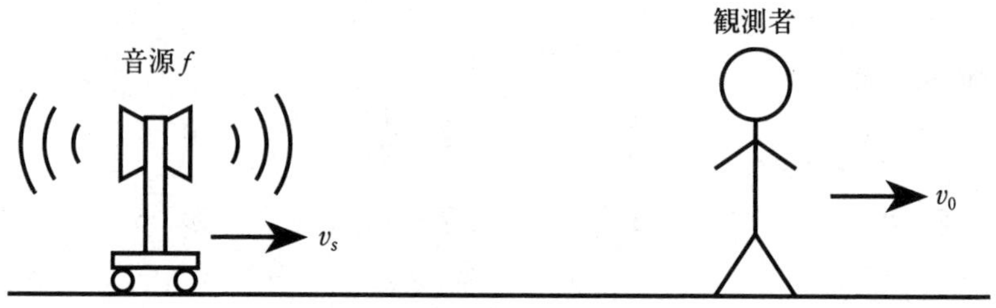

図 3 — 3

(32)の解答群

① V　② v_0　③ $V - v_0$　④ $V + v_0$

(33)の解答群

① $\dfrac{V}{\lambda} + 1$　② $\dfrac{v_0}{\lambda} + 1$　③ $\dfrac{V}{\lambda}$　④ $\dfrac{v_0}{\lambda}$

⑤ $\dfrac{V}{v_0} f$　⑥ $\dfrac{v_0}{V} f$　⑦ $\dfrac{V - v_0}{\lambda}$　⑧ $\dfrac{V + v_0}{\lambda}$

(34)の解答群

① f　② $\dfrac{v_0}{V} f$　③ $\dfrac{V - v_0}{V + v_0} f$

④ $\dfrac{V + v_0}{V - v_0} f$　⑤ $\dfrac{V}{v_0} f$　⑥ $\dfrac{V}{V - v_0} f$

⑦ $\dfrac{V}{V + v_0} f$　⑧ $\dfrac{V - v_0}{V} f$　⑨ $\dfrac{V + v_0}{V} f$

⓪ $\dfrac{v_0}{V + v_0} f$

(35)の解答群

① f　② $\dfrac{V}{v_s} f$　③ $\dfrac{V}{v_0} f$　④ $\dfrac{v_0}{v_s} f$

⑤ $\dfrac{V}{V - v_s} f$　⑥ $\dfrac{V - v_s}{V} f$　⑦ $\dfrac{V - v_0}{V - v_s} f$　⑧ $\dfrac{V - v_0}{V + v_s} f$

⑨ $\dfrac{V + v_0}{V - v_s} f$　⓪ $\dfrac{V + v_0}{V + v_s} f$

(II) 図3—4のように，観測者，振動数f_1[Hz]を発する音源，および反射板が一直線上にある場合を考える。観測者と音源は静止しており，反射板は速さv_R[m/s]で音源から遠ざかっている。音源は反射板に向かう向きにだけ音を発するとする。この時，反射板に反射された音が観測者に聞こえる振動数f_2[Hz]は$f_2 =$ (36) [Hz]となる。

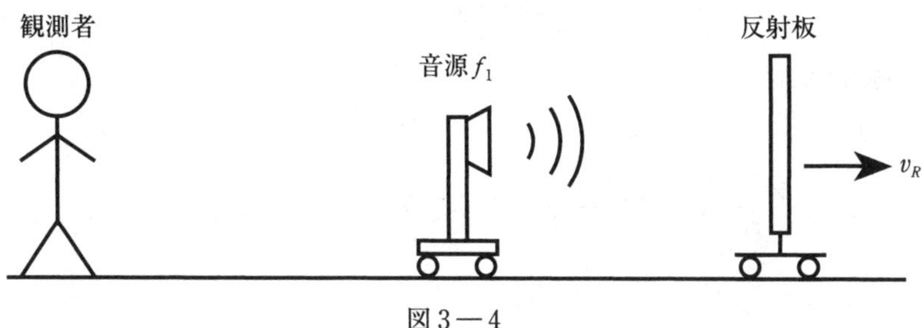

図3—4

次に，図3—5のように，静止していた音源を反射板に向かって速さv_s[m/s]で動かした。この時，観測者に聞こえる音の振動数f_3[Hz]は$f_3 =$ (37) [Hz]となる。

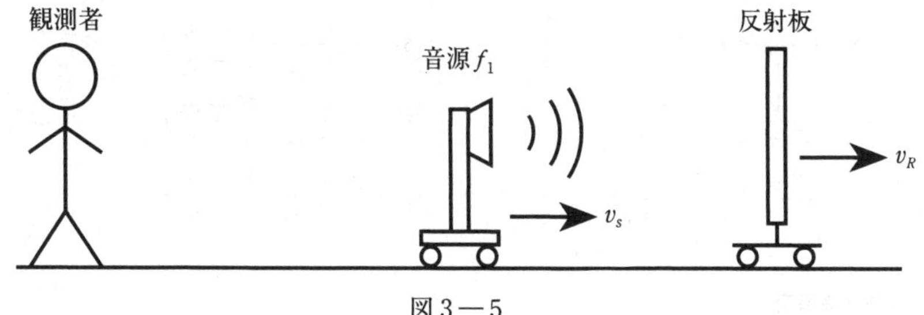

図3—5

最後に，図3—6のように，反射板が移動する速さと向きはそのままに，音源は静止させ，音源が音を発する向きを反射板側と観測者側の両方に変えたところ，観測者は振動数f_4[Hz]のうなりを観測した。この時，反射板の速さv_R[m/s]は，$v_R =$ (38) [m/s]となる。

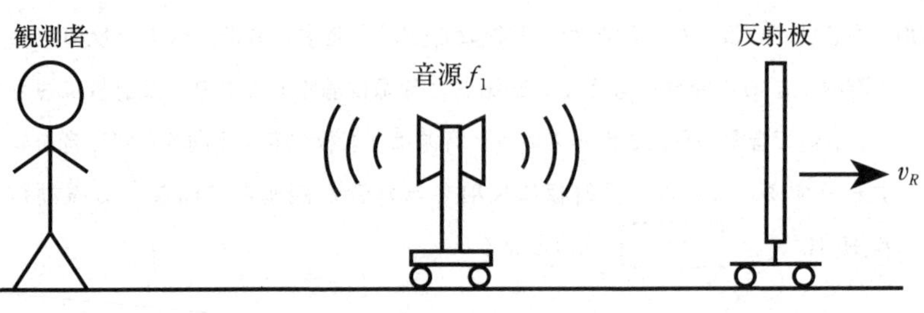

図 3 — 6

(36)の解答群

① f_1　② $f_1 - 1$　③ $\frac{V}{v_R}f_1$　④ $\frac{v_R}{V}f_1$

⑤ $\frac{V}{V - v_R}f_1$　⑥ $\frac{V - v_R}{V}f_1$　⑦ $\frac{V}{V + v_R}f_1$　⑧ $\frac{V + v_R}{V}f_1$

⑨ $\frac{V + v_R}{V - v_R}f_1$　⓪ $\frac{V - v_R}{V + v_R}f_1$

(37)の解答群

① f_1　② $\frac{V}{V + v_s}f_1$

③ $\frac{V}{V - v_s}f_1$　④ $\frac{V + v_R}{V}f_1$

⑤ $\frac{V - v_R}{V}f_1$　⑥ $\frac{V}{V + v_R} \cdot \frac{V - v_R}{V - v_s}f_1$

⑦ $\frac{V}{V - v_R} \cdot \frac{V + v_R}{V - v_s}f_1$　⑧ $\frac{V}{V - v_R} \cdot \frac{V + v_R}{V + v_s}f_1$

⑨ $\frac{V + v_R}{V} \cdot \frac{V + v_s}{V - v_R}f_1$　⓪ $\frac{V + v_R}{V} \cdot \frac{V - v_s}{V - v_R}f_1$

(38)の解答群

① V　② $\frac{f_4}{f_1}V$　③ $\frac{f_1}{f_4}V$

④ $\frac{2f_1}{f_4}V$　⑤ $\frac{2f_4}{f_1}V$　⑥ $\frac{f_4}{f_1 + f_4}V$

⑦ $\frac{2f_4}{f_1 - f_4}V$　⑧ $\frac{f_4}{2f_1 - f_4}V$

化学

（60 分）

次の I ～ III の答をマーク・シート解答用紙の指定された欄にマークせよ。必要があれば，原子量は次の値を使うこと。

H 1.0，C 12.0，N 14.0，O 16.0，Na 23.0

I 次の問 1 ～問 3 に答えよ。

問 1　以下の文(ア)～(ウ)を読み，設問(1)～(4)に答えよ。

(ア)　分子式が $C_5H_{12}O$ で表されるアルコールには [1] 種類の構造異性体がある。

(イ)　分子式が $C_5H_{10}O$ で表されるカルボニル化合物には [2] 種類の構造異性体がある。そのうち，フェーリング液に加えて加熱すると，赤色沈澱を生じるものは [3] 種類ある。

(ウ)　分子式が C_7H_8O で表される芳香族化合物には [4] 種類の構造異性体がある。

(1) [1] に当てはまる数値として最も適切なものを①～⓪から一つ選べ。

① 1　② 2　③ 3　④ 4　⑤ 5
⑥ 6　⑦ 7　⑧ 8　⑨ 9　⓪ 10

(2) [2] に当てはまる数値として最も適切なものを①～⓪から一つ選べ。

① 1　② 2　③ 3　④ 4　⑤ 5
⑥ 6　⑦ 7　⑧ 8　⑨ 9　⓪ 10

(3) [3] に当てはまる数値として最も適切なものを①～⓪から一つ選べ。

① 1　② 2　③ 3　④ 4　⑤ 5

⑥ 6　⑦ 7　⑧ 8　⑨ 9　⓪ 10

(4) [4] に当てはまる数値として最も適切なものを①〜⓪から一つ選べ。

① 1　② 2　③ 3　④ 4　⑤ 5

⑥ 6　⑦ 7　⑧ 8　⑨ 9　⓪ 10

問 2　以下の文を読み，設問(1)〜(5)に答えよ。

触媒の存在下で [5] とプロペンを反応させると [6] が生成する。[6] を酸素で酸化したのち，硫酸で分解すると，[7] とアセトンが生成する。[7] を水酸化ナトリウム水溶液と反応させると [8] が生成する。[8] を高温・高圧のもとで二酸化炭素と反応させると [9] が生成する。

(1) [5] に当てはまる化合物として最も適切なものを化合物群①〜⓪から一つ選べ。

(2) [6] に当てはまる化合物として最も適切なものを化合物群①〜⓪から一つ選べ。

(3) [7] に当てはまる化合物として最も適切なものを化合物群①〜⓪から一つ選べ。

(4) [8] に当てはまる化合物として最も適切なものを化合物群①〜⓪から一つ選べ。

(5) [9] に当てはまる化合物として最も適切なものを化合物群①〜⓪から一つ選べ。

化合物群

① アニリン　② クメン

③ クメンヒドロペルオキシド　④ サリチル酸

⑤ サリチル酸ナトリウム　⑥ スチレン

⑦ ナトリウムフェノキシド　⑧ ピクリン酸

⑨ フェノール　⓪ ベンゼン

問 3　セルロースに関する以下の文(ア)〜(ウ)を読み，設問(1)〜(3)に答えよ。

(ア) セルロース 90 g をセルラーゼとセロビアーゼで加水分解すると，すべてグルコースになった。このとき，グルコースは 10 g 得られた。

(イ) セルロース 90 g を無水酢酸と反応させて，すべてトリアセチルセルロースにした。この反応に必要な無水酢酸は理論上 11 g である。

(ウ) セルロース 90 g を濃硝酸と濃硫酸の混合溶液と反応させると，ニトロセルロース 105 g が得られた。このとき，セルロースに存在していたヒドロキシ基のうち， 12 %がエステル化された。

(1) 10 に当てはまる数値として最も適切なものを①～⓪から一つ選べ。

① 92　② 96　③ 100　④ 104　⑤ 108
⑥ 112　⑦ 116　⑧ 120　⑨ 124　⓪ 128

(2) 11 に当てはまる数値として最も適切なものを①～⓪から一つ選べ。

① 100　② 110　③ 120　④ 130　⑤ 140
⑥ 150　⑦ 160　⑧ 170　⑨ 180　⓪ 190

(3) 12 に当てはまる数値として最も適切なものを①～⓪から一つ選べ。

① 10　② 20　③ 30　④ 40　⑤ 50
⑥ 60　⑦ 70　⑧ 80　⑨ 90　⓪ 100

Ⅱ　以下の文を読み，設問(1)～(12)に答えよ。

2族元素は，炎色反応や水との反応性に基づき，［13］を含むグループAと［14］を含むグループBに分けることができる。グループAに含まれる［15］は，熱水と反応し，弱塩基の［16］と気体［17］を生成する。［15］の塩化物は，海水から水と塩化ナトリウムを取り出した残りの混合物の主成分である。

一方，グループBの元素は常温で水と反応し，水酸化物を生成する。例えば，［18］の水酸化物は，水に溶解し，強塩基性を示す。この水溶液に希硫酸を加えると，白色の［19］の沈殿が生成する。［19］は，X線撮影の造影剤として用いられる。また，［20］の酸化物は，水と反応して発熱し，［21］を生成する。［21］の飽和水溶液に，気体［22］を通じると，［23］の白色沈殿を生成する。さらに，［22］を通じ続けると，沈殿が溶解し，［24］の水溶液となる。

(1)　［13］にあてはまる元素として最も適切な組み合わせを①～⑧から一つ選べ。

①　Ca，Sr，Cd，Pb	②　B，Mg
③　Mg，Ca，Sr，Ba	④　Ca，Sr，Ba，Ra
⑤　Mg，Ca，Sr，Cd	⑥　Be，Mg，Ca
⑦　Be，Mg	⑧　Ca，Rb，Cs，Fr

(2)　［14］にあてはまる元素として最も適切な組み合わせを①～⑧から一つ選べ。

①　Ca，Sr，Cd，Pb	②　B，Mg
③　Mg，Ca，Sr，Ba	④　Ca，Sr，Ba，Ra
⑤　Mg，Ca，Sr，Cd	⑥　Be，Mg，Ca
⑦　Be，Mg	⑧　Ca，Rb，Cs，Fr

(3)　［15］にあてはまる最も適切な元素を①～⑨から一つ選べ。

①　Rb　　②　Sr　　③　Cd　　④　B　　⑤　Mg

⑥　Ba　　⑦　Be　　⑧　Ca　　⑨　Pb

(4)　［16］にあてはまる最も適切な化合物を①～⓪から一つ選べ。

①　$Ca(HCO_3)_2$　　②　$MgCO_3$　　③　$MgSO_4$　　④　$Ba(OH)_2$

⑤ $Ca(OH)_2$　⑥ $CaCO_3$　⑦ $BaSO_4$　⑧ $MgCl_2$

⑨ $CaSO_4$　⓪ $Mg(OH)_2$

(5) 17 にあてはまる最も適切な気体を①～⑥から一つ選べ。

① N_2　② CO_2　③ CO

④ O_2　⑤ NH_3　⑥ H_2

(6) 18 にあてはまる最も適切な元素を①～⑨から一つ選べ。

① Rb　② Sr　③ Cd　④ B　⑤ Mg

⑥ Ba　⑦ Be　⑧ Ca　⑨ Pb

(7) 19 にあてはまる最も適切な化合物を①～⓪から一つ選べ。

① $Ca(HCO_3)_2$　② $MgCO_3$　③ $MgSO_4$　④ $Ba(OH)_2$

⑤ $Ca(OH)_2$　⑥ $CaCO_3$　⑦ $BaSO_4$　⑧ $MgCl_2$

⑨ $CaSO_4$　⓪ $Mg(OH)_2$

(8) 20 にあてはまる最も適切な元素を①～⑨から一つ選べ。

① Rb　② Sr　③ Cd　④ B　⑤ Mg

⑥ Ba　⑦ Be　⑧ Ca　⑨ Pb

(9) 21 にあてはまる最も適切な化合物を①～⓪から一つ選べ。

① $Ca(HCO_3)_2$　② $MgCO_3$　③ $MgSO_4$　④ $Ba(OH)_2$

⑤ $Ca(OH)_2$　⑥ $CaCO_3$　⑦ $BaSO_4$　⑧ $MgCl_2$

⑨ $CaSO_4$　⓪ $Mg(OH)_2$

(10) 22 にあてはまる最も適切な気体を①～⑥から一つ選べ。

① N_2　② CO_2　③ CO

④ O_2　⑤ NH_3　⑥ H_2

(11) 23 にあてはまる最も適切な化合物を①～⓪から一つ選べ。

① $Ca(HCO_3)_2$　② $MgCO_3$　③ $MgSO_4$　④ $Ba(OH)_2$

⑤ $Ca(OH)_2$　⑥ $CaCO_3$　⑦ $BaSO_4$　⑧ $MgCl_2$

⑨ $CaSO_4$　⓪ $Mg(OH)_2$

(12) 24 にあてはまる最も適切な化合物を①～⓪から一つ選べ。

① $Ca(HCO_3)_2$　② $MgCO_3$　③ $MgSO_4$　④ $Ba(OH)_2$

⑤ $Ca(OH)_2$　⑥ $CaCO_3$　⑦ $BaSO_4$　⑧ $MgCl_2$

⑨ $CaSO_4$　⓪ $Mg(OH)_2$

III　次の問1，問2に答えよ。

問 1　イオン結晶を，その構成粒子であるイオンにまで，ばらばらにするのに必要なエネルギーを格子エネルギーという。塩化セシウムのイオン結晶の格子エネルギーは次の熱化学方程式で表される。

$$\mathrm{CsCl}(\text{固}) = \mathrm{Cs^+}(\text{気}) + \mathrm{Cl^-}(\text{気}) - Q\,[\mathrm{kJ}]$$

塩化セシウムの格子エネルギー Q [kJ/mol]を有効数字3桁で求め，下の形式で示せ。ただし，CsCl(固)の生成熱 410 kJ/mol，Cl_2(気)の結合エネルギー 240 kJ/mol，Cs(固)の昇華熱 85 kJ/mol，Cs 原子のイオン化エネルギー 375 kJ/mol，Cl 原子の電子親和力 350 kJ/mol を用いよ。

$$\boxed{25}.\boxed{26}\,\boxed{27} \times 10^{\boxed{28}}\ \mathrm{kJ/mol}$$

問 2　単体のナトリウムと酸化ナトリウムの混合物**A**に関する記述を読み，設問(1)，(2)に答えよ。ただし，反応は完全に進み，気体**X**は水に溶解しないものとする。

混合物**A** 0.538 g を温和な条件で水とすべて反応させ，100 mL の水溶液にした。この時，気体**X**が生成した。この水溶液 10.0 mL を取り，0.100 mol/L の塩酸で滴定したところ，中和点までに 22.0 mL を要した。生成した気体**X**をすべて集め，<u>完全燃焼したところ，水が得られた</u>。

(1)　**A**に含まれる酸化ナトリウムの物質量を有効数字2桁で求め，次の形式で示せ。

$$\boxed{29}.\boxed{30} \times 10^{-\boxed{31}}\ \mathrm{mol}$$

(2)　下線で示した完全燃焼して得られた水の質量を有効数字2桁で求め，次の形式で示せ。

$$\boxed{32}.\boxed{33} \times 10^{-\boxed{34}}\ \mathrm{g}$$

④　朝に道教の教えを学び夕に命を落としても、絶対的自由を求める道教では許容されている、ということ。
⑤　朝に仏教の教えを聞き夕方に寿命が来ても、人間の命は有限だという自覚さえあれば受け入れられる、ということ。

問十一　傍線部j「いささか己を忘れ外を羨むの心なく」の説明として最適なものを次の①〜⑤から選び、記号をマークせよ。解答欄番号は 34 。
①　自分の欠点を全く見抜くことができず、いつも尊大に他者よりも優れていると思っていて、ということ。
②　少しばかりの我執を捨てて、他者を羨むこともやめてみようと思うことがあるけれども、ということ。
③　天から与えられた自分の性分を見失って自分以外のものを羨ましく思うことが全くなく、ということ。
④　他者のために自分自身を全く捨て去り、ほんのわずかも他者を羨ましく思うことがなく、ということ。
⑤　ほんの一時自分自身を見失い、自分にないものを羨ましく思うこともあるけれども、ということ。

問十二　傍線部k「花の見する誠」とはどのようなことを言っているか。その説明として最適なものを次の①〜⑤から選び、記号をマークせよ。解答欄番号は 35 。
①　自分の性分を尽くすことが理に適っていること。
②　一切の感情を排除した素朴な生き方が正しいこと。
③　花が散るようにいさぎよく死ぬのが美しいこと。
④　他者を羨むと罪を犯す危険が常にあること。
⑤　この世のすべての命が繋っているということ。

問十三　傍線部l「一入」の読みを現代仮名遣いで記したものとして最適なものを次の①〜⑤から選び、記号をマークせよ。解答欄番号は 36 。
①　ひとしお　②　ひといり　③　いちにゅう　④　いちいり　⑤　ひとつみち

③　どのような状況でも動じることがないように身体の鍛錬をすること。
④　酒や食などを、欲望の赴くままにどこまでも極めること。
⑤　状況が変化しても、自由自在に対応できる柔軟な身の処し方を習得すること。

問八　傍線部g「こころともがな」の意味として最適なものを次の①～⑤から選び、記号をマークせよ。解答欄番号は 31 。
①　心というものだ　　②　心であったかもしれない　　③　心であってはならない
④　心であったことよ　　⑤　心としたい

問九　傍線部h「俗耳には高きやうに聞こゆれども」の意味として最適なものを次の①～⑤から選び、記号をマークせよ。解答欄番号は 32 。
①　世間一般の人々にはすぐれたことばのように思えるが
②　世の中の常識からすると高尚すぎるように感じられるが
③　世間一般の人々には理解できない深淵な思想に違いないが
④　名利を追う人々が飛びつきやすいようなことばであるが
⑤　風雅のわからぬ人々には美しいことのように聞こえるが

問十　傍線部i「朝に道を聞きて夕に死するも可なり」は『論語』に見える文であるが、ここでの意味の説明として最適なものを次の①～⑤から選び、記号をマークせよ。解答欄番号は 33 。
①　朝に儒教の教えを聞き夕方に寿命が来ても、必ず自分の後を継ぐ人がいるので心配することはない、ということ。
②　朝に儒教の教えを学び夕方に死んでも、決してはかないことではなく、十分に意味がある、ということ。
③　朝に仏教の教えを学び夕方に死んでも、来世に生まれ変われるので、恐れることはない、ということ。

① その人と自分には好ましくない因縁があることを知って
② 自分から、これも避けられない運命だと悟りきって
③ 自分自身と切っても切れない繋がりがあることを知って
④ その人と自分が一緒に逃げる手立てを考えついて
⑤ 自分自身が原因でこの状況から抜け出せないことを知って

問五　空欄 1 に入る語として最適なものを次の①～⑤から選び、記号をマークせよ。解答欄番号は 28 。
① めり　② たし　③ べし　④ まし　⑤ さず

問六　傍線部 e「その人はもとの人なれども、別人の様にこそ覚ゆらめ」の説明として最適なものを次の①～⑤から選び、記号をマークせよ。解答欄番号は 29 。
① その人は昔からの知り合いであるのに、自分に対して突然冷たくなった、ということ。
② その人は変わっていないつもりだが、自分から見ると大きく変化している、ということ。
③ その人が自分と親しかったころと、外見も性格も全く変わってしまったと感じた、ということ。
④ その人が変わるわけではないが、自分にとってかけがえのない存在となった、ということ。
⑤ その人は変わらないけれども、自分はもう関わりたくないと思った、ということ。

問七　傍線部 f「是」は何をさしているか。その説明として最適なものを次の①～⑤から選び、記号をマークせよ。解答欄番号は 30 。
① 儒教を日常的に深く学び、どのような場合でも決して揺らがないこと。
② 儒教と仏教を詳細に比較し、仏教の優れた点に従うこと。

④　この世を夢の世と互いに言い合った
⑤　この世を夢の世とだれが言い始めたのか

問二　傍線部 b「心づきなく」のここでの意味として最適なものを次の①～⑤から選び、記号をマークせよ。解答欄番号は 25 。

①　楽しめず
②　理解が及ばず
③　情趣を解せず
④　気に入らず
⑤　覚えられず

問三　傍線部 c「親切なる事」のここでの意味として最適なものを次の①～⑤から選び、記号をマークせよ。解答欄番号は 26 。

①　心に深く切実に思われること
②　人に対して優しくなること
③　詳しい知識を持っていること
④　父母を敬い大切にすること
⑤　過ちを温かく指摘すること

問四　傍線部 d「我とのがれぬ事を知りて」の意味として最適なものを次の①～⑤から選び、記号をマークせよ。解答欄番号は 27 。

注

＊翁＝著者の室鳩巣のこと。

＊霍去病＝漢の武将。去病が婚外子であったため、父の仲孺は去病に父であることを知らせなかった。

＊遺体＝父母が後に残した身体の意。

＊蒸餅＝小麦粉を蒸した食べ物。

＊劉伶＝西晋の文人。世俗を嫌い、酒を好んだ。

＊何曾＝西晋の政治家。美食家。蒸餅は十字に割れたものだけを食した。

＊造次＝「造次」も「顚沛」も、あわただしいときの意。ここは『論語』の「君子は食を終うる間も仁に違（たが）うこと無し。造次にも必ず是（ここ）に於いてし、顚沛にも必ず是に於いてす」を踏まえる。

＊公任＝藤原公任。平安時代の歌人・歌学者。『和漢朗詠集』を編纂。

＊彭殤＝「彭」は長寿であった彭祖をさし、「殤」は若くして亡くなった者を言い、「彭殤」で長命・短命を表す。

＊瞿曇＝釈迦の本姓ゴータマの漢訳。釈迦をさす。

＊荘周＝荘子。戦国時代の思想家。儒教を否定し、絶対的自由の境地を追求した。

問一　傍線部a「夢の世とたがいひそめし」の意味として最適なものを次の①～⑤から選び、記号をマークせよ。解答欄番号は 24 。

① この世を夢の世と他人が言っていたけれど
② この世が夢の世か否か争い始めた
③ この世が夢の世と違っていたことに気づいた

らめ。旨酒のうまさは下戸も知れども、上戸の知るは別の事なり。*蒸餅のうまさは上戸も知れども、下戸の知るは別の事なり。儒者もこの道の真にして実なる味を、*劉伶が酒の美を知り、*何曾が餅の美を知るごとく朝夕に身に知りなば、何とて外物に移され実理にまよふ事あるべき。起くるも是、居るも是、動くも是、静かなるも是、行住坐臥皆是なり。夷にも是、険にも是、生ずるも是、死するも是、吉凶禍福皆是なり。*造次にもここに於いてし、顛沛にもここに於いてす。f是を道を身にし知るとはいふなり。かくいへばとて、翁もいまだここに至らねば、真に知る人にあらず。鈴木なにがしもここに及ばぬ事を自らさとりて、希望の意にてこそ、身にし知らばやとはよみけるにぞ。

この時、松永のなにがしとて、鈴木氏が道学の友ありけり。その人、あさがほの歌とてかたりしが、自らよめる歌にや、又は鈴木氏がよめる歌にや、とかく両人の内にてあるべし。

あさがほの花一ときも千とせ経る松にかはらぬgこころともがな

この歌も意味ふかきやうにおぼえ侍る。昔よりあさがほをよめる歌おほけれども、大かたあさがほのあだなる事をいひて、秋のあはれをそへ世のはかなきを知らするを趣向とする外は見えず。白居易が、「松樹千年終是朽、槿花一日自為レ栄」といふ詩を、*公任の朗詠にも取りて風雅とすれども、是もしひて栄枯をひとつにし、*彭殤を斉うする意にて、h俗耳には高きやうに聞こゆれども、いと浅き事になむありける。是等は*瞿曇が涎を引き、*荘周が唾をなむるに過ぐべからず。今松永氏が松にかはらぬ心といへるは、それにてはなかるべし。おのおのいかがおもひ給へる。翁はi朝に道を聞きて夕に死するも可なりといへる意とこそ思ひ侍れ。朝に咲きて日かげを待ちてきゆるは、朝がほの天より受けたる性なり。世には千とせを経る松さへあるに、是程はかなき生を得て、jいささか己を忘れ外を羨む心なく、朝な朝ないと快く見事に咲きて、受け得たる性分を尽して枯るるこそ、k花の見する誠なれ。いかであだには見るべき。それは松も同じ事なれど、あさがほのはかなきにて、l一入そのことわりしるく見え侍る。されば松の心に千とせなく、あさがほの心に一日なし。ただおのおの己が性分を尽すばかりなり。

⑤　突き詰めて考えるなら「わたし」はつねに「われわれ」なのだから、幸福の基準もまた個々人の自由よりも「われわれ」の調和に置かれることが望ましい。

問題 Ⅲ は、日本文学科・史学科・比較芸術学科の受験生のみ解答すること。

Ⅲ

次の文章は、江戸時代中期の儒学者・室鳩巣の著作『駿台雑話』の一節である。これを読んで後の問に答えよ。

むかし鈴木のなにがしといふ人なんありけるが、父は一向に釈教に帰依せしに、その子は儒を学びて道の大意を知りたる人と聞こえし。その人のよめる歌に、

夢の世とたがいひそめし夢ならぬそのことわりを身にし知らばや

それを同志の人に見せけるに、そのことわりを知れどもかくよみけるにや、ただ知らでかくよみけるにや、と問ひければ、知ればとて遽かに知りたるとはいひがたし。よりて疑ふて知らばやとはよむなりといひしと、ある人の語りしに、翁、その時はいまだいとけなかりしかば、さやうの事にふかく心づきなく、かさねて問ひ聞く事もなかりき。今おもへば、この歌身にし知るといふ所に深き意あるべし。そのことわりを身に知らねば真に知りたるとはいひがたし。もし人ありて、この道の天よりいでて、我にある事を身にし知りなば、その親切なる事前に似たる事に有るべからず。たとへば今まで由緒あるとも知らでその人といひかよひたるに、我とのがれぬ事を知りては日ごろのしたしさは物かはと思は 1 。霍去病が父と名のりあひて、始めてその遺体たる事を知りし後は、そのしたしさ、そのゆかしさ前に百倍すべし。その人はもとの人なれども、別人の様にこそ覚ゆ

③ 「われわれ」と「われわれ」でない存在とを分ける境目
④ 「われわれ」の影響力が及ぶ範囲
⑤ 自然を含めての「われわれ」の生きる環境

問十　傍線部e「神話」のここでの意味として最適なものを次の①～⑤から選び、記号をマークせよ。解答欄番号は 22 。

① 神などの超自然的な存在が登場する物語
② 根拠なく事実だと思われていること
③ 遠い昔の真実を伝えるとされる物語
④ 国や地域などの成り立ちを解き明かした伝承
⑤ 現在の世界が形をなす前にあったとされる歴史

問十一　本文の内容と合致するものを次の①～⑤から一つ選び、記号をマークせよ。解答欄番号は 23 。

① 人間はだれしも一人では何もできないということを認め合い、互いに手を差し伸べられる社会を目指すことで平和を築くべきである。
② 「わたし」は安定した環境のなかにあってこそ、有用な行為をなすことができるのだから、制度やインフラの整備は集団にとってもきわめて重要な意味を持つ。
③ 「わたし」は一人では何もできないという認識から出発すると、自己のとらえ方、近代社会の通念が根本的に覆り、また敵と味方を分ける考え方とも決別を果たすことになる。
④ 個人としての「わたし」がすべての責任を負うことなどできはしないのだから、近代社会を支えてきた法制度はすべて誤った前提に立っていたことになる。

④「われわれ」なしに存在する「わたし」こそが他と交換できない唯一性を持つということ。
⑤「われわれ」にとっては一人一人がかぎりなく大切な存在だということ。

問七　傍線部c「増悪」の意味として最適なものを次の①～⑤から選び、記号をマークせよ。解答欄番号は 19 。
① 病状がさらに悪化すること。
② 彼らに対する思いが憎しみに変わること。
③ 彼らに対する違和感が積み重なっていくこと。
④ 彼我の差異を悪い方向に解釈すること。
⑤ 長年にわたる対立が深まること。

問八　空欄 4 ～ 8 に入る語句の組み合わせとして最適なものを次の①～⑤から選び、記号をマークせよ。解答欄番号は 20 。
① 4 奴ら　5 奴ら　6 彼ら　7 奴ら　8 彼ら
② 4 彼ら　5 彼ら　6 彼ら　7 彼ら　8 奴ら
③ 4 彼ら　5 彼ら　6 奴ら　7 彼ら　8 奴ら
④ 4 奴ら　5 彼ら　6 奴ら　7 彼ら　8 奴ら
⑤ 4 彼ら　5 彼ら　6 奴ら　7 奴ら　8 彼ら

問九　傍線部d「境界」のここでの意味として最適なものを次の①～⑤から選び、記号をマークせよ。解答欄番号は 21 。
①「われわれ」がそこから先に入ってはいけない領域
② どこまでが「われわれ」のメンバーと認められるかを決める決定者

クせよ。解答欄番号は 16 。

① 進路を一八〇度逆転させること。
② 考え方などが大きく変わること、変えること。
③ 体の向きを変えること、変わること。
④ これまでにない新鮮な特性を打ち出すこと。
⑤ これまでの社会通念がすべて誤りだったと気付くこと。

問五　傍線部b「イジョウ」の「イ」と同じ漢字が使われている文を次の①～⑤から選び、記号をマークせよ。解答欄番号は 17 。

① シュウイを見渡すと誰もいなかった。
② 自然災害のキョウイにさらされる。
③ 先例にイキョして書類を作成した。
④ 彼はそのイイン会のメンバーではない。
⑤ 特別のイトがあったとは思えない。

問六　この文章を通して筆者が述べる「わたし」の「かけがえのなさ」とはどういうことか。最適なものを次の①～⑤から選び、記号をマークせよ。解答欄番号は 18 。

① 「わたし」は自らの行動に責任を持つ唯一の主体であるということ。
② 「われわれ」が成立するときには身体を所有する「わたし」が不可欠だということ。
③ 「わたし」は他人に寄り掛かることなく生きることで自立を果たすということ。

で「開かれたWE」でもある。境界づけられた「閉じたWE」―家族であれ近代国家であれ―は、ここで言う「われわれ」ではない。閉じたWEの外側には、つねに一定の行為にとって不可欠なエージェントたち、より広い「われわれ」が拡がっているのである。閉じたWEは、その外側にいるエージェントを必要とする。「わたし」と同様、閉じたWEも単独では何事も為すことができない。単独行為不可能性という根源的できなさは閉じたWEにもつきまとう。閉じたWEが神話であるのと同様、その存在を抹消しても「わたし」や「われわれ」が自足的に行為し続けうる奴らなるものも幻想にすぎない。（略）

（出口康夫「「できなさ」からWEターンへ」による）

問一　空欄 1 に入る語句として最適なものを次の①～⑤から選び、記号をマークせよ。解答欄番号は 13 。

① 空を飛べないのと同じだ。
② もちろん自転車に乗れない人はいる。
③ 結果的にはイエスである。
④ 当然のことだ。
⑤ 本当にそうか。

問二　空欄 2 に入る語句として最適なものを次の①～⑤から選び、記号をマークせよ。解答欄番号は 14 。

① だが　② 確かに　③ ゆえに　④ すると　⑤ まるで

問三　空欄 3 に入る語句として最適なものを次の①～⑤から選び、記号をマークせよ。解答欄番号は 15 。

① だが　② 確かに　③ ゆえに　④ すると　⑤ まるで

問四　傍線部a「WEターン」とあるが、この場合のターンとはどういうことか。最適なものを次の①～⑤から選び、記号をマーのなさは「わたし」の単独行為不可能性に由来している。「わたし」のかけがえのなさは、「わたし」のできることではなくできなさに存するのである。

自己とは何か。この問いには唯一の正解はない。ここでは自己を行為のエージェントだとしよう。すると行為のエージェントが「われわれ」化された以上、自己もまた「わたし」ではなく「われわれ」だということになる。われわれとしての自己(Self-as-We)の登場である。このように行為主体のWEターンは、自己の「われわれ」化、WEターンをもたらすのである。

人生を「人生する」という一つの大きな行為と捉えると、生の主体もまた「わたし」から「われわれ」へと転換する。ウェルビーイングを人生・生のあり方だと見なすと、ここでも「わたし」のウェルビーイングから「われわれ」のウェルビーイングへの転換が起こる。また行為と責任、そして責任の裏返しとしての権利は互いに密接に結びついている。行為主体のWE化は、責任と権利の主体のWEターンをもたらすのである。近代社会は自立した個人としての「わたし」を行為・責任・権利の主体と見なしてきた。すると以上見てきたWEターンは、近代社会そのもののWE化をも要請するのである。

WEターン後の社会はパラダイスでもユートピアでもない。良い私もいれば悪い私もいるように、良いWEもあれば悪いWEもある。例えば外に対しては排外主義、内に向かっては同調圧力といったオーウェルが描いたディストピアは悪いWEの典型例だろう。問題はいかにして、「われわれ」をよりよくし、よりよいポストWEターン社会を築くかである。

「われわれ」はその外側に「われわれ」でない者たち、「［　4　］」を持つ。そして「われわれ」という内集団に親近感を抱き、彼らという外集団を疎んじる。これは「われわれ」の宿痾である。それが増悪[c]すると、［　5　］が「［　6　］」とされ、ミサイルを落としてもよい連中だとされてしまう。このような［　7　］の「［　8　］化」をいかに防ぐべきか。一つの鍵は、やはりできなさにある。「わたし」一人ではできないことでも「われわれ」ならできる。だがここでの「われわれ」は、特定の社会集団どころか人類すら超え、生態系や宇宙にまで拡がっている。この「われわれ」はまた、その境界[d]を明確に画定できないという意味すると、全ての行為は共同行為であることになる。「我思う(cogito)」ではなく「我々思う(cogitamus)」、I do ではなく We do なのである。これが、行為の主体・エージェントの私から「われわれ」へのシフト、行為のWEターンである。

一方、僕らは日々、自転車に乗り、考え、決断している。多くの行為を成し遂げているのである。これらの行為は、その都度、無数のエージェントからなる「われわれ」が立ち上がっているからこそ可能となっている。「わたし」は他の多くのエージェントにアフォードされつつ、「われわれ」の一員として行為に参画しているのである。このように、単独行為不可能性という「わたし」が持つ根源的なできなさは、「わたし」がつねに既に「われわれ」の一員として、他のメンバーに支えられてあることを示している。それは「われわれ」に対して開かれたできなさなのである。

生きて行為をする限り、「わたし」はつねに何らかの「われわれ」のメンバーであり続ける。行為者としての「わたし」は「われわれ」なしには存在しえない。「われわれ」は着脱可能な衣装ではなく、「われわれ」を纏わずに存在する裸の私などは幻にすぎない。「われわれ」は「わたし」にとって不可逃脱的な存在であり、「われわれ」なしに「わたし」は存在しえないのである。

行為者性は多数のエージェントにイジョウされ分散されている。だが身体の所有者性はそうではない。「わたし」はその身体を占有し続けている。すると身体の占有者である「わたし」がいなければ、その身体の行為を支える「われわれ」もそもそも立ち上がらないことになる。「わたし」もまた「われわれ」にとって必要不可欠なのである。

「わたし」の「かけがえのなさ」は、従来、知的であること、身の回りのことが一人でできること、専決的に自己決定できることといった、「わたし」の「できること」に置かれてきた。だがこのようなかけがえのなさは儚(はかな)く、脆い。誰でもいつかは知的能力が衰え、身の回りのことも一人でできなくなる。またこのようなできることを持たずとも尊厳を持って生きている人はいくらでもいる。一方、「わたし」はこれらの能力を一つも持たないとしても、「われわれ」にとってかけがえのない存在であり、このかけがえのなさは「わたし」が生きて行為をしている限り失われることがない。誰もが有し、決して失われることのない、このかけがえ

Ⅱ　次の文章を読んで、後の問に答えよ。

僕らは数多くの「できなさ」を抱えている。空も飛べないし、永遠に生きることもできない。「一人では何もできない」という単独行為不可能性もその一つだ。合唱や野球といった共同行為は一人ではできないが、自転車を漕ぐといった行為は一人でできるように、一見思える。　1　。自転車乗りという行為を行うためには、自転車がうまく作動しなければならないし、道路・信号システムなどのインフラが整備・維持されていなければならない。また適切な酸素濃度・大気圧・重力場も必要だ。人間、人工物、生物、無生物など多種多様なエージェントによる援助や支えがあってこそ自転車に乗るという行為が成立する。そして私は、どのエージェントの働きをも完全に制御することができない。私は、自転車漕ぎという行為者性（エージェンシー）を、それら多数のエージェントにゆだねざるをえないのである。結果、行為者性をゆだねられた無数のエージェントからなるシステムが立ち上がる。このマルチエージェントシステムは、エージェントの多数性とシステムとしての単一性を併せ持つ点で、同じく多数性と単数性を兼ね備えた「われわれ（WE）」と呼ばれるべき存在である。自転車漕ぎという行為の主体・エージェントは、単なる私なのではなく、その「わたし（I）」を含んだシステムとしての「われわれ」なのである。

脳を用いた身体行為である「考える」や「決める」という営みも同様である。例えば、僕らは何らかの決断を行う際に、生まれ育った環境、他人の意見、社会的価値観といった様々な要因の影響を受けている。この事態を、これら様々な影響を蒙りつつも最終的には私が一人で物事を決めていると捉える必要はない。　2　最終的に決めているのは「わたし」かもしれない。　3　多数の要因も「わたし」と同じく決定に参画していると考えると、すべての決定は、「わたし」と数多のエージェントからなる「われわれ」の共同作業だということになる。「わたし」は専決者ではなく、共同決定という一連の作業の中で最後のボタンを押す役割を担った最終決定者にすぎないのである。

④ 日本はもともと自然を包み込んだ国家であったため、友好国に対して自国特産の動物を贈り合い交流する文化が発展しなかった。

⑤ 日本は各地に権力が分散されていた封建国家であったことから、一部の動物や植物を飼い慣らし生育させることしか出来なかった。

問十二 この文章の内容と合致するものを、次の①~⑤から一つ選び、記号をマークせよ。解答欄番号は 12 。

① ヨーロッパ諸国は国家が世界でなければならないという近代国家における思想から、全世界を支配しようと植民地を広げていき、アジアも同様に国境に対して敏感に反応した。

② 人間と動物たちは根は同じであるが故に、人間と動物は繋がっていなければならないという考えから、人間は動物園を植民地に多数設置して、日頃感じていた動植物からの疎外感を解消しようとした。

③ 動物は、人間のさまざまな側面や性質を具有していると考え、犬や猿といった人間以外の動物に芸をしこませて動物園に飼育し、そのような動物の姿をみて人間も動物なのだと確認していた。

④ 人間は自然からの疎外感を解消することは出来ず、人工的世界の中に動植物を引き入れようとするのは無理であり、動物を飼ったり植物を育てたりするのは愛情からによるものではない。

⑤ 人間が動物や植物を愛しているからこそ飼育しているのだとする思想は誤りである理由として、人工的世界に無理矢理に引き込まれた動植物は野生に還れない現実に直面していることが挙げられる。

問九 空欄 [2] に入る語句として最適なものを次の①～⑤から選び、記号をマークせよ。解答欄番号は [9]。

① 安心 ② 頓着 ③ 焦燥 ④ 観察 ⑤ 悲嘆

問十 傍線部h「自己完結的世界」とあるが、その説明として最適なものを次の①～⑤から選び、記号をマークせよ。解答欄番号は [10]。

① 人間の支配下に人工的な世界を作り、人間はやはり動物と同じく生物の一員なのだと再認識出来る世界。
② できるだけ広大な土地を確保し、さまざまな姿形をしている動物を取りそろえて、自然を包摂する世界。
③ 可能なかぎりのつがいを求めて繁殖行動を行うことで、新たに外部から動物を購入しない閉鎖的な世界。
④ 近代国家の市民が動物園を訪れてあらゆる動物たちを観察することを通じ、国家の繁栄を可視化する世界。
⑤ 一つの統一した世界を作りだし、その中で種の確保や繁殖などを行い、あらゆることが完全である世界。

問十一 傍線部i「なぜ日本に動物園が内発的に出現しなかったかの問題は、なぜ日本に近代国家が内発的に出現しなかったかの問題と同じである」とあるが、その説明として最適なものを次の①～⑤から選び、記号をマークせよ。解答欄番号は [11]。

① 国家は完結した世界であるべきとする国家観を日本が有しておらず、動物を人工的世界に引き入れ包摂するという発想が生じなかった。
② 国家を一つの統一的全体と考える思想が日本にはなく、特殊な動物に特化した近代的な動物園を自国内に作ろうとは思わなかった。
③ 日本はアジアの一国家であってヨーロッパとは異なる国家観を持っていた故に、動植物に対して価値を見いだそうとはしなかった。

番号は 5 。

① 気　② 期　③ 機　④ 企　⑤ 軌

問六　傍線部e「容喙」の意味として最適なものを次の①〜⑤から選びなさい。解答欄番号は 6 。

① 侵略　② 追随　③ 干渉　④ 協力　⑤ 影響

問七　傍線部f「内在的に必然的な運動」とあるが、その説明として最適なものを次の①〜⑤から選び、記号をマークせよ。解答欄番号は 7 。

① 他国から自国が近代国家として認知されるためには必須と考え、意図的に行われた運動。
② 国家を一つの統一的全体として捉えて世界制覇を目指さねばならないという、潜在的な運動。
③ 帝国に帰服しない部族を近代化させるのは欠かせない行為だとして、持続的に行われた運動。
④ 封建国家を近代国家に改めるのは不可欠であるとして、自然発生的に実施された運動。
⑤ 近代国家において、国家は世界でなければならないという思想から生じた、突発的な運動。

問八　傍線部g「そのような近代国家が必要とした」とあるが、ここでの意味として最適なものを次の①〜⑤から選び、記号をマークせよ。解答欄番号は 8 。

① 東洋を含めた世界中の近代国家とされる国々が、動物たちを人間に従わせようと自国内に多くの動物園を作る。
② 人間の支配下に人工的な動物の世界をつくり、人間が動物たちの主人であることを植民地の民衆に宣伝する。
③ 植民地を搾取して利益を得たのと同様に、動物が支配していたすべての土地を奪って自国の領地にしようとする。
④ 近代国家が世界制覇を目指したのと同じく、あらゆる種類を網羅した動物園を自国に作って支配し管理する。
⑤ 国家の領土が動物たちに侵害されるのを防ごうと、すべての種類の動物を捕縛して自国内の動物園に保護する。

⑤　チンパンジーに自転車に乗らせるなどの曲芸をしこみ、人工的な世界に野生の動物を保護する。

問二　傍線部b「ヒゾウブツ」の「ヒ」と同じ漢字が使われている文を次の①～⑤から選び、記号をマークせよ。解答欄番号は 2 。

①　人生のヒアイを感じている。
②　ヒカクにならない程の投票差で圧勝した。
③　彼は戦争によってヒガイを受けた。
④　僕はヒキョウな人間だ。
⑤　料理の腕前をヒロウする。

問三　傍線部c「神ぬきの神学的世界観」とあるが、ここでの意味として最適なものを次の①～⑤から選び、記号をマークせよ。解答欄番号は 3 。

①　人間が進化の最高段階と考え、神を従属させようとする世界観。
②　神への反発から、人が神の存在を無視しようとする世界観。
③　人間が無力な神を排除し、動物との関係も絶った世界観。
④　神になり替わり、人が動物の上に立ち支配する世界観。
⑤　人が持つ殺傷能力の高さ故に、神は無用と判断した世界観。

問四　空欄 1 に入る語句として最適なものを次の①～⑤から選び、記号をマークせよ。解答欄番号は 4 。

①　空間　②　努力　③　孤立　④　存在　⑤　規準

問五　傍線部d「キを一にしている」とあるが、「キ」の漢字として最適なものを次の①～⑤から選び、記号をマークせよ。解答欄ぜ日本に動物園が内発的に出現しなかったかの問題は、なぜ日本に近代国家が内発的に出現しなかったかの問題と同じであるが、ヨーロッパ人が動物を飼育し、ついには動物園をつくることによって解消しようとした、自然からの疎外感を、近代以前の日本人は、動物に関しては一部の少数の動物を飼い馴らすにとどまり、主として植物を相手に解消しようとしていたと思われる。しかし、植物に関しても、あらゆる種類の植物を集めて広大な植物園をつくるという方向にはゆかず、箱庭や盆栽や生け花に見られるように、狭い限られた空間に自然を縮約する形で、人工的世界のなかに自然を引き入れようとしていた。

しかし、人工的世界のなかに自然を引き入れようとするのは、動物に関してであれ、植物に関してであれ、所詮は無理な試みである。人間は決定的に自然から切り離されており、疎外感が最終的に解消されることはないであろう。人工的世界のなかに引き入れられる動植物にしたって迷惑な話である。もし松に心があったなら、狭い鉢のなかであんなにひねこびていじけた形にされて、腹を立てていることであろう。動物を飼ったり、植物を育てたりするのは、人間が動物または植物を愛しているからだと考えるのは、とんでもない間違いである。もし愛していれば、そんなことができるわけがない。

（岸田秀「なぜヒトは動物園をつくったか」による）

問一　傍線部ａ「人間は、動物が人間化し、人間の世界に所属したことを確認して喜ぶのである」とあるが、その具体例として最適なものを次の①～⑤から選び、記号をマークせよ。解答欄番号は 1 。

① 本来は四本足で歩く犬に、人間と同じように二本足で歩かせて、人間の世界に引き入れる。
② 電車を運転させるといった自然界の猿が野生では行わない行為を教え、猿の凶暴さを矯正する。
③ 火の輪くぐりをさせるなどライオンを人間が自由自在に操って、人間の力をライオンに誇示する。
④ 人間が猫だけを愛情をもってかわいがり、自分だけに懐くように猫にすりこませようとする。

さまたは無頓着さと際立った対照をなしている。中国は、はじめ、北方のどの辺までが自国領土であるかの明確な認識をもっていなかった。ロシア人がはいってきても、たいして気にとめなかった。ところが放っておくと、ロシア人に居すわられ、ますます深くはいってこられるようになって、やっと事の重大さに気づいたのであった。

さて、動物園は、gそのような近代国家が必要としたのである。かつて、未来の世界に生命をつなぐ唯一の空間であったノアの方舟に、すべての種類の動物を一つがいずつもち込んだように、完結した世界であるべき国家は、すべての種類の動物を網羅した動物園をもたなければならない。動物園をつくるということは、人間の支配下に人工的な動物の世界をつくるということである。動物の世界をも包摂しなければ、国家は完全なものとはならない。今や、人間の世界は自然から切り離されているのではなく、自然を包み込んでいるのである。したがって、動物園は、もはや動物の収容所であってはならず、なかなか理想どおりにはゆかないにしても、できるかぎり自然環境に似た一定の広い区域をもたなければならない。そこには、人間の支配下にさまざまな動物が生息しており、近代国家の市民は、それらの動物を眺め、人間が主人であることを確認して 2 するのである。動物には、鼻の長いのや、背中にこぶがあるのや、体じゅうに針をめぐらしているのや、腹に袋のあるのや、大きいのや、小さいのや、変てこな奴がたくさんいる。人間は、それらの変てこな連中みんなの主人なのだ。動物園とは、小世界であり、いわば世界帝国のミニアチュアである。動物園が自分のところにいない種を必死になって手に入れようとするのは、その欠如が世界帝国の不完全さを示すからである。すべての種が揃っていないと落ち着かないのは、帝国の一部にまだ帰服していない部族がいるようなものだからである。また、動物園が、できるかぎり、つがいを求め、動物園内での繁殖を非常に喜ぶのも、h自己完結的世界であろうとしているからであろう。高い金を出して新たに購入しなくてすむようになったという理由からだけではないであろう。（略）

日本がヨーロッパに模して動物園をつくったのは、同じくヨーロッパに模して近代国家をつくったのと同列のことであり、iなようとしてきたわけだが、その努力がもっとも露骨な形で表われているのが、動物園である。

動物園らしい動物園が出現したのは、近代ヨーロッパにおいてであり、それは、近代国家の成立とキを一にしている。[d] 日本でも、動物園は明治国家の体制が整えられてゆくのに歩調を合わせて整えられていった。それ以前は、せいぜい鳥小屋か家畜小屋のようなものしかなかった。ヨーロッパでも、近代以前は、動物を飼っているとしても、それは、古代ローマにおけるように闘技用の猛獣を一定の場所に囲っておくとか、中世におけるように王や貴族の狩猟場のなかに狩猟用に放す動物をおいておく場所を設けるとか、あるいは、馬や牛などの特定の種類の動物を牧場で飼育し、繁殖させるとかの限界を出るものではなく、近代の動物園のように、世界各地からできるだけ多くの種類の動物を集め、一定の囲まれた広大な区域のなかで飼育し、人びとの観覧に供するという形からは程遠いものであった。

近代国家の成立と動物園の出現とがキを一にするのは、いずれも同じ一つの流れの現われであるからだと思う。近代国家とは、各地に権力が分散されていた封建国家とは異なって、中央集権の統一国家である。ということは、国家というものを一つの統一的全体と考える思想を前提としており、国家がすなわち世界でなければならない。そして、国家が世界である以上、国家主権は他の容喙[e]を許さぬ絶対的なものでなければならず、国家はすべてのものを含んでいなければならない。この意味において、近代国家は、近代国家であるかぎりにおいて、不可避的に世界制覇の野望を内包している。近代国家が植民地獲得に乗り出したのは、内在的に必然的な運動[f]であった。それは、植民地を搾取して利益を得るためというよりは、自国の主権下に全世界を従属させるためであった。近代国家の植民地獲得の運動がある限界内にとどまったのは、同じく植民地獲得をめざす他の近代国家、あるいは相手国との衝突のためでしかなく、どの近代国家も、もし可能であったなら、全世界を征服したかったであろう。また、近代国家が国境に神経質なのも、そこに理由があるであろう。国家の領土が一部でも侵害されれば、完結した世界としての国家のその完結性が崩れるのである。それは、ヨーロッパ諸国に侵略されはじめたころのアジア諸国の、国境に関するおらか疎外感があると思う。人間は自然から切り離された存在である。そして、自然の世界とは別な人工的世界をつくっている。この人工的世界のなかで、人間は疎外感と孤立感に責めさいなまれている。それから逃れるため、人間は、自然のなかに安住している動物たちを自然からあえて切り離し、いろいろな人間的性質を付与したり、飼育したり、芸を仕込んだりして、人間の世界に引き入れようとする。そして、人間の世界が人間だけ孤立した世界ではないことを確認しようとする。

神がおのれの姿に似せて人間をつくり、人間以下の存在としてさまざまな動物をつくったというユダヤ＝キリスト教の神学的世界観も、疎外感と孤立感から逃れようとする人間の努力の一環と見ることができよう。唯一の同じ神の[b]ヒゾウブツとして、人間と動物たちはつながっており、そのなかで人間は神に似た唯一の存在として動物たちの上に君臨しているわけである。人間は、自然から、動物たちから切り離された存在ではなく、その上に立って支配しているのである。

神が死んで、この神学的世界観が崩れ、ダーウィンの進化論が現われた。進化論は、神が死んだために同じヒゾウブツとしてのつながりがなくなった人間と動物たちとをふたたびつなげようとする試みであったと見ることができよう。この意味において、進化論は、科学的装いをまとった別の形の神学的世界観、いわば[c]神ぬきの神学的世界観である。人間は、進化の最高段階にあるというわけで、ちゃんと従来どおり、すべての動物の上に立っており、人間と動物たちは、根は同じで進化の過程で枝分れしたということで、つながっている。言うまでもなく、何が進化の最高段階にあるかは規準のおき方でどうにでもなる。大きさを規準にすれば象であるし、首の長さを規準にすればキリンであるし、同類をも含めて動物たちを殺す能力を規準にすれば人類である。

ついでながら言えば、仏教の輪廻(りんね)思想も、同じような［1］の一つであると見ることができよう。同じ霊魂が人間をはじめ、いろいろな動物の姿を借りてめぐっているわけであるから、その意味で人間と動物たちはつながっていることになる。

このようにして人間は、人間と動物たちをつなごう、いや正確に言えば、動物たちを人間を主人とする人工的世界に引き入れ

国語

（七〇分）

（注）文（日本文・史・比較芸術）学部はⅠ～Ⅲ、その他はⅠ、Ⅱを解答すること。

問題 Ⅰ Ⅱ は全受験者が解答すること。

Ⅰ

次の文章を読んで後の問に答えよ。

動物たちは人間の別の姿である。いやむしろ、そうでなければならないと言った方がよいであろう。だからこそ、人間は、動物にあれこれの人間的性質を付与し、それだけでは足りず、さらに動物を人間化しようとして、動物にいろいろ芸を仕込んだりするのである。ライオンに火の輪をくぐらせたり、猿に電車を運転させたり、犬に二本足で歩かせたり、チンパンジーを自転車に乗らせたりして、どうして人間はおもしろいのであろうか。どうして金まで払ってサーカスの動物の曲芸を見にゆくのであろうか。動物が、本来はやらない、人間しかやらないことをやるのを見ることによって、[a]人間は、動物が人間化し、人間の世界に所属したことを確認して喜ぶのである。

動物が人間の世界に所属したことを確認することが、どうして人間は嬉しいのであろうか。この背後には、人間の自然からの

解答編

英語

I　**解答**　1―③　2―④　3―③　4―②　5―③　6―②
7―②　8―③　9―②　10―②

◆全　訳◆

≪ロドリゲス島への誘い≫

私が初めて訪れたとき，飛行機が小さな火山島であるロドリゲス島に向かって降下し始めた際，私は何かがおかしいと確信した。眼下にはインド洋が見渡すかぎり地平線のはるか彼方まで広がっていた。陸地がある気配も，私が搭乗していた大型のボーイング 737 機が安全に使うのに十分に大きくて長い滑走路がある気配もなかった。操縦士はどこに私たちを着陸させようと思ったのだろうか。

私は機内を見回して他の乗客を見た。誰もうろたえてはいなかった。ロドリゲス島の家に帰ろうとしていた地元の人たちは寝ているか，のんきに膝の上に子供を抱えていた。シートベルトを締めるよう丁寧に乗客に求め，乗務員に着陸の準備をするように伝える以外には，機長からの機内アナウンスはなかった。この時点で私は気持ちが落ち着き，心配ではなくなった。しかしながら，窓から外を見ていると，10 分かおそらく 15 分経って，何かが，何であれ，眼下の海の景色を遮った。たくさんの白い波が数キロにわたり陸地ではなく海自体にあたって砕けていた。それから，ようやくロドリゲス島と島の西端にある静かで小さな空港が，視界に入ってきた。ロドリゲス島に初めて到着するのに，心の準備をさせてくれるものは何もなかった。広大な青い海の中に小さな黒い点としてついにその小さな島が現れるまでは，何時間も何時間も，眼下に広がる海以外に飛行機の窓からは何も見えない。ロドリゲス島自体が属する島国の中で，ロドリゲス島よりもはるかに大きな島国であるモーリシャスの北東およそ 600 キロメートルに位置するロドリゲス島は，世界で最も辺鄙な有人島の一つである。

西から到着する飛行機で上空から眺めると，ロドリゲス島は海とサンゴ環礁に囲まれた不思議で美しい島だ。白い波が，ロドリゲス島の外縁を示し，紺色のサンゴ環礁を取り囲んでいる。次に，サンゴ環礁が，青い山々が長く連なる本島を囲んでいて，本島は白い砂浜で縁取られ，遠くにはたくさんの小さい島々が影を落としている。青い山脈は島の東端で一番高くなってから，サンゴ環礁に傾斜を成して沈んでいく。そして海が彼方の地平線に向かって伸びるに従い，波が少しずつ消えていく。小さな火山島を囲む青色のサンゴ環礁は，地元の人たちがいつも決まってタコを捕りに来るところだ。ロドリゲス島が刑務所なら，逃げ出すことは不可能だろう。

ロドリゲス島は，初めて船がたどり着いた 1528 年に，記録に残されている人類の歴史に登場した。オランダ船籍の 3 艘の船が，島を離れる前に，その年に島に短期間滞在したと記録した。その頃，島には誰も住んでいなかった。そしてもしこの時より前に，通りすがりの船の乗組員が上陸していたとしても，彼らは訪れた痕跡を何も残さなかったのだ。ロドリゲス島は，東アフリカとアラブやアジアをつないでにぎわっていた交易ルートや貿易風から，あまりにも南そして東にそれて位置していた。航路から外れて遠く流されてしまったポルトガルやオランダそしてフランスの船が 16 世紀の間のいろいろな時期にロドリゲス島に上陸したときでさえ，彼らは食料を新しく補給するだけの期間しか滞在しなかった。たいていの場合，このことは船員たちが大きな亀とロドリゲスドードーを捕ることを意味した。ロドリゲスドードーとは，まさに彼らがロドリゲス島より大きいモーリシャス島でたくさんの他の鳥を殺したように，食料にするために殺してすぐに全滅させたとても太った鳥のことだ。

1691 年に，フランソワ＝ルガという名のフランス人男性が，7 人の船員とともにやって来たが，彼らは全員が，宗教的信条から彼らを逮捕しようとしていたフランスのカトリック政府から逃げてきていたのだ。何年も後になって出版された，島にたどり着いたことに関して彼が書いた報告書に，「ロドリゲス島にはあまりにもたくさんの大きな亀がいるので，地面に足をつくことなく亀の甲羅の上を 100 歩以上歩けるのだ」とルガは書いた。ルガと，彼とともにやって来た船員たちは，ロドリゲス島に最初の植民地と町を作ろうと計画したが，あまりにも人里離れた場所が彼らの精神にはこたえた。2 年ほど経って，もはやそれ以上孤独に耐えられなくなり，彼らは切り出した木材で船を作り，島を離れ，二度と戻らなかった。最近では，ロドリゲス島が世間から遠く離れたところにあることは，その魅力の中心だ。コロナが流行する前は，およそ150万人の旅行者が毎年，大きな島国であるモーリシャスを訪れていた。しかし，その旅行者のうちわずかな人たち（6％未満）が遠くまで足を延ばし，はるかに小さな島であるロドリゲス島を訪れていた。実際にやって来た人たちは，およそ40年前にたくさんの旅行客がやって来始める前のモーリシャスの様子にとてもよく似た，建物のほとんどない静かな島に出合った。島を走る車はほとんどなく，島ではとてもゆっくりと物事が過ぎていく。犯罪はほとんどない。

「ロドリゲス島は素晴らしく安全なところです」と，モーリシャスで最も知られている料理人の一人で，ロドリゲス島に54年間住んでいるフランソワーズ＝バティストは言った。「暖かいときにはいつも，そしてそれはたびたびそうなのですが，私たちはドアを開けて寝ます」 安心感と治安のよさは，ロドリゲス島の穏やかな親睦からいくらか起因している。ロドリゲス島の人口は4万5千人に満たない。様々な文化的バックグランドを持つ人々から成る住民がいるモーリシャス本島とは違って，ロドリゲス島に住む人たちはみんなお互いにとても似ている。島の人たちはみんなアフリカ人奴隷かヨーロッパ人入植者にルーツを持っている。「私たちはアフリカからセガという名の特別な踊りを，イギリスからアフタヌーンティーとベーコンを，そしてフランスからペストリーを取り入れました」と，フランソワーズ＝バティストは言った。

「ロドリゲスは村です」と，ビジネスマンでありフランソワーズの夫であるラヴァル＝バティストは付け加えた。「みんながみんなを知っているのです」 そして，彼らがしばしばモーリシャス本島を仕事や医者にかかるためや他の理由で訪れなければならない間，フランソワーズとラヴァルは自分たちの家がある島のゆったりとしてとても落ち着く生活をいつも懐かしく思う。「私たちは数日間，（モーリシャス本島で）忙しく過ごした後に帰ってくると，いつも本当に幸せを感じるのです」と，ラヴァルは言った。ロドリゲス島の中心地であるポート・マチュリンでさえ，ほんのたまにしか，活気づかないのだ。つまり，朝と夕方の5分間のラッシュアワーの間や，船が港に着くといつも起こるちょっとした活動の間，そして朝の8時には開くけど10時までには誰もいなくなっている土曜市の間だ。

ロドリゲス島は島中が静かでくつろげる観光地だ。ポート・マチュリンから北部海岸沿いに，どこへともなく道が曲がりくねって続いていて，途中でアンス・オー・アングレの小さな町を通り過ぎて，完璧な1日の終わりに静かな海面と美しい夕日が見られる。島の西部には，「フランソワ・ルガ保護区」という名の大がかりなプロジェクトが，サンゴ環礁の砂浜にゆっくりと傾斜を成して沈んでいく島の一部を回復しようとしている。数世紀にわたって，入植者や訪れた船の乗組員たちが島の大型亀を全滅させ，ほとんどの木を切り倒してしまった。最近，保護区の管理者は，フランソワ＝ルガと彼の仲間の船員がやって来る前の17世紀のロドリゲス島の様子にできる限り似せるため，島のこの一角を回復させるという大いなる目標を掲げた。このことが達成できるよう，彼らはインド洋のあちらこちらから大きな亀を持ち込み，そしてロドリゲス島原産の木を10万本以上植えた。

島の西側の海岸沿いで，プワント・デュ・ディアブルとして知られる場所の近くには，木枠がしばしば狭い道端に並んでおり，そこから幽霊のように白いタコの足が海風に当たって揺れている。海で捕れたばかりのこれらのタコは，道ゆく人たちに向けて売られている。タコはロドリゲス島の文化の大事な一部であり，そして地元の人にとっては大事な食料で，「地元の人はみんな，1週間に2，3回タコを食べるものだよ」と，ラヴァルは言った。

タコ漁は，「仕事に就いていない女性によってほとんど行われています」とフランソワーズが付け加えた。「彼女たちは朝早くにタコを捕ります。このようにすれば，彼女たちはその後に家事をする時間がとれるし，同時に家計に貢献するのです」

引き潮のときにロドリゲス島のサンゴ環礁で，長い先のとがった棒で捕獲されるタコは，島にとってはとても重要だ。事実，島の指導者たちは，郷土料理である甘くて辛いタコのカレーの未来を，乱獲を防ぐために規制を敷くことによって守らないといけないと感じていた。2月，3月，9月そして10月にタコ漁をすることは許可されない。この4カ月の間，島のタコ漁をする者たちはタコを捕らないことで島の指導者たちからお金が支払われ，そして地元の海岸をきれいにする仕事を含め，賃金が支払われる仕事を与えられるとラヴァルは言った。

島の反対側の，小さなサン・フランソワ村に，私がロドリゲス島で食事するお気に入りの場所の一つである「ロバートの店」がある。ロドリゲス島特有の魅力が漂うこの小さな木造の海岸のカフェでは，ロブスターや他の新鮮な海産物とならんで，焼きタコやタコ炒め，タコのカレー，タコとフルーツのサラダといった様々な料理でタコが提供される。私はロドリゲス島を訪れて，「ロバートの店」に行くときはいつも，メニューをじっくり見るふりをする。メニューは決してそんなに変わるわけではない。私は何が新鮮かを聞く。そして，まるで物思いにふけっているかのように，ヤシの木の間から海をじっと見ながら，長い時間を過ごす。それから私はタコを注文する。そうするときはいつも，初めてロドリゲス島にやって来たように感じるのだ。

◀解　説▶

1．ロドリゲス島の位置については，第1段にロドリゲス島に向かう飛行機のフライトの様子が書かれており，第2文（Down below, the …）に，「眼下にはインド洋が見渡すかぎり地平線のはるか彼方まで」とあるので，③が正解。①「太平洋」　②「大西洋」　④「北極海」

2．ロドリゲス島の地理的特徴が第3段に詳しく書かれており，第1文（When seen from …）に「ロドリゲス島は海とサンゴ環礁に囲まれた不思議で美しい島だ」とあり，第6文（The blue lagoon …）に「小さな火山島を囲む青色のサンゴ環礁は…」とあるので，④が正解。①「とても人通りが多くて混み合った島」　②「人気の旅行先」　③「人の少ないとても大きな島」

3．初めて船がロドリゲス島にたどり着いたときの様子は，第4段に書かれており，第3文（No one lived …）に「その頃，島には誰も住んでおらず」とあるので，③が正解。①「たくさんの地元住民がタコ漁をしていた」　②「その島には大きな刑務所があった」　④「彼らはそこでアフリカやアラブそしてアジアから来た人たちと出会った」

4．16世紀のロドリゲス島の様子は，第4段に書かれており，第5文（Even when Portuguese, …）に「航路から外れて遠く流されてしまったポルトガルやオランダそしてフランスの船が…彼らは食料を新しく補給するだけの期間しか滞在しなかった」とあるので，②が正解。happen to *do*「偶然～する」　①「にぎわっていた貿易ルートの一部」　③「たくさんの危険な野生動物がいた」 ④「ドイツによって所有されていた島」
5．フランソワ＝ルガの島での生活の様子は，第 5 段に書かれており，いつまで島に住んでいたのかは第 3 文（Leguat and the …）のコロンの後に「2 年ほど経って，もはやそれ以上孤独に耐えられなくなり，…島を離れ，二度と戻らなかった」とあるので，③が正解。①「苦痛を伴う病で彼が死ぬまで」 ②「フランス船籍の船が彼を助けに来るまで」 ④「20 年以上の間」
6．フランソワーズ＝バティストの発言は第 6 段に記されており，第 2・3 文（“Whenever it's warm, … of the place.）で，ロドリゲス島がどれほど安全かが述べられているので，②が正解。①「毎年 100 万人以上の旅行者が訪れる」 ③「そこでは何も決して起こらない」 ④「その島には車が走っていない」
7．「フランソワ・ルガ保護区」については，第 8 段において第 3 文（In the island's …）以降に言及されており，現在の具体的な活動内容が最終文（To help achieve …）に「彼らはインド洋のあちらこちらから大きな亀を持ち込み」とあるので，②が正解。①「フランソワ＝ルガの像を建てること」 ③「多くの草木を伐採すること」 ④「島の全ての場所をつなぐ道路を建設すること」
8．ロドリゲス島に住む人たちの食生活については，第 9 段最終文（Octopus is an …）後半に，「地元の人はみんな，1 週間に 2，3 回タコを食べるものだよ」とあるので，③が正解。①「ロドリゲスドードーと呼ばれる太った鳥」 ②「大きな亀」 ④「イギリスのペストリー」
9．ロドリゲス島でのタコの禁漁期間は，第 11 段第 3 文（No one may …）に「2 月，3 月，9 月そして 10 月にタコ漁をすることは許可されない」とあるので，②が正解。
10.「ロバートの店」については，最終段で述べられており，第 2 文（In this small …）に「この小さな木造の海岸のカフェ」とあり，第 6 文（And I spend …）に「ヤシの木の間から海をじっと見ながら」とあるので，②が正解。①「大きなショッピングモールの中にある」 ③「高級ホテルの中にある」 ④「ロドリゲスの中心地であるポート・マチュリンにある」

Ⅱ **解答** 11―② 12―② 13―③ 14―① 15―① 16―④ 17―③ 18―④ 19―① 20―② 21―③ 22―③ 23―② 24―④ 25―①

◆全 訳◆

≪ウォルト＝ディズニーの功績≫

ウォルト＝ディズニー（1901～1966年）はアメリカ映画プロデューサーであり，テレビプロデューサーでもあり，ミッキーマウスを含むアニメーション映画の先駆者として，そして遊園地のディズニーランドやディズニーワールドの創設者として有名だった。ミッキーマウスを主役としたディズニーの最初のヒット作は，『蒸気船ウィリー』と呼ばれた短編映画だ。それは1928年11月18日にニューヨークのコロニーシアターで初公開された。映画に音声が取り入れられたばかりで，ディズニーはミッキーの声優を務めたが，ミッキーはディズニーが育てたキャラクターで，彼の主力アニメーターであったビル＝ワークマンによって描かれた。その映画はすぐにヒットした。ディズニーとワークマンはミッキーマウス主演の『飛行機狂』と『ギャロッピン＝ガウチョ』という2本の無声映画を先立って作っていた。音声がついている映画の方が人気の高い呼び物だったので，最初期の2本のミッキーマウスの無声映画は観客に受け入れられなかった。1929年に，ディズニーはミッキーの新しくつくり出された友達であるミニーマウスやドナルドダック，グーフィーそしてプルートを新しい映画に出演させた。

ディズニーは100本以上の長編映画を作った。彼の初めてのノーカット版映画は，1937年12月21日にロサンゼルスで初めて公開された『白雪姫と七人の小人』だった。当時は景気がとても悪かったにもかかわらず，その映画は驚くことに150万ドルを売り上げた。またその映画は8つのアカデミー賞を受賞した。このことはウォルトディズニースタジオが次の5年にわたって別のノーカット版映画シリーズを完成させることにつながった。1940年代中頃，ディズニーは短編映画を作って，まとめて上映した。1950年までに，ディズニーは再び長編映画に力を注いだ。ディズニー自身がプロデュースした最後の大ヒット作は，1964年に公開された映画『メアリー・ポピンズ』だった。

ディズニーはまた，テレビを娯楽として用いた最初の人々の中の一人だった。「マウスケティアーズ」として知られる10代を主演させたバラエティショーの『ミッキーマウスクラブ』がそうであったように，『怪傑ゾロ』シリーズと『デヴィ＝クロケット』シリーズは子供達の間で大人気だった。『ウォルト＝ディズニーの素晴らしい色の世界』は日曜の夜の人気番組で，ディズニーは彼の新しいテーマパークであるディズニーランドの宣伝を始めるのにその番組を使った。

ディズニーが1700万ドルかけて建設したディズニーランドは，1955年7月17日にカリフォルニア州アナハイムのかつては畑だった場所にオープンした。俳優で（後の合衆国大統領の）ロナルド＝レーガンがオープニングを任された。（数千枚の偽の招待状が配布されたことも含めて）いくつかの手違いのあった盛大な開園日の後，そのテーマパークはすぐに子供とその家族が，散策したり，乗り物に乗ったり，ディズニーキャラクターと出会えたりする場所として知られるようになった。非常に短期間で，そのテーマパークは大金を稼ぎ出し，世界中からの旅行客を楽しませた。本家ディズニーランドは長年にわたっていくらかの接客トラブルがあったが，それでも成功し続けている。ディズニーランドは時間をかけて乗り物を増やし，フロリダのオーランド近くにウォルトディズニーワールドを，また東京，パリ，香港そして上海にもディズニーランドを作り国際的に事業を広げた。

1955年のディズニーランドの開園から数年の内に，ディズニーはフロリダに新しいテーマパークと「トゥモロー」センターの計画を練り始めた。これらはディズニーが1966年に亡くなったときにはまだ工事中であった。ディズニーの死後，兄のロイが計画を引き継いでフロリダのテーマパークを完成させ，そしてそこはウォルトディズニーワールドという名で1971年に開園した。

◀解　説▶

11. 直前のItが『蒸気船ウィリー』という映画を指していることから，「封切りになる，公開される」という意味の，②が正解。

12. make *one's* way into～「～に分け入る」という意味の定型表現で，②を選ぶことで，映画が無声から有声へと変わる転換期であったということを表す英文となる。

13. fail to *do*「～し損ねる」

14. 空欄には動詞が入るが，目的語が「映画」であることを考えると，「～を製作する，～をプロデュースする」という意味の①が正解。

15. 空欄前後が逆説的な内容になっているので，① though を入れれば even though S' V'「たとえ S' が V' だとしても」となり，意味の通る英文が成立する。even although という表現はない。

16. once again「もう一度」

17. among the＋最上級〔序数〕～「～の中の1つ〔1人〕で」という意味の定型表現である。

18. be known as ～「～として知られる」という意味の熟語。③ called を用いて「～と呼ばれる」という英文も考えられるが，その場合は as が不要である。

19. 空欄の前が前置詞であること，空欄の後に動詞が続いていることに着目する。先行詞を含んだ関係代名詞である①が正解。

20. 選択肢として与えられている名詞は空欄の前には一度も出てきていないが，空欄の前に the が付いていることから，空欄以前の内容を別の名詞で言い換えていると判断する。空欄の前は段落が変わったばかりであり，ディズニーランドの開園日のことが書かれていることから，②が正解。③と④は複数形になっているが，開園日について複数の事柄が書かれていないことから不適切である。なお，正解に activities とあるように「(ある目的のための) 活動」の意味では通例，複数形で用いられる。*ex.* club activities「クラブ活動」

21. 文意より，③が正解。④ instead を用いて「家族の代わりに子供が」という英文も考えられるが，その場合は of が必要である。

22. from around the world「世界中から」

23. a few years「2，3年」となる。時間の長さを比較する内容が文中にないので①と③は不適切。また，空欄の前に冠詞があり，空欄の後に名詞があるので，形容詞や分詞しか空欄には入らない。よって④は不適切。

24. 空欄の前後が完全文であることから，接続詞あるいは関係副詞が入ると判断する。文意からも④が正解。

25. 空欄の前が完全文となっていること，空欄の後に動詞が続いており主語がないことに着目する。文意から the Florida theme park が先行詞となっているとわかることから，①が正解。

Ⅲ 解答

Part Ⅰ　26―③　27―①　28―②　29―③　30―②
Part Ⅱ　31―①　32―③　33―①　34―①　35―④

◀解　説▶

Part Ⅰ

26. (We could have arrived earlier) had it not been for rain.「雨が降らなかったのなら，私達はもっと早くに到着できていただろうに」

仮定法の定型表現である，if it had not been for ～「もし～がなかったのなら」の if を省略した形で用いる。仮定法で if を省略すれば後に倒置（＝疑問文の語順）が起こる。

27. (There) is thought to be enough parking (space in the parking lot.)「駐車場には十分な駐車スペースがあると思われます」

there is enough parking space「十分な駐車スペースがある」という文に，「だと思われる」という意味を加えるには，thought to be を is の後に入れる。think には think *A* to be C「*A* が C であると思う」のように状態を表す用法があるが，これを受け身にすれば，*A* is thought to be C となり，本問で用いられている表現と近い。enough には形容詞と副詞としての用法があるが，本問では名詞である parking space を修飾する形容詞の働きをしているので，名詞の前に置くことに注意する。

28. (How) come you did not invite him (to the party?)「なぜ彼をパーティに招待しなかったのですか」

疑問表現である how come ～「なぜ～なのですか」を用いる。この表現は疑問詞を用いているが，how come の後が平叙文の語順となることに注意する。

29. (I would) appreciate it if you would send (me a brochure.)「もしパンフレットを送ってくれたら，私はありがたく思います」

〈人〉を目的語に取る thank とは違って，appreciate を「～をありがたく思う」という意味で用いる場合は，〈物・事〉が目的語となる。また it は形式目的語であり，if 以下の内容を受けている。

30. (I am afraid my time to read is limited. I should) read such books as will be (instructive.)「言いにくいのですが，読書の時間が限られています。私はためになるような本を読むべきです」

such *A* as ～ で「～であるような *A*」の意。as が疑似関係代名詞（主格）として用いられている。

Part Ⅱ

31.「この町の人口は去年より10%減っている」

〈差〉を表す① by が正解。

32.「このリストに載っている本は全て30ドルで売られている」

本問で用いられている go は「売れる，売られる」の意味であり，価格に言及するのであれば，〈値〉を表す at や〈交換・代価〉を表す for が後に続く。

33.「その丘からは海がよく見渡せます」

command a view of ～「～を見渡す」

34.「あなたが間違っていると私は思います」

it strikes *A*（人）that S' V' で「S' が V' するという印象を *A*（人）に与える」という意味の構文である。②の seem と③の appear はどちらも自動詞であるため目的語を取ることはできず，seem〔appear〕*A*（to 人）that ～「*A*（人）にとって～のように思われる」という語法が正しい。④の impress は受動表現で用いられると「感銘を受ける」という意味になるが，基本的に主語は〈人〉とすべきであるうえ，me や that 節などの目的語を取らないため，不適切。

35.「私は2，3日以内にパソコンを修理してもらわないといけない」

have *A* *done*「*A* を～してもらう」

 **解答**　36―②　37―③　38―④　39―④　40―③

◀解　説▶

Dialogue A

（2人の生徒がお互いに話している。）

ノゾミ：数学の試験どうだった？

アラン：一晩中起きて勉強して，ほぼ満点取れたと思う。君は？

ノゾミ：A には達しなかったわ。

36. ノゾミの最終発言での come up short は「達しない」という意味なので，この発言の趣旨は「成績評価が A に達しなかった」ということになる。動詞の前に置かれる almost は「ほぼその動作が成立するところだった＝動作が不成立である」ことを意味する。よって，②「彼女はテストでAの成績をもう少しで取れそうだった（が，取れなかった）」が正解である。

Dialogue B

（2人の生徒がお互いに話している。）

アラン　：スミス教授の宿題は次の月曜日が提出期限だよ。

ルーシー：それに取りかからなくては。

アラン　：僕はもうやり終えたよ。

ルーシー：あなたについていくのは難しいわ。

37. ルーシーの最終発言での keep pace with ～ は「～と足並みをそろえる」という意味なので，この発言の趣旨は「アランと同じペースで勉強を進めていくことが難しい」ということになる。したがって，③「アランは彼女よりも早く勉強する」が正解。

Dialogue C

（グループの人たちが教室で座っている。）

ジェーン：ジョンはどこ？　この会議は30分前に始まったんだけど！

ビル　　：知らないよ。彼は来るって言ってたけど。

（扉が開いて）

ジョン　：やぁ，みんな！

ジェーン：まぁ，遅れても来ないよりはいいわ。

38. ジェーンの最終発言での better late than never は「遅れても何もしないよりはまし」という意味の慣用表現なので，この発言の趣旨は「遅れて来ても来ないよりはまし」という意味になる。したがって，④「ジョンがようやく会議に参加してよかった」が正解。

Dialogue D

（2人の友人が他の友人について話している。）

ジル　　：デイブが新しいマンションを買ったって聞いたよ。

ジュリー：彼，とてもよかったね。

ジル　　：あなたはマンションか一戸建てを買わないの？

ジュリー：今，収入の範囲内でやりくりするのが難しいのよ。

39. ジュリーの最終発言での make ends meet は「収支を合わせる，収入の範囲内でやりくりする」という意味の慣用表現なので，この発言の趣旨は「お金に余裕がない」ということになる。したがって，④「彼女はマンションか一戸建てを買うのに十分なお金を持っていない」が正解。

Dialogue E

（2人の同僚がオフィスで座っている。）

メアリー：ボスからのEメールを見た？

パブロ　：見たよ。つまりは，彼女は僕たちに報告書を金曜日までに終えてほしいってことでしょ？

メアリー：そうよ。私たち，今週は残業になると思うんだけど。

パブロ　：そのようだね。なぜ彼女は締め切りを繰り上げたの？　適切じゃないね。

メアリー：あのボスはいつも物事をすぐにやってもらいたがるのよ。

40．メアリーの最終発言での want *A* *done*（by）yesterday は「*A* を大至急やってほしがる」という意味の慣用表現なので，この発言の趣旨は「ボスはいつも仕事をすぐに仕上げてもらいたがる」ということになる。③は push *A* to *do* が「*A* に～するよう強要する」という意味なので，「ボスはいつも人に仕事を早く終わらせるよう無理させる」となり，これが正解。

❖講　評

大問の構成において2023年度は若干の変更はあったが，設問数は40問で例年と変わらない。

Ⅰの英文は，インド洋に浮かぶロドリゲス島を紹介するかなりの長文である。内容把握を問う問題で，設問文に先に目を通し，関連箇所を見つけることができれば難解なものではない。誤りの選択肢には，本文には一切記載がないものや，関連箇所以外の内容に関するものも多いので，それらを排除できれば，簡単に答えることができる。

Ⅱはウォルト＝ディズニーの話である。読解問題ではあるが，内容真偽問題ではなく，文脈に沿った単語を補うものや，文構造から接続詞や関係詞を補う設問が多く，熟語を完成させる設問もいくつかある。

Ⅲの Part Ⅰは語句整序問題である。文法知識が問われる問題が大半である。語句整序としての設問数が減ったためか，やや高難度のものがいくつかあった。Part Ⅱは基本的な文法・語法や定型表現を完成させる問題である。

Ⅳは会話文であり，最終発言の主旨を答える問題である。会話の要点と流れをつかむことができれば，それほど難しくはない。

日本史

I **解答** A．問 1．②　問 2．③　問 3．①　問 4．③
問 5．④　問 6．⑥
B．問 7．①　問 8．③　問 9．②　問 10．④
C．問 11．④　問 12．③　問 13．①　問 14．②　問 15．③

◀解　説▶

≪原始～中世の政治・社会・経済・文化≫

A．問 1．やや難。②新嘗祭は律令制下では，11 月に行われ，天皇が新穀を神々に供えて収穫を感謝し，自らも食した。現在の勤労感謝の日（11 月 23 日）の前身にあたる。天皇即位の年に行われるものを③大嘗祭という。①祈年祭は，律令制祭祀の 1 つで，旧暦 2 月 4 日に行われた五穀豊穣を祈る祭り。④大祓は，6 月・12 月の晦日に朱雀門に五位以上の官人が集まり，罪を祓い清める儀式であった。

問 2．①誤文。ナウマン象は「縄文時代」ではなく旧石器時代に生息しており，化石が長野県野尻湖で見つかった。

②誤文。縄文時代の人類は「旧人」ではなく新人に属する。

④誤文。三内丸山遺跡は「縄文晩期」の遺跡ではなく，縄文前期～中期の大集落遺跡である。

問 3．①誤文。菜畑遺跡は「静岡県」ではなく佐賀県で，縄文晩期～弥生前期の住居跡・墳墓・水田跡の遺跡である。

問 4．①誤文。班給された口分田は，「『名』を単位」ではなく面積を単位に経営された。

②誤文。「木綿でできた布」ではなく，麻でできた布である。木綿とは綿花・綿糸・綿布の総称であるが，日本には 15 世紀に朝鮮から綿布，綿種が伝えられ，戦国時代以降に栽培が始まった。

④誤文。国司の支配地域は「国司の知行国」ではなく国衙領と呼ばれた。

問 5．752 年の大仏開眼供養に参列した太上天皇（上皇）は④聖武上皇であり，時の天皇は娘の②孝謙天皇であった。

問 6．Ⅲ．「元明天皇によって『風土記』の編纂が命じられた」（713 年）

→Ⅱ.「天然痘に罹患して藤原武智麻呂がなくなった」(737年)→Ⅰ.「漢詩集である『懐風藻』が編纂された」(751年) の順である。

B. 問8. 文中の「法勝寺」から六勝寺を想起できれば，正解は③尊勝寺とわかる。

問9. 蓮華王院は1164年に後白河上皇の命で②平清盛が造営した。

C. 問12. Ⅰ. 誤文。北条時宗が創建したのは「建長寺」ではなく円覚寺である。Ⅱ. 正文。『蒙古襲来絵巻』は肥後国の御家人竹崎季長が自身の戦功を子孫に伝えるために描かせたものであるが，文永の役のみならず弘安の役の戦闘の様子も描かれていることを知っておこう。

問13. ①誤文。「貞永式目を制定」したのは，「後醍醐天皇」ではなく北条泰時である。

問14. ①誤文。「新田義貞が戦死」したのは，「観応の擾乱」ではなく1338年の藤島の戦いである。

③誤文。高師直と足利直義は敵対関係にあった。

④誤文。南朝の主力として活動したのは「護良親王」ではなく征西将軍であった懐良親王である。

問15. Ⅱ.「後鳥羽上皇の命で『新古今和歌集』が編纂された」(1205年)→Ⅰ.「すぐれた随筆集である『徒然草』が著された」(1331年頃)→Ⅲ.「連歌を集成した『菟玖波集』が著された」(1356年) の順である。年代がわからなくても，Ⅰが鎌倉時代末期，Ⅱが鎌倉時代前半，Ⅲが南北朝期と判断できれば正解できる。

Ⅱ 解答

A. 問1. ②　問2. ③　問3. ④　問4. ②　問5. ①

B. 問6. ②　問7. ②　問8. ①　問9. ④　問10. ④

C. 問11. ①　問12. ②　問13. ①　問14. ④　問15. ④　問16. ①　問17. ③　問18. ①　問19. ③　問20. ④

◀解　説▶

≪近世の対外関係≫

A. 問1. スペインの拠点がフィリピンのマニラであること，ポルトガルの拠点がインドのゴアや中国のマカオであることを知っていれば正解は②とわかる。

問 2．やや難。「鉄砲伝来を 1542 年とする『諸国新旧発見記』の作者」を知らなくとも，鉄砲伝来を 1543 年としているのが『鉄炮記』の作者で②文之玄昌であることを糸口にしたい。また，①ガスパル＝ヴィレラは自治都市である堺の様子を『耶蘇会士日本通信』でヨーロッパに紹介した宣教師，④王直は倭寇の頭目と知っていれば，消去法で③アントーニオ＝ガルバンを選べる。

問 3．日明貿易は 1551 年に④大内氏（大内義隆）が家臣の陶晴賢に討たれ終了した。

問 5．やや難。銀は中世までは主に中国から輸入していたが，近世に銀山（石見大森銀山・但馬生野銀山など）の開発や灰吹法（室町時代に博多商人神谷寿禎により朝鮮から伝来）の導入により産出量が飛躍的に増加したため輸出に転じ，日本の産銀量は世界の総産銀量の① 3 分の 1 に及んだ。

B．問 6．②誤文。朱印状の他に老中発行の奉書を所持することになった際の将軍は「二代将軍徳川秀忠」ではなく，三代将軍徳川家光である。

問 8．1596 年の事件は①サン＝フェリペ号事件であり，スペイン船員の失言から同年に 26 聖人殉教が起こった。②モリソン号事件は 1837 年に起こったアメリカ商船砲撃事件，③フェートン号事件は 1808 年に起こったイギリス軍艦による長崎侵入事件，④アロー号事件は 1856 年に起こったアロー戦争の発端となった清英間の紛争であることも知っておこう。

問 9．④田中勝介は 1610 年に徳川家康の命で，日本人として初めて太平洋を横断してノビスパン（メキシコ）に渡航した人物である。①末次平蔵と②角倉了以は朱印船貿易家として有名。③支倉常長は，1613 年に伊達政宗の命で，慶長遣欧使節としてスペインとの通商を求めた人物である。

問 10．④誤文。五カ所商人の五カ所には「神戸」は入らず，京都が入る。

C．問 11．やや難。①誤文。「北関は興福寺，南関は東大寺の管轄」ではなく，北関は東大寺，南関は興福寺の管轄である。かなり詳細な知識を持っていないと正解できない。

問 12．漂流民であった②大黒屋光太夫はエカチェリーナ 2 世に謁見し帰国を許され，1792 年にラックスマンとともに根室に帰国した。①津太夫は陸奥の漁民でアリューシャン列島に漂着したが，アレクサンドル 1 世に帰国を願い出て，1804 年にレザノフに護送されて帰国した。③ジョン万次郎は 1841 年に太平洋上で漂流し，鳥島でアメリカ船により救助され，

1852 年に帰国。1860 年，日米修好通商条約の批准書交換のため咸臨丸の通訳として遣米使節に同行した。④ハンベンゴロウはハンガリーの軍人で，1771 年にロシアから脱走し，逃亡中に長崎出島のオランダ商館長に書状でロシアの南下を警告した。

問 14. ④『北槎聞略』は大黒屋光太夫のロシア漂流記で，幕医桂川甫周の著書。①『赤蝦夷風説考』はロシア交易の必要性と蝦夷地開発を主張した仙台藩医工藤平助の著書で，1783 年に田沼意次に献上された。②『采覧異言』と③『西洋紀聞』はイタリア人宣教師シドッチに尋問して新井白石が作成した，世界の地理・風俗や西洋の地理・風俗を記した著書である。

問 16. ①誤文。「レザノフの部下によって樺太，翌年長崎が襲撃された」のではなく，レザノフの部下によって 1806 年に樺太，1807 年に択捉・利尻島が襲撃された。

問 20. やや難。④岩瀬忠震（ただなり）は 1858 年の日米修好通商条約の調印にたずさわり，次いで外国奉行となったが，将軍継承問題では一橋派に属し，安政の大獄で大老井伊直弼に退けられ，1859 年に隠居謹慎となった。かなり詳細な知識を持っていないと正解できない。

Ⅲ　解答

A．問 1．②　問 2．①　問 3．②　問 4．④
問 5．②　問 6．①　問 7．④　問 8．③　問 9．④
B．問 10．①　問 11．③　問 12．④　問 13．①　問 14．②　問 15．①

◀解　説▶

≪近現代の外交・政治≫

A．問 1．A－1の史料は 1904 年に締結された第 1 次日韓協約であり，日本政府の推薦する人物を財政・外交顧問に登用することを内容としている。そう判断できれば正解は②とわかる。

問 2．初代統監は伊藤博文であることがわかれば，①が適切。②は桂太郎，③は寺内正毅，④は宇垣一成の説明文である。

問 3．「韓国保護条約」は 1905 年に締結された第 2 次日韓協約（日韓保護条約）であり，韓国の外交権を剥奪したものである。そう判断できれば②A－2を選べる。

問 4．A－3の史料は 1907 年に締結された第 3 次日韓協約である。これが結ばれた契機は 1907 年のハーグ密使事件なので，④が適切。①の義兵運動は，1907年に締結された第3次日韓協約による軍隊解散命令に反対する武装闘争である。②は1909年に起こった韓国独立運動家安重根による伊藤博文暗殺事件。③の三・一独立運動は，1919年のパリ講和会議中に起こった独立運動である。

問6．A－4の史料が1910年に締結された韓国併合条約であることがわかれば，正解は①統治権とわかる。②内政権の剝奪は第3次日韓協約によるもの。④統帥権は大日本帝国憲法第11条に規定されている天皇大権である。

問7．韓国併合条約調印の日本側全権である④寺内正毅だけでなく，相手の韓国首相の李完用も知っておこう。

問8．1910年に起こった出来事は③大逆事件。①南満州鉄道株式会社設立は1906年。②工場法公布は1911年（施行は1916年）。④友愛会創立は1912年。いずれも重要年代なので知っておこう。

問9．④日韓基本条約は1965年に佐藤栄作内閣が朴正熙大統領との間で調印したもので，韓国併合条約の失効確認，韓国政府を朝鮮にある唯一の合法政府とすることなどを規定した。①サンフランシスコ平和条約は1951年に調印された日本と連合国との講和条約。②四カ国条約は1921年にワシントン会議で締結された太平洋に関する条約。③日韓（首脳）共同宣言は1998年に小渕恵三首相と韓国大統領金大中が，これからのあるべき日韓関係について意見を出し合い，新たな日韓パートナーシップを構築するとの共通の決意を宣言した文書。

B．問10．②は乃木希典，③は元老，④は徳富蘇峰の説明文である。

問11．第2次山本権兵衛内閣総辞職の契機は1923年の虎の門事件で，その説明文は③である。①1900年頃の足尾鉱毒事件の説明文。②1918年に起こった米騒動の説明文で，この結果，寺内正毅内閣総辞職となった。④1927年の金融恐慌の説明文で，この結果，第1次若槻礼次郎内閣総辞職となった。

問12．①は元老院，②は枢密院，③は衆議院の説明文である。

問14．護憲三派内閣の首相は加藤高明なので②が正しい。①は犬養毅，③は高橋是清，④は尾崎行雄の説明文である。

❖講　評

Ⅰ　原始から中世までを対象とした問題。政治・社会・経済・文化とバランスよく出題されている。出題形式は，語句選択問題，正文・誤文選択問題，年代配列問題，正誤問題であった。問１がやや難であったが，それ以外は正解できる問題群であった。

Ⅱ　近世の対外関係をテーマとした問題。近世の外交史は入試では頻出テーマの１つなのでしっかり学習しておく必要がある。出題形式は，語句・誤文選択問題であった。問２・問５・問 11・問 20 がやや難であったが，それ以外は正解できる問題群であった。

Ⅲ　近現代の外交・政治を中心とした問題。日韓協約・韓国併合条約の史料は頻出史料であり，ここでの失点は許されない。また政治史の史料は初見史料と思われるが，設問から何の史料かを判断できる。出題形式は，語句・正文選択問題であった。難問はなかったため全問正解をめざせる問題群であるといえる。

一部にやや難の問題が見られたものの，全体としては高得点が期待できる問題であった。

世界史

I

解答　A．問1．②　問2．④　問3．①　問4．②
問5．②　問6．④　問7．④　問8．③
B．問9．⑤　問10．⑨　問11．③　問12．②　問13．⑥　問14．②
問15．④　問16．⑤

◀解　説▶

≪チベットの歴史，中国王朝の辺境統治≫

A．問3．①西夏は中国側の呼称で，李元昊が定めた国号は大夏。

問4．②フビライは第4代モンケ＝ハンの命を受け，チベット・大理を平定。その後，第5代皇帝となった。

問6．④ゲルク派はツォンカパの改革で成立したチベット仏教の一派で，黄帽派とも呼ばれる。なお，これに対して改革以前の諸派は紅帽派と呼ばれる。

問7．④チベットでは辛亥革命（1911～12年）後の1913年，ダライ＝ラマ13世が「五カ条宣言」を発布，中国の宗主権を否定し独立を主張した。

B．問10．⑨班超は後漢の武将で，『漢書』を著した班固が兄である。于闐（ホータン）・亀茲（クチャ）などオアシス都市50余国を服属させたほか，西域都護として部下の甘英を大秦（ローマといわれる）に派遣した。

問11．③甘英は班超の命を受け，97年に大秦を目指して出発。記録（『後漢書』）によると安息（パルティア）を通り条支（シリアとされるが他説もある）に至ったとされる。

問13．⑥李白はその自由奔放な詩から「詩仙」と称される。阿倍仲麻呂とともに玄宗に仕え（のち追放），仲麻呂が遭難したことを知った際に『晁卿衡（ちょうけいこう）を哭す』（晁衡は阿倍仲麻呂の中国名，卿は尊称）の詩を詠んだ。

問14．②阿倍仲麻呂は717年，遣唐留学生として入唐，玄宗に仕えた。753年，帰途に就いたが暴風にあって安南に漂着，長安に戻り，この地で没した。

問15．④節度使は辺境の募兵集団の指揮官で，玄宗時代に10節度使が置かれた。安史の乱（755～763年）後，内地に置かれるようになった節度使の中には地方の行政・財政権も掌握して独立勢力となるものもあった(藩鎮)。

II 解答　問1．②　問2．③　問3．④　問4．①　問5．②
問6．③　問7．①　問8．④　問9．③　問10．③
問11．③　問12．②　問13．②　問14．⑥　問15．②

◀解　説▶

≪宗教改革とその影響≫

問1．②ウィクリフは14世紀，オクスフォード大学で教授を勤めた神学者。聖書こそが信仰の拠り所であるとして教皇の権威やヒエラルキア（聖職者階層制）を否定，聖書の英訳を提唱した。

問3．④ツヴィングリはチューリヒで宗教改革を開始したが，カトリックとの戦いで戦死した。

問6．③a．誤文。帝国を軍管区に分け，その司令官に軍事・行政の権限を与えたのはテマ制（軍管区制）で，7世紀に始まった。プロノイア制は11世紀に登場した土地制度で，皇帝に対する軍役奉仕の代償として国有地の管理権を与えたもの。b．正文。

問7．①モスクワ大公国のイヴァン3世はビザンツ帝国最後の皇帝の姪と結婚し，ローマ帝国の権威を引き継ぐとして「ツァーリ（皇帝）」の称号を用いた。その後，モスクワ大公国ではモスクワこそがローマ（古代ローマ帝国）・コンスタンティノープル（ビザンツ帝国）を継承する首都であるという「第三のローマ」という考えが主張されるようになった。

問8．④ア．ボニファティウス8世がフランス国王フィリップ4世に捕らえられた事件はアナーニ事件（1303年）。イ．教皇庁がアヴィニョンに移されフランス国王の支配下に置かれたことを「教皇のバビロン捕囚」(1309～77年）という。また，教皇がローマとアヴィニョンに並立（のちにピサにも立てられ3人となる）した事態を教会大分裂（大シスマ：1378～1417年）という。

問10．①誤文。フランスの政教分離法は国家の宗教的中立を定めた法で，20世紀（1905年）に制定された。

②誤文。サンバルテルミの虐殺（1572年）で犠牲となったのはユグノーである。

④誤文。ローマ教皇庁とラテラノ条約（1929年）を結んだのはイタリアのムッソリーニ政権。

問11．①誤文。オランダは1581年，ネーデルラント連邦共和国として独立を宣言した（事実上の独立は1609年，国際的承認は1648年のウェストファリア条約）。

②誤文。ハノーヴァーから国王を迎えたのはイギリス。1714年，アン女王が死去してステュアート朝が断絶すると，ハノーヴァー選帝侯がイギリス国王ジョージ1世として即位した。

④誤文。オランダはウィーン会議の結果，立憲王国となった。

問12．②が正解。a．国王（ヘンリ8世）がイングランド国内の教会の首長であることを宣言したのは1534年の国王至上法。b．スコットランドと合同して大ブリテン王国となったのは1707年（ステュアート朝アン女王時代）。c．クロムウェルがアイルランドを征服したのは1649年（共和政時代）。したがって年代順に配列するとa→c→bとなる。

問13．②誤文。ニケーア公会議でアリウスの説を異端としたのは325年で，ローマ帝国時代である。

問14．⑥イ．スウェーデン国王グスタフ＝アドルフは新教側で参戦，リュッツェンの戦い（1632年）でヴァレンシュタイン率いる皇帝軍に勝利したが，自らは戦死した。ウ．フランスはカトリック国であったが，ルイ13世の宰相リシュリューはハプスブルク家打倒を目指し，新教側に立って参戦した。

III　解答

問1．④　問2．④　問3．①　問4．②　問5．③
問6．⑥　問7．④　問8．②　問9．③　問10．④
問11．②　問12．④　問13．③　問14．③　問15．②

◀解　説▶

≪帝国主義と2つの世界大戦≫

問2．①誤文。ベルリン会議（ベルリン＝コンゴ会議：1884～85年）でコンゴ領有を認められたのはベルギー。

②誤文。エチオピアは19世紀末に行われたイタリアの侵入を排除し，独立を維持した。

③誤文。英仏協商（1904年）でモロッコにおける優越権を認められたの

はフランス。イギリスはエジプトでの優越権が認められた。
問3．②誤文。生産力と生産関係の矛盾が歴史の発展の原動力であるとするのは史的唯物論（唯物史観）で，マルクスとエンゲルスが提唱した。ランケは科学的な史料批判を提唱し，近代歴史学を確立したドイツの歴史家。
③誤文。リービヒは有機化学の基礎を確立したドイツの化学者。結核菌やコレラ菌を発見したのはコッホ（独）である。
④誤文。リストはドイツの歴史学派経済学の創始者で，保護関税貿易を主張し，ドイツ関税同盟の成立に寄与した人物。実証主義を体系化し，社会学を創始したのはコント（仏）である。
問5．①誤文。マフディー運動（1881～98年）はスーダンにおける反英闘争。
②誤文。ホー＝チ＝ミンはベトナムの民族運動指導者。ベトナム民主共和国を建国して初代大統領に就任した。
④誤文。サレカット＝イスラーム（イスラーム同盟）はインドネシアの民族運動組織。
問6．⑥が正解。a．日本が二十一カ条の要求を中国に突きつけたのは1915年。b．日本がロシアから南満州の鉄道利権を得たのは1905年（ポーツマス条約）。c．ドイツが膠州湾を租借地としたのは1898年。したがって年代順に配列するとc→b→aとなる。
問7．④が正解。a．誤文。メキシコ革命で倒されたのはディアスの独裁体制。サパタは革命派の農民指導者である。b．誤文。パン＝アメリカ会議の第1回会議（1889年）はワシントンで開催され，以後も事実上アメリカ合衆国が指導し，ラテンアメリカ諸国への影響力を強めた。
問8．②誤文。総力戦においては生活必需品よりも軍需工業が優先された。
問9．③が正解。a．誤文。ドイツでは社会民主党が保守勢力と提携して共産党を抑え込んだ。b．正文。
問11．②が正解。資料1．「国境」「領土の現状維持」などについて述べられているのでロカルノ条約（1925年）となる。ロカルノ条約はドイツ・ベルギー・イギリス・フランス・イタリア・チェコスロヴァキア・ポーランドの間に結ばれた安全保障条約の総称。
資料2．九カ国条約は1922年，ワシントン会議において成立した条約。アメリカ・ベルギー・イギリス・中国・フランス・イタリア・日本・オランダ・ポルトガルの9カ国が中国の主権・独立の尊重，領土保全，機会均等，門戸開放などを約した。

問12. ①誤文。共和党政権は「小さな政府」（政府による経済介入を最小限にし，市場原理による自由な競争を促すという思想・政策）を信条とする。

②誤文。コンピュータが家庭に本格的に普及するのは1990年代以降。

③誤文。1924年の移民法ではアジア諸国からの移民は全面的に禁止されたが，ヨーロッパからの移民は制限のみにとどまった。

問13. ③誤文。インフレを収束させるために新紙幣を発行したのはドイツ。1923年，首相のシュトレーゼマンがレンテンマルクを発行し，貨幣価値の安定を図った。

問14. ①誤文。スペイン内戦で人民戦線政府を援助したのはソ連。

②誤文。反乱軍を援助したのはドイツとイタリア。

④誤文。ゲルニカを空爆したのはドイツ。

問15. ②誤文。アメリカは1941年7月，日本軍が仏領インドシナ南部に進駐すると態度を硬化させ，8月に日本への石油輸出を停止した。真珠湾攻撃は同年12月に行われた。

❖講　評

Ⅰ　【A】チベットの歴史と【B】中国の辺境統治に関する大問。空所補充の語句選択のみで構成されており，内容もおおむね標準レベルといえる。問8の年代は中華人民共和国の成立とチベット反乱の年代がわかっていれば推測できる内容となっている。

Ⅱ　ルターの宗教改革を中心に，17世紀までのヨーロッパ情勢を問う大問。語句選択と正文・誤文選択問題を中心に，2つの文章の正誤を判断する正誤法，組み合わせ問題，配列法とさまざまな形式で出題されている。また，問4と問15で，それぞれ九十五カ条の論題とウェストファリア条約の史料問題が出題されているが，いずれも基礎的知識があれば対応できる内容であった。

Ⅲ　帝国主義と2つの世界大戦に関する大問。正文・誤文選択，語句選択，配列法，2つの文章の正誤を判断する正誤法などの形式で出題されている。問1の地図問題は基本的知識として押さえておきたい内容だが，オセアニアという学習が手薄になりがちな地域のため，意外と失点しやすい。問 11 の 2 つの史料問題は，それぞれの条約について内容を把握していれば判断できる。この大問もおおむね標準レベルで構成されている。

政治・経済

Ⅰ　解答

問1．①　問2．②　問3．③　問4．②　問5．①
問6．②　問7．④　問8．②　問9．④　問10．④
問11．③　問12．③　問13．①　問14．②　問15．①　問16．①

◀解　説▶

≪民主主義・憲法改正・核兵器≫

問1．①正しい。国王ジェームズ2世に対抗して1688年に議会がオランダからウィリアム3世を国王として招き，流血や混乱もなく政権交代が実現したため名誉革命と呼ばれる。②誤り。三十年戦争は，1618年に始まったドイツの宗教戦争にヨーロッパ諸国が介入したことによる国際戦争である。③誤り。宗教改革は15世紀末から16世紀にかけて展開されたローマ・カトリック教会に対する抵抗運動である。④誤り。英蘭戦争は17世紀後半における海上貿易の覇権をめぐるイギリスとオランダの戦争である。

問2．②正しい。ロックは『統治二論』（『市民政府二論』）のなかで社会契約論を展開した。①誤り。ホッブズは1651年の『リヴァイアサン』で社会契約によって絶対的な支配権を持つ国家の必要性を論じた。③誤り。モンテスキューは『法の精神』で三権分立を唱えた。④誤り。ボーダンは『国家論』で主権の概念を提唱した。

問3．③正しい。王権神授説は，国王の権力は神によって授けられたという考え方。

問4．②正しい。自然権とは自然法に基づいて人間が生まれながらに持つ権利である。ロックは人民が自然権を守るために契約を結び国家を設立するとした。

問5．①正しい。ロックは，もし政府が自然権を侵害した場合，人民は抵抗権を行使して統治者を交代させることができると考えた。

問6．②正しい。法の支配は，国民の自由や権利を守るために国家権力の行使は法に従って行われなければならないという原則であり，支配者個人の意志は法に拘束されないとする①「人の支配」に対立する考え方である。

問7．④正しい。13世紀イギリスの法律家ブラクトンは『イングランドの法と慣習法』の中で「国王といえども神と法の下にある」と述べた。③誤り。17世紀イギリスの法律家コークは，ブラクトンの言葉を引用して法の支配を主張した。②誤り。クロムウェルはピューリタン革命で議会派の指導者として活躍し，王政打倒後は護国卿として独裁政治を展開した。

問8．②正しい。国民投票法は憲法改正の際の国民投票について具体的に明記した法律であり，2007年に成立した。国民投票法の成立に伴い，それまでの憲法調査会が廃止され，憲法改正の原案や発議を審議する機関として憲法審査会が衆参両院に設置された。

問9．④が正しい。憲法第96条1項は「この憲法の改正は，各議院の総議員の三分の二以上の賛成で，国会が，これを発議し，国民に提案してその承認を経なければならない。この承認には，特別の国民投票又は国会の定める選挙の際行はれる投票において，その過半数の賛成を必要とする」と規定している。

問10．1950年6月に勃発した朝鮮戦争に際し，マッカーサーの指令に基づき国内の治安維持を目的として警察予備隊が創設された。1952年の日本の独立回復後に保安隊に，1954年に自衛隊に改組された。

問11．③正しい。文民統制は非軍人である文官が軍隊の指揮権，統制権を持つという原則。日本では自衛隊の最高指揮監督権は文民である内閣総理大臣（問12の正解③）にあり，国会が自衛隊の組織や定数，予算を議決する。①誤り。事前協議制は在日米軍の配置や装備の重要な変更，戦闘行動のための基地の使用などについては日米両国で事前に協議するという規定だが，実施例はない。④誤り。有事法制は戦時を想定した法体系であり，2003年に制定された有事関連3法と2004年に制定された有事関連7法からなる。

問13．①正しい。核抑止論は，核攻撃に対する報復力として核兵器を保有することで互いに攻撃しにくい状態をつくり，核攻撃を未然に防止することができるという理論である。

問14．②正しい。社会主義国キューバにソ連がミサイル基地を建設したことに対して，1962年10月にアメリカがミサイル基地の撤去を要求してキューバを海上封鎖。それにより生じた米ソ核戦争勃発の危機をキューバ危機という。ソ連のフルシチョフ首相がミサイル撤去を，アメリカのケネディ大統領がキューバ不可侵をそれぞれ約束することで危機は回避された。

問15. ①正しい。核拡散防止条約（NPT）は1968年に調印され，核保有国による非核保有国への核兵器の譲渡と非核保有国による核兵器の新たな保有を禁止した。2022年1月現在，インド，パキスタン，イスラエル，南スーダンが未加盟であり，北朝鮮は2003年に脱退を宣言した。

問16. ①正しい。原子力発電は，化石燃料に依存する火力発電に比べてCO_2排出量が少ないため地球温暖化対策に効果的であるが，原発事故や放射性廃棄物による放射能汚染の危険といったデメリットも併せ持つ。②誤り。2011年3月の東日本大震災による福島第一原子力発電所の事故をきっかけに全ての原子力発電が一時的に停止したが，2015年に鹿児島県の川内原発が再稼働して以降，2023年2月現在では全国5カ所の計7基の原発が再稼働している。③誤り。そのような決定はなされていない。原子力発電環境整備機構を実施主体として，国内における放射性廃棄物の最終処分場の選定が行われている。④誤り。福島第一原子力発電所の事故を受けて，再生可能エネルギーで発電した電力の買い取りを電力会社に義務付ける再生可能エネルギー特別措置法が2011年に制定された。

Ⅱ　解答　問17. ④　問18. ①　問19. ③　問20. ②　問21. ②　問22. ④　問23. ④　問24. ②　問25. ②　問26. ③　問27. ②　問28. ①　問29. ③　問30. ④　問31. ③　問32. ④　問33. ③

◀解　説▶

≪財政のしくみ≫

問17. ④正しい。市場メカニズムに委ねると供給過少になりやすい公共財・サービスを政府が供給する。この財政機能を資源配分機能という。

問18. ①正しい。政府は累進課税や社会保障制度によって国民の所得格差を是正する。この財政機能を所得再分配機能という。

問19・問20. 憲法第86条は「内閣は，毎会計年度の予算を作成し，国会に提出して，その審議を受け議決を経なければならない」と規定している。

問21. ②正しい。特別会計は，国が特定の事業や資金運用を行うための予算であり，2023年2月現在，13の特別会計がある。

問22. ④正しい。政府関係機関予算は，全額政府出資で運営される政府系金融機関の予算である。政府関係機関として沖縄振興開発金融公庫・日

本政策金融公庫・国際協力銀行・国際協力機構有償資金協力部門がある。
問 23. ④誤り。一般会計歳出項目は社会保障関係費・国債償還費・地方交付税交付金等・公共事業関係費・防衛関係費などからなる。
問 24. ②誤り。公共財は一般に，同時に多くの人が利用できる非競合性と対価を支払わない利用者を排除できない非排除性という性質を持つ。また公共財として灯台を考えてみると，灯台の建設・運営費を払っている船にも，払っていない船にも光は届く。対価を支払わない船は市場の外部の存在だが灯台の光の恩恵を受けるため，公共財は市場取引なしに市場外部の存在に便益をもたらす外部経済の性質を有している。
問 25. ②誤り。有効需要は実際の貨幣支出を伴う需要のことであり，消費需要・投資需要・政府支出・純輸出（輸出－輸入）からなる。
問 26. ③正しい。財務省設置法第 4 条 1 項は財務省の事務として「国の予算，決算及び会計に関する制度の企画及び立案並びに事務処理の統一に関すること」を挙げている。④誤り。会計検査院は国会・裁判所・内閣から独立して国や法律で定められた機関の会計を検査する行政機関である。
問 27. ②正しい。財政法第 11 条は「国の会計年度は，毎年四月一日に始まり，翌年三月三十一日に終るものとする」と規定している。
問 28. ①正しい。基礎的財政収支（プライマリー・バランス）は国債発行を除く歳入と，国債費を除く歳出との比較をさすが，公債金による収入（新規国債発行額）と国債費（利払費等）の差額として表すこともできる。一般会計予算において歳入総額と歳出総額は等しくなるため

歳出総額＝「国債費」＋「国債費を除く支出」

歳入総額＝「国債発行による収入」＋「国債発行を除く収入」

より

「国債費」＋「国債費を除く支出」
＝「国債発行による収入」＋「国債発行を除く収入」

「国債費」－「国債発行による収入」
＝「国債発行を除く収入」－「国債費を除く支出」

したがって，基礎的財政収支＝「国債費」－「国債発行による収入」となる。
問 29. ③正しい。国債費は①国債を購入した人に対する元本の償還（債務償還費），②国債を購入した人に対する利子の支払い（利子及割引料），④国債の事務処理に必要な手数料や事務費（国債事務取扱費）からなる。
問 30. ④正しい。日本の所得税の累進課税では，所得が一定額を超えた

場合，超過分に対してのみ高い税率がかかる5～45%の7段階の超過累進課税制度が採用されている。例えば所得が4000万円超の場合，所得全体ではなく4000万を超える金額だけに45%の最大税率が適用される。

問31. ③正しい。法人税は株式会社や協同組合などの法人の企業活動によって得られた所得に対して課される税である。

問32. ④正しい。「消費税抜きの商品価格」×（1＋「消費税率」）＝「消費税込みの商品価格」が成り立つ。これを変形すると「消費税抜きの商品価格」＝「消費税込みの商品価格」÷（1＋「消費税率」）となる。

問33. ③正しい。財政法第4条1項では「国の歳出は，公債又は借入金以外の歳入を以て，その財源としなければならない。但し，公共事業費，出資金及び貸付金の財源については，国会の議決を経た金額の範囲内で，公債を発行し又は借入金をなすことができる」とあり，公共事業などの財源としての建設国債の発行を認めている。これ以外の国債発行を財政法は禁止しているが，1975年度以降は特例法の制定による赤字国債発行が常態化している。

解答　問34. ③　問35. ①　問36. ②　問37. ③
問38. ③　問39. ④　問40. ②　問41. ①
問42. ③　問43. ①　問44. ①　問45. ②　問46. ③　問47. ④
問48. ②　問49. ③　問50. ③

◀解　説▶

≪日本の経済格差≫

問34. ③正しい。所得格差を示す指数であるジニ係数が0に近づくほど格差は小さく，1に近づくほど格差は大きいことを意味する。④誤り。人間開発指数（HDI）は各国の福祉や生活の質を健康水準，教育水準，生活水準から算出したもの。

問35. ①正しい。相対的貧困率の正しい説明である。②誤り。「その国や地域の生活水準とは関係のない貧しさの程度」を示すのは絶対的貧困率である。③・④誤り。「生きる上で必要最低限の生活物資を購入できる所得水準に達していない人々の割合」とは絶対的貧困率の定義である。

問36. ②正しい。年齢が高くなるほど人生の中で積み重ねてきた実績等が所得に反映されるため，経済格差が大きくなるとされる。①誤り。若年世代の経済格差の拡大が少子化の一因とされている。③誤り。若年層の方が高齢者よりも一般に消費意欲は高い。④誤り。少子化によって子供が教育を受ける機会の地域間の不平等が解消されるわけではない。

問 37. ③正しい。中小企業の比率は事業所数で約 99%，従業者数で約 70%，小売業における売り上げ（付加価値額）で約 50%である。

問 38. ③正しい。ニートは Not in Education, Employment or Training の略称であり，日本では非労働力人口のうち 15 歳以上 34 歳以下で家事も通学もしていない独身の若年無業者を指す。①は短時間労働者，②はワーキングプア，④は派遣労働者の説明である。

問 39. ④正しい。2015 年の労働者派遣法の改正で，同一の派遣労働者を同一の企業が受け入れる期間の上限を 3 年と定めた。この改正は雇用の安定化を目的とするものの，派遣労働者の就労の不安定化をもたらすという意見もある。①・②誤り。1985 年に制定された労働者派遣法では，派遣労働は専門性の高い 13 の業種に限定されていた。製造業務への派遣労働が解禁されるのは 2004 年のことである。③誤り。2012 年の改正により 30 日以内の日雇い派遣は原則禁止された。

問 40. ②正しい。2020 年の役員を除く雇用者に占める非正規雇用者の割合は 37.1%である。

問 41. ①正しい。2018 年に働き方改革関連法が成立し，雇用形態に関わらない公正な待遇の確保，時間外労働の上限規制，有給休暇の取得義務化等が定められた。②労働契約法は 2007 年，③パートタイム労働法は 1993 年，④労働関係調整法は 1946 年にそれぞれ制定された。

問 42. ③正しい。ワーク・ライフ・バランスとは仕事と生活のバランスをとることである。またワークシェアリングとは一人当たりの労働時間を減らし，より多くの労働者に仕事を分配することである。①誤り。2021 年の購買力平価で換算した日本の賃金水準は OECD（経済協力開発機構）加盟国の賃金水準の平均を下回る。②誤り。労働時間に応じて給与を支払う制度とは固定労働時間制であり，裁量労働制は労働時間や仕事の進め方などを大幅に本人に委ねる制度である。④誤り。企業規模が大きいほど有給休暇の取得率は高い傾向にある。

問 43. ①正しい。男女雇用機会均等法は女性差別撤廃条約の締結に伴い 1985 年に制定された。②育児・介護休業法は 1995 年，③男女共同参画社会基本法は1999年，④労働基準法は1947年にそれぞれ制定された。

問44. ①正しい。2006年の男女雇用機会均等法の改正で女性差別の禁止から性別を理由とする差別の禁止へと改められた。②誤り。マタハラ防止措置義務が規定されたのは2016年の改正による。③誤り。セクハラ対策についての配慮義務の規定は1997年の改正による。④誤り。男女雇用機会均等法の違反に対しては過料が課せられることもある。

問45. ②正しい。2020年の非正規雇用労働者の割合は男性で22.2%，女性で54.4%である。よって正規雇用者の労働者全体に占める割合は男性で77.8%，女性で45.6%である。

問46. ③正しい。2019年において正社員・正職員における男性の平均給与額を100としたときの女性の給与水準は76.6である。

問47. ④正しい。男女間賃金格差は，20歳代前半においては小さいが年齢階級が高くなるにつれて拡大し，50歳代前半において最も大きくなっている。

問48. ②正しい。社会保障制度は国民の安心や生活の安定を支える安全網の役割を果たすことからセーフティーネットと呼ばれる。

問49. ③正しい。生活保護の給付には，収入や資産の程度や扶養義務を有する親族の状況等の資質調査（ミーンズテスト）を受けて受給資格が認定される必要がある。①誤り。生活保護法は1950年に制定された。②誤り。生活保護は個人単位ではなく世帯単位で適用される。④誤り。生活保護の扶助には生活・教育・住宅・医療・出産・生業・葬祭・介護の8種がある。

問50. ③正しい。2014年度の生活保護世帯数は約161.2万世帯である。

❖講　評

Ⅰ　民主主義の基本原理や憲法改正，核兵器の問題に関する出題。全体的に基本・標準的な難易度といえる。問8では，憲法審査会と憲法調査会の区別に迷った受験生が多かったかもしれない。また問16では日本の原子力発電に関する細かい知識が問われている。

Ⅱ　財政のしくみに関する出題。全体的にみれば基本・標準的な難易度といえる。ただし，問24で公共財が外部経済の性質を有すると解答するためには，公共財の非競合性と非排除性についての知識の応用が要求される。また，問 30 の日本の所得税の累進税率についての問題は，超過累進課税について知っていなければ解答できない。

Ⅲ　日本の経済格差を問う問題。全体的には基本・標準的な問題が中心といえるものの，詳細な知識が問われる出題も散見される。これらの問題の多くは消去法を用いて解答可能であるが，問 37 の日本の中小企業の割合，問 40 の非正規雇用者の割合，問 50 の生活保護世帯数など，ある程度の数値を知っていなければ解答できない問題もみられた。日頃から資料集を利用した学習を心がけたい。

例年のレベルからいえば，2023 年度は標準的な出題であったといえるだろう。

数学

◀数学Ⅰ・Ⅱ・Ⅲ・A・B▶

Ⅰ

解答　1 2　2 1　3 4　4 6　5 3　6 1　7 1　8 3　9 2

◀解　説▶

≪恒等式，方程式の整数解≫

(1)　$右辺=\dfrac{a(x+3y)+b(x+y)}{(x+y)(x+3y)}=\dfrac{(a+b)x+(3a+b)y}{(x+y)(x+3y)}$

x，y についての恒等式となるとき，両辺の係数を比較すると

$a+b=3$，$3a+b=7$

連立して解くと

$a=2$，$b=1$　（→1・2）

(2)　$m+n=s$，$m+3n=t$ とおくと，m，n は正の整数であるから

$s\geqq 2$，$t\geqq 4$　……①

(1)より　$\dfrac{3m+7n}{m^2+4mn+3n^2}=\dfrac{s+2t}{st}=\dfrac{2}{3}$

$3(s+2t)=2st$ より

$(s-3)(2t-3)=9$　……②

$s-3$，$2t-3$ は整数，①より $s-3\geqq -1$，$2t-3\geqq 5$ であるから，方程式②を満たすとき

$s-3=1$，$2t-3=9$

ゆえに

$s=m+n=4$，$t=m+3n=6$　（→3・4）

連立して解くと

$m=3$，$n=1$　（→5・6）

(3)　$\dfrac{5}{s}+t=\dfrac{58}{3}$ より

$15+3st=58s \qquad s(58-3t)=15$ ……③

①より $s \geqq 2$，$58-3t \leqq 46$ を満たし，方程式③を満たし得る，整数 $(s,\ 58-3t)$ の組は

$$(s,\ 58-3t)=(3,\ 5),\ (5,\ 3),\ (15,\ 1)$$

ここで，t は整数であるから，$(3,\ 5)$，$(5,\ 3)$ は不適。

よって

$$(s,\ 58-3t)=(15,\ 1)$$

$$\therefore \quad s=15,\ t=19$$

$m+n=15$，$m+3n=19$ を連立して解くと

$m=13$，$n=2$　(→ 7 ～ 9)

Ⅱ　解答　10 4　11 7　12 1　13 7　14 1　15 2　16 1　17 3
18 4　19 3　20 9　21 7　22 2　23 4　24 5

◀解　説▶

≪図形上の頂点を動く点の確率，条件付き確率≫

(1)　1 回目の操作後，点 P が頂点 B にある場合は，赤玉 1 個，白玉 2 個が取り出される場合であるから，その確率は

$$\frac{{}_2C_1 \cdot {}_5C_2}{{}_7C_3}=\frac{4}{7}$$ (→ 10 ・ 11)

1 回目の操作後，点 P が頂点 C にある場合は，赤玉 2 個，白玉 1 個が取り出される場合であるから，その確率は

$$\frac{{}_2C_2 \cdot {}_5C_1}{{}_7C_3}=\frac{1}{7}$$ (→ 12 ・ 13)

(2)　〔赤玉 1 個，白玉 2 個〕〔赤玉 2 個，白玉 1 個〕〔白玉 3 個〕を取り出す事象をそれぞれ X，Y，Z，その確率を P_X，P_Y，P_Z，事象が起こる回数を $(X,\ Y,\ Z)$ で表す。

(1)より　$P_X=\dfrac{4}{7}$，$P_Y=\dfrac{1}{7}$

$P_X+P_Y+P_Z=1$ より　$P_Z=1-\left(\dfrac{4}{7}+\dfrac{1}{7}\right)=\dfrac{2}{7}$

3 回目の操作後，点 P が頂点 A にある場合は，次の 4 つの場合となる。

(i)　$(3,\ 0,\ 0)$ のとき

確率は　$\left(\frac{4}{7}\right)^3=\frac{64}{343}$

(ii)　(1, 1, 1) のとき

確率は　$3!\cdot\frac{4}{7}\cdot\frac{1}{7}\cdot\frac{2}{7}=\frac{48}{343}$

(iii)　(0, 3, 0) のとき

確率は　$\left(\frac{1}{7}\right)^3=\frac{1}{343}$

(iv)　(0, 0, 3) のとき

確率は　$\left(\frac{2}{7}\right)^3=\frac{8}{343}$

よって，求める確率は

$$\frac{1}{343}(64+48+1+8)=\frac{121}{343}$$　(→[14]～[19])

(3)　1回目の操作後に点Pが頂点Bまたは頂点Cにあり，3回目の操作後に点Pが頂点Aにある場合は，次の3つの場合となる。

(i)　(3, 0, 0) のとき

確率は　$\frac{64}{343}$

(ii)　(0, 3, 0) のとき

確率は　$\frac{1}{343}$

(iii)　(1, 1, 1) のうち，1回目に X または Y となるとき

確率は　$2\cdot2!\cdot\frac{4}{7}\cdot\frac{1}{7}\cdot\frac{2}{7}=\frac{32}{343}$

以上より，求める条件付き確率は

$$\frac{\frac{1}{343}(64+1+32)}{\frac{4}{7}+\frac{1}{7}}=\frac{97}{245}$$　(→[20]～[24])

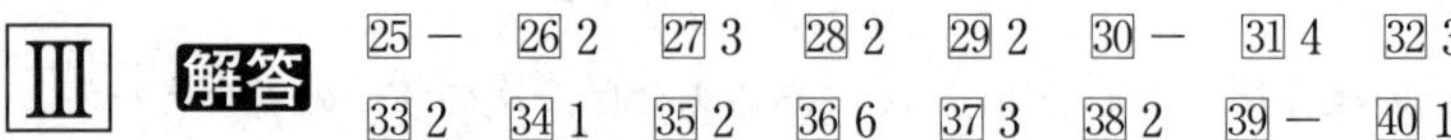

[41] 2　[42] 3　[43] 2　[44] 2　[45] 8

◀解　説▶

≪和 S_n と漸化式≫

$$S_n=3a_n+n^2+3n \quad \cdots\cdots ①$$

とおく。

$$a_1=S_1=3a_1+4$$

より　$a_1=-2$　（→25 26）

①より

$$S_{n+1}=3a_{n+1}+(n+1)^2+3(n+1) \quad \cdots\cdots ②$$

②−① より

$$S_{n+1}-S_n=3(a_{n+1}-a_n)+2n+4$$

ゆえに

$$a_{n+1}=3(a_{n+1}-a_n)+2n+4$$

より

$$a_{n+1}=\frac{3}{2}a_n-n-2 \quad \cdots\cdots ③ \quad (\to 27\sim 29)$$

③より

$$a_{n+2}=\frac{3}{2}a_{n+1}-(n+1)-2 \quad \cdots\cdots ④$$

④−③ より

$$a_{n+2}-a_{n+1}=\frac{3}{2}(a_{n+1}-a_n)-1$$

ここで，$b_n=a_{n+1}-a_n$ とおくと

$$b_{n+1}=\frac{3}{2}b_n-1 \quad (\to 32\sim 34)$$

となり，特性方程式を用いて

$$x=\frac{3}{2}x-1 \qquad \therefore \quad x=2$$

より

$$b_{n+1}-2=\frac{3}{2}(b_n-2)$$

と変形することができる。

$$b_1=a_2-a_1=\left(\frac{3}{2}a_1-3\right)-a_1$$

$$=\frac{1}{2}a_1-3=-4 \quad (\to \boxed{30}\,\boxed{31})$$

これより，数列 $\{b_n-2\}$ は，初項 -6，公比 $\dfrac{3}{2}$ の等比数列であるから

$$b_n-2=-6\cdot\left(\frac{3}{2}\right)^{n-1}$$

より　　$b_n=2-6\left(\dfrac{3}{2}\right)^{n-1}$　　$(\to \boxed{35}\sim\boxed{38})$

$n\geqq 2$ のとき

$$a_n=-2+\sum_{k=1}^{n-1}\left\{-6\left(\frac{3}{2}\right)^{k-1}+2\right\}$$

$$=-2+\frac{-6\left\{\left(\frac{3}{2}\right)^{n-1}-1\right\}}{\frac{1}{2}}+2(n-1)$$

$$=-12\left(\frac{3}{2}\right)^{n-1}+2n+8 \quad \cdots\cdots⑤$$

$n=1$ のときも⑤は成立する。
以上より，$\{a_n\}$ の一般項は

$$a_n=-12\left(\frac{3}{2}\right)^{n-1}+2n+8 \quad (\to \boxed{39}\sim\boxed{45})$$

解答　$\boxed{46}$ $-$　$\boxed{47}$ 4　$\boxed{48}$ 3　$\boxed{49}$ $-$　$\boxed{50}$ 1　$\boxed{51}$ 2　$\boxed{52}$ a　$\boxed{53}$ b
$\boxed{54}$ $-$　$\boxed{55}$ 2　$\boxed{56}$ 3　$\boxed{57}$ 2　$\boxed{58}$ 1　$\boxed{59}$ 2

◀解　説▶

≪極値をもつ条件，定積分≫

(1)・(2)　$f'(x)=\dfrac{c(x^2+1)-2x(cx+1)}{(x^2+1)^2}=\dfrac{-cx^2-2x+c}{(x^2+1)^2}$

$x=2$ で極値をもつとき　　$f'(2)=0$

分母$=(x^2+1)^2\neq 0$ であるから

$$-3c-4=0 \qquad \therefore \quad c=-\frac{4}{3}$$

逆に，$c=-\dfrac{4}{3}$ のとき

$$f'(x)=\frac{\frac{4}{3}x^2-2x-\frac{4}{3}}{(x^2+1)^2}$$

$$=\frac{2}{3}\cdot\frac{(x-2)(2x+1)}{(x^2+1)^2}$$

$f(x)$ の増減表は右のようになる。

x	$\cdots$	$-\frac{1}{2}$	$\cdots$	2	$\cdots$
$f'(x)$	$+$	0	$-$	0	$+$
$f(x)$	↗	極大	↘	極小	↗

よって

$$c=-\frac{4}{3}\quad (\to \boxed{46}\sim\boxed{48})$$

増減表より，$x=-\frac{1}{2}$ のとき極大，$x=2$ のとき極小となる。（→ $\boxed{49}$～$\boxed{53}$）

(3)　$$f(x)=\frac{-\frac{4}{3}x+1}{x^2+1}=-\frac{2}{3}\cdot\frac{2x}{x^2+1}+\frac{1}{x^2+1}$$

より

$$\int_1^{\sqrt{3}} f(x)dx=-\frac{2}{3}\int_1^{\sqrt{3}}\frac{2x}{x^2+1}dx+\int_1^{\sqrt{3}}\frac{1}{x^2+1}dx$$

ここで，$x=\tan\theta\left(-\frac{\pi}{2}<\theta<\frac{\pi}{2}\right)$ とおくと

x	$1\to\sqrt{3}$
θ	$\frac{\pi}{4}\to\frac{\pi}{3}$

$$\frac{dx}{d\theta}=\frac{1}{\cos^2\theta}$$

$$\int_1^{\sqrt{3}} f(x)dx=-\frac{2}{3}\Big[\log|x^2+1|\Big]_1^{\sqrt{3}}+\int_{\frac{\pi}{4}}^{\frac{\pi}{3}}\frac{1}{\tan^2\theta+1}\cdot\frac{1}{\cos^2\theta}d\theta$$

$$=-\frac{2}{3}(\log 4-\log 2)+\int_{\frac{\pi}{4}}^{\frac{\pi}{3}}d\theta$$

$$=-\frac{2}{3}\log 2+\Big[\theta\Big]_{\frac{\pi}{4}}^{\frac{\pi}{3}}$$

$$=-\frac{2}{3}\log 2+\frac{\pi}{12}\quad (\to \boxed{54}\sim\boxed{59})$$

V　解答　60 2　61 2　62 1　63 7　64 4

◀解　説▶

≪絶対値記号を含む関数の定積分≫

(1)　$g(x)=\sin x+\dfrac{1}{p}\cdot 2\sin x\cos x$

$=\sin x\left(1+\dfrac{2}{p}\cos x\right)$

$0\leqq x\leqq \pi$ において $g(x)=0$ のとき，$\sin x=0$ より　　$x=0,\ \pi$

$1+\dfrac{2}{p}\cos x=0$ より　　$\cos x=-\dfrac{p}{2}$

$0<x<\pi$ において $\cos x=-\dfrac{p}{2}$ の解が存在するとき，$p>0$ であるから

$-1<-\dfrac{p}{2}<0$ より　　$0<p<2$　（→60）

(2)　$\displaystyle\int_0^{\pi} g(x)dx=\int_0^{\pi}\left(\sin x+\frac{1}{p}\sin 2x\right)dx$

$=\left[-\cos x-\dfrac{1}{2p}\cos 2x\right]_0^{\pi}$

$=\left(1-\dfrac{1}{2p}\right)-\left(-1-\dfrac{1}{2p}\right)$

$=2$　（→61）

(3)　$p=\dfrac{1}{2}$ のとき，$\cos x=-\dfrac{1}{4}$ を満たす解を α とおく。

すなわち　　$\cos\alpha=-\dfrac{1}{4}$

$\displaystyle\int_0^{\pi}|g(x)|dx$

$\displaystyle=\int_0^{\alpha}(\sin x+2\sin 2x)dx+\int_{\alpha}^{\pi}(-\sin x-2\sin 2x)dx$

$=\Big[-\cos x-\cos 2x\Big]_0^{\alpha}-\Big[-\cos x-\cos 2x\Big]_{\alpha}^{\pi}$

$=-2\cos\alpha-2\cos 2\alpha+2$

$=-2\cos\alpha-2(2\cos^2\alpha-1)+2$

$=-4\cos^2\alpha-2\cos\alpha+4$

$\cos\alpha=-\dfrac{1}{4}$ を代入すると

$$\int_0^{\pi}|g(x)|dx=-4\left(-\frac{1}{4}\right)^2-2\left(-\frac{1}{4}\right)+4$$

$$=\frac{17}{4}$$　(→62～64)

❖講　評

全問マークシート方式による空所補充形式である。全般的に基本から標準レベルの問題であり，幅広い分野にわたって出題されている。

Ⅰ　(1)右辺を展開し係数比較する基本問題である。

(2) (　　　)(　　　)＝整数 の形から絞る頻出問題である。(1)の結果より $m+n$，$m+3n$ のまとめで考えていくことができる。

(3) (　　　)(　　　)＝整数 の形から絞る頻出問題である。条件より文字の範囲をできるだけ絞って求めていきたい。

Ⅱ　玉を取り出す反復試行の問題である。事象から具体的に(赤玉，白玉)＝(1，2)，(2，1)，(0，3) の回数をそれぞれ求めて考えていく。

Ⅲ　和と一般項の関係 $a_1=S_1$，$a_n=S_n-S_{n-1}$ $(n\geqq 2)$ を用いて漸化式を求めていく。n に $n+1$ を代入することで，階差数列の利用を考える。2項間漸化式は必須事項であり，それぞれの場合の解法を理解し，使いこなせるようにしておきたい。

Ⅳ　(1)・(2) $x=2$ で極値をもつ $\Longrightarrow f'(2)=0$　から関数を決定する。ただし，逆は成り立たないから，逆に求めた値の関数の増減表から題意の条件を満たすことを確かめる必要がある。

(3) $f(x)$ を変形することがポイントとなる。積分・置換積分の基本事項が問われている。積分区間の対応表を作るなど丁寧な計算を心掛けたい。

Ⅴ　(1) $0<x<\pi$ における $\cos x=-\frac{p}{2}$ の解が存在する条件を求める。

(2)定積分の基本計算である。

(3)被積分関数の符号が変わる値を α，$\cos\alpha=-\frac{1}{4}$ と定めて計算を行うことがポイントとなる。いずれも丁寧に計算したい。

すべての問題で，基本事項を理解できているかが問われている。試験時間が十分であるとはいえないため，普段から数多くの問題に接することで，時間をかけずに解けるようにしておきたい。

◀数学Ⅰ・Ⅱ・A・B▶

Ⅰ　解答

[1] 7　[2] 2　[3] 8　[4] 7　[5] 2　[6] 9　[7] 5　[8] 4　[9] 0

◀解　説▶

≪グループ分け≫

(1)　(0, 0, 6), (0, 1, 5), (0, 2, 4), (0, 3, 3), (1, 1, 4), (1, 2, 3), (2, 2, 2) のいずれかの場合であるから　　7 通り　(→[1])

(2)　玉を○とし，2 本の境界線|で分け，分けられた 3 つの区間にある○の個数をそれぞれ A, B, C の箱に入れる場合である。

玉を 1 個も入れない箱があってもよいとき，○ 6 個と| 2 本を並べた場合となるから　　${}_8C_2=28$ 通り　(→[2][3])

(3)　それぞれの玉は，A, B, C のいずれかの箱に入れるから，3 通り。

玉を区別するとき，求める場合の数は　　$3^6=729$ 通り　(→[4]～[6])

(4)　• 6 個の玉をすべて 1 つの箱に入れる場合は　　3 通り

• 6 個の玉を X, Y の 2 つの箱に入れる場合は　　$2^6=64$ 通り

このうち一方のみに玉が入っている場合を除いて　　$64-2=62$ 通り

2 つの箱の選び方は ${}_3C_2=3$ 通りあるから，6 個の玉を空箱なく 2 つの箱に入れる場合は　　$3(2^6-2)=186$ 通り

以上より，求める場合の数は

$$3^6-3(2^6-3)-3=729-186-3=540 \text{ 通り}$$　(→[7]～[9])

Ⅱ　解答

[10] 5　[11] 1　[12] 3　[13] 2　[14] 3　[15] 7　[16] 6

◀解　説▶

≪n 進法の桁数，最高位の数≫

(1)　4^{25}, 5^{50} の常用対数をそれぞれとると

$$\log_{10}4^{25}=25\log_{10}2^2=50\log_{10}2=50\cdot 0.3010=15.05$$

$15<\log_{10}4^{25}<16$，底 $10>1$ より

$$10^{15}<4^{25}<10^{16}$$

ゆえに，4^{25} の桁数は　16

$$\log_{10}5^{50}=50\log_{10}\frac{10}{2}=50(1-\log_{10}2)=50\cdot 0.699=34.95$$

$34<\log_{10}5^{50}<35$，底 $10>1$ より

$$10^{34}<5^{50}<10^{35}$$

ゆえに，5^{50} の桁数は　35

よって　$a+b=51$　（→⑩⑪）

(2)　2^{100} の 9 を底とする対数をとると

$$\log_9 2^{100}=100\cdot\frac{\log_{10}2}{\log_{10}9}=100\cdot\frac{\log_{10}2}{2\log_{10}3}$$

$$=50\cdot\frac{0.3010}{0.4771}\fallingdotseq 31.54$$

$31<\log_9 2^{100}<32$，底 $9>1$ より

$$9^{31}<2^{100}<9^{32}$$

ゆえに，2^{100} の桁数は　32　（→⑫⑬）

また

$$2^{100}\fallingdotseq 9^{31}\times 9^{0.54}$$

$$\log_9 3=\frac{1}{2}\log_9 9=0.5$$

$$\log_9 4=\frac{2\log_{10}2}{2\log_{10}3}=\frac{0.3010}{0.4771}\fallingdotseq 0.63$$

であるから

$$\log_9 3<0.54<\log_9 4$$

より　$3<9^{0.54}<4$

よって，最高位の数字は　3　（→⑭）

(3)　10^5 の n を底とする対数をとると

$$\log_n 10^5=\frac{5}{\log_{10}n}$$

$$\frac{5}{\log_{10}2}=\frac{5}{0.3010}\fallingdotseq 16.6$$

$$\frac{5}{\log_{10}3}=\frac{5}{0.4771}\fallingdotseq 10.4$$

$$\frac{5}{\log_{10}4}=\frac{5}{2\log_{10}2}=\frac{5}{2\cdot 0.3010}\fallingdotseq 8.3$$

$$\frac{5}{\log_{10}5}=\frac{5}{0.6990}\fallingdotseq 7.1$$

$$\frac{5}{\log_{10}6}=\frac{5}{\log_{10}2+\log_{10}3}=\frac{5}{0.7781}\fallingdotseq 6.4$$

条件より

$$\frac{5}{\log_{10}7}=\frac{5}{0.8451}\fallingdotseq 5.9$$

$$\frac{5}{\log_{10}8}=\frac{5}{3\log_{10}2}=\frac{5}{3\cdot 0.3010}\fallingdotseq 5.53$$

以上より，求める最小の n は　7　(→15)

$5<\log_7 10^5<6$，底 $7>1$ より

$$7^5<10^5<7^6$$

よって，10^5 を 7 進法で表したときの桁数は　6　(→16)

17 0　18 −　19 2　20 −　21 2　22 2　23 0　24 0
25 3　26 1　27 1　28 2　29 2

◀解　説▶

≪空間における条件を満たす点の座標≫

点 P は直線 l 上の点であるから

$\overrightarrow{OA}=(4,\ 2,\ 2)$，$\overrightarrow{AB}=(1,\ 1,\ 1)$ より

$$\overrightarrow{OP}=\overrightarrow{OA}+s\overrightarrow{AB}\quad (s \text{ は実数})$$
$$=(4,\ 2,\ 2)+s(1,\ 1,\ 1)$$
$$=(s+4,\ s+2,\ s+2)$$

(1)　点 P が yz 平面上にあるとき

$s+4=0$ より　　$s=-4$

ゆえに

$\overrightarrow{OP}=(0,\ -2,\ -2)$ より　　P$(0,\ -2,\ -2)$　(→17～21)

(2)　$\overrightarrow{CP}=(s+2,\ s+1,\ s+1)$

$$|\overrightarrow{CP}|=\sqrt{(s+2)^2+(s+1)^2+(s+1)^2}=\sqrt{3s^2+8s+6}$$

$\overrightarrow{\mathrm{CD}}=(1,\ 1,\ 0)$, $|\overrightarrow{\mathrm{CD}}|=\sqrt{2}$

$\overrightarrow{\mathrm{CD}}\cdot\overrightarrow{\mathrm{CP}}=(s+2)+(s+1)=2s+3$

また

$$\overrightarrow{\mathrm{CD}}\cdot\overrightarrow{\mathrm{CP}}=|\overrightarrow{\mathrm{CD}}||\overrightarrow{\mathrm{CP}}|\cos 120^\circ=-\frac{\sqrt{2}}{2}\sqrt{3s^2+8s+6}$$

であるから

$$2s+3=-\frac{\sqrt{2}}{2}\sqrt{3s^2+8s+6} \quad \cdots\cdots①$$

$2s+3<0$ より　　$s<-\dfrac{3}{2}$

①の両辺を平方して整理すると

$5s^2+16s+12=0$

$(5s+6)(s+2)=0$

$s<-\dfrac{3}{2}$ であるから　　$s=-2$

このとき，$\overrightarrow{\mathrm{OP}}=(2,\ 0,\ 0)$ より

P$(2,\ 0,\ 0)$　(→22～24)

(3) 点Qは直線 l' 上の点であるから

$\overrightarrow{\mathrm{OC}}=(2,\ 1,\ 1)$，$\overrightarrow{\mathrm{CD}}=(1,\ 1,\ 0)$ より

$\overrightarrow{\mathrm{OQ}}=\overrightarrow{\mathrm{OC}}+t\overrightarrow{\mathrm{CD}}$　(t は実数)

$=(2,\ 1,\ 1)+t(1,\ 1,\ 0)$

$=(t+2,\ t+1,\ 1)$

$\overrightarrow{\mathrm{PQ}}=\overrightarrow{\mathrm{OQ}}-\overrightarrow{\mathrm{OP}}=(-s+t+2,\ -s+t-1,\ -s-1)$

直線PQが直線 l，l' と直交するとき

$\overrightarrow{\mathrm{PQ}}\perp\overrightarrow{\mathrm{AB}}$，$\overrightarrow{\mathrm{PQ}}\perp\overrightarrow{\mathrm{CD}}$

ゆえに

$\overrightarrow{\mathrm{PQ}}\cdot\overrightarrow{\mathrm{AB}}=(-s+t-2)+(-s+t-1)+(-s-1)$

$=-3s+2t-4$

より　　$-3s+2t-4=0$　$\cdots\cdots②$

$\overrightarrow{\mathrm{PQ}}\cdot\overrightarrow{\mathrm{CD}}=(-s+t-2)+(-s+t-1)$

$=-2s+2t-3$

より　　$-2s+2t-3=0$　……③

②，③を連立して解くと　　$s=-1,\ t=\dfrac{1}{2}$

よって

$\overrightarrow{\mathrm{OP}}=(3,\ 1,\ 1)$ より　　$\mathrm{P}(3,\ 1,\ 1)$　(→25〜27)

$\overrightarrow{\mathrm{PQ}}=\left(-\dfrac{1}{2},\ \dfrac{1}{2},\ 0\right)$ より

$$\mathrm{PQ}=|\overrightarrow{\mathrm{PQ}}|=\sqrt{\left(-\frac{1}{2}\right)^2+\left(\frac{1}{2}\right)^2}=\frac{\sqrt{2}}{2}$$　(→28・29)

解答　30 3　31 4　32 2　33 5　34 0　35 2　36 7　37 7　38 3

◀解　説▶

≪面積の最大値≫

(1)　求める方程式は

$$y-1=\frac{16-1}{4-(-1)}\{x-(-1)\}$$

$$y=3x+4$$　(→30・31)

(2)　(1)より

$$\mathrm{PQ}=(3t+4)-t^2=-t^2+3t+4$$

点 A と線分 PQ の距離は

$$t-(-1)=t+1$$

ゆえに，△APQ の面積は

$$\frac{1}{2}(-t^2+3t+4)(t+1)=\frac{1}{2}(-t^3+2t^2+7t+4)$$

ここで，$f(t)=-t^3+2t^2+7t+4$ とおくと

$$f'(t)=-3t^2+4t+7$$
$$=-(3t-7)(t+1)$$

$-1<t<4$ における $f(t)$ の増減表は右表のようになる。

t	-1	$\cdots$	$\frac{7}{3}$	$\cdots$	4
$f'(t)$		$+$	0	$-$	
$f(t)$	／	↗	$\frac{500}{27}$	↘	／

よって，増減表より，△APQ の面積の最大値は $\dfrac{1}{2}\times\dfrac{500}{27}=\dfrac{250}{27}$ であり，

そのときの t の値は $t=\dfrac{7}{3}$ である。（→32～38）

❖講　評

全問マークシート方式による空所補充形式である。全般的に基本から標準レベルの問題であり，幅広い分野にわたって出題されている。

Ⅰ　分けるもの・分けるグループをそれぞれ区別するか・しないかのグループ分け問題である。頻出の計算であり，それぞれの場合の計算方法の違いを理解し，使いこなせるようにしておきたい。

Ⅱ　(1)桁数を求める基本問題である。(2)桁数・最高位の数字を求める基本問題。底を 9 とする対数をとり，丁寧に計算したい。(3) $\log_n 10^5=\dfrac{5}{\log_{10}n}$ を具体的に計算し，最小の自然数を求めていく。計算を速く正確に行っていきたい。

Ⅲ　ベクトルを用いて計算することがポイントとなる。(1)$\overrightarrow{\mathrm{OP}}$ の成分を求め，(x 成分)$=0$ より点 P の座標を求める基本問題である。(2)内積を用いた頻出問題。s の範囲に注意して求める。(3)垂直条件（内積$=0$）を用いた頻出問題。丁寧に計算をしていきたい。

Ⅳ　(1)基本問題。(2)グラフをイメージすることで，△APQ の底辺・高さを求めていく。t の範囲に注意し，増減表を作り最大値を求める頻出問題である。

すべての問題で，基本事項を理解できているかが問われている。試験時間は十分あるので，１つ１つの問題に注意深く対応し，丁寧な計算と見直しをするなどして，極力ミスを避けたい。

物理

1

解答　(1)—⑦　(2)—④　(3)—③　(4)—⑧　(5)—①　(6)—⑥
(7)—⑨　(8)—⑦　(9)—②　(10)—⑤　(11)—③　(12)—⑤
(13)—①

◀解　説▶

≪板の上にのっている物体の運動≫

(1)　力学的エネルギー保存則より，天井を重力による位置エネルギーの基準とすると

$$-m_0gL\cos\theta=-m_0gL+\frac{1}{2}m_0gv_0{}^2$$

$$\therefore\quad v_0=\sqrt{2gL(1-\cos\theta)}$$

(2)　運動量保存則より

$$m_0v_0=m_0v'_0+mv$$

$$\therefore\quad m_0(v_0-v'_0)=mv$$

(3)　力学的エネルギーが保存されるので，この衝突での反発係数は 1 であるから

$$1=-\frac{v'_0-v}{v_0}\quad\cdots\cdots(*)$$

が成り立つ。(2)の結果から，$m=m_0$ より

$$v_0-v'_0=v$$

これらを連立して v'_0 を消去すると

$$v=v_0$$

(4)　$m\neq m_0$ の場合，(2)の答えと(＊)から v'_0 を消去すると

$$v=\frac{2m_0}{m+m_0}v_0$$

(5)　衝突後，物体が板に対して静止していることから，物体と板は一体となって運動している。よって，運動量保存則より

$$m_0v_0=(m+M)v'$$

$$\therefore\quad v'=\frac{m_0}{m+M}v_0$$

(6)　この衝突の前後で失われた力学的エネルギーを ΔE とおくと

$$\Delta E=\frac{1}{2}m_0v_0{}^2-\frac{1}{2}(m+M)v'^2$$
$$=\frac{1}{2}m_0v_0{}^2-\frac{m_0{}^2}{(m+M)}v_0{}^2$$
$$=\frac{1}{2}m_0v_0{}^2\left(1-\frac{m_0}{m+M}\right)$$

(7)　物体と板にはたらく力はそれぞれ下図のとおりである。ここで，n は板が物体を押す垂直抗力，N は床が板を押す垂直抗力である。

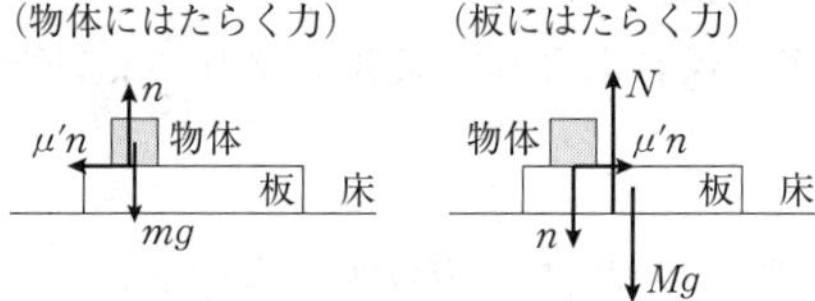

物体についての運動方程式は

$$ma=-\mu'n$$

物体についての鉛直方向の力のつりあいより，$n=mg$ であるから

$$a=-\mu'g$$

(8)　板の加速度を A とおくと，運動方程式は

$$MA=\mu'n$$

$$\therefore\quad A=\frac{\mu'm}{M}g=-\frac{m}{M}a$$

(9)　物体の板に対する相対加速度を a' とおくと

$$a'=a-A=-\mu'g-\left(\frac{\mu'm}{M}g\right)$$
$$=-\frac{\mu'(m+M)}{M}g$$

よって，板の上を物体はこの加速度で運動するので，求める相対速度は

$$u(t)=u_0+a't=u_0-\frac{\mu'(m+M)}{M}gt$$

(10)　物体が板の上で静止するのは $u(t)=0$ となるときなので

$$0=u_0-\frac{\mu'(m+M)}{M}gt_1$$

$$\therefore\quad t_1=\frac{Mu_0}{\mu'(m+M)g}$$

⑾　この間に物体が板の上を滑った距離を x とおくと

$$x=u_0t_1+\frac{1}{2}a't_1{}^2$$
$$=u_0\cdot\frac{Mu_0}{\mu'(m+M)g}-\frac{1}{2}\cdot\frac{\mu'(m+M)}{M}g\cdot\left\{\frac{Mu_0}{\mu'(m+M)g}\right\}^2$$
$$=\frac{Mu_0{}^2}{2\mu'(m+M)g}$$

⑿　t_1 の間に板が床に対して移動した距離を X とおくと，⑻の結果も用いて

$$X=\frac{1}{2}At_1{}^2$$
$$=\frac{1}{2}\cdot\frac{\mu'm}{M}g\cdot\left\{\frac{Mu_0}{\mu'(m+M)g}\right\}^2$$
$$=\frac{mMu_0{}^2}{2\mu'(m+M)^2g}$$

⒀　このときの板の速度（物体と一体となって運動している）を V とおくと，⑿と同様にして

$$V=At_1=\frac{\mu'm}{M}g\cdot\frac{Mu_0}{\mu'(m+M)g}$$
$$=\frac{m}{m+M}u_0$$

2 解答

⒁—⑨　⒂—⑧　⒃—③　⒄—②　⒅—⑥　⒆—⑧
⒇—⑧　(21)—④　(22)—⑤　(23)—②　(24)—①　(25)—①
(26)—③

◀解　説▶

≪様々な抵抗とコンデンサーを含む電気回路≫

⒁　長さ l〔m〕，半径 r〔m〕の抵抗の抵抗値を R〔Ω〕とおくとき，抵抗はその長さに比例し，断面積に反比例する。導体 A，B の断面積はそれぞれ，$4\pi r^2$〔m²〕，$\frac{1}{4}\pi r^2$〔m²〕であるから，導体 A，B の抵抗値をそれぞれ R_A〔Ω〕，R_B〔Ω〕とおくと

$$R_A=\frac{1}{2}\cdot\frac{1}{4}\cdot R=\frac{1}{8}R〔\Omega〕$$

$$R_B=1\cdot\frac{1}{\frac{1}{4}}\cdot R=4R〔\Omega〕$$

となるので，図２－１より

$$V_0=RI_0,\ \ P_0=I_0V_0=\frac{{V_0}^2}{R}$$

が成り立つことを用いると，オームの法則より図２－２では

$$I_2=\frac{V_0}{R_A}+\frac{V_0}{R_B}=\frac{8V_0}{R}+\frac{V_0}{4R}$$
$$=\frac{33}{4}I_0〔A〕$$

⒂　図２－２での導体Ａの消費電力を P_A〔W〕とおくと

$$P_A=\frac{{V_0}^2}{R_A}=\frac{{V_0}^2}{\frac{1}{8}R}=8P_0〔W〕$$

⒃　⒂と同様にして，導体Ｂの消費電力を P_B〔W〕とおくと

$$P_B=\frac{{V_0}^2}{R_B}=\frac{{V_0}^2}{4R}=\frac{1}{4}P_0〔W〕$$

⒄　キルヒホッフの第二法則より図２－３では

$$V_0=R_AI_3+R_BI_3=\frac{33}{8}RI_3$$

$$\therefore\ \ I_3=\frac{8}{33}I_0〔A〕$$

⒅　図２－３での導体Ａの消費電力を P'_A〔W〕とおくと

$$P'_A=R_A{I_3}^2=\frac{1}{8}R\cdot\left(\frac{8}{33}I_0\right)^2$$
$$=\frac{1}{8}\cdot\left(\frac{8}{33}\right)^2P_0=\frac{8}{1089}P_0〔W〕$$

⒆　図２－３での導体Ｂの消費電力を P'_B〔W〕とおくと

$$P'_B=R_B{I_3}^2=4R\cdot\left(\frac{8}{33}I_0\right)^2$$
$$=4\cdot\left(\frac{8}{33}\right)^2P_0=\frac{256}{1089}P_0〔W〕$$

⒇　抵抗Ｂでの消費電力が常に一定ということから，抵抗Ｂに流れる電流は一定であることがわかる。はじめの状況で流れる電流を I〔A〕とおく

と，キルヒホッフの第二法則より

$$V_1=RI+2RI \qquad \therefore \quad I=\frac{V_1}{3R}\text{〔A〕}$$

ここで，電源電圧が $2V_1$〔V〕となったときの可変抵抗 A の抵抗値を r_A〔Ω〕とおくと，キルヒホッフの第二法則より

$$2V_1=RI+r_AI=\frac{1}{3}V_1+\frac{r_A}{3R}V_1$$

$$\therefore \quad r_A=5R\text{〔Ω〕}$$

(21)　このときの抵抗 A での消費電力を p_A〔W〕とおくと

$$p_A=r_AI^2\text{〔W〕}$$

はじめの状態と比べて流れる電流は一定なので，元の抵抗との比のみで決まる。

よって，電圧が V_1〔V〕のときと比べると，消費電力は　$\frac{5}{2}$ 倍

(22)　右図のように，コンデンサーに流れ込む電流を i〔A〕，可変抵抗 A に流れる電流を I_A〔A〕，コンデンサーの右側極板に蓄えられる電気量を Q〔C〕とおく。

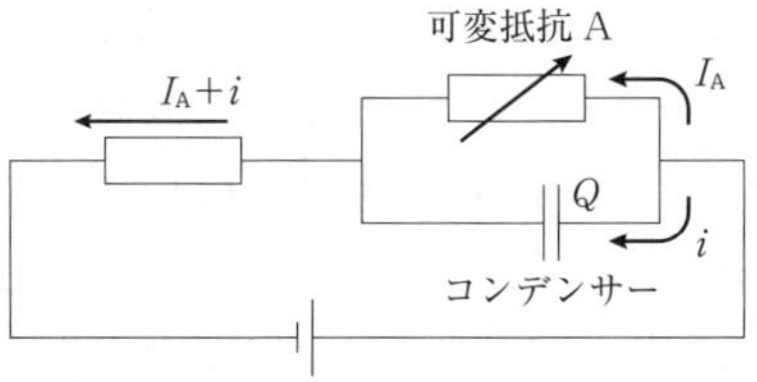

はじめはコンデンサーに電荷は蓄えられていないので，$Q=0$〔C〕であるから，コンデンサー両端の電圧は 0V であるため，並列に接続された可変抵抗 A の両端の電圧も 0V となる。よって，スイッチを閉じた直後に可変抵抗 A を流れる電流は $I_A=0$〔A〕となるため，キルヒホッフの第二法則より

$$V_2=0+Ri$$

$$\therefore \quad i=\frac{V_2}{R}\text{〔A〕}$$

(23)　じゅうぶんに時間が経過した後は，コンデンサーに電流が流れ込まないため $i=0$ となる。よって，抵抗 B に流れる電流は可変抵抗 A に流れる電流に等しくなるため，キルヒホッフの第二法則より

$$V_2=2RI_A+RI_A$$

$$\therefore \quad I_A=\frac{V_2}{3R}\text{〔A〕}$$

(24)　コンデンサーには電流が流れ込まなくなるために，スイッチ S_2 に流れる電流も 0 A である。

(25)　スイッチ S_2 を開いた直後の可変抵抗 A の両端の電圧とコンデンサー両端の電圧が等しいことから，その電圧は

$$\frac{Q}{C}=2RI_A=\frac{2}{3}V_2\text{〔V〕}\quad\text{（図中右側が高電圧）}$$

この後，可変抵抗 A の抵抗を R〔Ω〕へと変化させた後に可変抵抗 A を流れる電流を I'_A〔A〕とおくと，キルヒホッフの第二法則より

$$V_2=RI'_A+RI'_A$$

$$\therefore\quad I'_A=\frac{V_2}{2R}\text{〔A〕}$$

よって，可変抵抗 A 両端の電圧は

$$RI'_A=\frac{1}{2}V_2\text{〔V〕}\quad\text{（図中右側が高電圧）}$$

これら 2 つの電圧を比較すると，コンデンサー両端の電圧の方が大きいので，スイッチ S_2 を閉じた直後は点 U の方が点 W より高電位となる。よって，スイッチ S_2 には点 U からスイッチ S_2 を通り点 W の向きに電流が流れる。

(26)　じゅうぶんに時間が経過した後は，(25)よりコンデンサー両端の電圧は $\frac{1}{2}V_2$〔V〕である。再びスイッチ S_2 を閉じた直後に閉じた回路に蓄えられているエネルギーは，コンデンサーの静電エネルギーのみであるから，可変抵抗 A で消費した電力量（ジュール熱）は，スイッチ S_2 を再び閉じる直前の静電エネルギーを求めればよい。

求める静電エネルギーを U〔J〕とおくと

$$U=\frac{1}{2}C\cdot\left(\frac{1}{2}V_2\right)^2=\frac{1}{8}CV_2^2\text{〔J〕}$$

3　解答

(27)―①　(28)―③　(29)―⑥　(30)―②　(31)―⑥　(32)―③
(33)―⑦　(34)―⑧　(35)―⑦　(36)―⓪　(37)―⑥　(38)―⑧

◀解　説▶

≪反射板も動く場合のドップラー効果≫

(27)　音源の振動数が f〔Hz〕なので，音源は 1 秒間に f 回振動しており，

音源が1秒間に出す音波の数は　　f 個

(28)　音源が v_s〔m/s〕で観測者へ移動していることから，f 個の波を発する，つまり音源から1秒間に出た音波は V〔m〕だけ進んでおり，音源はその音波に対して v_s〔m〕だけ追いかけるので，f 個の波が存在する距離は

$V-v_s$〔m〕

(29)　(28)より，この波の波長を λ'〔m〕とおくと

$$\lambda'=\frac{V-v_s}{f}\text{〔m〕}$$

となるので，観測者が観測する音の振動数 f'〔Hz〕は

$$f'=\frac{V}{\lambda'}=\frac{V}{V-v_s}f\text{〔Hz〕}$$

(30)　(29)より，$f=960$〔Hz〕，$V=340$〔m/s〕，$v_s=20$〔m/s〕を代入すると

$$\lambda'=\frac{340-20}{960}=\frac{1}{3}\text{〔m〕}$$

(31)　(29)より

$$f'=\frac{340}{340-20}\cdot 960=1020\text{〔Hz〕}$$

(32)　音波が1秒間に V〔m〕進む間に，観測者は音波と同じ方向に v_0〔m〕だけ移動しているので，観測者を1秒間に通過する音波の距離は

$V-v_0$〔m〕

(33)　(32)で求めた距離の中に入っている波の数が求める波の数になるので

$$\frac{V-v_0}{\lambda}\text{ 個}$$

(34)　(33)より，観測者が観測する振動数 f'〔Hz〕は

$$f'=\frac{V-v_0}{\frac{V}{f}}=\frac{V-v_0}{V}f\text{〔Hz〕}$$

(35)　図3－3の場合は，音源から出た音波の波長が λ'〔m〕となり，これを移動する観測者が観測するので

$$f'=\frac{V-v_0}{\lambda'}=\frac{V-v_0}{V-v_s}f\text{〔Hz〕}$$

(36)　(34)と同様に，反射板では $\dfrac{V-v_R}{V}f_1$〔Hz〕の音波を受け，これを反射する。反射板から出た音波は，速さ v_R〔m/s〕で音源が遠ざかる状況と考

えられるので，求める振動数 f_2〔Hz〕は

$$f_2=\frac{V}{V+v_R}\cdot\frac{V-v_R}{V}f_1=\frac{V-v_R}{V+v_R}f_1\text{〔Hz〕}$$

(37)　(35)と同様に，反射板では $\dfrac{V-v_R}{V-v_s}f_1$〔Hz〕の音波を受け，これを反射する。反射板から出た音波は，速さ v_R〔m/s〕で音源が遠ざかる状況と考えられるので，求める振動数 f_3〔Hz〕は

$$f_3=\frac{V}{V+v_R}\cdot\frac{V-v_R}{V-v_s}f_1\text{〔Hz〕}$$

(38)　(36)より，観測者が反射板から反射した音波を観測する振動数は f_2〔Hz〕となる。よって，観測者が観測するうなりの振動数 f_4〔Hz〕は

$$f_4=f_1-f_2=f_1-\frac{V-v_R}{V+v_R}f_1$$

$$f_4(V+v_R)=f_1(V+v_R)-f_1(V-v_R)$$

$$f_4V+f_4v_R=2f_1v_R$$

この時，反射板の速さ v_R〔m/s〕は

$$v_R=\frac{f_4}{2f_1-f_4}V\text{〔m/s〕}$$

❖講　評

大問数は例年通り 3 題であり，解答個数は 38 個で例年よりもやや少なくなった。2022 年度と比較して，標準レベルの問題のみの出題となり，やや易化したと考えられる。ただし，公式の丸暗記では太刀打ちできない問題ばかりが出題されており，これまでよりも思考力を意識した出題となっていた。

1　素材としては，標準レベルの問題集には必ず掲載されている問題である。問題によって問い方がことなるため，一見すると素材が同じでも違う問題に見えることがあるかもしれない。板の上で物体がすべる状況では，水平方向には動摩擦力のみがはたらき，これは内力になるため，運動量保存則も成り立っている。(13)は，運動量保存則を用いると，検算が簡単にできる。

2　導体棒の抵抗値が，長さに比例し，断面積に反比例するという知識さえあれば，解き進めることができる。例えば，「抵抗 B の消費電

力」が「一定」という問題文中の条件から，「抵抗Bを流れる電流が一定」というように，条件文をしっかり読み取り，正確に把握する力が必要となる。

3　ドップラー効果をその原理から解き進める問題であるが，教科書の記述通りの基本的なところから始まり，反射板によるドップラー効果と，標準レベルの多くの問題集に掲載されている内容の出題で終わっている。(38)は，スピードガンや気象の分野で使われるドップラーレーダーの原理となっているもので，物理学が日常生活に役立つ場面として，今後も要注意であろう。

化学

I 解答

1―⑧　2―⑦　3―④　4―⑤　5―⓪　6―②
7―⑨　8―⑦　9―⑤　10―③　11―⑧　12―②

◀解　説▶

≪構造異性体の数，芳香族化合物の合成，セルロース≫

問１．⑴　分子式 C_5H_{12} の炭化水素には次の３つの構造異性体がある。それぞれに１つのヒドロキシ基を結合させると，分子式 $C_5H_{12}O$ のアルコールとなる。ⓐ～ⓗを付した炭素原子にヒドロキシ基が結合すると，互いに構造異性体となる。よって，構造異性体数は８つ。

```
ⓐ     ⓑ     ⓒ
CH3－CH2－CH2－CH2－CH3

         CH3
ⓓ        |    ⓕ     ⓖ
CH3－CH－CH2－CH3
         ⓔ

         CH3
ⓗ        |
CH3－C－CH3
         |
         CH3
```

⑵・⑶　分子式 $C_5H_{10}O$ で表されるカルボニル化合物には，次の(a)～(g)の７つの構造異性体が存在する。このうち，フェーリング液を還元するアルデヒドは(a)，(d)，(f)，(g)の４つである。

```
(a) CH3－CH2－CH2－CH2－C－H
                        ‖
                        O

(b) CH3－CH2－CH2－C－CH3
                   ‖
                   O

(c) CH3－CH2－C－CH2－CH3
              ‖
              O

                CH3
                 |
(d) H－C－CH－CH2－CH3
       ‖
       O

        CH3
         |
(e) CH3－CH－C－CH3
             ‖
             O

        CH3
         |
(f) CH3－CH－CH2－C－H
                 ‖
                 O

        CH3
         |
(g) CH3－C――C－H
         |   ‖
        CH3  O
```

(4)　分子式 C_7H_8O で表される芳香族化合物には，次の(a)～(e)の 5 つの構造異性体が存在する。

(a) CH_2-OH　(b) $O-CH_3$　(c) OH CH_3

(d) OH CH_3　(e) OH CH_3

問 2．ベンゼンとプロペンを反応させるとクメンが生成する。クメンを酸素で酸化するとクメンヒドロペルオキシドとなり，これを希硫酸で分解するとアセトンとフェノールが得られる。フェノールは弱酸性の化合物で，水酸化ナトリウム水溶液と反応させると，ナトリウムフェノキシドとなる。ナトリウムフェノキシドに高温・高圧下で二酸化炭素と作用させると，サリチル酸ナトリウムとなる。

ベンゼン $\xrightarrow{CH_2=CH-CH_3}$ クメン（$CH_3-CH-CH_3$）$\xrightarrow{O_2}$ クメンヒドロペルオキシド（$CH_3-C(O-OH)-CH_3$）

$\xrightarrow{H_2SO_4}$ フェノール（OH）$\xrightarrow{NaOH}$ ナトリウムフェノキシド（ONa）$\xrightarrow[高温・高圧]{CO_2}$ サリチル酸ナトリウム（OH, COONa）

$\longrightarrow$ アセトン（$CH_3-C(=O)-CH_3$）

問 3．(1)　セルロースは β-グルコースが多数結合した多糖類である。重合度を n とおくと，セルロースの分子式は $(C_6H_{10}O_5)_n$，分子量は $162.0n$ と表せる。また，1 分子のセルロースを加水分解すると，n 分子のグルコースが生じる。グルコースの分子式は $C_6H_{12}O_6$，分子量が 180.0 であることから，得られるグルコースの質量 (g) は

$$\frac{90}{162.0n}\times n\times 180.0=100\,[\mathrm{g}]$$

(2)　セルロースのグルコース単位には，エステル化できるヒドロキシ基が 3 つ含まれる。セルロースと無水酢酸からトリアセチルセルロースが生じる反応式は，次のようになる。

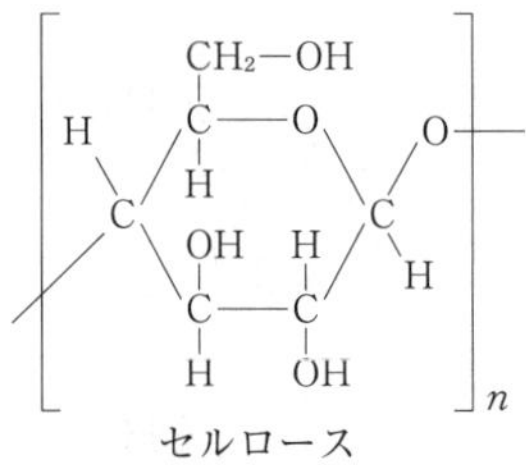

セルロース

$$[C_6H_7O_2(OH)_3]_n+3n(CH_3CO)_2O$$
$$\longrightarrow [C_6H_7O_2(OCOCH_3)_3]_n+3nCH_3COOH$$

セルロースと無水酢酸の分子量はそれぞれ $162.0n$，102.0 であることから，必要な無水酢酸の質量（g）は

$$\frac{90}{162.0n}\times 3n\times 102.0=170\,[\mathrm{g}]$$

(3)　グルコース単位の 3 つのヒドロキシ基のうち，x 個のヒドロキシ基がエステル化されたとすると，ニトロセルロースの化学式は $[C_6H_7O_2(ONO_2)_x(OH)_{3-x}]_n$ と表すことができる。

$$[C_6H_7O_2(OH)_3]_n+xnHNO_3$$
$$\longrightarrow [C_6H_7O_2(ONO_2)_x(OH)_{3-x}]_n+xnH_2O$$

エステル化されると $-OH(=17.0)$ が $-ONO_2(=62.0)$ に変化するので，エステル化されたヒドロキシ基 1 つあたりの分子量は $62.0-17.0=45.0$ 増加する。よって，ニトロセルロースの分子量は $(162.0+45.0x)n$ と表すことができる。反応式から，セルロースとニトロセルロースの物質量（mol）は等しいため

$$\frac{90}{162.0n}=\frac{105}{(162.0+45.0x)n}$$

$$\therefore\quad x=0.60$$

3 つのヒドロキシ基のうち 0.60 個がエステル化されているので，エステル化された割合（%）は

$$\frac{0.60}{3}\times 100=20\,[\%]$$

解答　13−⑦　14−④　15−⑤　16−⓪　17−⑥　18−⑥
19−⑦　20−⑧　21−⑤　22−②　23−⑥　24−①

◀解　説▶

≪2族元素の化合物と性質≫

(1)・(2)　2族元素はBe, Mg, Ca, Sr, Ba, Raの6種類である。このうち，BeとMgを除くCa, Sr, Ba, Raはアルカリ土類金属に分類される。

(3)～(5)　海水から水と塩化ナトリウムを除くと，塩化マグネシウムを主成分とするニガリが得られる。マグネシウムのイオン化傾向はアルカリ土類金属に比べて小さく，熱水と反応して水素を発生し，水酸化マグネシウムに変化する。水酸化マグネシウムは水に溶けにくいため，弱塩基に分類される。

$$Mg + 2H_2O \longrightarrow Mg(OH)_2 + H_2$$

(6)・(7)　アルカリ土類金属の水酸化物は，水に溶けて強塩基性を示す。アルカリ土類金属の硫酸塩は水に難溶で，このうちX線撮影の造影剤に用いられる化合物は硫酸バリウムである。

(8)・(9)　酸化カルシウムは塩基性酸化物で，水と反応すると水酸化物に変化する。また，このとき多量の熱を生じるため，発熱剤として用いられる。

$$CaO + H_2O \longrightarrow Ca(OH)_2$$

(10)～(12)　水酸化カルシウムの飽和水溶液は石灰水とよばれ，二酸化炭素の検出に用いられる。石灰水に二酸化炭素を通じると白濁し，さらに通じると白濁が消える。

$$Ca(OH)_2 + CO_2 \longrightarrow CaCO_3 + H_2O$$

$$CaCO_3 + H_2O + CO_2 \rightleftarrows Ca(HCO_3)_2$$

25—⑥　26—④　27—⓪　28—②　29—②　30—⓪
31—③　32—①　33—⑥　34—①

◀解　説▶

≪格子エネルギー，中和滴定≫

問1．与えられた反応熱の熱化学方程式は，それぞれ以下のように表される。

CsCl(固)の生成熱：

$$Cs(固)+\frac{1}{2}Cl_2(気)=CsCl(固)+410\,kJ \quad \cdots\cdots(i)$$

Cl_2 の結合エネルギー：

$$Cl_2(気)=2Cl(気)-240\,kJ \quad \cdots\cdots(ii)$$

Cs の昇華熱：

$$Cs(固)=Cs(気)-85\,kJ \quad \cdots\cdots(iii)$$

Cs 原子のイオン化エネルギー：

$$Cs(気)=Cs^+(気)+e^--375\,kJ \quad \cdots\cdots(iv)$$

Cl 原子の電子親和力：

$$Cl(気)+e^-=Cl^-(気)+350\,kJ \quad \cdots\cdots(v)$$

Cl_2 について，$\frac{1}{2}\times$(ii)+(v) より

$$\frac{1}{2}Cl_2(気)+e^-=Cl^-(気)+230\,kJ \quad \cdots\cdots(vi)$$

Cs について，(iii)+(iv) より

$$Cs(固)=Cs^+(気)+e^--460\,kJ \quad \cdots\cdots(vii)$$

(vi)+(vii)−(i) より

$$CsCl(固)=Cs^+(気)+Cl^-(気)-640\,kJ$$

$\therefore\quad Q=6.40\times10^2$〔kJ/mol〕

問２．(1)　混合物Ａに含まれるナトリウムと酸化ナトリウムの物質量をそれぞれ x〔mol〕，y〔mol〕とおく。混合物Ａを水と反応させたとき，ナトリウムと酸化ナトリウムはそれぞれ次のように変化する。

$$2Na+2H_2O \longrightarrow 2NaOH+H_2$$

	$2Na$	$2NaOH$	H_2	
(反応前)	x	0	0	〔mol〕
(変化量)	$-x$	$+x$	$+\frac{x}{2}$	〔mol〕
(反応後)	0	x	$\frac{x}{2}$	〔mol〕

$$Na_2O+H_2O \longrightarrow 2NaOH$$

	Na_2O	$2NaOH$	
(反応前)	y	0	〔mol〕
(変化量)	$-y$	$+2y$	〔mol〕
(反応後)	0	$2y$	〔mol〕

反応させた混合物Ａが 0.538 g であることから，ナトリウム（式量 23.0）と酸化ナトリウム（式量 62.0）の質量（g）について次の式が成り立つ。

$23.0x+62.0y=0.538$　……(i)

また，100mLの水溶液中に含まれる水酸化ナトリウムの物質量は$(x+2y)$〔mol〕なので，水溶液10.0mL中に含まれる水酸化ナトリウムの物質量(mol)は

$$(x+2y)\times\frac{10.0}{100}=\frac{x+2y}{10}\text{〔mol〕}$$

塩酸と水酸化ナトリウムの中和反応は次のように表される。

$$HCl+NaOH \longrightarrow NaCl+H_2O$$

反応式における量的関係から

$$\frac{x+2y}{10}=0.100\times\frac{22.0}{1000}$$

$x+2y=0.0220$　……(ii)

(i)，(ii)より

$x=1.80\times10^{-2}$〔mol〕，$y=2.00\times10^{-3}$〔mol〕

以上により，酸化ナトリウムの物質量は　　2.0×10^{-3}〔mol〕

(2)　反応により生じる水素の物質量は，(1)より

$$\frac{1}{2}\times1.80\times10^{-2}=9.00\times10^{-3}\text{〔mol〕}$$

水素の燃焼における反応式は

$$2H_2+O_2 \longrightarrow 2H_2O$$

なので，水素と同じ物質量の水が生じる。得られた水（分子量18.0）の質量(g)は

$$9.00\times10^{-3}\times18.0=1.62\times10^{-1}\fallingdotseq1.6\times10^{-1}\text{〔g〕}$$

❖講　評

例年同様，すべてマークシート方式で大問3題であった。総マーク数は34個で，例年通りといえる。計算問題は標準的な問題で分量も多くはなかったが，慣れていないと難しく感じたものと思われる。

Ⅰ　問1は構造異性体数を答える問題で，異性体をきちんと書き出すことができれば比較的容易である。問2はクメン法やサリチル酸の合成に関する内容で，基本的な知識が必要とされる。問3はセルロースに関する計算問題である。例題的な問題ではあるものの，高分子化合物の計

算に慣れていないと解きにくい。

Ⅱ　2 族元素の化合物や性質に関する内容である。すべて基本的な知識を問われているが，化合物の性質や用途を正確に把握できていないと答えにくい。問題文を読みながら元素や化合物が推定できたかがポイントになる。

Ⅲ　問 1 は格子エネルギーの計算問題である。与えられた反応熱から熱化学方程式が正確に書き出せたかがポイントになる。特にイオン化エネルギーや電子親和力は，定義に基づいて反応熱の正負が正確に判断できるかが問われる。問 2 は比較的容易な内容であるため，正しい反応式を立てること，正確に計算を進めることが重要になる。

であるが、設問数はいくらか多い。また、難易度としては標準である。二〇二二年度と比べ、現・古ともに語意を問う問題が増えている。漢字問題としては、書き取りは一般的であるが、読みですんなり読めそうにない熟語が出ている。

Ⅰ 古い文章であるが、内容としては動物園に関する一般性のあるものである。文章自体は比較的読みやすく理解しやすい。設問内容としては、空所補充問題、内容（理由）説明問題、内容真偽問題において、答えの文中根拠が明確で、間違い選択肢も切りやすい。語意問題として「容喙」という難熟語が出されており、初めてこの言葉に出くわした人は文脈から意味を判断していかなければならない。

Ⅱ 哲学の文章であるが、必ずしも読みやすい文章ではなく、内容は整理しにくい。主旨は、「わたし」は「われわれ」なしに存在し得ず、「WE ターン」が求められるということである。設問の特徴として語意問題が三問含まれており、辞書的な意味から答えるもの、「ここでの意味」として文脈上の意味を答えるものが出題されていた。内容真偽問題は、間違い選択肢は容易に切ることはできるが、では正解選択肢の文中根拠はというとなかなか探しにくい。

Ⅲ 江戸時代の室鳩巣の随筆は、入試問題としてはあまり見かけないものである。問題文の大要はつかめると思うが、細部の内容というとわかりにくい部分がある。そこをどう読んでいくか、前後関係から類推する力が問われている。注の内容も本文と同等のものとして読んでいかなければならない。問一の「たがいひそめし（誰が言ひ初めし）」の訳は、古文の文章に読み慣れていないとすんなりと答えは絞れない。また文法としては、助動詞「まし」の接続に関しては基本であるが、終助詞「もがな」については発展的ともいえるもので、本腰を入れた文法学習が必要である。文章読解としては、多様なジャンルの文章に当たっていくことが求められている。

問七　「是」が指している要点を見ていく。傍線部fの前の数行を整理すると、儒者も道の真実の味を知ったならば、外物や実理に影響されたりせず、行住坐臥、どんなときでも心は落ち着いているということを言っている。これと合致するのが、①の「どのような場合でも決して揺らがない」と、③の「どのような状況でも動じることがない」の部分であるが、傍線部fの二行前で「儒者も」、本文一行目で「儒を学びて」と言っているので、①が最も適当。③は「身体の鍛錬をする」が余計。

問八　傍線部gを品詞分解すると「こころ」〈名詞〉＋「と」〈格助詞〉＋「もがな」〈終助詞〉となる。「もがな」は願望を意味し、体言、形容詞の連用形、格助詞「に」「と」などに付き、〝…であればなあ・…があればなあ〟などのように訳す。選択肢で願望の意味を含むものは⑤しかないので、これが正解。

問九　「俗耳」は、一般の人々のものの見方や判断ということであり、それ以上の意味は帯びていないので、①と③に絞られる。③のような強い推量の「違いない」という意味は入っていないので、①が最適。

問十　「儒教」について述べている文章なので、①・②に絞られる。「可なり」は〝それでよい〟ということなので、②が最適。

問十一　傍線部jを直訳すると、〝少しも自分を忘れ自分の外のものを羨むという心がなく〟となり、この内容に合致するものを見ていくと③・④に絞られる。傍線部jの主語は「朝がほ」であり、その一行前に「朝がほの天より受けたる性なり」とあるので、「天から与えられた自分の性分を見失って…思うことが全くなく」と解釈している③が最適。

問十二　傍線部kの前に「受け得たる性分を尽して枯るる」、二行後に「ただおのおの己が性分を尽すばかりなり」とあるので、①が最適。

❖講　評

大問として現代文二題、古文一題の出題構成は例年と変わらない。現代文・古文ともに問題の文章量としては一般的経る松まであるのに、これほどはかない生を得て、ほんの少しでも自分の性分を忘れ自分以外のものを羨ましく思う心がなく、毎朝たいそう気持ちよさそうに見事に咲いて、授かり得た性分を尽くして枯れるというのが、花が人に見せてくれる誠実さなのである。どうしてはかないものとして見ることができようか。それは松も同じことだけれど、朝顔がはかないことによって、一層その道理がはっきりしたものに見えます。だから松の心に千年はなく、朝顔の心に一日はない。ひたすら自分の性分を尽くすだけなのである。

◀解　説▶

問一　「たがいひそめし」は「誰が言ひ初めし」なので、⑤が正解。

問二　「心づきなし」の辞書的な意味は、⑴気に食わない・不愉快だ、⑵面白みがない、であるが、設問は「ここでの意味」としている。傍線部bの前に「翁、その時はいまだいとけなかりしかば」とあり、幼く未熟だったため、言っていることの意味がよくわからなかったということである。②が最も適当。

問三　傍線部cの前文に「そのことわりを身に知らねば真に知りたるとはいひがたし」とあり、もし「身にし知りなば（＝身に染みて知ったならば）」どうなるのかというと、いっそう「真」＝〝真実〟を知ることとなる。「身に」が「心に深く」、「真」が「切実」に結びつく①が最も適当。他はどれも結びつかない。

問四　傍線部dは、その人が自分とは逃れられない間柄である事を知って、ということ。③が最適。

問五　「思は」がハ行四段動詞「思ふ」の未然形なので、未然形に接続する反実仮想（この場合は推量）の助動詞「まし」が入り、④が正解。なお、⑤は、上代の尊敬の助動詞「す」の未然形＋打消の助動詞「ず」の終止形であり、「す」は確かに未然形接続ではあるが、「思はさず」だと〝お思いにならない〟となって文意が通らない。

問六　注も読みつつ文脈を捉えなければならない。仲孺が去病に対し実父であることを名乗り出る前と後では、仲孺自身は変わるわけではないが、去病の仲孺への見方には大きな変化が起こり、それまでの百倍ほどの思慕を仲孺に感じるようになった、という内容である。この内容に合致する④が正解。

が知るのは格別のことだ。蒸餅のうまさは上戸も知っているけれど、下戸が知るのは格別のことだ。儒者もこの道理が真であり本物である価値を、劉伶が酒のうまさを知り、何曾が餅のうまさを知るように日々我が身に知ったならば、どうして外の物に気を取られ真実に迷うことがあるだろうか。起きるもよし、座るもよし、動くもよし、静かであるのもよし、日常の立居振舞すべてよいのである。平たいのもよし、険しいのもよし、生じるのもよし、死ぬのもよし、幸福も不幸も幸運も不運もすべてよいのである。急変のときもこの心境で行動し、多忙のときもこの心境で行動する。このことが道理を身に染みて知るということなのである。このように言うからといって、私もいまだこの心境に至っていないので、真に知る人間ではない。鈴木某もここに及ばないことを自ら悟って、願い望む意味を込めて、身に染みて知りたいものだと詠んだのであろう。

　この時、松永の何とかといって、鈴木氏の道学の友人がいた。その人が、あさがおの歌だといって語ったのが、自分で詠んだ歌であろうか、あるいは鈴木氏が詠んだ歌であろうか、とにかくどちらかの歌であろう。

　朝顔の昼を待たずにしぼむわずかな時間も千年を経る松の長々しい時間も変わらない心としたいものだなあ

この歌も意味深いように思われます。昔から朝顔を詠んだ歌は多いけれど、だいたいは朝顔のはかないことを言って、秋の情趣を添えてこの世のはかなさを知らせるのを趣向とする以外のものは見えない。白居易が「松樹千年終に是れ朽ち、槿花一日自ら栄を為す」（＝松の木は千年も経てば遂には枯れるが、むくげ〔朝顔〕の花は一日だけ自分のみの栄華を刻む）という漢詩を（作り）、藤原公任の『和漢朗詠集』にも採られて風雅なものとされるけれども、これもあえて栄枯を一つにし、長命と短命を同等にみなす意味であって、世間一般の人々には優れたことばのように思えるが、たいそう内容の浅いものであった。これらは（釈迦や荘子の思想を表面的になぞっているだけで）釈迦の涎を引き、荘子の唾を嘗める以上のものではあり得ない。ここで松永氏が松と変わらない心と言ったのは、そうしたことではないであろう。あなた方はそれぞれ（この歌を）どのように思いなさったか。私は朝に道を聞いてたとえ夕べに死んだとしても構わないと言っている意味だと思いました。朝に咲いて日の光を待ってしぼむのは、朝顔の天から授かった性分である。世の中には千年を

問九　①
問十　②
問十一　③
問十二　①
問十三　①

◆全　訳◆

むかし鈴木の何とかという人物がいたが、父親はひたすら仏教に帰依していたのに、その息子は儒学を学んで道義の大要を知っている人との評判をとっていた。その人が詠んだ歌に（次のものがある）、

（この世を）夢の世だとだれが言い始めたのか、夢ではないそのことの道理を身に染みて知りたいものだ

その歌を仲間の人に見せたときに、その道理を（実は）知っているけれどこのように詠んだのだろうか、単に知らないでこのように（「知りたいものだ」と）詠んだのだろうか、と聞いたところ、知っているからといってもすぐに知っているとは言うことはできない。だから（道理を）疑って「知りたいものだ」と詠むのだと言ったと、ある人が語ったのだが、私は、その時はまだ幼かったので、そのような事に深く理解が及ばず、ふたたび問い聞くこともなかった。今になって思えば、この歌は身に染みて知るという所に深い意味があるだろう。その道理を身に染みて知らなければ真に知っているとは言いがたい。もしある人がいて、この道理が天から下って、自分に内在していることを身に染みて知ったならば、それが心に深く切実に思われることは、それまでと同じようなことであるはずがない。たとえばこれまで由緒ある人とも知らないでその人と語り合っていたところ、自分自身と切っても切れない繋がりがあることを知ったならば常日頃の親しさはさほどのものではなかったのだと思うだろう。霍去病は（仲孺が）父であることを名のり出て、初めて自分がその実の子であることを知った後は、（父に対する）その親わしさ、その思慕はそれまでと比べ百倍にもなっただろう。その人は以前と変わらぬ人であるけれど、以後は別人のように思われるだろう。よい酒のうまさは下戸でも知っているけれど、上戸

もたらす」(第九段落三・四行目)。近代社会は「わたし」を行為・責任・権利の主体と見なしてきたが、WEターンは「近代社会そのもののWE化をも要請する」(第九段落五行目)。以上の内容が③「…自己のとらえ方、近代社会の通念が根本的に覆り」と結びつく。また、最終段落末に「『わたし』と同様、閉じたWEも単独では何事も為すことができない。単独行為不可能性という……奴らなるものも幻想にすぎない」とあり、単独行為不可能性から出発すれば「奴ら」の存在も幻想となる。以上の内容が③「敵と味方を分ける考え方とも決別を果たすことになる」ということとも結びつき、正解となる。

④第九段落四行目「個人としての『わたし』を行為・責任・権利の主体と見なしてきた」に反する。また「法制度」のことは本文では全く触れられていない。

⑤「幸福の基準」ということについて本文では全く論じられていない。

解答

問三　①
問四　③
問五　④
問六　④
問七　①
問八　⑤

Ⅲ

出典　室鳩巣『駿台雑話』〈巻二（義集）・鈴木某が歌〉

問一　⑤
問二　②

　となる。③が正解。

問九　傍線部の前の文に「ここでの『われわれ』は、特定の社会集団どころか人類すら超え、生態系や宇宙にまで拡がっている」とあり、その「境界」とは、「われわれ」と「『われわれ』でない者」との境界である。よって③が最適。

①「われわれ」は「開かれたWE」（傍線部直後）でもあるので、「そこから先に入ってはいけない」ことはない。

②「境界」は空間的な意味合いも含むものなので、「決定者」という人格的なものではない。

④最終段落一行目に「内集団に親近感を抱き」とあるように「影響力」というよりは意識の範囲のことであると考えられ、不適当。

⑤傍線部dの前の文に「宇宙にまで拡がっている」とあるので、「自然を含めての『われわれ』の生きる環境」に限定できない。

問十　最終行に「奴らなるものも幻想にすぎない」とあるので、同様に「閉じたWE」という「神話」も幻想に近いものであり、主観的に作り上げたイメージである。②の「根拠なく事実だと思われていること」はこれとほぼ同義であり、②が最適。

①「神話」はここでは比喩であり、そのままの意味を言っているわけではない。

③これは「伝説・伝承」であり、「神話」が含意しているものではない。

④「伝承」、⑤「歴史」は事実性を含み、「幻想」の意がないので不適当。

問十一　①後半の内容のことまで本文で述べられてはいない。

②第一段落で「単独行為不可能性」について述べられているが、「安定した環境のなかにあってこそ、有用な…」とまでは述べられていない。

③「単独行為不可能性という『わたし』が持つ根源的なできなさ」（第四段落三・四行目）は、「われわれ」へのシフト・WEターンによって可能へと転じる。行為主体（＝「わたし」）のWE化は「責任と権利の主体のWEターンを

問三　空欄の前「最終的に決めているのは『わたし』かもしれない」に対して、後では「すべての決定は、『わたし』と数多のエージェントからなる『われわれ』の共同作業だということになる」と言っているので、前後関係は逆接である。よって「だが」が入り、①が正解。空欄2と3は連動しており、〔確かに・なるほど・もちろん〕…〔逆接＝しかし・だが他〕と連動する〔確認―逆接〕構文ともいうべき文章構造をなしている。

問四　筆者は、人間の行為というものは「わたし」だけでできるものではなく「われわれ」の共同作業だという考えを述べている。傍線部aの前に「シフト」という語があり、意味は位置を移動したり転換することである。よって筆者のいう「WEターン」とは考えやものの見方の転換であり、この内容に結びつく②が最適。①の「進路」、③の「体の向き」、④の「新鮮な特性」は本文内容と異なる。⑤は、「すべてが誤り」だとは本文で述べられていない。

問六　傍線部bのある段落「身体の占有者である『わたし』がいなければ、その身体の行為を支える『われわれ』もそもそも立ち上がらない…。『わたし』もまた『われわれ』にとって必要不可欠なのである」、その次の段落「『わたし』はこれらの能力を一つも持たないとしても、『われわれ』にとってかけがえのない存在であり」、以上の箇所に合致する②が最適。①・③・④の内容は本文に反する。⑤「かぎりなく大切な存在」とは、言い換えれば「かけがえのなさ」ということであり、設問はそれがどういうことかを問うているのだから解答になっていない。

問七　直前の「宿痾（しゅくあ）」とは〝長い間治らない病気、持病〟のことで、ここでは「内集団に親近感を抱き」「外集団を疎んじる」ことを「『われわれ』の宿痾（＝病気）」だと比喩的に述べている。そして「増悪」とは病気などが悪くなることを言い、前述の「宿痾」が悪くなるということをこれも比喩的に指しているので、①が最適となる。他の選択肢はすべて病気が悪化するという意を含んでいないので、「増悪」や「宿痾」の語意に合わず、不適。

問八　「われわれ」に対する一般的な語として最終段落二行目に「彼ら」があるので、4は「彼ら」と入れる。同段落二・三行目に「ミサイルを落としてもよい連中」とあるので、4を受けた5の「彼ら」は、卑しめられた人称に変わり、6は「奴ら」となる。同段落三行目に「このような」とあるので5・6が繰り返され、7「彼ら」、8「奴ら」

問五　④
問六　②
問七　①
問八　③
問九　③
問十　②
問十一　③

◆要　旨◆

「わたし」のもつ単独行為不可能性という根源的なできなさは、「わたし」が常に「われわれ」の一員として、他のメンバーに支えられてあることを示している。生きて行為をする限り「わたし」は常に何らかの「われわれ」のメンバーであり続け、「われわれ」なしに行為者としての「わたし」は存在しえない。全ての行為は共同行為であり、行為のエージェントの「わたし」から「われわれ」へシフトすることが、行為のWEターンである。このWEターンは、近代社会そのもののWE化をも要請する。WEターン後の社会はパラダイスでもユートピアでもなく、問題はいかにして「われわれ」をよりよくし、よりよいポストWEターン社会を築くかである。

▲解　説▼

問一　空欄の前後関係を考える。前の「自転車を漕ぐといった行為は一人でできるように、一見思える」に対して、後では「自転車乗りという行為を行うためには……多種多様なエージェントによる援助や支えがあってこそ自転車に乗るという行為が成立する」とあるので、前後関係は逆接であり、逆の内容を導く⑤「本当にそうか」が最適。

問二　空欄の前「最終的には私が一人で物事を決めていると捉える必要はない」に対して、後では「最終的に決めているのは『わたし』かもしれない」と、前文の反対となる意見を一時的に認めているので、②の「確かに」が最も適当。

て植物を相手に解消しようとしていたと思われる」とあるので、「動植物に対して価値を見いだそうとはしなかった」ということではない。

④後半の内容が本文にはない。

⑤前半と後半の因果関係が成り立つ根拠が本文にはない。

問十二　①「アジアも…」以下が、第八段落十・十一行目「…アジア諸国の、国境に関するおおらかさまたは無頓着さと際立った対照をなしている」と合致しない。

②「人間は動物園を植民地に多数設置して」とは本文にはない。

③「人間も動物なのだと確認していた」のではなく、「喜ぶ」（第一段落六行目）、あるいは「嬉し」がった（第二段落一行目）のである。

④最終段落の「疎外感が最終的に解消されることはない」（二行目）、「所詮は無理な試みである」（一・二行目）、「人間が動物または植物を愛しているからだと考えるのは、とんでもない間違いである」（四・五行目）という内容と合致する。④が正解。

⑤「動植物は野生に還れない現実に直面していることが挙げられる」とは本文で全く言われていない。

Ⅱ

出典　出口康夫「『できなさ』からWEターンへ」（『思想』二〇二二年七月号〈思想の言葉〉）（岩波書店）

解答

問一　⑤

問二　②

問三　①

問四　②

合わないので、どれも不適当。

問十　第九段落九・十行目に「動物園とは、小世界であり、いわば世界帝国のミニアチュアである」とある。「帝国」ということは「統一的全体」（第八段落三行目）であることを前提としているので、「一つの統一した世界を作りだし」「完全である世界」としている⑤に合致している。また、傍線部hの前の行に「すべての種が揃っていないと落ち着かない」、傍線部hの直前に「動物園が、できるかぎり、つがいを求め、動物園内での繁殖を非常に喜ぶ」とあることも、⑤の、動物園は「その中で種の確保や繁殖などを行い」、完結的な世界を築き上げている、という内容に合致する。

①後半が、空欄 2 を含む文「人間が主人であることを確認して安心する」、その二文後「人間は、それらの変てこな連中みんなの主人なのだ」と異なる。

②設問は、動物園の完結的な世界とはどういうものかの説明を求めており、自然を包摂している特徴の説明を求めていない。

③「閉鎖的な世界」と言える根拠はない。

④「国家の繁栄を可視化する」ということは本文中にはなく、内容として無関係。

問十一　第八段落で述べられている「近代国家」の特徴を整理すると、(1)中央集権の統一国家、(2)統一的全体を有する世界、(3)絶対的な国家主権を有する、(4)世界制覇の野望を内包している、(5)完結した世界としての国家の完結性をもつ、となる。こうした近代国家の特徴が、動物の世界も包摂しなければならないという動物園の発想に結びついたのである。そして近世以前の日本は近代国家ではなかったのだから、動物園をつくって動物を人工的世界に引き入れて包摂しようとする発想もなかった。以上の内容と一致する①が最適。

②近代的な動物園は「特殊な動物に特化した」ものではない。不適当。

③最後から二段落目の四・五行目に「日本人は、動物に関しては一部の少数の動物を飼い馴らすにとどまり、主とし

人間の努力の一環と見ることができよう」とあるように、人間が疎外感・孤立感から逃れ、動物たちとつながろうとすることは人間の「努力」の一つだったのである。よって②が最適。

問六　「容喙」とは、〝横から口出しすること、差し出口、干渉〟等の意である。③が正解。

問七　近代国家というものは、「国家というものを一つの統一的全体と考える思想を前提としており」（第八段落二・三行目）、「不可避的に世界制覇の野望を内包している」（同段落五行目）と述べられている。また、「内在的」は「潜在的」と言い換えられる。以上の内容に合致する②が最適。①・③・④は内容として文中に根拠はないので不適当。⑤は「突発的な運動」が、「内在的に必然的な運動」とは言えないので不適当。

問八　「そのような近代国家」とは第八段落で述べられているように、「世界制覇の野望を内包し」「完結した世界」を目指そうとした国家である。その意図は動物の世界にも向けられ、「すべての種類の動物を網羅した」世界として「動物園をもたなければならな」かった（第九段落二・三行目）のである。こうした内容と一致する④が最適。

①第八段落十行目に「ヨーロッパ諸国に侵略されはじめたころのアジア諸国」とある。他国・他地域の征服を目指したのが近代国家であるので「ヨーロッパ諸国」は近代国家であるが、侵略される側のアジア諸国は近代国家とは言えない。よって「東洋を含めた世界中の近代国家とされる国々」が不適当。

②「植民地の民衆に宣伝する」が本文中にはない。

③「動物が支配していた」は奇妙。「自国の領地にしようとする」ことは、動物園をつくろうとすることとは異なる。

⑤本文とは全く無関係。

問九　空欄の直前「近代国家の市民は……人間が主人であることを確認」することの感情については、傍線部a「人間は、動物が人間化し、人間の世界に所属したことを確認して喜ぶ」、第二段落一行目「動物が人間の世界に所属したことを確認することが、どうして人間は嬉しいのであろうか」とあるように、「喜ぶ」・「嬉しい」に結びついている。そのようなプラス感情を考えると①「安心」が最適。②・③・⑤はマイナス的な感情であり、④は心情と言えず文脈にるのが動物園である。完結した世界をめざす近代国家は、この動物園を必要としてきた。動物園をつくることは、人間の支配下に人工的な動物の世界をつくることであり、国家は動物の世界をも包摂しなければ、完全なものとはならない。今や、人間の世界は自然から切り離されているのではなく、自然を包み込んでいるかのように考えられた。しかし、人工的世界のなかに自然を引き入れようとするのは、動物であれ、植物であれ、所詮は無理な試みである。人間は決定的に自然から切り離されており、その疎外感は最終的に解消されることはない。

◀解　説▶

問一　①第一段落三行目「犬に二本足で歩かせたり」および、第二段落四・五行目「芸を仕込んだりして、人間の世界に引き入れようとする」の箇所と一致する。①が最適。

②「猿の凶暴さを矯正する」は本文にない。

③「人間の力をライオンに誇示する」は本文にない。

④「自分だけに懐くように猫にすりこませ」るということが人間化に当たるとは本文から読み取れない。

⑤「曲芸をしこ」むことが「保護する」ことと結びつくか疑問であり、また、それが「人間化」に当たるとは本文から読み取れない。

問三　「ユダヤ＝キリスト教の神学的世界観」において人間は「唯一の同じ神の被造物」であるが、「神に似た唯一の存在として動物たちの上に君臨している」（第三段落）。これに対して進化論の「神ぬきの神学的世界観」は、神は死んだものの「人間は、進化の最高段階にあるというわけで、ちゃんと従来どおり、すべての動物の上に立って」（傍線部c直後）いるので、「神になり替わり、人が動物の上に立ち支配する」としている④が最適。他の選択肢は皆、「神が死んだために」（第四段落一行目）ということが前提になっていないので不適当。

問四　仏教の輪廻思想も「人間と動物たちはつながっている」（第五段落）ということでは「ユダヤ＝キリスト教の神学的世界観」と共通である。第三段落に「ユダヤ＝キリスト教の神学的世界観も、疎外感と孤立感から逃れようとする

国語

Ⅰ

出典　岸田秀『続 ものぐさ精神分析』〈歴史と文化　なぜヒトは動物園をつくったか〉（中央公論新社）

解答

問一　①
問二　③
問三　④
問四　②
問五　⑤
問六　③
問七　②
問八　④
問九　①
問十　⑤
問十一　①
問十二　④

◆要　旨◆

人間は、動物たちを人間が主人である人工的世界に引き入れようとしてきたが、その努力がもっとも露骨に表われてい

2022年度

問題と解答

■一般選抜（全学部日程）

問題編

▶試験科目・配点

学部・学科		教　科	科　　　　目	配　点
文	英米文・フランス文	外国語	コミュニケーション英語Ⅰ・Ⅱ・Ⅲ，英語表現Ⅰ・Ⅱ	150 点
		選　択	日本史B，世界史B，政治・経済，「数学Ⅰ・Ⅱ・A・B」から１科目選択	100 点
		国　語	国語総合（古文・漢文を除く）	100 点
	日本文・史・比較芸術	外国語	コミュニケーション英語Ⅰ・Ⅱ・Ⅲ，英語表現Ⅰ・Ⅱ	150 点
		選　択	日本史B，世界史B，政治・経済，「数学Ⅰ・Ⅱ・A・B」から１科目選択	100 点
		国　語	国語総合	150 点
教育人間科・経済・法・経営・国際政治経済・総合文化政策・地球社会共生・コミュニティ人間科		外国語	コミュニケーション英語Ⅰ・Ⅱ・Ⅲ，英語表現Ⅰ・Ⅱ	150 点
		選　択	日本史B，世界史B，政治・経済，「数学Ⅰ・Ⅱ・A・B」から１科目選択	100 点
		国　語	国語総合（古文・漢文を除く）	100 点
理工	物理科	外国語	コミュニケーション英語Ⅰ・Ⅱ・Ⅲ，英語表現Ⅰ・Ⅱ	150 点
		数　学	数学Ⅰ・Ⅱ・Ⅲ・A・B	150 点
		理　科	物理基礎・物理	100 点
	その他	外国語	コミュニケーション英語Ⅰ・Ⅱ・Ⅲ，英語表現Ⅰ・Ⅱ	150 点
		数　学	数学Ⅰ・Ⅱ・Ⅲ・A・B	150 点
		理　科	「物理基礎・物理」，「化学基礎・化学」から１科目選択	100 点

社会情報	A方式	外国語	コミュニケーション英語Ⅰ・Ⅱ・Ⅲ，英語表現Ⅰ・Ⅱ	150 点
		選　択	日本史B，世界史B，政治・経済，「数学Ⅰ・Ⅱ・A・B」から１科目選択	100 点
		国　語	国語総合（古文・漢文を除く）	100 点
	B方式	外国語	コミュニケーション英語Ⅰ・Ⅱ・Ⅲ，英語表現Ⅰ・Ⅱ	150 点
		数　学	数学Ⅰ・Ⅱ・Ⅲ・A・B	150 点
		数　学	数学Ⅰ・Ⅱ・A・B	100 点

▶備　考

- 合否判定は総合点による。ただし，場合により特定科目の成績・調査書を考慮することもある。
- 「数学B」は「数列・ベクトル」から出題する。

英語

（80分）

I 次の英文を読んで，後の設問に答えなさい。

Today we are talking about Ulysses S. Grant. He became president in 1869, but this is not what made him famous. Grant is best remembered for being the commander of the Union Army* of the United States at the end of the Civil War*. He led the United States to victory over the Confederate States of America*. Many Americans also remember Grant because of the unusual story about his middle initial. When the future 18th president was born, his parents named him Hiram Ulysses Grant. But the boy was known as Ulysses.

When Grant was a young man, a member of government appointed him to a top college: the U.S. Military Academy at West Point, New York. The government official did not know Grant personally. He thought Grant used his mother's family name, Simpson, as his middle name. So, the official called him Ulysses S. Grant. The middle initial "S" became official. Years later, Grant joked that it did not mean anything. During the Civil War, however, Grant's middle name did come to have a popular meaning. In a famous battle in the state of Tennessee, Grant's army overpowered their opponents. The Confederate general sent a note asking for the terms of surrender — in other words, what the Union Army would require of them if they withdrew from the battle. Grant replied: "No terms except unconditional* and immediate surrender." The answer did not please the Confederate Army leader, but he agreed. In the North, people celebrated the victory. They began saying Grant's first two initials stood for "Unconditional Surrender."

Grant was born in the state of Ohio. He was the oldest of six children. Grant's father worked as a tanner — a person who makes leather from animal skin. As a boy, Grant helped his father, but he did not like the work. He said he would not do it when he was an adult. So, when Grant was a young man, his father asked West Point officials to admit his son as a student. The Grants had little money to pay for the boy's college education. But they knew he was intelligent and skilled, and West Point was free. In exchange for their education, West Point students served in the military.

Grant probably did not seem like a soldier. He was quiet and sensitive. He hated seeing men die in battle, and he questioned the value of war. But he turned out to be an excellent military leader. After he graduated from West Point, he fought in the Mexican War and earned medals for bravery. He was given more power and added responsibilities.

However, Grant was lonely. Early in his career, he married Julia Dent, the sister of a college friend. He was devoted to Julia and their four children. But his family could not come with Grant on all his travels for military duty. They were separated for years at a time, and he missed them. Without his family nearby, Grant began having problems with money. Some people said he also drank too much alcohol. One day, Grant resigned from the army. He returned home to his family. At first, he tried to farm, but he could not make enough money. Then he tried other jobs. Finally, he asked his father for help. His father gave him a job, but it was the job he said he never wanted: working in a leather shop.

Then things took a surprising turn. The Civil War began. The Union needed experienced military leaders. Grant accepted a position leading a difficult group of troops. He was able to train them and earn their respect. Quickly, Grant's public image as a military leader grew. He won major victories for the Union in battles at Fort Donelson, Tennessee, and Vicksburg, Mississippi. The president at the time, Abraham Lincoln, liked the way Grant planned the battles. He also liked that Grant did everything he could to win.

Grant permitted so many of his soldiers to die that his critics gave him a nickname: The Butcher. Grant's methods were harsh, but effective.

The Civil War effectively ended when the famous Confederate Army leader, Robert E. Lee, surrendered to Grant in Appomattox, Virginia. The following year, Grant was named leader of the U.S. armies. The only other person to hold that position was the military leader during the Revolutionary War, George Washington.

Like George Washington, Grant became president although he did not really want the position. But his supporters realized that the former military leader was very popular. And they knew that Grant opposed the policies of the president at the time, Andrew Johnson. So, the Republicans nominated Grant as their candidate in 1868. He won easily. But Grant's popularity and ability as a military leader did not make him a successful president. Grant tried to work for the political and civil rights of African Americans, many of whom had been slaves. One of Grant's most important acts was to support a law in the U.S. Constitution that gave African American men the right to vote. At the same time, Grant tried to give states control over their government laws. So, sometimes he used the power of the federal government to protect the rights of African Americans. But he sometimes let states use violence to prevent African Americans from using their rights. Grant also spoke about treating Native Americans with greater respect. He used government resources to help native people become farmers. But other government policies helped white settlers continue to push tribes off their lands. Few Native Americans saw their lives really improve under Grant.

Finally, his administration suffered because of corrupt government officials. Grant himself did not get rich from their actions. But he remained loyal to people who worked for him, even when they profited from their position. As a result of all this, many Americans lost interest in the rebuilding of the South and lost faith in the federal government. But Grant himself remained popular. He won a second term more easily than the first. Shortly after, the country entered a bad economic depression. Grant tried to improve the situation by supporting the standard price of gold. But many Americans — of all backgrounds — continued to suffer.

Because of the problems in his government, Grant is not remembered as one of the country's best presidents. But he is remembered as a war hero and as a kindhearted man with an interesting life. In his last months, Grant worked nearly nonstop on writing his memoirs. Final images show him, covered in a blanket and with a pen in his hand, diligently working.

Grant died in 1885, a few days after the book was finished. It was a major success. It earned enough money to provide for his family for the rest of their lives. People across the country mourned the loss of Grant. More than a million and a half watched his funeral parade in New York City. He is buried there, along with his beloved wife, in a well-known memorial popularly called Grant's Tomb.

注*

Union Army　北軍

Civil War　南北戦争

Confederate States of America　南部連合

unconditional = without condition

設問　本文の内容に即して，以下の問いの答えとして最も適当なものを，それぞれ①～④の中から選び，解答欄の 1 から 10 にマークしなさい。

1. For what is Ulysses S. Grant best remembered?

① Commanding the Union Army

② Leading the Confederate States to victory in the Civil War

③ Having a strange middle name

④ Being president of the Union Army

出典追記：Voice of America

2. Grant stated that the ‘S’ in his name stood for

① States.

② South.

③ Simpson.

④ nothing.

3. As a boy, Grant helped his father, who worked as a tanner,

① because he was from Ohio.

② repairing old pianos.

③ making leather.

④ training animals.

4. Although an excellent military leader, Grant

① was given less power and responsibility than others.

② was uncertain about the value of war.

③ never earned medals for bravery.

④ missed the Mexican War.

5. Grant most likely resigned from the army because he

① wanted to marry his sister’s friend, Julia.

② wanted to be closer to his family.

③ wanted to be a successful tanner.

④ was badly wounded in the Mexican War.

6. Grant was given the nickname “The Butcher” because

① Abraham Lincoln liked sausages.

② Grant was good at preparing meat.

③ he sacrificed many men for victory.

④ he worked as a tanner in Vicksburg.

7. The Civil War ended after
① Abraham Lincoln signed the Declaration of Independence.
② Robert E. Lee gave up his power at Appomattox.
③ The Confederate Army won a major victory.
④ Grant became leader of the U.S. armies.

8. As president, Grant worked for
① government officials who supported the policies of Andrew Johnson.
② the civil rights of African Americans and Native Americans.
③ the reconstruction of the White House after the Civil War.
④ Confederate soldiers' efforts to bring back slavery.

9. Grant's presidency had many problems; for example,
① the South would not give up slavery.
② farmers lost money due to climate change.
③ several natural disasters destroyed major cities.
④ a bad economy affected much of the country.

10. After Grant's death in 1885,
① his life story supported his family.
② his life story became a popular film.
③ the South separated from the Union again.
④ he was buried next to Robert E. Lee in Georgia.

II 次の英文の11〜20に入れるのに最も適当なものを，それぞれ①〜④の中から1つ選び，解答欄11から20にマークしなさい。

Today, climate change is no longer a vague threat in our future; it is the changing reality we live (11), and it requires continuous planning and adaptation. Climate change presents significant risks to our nation's natural and cultural resources. (12) natural evolution and change are an important part of our national parks, climate change endangers natural and cultural resources. Climate change is fundamentally transforming protected lands and will continue to do so (13) many years to come. Climate change will affect everyone's experience of our national parks.

Some effects are already measurable. Warmer temperatures are (14) the melting of mountain glaciers, reducing snow, and changing the temperature and water level of streams. These changes are expected to result in the (15) of native species, changes in vegetation patterns, and reduction of water availability in some regions. Wildfire seasons have expanded, and fires have (16) in severity, frequency, and size. More acres burned in the fire season of 2016 than in any year in the last century, except (17) 1988. Conditions that favor the (18) of pests, diseases, and nonnative species invasions occur more frequently than in the recent past. In Alaska, melting sea ice (19) marine animals as well as coastal communities, while melting ice disrupts the structural basis of large regions, disrupting the physical stability of natural systems as (20) as buildings, roads, and facilities.

11. ① up　② with
③ at　④ by

12. ① Tough　② Through
③ Thorough　④ Though

出典追記：National Park Service

13. ① it ② and
③ for ④ but

14. ① increasing ② improving
③ destroying ④ damaging

15. ① extinct ② less
③ loss ④ flexibility

16. ① improved ② increased
③ important ④ caused

17. ① at ② for
③ if ④ as

18. ① outlet ② outreach
③ outbreak ④ output

19. ① threatens ② thrives
③ throws ④ threats

20. ① will ② also
③ good ④ well

III 次の 21～30 の英文のかっこの中に，下の①～⑥の語を最も適切な順序に並べて入れなさい。そのときに(　＊　)の中に入る語は何ですか。その語の番号を解答欄 21 から 30 にマークしなさい。

21. American businessmen have experienced more (　　) (　　) (　　) (　　) (　　) (　＊　) consumers here to buy their goods.

① than
② trouble
③ persuading
④ anticipated
⑤ they
⑥ in

22. We human beings (　　) (　　) superior (　＊　) (　　) (　　) (　　) animals in terms of almost every capacity.

① are
② inferior
③ neither
④ nor
⑤ other
⑥ to

23. I'm not entirely (　　) (　＊　) (　　) (　　) (　　) (　　) project.

① he's
② how
③ managing
④ satisfied
⑤ the
⑥ with

24. There is no (　　) (　　) (　　) (　　) (*) (　　) system.

① this

② room

③ improvement

④ further

⑤ for

⑥ in

25. The basketball game gathered (　　) (　　) (*) (　　) (　　) (　　) expected.

① as

② many

③ spectators

④ than

⑤ twice

⑥ we

26. He circled the world on a journey (　　) (　　) (　　) (　　) (*) (　　).

① complete

② months

③ that

④ three

⑤ to

⑥ took

27. If only you had taken my advice at that time, (　　) (　　) (　　) (　　) (*) (　　) now.

① be

② in

③ such

④ trouble

⑤ you

⑥ wouldn't

28. Let the things stand as they are until a (　　) (　　) (　　) (　　) (　　) (　＊　).

① been

② decided

③ has

④ new

⑤ policy

⑥ upon

29. Such personal judgments (　　) (　　) (　　) (　＊　) (　　) (　　) court.

① accepted

② as

③ be

④ cannot

⑤ evidence

⑥ in

30. For my (　　) (　　) (　＊　) (　　) (　　) (　　) meet you after five.

① convenience

② I

③ personal

④ prefer

⑤ to

⑥ would

IV

Part I 次の英文のかっこに入れるのに最も適切なものをそれぞれ①~④の中から1つ選び，解答欄31から35にマークしなさい。

31. He works harder than his colleagues (　　) the number of hours a week is concerned.

① about than

② as far as

③ as sooner than

④ as much as

32. He went on speaking as if she (　　) there.

① can't

② hasn't

③ wouldn't

④ weren't

33. My parents speak English and Spanish, so the idea of mixing languages doesn't (　　) as strange.

① come across

② consider about

③ near off

④ think about

34. How are you progressing (　　) your guitar lessons?

① by

② for

③ to

④ with

35. Many people thought that chimpanzee communication had nothing (　　) human communication.

① more from

② much more

③ than more

④ to do with

Part Ⅱ　次の5つのDialogueを読んで，36～40の問いに対する答えとして最も適切なものを，それぞれ①～④の中から1つ選び，解答欄36から40にマークしなさい。

Dialogue A

Mary: How did you do on your test?

Elizabeth: I passed, but not by much.

Mary: Did you study?

Elizabeth: I pulled an all-nighter, but it was too little, too late.

36. What is Elizabeth saying?

① That she should have started studying for her test earlier.

② That she should have gotten a good night's sleep before her test.

③ That the test was too hard, even for people who studied for it.

④ That the test was short, but still very difficult.

Dialogue B

John: Good morning, Karen, you look tired.

Karen: Yes, I was up all night finishing my marketing proposal.

John: I heard there were some challenges with the team, but your efforts paid off. The client really loved it.

Karen: Indeed, all's well that ends well.

37. When Karen says "all's well that ends well," what does she mean?
① There were no problems.
② They lived happily ever after.
③ The work term has ended.
④ The final results were successful.

Dialogue C

George: What are you doing this weekend? Any plans?

Sheila: Everything is up in the air because I'm on the waiting list for a travel reservation.

George: Too bad, I hope you will be able to get confirmation soon.

Sheila: Thanks, I have been looking forward to taking a short trip for months now!

38. When Sheila says "everything is up in the air," what does she mean?
① She is traveling by airplane.
② She is uncertain about how her plans will work out.
③ She threw her plans out the window.
④ She is confused by the question.

Dialogue D

Betty: Jim, would you like some of these donuts? I just got them from the bakery.

Jim: Thank you, but I'm trying to cut down on sweets to prepare for a marathon.

Betty: That's a good plan, I've also been trying to get into shape recently.

Jim: It's proving to be difficult; there are so many delicious temptations.

39. When Betty says "get into shape," what does she mean?

① To lose weight

② To become more social

③ To join a circle

④ To study geometry

Dialogue E

Steve: Is that the new phone?

Bill: Yes, I just waited in line for 3 hours to get it.

Steve: Wow, it looks great, but I heard it costs an arm and a leg!

Bill: True, but I am confident I will use it for a long time.

40. When Steve says "it costs an arm and a leg," what does he mean?

① It's not worth very much.

② It's very expensive.

③ His legs must be tired from waiting in line.

④ He got a discount.

日本史

（60分）

I 次の文章A～Cを読んで，後の問に答えなさい。**解答番号 1 ～ 20 は解答用紙（その1）を用いること。**

A　日本において貨幣の利用が本格的に始まる前，人々は物々交換によって交易をおこなっていた。ⓐ ⓑ天武天皇の時代に鋳造されたⓒ富本銭に続けて，ⓓ708年に和同開珎が鋳造され，貨幣の利用が一般的に始まった。政府はⓔ宮都造営費用の支払いに銭貨を利用し，蓄銭叙位令を発してその流通を目指したが，拡大するには至らなかった。奈良時代の銭貨は良質なものであったが，平安時代になると質は低下し，その後国家による銅銭の鋳造はⓕ10世紀半ばで途絶えてしまった。平安時代末になると，ⓖ宋銭が輸入されるようになり，貢納の銭納化が促された。

問1　下線部ⓐに関連して，縄文時代の交易について述べた文として適切でないものを次の選択肢のなかから一つ選び，マークしなさい。 1

① ひすいは，久慈が特産地として知られ，その分布は東日本に広がる。

② 硬質頁岩の交易圏は，東北・北陸地方，北海道南部を中心に広がる。

③ 黒曜石の産出地として，神津島が確認されている。

④ 南西諸島産の貝輪が北海道でも発見されている。

問2　下線部ⓑに関連して，天武天皇の時代に実施された政策として適切なものを次の選択肢のなかから一つ選び，マークしなさい。 2

① 藤原京を遷都した。　② 庚寅年籍を作成した。

③ 大宝律令を制定した。　④ 八色の姓を制定した。

問 3　下線部ⓒに関連して，400 点近くの富本銭と共に，それらを鋳造した工房が出土した遺跡名を次の選択肢のなかから一つ選び，マークしなさい。 3

①　飛鳥池遺跡　②　黒井峯遺跡　③　平出遺跡　④　村上遺跡

問 4　下線部ⓓの年に和銅が献上されたことで年号が和銅と改められたが，この和銅を献上した国はどこか，次の選択肢のなかから一つ選び，マークしなさい。 4

①　対　馬　②　陸　奥　③　武　蔵　④　越　後

問 5　下線部ⓔに関連して，平城京について述べた文として適切なものを次の選択肢のなかから一つ選び，マークしなさい。 5

①　都の中央を朱雀大路が走り，南端に朱雀門が配された。

②　左京に東市，右京に西市が設けられ，市司が管理した。

③　元明天皇の下で山背国におかれた。

④　長屋王邸が右京八条にあったことが発掘調査によって明らかになっている。

問 6　下線部ⓕに関連して，乾元大宝を発行した天皇はだれか，適切なものを次の選択肢のなかから一つ選び，マークしなさい。 6

①　醍醐天皇　②　村上天皇　③　嵯峨天皇　④　朱雀天皇

問 7　下線部ⓖに関連して，平清盛は 1180 年遷都を断行したが，多くの公家の反対にあった。この京は現在どこに位置するか，適切なものを次の選択肢のなかから一つ選び，マークしなさい。 7

①　奈　良　②　大　阪　③　京　都　④　神　戸

B　13 世紀，元は高麗を服属させ，日本にたびたび朝貢をせまる使者を送ってきた。北条時宗ⓗは，これを拒否したため二度の蒙古襲来ⓘを受けたが，幕府の統制のもとに九州地方の武士ⓙがよく戦い，これを撃退した。しかし，御家人はこの戦いで多大な犠牲を払ったため，幕府は，御家人救済の必要性から1297年に永仁の徳政令ⓚを発布したが，効果は一時的で御家人の窮乏化に拍車がかかり，ⓛますますその信頼を失っていった。またこの動きに伴い，ⓜ女性の地位も低下していった。

問8　下線部ⓗに関連して，北条時宗が創建した寺の舎利殿に導入された建築様式として適切なものを次の選択肢のなかから一つ選び，マークしなさい。 8

①　禅宗様　②　和　様　③　折衷様　④　大仏様

問9　下線部ⓘに関連して，文永・弘安の役についての説明で適切でないものを次の選択肢のなかから一つ選び，マークしなさい。 9

①　1274年，元のフビライが服属を拒否した日本に侵攻した。

②　武士は博多湾に上陸した元軍の集団戦法やてつはうなどの威力に悩まされた。

③　弘安の役では，金を滅ぼした元が金との混成軍を編制し，攻めてきた。

④　元への高麗の抵抗は，日本遠征の障害となった。

問10　下線部ⓙに関連して，1293年に幕府が蒙古襲来に備えて博多に設置した統治機関を何というか，適切なものを次の選択肢のなかから一つ選び，マークしなさい。 10

①　御内人　②　鎮西探題　③　按　司　④　石築地役

問11　下線部ⓚに関連して，永仁の徳政令でとられた対策について適切でないものを次の選択肢のなかから一つ選び，マークしなさい。 11

①　越訴を禁止した。

②　御家人の所領の質入れ・売却を禁止した。

③　金銭貸借の訴訟を不受理とした。

④　凡下が質流れによって得た土地は，20年を過ぎれば買主のものとされた。

問12　下線部ⓛに関連して，その動揺を鎮めるために北条氏の地位がさらに強化されたが，幕府の支配は危機的な状況へとなっていった。その中で起こった事件について，古いものから年代順に並べたものとして適切な組み合わせを次の選択肢のなかから一つ選び，マークしなさい。 12

Ⅰ　元弘の変

Ⅱ　平頼綱の乱

Ⅲ　霜月騒動

①　Ⅰ－Ⅱ－Ⅲ　②　Ⅰ－Ⅲ－Ⅱ　③　Ⅱ－Ⅰ－Ⅲ

④　Ⅱ－Ⅲ－Ⅰ　⑤　Ⅲ－Ⅰ－Ⅱ　⑥　Ⅲ－Ⅱ－Ⅰ

問13　下線部ⓜに関連して，武家社会での女性の相続について述べた文Ⅰ，Ⅱについて，その正誤の組み合わせとして適切なものを次の選択肢のなかから一つ選び，マークしなさい。 13

Ⅰ　御成敗式目では，子のない女子が所領を養子に譲ることを禁止していた。

Ⅱ　鎌倉後期になると，女性への相続は一代限りの譲渡へと変わっていった。

①　Ⅰ　正　Ⅱ　正　②　Ⅰ　正　Ⅱ　誤

③　Ⅰ　誤　Ⅱ　正　④　Ⅰ　誤　Ⅱ　誤

C　中国大陸における農耕社会の発達は，ⓝ約１万年余り狩猟採取社会であった日本列島にも強い影響を与え，およそ2500年前ごろに九州北部で稲作が始まった。紀元前４世紀ごろには，ⓞ西日本において水稲農耕を基礎とする弥生文化が成立し，ⓟ日本列島の大部分に農耕社会が本格的に広まっていった。

奈良時代に入ると，律令国家によって田地の開発が精力的に取り組まれた。723年にⓠ三世一身法が施行され，民間の開墾による耕地の拡大がはかられ，743年にはⓡ墾田永年私財法が発せられたことで，上級貴族や大寺院がⓢ班田農民や浮浪人を集めて大規模な開墾を行い，初期荘園が開発されていった。鎌倉時代になると，耕地開発よりもⓣ農業技術での発展が広く見られた。

問14　下線部ⓝに関連して，縄文時代の生業の道具として適切なものを次の選択肢のなかから一つ選び，マークしなさい。 14

① 石　匙　　　　② 石　棒

③ 太型蛤刃石斧　　　　④ 石　馬

問15　下線部ⓞに関連して，弥生時代の農耕社会の説明について適切でないものを次の選択肢のなかから一つ選び，マークしなさい。 15

① 集落において，物見やぐらが設置された。

② ウマの飼育がおこなわれた。

③ 鉄製の鋤や鍬，鎌が使用された。

④ 紡錘車を用いて，絹布が織られた。

問16　下線部ⓟに関連して，青森県弘前市に位置し，弥生時代前期の水田遺構が見つかった遺跡名を次の選択肢のなかから一つ選び，マークしなさい。
16

① 登呂遺跡　　　　② 紫雲出山遺跡

③ 砂沢遺跡　　　　④ 池上曽根遺跡

問17　下線部ⓠに関連して，この法律が発布された時に政権を担っていたのはだれか，適切なものを次の選択肢のなかから一つ選び，マークしなさい。
17

① 藤原仲麻呂　② 橘諸兄　③ 藤原不比等　④ 長屋王

問18　下線部ⓡに関連して，この制令を説明した文Ⅰ，Ⅱについて，その正誤の組み合わせとして適切なものを次の選択肢のなかから一つ選び，マークしなさい。 18

Ⅰ　墾田は輸租田であり，身分によって面積の制限が設けられていた。

Ⅱ　765年に道鏡によって開墾が禁止されると，その後は開墾と墾田の永年私有が認められなかった。

① Ⅰ 正　Ⅱ 正　　　　② Ⅰ 正　Ⅱ 誤

③　Ⅰ　誤　Ⅱ　正　　④　Ⅰ　誤　Ⅱ　誤

問19　下線部ⓢに関連して，当時の農民の困窮する姿を詠んだ貧窮問答歌をつくった歌人はだれか，適切なものを次の選択肢のなかから一つ選び，マークしなさい。19

①　大伴家持　②　山部赤人　③　山上憶良　④　石上宅継

問20　下線部ⓣに関連して，当時の農業技術の説明について適切なものを次の選択肢のなかから一つ選び，マークしなさい。20

①　踏車を使って，用水を汲み揚げた。

②　そばを裏作とする二毛作が西日本で普及した。

③　菜種の実を絞り，灯明の油にした。

④　刈った草葉を土に埋めて発酵させて肥料にした。

Ⅱ　14～17世紀の日朝関係史について以下の設問に答えなさい。**解答番号 21 ～ 35 は解答用紙(その1)を用いること。**

Ⅰ）14世紀後半から15世紀にかけて，対馬・壱岐・肥前松浦の住民を中心とする海賊集団は韓半島や中国北部沿岸で人々を捕虜にし，食糧の略奪行為を繰り返した。韓半島では，高麗を倒した［ア］が1392年に即位して新たな王朝(朝鮮)を樹立し，ⓐ1398年には日本に対して正式な交易と海賊集団の取り締まりを求めた。しかし，朝鮮はこの取り締まりの効果がないとみると，ⓑ1419年には海賊集団の本拠地とみなした対馬を軍船200隻で襲撃し，15日間に及んで占拠した。1443年，対馬の島主・宗氏は朝鮮との間で［イ］約条を締結したが，居留と交易の湊は乃而浦，富山浦，塩浦に限定された。そのため貿易制限を求めた朝鮮と利益拡大を目指した居留民は対立することとなり，1510年にはⓒ武力衝突が起こった。これ以降，日朝間の交易は衰退した。

問１ 空欄 ア に入る人物として正しいものを，次の①～④の中から一つ選んでマークしなさい。 21

① 宋希璟 ② 朱元璋 ③ 宗貞盛 ④ 李成桂

問２ 下線部ⓐに関して，当時，将軍職に就いていたのは誰か，正しいものを，次の①～④の中から一つ選んでマークしなさい。 22

① 足利義満 ② 足利義持 ③ 足利義教 ④ 足利義勝

問３ 下線部ⓑは何と呼ばれるか，正しいものを，次の①～④の中から一つ選んでマークしなさい。 23

① 刀伊の入寇 ② 元 寇

③ 寧波の乱 ④ 応永の外寇

問４ 空欄 イ に入る語句として正しいものを，次の①～④の中から一つ選んでマークしなさい。 24

① 癸 亥 ② 戊 辰 ③ 丙 寅 ④ 甲 子

問５ 下線部ⓒは何と呼ばれるか，正しいものを，次の①～④の中から一つ選んでマークしなさい。 25

① 明徳の乱 ② 観応の擾乱 ③ 嘉吉の乱 ④ 三浦の乱

Ⅱ） 豊臣政権下にあっては，日本を中心とする東アジア秩序の構築をめざし，1587年，朝鮮に対して入貢と明へ出兵するための先導役を求めた。朝鮮はこれらの要求を拒否した。秀吉は1592年，韓半島に侵攻するために ウ に本陣を設け，兵を朝鮮に送った。秀吉の軍勢は，釜山に上陸し，さらに漢城・平壌を占領した。しかし，韓半島各地での民衆の義兵蜂起と明の援軍，海上における エ による朝鮮水軍の応戦により，物資の補給が困難化して劣勢となった。そこで1593年，停戦に至ったが，講和の交渉に秀吉の意向が反映されていなかったことが発覚して決裂した。ⓓ秀吉は1597年から翌年にかけて，出兵を行ったが，秀吉の病死によりⓔ五大老・五奉行は全軍を韓半島から撤退させた。西日本の諸大名は，この七年にわたる侵攻の間に韓半島から陶工たちを連れ帰り，領内において陶磁器の生産をはじめた。ⓕ

問6　空欄 ウ に入る地名として正しいものを，次の①～④の中から一つ選んでマークしなさい。 26

①　博　多　　②　筥　崎　　③　名護屋　　④　大宰府

問7　空欄 エ に入る人物として正しいものを，次の①～④の中から一つ選んでマークしなさい。 27

①　李舜臣　　②　李如松　　③　李退渓　　④　李参平

問8　下線部ⓓは朝鮮では何と呼ばれたか，正しいものを，次の①～④の中から一つ選んでマークしなさい。 28

①　壬辰倭乱　　②　庚辰倭乱　　③　丁酉倭乱　　④　乙酉倭乱

問9　下線部ⓔに該当しない人物を，次の①～④の中から一つ選んでマークしなさい。 29

①　前田利家　　②　浅野長政

③　毛利輝元　　④　宇喜多秀家

問10　下線部ⓕに関して，窯とこれを擁する大名の組み合わせとして不適切なものはどれか，次の①～④の中から一つ選んでマークしなさい。 30

①　有田焼(鍋島氏)　　②　萩焼(毛利氏)

③　高取焼(黒田氏)　　④　平戸焼(細川氏)

Ⅲ）　江戸幕府においては1605年に朝鮮との講和が成立し，1607年に使節の来日が実現して朝鮮との国交が回復した。以後，使節の来日は将軍の代替わりごとに行われ，合計12回に及んだ。使節来日の当初の目的は朝鮮出兵で日本に連行された自国の人々を連れ帰ることにあったが、4回目以降は主として将軍への慶賀を目的としての来日であった。ⓖ 1609年には対馬藩主・宗氏と朝

鮮の間で オ 約条が締結され，宗氏は朝鮮との交易を独占する特権的地位を得た。ただし対馬からの歳遣船は年間 カ 隻と定められ，貿易は キ に設置された倭館に限られていた。その対馬藩においては木下順庵門下の朱子学者であった ク が朝鮮との外交に手腕を発揮した。

問11 下線部ⓖに関して，4回目以降の来日を何と呼ぶか，正しいものを，次の①～④の中から一つ選んでマークしなさい。 31

① 朝鮮通信使　② 朝鮮逓信使

③ 朝鮮文信使　④ 朝鮮通交使

問12 空欄 オ に入る語句として正しいものを，次の①～④の中から一つ選んでマークしなさい。 32

① 戊 午　② 己 酉　③ 庚 午　④ 乙 卯

問13 空欄 カ に入る数字として正しいものを，次の①～④の中から一つ選んでマークしなさい。 33

① 二 十　② 三 十　③ 四 十　④ 五 十

問14 空欄 キ に入る地名として正しいものを，次の①～④の中から一つ選んでマークしなさい。 34

① 合 浦　② 漢 城　③ 釜 山　④ 平 壌

問15 空欄 ク に入る人名として正しいものを，次の①～④の中から一つ選んでマークしなさい。 35

① 藤原惺窩　② 荻生徂徠　③ 中江藤樹　④ 雨森芳洲

III 次のA～Bの文章を読み，後の問に答えなさい。(解答番号 36 ～ 50)**以下，問15までは，解答用紙(その1)を用いること。**

A　世界で漫画やアニメが好評を博している。それを受けて，ⓐ2000年代に入ってから，日本政府はいわゆる「クールジャパン」を世界に売り込むことを意識している。

歴史をさかのぼると，日本の文化は19世紀の開国以前から海外に紹介されていた。磁器を輸出する際に包み紙として使われた ア がヨーロッパで評価された。 ア に刺激を受けた芸術家も多く，例えば，印象派の イ は『ラ・ジャポネーズ』を制作した。

19世紀半ばに万国博覧会(万博)が始まると，江戸幕府は万博への出品を試みた。文久遣欧使節は1862年のロンドン万博を見学した。その中にはⓑ福地源一郎がいた。1867年第2回パリ万博には，幕府やⓒ佐賀藩などが参加した。1893年のシカゴ万博では ウ の作品『老猿』が入選した。

ⓓ戦後の日本では，万博のみならず，ⓔ様々な国際博覧会が開催された。

問1　下線部ⓐに関して，以下のⅰ～ⅲを，古いものから年代順に並べたものはどれか，次の選択肢のなかから一つ選び，マークしなさい。 36

ⅰ　衆議院議員選挙で民主党が第一党となり，政権交代が実現した。

ⅱ　東日本大震災が発生した。

ⅲ　小泉純一郎首相が，北朝鮮を電撃訪問した。

①　ⅰ－ⅱ－ⅲ　②　ⅰ－ⅲ－ⅱ　③　ⅱ－ⅰ－ⅲ

④　ⅱ－ⅲ－ⅰ　⑤　ⅲ－ⅰ－ⅱ　⑥　ⅲ－ⅱ－ⅰ

問2　 ア に当てはまる語句はどれか，次の選択肢のなかから一つ選び，マークしなさい。 37

①　浮世絵　②　源氏物語　③　滑稽本　④　地　図

問3　 イ の代表作として『睡蓮』が知られる。当てはまる人物は誰か，次の選択肢のなかから一つ選び，マークしなさい。 38

①　コッホ　　②　ダ　リ　　③　シーボルト　　④　モ　ネ

問 4　下線部ⓑは政府系の新聞社で言論活動を行った。該当する新聞社はどれか，次の選択肢のなかから一つ選び，マークしなさい。 39

①　時事新報　　②　東京日日新聞

③　日新真事誌　　④　横浜毎日新聞

問 5　下線部ⓒ佐賀藩の人物に関する記述として，適切でない文章はどれか，次の選択肢のなかから一つ選び，マークしなさい。 40

①　鍋島直正は，アームストロング砲の鋳造のような西洋式の技術導入をはかった。

②　副島種臣は，明治六年の政変後も政府に留まった。

③　江藤新平は，民撰議院設立建白書の提出に加わった。

④　島義勇は，不平士族に担がれ，反乱を起こした。

問 6　ウ　に当てはまる人物は誰か，次の選択肢のなかから一つ選び，マークしなさい。 41

①　高村光雲　　②　イサム・ノグチ

③　平櫛田中　　④　村上隆

問 7　下線部ⓓに関連して，文化財保護法が制定されるきっかけとなった出来事を，次の選択肢のなかから一つ選び，マークしなさい。 42

①　高松塚古墳壁画の剥落　　②　金閣寺の炎上

③　法隆寺金堂壁画の焼損　　④　帝国ホテルの建て替え

問 8　下線部ⓔに関して，以下のⅰ～ⅲを，古いものから年代順に並べたものはどれか，次の選択肢のなかから一つ選び，マークしなさい。 43

ⅰ　茨城県で，科学技術万国博覧会(つくば万博)が開催された。

ⅱ　大阪府で，日本万国博覧会(大阪万博)が開催された。

ⅲ　沖縄県で，沖縄国際海洋博覧会(沖縄海洋博)が開催された。

①　i－ii－iii　　②　i－iii－ii　　③　ii－i－iii
④　ii－iii－i　　⑤　iii－i－ii　　⑥　iii－ii－i

B　「密約」という言葉がある。秘密の約束のことであり，通常は広く知られることはない。それだけに，時に「密約」が発覚すると，凄まじい反響を呼び起こす。例えば，日本が中国に突き付けた<u>以下の史料</u>ⓕに関して，欧米諸国に公表した内容と中国に突き付けた内容が違うことが判明すると，日本が強く批判された。

史料

α　支那国政府ハ，独逸国ガ山東省ニ関シ条約其他ニ依リ支那国ニ対シテ有スル一切ノ権利利益譲与等ノ処分ニ付，日本国政府ガ独逸国政府ト協定スベキ一切ノ事項ヲ承認スベキコトヲ約ス

β　中央政府ニ政治財政及軍事顧問トシテ有力ナル日本人ヲ傭聘セシムルコト

出典：『日本外交年表竝主要文書』

また，「密約」は日本に限ったことではない。第二次世界大戦末期のⓖ<u>ソ連の対日参戦</u>は当初「密約」であり，公表されなかった。

戦後においては，ⓗ<u>吉田茂</u>とⓘ<u>鳩山一郎</u>との間で，政権譲渡の「密約」が交わされたことが知られている。それから，ⓙ<u>佐藤栄作</u>内閣では，沖縄返還をめぐる「密約」が暴露された。

問 9　下線部ⓕの史料に関して，正しい文章はどれか，次の選択肢のなかから一つ選び，マークしなさい。 44

①　中国政府は α ・ β ともに了解した。
②　中国政府は α のみ了解した。
③　中国政府は β のみ了解した。
④　中国政府は α ・ β ともに拒否した。

問10　下線部ⓕの史料が出された当時の状況に関して，正しい文章はどれか，

次の選択肢のなかから一つ選び，マークしなさい。 45

① 当時の内閣は本格的な政党内閣であった。

② 憲政会の総裁であった加藤高明外相が主導した。

③ 政友会の原敬総裁はこの要求を批判した。

④ 元老の山県有朋はこの要求に賛同した。

問11 下線部ⓖに関連して，その前に起きた出来事ⅰ～ⅲを，古いものから順に並べたものはどれか，次の選択肢のなかから一つ選び，マークしなさい。 46

ⅰ 広島に原子爆弾が落とされた。

ⅱ アメリカ軍が沖縄本島に上陸した。

ⅲ 東京大空襲で多数の死者が出た。

① ⅰ－ⅱ－ⅲ ② ⅰ－ⅲ－ⅱ ③ ⅱ－ⅰ－ⅲ

④ ⅱ－ⅲ－ⅰ ⑤ ⅲ－ⅰ－ⅱ ⑥ ⅲ－ⅱ－ⅰ

問12 下線部ⓗに関して，下の絵はある年の 12 月の新聞に掲載された風刺画である。掲載された年として正しいものはどれか，次の選択肢のなかから一つ選び，マークしなさい。 47

① 1946 年　② 1947 年　③ 1948 年　④ 1949 年

問13　下線部ⓘは三次にわたり組閣した。最後に総理大臣を辞めた後，起きた出来事として正しいものはどれか，次の選択肢のなかから一つ選び，マークしなさい。 48

① 社会党から民主社会党が分裂した。

② 自衛隊が発足した。

③ 自由民主党が誕生した。

④ テレビ放送が始まった。

問14　下線部ⓙに関して，説明として正しい文章はどれか，次の選択肢のなかから一つ選び，マークしなさい。 49

① 造船疑獄事件で逮捕された。

② ノーベル平和賞を受賞した。

③ 首相在任時に，東京オリンピックが開幕した。

④ 首相在任時に，環境省が発足した。

問15　下線部ⓙ以降の首相に関して，誤っている文章はどれか，次の選択肢のなかから一つ選び，マークしなさい。 50

① 直後に就任した田中角栄は，日本列島改造論を閣議決定した。

② 三木武夫内閣の時に，ロッキード事件が発覚した。

③ 細川護熙内閣は，7党1会派を与党としていた。

④ 橋本龍太郎内閣の下で，初めて小選挙区比例代表並立制で総選挙が行われた。

世界史

(60分)

〔Ⅰ〕 次の文章を読んで，以下の設問に答えなさい。

歴史上，人類社会は度々「危機」の時代を迎えてきた。ここでは前近代のヨーロッパ世界に目を向け，いくつかの事例を見てみよう。

ローマ帝国はいわゆる五賢帝の治世(a)において領土を最大化し繁栄を享受したが，その後はセウェルス朝期を経て，「3世紀の危機」とも呼ばれる内憂外患の時期を迎えた。帝国内部においては，各地の軍団により皇帝が相次いで擁立されるといういわゆる軍人皇帝の時代を迎え，権力構造が不安定となった。なお284年に軍によって皇帝に選出され即位した(　b　)帝の統治期に軍人皇帝時代が終わったとされるが，同帝の治世は帝国内で増加していた(　c　)に対する最後の大迫害が起こったことでも知られている。3世紀におけるローマ帝国にとっての「外患」としてまず挙げられるのは，この頃イラン高原からメソポタミアを支配するに至った(　d　)である。さらにはゲルマン系諸民族(e)がドナウ川，ライン川を越えて帝国領内へと侵入する動きが激化したことも，危機的状況を悪化させていた。

ヨーロッパ世界はその後も度々危機的状況を迎える。度重なる外部勢力の侵入や，ユスティニアヌス帝(f)治世における疫病の蔓延などをそうした危機の事例として挙げることができるだろう。しかしヨーロッパ中世においては，「14世紀の危機」こそが複数の要因が絡み合った最大級の危機の時代として挙げられる。地球が小氷期に入る中，ヨーロッパにおいても天候不順による凶作(g)，東方から広まった疫病の流行(h)，大規模な戦乱(i)などが社会に大きな混乱をもたらした。14世紀末頃にはいわゆる教会大分裂(大シスマ)(j)と呼ばれる状況が発生し，カトリック＝キリスト教世界において絶大な影響力を行使してきた教皇の権威が大きく揺らいだ。この頃，東地中海地域においてオスマン帝国(k)がキリスト教世界にとっての大きな脅威となっており，1453年にはコンスタンティノープルを陥落させ，ビザンツ帝国を滅ぼした。

ヨーロッパの近世については「17世紀の危機」が語られる。14世紀の時と同様に，小氷期に入ったことによる寒冷化，天候不順による凶作，ペストの流行，大規模な戦乱(l)などによって混乱し，人々の不安が増大し社会的緊張が高まった(m)。さらにアメリカ大陸との接続(n)を果たしたこともまた，ヨーロッパの社会変動の一因になっていた。

問 1　下線部(a)の五賢帝の治世の出来事について述べた文章として最も適切なものを一つ選び，その番号をマークしなさい。 1

① 属州を含めた帝国全土のすべての自由人にローマ市民権を与えた。

② オクタウィアヌスが元老院からアウグストゥスの称号を授与された。

③ アクティウムの海戦を経て，プトレマイオス朝が滅亡した。

④ マルクス＝アウレリウス＝アントニヌスが『自省録』を執筆した。

問 2　空欄(b)に入る皇帝の名前として最も適切なものを一つ選び，その番号をマークしなさい。 2

① ウァレリアヌス　　② コンスタンティヌス

③ カラカラ　　④ ディオクレティアヌス

問 3　空欄(c)に入る人間集団として最も適切なものを一つ選び，その番号をマークしなさい。 3

① キリスト教徒　　② グノーシス主義者

③ ゾロアスター教徒　　④ マニ教徒

問 4　空欄(d)に入る王朝名ないし国名として最も適切なものを一つ選び，その番号をマークしなさい。 4

① ササン朝　　② セレウコス朝

③ プトレマイオス朝　　④ パルティア

問5　下線部(e)に関連して，3～5世紀のゲルマン系諸民族について述べた文章として最も適切なものを一つ選び，その番号をマークしなさい。 5

① ロロ率いるノルマン人の一団が，ノルマンディーに定着した。

② アルフレッド大王の下でウェセックス王国は繁栄した。

③ アッティラ率いるフン人はパンノニアに建国した。

④ 西ゴート人たちはローマを略奪した。

問6　下線部(f)のユスティニアヌス帝について述べた文章として最も適切なものを一つ選び，その番号をマークしなさい。 6

① 西ゴート王国を滅ぼし，イベリア半島を回復した。

② 『カノン法大全』の編纂事業を行なった。

③ 北アフリカのヴァンダル王国を征服した。

④ ローマ教皇に西方からの十字軍派遣を要請した。

問7　下線部(g)に関連して，14世紀の西ヨーロッパの農民たちについて述べた文章として最も適切なものを一つ選び，その番号をマークしなさい。 7

① ユンカーと呼ばれる領主たちへの隷属が進んだ。

② イングランドではジェントリと呼ばれる独立自営農民が増加した。

③ フランスではジャックリーの乱と呼ばれる農民反乱が起こった。

④ 領主制や十分の一税の廃止を求めるドイツ農民戦争が起こった。

問8　下線部(h)に関連して，14世紀のヨーロッパにおける黒死病流行について述べた文章として最も適切なものを一つ選び，その番号をマークしなさい。
8

① イェルサレム奪回のために繰り返し遠征した十字軍によって病原菌が持ち帰られた。

② 黒死病流行の結果，ヨーロッパの人口はそれまでの1/3にまで減少した。

③ 黒海沿岸部との交易の影響で，ヨーロッパ西方ではまずイタリアから流行した。

④　各都市ではツンフト闘争による手工業者たちの市政参加が始まった。

問 9　下線部(i)に関連して，14世紀の大規模な戦乱として最も適切なものを一つ選び，その番号をマークしなさい。 9

①　バラ戦争　②　ワールシュタットの戦い
③　フス戦争　④　百年戦争

問10　下線部(j)の14世紀末頃から15世紀初頭にかけての教会大分裂(大シスマ)について述べた文章として最も適切なものを一つ選び，その番号をマークしなさい。 10

①　イングランドのウィクリフが教皇の権威を擁護する論陣を張った。
②　ルターが九十五カ条の論題を提示し，教会の腐敗を批判した。
③　アナーニ事件を経て，教皇庁がアヴィニョンに移転した。
④　教会大分裂はコンスタンツ公会議において解消された。

問11　下線部(k)のオスマン帝国について述べた文章として最も適切なものを一つ選び，その番号をマークしなさい。 11

①　アイユーブ朝を滅ぼし，エジプトを支配下に組み入れた。
②　ハプスブルク家の拠点ウィーンを包囲した。
③　キリスト教徒の子弟を徴募しマムルークと呼ばれる軍を組織した。
④　十二イマーム派を国家宗教とした。

問12　下線部(l)に関連して，17世紀の戦乱として最も適切なものを一つ選び，その番号をマークしなさい。 12

①　アメリカ独立戦争　②　三十年戦争
③　スペイン継承戦争　④　イタリア戦争

問13　下線部(m)に関連して，17世紀のヨーロッパ社会の様子を述べた文章として最も適切なものを一つ選び，その番号をマークしなさい。 13

①　魔女狩りが各地で盛んに行われた。

② ロマン主義と呼ばれる芸術・思想潮流が流行した。

③ ルネサンスと呼ばれる文化運動が最盛期を迎えた。

④ フランスではユグノー戦争と呼ばれる内戦が勃発した。

問14 下線部(n)に関連して，アメリカ大陸との接続がヨーロッパ社会にもたらした影響について述べた文章AとBの正誤の組合せとして正しいものを一つ選び，その番号をマークしなさい。 14

A 国力を高めたポルトガルがアルマダ海戦に勝利した。

B アメリカ大陸原産の香辛料である胡椒がヨーロッパに流通した。

① A：正 — B：正

② A：正 — B：誤

③ A：誤 — B：正

④ A：誤 — B：誤

問15 同じく下線部(n)に関連して，アメリカ大陸との接続がヨーロッパ社会にもたらした影響の一つとして，「価格革命」と呼ばれる現象がある。この現象について述べた文章として最も適切なものを一つ選び，その番号をマークしなさい。 15

① 価格革命とは，ヨーロッパにおける物価の高騰を指す。

② 価格革命とは，基軸通貨の銀貨から金貨への移行を指す。

③ 価格革命は，固定地代収入で生活する領主層にとって好都合だった。

④ 価格革命の結果，フッガー家やメディチ家などの商人家系が台頭した。

〔Ⅱ〕 次の文章【A】と【B】を読んで，以下の設問に答えなさい。

【A】 20世紀前半の東アジアの情勢を示した以下の文章(1)〜(6)を読み，設問に答えなさい。

(1) 八・一宣言によって内戦の停止や抗日民族統一戦線の結成が呼びかけられると，(ア)は，西安で蔣介石をとらえ，内戦を停止して日本の軍事行動への抵抗を優先することを説得した。その後，(あ)郊外の盧溝橋で中国軍と日本軍が衝突すると，第2次国共合作が成立した。

(2) 国民党と共産党の関係が悪化する中で，この年，江西省の(い)に中華ソヴィエト共和国が設立された。国民政府は，共産党が設立した政権に対して攻撃を繰り返したが，その掃討に失敗した。

(3) 孫文は，ソ連の援助を受け入れ，共産党員が個人の資格で国民党に入党することを認める政策を選択した。また，北伐の拠点となる広東省の(う)付近に黄埔軍官学校が開設され，中華人民共和国の初代首相となった共産党員の(イ)が政治部の主任に就任した。

(4) コミンテルンの指導の下で，雑誌『新青年』などを発刊した(ウ)を指導者とする中国共産党が設立された。第一回大会は，中国政府の目をかいくぐることを目的として(え)の租界で開催された。しかし，開催が露見すると，会議は場所を移して開催された。

(5) 太平洋戦争で日本が降伏すると，国民党と共産党の対立が深まり，本格的な内戦が開始された。(A)を進め，支配地域での国民の支持を拡大した共産党が勝利し，この年，北京で中華人民共和国の設立を宣言した。

(6) 日本軍の侵攻の中で，この年，(お)に汪兆銘を首班とする親日政権が設立されたが，日中戦争の終結にはいたらなかった。

問1　文中の(　ア　)に入る最も適切な人名を一つ選び，その番号をマークしなさい。 16

① 朱　徳　② 周恩来　③ 張学良　④ 劉少奇
⑤ 袁世凱　⑥ 康有為　⑦ 溥　儀　⑧ 陳独秀
⑨ 閻錫山　⓪ 梁啓超

問2　文中の(　イ　)に入る最も適切な人名を一つ選び，その番号をマークしなさい。 17

① 朱　徳　② 周恩来　③ 張学良　④ 劉少奇
⑤ 袁世凱　⑥ 康有為　⑦ 溥　儀　⑧ 陳独秀
⑨ 閻錫山　⓪ 梁啓超

問3　文中の(　ウ　)に入る最も適切な人名を一つ選び，その番号をマークしなさい。 18

① 朱　徳　② 周恩来　③ 張学良　④ 劉少奇
⑤ 袁世凱　⑥ 康有為　⑦ 溥　儀　⑧ 陳独秀
⑨ 閻錫山　⓪ 梁啓超

問4　文中の(　あ　)に入る最も適切な地名を一つ選び，その番号をマークしなさい。 19

① 北　京　② 香　港　③ 瑞　金　④ 重　慶
⑤ 南　京　⑥ 上　海　⑦ 広　州　⑧ 徐　州
⑨ 台　北　⓪ 延　安

問5　文中の(　い　)に入る最も適切な地名を一つ選び，その番号をマークしなさい。 20

① 北　京　② 香　港　③ 瑞　金　④ 重　慶
⑤ 南　京　⑥ 上　海　⑦ 広　州　⑧ 徐　州
⑨ 台　北　⓪ 延　安

問6　文中の(　う　)に入る最も適切な地名を一つ選び，その番号をマークしなさい。 21

① 北　京　② 香　港　③ 瑞　金　④ 重　慶
⑤ 南　京　⑥ 上　海　⑦ 広　州　⑧ 徐　州
⑨ 台　北　⓪ 延　安

問7　文中の(　え　)に入る最も適切な地名を一つ選び，その番号をマークしなさい。 22

① 北　京　② 香　港　③ 瑞　金　④ 重　慶
⑤ 南　京　⑥ 上　海　⑦ 広　州　⑧ 徐　州
⑨ 台　北　⓪ 延　安

問8　文中の(　お　)に入る最も適切な地名を一つ選び，その番号をマークしなさい。 23

① 北　京　② 香　港　③ 瑞　金　④ 重　慶
⑤ 南　京　⑥ 上　海　⑦ 広　州　⑧ 徐　州
⑨ 台　北　⓪ 延　安

問9　文章(5)中の(　A　)の内容として最も適切なものを以下から一つ選び，その番号をマークしなさい。 24

① 土地改革を実行し，地主の土地を没収して，農民に分配する政策
② 外国資本を積極的に導入し，工業化をめざした政策
③ 米国の援助のもとで，選挙や議会制度を導入する政策
④ 国際連合からの援助を受け，工業化をめざす政策

問10　文章(1)から(6)中の下線部の出来事を時代の古い順にならびかえると，第4番目になる文章はどれか，その番号を選び，マークしなさい。 25

① 文章(1)　② 文章(2)　③ 文章(3)
④ 文章(4)　⑤ 文章(5)　⑥ 文章(6)

【B】 20世紀後半の東アジアの情勢を示した以下の文章(7)〜(12)を読み，設問に答えなさい。

(7) 米軍を中心とする国連軍が北朝鮮と中国の国境地帯に迫ると，中国は人民義勇軍を派遣して戦争に介入し，国連軍は南に押し戻された。その後，38度線をはさんだ攻防が続いたが，状況を打開するため（　B　）の会議が開催された。

(8) 1989年，中国共産党の一党支配や経済改革の中での官僚の不正などに不満を持った学生や知識人が天安門広場に集まって民主化を要求すると，（　エ　）が実権を掌握していた共産党中央はこれを武力によって弾圧した。

(9) この年，（　か　）でアジア・アフリカの多くの国々の代表が参加する会議が開催され，反植民地主義や平和共存を基本とする「平和十原則」が採択された。

(10) 中国共産党中央は急速な社会主義建設をめざす「大躍進」の発動を指示した。しかし，この政策は失敗し，毛沢東にかわって（　オ　）が国家主席となり，政策の転換をはかった。

(11) 漢族の流入の中，少数民族が多く居住する自治区では民族的な対立も深まり，新疆の（　き　）では2009年に暴動が発生した。

(12) （　C　）の発動が宣言され，紅衛兵と呼ばれる若者などを中心とする大衆動員が行われ，（　カ　）が毛沢東の後継者とされたが，その後，失脚した。

問11　文中の（　エ　）に入る最も適切な人名を一つ選び，その番号をマークしなさい。 26

① 林　彪　　② 胡錦濤　　③ 劉少奇　　④ 江沢民
⑤ 胡耀邦　　⑥ 鄧小平　　⑦ 李大釗　　⑧ 李克強
⑨ 習近平　　⓪ 江　青

問12　文中の(　オ　)に入る最も適切な人名を一つ選び，その番号をマークしなさい。 27

①　林　彪　②　胡錦濤　③　劉少奇　④　江沢民
⑤　胡耀邦　⑥　鄧小平　⑦　李大釗　⑧　李克強
⑨　習近平　⓪　江　青

問13　文中の(　カ　)に入る最も適切な人名を一つ選び，その番号をマークしなさい。 28

①　林　彪　②　胡錦濤　③　劉少奇　④　江沢民
⑤　胡耀邦　⑥　鄧小平　⑦　李大釗　⑧　李克強
⑨　習近平　⓪　江　青

問14　文中の(　か　)に入る最も適切な地名を一つ選び，その番号をマークしなさい。 29

①　マラッカ　②　バンドン　③　シンガポール
④　ウルムチ　⑤　ラ　サ　⑥　フフホト

問15　文中の(　き　)に入る最も適切な地名を一つ選び，その番号をマークしなさい。 30

①　マラッカ　②　バンドン　③　シンガポール
④　ウルムチ　⑤　ラ　サ　⑥　フフホト

問16　文章(7)中の(　B　)の会議の説明として最も適切なものを一つ選び，その番号をマークしなさい。 31

①　会議はニューヨークで開催され，平和条約が締結された。
②　会議は北京で開催され，休戦協定が締結された。
③　会議は板門店で開催され，休戦協定が締結された。
④　会議はジュネーブで開催され，休戦協定が締結された。

問17　文章(9)中の「平和十原則」の内容として最も適切なものを一つ選び，その番

号をマークしなさい。 32

① 宣言は，途上国が社会主義化を中心とした経済政策を選択することを決議した。

② マーシャル・プランにもとづき，戦争からの復興がめざされることになった。

③ 「開かれた地域主義」による貿易や投資の自由化をめざした。

④ 基本的人権や国連憲章の尊重とともに，内政不干渉の原則が承認された。

問18 文章⑽中の「大躍進」の内容として最も適切なものを一つ選び，その番号をマークしなさい。 33

① 市場経済を重視して，政府が経済活動への過度な介入を行わないことが特徴であった。

② 急速な工業化を課題とするとともに，農村では人民公社を組織した。

③ 地主の土地を没収して，農民に分配する政策が進められた。

④ 日本を含む外国から資本と技術を導入し，経済発展をめざす政策であった。

問19 文章⑿中の（　C　）に入る語句として最も適切なものを一つ選び，その番号をマークしなさい。 34

① 改革開放　　② 新文化運動

③ 開発独裁　　④ 文化大革命

問20 文章⑺から⑿中の下線部の出来事を時代の古い順にならびかえると，第４番目になる文章はどれか，その番号を選び，マークしなさい。 35

① 文章⑺　　② 文章⑻　　③ 文章⑼

④ 文章⑽　　⑤ 文章⑾　　⑥ 文章⑿

〔Ⅲ〕 次の文章を読んで，以下の設問に答えなさい。

第二次世界大戦終結後，世界は，アメリカ合衆国を盟主とする資本主義・自由主義陣営と(a)ソ連を盟主とする共産主義陣営とに大きく二分された。米ソの対立は，ヨーロッパの戦後処理を検討した(　ア　)から表面化していた。

ソ連の指導者であった(b)スターリンが1953年に亡くなると，外交政策の見直しが始まった。さらに，第一書記である(　イ　)は，スターリン批判を行った。

ソ連の指導下にあった東ヨーロッパでは，スターリン批判をきっかけに，(c)1956年にポーランドやハンガリーで暴動が起こった。また，(d)1960年代にはチェコスロヴァキアで自由化を求める運動が起こった。

ヨーロッパにおける冷戦の舞台の一つはドイツだった。ドイツとその首都である(e)ベルリンは，第二次世界大戦後，連合国によって分割統治された。その後，冷戦の展開の中で，ドイツは，(f)東ドイツと(g)西ドイツとに分立した。

冷戦は，ヨーロッパの外では実際の武力衝突や(h)キューバ危機などの人類全体を巻き込むような大きな危機を引き起こした。他方で，(i)核兵器については緊張緩和が一定程度進展した。さらに，(j)1970年代には，ヨーロッパにおける東西両陣営間の緊張緩和が進展した。しかし，ソ連が(　ウ　)に侵攻し，アメリカで「強いアメリカ」を標榜する(　エ　)が大統領になると，新冷戦と呼ばれる新たな緊張関係が生まれた。

1980年代半ばには，ソ連の経済の停滞が明らかとなっていた。ゴルバチョフが改革を実施したが，最終的にソ連は解体し，また，(k)東ヨーロッパの社会主義圏も崩壊した。

問１　(　ア　)に入る語として最も適切なものを一つ選び，その番号をマークしなさい。 36

① 大西洋上会談　　② マルタ会談

③ カイロ会談　　④ ヤルタ会談

問２　(　イ　)に入る語として最も適切なものを一つ選び，その番号をマークしなさい。 37

① ケレンスキー　　② トロツキー
③ フルシチョフ　　④ ゴムウカ

問 3 （　ウ　）に入る語として最も適切なものを一つ選び，その番号をマークしなさい。 38

① 北朝鮮　　② インド
③ アフガニスタン　　④ 日　本

問 4 （　エ　）に入る語として最も適切なものを一つ選び，その番号をマークしなさい。 39

① ルーズベルト　　② レーガン
③ ニクソン　　④ ジェファーソン

問 5 下線部(a)に関連して，第二次世界大戦直後，東欧における親ソ政権の躍進について述べた演説を行った人物と演説の内容を示した言葉との組合せとして最も適切なものを一つ選び，その番号をマークしなさい。 40

① ド・ゴール —「鉄のカーテン」
② ド・ゴール —「鉄と血」
③ チャーチル —「鉄と血」
④ チャーチル —「鉄のカーテン」

問 6 下線部(b)の事績について述べた文として**誤っているもの**を一つ選び，その番号をマークしなさい。 41

① 全権委任法によって立法権を掌握した。
② 一国社会主義を追求した。
③ 第一次五か年計画を実施した。
④ 反対派に対して，大規模な粛清を行った。

問 7 下線部(c)について述べた次の文ａとｂとの正誤の組合せとして正しいものを下の選択肢から一つ選び，その番号をマークしなさい。 42

a ポーランドで「連帯」の運動が起こった。

b ハンガリーで暴動が起こり，ソ連軍によって鎮圧された。

① a — 正 b — 正

② a — 正 b — 誤

③ a — 誤 b — 正

④ a — 誤 b — 誤

問 8 下線部(d)について述べた次の文の空欄に当てはまる語句の組合せとして正しいものを下の選択肢から一つ選び，その番号をマークしなさい。 43

1968年にチェコスロヴァキアで起こった自由化運動は「プラハの春」と呼ばれる。この運動を指導したのは，共産党第一書記の ア であった。しかし，自由化の波及を恐れたソ連は， イ を侵攻させて，軍事的弾圧を行った。

① ア — ドプチェク イ — ワルシャワ条約機構軍

② ア — ドプチェク イ — 北大西洋条約機構軍

③ ア — マサリク イ — ワルシャワ条約機構軍

④ ア — マサリク イ — 北大西洋条約機構軍

問 9 下線部(e)ベルリンに関連して，ベルリンの壁が建設された場所と建設の目的についての説明との組合せとして正しいものを一つ選び，その番号をマークしなさい。 44

	壁の場所	目　的
①	東ベルリンを囲むように作られた	西ドイツから東ドイツへの人の流出を阻止するため
②	東ベルリンを囲むように作られた	東ドイツから西ドイツへの人の流出を阻止するため
③	西ベルリンを囲むように作られた	西ドイツから東ドイツへの人の流出を阻止するため
④	西ベルリンを囲むように作られた	東ドイツから西ドイツへの人の流出を阻止するため

問10　下線部(f)について述べた文として最も適切なものを一つ選び，その番号をマークしなさい。 45

① 社会主義統一党が政権を握った。

② サミット(先進国首脳会議)の一員となった。

③ ヨーロッパ石炭鉄鋼共同体(ＥＣＳＣ)に加盟した。

④ シハヌークの下で中立政策をとった。

問11　下線部(g)について述べた文として**誤っているもの**を一つ選び，その番号をマークしなさい。 46

① アデナウアーの下で経済成長が実現した。

② マッカーシーの下で「赤狩り」が行われた。

③ ブラントが「東方外交」を行った。

④ コールのもとで東ドイツを併合した。

問12　下線部(h)に関連して，キューバ危機当時のアメリカ合衆国の大統領とキューバ革命についての説明との組合せとして正しいものを一つ選び，その番号をマークしなさい。 47

	キューバ危機当時のアメリカ合衆国大統領	キューバ革命についての説明
①	ケネディ	カストロらによって指導され，親ソ連であるバティスタ政権を打倒した。革命終結後，資本主義国となった。
②	ケネディ	カストロらによって指導され，親米であるバティスタ政権を打倒した。革命終結後，社会主義宣言が行われた。
③	ジョンソン	カストロらによって指導され，親ソ連であるバティスタ政権を打倒した。革命終結後，資本主義国となった。
④	ジョンソン	カストロらによって指導され，親米であるバティスタ政権を打倒した。革命終結後，社会主義宣言が行われた。

問13　下線部(i)に関連して，核実験・核兵器の制限について述べた次の文ａ～ｃが，年代の古いものから順に正しく配列されているものを下の選択肢から一つ選び，その番号をマークしなさい。 48

ａ　第１次戦略兵器制限交渉（ＳＡＬＴ）が妥結した。
ｂ　核拡散防止条約（ＮＰＴ）が調印された。
ｃ　部分的核実験禁止条約（ＰＴＢＴ）が調印された。

①　ａ→ｂ→ｃ　　②　ａ→ｃ→ｂ
③　ｂ→ａ→ｃ　　④　ｂ→ｃ→ａ
⑤　ｃ→ａ→ｂ　　⑥　ｃ→ｂ→ａ

問14　下線部(j)について，1970年代の出来事について述べた文として最も適切なものを一つ選び，その番号をマークしなさい。 49
①　日朝修好条規が締結された。
②　イギリスから中国に香港が返還された。

③　日本と中華人民共和国の国交が正常化した。

④　世界貿易機関(ＷＴＯ)が発足した。

問15　下線部(k)について述べた文として最も適切なものを一つ選び，その番号をマークしなさい。 50

①　ルーマニアで，大統領であったチャウシェスクが処刑された。

②　オーストリアが永世中立国となった。

③　ドイツで，エーベルトが大統領になり，憲法が制定された。

④　ポーランドで，ピウスツキが実権を握った。

政治・経済

（60分）

I　次の文章1～4を読み，以下の問い(問1～問20)に答えなさい。

文章1

パレスチナ問題は，イギリス外交の矛盾に起因するところが大きい。ユダヤ人に対しては［　A　］によってユダヤ人国家の建設を約束した一方，アラブ人に対しても独立の支持を約束していたのである。第二次世界大戦後の1948年，ユダヤ人国家として［　B　］が建国された。それ以来［　B　］は占領地を拡大していったのに対し，その占領地のパレスチナ人は，［　C　］と呼ばれる抵抗運動を行った。1993年には，アメリカ合衆国の仲介で［　D　］が実現し，パレスチナ人の自治が認められたが，紛争は続いている。［　B　］は，「テロ対策」の名目でパレスチナ人居住区に分離壁を設けたが，国際連合の司法機関である［　E　］は，この分離壁建設が国際法に反すると判断している。

問1　［　A　］に入る用語として最も適切なものを選択肢①～④の中から一つ選んで，解答用紙の［1］にマークしなさい。

①　ホロコースト

②　シオニズム運動

③　バルフォア宣言

④　マクマホン書簡(フサイン・マクマホン協定)

問2　［　B　］に入る国名として最も適切なものを選択肢①～④の中から一つ選んで，解答用紙の［2］にマークしなさい。

①　レバノン　②　イスラエル　③　ヨルダン　④　シリア

問 3 [C] に入る用語として最も適切なものを選択肢①～④の中から一つ選んで，解答用紙の [3] にマークしなさい。

① インティファーダ　② ラッダイト運動

③ ストックホルム＝アピール　④ グラスノスチ

問 4 [D] に入る用語として最も適切なものを選択肢①～④の中から一つ選んで，解答用紙の [4] にマークしなさい。

① 新和平案(ロードマップ)　② アラブの春

③ オスロ合意　④ マルタ会談

問 5 [E] に入る用語として最も適切なものを選択肢①～④の中から一つ選んで，解答用紙の [5] にマークしなさい。

① 国際司法裁判所　② 常設国際司法裁判所

③ 国際刑事裁判所　④ パレスチナ解放機構

文章 2

日本は 1951 年に主権を回復したものの，国際連合(国連)加盟は [F] が出された 1956 年を待たねばならなかった。これは，国連による新たな加盟国の承認が，「国際の平和及び安全の維持に関する主要な責任」を負う［ α ］の勧告に基づくことを背景としている。［ α ］では，常任理事国のみがいわゆる [G] を有し，実質事項に関する決議は，常任理事国のうち 1 国でも反対すると採択されない。朝鮮戦争の際，この仕組みのために［ α ］が機能不全に陥ったので，全加盟国からなる［ β ］が [H] を採択し，［ α ］に代わって行動できるようにした。多国籍軍は，［ α ］の許可があれば，武力行使を行うことができる。しかし，大量破壊兵器の保有を理由として戦われた [I] の例のように，［ α ］の許可を得ずに武力行使が行われる例も見られた。

問 6 [F] に入る用語として最も適切なものを選択肢①～④の中から一つ選んで，解答用紙の [6] にマークしなさい。

① サンフランシスコ平和条約　② 日中共同声明

③　日韓基本条約　　④　日ソ共同宣言

問 7　[α]と[β]の組み合わせとして正しいものを選択肢①～④の中から一つ選んで，解答用紙の 7 にマークしなさい。

①　[α]：安全保障理事会　[β]：経済社会理事会

②　[α]：経済社会理事会　[β]：安全保障理事会

③　[α]：安全保障理事会　[β]：国連総会

④　[α]：国連総会　[β]：安全保障理事会

問 8　[G]に入る用語として最も適切なものを選択肢①～④の中から一つ選んで，解答用紙の 8 にマークしなさい。

①　自衛権　②　拒否権　③　主　権　④　交戦権

問 9　[H]に入る用語として最も適切なものを選択肢①～④の中から一つ選んで，解答用紙の 9 にマークしなさい。

①　平和のための結集決議　②　平和十原則

③　非同盟主義　④　新思考外交

問10　[I]に入る用語として最も適切なものを選択肢①～④の中から一つ選んで，解答用紙の 10 にマークしなさい。

①　イラク戦争　②　コソボ紛争

③　湾岸戦争　④　ソマリア内戦

文章 3

日本国憲法第 14 条 1 項は，「すべて国民は，[J]，人種，信条，性別，社会的身分又は門地により，政治的，経済的又は社会的関係において，差別されない」と定めている。例えばジェンダーについていえば，1979 年に国連総会が採択した[K]の批准に伴い，1985 年に[L]が成立した。司法の場でも，最高裁判所において，婚姻関係がない男女の間から生まれた子に不利な民法上の規定が違憲と判断された例がある。最高裁判所には，この事件のように法律や命令が合憲か違憲かを判断する役割があるが，[M]に依拠して，高度に政治的な事柄であるとして憲法判断を避けた例もある。

問11 [J]に入る文言として最も適切なものを選択肢①～④の中から一つ選んで，解答用紙の[11]にマークしなさい。

① 個人として尊重され
② 法の下に平等であつて
③ すべての基本的人権の享有を妨げられず
④ 勤労の権利を有し

問12 [K]に入る用語として最も適切なものを選択肢①～④の中から一つ選んで，解答用紙の[12]にマークしなさい。

① 国際人権規約　② 世界人権宣言
③ 障害者の権利条約　④ 女子差別撤廃条約

問13 [L]に入る用語として最も適切なものを選択肢①～④の中から一つ選んで，解答用紙の[13]にマークしなさい。

① 男女共同参画社会基本法　② ヘイトスピーチ対策法
③ 男女雇用機会均等法　④ 性同一性障害者特例法

問14 下線部が示す判決名として最も適切なものを選択肢①～④から一つ選んで，解答用紙の[14]にマークしなさい。

① 尊属殺重罰規定違憲判決　② 婚外子差別違憲判決
③ 女性の再婚禁止期間違憲判決　④ 『宴のあと』事件判決

問15 [M]に入る用語として最も適切なものを選択肢①～④の中から一つ選んで，解答用紙の[15]にマークしなさい。

① 統治行為論　② 違憲立法審査権
③ 裁判外紛争解決手続　④ 公判前整理手続

文章4

国家権力は憲法によって拘束されるべきであり，政治は憲法に基づいて行われるべきという考え方が［　N　］である。大日本帝国憲法は天皇が国民に授ける［　O　］であり，人権も［　P　］のもとに制約された。日本国憲法の下でも，法案が［　N　］に反するという批判が起こることはしばしばある。例えば，2014年に[γ]内閣が[δ]の行使を可能とした憲法解釈を示し，翌年いわゆる［　Q　］を成立させた際には，違憲だという指摘が相次いだ。

問16　［　N　］に入る用語として最も適切なものを選択肢①～④の中から一つ選んで，解答用紙の［16］にマークしなさい。

①　民主主義　　②　法治主義　　③　立憲主義　　④　民本主義

問17　［　O　］に入る用語として最も適切なものを選択肢①～④の中から一つ選んで，解答用紙の［17］にマークしなさい。

①　軟性憲法　　②　私擬憲法　　③　民定憲法　　④　欽定憲法

問18　［　P　］に入る用語として最も適切なものを選択肢①～④の中から一つ選んで，解答用紙の［18］にマークしなさい。

①　法律の留保　　②　公共の福祉

③　罪刑法定主義　　④　統帥権

問19　[γ]と[δ]の組み合わせとして最も適切なものを選択肢①～④の中から一つ選んで，解答用紙の［19］にマークしなさい。

①　[γ]：安倍晋三　　[δ]：個別的自衛権

②　[γ]：安倍晋三　　[δ]：集団的自衛権

③　[γ]：野田佳彦　　[δ]：個別的自衛権

④　[γ]：野田佳彦　　[δ]：集団的自衛権

問20　［　Q　］に入る用語として最も適切なものを選択肢①～④の中から一つ選んで，解答用紙の［20］にマークしなさい。

① 海賊対処法　② 出入国管理及び難民認定法
③ 安全保障関連法　④ テロ対策特別措置法

Ⅱ 次の文章を読み，以下の問い(問 21 ～問 35)に答えなさい。

地球環境問題は，1972 年にスウェーデンのストックホルムで開催された［ A ］で，国際的検討課題となった。この課題は，その後，冷戦終結により「核の脅威」が緩和された後，「自然の脅威」として，国際政治の重要課題の一つとなった。1992年にブラジルのリオデジャネイロで開催された［ B ］では，人類共通の目標として［ C ］という理念の下，議論が行われ，また［ D ］や生物多様性条約が採択された。

1997 年には，第 3 回［ D ］締約国会議が開催され，先進工業各国の温室効果ガス排出量の数値抑制削減目標を定めた［ E ］が採択された。しかし［ E ］は，中国やインドなどの開発途上国に温室効果ガス排出量の抑制削減義務を定めておらず，2001 年，当時の世界第 1 の排出国だった［ F ］も［ E ］からの離脱を宣言したため，大きな成果をあげることはできなかった。その後，各国は交渉を続け，2015 年，新たな枠組である［ G ］が採択された。［ G ］は，2006 年以降，世界第 1 の温室効果ガス排出国になった［ H ］と第 2 位の排出国になった［ I ］が批准し，他国もこれに続いたため，採択後 1 年を経ずして発効した。

第 2 次世界大戦後 1960 年代初頭まで，日本は主にその電力供給を水力で賄っていたが，1960 年代以降，主力電源は［ J ］，石油，天然ガスといった化石燃料を使用する火力へと移行した。化石燃料は二酸化炭素を大量に排出するため，日本は［ E ］採択後，原子力発電の推進を対策の一つの柱としていた。原子力発電の推進については，［ K ］年に起きたチェルノブイリ原子力発電所事故後，見直す国もあったが，日本は作業員 2 名が被ばくにより死亡した，1999 年の［ L ］後も推進の立場を維持していた。この方向性は，2009 年の衆議院選挙の結果を受けて，自民党を中心とする連立政権から［ M ］政権に変わっても維持された。しかし 2011 年の［ N ］後，日本でも原子力発電の安全性を疑問視する国民の声が大きくなり，政府は，原子力規制委員会を設置し，新たな規制基準を定めて，原子力発電所の安全性の確保に努めるとともに，代替エネルギー源として再生可能エネルギーの導入促進にも努めている。そのため，2011年に再生可能エネルギー特別措置法が成立し，2012年7月に［　O　］が施行された。

問21　［　A　］に入る用語として最も適切なものを選択肢①～④の中から一つ選んで，解答用紙の［21］にマークしなさい。

①　国連人間環境会議　　②　国連環境開発会議
③　国連資源特別総会　　④　国連貿易開発会議

問22　［　B　］に入る用語として最も適切なものを選択肢①～④の中から一つ選んで，解答用紙の［22］にマークしなさい。

①　国連人間環境会議　　②　国連環境開発会議
③　国連資源特別総会　　④　国連貿易開発会議

問23　［　C　］に入る用語として最も適切なものを選択肢①～④の中から一つ選んで，解答用紙の［23］にマークしなさい。

①　かけがえのない地球　　②　持続可能な開発(発展)
③　宇宙船地球号　　④　国連開発のための10年

問24　［　D　］に入る用語として最も適切なものを選択肢①～④の中から一つ選んで，解答用紙の［24］にマークしなさい。

①　気候変動枠組条約
②　ラムサール条約
③　オゾン層保護のためのウィーン条約
④　ワシントン条約

問25　［　E　］に入る用語として最も適切なものを選択肢①～④の中から一つ選んで，解答用紙の［25］にマークしなさい。

①　モントリオール議定書　　②　バーゼル条約
③　オタワ条約　　④　京都議定書

問26　[F] に入る国名を選択肢①～④の中から一つ選んで，解答用紙の [26] にマークしなさい。

①　ロシア連邦　　②　アメリカ合衆国
③　フランス共和国　　④　インドネシア共和国

問27　[G] に入る用語として最も適切なものを選択肢①～④の中から一つ選んで，解答用紙の [27] にマークしなさい。

①　京都議定書　　②　モントリオール議定書
③　マーストリヒト条約　　④　パリ協定

問28　[H] に入る国名を選択肢①～④の中から一つ選んで，解答用紙の [28] にマークしなさい。

①　アメリカ合衆国　　②　中華人民共和国
③　インド共和国　　④　ロシア連邦

問29　[I] に入る国名を選択肢①～④の中から一つ選んで，解答用紙の [29] にマークしなさい。

①　アメリカ合衆国　　②　中華人民共和国
③　インド共和国　　④　ロシア連邦

問30　[J] に入る用語として最も適切なものを選択肢①～④の中から一つ選んで，解答用紙の [30] にマークしなさい。

①　石　炭　　②　地　熱　　③　太陽光　　④　風　力

問31　[K] に入る年を選択肢①～④の中から一つ選んで，解答用紙の [31] にマークしなさい。

①　1954　　②　1979　　③　1986　　④　1999

問32 [L] に入る用語として最も適切なものを選択肢①～④の中から一つ選んで，解答用紙の [32] にマークしなさい。

① 東海村臨界事故

② もんじゅナトリウム漏れ事故

③ 第五福竜丸事故

④ 柏崎刈羽原子力発電所破損事故

問33 [M] に入る党名を選択肢①～④の中から一つ選んで，解答用紙の [33] にマークしなさい。

① 民主党　② 公明党　③ 社会党　④ 民社党

問34 [N] に入る用語として最も適切なものを選択肢①～④の中から一つ選んで，解答用紙の [34] にマークしなさい。

① スリーマイル島原子力発電所事故

② 東海村臨界事故

③ 第五福竜丸事件

④ 福島第一原子力発電所事故

問35 [O] に入る用語として最も適切なものを選択肢①～④の中から一つ選んで，解答用紙の [35] にマークしなさい。

① 排出量取り引き　② 地球温暖化対策税

③ 固定価格買取制度　④ エネルギー基本計画

Ⅲ 次の文章を読み，以下の問い(問 36 ～問 50)に答えなさい。

経済学者の［ A ］が「見えざる手」と表現したように，資源配分の［ B ］といった価値基準から判断する限り，基本的には市場には何ら人為的な介入を行ってはならない。しかし，いくつかの特殊なケースにおいては，売手と買手の自由な取引が社会的に望ましくない結果を招来することも指摘されている。いわゆる市場の［ C ］である。この場合，第一義的には［ D ］による介入が求められることになる。

上記に該当するケースのひとつとして，例えば売手と買手の取引が，市場を通さないままに，他の主体に影響を及ぼすことがある。他の主体に対して利益を与える場合を［ E ］，損失を与える場合を［ F ］といい，通常，両者は明確に区別され得る。市場の自由に委ねる時，前者においては財やサービスは社会的に［ G ］な供給となり，後者においては［ H ］な供給となってしまう。ちなみに，鉄道の開通によって周辺の商業や不動産取引が活発となり，鉄道を利用しない者にも利益を与えてしまう現象は前者の例である。この場合，売上げや地価の上昇がそのまま鉄道会社の収入増に結びつくわけではないため，鉄道会社にとっての最適供給水準は，社会的に望ましいレベルよりも［ I ］こととなる。一方，鉄道車両の走行が沿線地域に騒音や振動などの公害を及ぼしているとすれば，これは後者の例といえる。この場合，沿線住民が不満を表明しない以上，鉄道会社から見た最適供給水準は，社会的に望ましいレベルよりも［ J ］ものとなってしまう。

いずれの場合についても，原因は市場のある部分が［ K ］していることに求められる。ここで規制主体である［ L ］としては，上述したあらゆる影響を［ M ］化することに主眼を置くことになる。関係者間の直接交渉の場が設定できればよいのだが，それが困難な場合でも，経済学者のピグーが主張したように，他の主体に利益をもたらす場合には［ N ］，損失を及ぼす場合には［ O ］によって，供給水準の自動調整が実現可能となるのである。

問36 ［ A ］に入る語句として最も適切なものを選択肢①～④の中から一つ選んで，解答用紙の［36］にマークしなさい。

① マルクス ② ケインズ
③ アダム・スミス ④ フリードマン

問37 [B] に入る語句として最も適切なものを選択肢①～④の中から一つ選んで，解答用紙の [37] にマークしなさい。

① 公 平 ② 公 正 ③ 向 上 ④ 効 率

問38 [C] に入る語句として最も適切なものを選択肢①～④の中から一つ選んで，解答用紙の [38] にマークしなさい。

① 欠 落 ② 失 敗 ③ 障 壁 ④ 隘 路

問39 [D] に入る語句として最も適切なものを選択肢①～④の中から一つ選んで，解答用紙の [39] にマークしなさい。

① 政 府 ② 国 会 ③ 裁判所 ④ NGO

問40 [E] に入る語句として最も適切なものを選択肢①～④の中から一つ選んで，解答用紙の [40] にマークしなさい。

① 内部経済 ② 外部経済 ③ 内部不経済 ④ 外部不経済

問41 [F] に入る語句として最も適切なものを選択肢①～④の中から一つ選んで，解答用紙の [41] にマークしなさい。

① 内部経済 ② 外部経済 ③ 内部不経済 ④ 外部不経済

問42 [G] に入る語句として最も適切なものを選択肢①～④の中から一つ選んで，解答用紙の [42] にマークしなさい。

① 過 大 ② 不公平 ③ 不公正 ④ 過 小

問43 [H] に入る語句として最も適切なものを選択肢①～④の中から一つ選んで，解答用紙の [43] にマークしなさい。

① 過 大 ② 不公平 ③ 不公正 ④ 過 小

問44 [I] に入る語句として最も適切なものを選択肢①～④の中から一つ選んで，解答用紙の [44] にマークしなさい。

①　上回る　　②　不公平な　　③　不公正な　　④　下回る

問45 [J] に入る語句として最も適切なものを選択肢①～④の中から一つ選んで，解答用紙の [45] にマークしなさい。

①　上回る　　②　不公平な　　③　不公正な　　④　下回る

問46 [K] に入る語句として最も適切なものを選択肢①～④の中から一つ選んで，解答用紙の [46] にマークしなさい。

①　拡　大　　②　縮　小　　③　均　衡　　④　欠　落

問47 [L] に入る語句として最も適切なものを選択肢①～④の中から一つ選んで，解答用紙の [47] にマークしなさい。

①　政　府　　②　業界団体　　③　消費者団体　　④　ＮＧＯ

問48 [M] に入る語句として最も適切なものを選択肢①～④の中から一つ選んで，解答用紙の [48] にマークしなさい。

①　総　合　　②　無　効　　③　外　部　　④　内　部

問49 [N] に入る語句として最も適切なものを選択肢①～④の中から一つ選んで，解答用紙の [49] にマークしなさい。

①　税負担　　②　補助金　　③　市場閉鎖　　④　市場開放

問50 [O] に入る語句として最も適切なものを選択肢①～④の中から一つ選んで，解答用紙の [50] にマークしなさい。

①　税負担　　②　補助金　　③　市場閉鎖　　④　市場開放

数学

マーク・シート記入上の注意

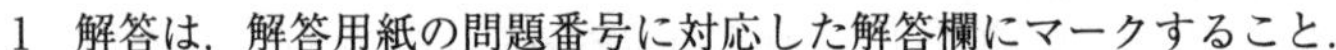

1 解答は，解答用紙の問題番号に対応した解答欄にマークすること．

2 問題の文中の [1]，[2][3] などには，特に指示がないかぎり，符号(－)，数字(0～9)又は文字(a～d)が入る．1，2，3，… の一つ一つは，これらのいずれか一つに対応する．それらを解答用紙の1，2，3，… で示された解答欄にマークして答えよ．

例 [1][2][3] に －83 と答えたいとき

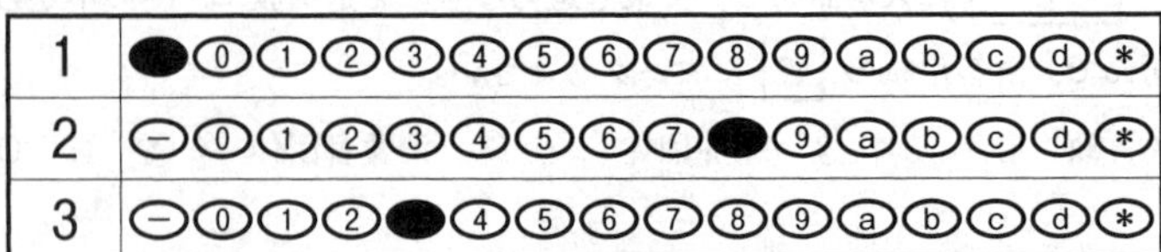

なお，同一の問題文中に [1]，[2][3] などが2度以上現れる場合，2度目以降は，[1]，[2][3] のように細字で表記する．

3 分数形で解答する場合，分数の符号は分子につけ，分母につけてはいけない．

例えば，$\dfrac{\boxed{4}\boxed{5}}{\boxed{6}}$ に $-\dfrac{4}{5}$ と答えたいときは，$\dfrac{-4}{5}$ として答えよ．

また，それ以上約分できない形で答えること．

例えば，$\dfrac{3}{4}$ と答えるところを，$\dfrac{6}{8}$ のように答えてはいけない．

4 根号あるいは対数を含む形で解答する場合は，根号の中や真数に現れる自然数が最小となる形で答えよ．

例えば，$\boxed{7}\sqrt{\boxed{8}}$ に $4\sqrt{2}$ と答えるところを，$2\sqrt{8}$ のように答えてはいけない．また，$\boxed{9}\log_2\boxed{10}$ に $6\log_2 3$ と答えるところを，$3\log_2 9$ のように答えてはいけない．

5　分数形で根号を含む形で解答する場合，$\dfrac{\boxed{11}+\boxed{12}\sqrt{\boxed{13}}}{\boxed{14}}$ に $\dfrac{3+2\sqrt{2}}{2}$ と答えるところを，$\dfrac{6+4\sqrt{2}}{4}$ や $\dfrac{6+2\sqrt{8}}{4}$ のように答えてはいけない．

◀数学Ⅰ・Ⅱ・Ⅲ・A・B▶

（70分）

Ⅰ

(1)　1個のさいころを4回投げるとき，出る目がちょうど2種類である確率は

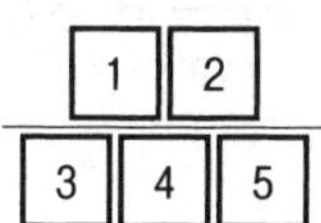

である．

(2)　1個のさいころを4回投げ，出た目がちょうど2種類であったとき，それら2種類の目が2回ずつ出た条件付き確率は $\dfrac{\boxed{6}}{\boxed{7}}$ である．

(3)　1個のさいころを80回投げるとき，同じ目が続けて出ることが一度もない確率は

$$\left(\frac{\boxed{8}}{\boxed{9}}\right)^{\boxed{10}\boxed{11}}$$

である．また，この確率を10進法の小数で表すと，小数第 $\boxed{12}$ 位に初めて0でない数字が現れ，その0でない最初の数字は $\boxed{13}$ である．

ただし，$\log_{10}2=0.3010$，$\log_{10}3=0.4771$，$\log_{10}7=0.8451$ とする．

II　△ABC において，AB = 6，BC = 5，∠ACB = 2∠BAC とする．

(1)　cos∠BAC = $\dfrac{\boxed{14}}{\boxed{15}}$，cos∠ACB = $\dfrac{\boxed{16}\boxed{17}}{\boxed{18}\boxed{19}}$，AC = $\dfrac{\boxed{20}\boxed{21}}{\boxed{22}}$

(2)　∠ACB の二等分線と辺 AB の交点を D とするとき，CD = $\dfrac{\boxed{23}\boxed{24}}{\boxed{25}}$

である．

III　第 3 項が 1，初項から第 8 項までの和が −10 の等差数列 $\{a_n\}$ がある．

(1)　$\{a_n\}$ の初項は $\boxed{26}$，公差は $\dfrac{\boxed{27}\boxed{28}}{\boxed{29}}$ である．

(2)　$\{a_n\}$ を次のような群に分け，第 k 群には 2^k 個の数が入るようにする．

$$a_1\ a_2 \mid a_3\ a_4\ a_5\ a_6 \mid a_7\ a_8\ a_9\ a_{10}\ a_{11}\ a_{12}\ a_{13}\ a_{14} \mid \cdots$$

第 1 群　　第 2 群　　　第 3 群

このとき，第 8 群の最初の数は $\boxed{30}\boxed{31}\boxed{32}\boxed{33}$ である．また，−5000 以下の数が初めて現れるのは第 $\boxed{34}\boxed{35}$ 群である．

IV　$f(x)=\int_0^x (3-\sqrt{t})e^{-\sqrt{t}}\,dt$　$(x>0)$ とおく．

(1)　関数 $f(x)$ は $x=\boxed{36}$ で極大値 $\boxed{37}+\boxed{38}\boxed{39}e^{\boxed{40}\boxed{41}}$ をとる．

(2)　曲線 $y=f(x)$　$(x>0)$ 上の点 $\left(\boxed{42}\boxed{43},\ f\left(\boxed{42}\boxed{43}\right)\right)$ は変曲点である．

V　xy 平面上の曲線 C が，媒介変数 t を用いて

$$x = \cos 2t,\ y = \sin 3t \quad \left(0 \leqq t \leqq \frac{\pi}{2} \right)$$

と表されている．

(1)　曲線 C と y 軸の交点を P とするとき，曲線 C 上の点 P における接線の方程式は

$$y = \frac{\boxed{44}\sqrt{\boxed{45}}}{\boxed{46}}x + \frac{\sqrt{\boxed{47}}}{\boxed{48}}$$

である．

(2)　曲線 C と x 軸の交点は $(1,\ 0)$ および $\left(\dfrac{\boxed{49}\boxed{50}}{\boxed{51}},\ 0 \right)$ である．

(3)　曲線 C と x 軸で囲まれた図形の面積は $\dfrac{\boxed{52}\sqrt{\boxed{53}}}{\boxed{54}}$ である．

◀数学Ⅰ・Ⅱ・A・B▶

（60分）

I　1つの袋の中にA，G，Uと書かれた3種類のカードが，それぞれx枚，y枚，z枚入っている．この袋から1枚ずつ続けて3枚のカードを取り出して，取り出した順に左から並べる．ただし，x，y，zは3以上で$z>y$とする．

以下の(i)，(ii)，(iii)が成立するとき，カードの枚数x，y，zを求めよう．

(i)　一番左がAである確率は$\dfrac{1}{5}$である．

(ii)　一番左と二番目がともにAである確率は$\dfrac{1}{30}$である．

(iii)　左からAGUと並ぶ確率は$\dfrac{4}{115}$である．

(i)，(ii)より，

$$x=\boxed{1},\ y+z=\boxed{2}\boxed{3}$$

である．さらに，(iii)を用いると，

$$x=\boxed{1},\ y=\boxed{4},\ z=\boxed{5}\boxed{6}$$

であることがわかる．

II 平面上に 1 辺の長さが 1 の正三角形 OAB がある．点 C を $\overrightarrow{OC}=3\overrightarrow{OB}$ となるようにとり，線分 AC の中点を M とする．また，直線 AB 上の点 N を，直線 AC と MN が直交するようにとる．

(1) $\overrightarrow{OM}=\dfrac{\boxed{7}}{\boxed{8}}\overrightarrow{OA}+\dfrac{\boxed{9}}{\boxed{10}}\overrightarrow{OB}$

(2) $\overrightarrow{AN}=\dfrac{\boxed{11}}{\boxed{12}}\overrightarrow{AB}$

(3) 直線 MN と OC の交点を P とすると

$$\mathrm{OP}=\frac{\boxed{13}}{\boxed{14}},\quad \mathrm{MN}=\frac{\sqrt{\boxed{15}\boxed{16}}}{\boxed{17}},\quad \mathrm{MP}=\frac{\sqrt{\boxed{18}\boxed{19}}}{\boxed{20}\boxed{21}}$$

III 関数 $f(x)$ を

$$f(x)=|x^2+4x+3|+3x+3$$

で定める．

(1) 方程式 $f(x)=0$ の解は $x=\boxed{22}\boxed{23}$, $\boxed{24}\boxed{25}$ である．ただし，$\boxed{22}\boxed{23}<\boxed{24}\boxed{25}$ とする．

(2) 関数 $f(x)$ は $x=\dfrac{\boxed{26}\boxed{27}}{\boxed{28}}$ で最小値 $\dfrac{\boxed{29}\boxed{30}\boxed{31}}{\boxed{32}}$ をとる．

(3) $y=f(x)$ のグラフと x 軸で囲まれた部分の面積は $\dfrac{\boxed{33}\boxed{34}\boxed{35}}{\boxed{36}}$ である．

Ⅳ

(1)　方程式

$$(2\cdot 2^x-1)(4^x-24)=0$$

の整数解は $x=$ 37 38 である．また，整数でない解を，小数第3位を四捨五入して小数第2位まで求めると，39 . 40 41 である．

ただし，$\log_{10}2=0.3010$，$\log_{10}3=0.4771$ とする．

(2)　方程式

$$(2\cdot 2^x-1)(4^x-24)=a$$

が，$x\leqq 2$ の範囲に実数解をもつような定数 a の値の範囲は，

42 43 44 $\leqq a<$ 45 46

である．

物理

（60 分）

1　以下の文章を読み，空欄(1)〜(13)にあてはまるもっとも適切な式を解答群から選び，**解答用紙（その 1）**の該当する記号をマークせよ。また，重力加速度の大きさは g とする。

図 1 — 1 のように水平面となす角が θ のなめらかな斜面をもつ台を考える。斜面の下端にばね定数 k の軽いばねを固定し，ばねの他端に質量 m の大きさの無視できるおもりを固定した。斜面に沿って上向きに x 軸をとり，ばねが自然長のときのおもりの位置を原点（$x = 0$）とし，おもりがつりあう位置を $-x_0$（$x_0 > 0$）とする。図 1 — 2 のようにつりあいの位置からばねを d（$d > 0$）だけ縮めて静かにはなしたところ，おもりは単振動をはじめ，$x = -x_0$ で速さ v_1 に達した。おもりは紙面内のみを運動し，空気抵抗は無視できるものとする。また，重力による位置エネルギーの基準点を $x = 0$ にとる。おもりをはなした位置において，おもりの運動エネルギーは [(1)]，重力による位置エネルギーは [(2)]，ばねによる弾性エネルギーは [(3)] である。$x = -x_0$ において，運動エネルギーは [(4)]，重力による位置エネルギーは [(5)]，ばねによる弾性力エネルギーは [(6)] である。ここで，ばねの弾性力と重力によるつりあいから $kx_0 =$ [(7)] と表せるので，$v_1 =$ [(8)] が導ける。

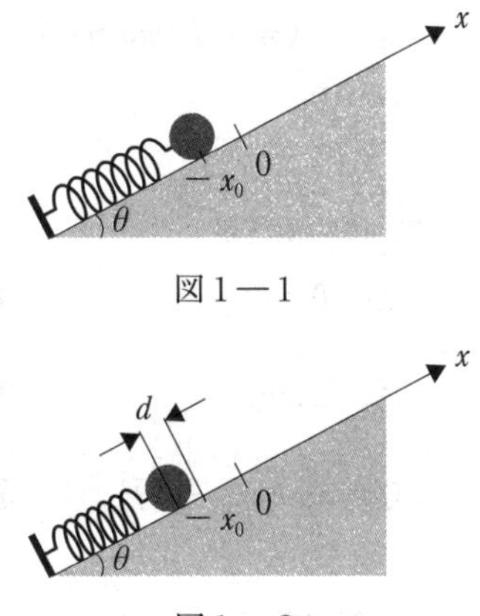

図 1 — 1
図 1 — 2

(1), (4)の解答群

① 0　② $\frac{1}{2}mv_1^2$　③ mv_1^2

④ $2mv_1^2$　⑤ $\frac{1}{2}kx_0^2$　⑥ $\frac{1}{2}kd^2$

⑦ $\frac{1}{2}k(x_0-d)^2$　⑧ $\frac{1}{2}k(x_0+d)^2$　⑨ dmg

(2), (5)の解答群

① $-x_0 mg\sin\theta$　② $-dmg\sin\theta$

③ $-(x_0+d)mg\sin\theta$　④ $(x_0-d)mg\sin\theta$

⑤ $-x_0 mg\cos\theta$　⑥ $-dmg\cos\theta$

⑦ $-(x_0+d)mg\cos\theta$　⑧ $(x_0-d)mg\cos\theta$

⑨ 0

(3), (6)の解答群

① 0　② $\frac{1}{2}mv_1^2$　③ mv_1^2

④ $2mv_1^2$　⑤ $\frac{1}{2}kx_0^2$　⑥ $\frac{1}{2}kd^2$

⑦ $\frac{1}{2}k(x_0-d)^2$　⑧ $\frac{1}{2}k(x_0+d)^2$　⑨ dmg

(7)の解答群

① 0　② g　③ $g\sin\theta$

④ $g\cos\theta$　⑤ mg　⑥ $mg\sin\theta$

⑦ $mg\cos\theta$　⑧ $md\sin\theta$　⑨ $md\cos\theta$

(8)の解答群

① 0　② $\sqrt{dg}$　③ $\sqrt{2dg}$

④ $\sqrt{\frac{m}{k}}$　⑤ $\sqrt{\frac{k}{m}}$　⑥ $\frac{1}{d}\sqrt{\frac{m}{k}}$

⑦ $\frac{1}{d}\sqrt{\frac{k}{m}}$　⑧ $d\sqrt{\frac{m}{k}}$　⑨ $d\sqrt{\frac{k}{m}}$

次に，電車内に図1―1と同じ台(水平面となす角がθのなめらかな斜面とおもりのついたばねをもつ)を固定し，この電車を水平に加速度の大きさがa_0の等加速度直線運動をさせた。このとき図1―3のように，ばねは自然長の長さで，おもりは電車に対して静止していた。地面から見た電車の加速度の向きは [(9)] で，その大きさは [(10)] である。よって，おもりが斜面から受ける垂直抗力の大きさは [(11)] である。

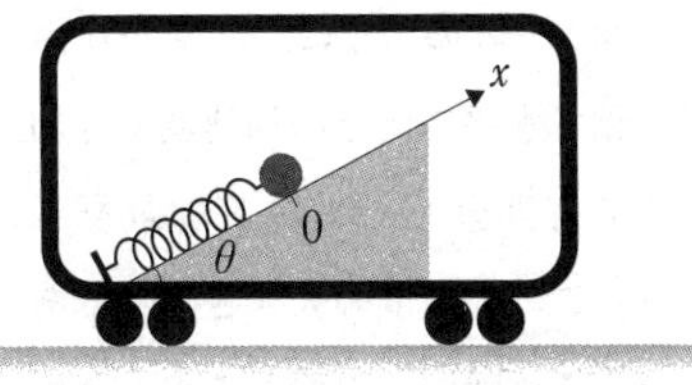

図1―3

(9)の解答群

① 右向き　② 左向き　③ 決まらない

(10)の解答群

① 0　② g　③ $g\cos\theta$　④ $g\sin\theta$

⑤ $g\tan\theta$　⑥ $\dfrac{g}{\cos\theta}$　⑦ $\dfrac{g}{\sin\theta}$　⑧ $\dfrac{g}{\tan\theta}$

(11)の解答群

① 0　② mg

③ $mg(\sin\theta+\cos\theta)$　④ $mg(\tan\theta+\cos\theta)$

⑤ $mg(\tan\theta+\sin\theta)$　⑥ $2mg\sin\theta$

⑦ $\dfrac{mg(\sin^2\theta+\cos^2\theta)}{\cos\theta}$　⑧ $mg(\tan\theta\sin\theta+\sin\theta)$

図１―４のように，電車が地面から見て水平右向きの加速度で等加速度直線運動をしている場合を考える。この加速度の大きさは a であった。ある瞬間，斜面上のおもりは，$x=\ell\,(\ell>0)$ で電車に対して静止していた。この時刻を $t=0$ とすると，その後おもりは斜面上を左下の向きに下りはじめた。おもりが下りはじめてから $x=0$ に達するまでの時間は [(12)] で，$x=0$ におけるおもりの速さは電車内から見て [(13)] であった。

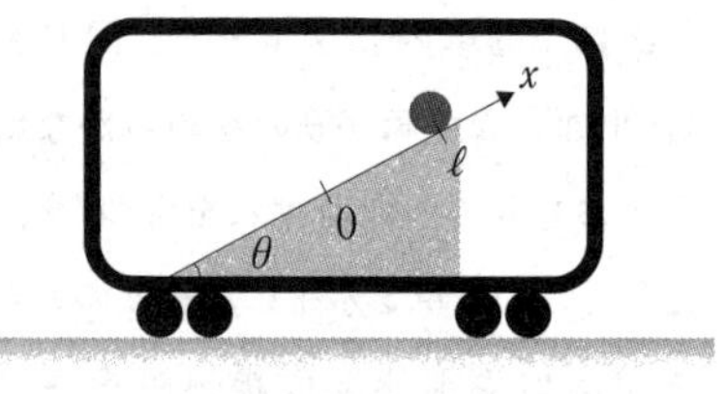

図１―４

(12)の解答群

① $\sqrt{\dfrac{2g\sin\theta}{l}}$　② $\sqrt{\dfrac{2g\cos\theta}{l}}$

③ $\sqrt{\dfrac{2(g\cos\theta-a\sin\theta)}{l}}$　④ $\sqrt{\dfrac{2(g\cos\theta+a\sin\theta)}{l}}$

⑤ $\sqrt{\dfrac{2l}{g\sin\theta}}$　⑥ $\sqrt{\dfrac{2l}{g\cos\theta}}$

⑦ $\sqrt{\dfrac{2l}{g\sin\theta-a\cos\theta}}$　⑧ $\sqrt{\dfrac{2l}{g\sin\theta+a\cos\theta}}$

(13)の解答群

① $\sqrt{2lg\sin\theta}$　② $\sqrt{2lg\cos\theta}$

③ $\sqrt{2l(g\cos\theta-a\sin\theta)}$　④ $\sqrt{2l(g\cos\theta+a\sin\theta)}$

⑤ $\sqrt{2l(g\sin\theta-a\tan\theta)}$　⑥ $\sqrt{2l(g\sin\theta+a\tan\theta)}$

⑦ $\sqrt{2l(g\sin\theta-a\cos\theta)}$　⑧ $\sqrt{2l(g\sin\theta+a\cos\theta)}$

2 以下の文章を読み，空欄(14)〜(31)にあてはまる最も適切な解答をそれぞれの解答群より選び，**解答用紙(その1)**の該当する記号をマークせよ。

図2―1のように，磁束密度の大きさが B の一様な磁場の中で，この磁場に直交する軸のまわりに，一巻のコイルを一定の角速度 $\omega(>0)$ で回転させる。このとき，コイルを貫く磁束 Φ は，周期的に変化し，コイルに誘導起電力が生じる。

コイルの面の面積を S，コイルの面の法線が磁場の方向となす角を θ とする。時刻 $t=0$ において，$\theta=0$ とすると，時刻 t において，$\theta=\omega t$ なので，コイルを貫く磁束 Φ は，$\Phi=$ (14) となる。

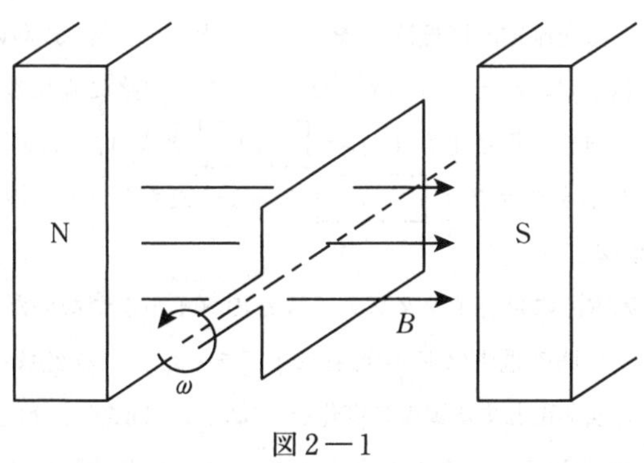

図2―1

ここで，$x=\cos\omega t$ の微小な時間 Δt における x の変化率 $\dfrac{\Delta x}{\Delta t}$ は $\dfrac{\Delta x}{\Delta t}=-\omega\sin\omega t$ で与えられ，$y=\sin\omega t$ の変化率 $\dfrac{\Delta y}{\Delta t}$ は $\dfrac{\Delta y}{\Delta t}=\omega\cos\omega t$ となる。また，$\dfrac{\Delta x}{\Delta t}=\sin\omega t$ を満足する x は，$x=-\dfrac{\cos\omega t}{\omega}+$ 定数となり，$\dfrac{\Delta y}{\Delta t}=\cos\omega t$ の場合は，$y=\dfrac{\sin\omega t}{\omega}+$ 定数であることを踏まえると，コイルを貫く磁束 Φ の時間変化率 $\dfrac{\Delta\Phi}{\Delta t}$ は $\dfrac{\Delta\Phi}{\Delta t}=$ (15) となる。コイルに生じる誘導起電力 V が $-\dfrac{\Delta\Phi}{\Delta t}$ で与えられるので，$V=$ (16) となる。このように，電圧の正負が周期的に変化する電圧を交流電圧という。また，コイルの1回転に要する時間 T が交流の周期となる。

⒁の解答群

① B　② BS　③ $\sin\omega t$　④ $\cos\omega t$

⑤ $B\sin\omega t$　⑥ $B\cos\omega t$　⑦ $BS\sin\omega t$　⑧ $BS\cos\omega t$

⒂，⒃の解答群

① $-BS\sin\omega t$　② $-BS\cos\omega t$　③ $-BS\omega\sin\omega t$

④ $-BS\omega\cos\omega t$　⑤ $BS\sin\omega t$　⑥ $BS\cos\omega t$

⑦ $BS\omega\sin\omega t$　⑧ $BS\omega\cos\omega t$　⑨ BS

⓪ $BS\omega$

図2―2のように交流電源に抵抗 R をつないだところ，A－B 間の電圧(点Bに対する点Aの電位)は $V=V_0\sin\omega t$ となった。この回路に流れる電流 I（図2―2に示す矢印の向きを正とする)は $I=$ ⒄ となり，この場合の電流と電圧の時間変化を示すグラフは ⒅ である。ただし，グラフ中の T は振動波形の周期である。

次に，この交流電源に自己インダクタンス L のコイルをつないだ回路(図2―3)を考える。A－B 間の電圧は $V=V_0\sin\omega t$ であった。この回路では，図2―3に示す矢印の向きを正とする電流の変化をさまたげる向きに，自己誘導による起電力 $-L\dfrac{\varDelta I}{\varDelta t}$ が生じる。このこととキルヒホッフの第2法則を用いると，$\dfrac{\varDelta I}{\varDelta t}=$ ⒆ であることがわかる。この式から，電流 I は時刻 $t=0$ のときの電流値を $-\dfrac{V_0}{\omega L}$ とすると，$I=$ ⒇ となり，電流と電圧の時間変化を示すグラフは (21) である。

さらに，この交流電源に電気容量 C のコンデンサーを接続した回路(図2―4)を考える。A－B 間の電圧は $V=V_0\sin\omega t$ であった。このとき，コンデンサーにたくわえられる電気量を Q とすると $Q=$ (22) となる。図2―4に示す矢印の向きを正とする電流 I は $I=\dfrac{\varDelta Q}{\varDelta t}$ であるため，電流 I は $I=$ (23) と表され，電流と電圧の時間変化を示すグラフは (24) である。

最後にこの交流電源に，抵抗 R の抵抗器，自己インダクタンス L のコイル，そして，電気容量 C のコンデンサーを図2―5のようにつないだ。A－B 間の電

圧が $V=V_0\sin\omega t$ のとき，点 D の矢印の向きを正とする電流 I は抵抗，コイル，そして，コンデンサーに流れる電流の和となるため，$I=$ [(25)] となる。この電流 I はさらに $I=$ [(26)] $\sin(\omega t+\alpha)$ と変形できる。ここで，$\tan\alpha=\dfrac{(27)}{(28)}$ である。したがって，最大の電流値は $I_{max}=$ [(26)] となる。電圧 V_0 を最大の電流値で割ったものをインピーダンスとすると，インピーダンスの大きさは [(29)] と求まる。インピーダンスが最大となる ω は，$\omega_0=$ [(30)] のときである。また，電流の最大値 I_{max} と角速度 ω の様子を最もよく示すグラフは [(31)] である。

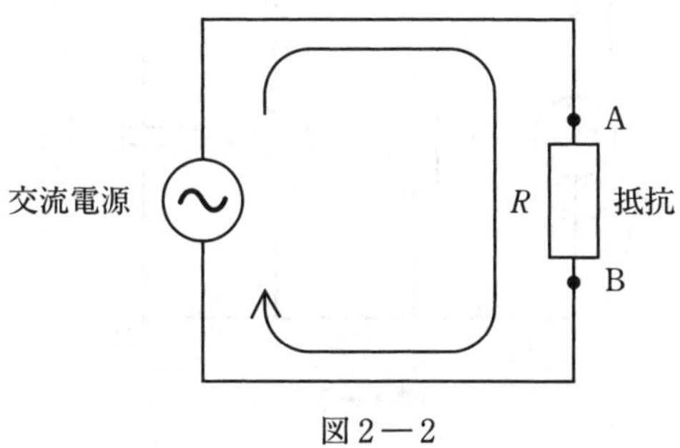

図 2 — 2

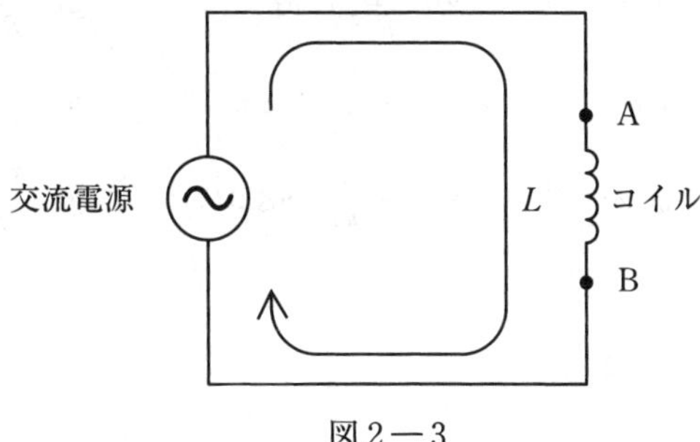

図 2 — 3

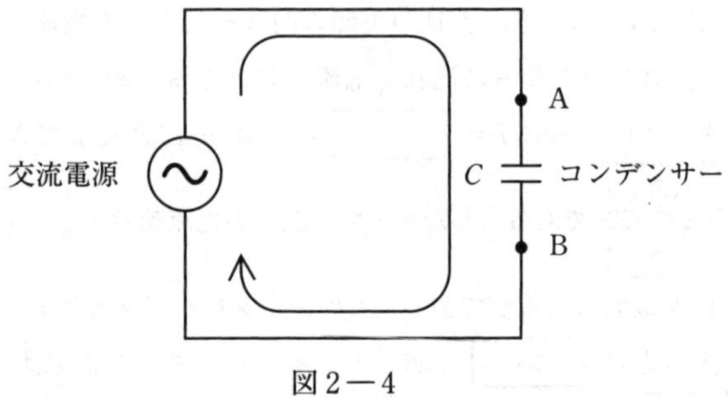

図 2 ― 4

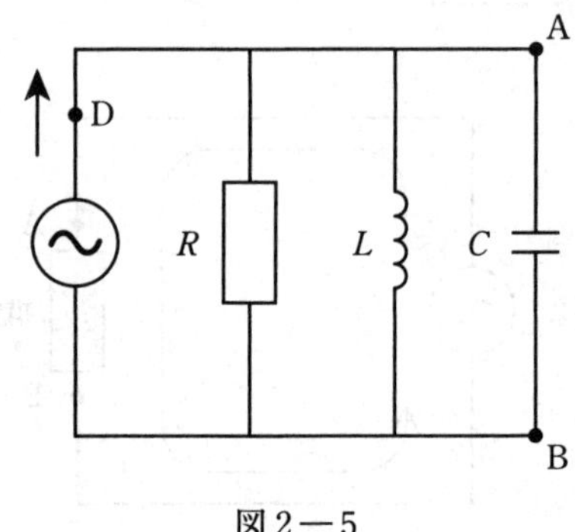

図 2 ― 5

(17)の解答群

① $\dfrac{V_0}{R}\sin\omega t$　② $\dfrac{V_0}{R}\cos\omega t$　③ $\dfrac{V_0}{R\omega}\sin\omega t$

④ $\dfrac{V_0}{R\omega}\cos\omega t$　⑤ $-\dfrac{V_0}{R}\sin\omega t$　⑥ $-\dfrac{V_0}{R}\cos\omega t$

⑦ $-\dfrac{V_0}{R\omega}\sin\omega t$　⑧ $-\dfrac{V_0}{R\omega}\cos\omega t$　⑨ $\dfrac{V_0}{R}$

⓪ $\dfrac{V_0}{R\omega}$

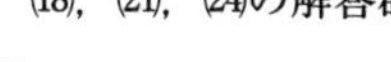

(18), (21), (24)の解答群

①

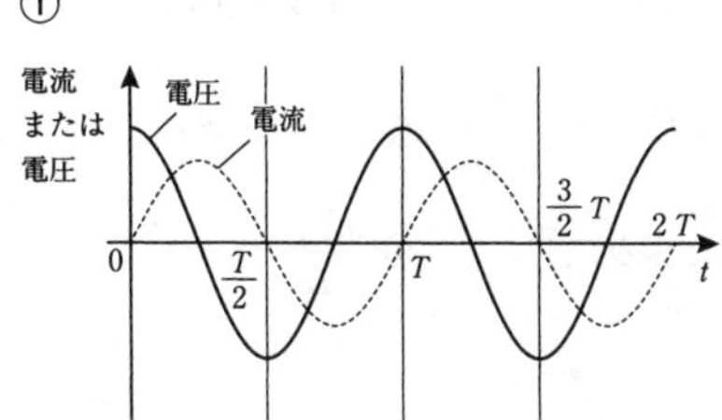

②

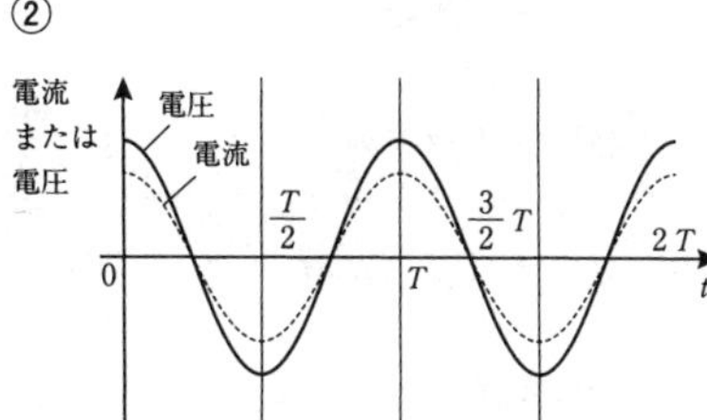

③

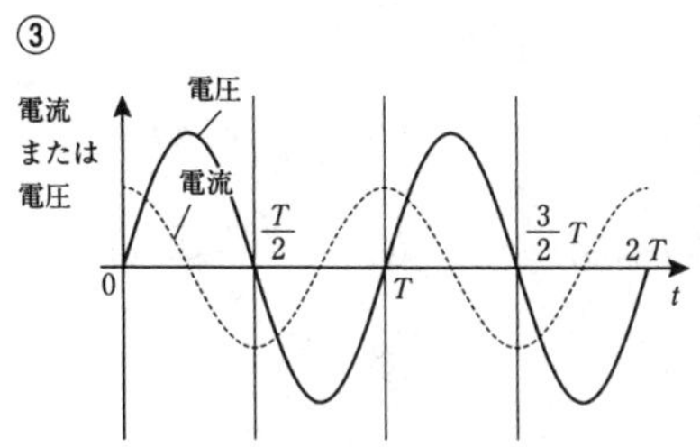

④

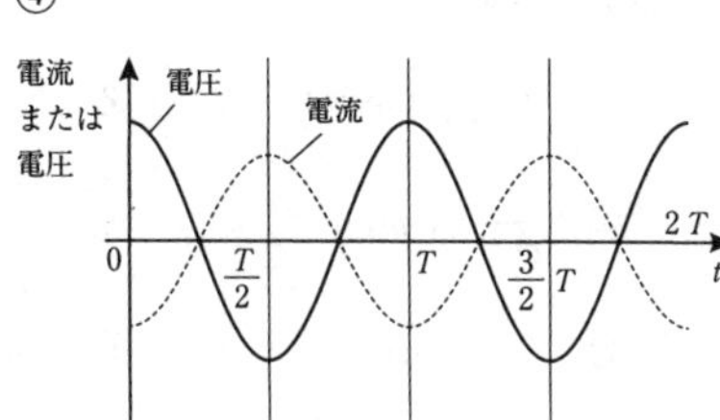

⑤

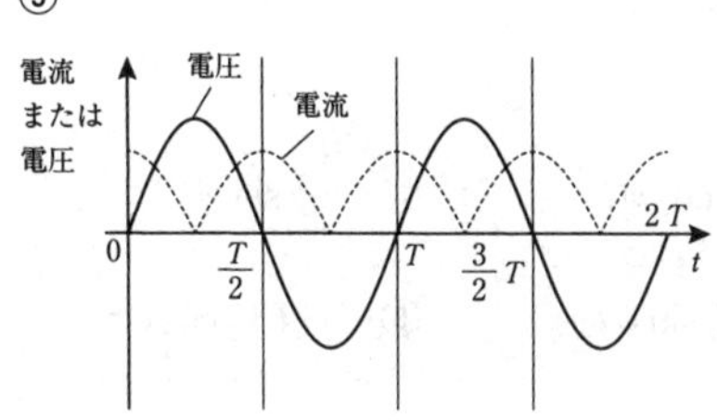

⑥

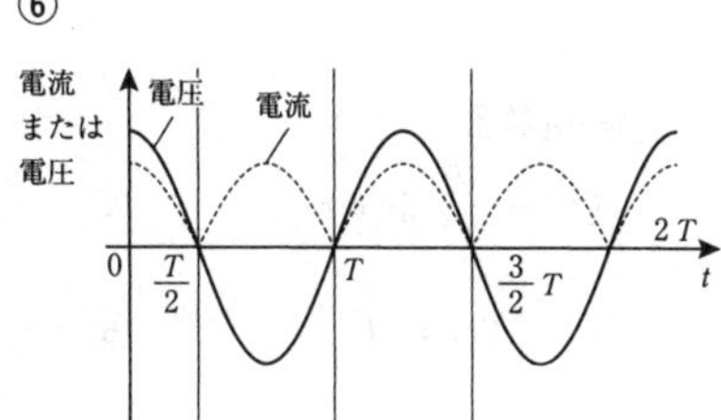

⑦

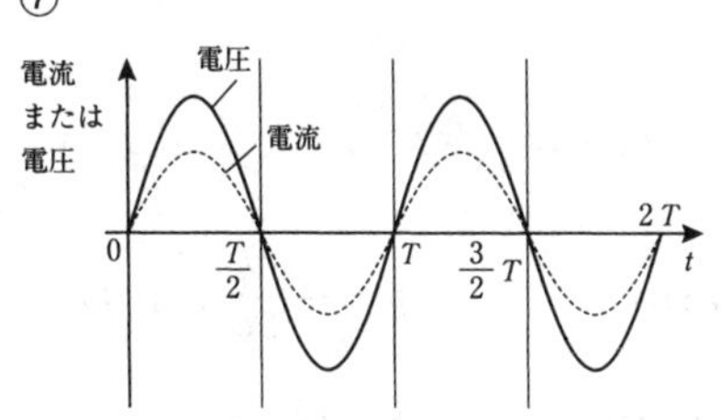

⑧

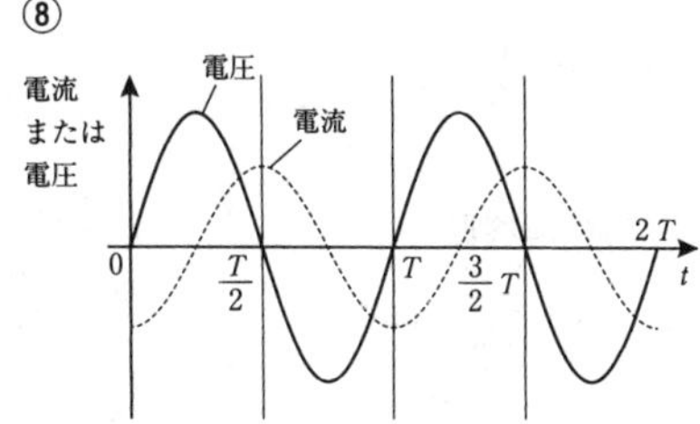

(19)の解答群

① $-\dfrac{V_0}{L}\sin\omega t$　② $-\dfrac{V_0}{L}\cos\omega t$　③ $V_0L\sin\omega t$

④ $V_0L\cos\omega t$　⑤ $\dfrac{V_0}{L}\sin\omega t$　⑥ $\dfrac{V_0}{L}\cos\omega t$

⑦ $-V_0L\sin\omega t$　⑧ $-V_0L\cos\omega t$　⑨ $\dfrac{V_0}{L}$

⓪ V_0L

(20)の解答群

① $-\dfrac{V_0}{\omega L}\cos\omega t$　② $-\dfrac{V_0}{\omega L}\sin\omega t$　③ $\dfrac{V_0}{\omega L}\cos\omega t$

④ $\dfrac{V_0}{\omega L}\sin\omega t$　⑤ $-\dfrac{L\omega}{V_0}\cos\omega t$　⑥ $-\dfrac{L\omega}{V_0}\sin\omega t$

⑦ $\dfrac{L\omega}{V_0}\cos\omega t$　⑧ $-\dfrac{L\omega}{V_0}$　⑨ $\dfrac{V_0}{\omega L}$

⓪ $\dfrac{L\omega}{V_0}$

(22)の解答群

① $-\dfrac{V_0}{C}\sin\omega t$　② $-\dfrac{V_0}{C}\cos\omega t$　③ $\dfrac{V_0}{C}\sin\omega t$

④ $\dfrac{V_0}{C}\cos\omega t$　⑤ $-CV_0\sin\omega t$　⑥ $-CV_0\cos\omega t$

⑦ $CV_0\sin\omega t$　⑧ $CV_0\cos\omega t$　⑨ CV_0

⓪ $\dfrac{V_0}{C}$

(23)の解答群

① $\dfrac{V_0}{C\omega}\cos\omega t$　② $\dfrac{V_0}{C\omega}\sin\omega t$　③ $-\dfrac{V_0}{C\omega}\cos\omega t$

④ $-\dfrac{V_0}{C\omega}\sin\omega t$　⑤ $\omega CV_0\cos\omega t$　⑥ $\omega CV_0\sin\omega t$

⑦ $-\omega CV_0\cos\omega t$　⑧ $-\omega CV_0\sin\omega t$　⑨ ωCV_0

⓪ $\dfrac{V_0}{C\omega}$

(25)の解答群

① $\dfrac{V_0}{R}\cos\omega t$　② $\dfrac{V_0}{R}\sin\omega t$

③ $V_0\omega C\cos\omega t$　④ $V_0\omega C\sin\omega t$

⑤ $\dfrac{V_0}{\omega L}\cos\omega t$　⑥ $\dfrac{V_0}{\omega L}\sin\omega t$

⑦ $\dfrac{V_0}{R}\cos\omega t + V_0\omega C\sin\omega t$　⑧ $\dfrac{V_0}{R}\sin\omega t + V_0\omega C\cos\omega t$

⑨ $\dfrac{V_0}{R}\cos\omega t + V_0\left(\omega C - \dfrac{1}{\omega L}\right)\sin\omega t$

⓪ $\dfrac{V_0}{R}\sin\omega t + V_0\left(\omega C - \dfrac{1}{\omega L}\right)\cos\omega t$

(26)の解答群

① $\dfrac{V_0}{R}$　② $V_0\omega C$

③ $\dfrac{V_0}{\omega L}$　④ $\dfrac{1}{R} + \left(\omega C - \dfrac{1}{\omega L}\right)$

⑤ $\sqrt{\left(\dfrac{1}{R}\right)^2 + \left(\omega C - \dfrac{1}{\omega L}\right)^2}$　⑥ $\dfrac{1}{\sqrt{\left(\dfrac{1}{R}\right)^2 + \left(\omega C - \dfrac{1}{\omega L}\right)^2}}$

⑦ $V_0\sqrt{\left(\dfrac{1}{R}\right)^2 + \left(\omega C - \dfrac{1}{\omega L}\right)^2}$　⑧ $\dfrac{V_0}{\sqrt{\left(\dfrac{1}{R}\right)^2 + \left(\omega C - \dfrac{1}{\omega L}\right)^2}}$

⑨ $V_0\omega C\sqrt{\left(\dfrac{1}{R}\right)^2 + \left(\omega C - \dfrac{1}{\omega L}\right)^2}$

⓪ $\dfrac{V_0\omega C}{\sqrt{\left(\dfrac{1}{R}\right)^2 + \left(\omega C - \dfrac{1}{\omega L}\right)^2}}$

(27), (28)の解答群

① $\dfrac{1}{R} - \dfrac{1}{\omega C}$　② $\dfrac{1}{R} + \dfrac{1}{\omega C}$　③ $\omega C + \omega L$

④ $\dfrac{1}{R}$　⑤ $\omega C - \dfrac{1}{\omega L}$　⑥ $R + \omega C + \omega L$

(29)の解答群

① R ② RC

③ $\dfrac{1}{\omega C}$ ④ $\dfrac{1}{\omega L}$

⑤ $\sqrt{\left(\dfrac{1}{R}\right)^2+\left(\omega C-\dfrac{1}{\omega L}\right)^2}$ ⑥ $\dfrac{1}{\sqrt{\left(\dfrac{1}{R}\right)^2+\left(\omega C-\dfrac{1}{\omega L}\right)^2}}$

⑦ $\dfrac{1}{R}+\left(\omega C-\dfrac{1}{\omega L}\right)$ ⑧ $\dfrac{1}{\dfrac{1}{R}+\left(\omega C-\dfrac{1}{\omega L}\right)}$

(30)の解答群

① R ② LC ③ $\sqrt{LC}$ ④ $\dfrac{1}{\sqrt{LC}}$

⑤ $\sqrt{LCR}$ ⑥ $\dfrac{1}{\sqrt{LCR}}$ ⑦ $\dfrac{1}{R}$ ⑧ $\dfrac{1}{LC}$

⑨ $\dfrac{1}{LCR}$ ⓪ $\dfrac{1}{\sqrt{RL}}$

(31)の解答群

①
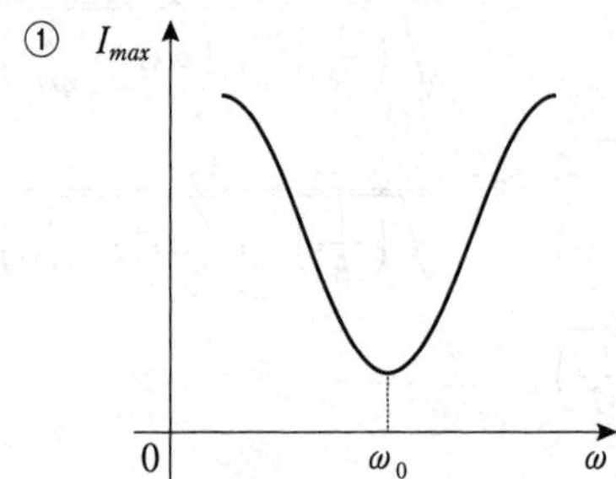

②
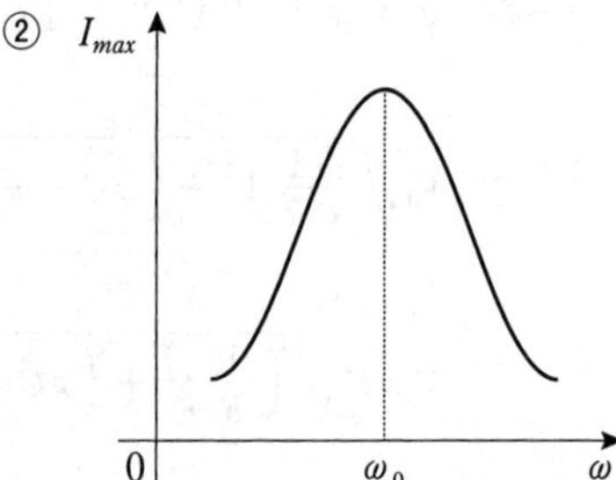

③
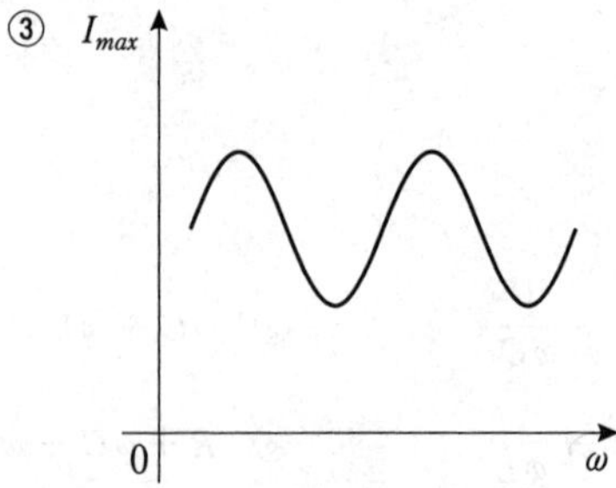

④
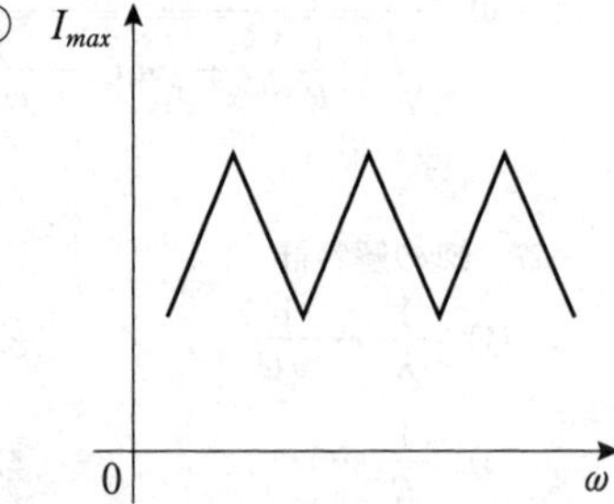

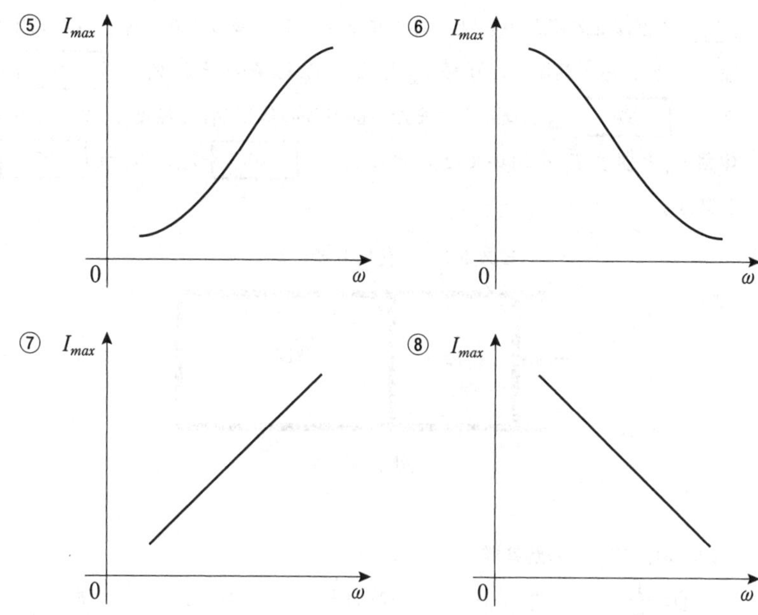

3 以下の文章を読み，空欄(32)～(44)に当てはまる最も適切な解答をそれぞれの解答群から選び，**解答用紙(その1)**の該当する記号をマークせよ。気体定数を R，単原子分子理想気体の定積モル比熱を C_v とする。また，必要であれば，「単原子分子理想気体の断熱変化では(圧力)×(体積)$^{5/3}$ は一定である」ことを用いよ。

図3―1のように，ピストン付きのシリンダ容器が，なめらかに移動できる仕切り壁で二つの部屋に分けられている。シリンダ容器，ピストン，仕切り壁は全て断熱材でできている。部屋aには2molの気体，部屋bには3molの気体が入っている。どちらの部屋に入っている気体も単原子分子の理想気体である。最初，部屋aの気体の圧力は P_0，体積は V_0 であり，部屋bの体積は $2V_0$ であった。このとき，部屋bの圧力は P_{b0} = [(32)] P_0 である。また，部屋aの温度は T_{a0} = [(33)] であり，部屋bの温度は T_{b0} = [(34)] T_{a0} である。この状態から，シリンダ容器内の気体に以下の操作(I)～(II)を順番に行う。

操作(I)：部屋 a の圧力が P_1 となるまでピストンをゆっくりと押し込み気体を圧縮したところ，部屋 a の体積 V_{a1} と温度 T_{a1} はそれぞれ $V_{a1}=$ (35) V_0，$T_{a1}=$ (36) T_{a0} となった。また，部屋 b の体積 V_{b1} と温度 T_{b1} は，部屋 a の体積 V_{a1} と温度 T_{a1} を用いてそれぞれ $V_{b1}=$ (37) V_{a1}，$T_{b1}=$ (38) T_{a1} と書ける。

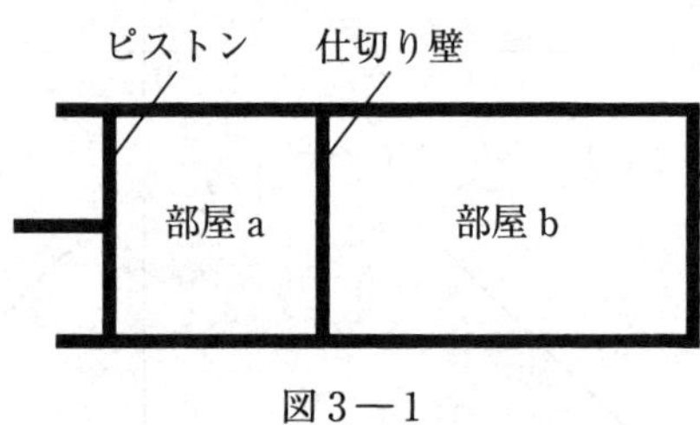

図 3 ― 1

(32)，(34)，(37)，(38)の解答群

① $\frac{1}{5}$　② $\frac{1}{3}$　③ $\frac{1}{2}$　④ $\frac{2}{3}$　⑤ $\frac{3}{4}$

⑥ 1　⑦ $\frac{4}{3}$　⑧ $\frac{3}{2}$　⑨ 2　⓪ 3

(33)の解答群

① $\frac{P_0V_0}{R}$　② $\frac{P_0R}{V_0}$　③ $\frac{RV_0}{P_0}$　④ $\frac{2P_0V_0}{R}$　⑤ $\frac{2P_0R}{V_0}$

⑥ $\frac{2RV_0}{P_0}$　⑦ $\frac{P_0V_0}{2R}$　⑧ $\frac{P_0R}{2V_0}$　⑨ $\frac{RV_0}{2P_0}$

(35)，(36)の解答群

① $\frac{P_0}{P_1}$　② $\frac{P_1}{P_0}$　③ $\left(\frac{P_0}{P_1}\right)^{5/3}$

④ $\left(\frac{P_1}{P_0}\right)^{5/3}$　⑤ $\left(\frac{P_0}{P_1}\right)^{3/5}$　⑥ $\left(\frac{P_1}{P_0}\right)^{3/5}$

⑦ $\left(\frac{P_0}{P_1}\right)^{2/5}$　⑧ $\left(\frac{P_1}{P_0}\right)^{2/5}$　⑨ $\left(\frac{P_0}{P_1}\right)^{3/2}$

⓪ $\left(\frac{P_1}{P_0}\right)^{3/2}$

操作(II)：操作(I)の後，ピストンと仕切り壁の位置を固定し，仕切り壁の材質を透熱性のものに置き換えた。このとき，部屋aと部屋bの間で気体分子が入れ替わることはなかった。しばらくすると，両方の部屋の気体の温度は等しくなった。この時の温度をT_2，部屋aの圧力をP_{a2}，部屋bの圧力をP_{b2}とする。

操作(II)の過程における部屋aの気体の内部エネルギーの変化は$\varDelta U_a =$ (39) ，部屋bの気体の内部エネルギーの変化は$\varDelta U_b =$ (40) であり，それらの和である気体分子全体の内部エネルギーの変化は$\varDelta U =$ (41) である。このことを用いて，$T_2 =$ (42) と求めることができる。また，$P_{a2} =$ (43) P_1，$P_{b2} =$ (44) P_1である。

(39)，(40)，(41)の解答群

① $2C_v(T_2 - T_{a1})$　② $2C_v(T_{a1} - T_{b1})$　③ $2C_v(T_{b1} - T_{a1})$
④ $2C_v(T_{a1} - T_2)$　⑤ $3C_v(T_2 - T_{b1})$　⑥ $3C_v(T_{a1} - T_{b1})$
⑦ $3C_v(T_{b1} - T_{a1})$　⑧ $3C_v(T_{b1} - T_2)$　⑨ 0

(42)の解答群

① $T_{a1} + T_{b1}$　② $\dfrac{T_{a1} + T_{b1}}{2}$　③ $\dfrac{T_{a1} + 2T_{b1}}{3}$
④ $\dfrac{2T_{a1} + T_{b1}}{3}$　⑤ $\dfrac{T_{a1} + 3T_{b1}}{4}$　⑥ $\dfrac{3T_{a1} + T_{b1}}{4}$
⑦ $\dfrac{2T_{a1} + 3T_{b1}}{5}$　⑧ $\dfrac{3T_{a1} + 2T_{b1}}{5}$

(43)，(44)の解答群

① $\dfrac{1}{3}$　② $\dfrac{1}{2}$　③ $\dfrac{7}{10}$　④ $\dfrac{4}{5}$　⑤ $\dfrac{9}{10}$
⑥ 1　⑦ $\dfrac{6}{5}$　⑧ $\dfrac{5}{3}$　⑨ $\dfrac{9}{5}$　⓪ 2

化学

（60分）

次の I ～ III の答を解答用マーク・シートの指定された欄にマークせよ。
必要があれば，原子量は次の値を使うこと。

H 1.0，C 12.0，N 14.0，O 16.0，S 32.1，K 39.0，Mn 55.0

I 次の問1～問3に答えよ。

問1　設問(1)と(2)に答えよ。

(1) 以下の記述のうち，正しいものの組み合わせを①～⓪から一つ選べ。 1

(ア) 臭素水に十分な量のエタンを通じると，1,2-ジブロモエタンが生成し，溶液の色は赤褐色から無色に変わる。

(イ) メタンに十分な量の塩素を混合して光照射すると，メタンの水素原子が塩素原子に置き換わり，最終的に四塩化炭素が生ずる。

(ウ) ブタンと1-ブタノールでは炭素数は同じだが，沸点はブタンの方が高い。

(エ) マレイン酸とフマル酸はどちらも分子式 $C_4H_4O_4$ で表されるジカルボン酸である。マレイン酸を加熱すると無水マレイン酸が生じるが，フマル酸を加熱しても酸無水物は生じない。

(オ) エタノールと酢酸のエステル化反応では，エタノールのヒドロキシ基のHと酢酸のカルボキシ基のOHから H_2O が生成する。

(カ) 2-プロパノールを硫酸酸性の二クロム酸カリウム水溶液で酸化し，化合物**A**が得られた。**A**をアンモニア性硝酸銀水溶液中で穏やかに加熱すると，銀が析出した。

(キ) アセトン，プロピオンアルデヒド（C_2H_5CHO）および酢酸それぞれにヨウ素と水酸化ナトリウム水溶液を加えて熱すると，いずれの溶液においても特有の臭気をもつ黄色沈殿が生じる。

① ア，イ，ウ　② ア，ウ，キ　③ ア，エ，カ
④ イ，ウ，カ　⑤ イ，エ，オ　⑥ イ，オ，キ
⑦ ウ，エ，オ　⑧ ウ，オ，カ　⑨ エ，オ，カ
⓪ エ，カ，キ

(2) 以下の語群の芳香族化合物の中で，塩化鉄(Ⅲ)水溶液によって呈色するものを全て選び，その組み合わせとして正しいものを①～⓪から一つ選べ。
[2]

＜語群＞

(ア) ベンゼン　(イ) フェノール
(ウ) ベンジルアルコール　(エ) 1-ナフトール
(オ) 安息香酸　(カ) サリチル酸
(キ) アセチルサリチル酸　(ク) サリチル酸メチル

① ア，ウ，キ　② イ，ウ，エ　③ イ，エ，カ
④ ウ，エ，オ　⑤ エ，カ，ク　⑥ ア，イ，エ，キ
⑦ イ，ウ，エ，カ　⑧ イ，エ，カ，ク　⑨ ウ，エ，オ，ク
⓪ エ，オ，カ，キ

問2　以下の文を読み，設問(1)～(4)に答えよ。

フェノール，安息香酸，ニトロベンゼンおよびアニリンを含むエーテル溶液に塩酸を加えてよく振ったところ，水層に[ア]が得られた。この水層に NaOH 水溶液を加えたところ，[イ]が遊離した。エーテル層に $NaHCO_3$ 水溶液を加えてよく振り，分取した水層にさらに塩酸を加えたところ，[ウ]が遊離した。エーテル層に NaOH 水溶液を加えてよく振ったところ，エーテル層に[エ]が得られた。このときの水層に塩酸を加えたところ，フェノールが遊離した。

(1) ア に当てはまる化合物として最も適切なものを語群①～⑨から一つ選べ。 3

(2) イ に当てはまる化合物として最も適切なものを語群①～⑨から一つ選べ。 4

(3) ウ に当てはまる化合物として最も適切なものを語群①～⑨から一つ選べ。 5

(4) エ に当てはまる化合物として最も適切なものを語群①～⑨から一つ選べ。 6

＜語群＞

① フェノール　　② トルエン
③ *p*-ニトロトルエン　　④ ニトロベンゼン
⑤ アニリン　　⑥ アニリン塩酸塩
⑦ ナトリウムフェノキシド　　⑧ 安息香酸
⑨ 安息香酸ナトリウム

問3　以下の文を読み，設問(1)～(6)に答えよ。

α-アミノ酸は一般に R-CH(NH_2)-COOH で表され，側鎖 R の違いによってアミノ酸の種類が決まる。天然のタンパク質は α-アミノ酸がペプチド結合してできた高分子化合物である。語群に示す α-アミノ酸のうち， ア ， イ および ウ からなるトリペプチド**A**の水溶液に濃硝酸を加えて熱した後，さらにアンモニア水を加えて塩基性にしたところ，橙黄色になった。**A**の水溶液に濃塩酸を加えて長時間煮沸した後に中和したところ， ア ， イ および ウ をそれぞれ同じ物質量含むアミノ酸水溶液が得られた。このアミノ酸水溶液を木綿糸に浸し，pH 9.0 の緩衝液を含むろ紙の中央に置いて通電したところ， ア と イ は陽極側に移動し， ウ は陰極側に移動した。 ア に不斉炭素原子は存在しなかった。

0.1 mol/L の ア 塩酸塩水溶液 10 mL を 0.1 mol/L の NaOH 水溶液で滴定したところ，図1の曲線が得られた。 ア は，図1の(I)の点では エ 。(II)の点では オ 。732 mg の**A**を完全燃焼させたところ， カ mg の二酸化炭素が生じた。

＜語群＞

① グリシン $C_2H_5NO_2$　　② アラニン $C_3H_7NO_2$
③ リシン $C_6H_{14}N_2O_2$　　④ グルタミン酸 $C_5H_9NO_4$
⑤ メチオニン $C_5H_{11}NO_2S$　　⑥ チロシン $C_9H_{11}NO_3$
⑦ セリン $C_3H_7NO_3$

(1) ア に当てはまるアミノ酸として最も適切なものを語群の①～⑦から一つ選べ。 7

(2) イ に当てはまるアミノ酸として最も適切なものを語群の①～⑦から一つ選べ。 8

(3) ウ に当てはまるアミノ酸として最も適切なものを語群の①～⑦から一つ選べ。 9

(4) エ に当てはまる最も適切な文章を以下の①～⑥から一つ選べ。 10

① ほとんどが陽イオンとして存在している。
② ほとんどが陰イオンとして存在している。
③ ほとんどが双性イオンとして存在している。
④ 陽イオンと陰イオンの物質量が等しい。
⑤ 陽イオンと双性イオンの物質量が等しい。
⑥ 陰イオンと双性イオンの物質量が等しい。

(5) オ に当てはまる最も適切な文章を以下の①～⑥から一つ選べ。 11

① ほとんどが陽イオンとして存在している。
② ほとんどが陰イオンとして存在している。
③ ほとんどが双性イオンとして存在している。
④ 陽イオンと陰イオンの物質量が等しい。
⑤ 陽イオンと双性イオンの物質量が等しい。
⑥ 陰イオンと双性イオンの物質量が等しい。

(6) カ に当てはまる数値として最も適切なものを以下の①～⑧から一つ選べ。 12

① 1474　② 1482　③ 1496　④ 1504
⑤ 1518　⑥ 1524　⑦ 1536　⑧ 1548

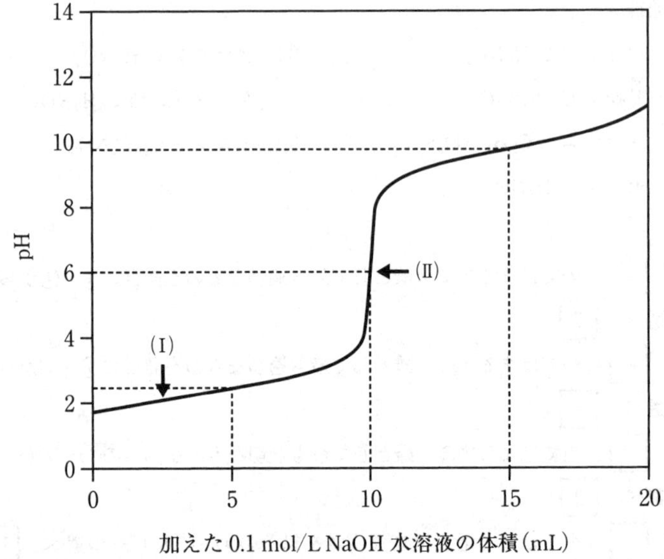

図1

Ⅱ　酸化還元反応に関する以下の文を読み，設問(1)～(9)に答えよ。

酸化剤や還元剤の作用の強さは，物質ごとに異なる。たとえば，①KBrの水溶液にCl_2の水溶液を加えると水溶液の色が変化するが，KClの水溶液にBr_2の水溶液を加えても，水溶液に変化は見られない。また，②$Pb(NO_3)_2$の水溶液に浸したMg板にはPbが析出するが，$Mg(NO_3)_2$の水溶液に浸したPb板には変化が見られない。

酸化還元反応における物質のふるまいは，酸化数の値やその変化から理解できる。たとえば，Crの酸化数は塩化物において＋3，$K_2Cr_2O_7$において 15 なので，$K_2Cr_2O_7$と$FeCl_2$が反応してCrの塩化物を生じる反応において，$K_2Cr_2O_7$と$FeCl_2$は物質量 16 の比で反応することがわかる。

酸化数の値の範囲は原子によって決まっている。Sがとり得る酸化数の範囲は広く，最小値が 17 ，最大値が 18 である。Oがとり得る酸化数の範囲はSに比べて狭い。しかし，③Oが中程度の酸化数をとる H_2O_2 は，反応の相手によって酸化剤にも還元剤にもなる。同様に，Mn が中程度の酸化数をとる MnO_2 も，反応の条件によっては還元剤になることがある。たとえば，④KOH と混合した MnO_2 を高温で融解すると，空気中の酸素と反応して K_2MnO_4 を生じる。この反応において，反応後の酸素の酸化数は－2であり，K_2MnO_4 は $KMnO_4$ を合成する前駆体の一つである。また，NO や NO_2 などの窒素酸化物を含む排ガスの処理に NH_3 を還元剤として用いる方法が実用化されている。適切な触媒が存在するときに高温の排ガス中で生じる多くの反応は，⑤これらの窒素酸化物と NH_3 による酸化還元反応として化学反応式にまとめて表すことができる。

(1) 下線部①が示す内容として最も適切なものを次の①～⑥から一つ選べ。
13

① Cl^- より Br^- の方が，酸化作用が強い。

② Cl^- より Br^- の方が，還元作用が強い。

③ Cl_2 より Br^- の方が，酸化作用が強い。

④ Cl_2 より Br^- の方が，還元作用が強い。

⑤ Cl^- より Br_2 の方が，酸化作用が強い。

⑥ Cl^- より Br_2 の方が，還元作用が強い。

(2) 下線部②が示す内容として最も適切なものを次の①～⑥から一つ選べ。
14

① Mg より Pb^{2+} の方が，酸化作用が強い。

② Mg より Pb^{2+} の方が，還元作用が強い。

③ Mg^{2+} より Pb の方が，酸化作用が強い。

④ Mg^{2+} より Pb の方が，還元作用が強い。

⑤ Mg^{2+} より Pb^{2+} の方が，酸化作用が強い。

⑥ Mg^{2+} より Pb^{2+} の方が，還元作用が強い。

(3) 文中の 15 にあてはまる最も適切なものを次の①～⑨から一つ選べ。

① 0　② ＋1　③ ＋2　④ ＋3　⑤ ＋4
⑥ ＋5　⑦ ＋6　⑧ ＋7　⑨ ＋8

(4) 文中の 16 にあてはまる最も適切なものを次の①～⓪から一つ選べ。

① 1：2　② 1：3　③ 1：4　④ 1：6　⑤ 2：1

⑥ 3：1　⑦ 4：1　⑧ 6：1　⑨ 2：3　⓪ 3：2

(5) 文中の 17 にあてはまる最も適切なものを次の①～⓪から一つ選べ。

① −8　② −6　③ −5　④ −4　⑤ −3

⑥ −2　⑦ −1　⑧ 0　⑨ +1　⓪ +2

(6) 文中の 18 にあてはまる最も適切なものを次の①～⓪から一つ選べ。

① −2　② −1　③ 0　④ +1　⑤ +2

⑥ +3　⑦ +4　⑧ +5　⑨ +6　⓪ +8

(7) 下線部③の内容として正しいとは限らないものを次の①～④から一つ選べ。
19

① H_2O_2 が還元剤となるとき，反応する相手の酸化作用は H_2O_2 の酸化作用よりも強い。

② H_2O_2 が還元剤となるとき，反応によって H_2O_2 に含まれていた O の酸化数は大きくなる。

③ H_2O_2 が酸化剤となるとき，反応後の O の酸化数は −2 になる。

④ H_2O_2 が酸化剤となるとき，反応する相手は還元作用をもつ。

(8) 下線部④の反応の副生成物として生じる物質のモル質量(g/mol)として最も適切な値を次の①～⓪から一つ選べ。 20

① 2　② 18　③ 28　④ 32　⑤ 44

⑥ 55　⑦ 56　⑧ 120　⑨ 158　⓪ 300

(9) 容積一定の容器に排ガスを採取し，下線部⑤の反応を用いて排ガスを処理した。排ガスの採取から処理が終わるまで温度を 200 ℃に保ったところ，容器内の物質はすべて気体であった。排ガスは物質量比 1：1 の NO と NO_2 のみからなるとし，加えた NH_3 が過不足なく反応して，排ガスと NH_3 がどちらもすべて N_2 に変換されたと仮定すると，排ガスの採取直後と比較して容器内の圧力は何倍に変化すると考えられるか。最も適切な値を次の①～⓪から一つ選べ。 21

① 0.25　② 0.50　③ 0.75　④ 1.0　⑤ 1.25

⑥ 1.50　⑦ 1.75　⑧ 2.0　⑨ 2.25　⓪ 2.50

III 次の問に答えよ。

問．以下の文を読み，下線①〜③の値を有効数字2桁で求め，[22]〜[30]にあてはまる最も適切な数値を，同じ番号の解答欄にマークせよ。気体はすべて理想気体とし，気体定数は 8.3×10^3 Pa・L/(K・mol) とする。27℃の水蒸気圧は 3.5×10^3 Pa とする。また，二酸化炭素および酸素の水への溶解は無視できるものとする。

メタンハイドレートは水分子とメタン分子とからなる氷状の結晶で，火をつけると燃えるため，「燃える氷」として知られている。メタンハイドレートの結晶では，複数の水分子がメタン分子のまわりをかご状に取り囲んだ構造をとっており，化学式は $m\mathrm{CH_4} \cdot n\mathrm{H_2O}$（$m$，$n$ は整数）で表されるものとする。

容積1Lの密閉容器を0℃で 2.04×10^4 Pa の酸素で満たし，その中に体積 $0.53\ \mathrm{cm^3}$ のメタンハイドレートの結晶（密度 $0.91\ \mathrm{g/cm^3}$）を入れ，完全燃焼させると，標準状態に換算して89.6 mLの二酸化炭素を生成した。したがって，①<u>m に対する n の比 n/m</u> は，[22].[23] × 10^[24] であり，②<u>燃焼後に容器内に存在する水の物質量</u>は，[25].[26] × 10^−[27] mol である。その後，密閉容器内の温度を27℃に保ち，十分に長い時間が経過すると平衡状態に到達した。③<u>平衡状態における容器内の全圧</u>は，[28].[29] × 10^[30] Pa である。

問十一　空欄 D にはどのような言葉が入るか。この部分が対句の一部となっていることを考慮して、最適なものを次の①～⑤から選び、記号をマークせよ。解答欄番号は 33 。

① 虚言を申せば
② 不敬の行をなしたれば
③ 身に過ぎたる願を求めたれば
④ 歌学を軽んじたれば
⑤ 拝を成さざれば

問十二　この文章の内容と**合致しないもの**を次の①～⑤から一つ選び、記号をマークせよ。解答欄番号は 34 。

① 実方は行成にけんかをしかけたが、行成は落ち着いて礼儀正しく対処したので賞賛され、実方のみが罪を問われる結果となった。
② 実方は歌枕の一つである阿古屋の松を探すのに苦労したが、塩竈大明神に教えられて出羽国に赴き、ついに見ることができた。
③ 実方は歌枕を調べるために奥州へ下ったのに、笠島の道祖神についてはよく調べなかったため、ついに都へ帰れず、死んでしまった。
④ 実方は歌枕を調べてくるように命じられ、奥州の名所を三年以上にわたって調べ、都に報告したが、それによって許されることはなかった。
⑤ 実方はおごり高ぶった人物だったために非業の最期を遂げたが、死後、雀に生まれ変わって都で台飯をつついていたのは哀れなことだった。

② 陸奥国と出羽国が一体であった時代には、陸奥国から出羽国へ行くことも容易だったが
③ 陸奥国と出羽国の区別が無かった時代には、このあたりも陸奥国と呼ばれていたのだが
④ 陸奥国が出羽国を併合する以前の時代には、月見の名所といえば陸奥国のものだったのだが
⑤ 出羽国の地域が陸奥国の中に含まれていた時代には、阿古屋の松は陸奥国のうちだったのだが

問九　空欄 C にはどのような言葉が入るか。最適なものを次の①〜⑤から選び、記号をマークせよ。解答欄番号は 31 。

① 叶へられたること
② 叶ひぬといふこと
③ 叶はずといふこと
④ 叶へむといはれたること
⑤ 叶はじといはざること

問十　傍線部7「さこそ上りたくましますらめ」とは、どういう意味か。最適なものを次の①〜⑤から選び、記号をマークせよ。解答欄番号は 32 。

① この神も、都人であるあなたを連れて天に上りたいと思っておいでVでしょう
② あなたは馬上にいるままでここを通りたいと思っておいでなのでしょう
③ あなたはきっとこの神と同様の境地に上りたいと思っておいででしょう
④ この神も、おそらく都に上りたいと思っておいででしょう
⑤ あなたはきっと都に上りたいと思っておいででしょう

⑤「和歌に詠む言葉について考え直すように」という意味で、課題をこなす間に気持ちを鎮めることができるように配慮されたものである。

問六　空欄 B に入る言葉として最適なものを次の①～⑤から選び、記号をマークせよ。解答欄番号は 28 。

① 尋ねあきたり
② 尋ねあてたり
③ 尋ねはてたり
④ 尋ねつきたり
⑤ 尋ねかねたり

問七　傍線部5「出づべき月の出でやらぬかな」とは、どういう意味か。最適なものを次の①～⑤から選び、記号をマークせよ。解答欄番号は 29 。

①（松の木が気高いので）その品格によって月の美しさが目立たないのだろうか
②（松の木が高貴すぎて）月が恥じて出てこないのだろうか
③（松の木が美しいので）月の美しさと調和して何とも表現できないほどである
④（松の木が高いので）上っているはずの月が隠れて見えないのだろうか
⑤（松の木が高すぎて）月に届いてしまいそうだが、さすがに届かないのだろうか

問八　傍線部6「陸奥・出羽一国にて候ひし時こそ陸奥国とは申したれども」とは、どういう意味か。最適なものを次の①～⑤から選び、記号をマークせよ。解答欄番号は 30 。

① 陸奥国と出羽国がそれぞれ一国であった時代には、阿古屋の松は陸奥国のうちに含まれていたが

よ。解答欄番号は 25 。

① 納得できない様子
② 衝撃を受けた様子
③ 腹を立てている様子
④ きまり悪そうな様子
⑤ 悲しみにくれている様子

問四　傍線部3「トドコホ」にあたる漢字として最適なものを次の①～⑤から選び、記号をマークせよ。解答欄番号は 26 。

① 氷　② 滞　③ 流離　④ 留行　⑤ 何処

問五　傍線部4「歌枕注して進らせよ」に関する説明として最適なものを次の①～⑤から選び、記号をマークせよ。解答欄番号は 27 。

① 「お前には和歌を詠む資格がないので勉強し直せ」という意味で、しばらくは宮中に近寄らないように命じられたものである。
② 「和歌について学ぶ前に休みをとるべきではないか」という意味だが、出勤せずに謹慎せよという指示が言外に含まれている。
③ 「和歌に詠まれる言葉について広く調べよ」という意味で、あちこちの地を訪れて資料を調査するように委託されたものである。
④ 「和歌に詠まれる名所や旧跡を訪ねて、その様子を記してこい」という意味だが、実際には遠国へ流罪されたようなものである。

＊阿古屋の松…現在の山形市東南にある千歳山の山頂にあったとされる松。
＊陸奥国…旧国名。現在の東北地方を指すが、領域は時代によって何度も変わった。当初は現在の山形県にあたる部分を含んでいたが、その部分は和銅五年（七一二）には出羽国となった。
＊塩竈（しほがま）大明神…現在の宮城県塩竈市にある神社の祭神。
＊笠島の道祖神…笠島は現在の宮城県名取市にある地名。道祖神は村境や峠などにあって外来の悪霊を防ぐ神。
＊隠相…男女の性器をかたどったもの。
＊台飯…台盤の上に載っている食物。

問一　空欄 A に入れる言葉として最適なものを次の①〜⑤から選び、記号をマークせよ。解答欄番号は 23 。

①　侍らむ　②　侍らめ　③　侍り　④　侍りけり　⑤　侍れ

問二　傍線部1「傍若無人」とはどのような意味か。最適なものを次の①〜⑤から選び、記号をマークせよ。解答欄番号は 24 。

①　若さにまかせて思うままにふるまうこと
②　人前をはばからず勝手気ままな言動をすること
③　まだ若いのに年長者のように尊大にふるまうこと
④　人のいないところでこっそり悪事をはたらくこと
⑤　周囲に誰もいなくなってしまうほどひどい行いをすること

問三　傍線部2「しらけて立ちにけり」とはどのような様子を描いたものか。最適なものを次の①〜⑤から選び、記号をマークせく、「6陸奥・出羽一国にて候ひし時こそ陸奥国とは申したれども、両国に分かれて後は、出羽に侍るなり。彼の国におはして尋ね給へ」と申しければ、即ち出羽に越えて阿古屋の松をも見たりけり。彼の老翁といひけるは、*塩竈大明神とぞ聞こえし。

かやうに名所をば注して進らせたれども、勅免はなかりける。つひに奥州名取郡笠島の道祖神に蹴殺されにけり。実方、馬に乗りながら彼の道祖神の前を通らむとしけるに、人諫めていひけるは、「この神は効験無双の霊神、賞罰分明なり。下馬して再拝して過ぎ給へ」といふ。実方問ひていふ、「いかなる神ぞ」と。答へけるは、「これは都の賀茂の川原の西一条の北の辺におはする出雲路の道祖神の娘なりけるを、いつきかしづきて、よき夫にあはせむとしけるを、商人にとつぎて親に勘当せられてこの国へ追ひ下され給へりけるを、国人これを崇め敬ひて、神事再拝す。上下男女、所願ある時は、*隠相を造りて神前にかけかざり奉りて、これを祈り申すに、［C］なし。我が御身も都の人なれば、7さこそ上りたくましますらめ。敬神再拝し祈り申して、故郷に還り上り給へかし」といひければ、実方「さてはこの神、下品の女神にや。我下馬に及ばず」とて、馬を打ちて通りけるに、神明怒りをなして、馬をも主をも罰し殺し給ひけり。その墓、かの社の傍らに今にこれ有りといへり。人臣に列なりて人に礼を致さざれば流罪せられ、神道を欺きて神に［D］横死にあへり。実におごる人なりけり。

されども、都を恋しと思ひければ、雀といふ小鳥になりて、常に殿上の台盤に居、*台飯を食ひけるこそいと哀れなれ。

（『源平盛衰記』による）

注　*小台盤所…宮中、清涼殿の一室。台盤は食物を置く台で、台盤所は台所。
　　*主殿司…宮中の乗り物や調度、庭の清掃などを司る役所。また、その役人。
　　*かうがい…頭髪をかき整えるのに用いる道具の一。
　　*乱罰…正当な理由なく処罰すること。

以下の問題は、日本文学科・史学科・比較芸術学科受験者のみ解答すること。

Ⅲ

次の文章を読んで後の問に答えよ。

一条院の御宇、大納言行成の未だ殿上人にておはしける時、参内の折節、実方中将も参会して、*小台盤所に着座したりけるが、日頃の意趣をば知らず、実方笏(しやく)を取り直して、いふことも無く行成の冠を打ち落とし、小庭に投げ捨てたりければ、もとどりあらはになしてけり。殿上階下、目を驚かして、なにといふ報いあらむと思ひけるに、行成騒がず閑々(しづしづ)と*主殿司(とのもづかさ)を召して冠を取り寄せ、*かうがい抽(ぬ)き出だして髪かき直し、冠打ち着て、殊(こと)に袖かき合はせ、実方を敬していひけるは、「いかなる事にか［　A　］。たちまちにかほどの*乱罰に預かるべき意趣覚えず。且(か)つは大内の出仕なり、且(か)つは1傍若無人なり。その故を承りて、報答、後の事にや侍るべからむ」と、事うるさくいはれたりければ、実方2しらけて立ちにけり。

主上、折節、櫺子(れんじ)の隙(ひま)より叡覧ありて、「行成はゆゆしき穏便の者なり」とて、即ち蔵人頭になされ、次第の昇進3トドコホりなし。実方中将を召して、「4歌枕注して進(まゐ)らせよ」とて、東の奥へぞ流されける。

実方三年の間、名所名所を注しけるに、*阿古屋の松ぞ無かりける。「まさしく*陸奥国にこそ有りと聞きしか」とて、ここかしこ男女に尋ね問ひけれども、教ふる人もなく、知りたる者もなかりけり。尋ねわびてやすらひ行きけるほどに、道に一人の老翁あへり。実方を見ていひけるは、「御辺は思ひする人にこそおはすれ。何事をか嘆き給ふ」と問ふ。「阿古屋の松を［　B　］」と答へければ、老翁聞きて、「いとやさしくぞ侍る。これやこの、

5みちのくの阿古屋の松の木高きに出づべき月の出でやらぬかな

といふこと侍り。このことを思ひ出でつつ、都よりはるばると尋ね下り給へるにや」といへば、実方「さにこそ」といふ。翁曰

① 日本独自の言葉を守ること。
② 外国の言葉を書き下し文で書くこと。
③ 外国の言葉を徐々に日本語化すること。
④ 日本独自の和歌をひらがなで書くこと。
⑤ ひらがなとカタカナの役割を徐々に分けること。

問十　本文の内容と**合致しないもの**を次の①～⑤から一つ選び、記号をマークせよ。解答欄番号は 22 。

① カタカナの元になった漢字の代表的なものは、今から百年以上前に学校教育において示された。
② 和歌を作る際には基本的には和語が用いられ、文字はひらがなが使用されることからカタカナは用いられにくい。
③ 日本では漢字を用いるのみでなく、その形を変化させるなどすることによって発音記号を作る必要があった。
④ 女性が漢字で書かれたものを読むことを避ける慣習があった時代に、カタカナは男性が漢文を読解するために発達した。
⑤ 漢字が伝来する以前、日本には書く技術が乏しく元々存在した少ない書き言葉では表現できるものの範囲が狭かった。

③ カタカナは、文部省の小学校令で代表的なものがまとめられていること。
④ カタカナは、漢字の意味や発音を捨て去った見せかけの部分を使うこと。
⑤ カタカナは、どういう漢字から作られたのか忘れられてしまっていること。

問七 傍線部6「忌む」の読み方として最適なものを次の①〜⑤から選び、記号をマークせよ。解答欄番号は 19 。

① いたむ
② ねたむ
③ かこむ
④ いむ
⑤ やむ

問八 傍線部7「仏教の経典や漢文を訓読して行くための補助手段」とあるが、なぜ補助手段が必要なのか。その理由として最適なものを次の①〜⑤から選び、記号をマークせよ。解答欄番号は 20 。

① 和歌や日記を書く女性が理解できるようにするため。
② 文に用いる漢字を新しい我が国独自の漢字にするため。
③ 和歌や日記を書く時に漢字の文字の大きさを小さくするため。
④ 文の語順や構成を変えずに日本語の文体に変換して読解するため。
⑤ 記されている仏教の教えや規則を変えずに日本式の宗教に変換するため。

問九 傍線部8「それを消化する過程」の内容として最適なものを次の①〜⑤から選び、記号をマークせよ。解答欄番号は 21 。

③　漢字伝来前に日本人が使っていた書き言葉の方が意味を十分に表せたから。
④　日本人が使っていた言葉には漢字と同じ意味の言葉があったから。
⑤　漢字伝来前に日本人が使っていた仮名が音を表せたから。

問三　傍線部2「シントウ」の漢字として正しいものを次の①～⑤から選び、記号をマークせよ。解答欄番号は 15 。
①　浸透　②　心頭　③　進陶　④　新等　⑤　信頭

問四　傍線部3「デフォルメ」の意味として最適な語を次の①～⑤から選び、記号をマークせよ。解答欄番号は 16 。
①　統合　②　拡大　③　分割　④　解体　⑤　変形

問五　傍線部4「『片側』という意味以外にも他に理由があるような気がする」とあるが、筆者が考える他の理由として最適なものを次の①～⑤から選び、記号をマークせよ。解答欄番号は 17 。
①　日本語らしい文字であることをあらわす。
②　和歌を書くのに固い紙を使ったことをあらわす。
③　日本語としては不完全ないし不整備なものをあらわす。
④　漢字の意味や発音を捨て去った見せかけの部分を使うことをあらわす。
⑤　仏教文化と一緒に入って来たサンスクリット語だということをあらわす。

問六　傍線部5「ここから考えるに」の具体的内容について、最適なものを次の①～⑤から選び、記号をマークせよ。解答欄番号は 18 。
①　カタカナは、それぞれ元になった漢字が複数あること。
②　カタカナは、漢字の全体を使って書かれるものがあること。

といった仮名の書芸美は、決して産み出されなかったに違いない。「てんぷら」「じゅばん」……。これらは一見古くからあった日本語のように思われる言葉であるが、実はともに十六世紀頃に輸入されたポルトガル語である。ただ、これらが日本語として使われ始めたとき、いずれも初めから〈ひらがな〉で書かれたわけではない。万葉仮名と同じ方法でそれぞれの音に漢字を宛てて「天麩羅」「襦袢」などと書かれ、その右横に〈カタカナ〉でそれぞれの読み方がつけられるような書き方がされていた。もともとは外国の言葉であるという意識のもとに漢字で書かれ、そこに日本語としては不完全ないし不整備なものをあらわす〈カタカナ〉で読み方が付され、次第に生活の中にシントウして日本語化することによって、ようやく〈ひらがな〉で書かれるようになったのである。「かわら（瓦）」「だんな（旦那）」という言葉が、仏教文化と一緒に入って来たサンスクリット語から漢語に音訳され、そしてサンスクリット語だということをどれだけの人が知っているだろうか（異説もある）。いずれもサンスクリット語から漢語に音訳され、そして〈カタカナ〉や〈ひらがな〉へと変貌し、日本語としてなくてはならない言葉として残ったのである。〈カタカナ〉とはつまり、外来語を借用することが多い日本語では、[8]それを消化する過程としてなければならない記述記号だったのである。

（山口謠司『日本語の奇跡―〈アイウエオ〉と〈いろは〉の発明』による）

問一　空欄 A に入れるのに最適な語を次の①～⑤から選び、記号をマークせよ。解答欄番号は 13 。

①　臥薪嘗胆　②　森羅万象　③　青天白日　④　朝令暮改　⑤　天衣無縫

問二　傍線部1「一応こう書くことで代用はできる」とあるが、なぜ「一応」であるのか。筆者が述べている内容として最適なものを次の①～⑤から選び、記号をマークせよ。解答欄番号は 14 。

①　日本人が使っていた言葉には漢字と同じ意味の言葉がなかったから。

②　漢字伝来前に日本人が使っていた言葉の音が十分に表せなかったから。

使う」という意味であったのかもしれない。漢字で書かれたものを女性が読むことを6忌む慣習があった平安時代、〈カタカナ〉は男性が漢文を読むための補助記号として発達している。こうした目的で作られた〈カタカナ〉は、古くは「豆仮名」とも呼ばれていた。漢字の三分の一内外の大きさで、これを漢字の側に記して、読み方などを書いていく。本来これは、7仏教の経典や漢文を訓読して行くための補助手段として産み出されたものであった。漢字の形をうまく利用して作られた文字だけに、一見すれば中国語を母国語とする人たちが漢字で注を施した姿に見えただろう。……本当は日本語として書いているのに、姿だけは漢文。「見せかけ」という「仮」の漢字の意味は、こうしたところにもあったのではないか。

　ところで、和歌というものは基本的に漢語を利用せず、「大和言葉＝和語」を使って作られるものである。これが日本語の語彙を発達させる大きな原動力となったことは言うまでもない。漢字から作られたものとは言え、次第に日本語らしい優しさをおびた自分たちの文字で、物語なども産み出されていく。「和語」対「漢語」、「平仮名」対「片仮名」という意識は、すでに『堤中納言物語』の「虫めづる姫君」の一編のなかにもよく現れている。ある上達部(かんだちめ)の御子、右馬佐(うまのすけ)が帯の端をヘビの形に作って動くように仕掛けて「虫めづる姫君」へ贈った。そのお礼に彼女は、ゴワゴワした固い紙に〈カタカナ〉で返歌を書き送る。これに悪戯心をそそられた右馬佐は、女装して彼女をうかがいに行く……という話の中で、右馬佐は「いとめづらかに、さま、ことなる文かな〈非常に奇妙な、ふつうではない書き方だなあ〉」という感想を述べるところがある。もちろん「さま、ことなる」と感じたのは、和歌を書くのに固い紙を使ったこと、奇妙な歌いぶりという理由もあろう。しかし、〈カタカナ〉で和歌を書くというのは、当時としてはまったく常識外のことであった。

　すでに言語学者亀井孝氏によって提起されたことではあるが、「片」という漢字には「不完全、不整備」という意味があって、〈カタカナ〉で書かれたものは、何かしらしっくりしない、日本的なものとは認めがたい意識の表れに他ならないという感じが伴う。和歌は必ず「草仮名」つまり〈ひらがな〉で書かれるという規範がなければ、紀貫之の筆跡とされる「高野切(こうやぎれ)」や「寸松庵色紙(すんしょうあんしきし)」

けることも、読み分けることもできない。自分たちが話している通りに書けないものか。そう彼らは長いこと悩んだに違いない。漢字の形を略することによって発音記号を作ろうとするより他なかった。

〈ひらがな〉とは漢字の草書体を利用して成立した方法であり、もとは、「草仮名」と呼ばれていた。ちなみに、〈ひらがな〉という呼称が起こったのは江戸時代になってからである。「安」が「あ」、「以」が「い」……。いわゆる〈ひらがな〉が成立するのは、平安初期から中期、九四五（天慶八）年没の紀貫之よりやや早い時期だとされる。ちなみに、平安中期以後、和歌、日記、物語など、日本独自の文化を形成していく女性たちに[2]シントウする頃には、すでにどういう漢字から〈ひらがな〉が作られたのかはもう忘れられてしまっていたようである。

まず言葉を書く術（すべ）がないところに漢字が伝来し、やがて漢字の形の一部を利用して〈カタカナ〉が、全体を[3]デフォルメした草書体を利用して〈ひらがな〉が、新しい我が国独自の文字となっていったのである。漢字の意味や発音を捨て去った「見せかけ」の部分を使うからこそ、我が国独自の文字は「仮名」という名称で呼ばれることになったのである。ただし、言葉の機能、または言語の文化史という点からすれば、特に〈カタカナ〉の方は、[4]「片側」という意味以外にも他に理由があるような気がする。というのは、現在「ア」は「阿」の「こざとへん」部分から、「イ」は「伊」の「にんべん」部分からできたと教科書などで習うが、「ケ」は「介」、「チ」は「千」など、漢字の全体を使って書かれるものがあるからである。これは「片側」という原則に従っていない。

〈カタカナ〉それぞれの元になった漢字が示されたのは、はるか後の文部省の小学校令で、一九〇〇（明治三十三）年になってからのことであった。しかし、これは代表的なものを教科書としてまとめたものにすぎない。

たとえば「セ」は「世」だけではなく、「西」と書かれたこともあったし、「ネ」は「根」「祢」「子」「年」などが使用されたりするなど、複数の書き方も行われていた。こうした〈カタカナ〉のもとになった漢字は、時代を遡れば遡るほど、バリエーションに富んだものとなっていく。[5]ここから考えるに、仮名の「仮」というのは、もしかしたら、「同じ発音をするものであれば何でも仮に借りてて創られた社会を基礎とすることに原因がある。

⑤　ピューリタンがアメリカ大陸に渡った時代には、広大な土地の中で自由に移動できる社会が存在したが、その後に建国されたアメリカは、明確な国境線の中に閉じられた国家となった。

Ⅱ

次の文章を読んで、後の問に答えよ。

「仮名」にはどうして「仮」という言葉がついているのか。当時「仮名」は別に「借字」という呼称もあったが、これは「漢字を借りる」という意味である。「仮」の意味が分かれば、「借」という字がつけられた意味も理解できるだろう。漢字は、奈良時代以来、別名で「真名（まな）」と呼ばれていた。「真」とは「中身がいっぱいに詰まっている」という意味を本来持つ漢字であり、「仮」とは「中身のない見せかけの」という意味である。とすれば、「仮名」とは漢字の「真」の部分を捨て去った「見せかけの名前」という意味なのだろうか。「仮名」の「仮」ということの意味を考えるにあたって、まず〈カタカナ〉と〈ひらがな〉がいかに作られたのか、いかにして「仮名」という名称になったのかを記したい。

漢字が伝来する以前、日本には書き言葉がなかった。話をすることはできても、それを書き写すことができない。書く技術を持っていたのは中国大陸や朝鮮半島からやって来た帰化人たちである。彼らが使う「漢字」は、素晴らしいことに、［A］を文字で記すことができる。たとえば「sky」をあらわすのに、当時、日本人は「あめ」「あま」「そら」「かみ」「たか」などといった言葉を使っていた。しかし、書けない。取りあえず「あめ」「あま」「そら」を「天」と書くことにする。意味はある程度共通しているのだから、1<u>一応こう書くことで代用はできる</u>。ではあるけれど、「天」では、これをその時々に応じて「あめ」「あま」「そら」と書き分

① 個人の自由を尊重する近代社会は、自由意志に基づく契約によって社会を構成するので、その契約に合意しない者の参加を認めない性格を持つ。

② 平等を重視する近代社会は、その土地に住む者には平等に権利を認めるが、外側から侵入しようとする者に対しては厳しい態度を取ることがある。

③ 加入者に一定の資格要件を求める近代社会では、その水準に達していないと判定される者に対しては、社会への参加を認めないことがある。

④ 神の意志に従うことを目的として創られた近代社会は、信仰を共有しない者を排除することもやむを得ないという前提を保持して現代に至っている。

⑤ 生まれによる地縁血縁の社会を否定して創られた近代社会は、地縁血縁の自然なつながりを生かしにくい点で、不寛容な面を持つこともやむを得ない。

問十二　この文章の内容に合致するものを次の①～⑤から一つ選び、記号をマークせよ。解答欄番号は 12 。

① 一七世紀のピューリタンの社会では全員が神に従うことを強制されたが、その後のアメリカでは、個人が自由意志によって社会から離脱することを認めるようになった。

② 一七世紀のニューイングランドとその後に建国されたアメリカとは、政教分離の原則においては異なるが、自由意志に基づく契約を社会の基礎とする点では共通している。

③ 一七世紀のニューイングランドでは、政治と宗教が別の者によって担われ、寛容な社会が形成されていたが、その寛容さが失われたのは近代化の当然の帰結である。

④ アメリカの社会に、信仰を共有しない者に対する不寛容さがあるのは、一七世紀に特定の信仰を共有する者たちによっ

⑤　x＝序、　y＝属

問八　空欄 B に入る言葉として最適なものを、次の①～⑤から選び、記号をマークせよ。解答欄番号は 8 。

①　それぞれ別のしかたで同じ目的に仕える
②　同じ目的のために必要に応じて一体となる
③　一つの目的をめざして常に同一の行動をとる
④　目的は違っても互いに十分な敬意を払う
⑤　各々の目的に向かって別々に進む

問九　傍線部6「キャッカ」にあたる漢字として最適なものを次の①～⑤から選び、記号をマークせよ。解答欄番号は 9 。

①　客下　②　閣下　③　脚下　④　却下　⑤　格下

問十　傍線部7「内と外との区別が明瞭な輪郭をもった社会」とはどのようなものか。最適なものを次の①～⑤から選び、記号をマークせよ。解答欄番号は 10 。

①　明確な境界線によって区切られた土地の中に存在する社会。
②　何らかのすぐれた能力を保証する資格を持った人が集まって創った社会。
③　その社会に属する者とそうでない者とが一目でわかるような特徴を持った社会。
④　外部との交流を遮断してから一定の時間を経過し、特色がはっきりした社会。
⑤　一定の意志を共有し、契約に同意した者以外は所属できない社会。

問十一　傍線部8「近代化の原理は必然的に閉じた社会を創る」とはどのような意味か。最適なものを次の①～⑤から選び、記号をマークせよ。解答欄番号は 11 。

① 聖職者がほんとうに神の言葉を伝えているのかどうか、疑わしいこともあるから。
② 実際には神が政治をするわけではなく、聖職者の意志を介在させていたから。
③ 聖職者の判断によって政治が行われるわけではないから。
④ 政治家は、実際には聖職者の影響を受けていたから。
⑤ 政治と宗教では根本的な目的が異なっていたから。

問六　傍線部5「お膳立てをする」とは、具体的にはどのようなことか。**あてはまらないもの**を次の①～⑤から一つ選び、記号をマークせよ。解答欄番号は 6 。

① 正統派の教会の礼拝を妨害する者がいた場合、武力を用いてでもそれを排除する。
② 教会で説かれる教えとしてふさわしい内容を、住民の合議によって決定する。
③ 住民全体から集めた税金の一部を、特定の教派の牧師の給与にあてる。
④ 正統派の教会を否定する異端の教派に対しては、取り締まりを行う。
⑤ 住民が礼拝に出席するよう、法律の力によって強制する。

問七　波線部「公〔x〕良〔y〕」の空欄〔x〕と〔y〕には、各々漢字一字が入る。文字の組み合わせとして最適なものを次の①～⑤から選び、記号をマークせよ。解答欄番号は 7 。

① x＝助、y＝俗
② x＝助、y＝続
③ x＝序、y＝俗
④ x＝除、y＝属

問二　傍線部2「チュウスウ」にあたる漢字として最適なものを次の①～⑤から選び、記号をマークせよ。解答欄番号は 2 。

①　抽数　②　抽象　③　宙崇　④　中秋　⑤　中枢

問三　空欄 A に入る言葉として最適なものを次の①～⑤から選び、記号をマークせよ。解答欄番号は 3 。

①　同意を端的に表現する
②　立場を公的に宣言する
③　両者を平和的に統合する
④　権力を自発的に批判する
⑤　根拠を根源的に解明する

問四　傍線部3「抵抗権の思想」とはどのような考え方をいうのか。最適なものを次の①～⑤から選び、記号をマークせよ。解答欄番号は 4 。

①　統治者が民衆に対する義務を果たさないなら、民衆が統治者に従う必要はない。
②　統治者が神に対する責任を果たさないなら、民衆が統治者に従う必要はない。
③　神が統治者に対する責任を果たさないなら、民衆が神に従う必要はない。
④　民衆が神に対する責任を果たさないなら、統治者が神に従う必要はない。
⑤　民衆が統治者に対する責任を果たさないなら、統治者が神に従う必要はない。

問五　傍線部4「ピューリタンの政治を「神政政治」や「政教一致」などと呼ぶ人もあるが、制度的な観点からするとそれは正しくない」とあるが、なぜそう言えるのか。説明として最適なものを次の①～⑤から選び、記号をマークせよ。解答欄番号は 5 。

思想史的に言えば、「生まれによる地縁血縁の社会」から「自由意志による契約社会」への移行は、近代市民社会の形成にとって重要な一歩だろう。高校の教科書なら、「ヴォランタリー・アソシエーション」や「ゲゼルシャフト」という言葉で紹介される、近代社会に特徴的な形態である。

自分の意志で所属を決める集団は、加入者に一定の資格要件を求めるため、[7]内と外との区別が明瞭な輪郭をもった社会となる。だから「誰にでも開かれている」という意味での「寛容さ」をもつことはできない。つまり、自由な社会集団を作るには、どうしてもこの不寛容さを軸にしなければならないのである。国と集団との構成員が全く同一なら、つまりすべての国民がその集団のメンバーなら、こういう不寛容は起きないだろう。教会で言えば、「国教会」という形態である。しかし、近代の宗教的原則は、国や地域ごとの割り当てでなく、各人が自分で自由に教会を選ぶことを要求する。だから、[8]近代化の原理は必然的に閉じた社会を創る。不寛容は、さしあたっては近代化の当然の帰結だということである。

（森本あんり『不寛容論―アメリカが生んだ「共存」の哲学―』による）

注　＊ニューイングランド…現在のアメリカ合衆国北東部に当たる地域。イギリスからの移民が早くから入植した。
＊ジョン・コトン…一五八五～一六五二。イギリスからアメリカに渡り、入植者の教会で神学の権威となった。
＊ロジャー・ウィリアムズ…一六〇三～一六八二。イギリスからアメリカに渡り、アメリカ先住民の権利を主張したことなどにより、当初は植民地政権と対立した。

問一　傍線部1「サト」にあたる漢字として最適なものを次の①～⑤から選び、記号をマークせよ。解答欄番号は 1 。

①　覚　　②　悟　　③　諭　　④　聡　　⑤　冷

を取り締まり、法律で礼拝出席を住民に強制し、牧師給与のための税金を徴収し、剣をもって正統的な礼拝を守る義務を有していた。

政府が正統信仰を守るために働くのは、今日の目からすれば明らかに政治と宗教の混同だが、彼らの考えでは、それは公〔x〕良〔y〕を守るのと同じように、環境整備という政府のつとめの一環だった。宗教と政治の指導者が［　B　］、という政教協力関係の実態である。

その後アメリカは、建国期には明示的な政教分離思想へと進んでゆくが、少なくとも一七世紀ニューイングランドに関する限り、世俗権力が重要な宗教的役割を帯びている、ということは当然の認識であった。ここで明らかにしておきたいのは、「契約」がもたらす帰結である。マサチューセッツ湾植民地の総督ウィンスロップは、一六三七年に次のように記している。

> 市民政府は、すべて自由な同意により創設される。(中略)われわれが自由意志によってこの社会を形成しこの居住地がわれわれのものであるならば、何人もわれわれの同意なしにこの地に来て住むことはできない。(中略)われわれは、みずからに破滅や損壊の危険を招くと思われるものを排除せねばならない。そのためにわれわれは、異なる目的意志をもつ人びとや、交わることで害を及ぼすと思われる人びとを受け入れることを拒む。これは合法的である。

この拒否の権利は、イギリス国王からの特許状にも明記されている。一六二九年に与えられたマサチューセッツ湾植民地の特許状には、植民地が「武力を含むあらゆる手段により、破壊者や侵入者や迷惑者を追放し排除する権利」が認められていた。その帰結として、この植民地は原則的に「閉じた」社会になる。この町は、われわれがお互いに契約して作ったものだ。だからこれからこの町に住みたいと言う人にも、同じ契約に同意してもらわねばならない。誰も、われわれの同意なしにここに住むことはできない。われわれが受け入れたくない者を拒むのは当然で、われわれにはそういう権利がある、ということである。実際に、契約に署名しなかった人の入植をタウン集会が[6]キャッカする、という例もあった。

取った。だからそれに従うのである。統治する者も同様である。統治者は、人びとに選ばれて職務に就くが、そこで神と契約を結び、神の意志に従って統治するのである。選挙は、誰が神と契約を結ぶか、ということを決める手続きにすぎない。

大事なことは、誰に対して責任を負うかである。統治者は、自分を選んでくれた民衆に対して責任を負うわけではない。だから「選挙民へのサービス」などという発想は全くない。統治を委ねられた者は、正義を行うことで神に責任を果たす。民衆もまた、統治者に従うことが神への責任だから従うのである。この世に秩序を立て、統治者を立てたのは神である。だからこそ、統治者が神との契約を守らず不正を行うなら、服従は義務ではなくなる。ここに3抵抗権の思想が生まれる。

つまり、ピューリタン社会では、民衆も政府も、それぞれがそれぞれのしかたで神に服従する。政治と宗教の目的は同じだが、その担い手は別々で、同じ人物が牧師と為政者を兼ねることはなかった。総督ウィンスロップの日記によると、入植間もない一六三二年に、牧師と為政者の兼職を容認するかどうかを人びとに尋ねたところ、ニューイングランドの全教会が「否」と答えたという。だから政治と宗教はまったく別の人が担うのである。

4ピューリタンの政治を「神政政治」や「政教一致」などと呼ぶ人もあるが、制度的な観点からするとそれは正しくない。専門的には、これは「政教協力制」(coordinate system)と称される。政治と宗教が、同じ目的のためにそれぞれ別の人によって担われる、ということである。このシステムでは、宗教的な指導者が政治に直接あれこれと口出しをすることはない。

とはいえ、聖職者の発言が政治的に大きな影響力をもったことは確かである。選挙に際して、牧師たちはしばしば「選挙日説教」を語る。誰に投票すべきかを指示するわけではないが、この職務にはどのような人物がふさわしいかを、聖書に従って諄々(じゅんじゅん)と説くのである。政治を担当する総督や執政官たちも、牧師たちの言葉を心に留めて仕事をせざるを得なかっただろう。

聖日礼拝の遵守(じゅんしゅ)や異端の取り締まりといった宗教上の規律を維持することも、政府の仕事になる。政教協力制においては、神の言葉を語るのは牧師の役割だが、そのための5お膳立てをするのは政府の役割だからである。政府は、教会権威の侮辱や異端渡航者に[1]サトした。

住民が結ぶ市民契約の方は、その後だんだんと廃（すた）れてゆくが、少なくとも一七世紀の*ニューイングランドでは、ごく当然の慣習だった。人びとが新しい土地に入植する時には、植民地政府と近隣住民との了解を得た上で、住民となる者同士が相互に契約を交わす。その後このタウンに新しく加入する人びとも、同じ契約に同意することが求められた。

これは、契約神学というピューリタンの思想からして当然の帰結である。その理解によれば、教会が構成員の自発的な契約によって成立するのと同様に、市民社会もその構成員の自発的な同意によって成立する。例として、*ジョン・コトンと*ロジャー・ウィリアムズの言葉を見ておこう。

植民地の権力体制の[2]チュウスウにあったコトンは、「すべての権力は基本的に民衆に存する」と語っている。一方、やがてその政権により追放処分を受けるウィリアムズも、「世俗権力の主権的で根源的な基礎は民衆に存する」と語っている。立場の異なる両者だが、この点ではまったく同じように考えている。すなわち、統治権力の正当性は、統治される者の自発的な同意に根拠をもつ、という理解である。その［ A ］のが契約である。

念のために書き添えておくと、これは現代の民主主義や人民主権の思想と直結するものではない。「デモクラシー」の古典的な意味は、「民衆が権力をもつ」ことだから、形の上から言えば、これは君主制でも貴族制でもなく民主制だろう。だが、民主主義という言葉は、当時のピューリタンにとって必ずしもよい言葉ではなかった。社会は、上下の身分が明確な階層構造で成り立つのが当然だったのである。それでも彼らは、自分たちの意志で契約共同体をつくり、自分たちの中から選挙で指導者を決めていた。

選挙なのに民主制でない、というのはどういうことだろうか。政治的な権威は、選挙によって民衆の中から立てられる。そこは現代の民主主義と同じだが、違いはその意味づけにある。選挙は人間の集合的な意志だが、ピューリタンはそこに神意を読み

国語

（七〇分）

（注）文（日本文・史・比較芸術）学部はⅠ～Ⅲ、その他はⅠ、Ⅱを解答すること。

Ⅰ

次の文章は、一七世紀にイギリスからアメリカ大陸に渡ったピューリタン（清教徒。キリスト教プロテスタントの一派）の人々が、新たな社会をどのように作っていったかについて述べたものである。これを読んで次の問に答えよ。

アメリカに渡ったピューリタンの課題は、政治の制度と宗教の制度を同時に作り上げることだった。イギリスでは、政治社会の制度は既存の秩序だったので、それを前提にし、宗教に関する部分だけを別に作ることが課題だったが、アメリカではその両方をゼロから作らねばならなかった。そこで用いられたのが、契約の概念である。

イギリスのピューリタンも、教会を作る時には契約を交わしたが、社会はそれ以前からあったので、社会の住人として契約を結ぶことはなかった。ところがアメリカでは、そのどちらも存在しなかったので、教会ばかりでなく、町を作るにも契約を結んだのである。教会の契約には「教会契約」(church covenant)を、タウンの形成には「市民契約」(civil covenant)を結んだ。二つの契約は、アメリカ・ピューリタン史の出発点にあたるジョン・ウィンスロップ（一五八八～一六四九）の渡航説教でも触れられている。ウィンスロップは、マサチューセッツ湾植民地の総督として、教会と社会の両方で「相互の合意」つまり契約を結ぶことを

解答編

英語

I　**解答**　1－①　2－④　3－③　4－②　5－②　6－③
7－②　8－②　9－④　10－①

◆全　訳◆

≪南北戦争の英雄，グラント将軍≫

今日，私たちはユリシーズ＝S.グラントのことについて話そう。グラントは1869年に大統領になったが，彼を有名にしたのはこのためではない。グラントについて最もよく記憶されているのは，彼が南北戦争終了時のアメリカの北軍の司令官としてである。グラントは北軍を率いて南部連合軍に勝利した。また多くのアメリカ人がグラントのことを記憶しているのは，彼のミドルネームのイニシャルに関する奇妙な話のためである。未来の第18代大統領が生まれた時，両親は彼をハイラム＝ユリシーズ＝グラントと名付けた。しかし，グラント少年はユリシーズとして知られていた。

グラントが若かった頃，政府のある者が彼をトップ大学，つまりニューヨークにあるウエスト・ポイント米陸軍士官学校に選抜した。その政府の役人は個人的にはグラントのことを知らなかった。彼は，グラントは母方の名前のシンプソンをミドルネームとして使っていると思っていた。それで，その役人はグラントをユリシーズ＝S.グラントと呼んだ。そのミドルネームのイニシャルである「S」は公的なものとなった。後年，グラントはそれには何の意味もないと冗談で言っていた。しかし，南北戦争中，グラントのミドルネームは人気を博す意味を実際にもつようになった。テネシー州の有名な戦いで，グラント軍は敵を圧倒した。南軍の将軍が降伏条件を問い合わせる手紙をよこした――言い換えれば，北軍が戦いから撤退するとして，そのために南軍に何を要求するかということであった。グラントは回答を与えた。「無条件降伏，しかも即刻の降伏。それ以外の条件はない」と。その回答を南軍の指揮官は快く思わなかったが，同意した。アメリカ北部の人々はその勝利を祝福した。人々はグラントの名前の最初の2つのイニシャル（UとS）を取って“Unconditional Surrender”「無条件降伏」と言い始めた。

グラントはオハイオ州で生まれた。彼は6人兄弟の一番上だった。グラントの父親は，なめし革業者，つまり動物の皮から革を作る人だった。子どもの頃，グラントは父親の手伝いをしていたが，彼はその仕事が好きではなかった。彼は大人になった時，その仕事をしないだろうと言った。それで，グラントが大きくなると，父親はウエスト・ポイントの役人に息子を学生として受け入れてくれるように頼んだ。グラント一家は息子の大学教育費用に出せるお金はほとんどなかった。しかし，息子は知性も技能もあると彼らにはわかっていたので，ウエスト・ポイントの学費は免除された。教育と引き換えにウエスト・ポイントの学生たちは軍役に就いていた。

グラントはおそらく兵士のようにはみえない人間だった。彼は物静かで感受性が豊かだった。彼は戦いで人が死ぬのを見るのは嫌いだった。また彼は戦争の価値に疑問を抱いていた。しかし，結果的には彼は優秀な軍事司令官になった。ウエスト・ポイントを卒業すると彼はメキシコ戦争で戦い，勇敢さを讃える勲章をもらった。彼に与えられる権限は増え，責任も増した。

しかし，グラントはさびしかった。彼は軍人生活の早い段階で，大学の友人の妹のジュリア＝デントと結婚した。彼はジュリアと4人の子どもたちを非常に大事にした。しかしグラントの家族は彼が軍務で移動するすべての旅に一緒について行けるわけではなかった。ある時は何年間も別々になり，彼は家族を思い，さびしい思いをした。近くに家族がいないことから，グラントは金銭問題を抱え始めた。グラントは酒を飲み過ぎるということを言う人たちもいた。ある日，グラントは軍を辞め，家族のもとへ帰った。最初のうち，農業をしようとしたが，十分なお金を稼ぐことができなかった。それから他の仕事もやってみた。最後には父親に援助を求めた。父親は仕事をくれたが，それは彼が決してしたくないと言っていた仕事，皮革店の仕事だった。

それから状況が劇的に変わった。南北戦争が始まった。北軍は経験豊かな軍事指導者を必要とした。グラントは困難な部隊を率いる仕事を引き受けた。彼は兵士たちを訓練し，彼らの尊敬を勝ち取ることができた。国民が抱く軍の指揮官としてのグラントのイメージが大きくなるのは早かった。テネシー州のドネルソン砦の戦いやミシシッピ州のビックスバーグの戦いで北軍に大きな勝利をもたらした。当時の大統領アブラハム＝リンカンはグラントの戦闘計画の立て方が気に入っていた。また，リンカンはグラントが勝つためにできることはすべてやるということも気に入っていた。グラントは彼の兵士が非常に多く死ぬことも辞さなかったので，彼の批判者たちは彼に「屠殺者」というあだ名を付けた。グラントのやり方は過酷なものだったが，効果があった。

南北戦争は，南軍の有名な司令官のロバート＝E. リーがバージニア州のアポマトックスでグラントに降伏したとき，実質的に終わった。翌年，グラントは米国軍司令官に就任した。その地位を得たもう一人の唯一の人物は，アメリカ独立戦争中の軍司令官のジョージ＝ワシントンであった。

グラントはあまり大統領職を望んでいなかったが，ジョージ＝ワシントンのように大統領になった。しかし彼の支持者たちは，元軍司令官は非常に人気があることがわかっていた。また彼らは，グラントがその時の大統領アンドリュー＝ジョンソンの政策に反対であることを知っていた。そこで共和党は 1868 年，グラントを大統領候補者に指名したのである。彼は楽勝した。しかし，グラントの人気と軍司令官としての能力があっても大統領としては成功しなかった。グラントは，その多くが奴隷となっていたアフリカ系アメリカ人の政治的，市民的権利のために働こうとした。グラントの最も重要な行動の一つは，アメリカの憲法でアフリカ系アメリカ人に投票権を与える法律を支持することだった。それと同時に，グラントは各州に州政府の法律に対する権限を与えようとした。そのため，グラントは時に，連邦政府の権限を使ってアフリカ系アメリカ人の権利を保護することになった。しかしグラントはときに，アフリカ系アメリカ人が自分たちの権利を行使することを各州が暴力を使って妨害するのを許すままにした。グラントはまた，先住アメリカ人を非常に敬意の念をもって遇することについて語った。グラントは政府の資金などを使って，先住民たちが農民になる手助けをした。しかし政府の他の政策が，白人の入植者が先住民の部族を彼らの土地から継続的に追い出すのを助長した。アメリカ先住民で自分たちの生活がグラント政権のもとで本当に向上した人は，ほとんどいなかった。

最終的に，彼の政権は汚職まみれの政府官僚のために苦しんだ。グラント自身は自分のやっていることを利用して金持ちにはならなかった。しかし，彼のために働いてくれた人たちが，たとえ彼らが自分たちの地位を利用して利益を得ていた時でも，グラントは彼らに義理堅いままだった。これらすべての結果から，多くのアメリカ人が南部再建に対する関心を失い，また連邦政府に対する信頼も失った。しかしグラント自身の人気はそのままであった。彼は一期目の時よりも楽に二期目を勝ち取った。その後まもなく，アメリカはひどい経済不況に陥った。グラントは金の基本価格を支えながら状況改善に努めたが，あらゆる社会的背景をもった多くのアメリカの人々は苦しみ続けた。

グラントは，政府のそのような問題のためにアメリカの最高の大統領の一人としては記憶されていない。しかし，彼は戦争の英雄，興味深い人生を歩んだ心優しい人として記憶されている。人生最後の数カ月間で，グラントはほとんど休みなしで回想録の執筆に取り組んだ。彼の最後のイメージは，毛布にくるまり，手にペンを持ち，せっせと書き続ける姿である。

グラントは1885年に死んだ。それは本が完成して数日後のことであった。本は大成功だった。彼の家族にはこの本のおかげで一生暮らせるだけのお金が入ってきた。国中がグラントの死を悼んだ。150万人以上の人々がニューヨーク市で行われた葬列を見守った。彼は愛する妻とともに，ニューヨーク市にある通称「グラントの墓」と呼ばれる，よく知られた国立記念館の墓に埋葬されている。

◀解　説▶

1．グラントが人々に記憶されていた理由については，第1段第3文（Grant is best …）に「北軍の司令官として」と述べられている。したがって，①が正解。

2．グラントが自分のミドルネームの「S」について述べたことに関しては，第2段第6文（Years later, Grant …）に「それには何の意味もない」と述べている。したがって，④が正解。③Simpsonは「公的な名前」ではあるが，グラントが「S」について述べたこととは関係がない。

3．tannerの意味を問う問題。これについては第3段第3文（Grant's father worked …）に「動物の皮から革を作る人」と説明がある。したがって，③が正解。

4．グラントは軍事指導者として優秀であったが，戦争に関してどうであったかについては，第4段第3文（He hated seeing …）に「戦争の価値を疑問に思っていた」と述べられている。したがって，②が正解。

5．グラントが軍を辞めた理由については，第5段第3～5文（He was devoted … he missed them.）で，グラントは妻や子どもたちを愛しており，離れているのがさびしかったという趣旨のことが述べられている。したがって，②「家族の側にいたかった」が適切。

6．グラントが "The Butcher" と呼ばれた理由については，第6段第10文（Grant permitted so …）に「部下の兵士の多くが死ぬのを許した」，つまり部下を多く戦死させたと述べられている。したがって，③が正解。

7．南北戦争がいつ終わったかに関しては，第7段第1文（The Civil War …）に「南軍のリーがグラントに降伏したとき」と述べられている。したがって，②が正解。give up his power とは「権力を放棄する」，つまり降伏したということ。

8．グラントの大統領としての仕事に関しては，第8段第7文（Grant tried to …）に「アフリカ系アメリカ人の政治的，市民的権利のために働こうとした」と述べられている。また，同段第13文（He used government …）では「アメリカ先住民が農民になるのを助けた」と述べられている。したがって，②が正解。

9．グラント大統領が抱えていた問題に関しては，第9段第7文（Shortly after, the …）に「ひどい経済不況に陥った」と述べられている。したがって，④が正解。

10．グラントの死後のことに関しては，最終段第3文（It earned enough …）に「それ（回想録）が家族を養うのに十分なお金を稼ぎ出した」と述べられている。したがって，①が正解。

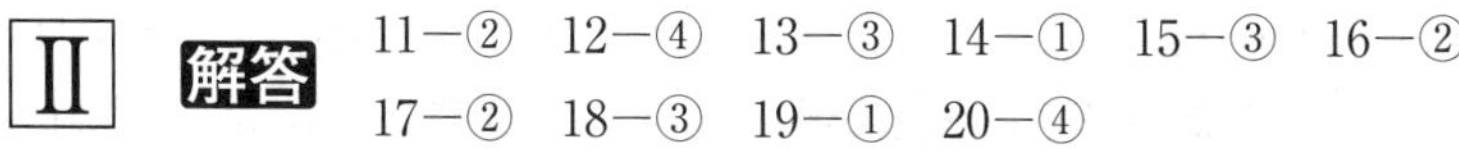

II　解答　11―②　12―④　13―③　14―①　15―③　16―②
17―②　18―③　19―①　20―④

◆全　訳◆

≪気候変動がもたらす影響≫

今日，気候変動は将来の漠然とした脅威ではもはやない。気候変動は，今私たちと共にある変動の現実であり，この気候変動には絶えず計画を作り，適応していく必要がある。気候変動は私たちの国の自然と文化的資源に重大な危険性を示す。自然の進化と変化は国立公園の重要な一部ではあるが，気候変動は自然資源や文化的資源を危機にさらしている。気候変動は今まで守られてきた土地を根本的に変えており，そして今後何年間も変え続けるのである。気候変動は，すべての人たちが私たちの国立公園で経験することに影響を与えるだろう。

その影響のいくつかはすでに目で見てわかるほどになっている。気温は上がり，山の氷河の溶解も増え，雪は減り，川の温度や水量が変化している。このような変化は結果として，在来種の喪失，植生模様の変化，地域によっては水利用の減少をもたらすと予測されている。山火事の季節は長くなり，その激しさ，頻度，規模が大きくなってきている。2016年の山火事の季節には1988年を除き，過去100年のどの年よりも多くの面積が焼けた。害虫や各種の病気，外来種の侵入の発生に好都合な条件ができる頻度が，近年よりも高くなっている。アラスカでは海の氷が解けて，沿岸地域の人たちばかりでなく，海洋動物にも脅威を与えているほか，一方で氷が解けると，広い地域において構造的土台が破壊され，建物，道路，施設ばかりでなく自然体系の物理的安定性も損なってしまう。

◀解　説▶

11. live は live in ～ で「～のなかで生きている」の意味になるが，選択肢に in はない。ここは live with として，「私たちが共に生きている変化している現実」と理解するのが妥当。

12. 文前半の「自然の進化と変化は重要」ということと，文後半の「自然資源や文化的資源を危機にさらしている」は逆接的関係になっている。したがって，④ Though が適切。

13. for many years to come は for ～ years to come「今後～年の間」という意味の定型表現。

14. the melting of mountain glaciers は「山の氷河の溶解」という意味。したがって，主語が Warmer temperatures「より暖かい気温」となれば，氷河が解ける量を increase「～を増やす」と考えるのが適切。

15. 前文に述べられているような雪の減少，気温の変化などがあれば，native species「在来種」は生き延びられなくなる。したがって，③「喪失」が適切。①extinct は形容詞なので，ここでは不適。なお，go extinct で「絶滅する」の意。

16. 次文で山火事の被害地域の増大ということが述べられている。したがって，②を入れて，山火事はその規模などが増大しているとするのが適切。

17. except は except for ～ で「～を除いて」の意味。

18. pest は「害虫」のこと。favor はここでは「～に好都合である」という動詞。したがって，③を入れて「害虫…の発生に好都合な条件」と理解するのが適切。

19. アラスカの海氷が解ければ，海洋動物にも多大な影響が出る。したがって，①を入れて「海洋動物に脅威を与える」と理解するのが適切。④ threats は「脅威」という名詞なので不適切。

20. *A* as well as *B*「*B* だけでなく *A* も」は必須イディオム。

21―③　22―④　23―⑥　24―⑥　25―②　26―⑤
27―③　28―⑥　29―②　30―②

◀解　説▶

21. (American businessmen have experienced more) trouble than they anticipated in persuading (consumers here to buy their goods.)

比較級の more があるので，than they anticipated「彼らが予測していたよりも」がひとまとまりに見えれば，experienced の目的語が trouble であるとわかる。「思っていたよりも多くの困難を経験した」ということ。何に対する困難かが in persuading ～「～を説得するのに」と続いている。

22. (We human beings) are neither (superior) nor inferior to other (animals in terms of almost every capacity.)

neither *A* nor *B*「*A* でも *B* でもない」の相関語句。また，superior / inferior「(～よりも) 優れている／劣っている」は前置詞 to をとる，要注意の比較級。

23. (I'm not entirely) satisfied with how he's managing the (project.)

be satisfied with ～「～に満足している」の基本表現がわかれば，以下は how he's managing the project「彼のプロジェクトの進め方」となるように「疑問詞＋主語＋動詞」の順で並べていけばよい。

24. (There is no) room for further improvement in this (system.)

このroomは「余地」の意味。There is no room for ～「～の余地がない」の意味。further improvementは「さらなる改善」の意。

25. (The basketball game gathered) twice as many spectators than we (expected.)

この文におけるgatherは「～を集める」という他動詞用法。twice as many ～は倍数表現で「2倍の～」という意味。

26. (He circled the world on a journey) that took three months to complete(.)

「時間がかかる」のtakeの用法。関係代名詞thatの先行詞はa journeyで，「終えるのに3カ月かかる旅行」ということ。

27. (If only you had taken my advice at that time,) you wouldn't be in such trouble (now.)

条件が過去，帰結文が現在の仮定法の問題。be in such troubleは「そのように困った状況にある」の意。

28. (Let the things stand as they are until a) new policy has been decided upon(.)

Let the things stand as they areは「状況はあるがままにしておけ」という意味。この並べ替え文は，decide upon〔on〕～「～を決める」の受動態がわかるかどうかの問題。

29. (Such personal judgments) cannot be accepted as evidence in (court.)

accept *A* as evidence「*A*を証拠として認める」の受動態。また，in courtは「法廷で」の意。

30. (For my) personal convenience I would prefer to (meet you after five.)

For my personal convenienceは「私の個人的都合ですが」の意。

解答　Part I　31－②　32－④　33－①　34－④　35－④
Part II　36－①　37－④　38－②　39－①　40－②

◀解　説▶

Part I

31.「1週間の労働時間に関する限り，彼は同僚よりも一生懸命働いている」

as far as S is concerned「S に関する限り」の必須表現。

32.「彼は彼女があたかもそこにいないかのように話し続けた」

as if S＋仮定法「まるで〜のように」の必須表現。③は助動詞が過去形になっているが，動詞がないので不可。

33.「私の両親は英語とスペイン語を話す。それで言語が混ざり合うことが奇妙だという印象はない」

come across as 〜「〜という印象を与える」というイディオム表現。

34.「ギターのレッスンのはかどり具合はどうですか」

progress with 〜 は「〜が進歩する，はかどる」という意味。この場合，前置詞は with である。

35.「チンパンジーのコミュニケーションは人間のコミュニケーションとは関係がないと多くの人が思っていた」

have nothing to do with 〜「〜とは関係がない」は必須イディオム表現。

Part Ⅱ

Dialogue A

メアリー　：テストはどうだった？

エリザベス：合格したわ。でも余裕というわけではなかったわ。

メアリー　：勉強したの？

エリザベス：徹夜したけど，勉強にとりかかるのが遅すぎて，できたのはちょっとだけ。

36. pull an all-nighter は「徹夜をする」という意味。また，it was too little, too late は，勉強はしたが，「遅すぎた」，「少ししかできなった」ということ。逆に言うと，もっと早くから取り組んでおくべきだったということ。これに近いのは，①「彼女はテスト勉強をもっと早く始めるべきだった」である。

Dialogue B

ジョン：おはよう，カレン。疲れた顔してるね。

カレン：ええ，夜，ずっと寝ずにマーケティングの提案を終わらせていたから。

ジョン：チームには問題があったと聞いたけど，努力が報われたね。クライアントはとても気に入っていたね。

カレン：本当に。終わりよければすべて良しね。

37. all's well that ends well は「終わりよければすべて良し」の意味。この意味に近いのは，④「最終的な結果は成功だった」である。

Dialogue C

ジョージ：この週末は何をするの？ 予定でもある？

シェイラ：すべては未定よ。旅行の予約がキャンセル待ち状態だから。

ジョージ：それは気の毒だね。早く確認が取れるといいね。

シェイラ：ありがとう。何カ月も前からこの短期旅行を楽しみにしていたのよ。

38. up in the air というのは「(計画・予定などが) 宙に浮いて」，つまり「未決定」という意味。②「彼女は彼女の計画がうまくいくかはっきりとはわからない」がこの意味に近い。

Dialogue D

ベティ：ジム，このドーナツ食べる？ 今パン屋さんで買ってきたところなんだけど。

ジム ：ありがとう。でもマラソンに備えて甘いものは控えるように努力しているんだ。

ベティ：それはいいことね。私も最近，体づくりに励んでいるわ。

ジム ：なかなか難しいけどね。美味しいものがたくさんあって誘惑されてしまうからね。

39. get into shape は「体調を整える，身体を鍛える」などの意味で使う。この文脈ではおそらく「ダイエットをしながら健康的な体づくりを目指している」ということなのであろう。したがって，①「減量すること」が適切。

Dialogue E

スティーブ：それ，新しい電話？

ビル ：そうだよ。買うのに3時間も並んで待ってね。

スティーブ：わー，よさそうだね。でもとても高いって聞いたけど。

ビル ：そうだよ。でも長持ちさせる自信があるからね。

40. cost an arm and a leg というのは，「とても高価な」という意味のイディオム。この意味になっているのは②「それはとても高い」である。

❖講　評

例年通り，大問4題の構成である。Ⅳではブart Ⅰが文法問題，Part Ⅱが会話文問題となっている。

Ⅰの英文は，アメリカ南北戦争の英雄グラント将軍に関する話である。内容が把握できているかをみる問題で，設問自体はそれほど難解なものではなく，関連箇所を見つけるのは容易である。先に問題文に目を通しておき，関連箇所が出てきたら，その部分を精読しながら読んでいけば解答は容易である。

Ⅱは定番ともいえる気候変動に関する話題。英文の空所に適切な語を入れる問題である。接続詞，except for ～ や as well as などの基本イディオム，threaten と threat の動詞と名詞の区別など，基本的な文法知識，語彙，イディオムが問われる。英文は難解なものではなく，きちんと文脈を押さえ，文法，構文に注意して選択していけば解答に困難なものはない。

Ⅲは語句整序問題である。和文が与えられていないが，問われているのは neither *A* nor *B* や There is no room for ～ などの基本的な文法や構文の知識である。英文の難易度も標準的であり，文構造（SVO など）を丁寧に考えていけば解答しやすいだろう。

Ⅳは2つのパートから成る。Part Ⅰは短文の空所補充問題であり，仮定法，as far as S V, have nothing to do with ～ などの基本的な文法・語法が問われている。Part Ⅱは，会話の状況を把握する問題である。問われている英語表現，英語イディオムには難しいものもあるが，会話の状況から正解に至るのはそれほど難しくはない。会話文形式の内容把握問題ともいえる。出題形式は英問英答の形である。

日本史

Ⅰ　**解答**　A．問1．①　問2．④　問3．①　問4．③
問5．②　問6．②　問7．④
B．問8．①　問9．③　問10．②　問11．④　問12．⑥　問13．③
C．問14．①　問15．②　問16．③　問17．④　問18．②　問19．③
問20．④

◀解　説▶

≪原始～中世の政治・社会・経済≫

A．問1．①誤文。ひすいは，新潟県姫川流域が特産地で，その分布は東日本一帯に及ぶ。久慈は岩手県北東部の地名である。

問2．①の藤原京遷都は694年に，②の庚寅年籍の作成は690年に，ともに持統天皇の時代に実施された政策。③の大宝律令の制定は701年に文武天皇の時代に実施された政策。

問3．①飛鳥池遺跡は奈良県にある遺跡で，1999年にこの遺跡から富本銭が出土した。②黒井峯遺跡は群馬県にある古墳時代の集落遺跡。③平出遺跡は長野県にある縄文中期から平安初期にわたる集落遺跡。④村上遺跡は千葉県にある8世紀前半から9世紀後半にかけて営まれた東国の代表的な集落遺跡。

問5．①誤文。南端に配されたのは「朱雀門」ではなく羅城門である。
③誤文。平城京が置かれたのは，「山背国」ではなく大和国である。
④誤文。長屋王邸があったのは，「右京八条」ではなく左京三条二坊である。またこの邸宅跡から数多くの木簡が見つかっており，貴重な資料となっていることも押さえておこう。

問7．④が適切。平清盛が1180年に遷都したのは，福原京（兵庫県神戸市）であり，近くに大輪田泊があった。しかし，この遷都は大寺院や貴族の反対にあい，約半年間で京都に戻ることとなった。

B．問8．①が適切。北条時宗が創建した寺は円覚寺であり，舎利殿の建築様式には禅宗様（唐様）が用いられた。なお，②和様の代表作には蓮華王院本堂（三十三間堂），③折衷様の代表作には観心寺金堂，④大仏様

（天竺様）の代表作には東大寺南大門がある。

問9．③誤文。弘安の役では，「金を滅ぼした元が金との混成軍を編制し，攻めてきた」のではなく，1279年に南宋を滅ぼした元と高麗の連合軍である東路軍と，南宋主力の江南軍が攻めてきた。

問10．②鎮西探題は3度目の蒙古襲来を予想して1293年に設置され，北条氏一門が送られた。①御内人は得宗家に仕えた家臣のことである。③按司は12世紀頃に出現した琉球の豪族のことである。④石築地役とは文永の役後に，九州に所領をもつ武士に課された石築地構築の課役のことである。

問11．④誤文。「凡下が質流れによって得た土地は，20年を過ぎれば買主のものとされた」わけではなく，年数に関係なく無償返還とされた。

問12．Ⅲ．「霜月騒動」（1285年）→Ⅱ．「平頼綱の乱」（1293年）→Ⅰ．「元弘の変」（1331年）。

問13．Ⅰ．誤文。御成敗式目では，子のない女子が所領を養子に譲ることを認めている（女人養子）。Ⅱ．正文。

C．問14．①石匙は縄文時代に使用された打製石器で，動物の皮はぎなどに使用された。②石棒は縄文時代の呪術・祭祀に関連した道具である。③太型蛤刃石斧は弥生時代に木材伐採に使用された磨製石斧である。④石馬は古墳の丘陵上に立てられた石造彫刻であり，福岡県にある岩戸山古墳（磐井の墓）で発見されたものが有名である。

問15．②誤文。ウマの飼育が行われるようになったのは，弥生時代ではなく，古墳時代からである。中期の古墳の装飾品に馬具が出てくることを想起できれば誤文と判断できる。

問17．三世一身法が発布された723年に政権を担っていたのは④長屋王である。長屋王が政権を担っていた期間は，藤原不比等が死去した720年から，長屋王の変で排斥された729年までのことである。なお，743年の墾田永年私財法の時に政権を担っていたのは②橘諸兄である。

問18．Ⅰ．正文。Ⅱ．誤文。道鏡が退いた後の772年には再び開墾と墾田の永久私有が認められた。

問20．①誤文。踏車が登場するのは江戸時代からである。
②誤文。二毛作の裏作は「そば」ではなく麦である。
③誤文。菜種は戦国時代頃から油料作物として利用された。

Ⅱ　**解答**　Ⅰ)問1．④　問2．②　問3．④　問4．①
問5．④

Ⅱ)問6．③　問7．①　問8．③　問9．②　問10．④

Ⅲ)問11．①　問12．②　問13．①　問14．③　問15．④

◀解　説▶

≪14～17世紀の日朝関係史≫

Ⅰ)問1．①宋希璟は応永の外寇に関わる日朝交渉において来日した朝鮮の外交官であり，著書『老松堂日本行録』で，日本の三毛作のことを記している。

②朱元璋（太祖光武帝）は1368年に明を建国した人物である。

③宗貞盛は応永の外寇の時の対馬の島主である。

問2．1398年当時の将軍は②足利義持である。3代将軍足利義満は，1394年に太政大臣となって将軍職を息子の義持に譲り，翌年出家したが，1408年に亡くなるまで権力をもち続けた。

問5．①明徳の乱は1391年に将軍足利義満が六分一衆と呼ばれた山名氏一族の内紛に介入して，山名氏清らを滅ぼした事件である。

②観応の擾乱は1350～52年に起こった足利尊氏・直義両派の内紛である。

③嘉吉の乱は1441年に播磨国守護の赤松満祐が将軍足利義教を謀殺した事件である。

Ⅱ)問6．朝鮮出兵の最前線基地は肥前（佐賀県）の③名護屋であった。愛知県の名古屋ではないので注意したい。

問7．②李如松は朝鮮出兵時の明の武将。③李退溪は朝鮮の儒学者。④李参平は日本に連行された朝鮮陶工であり，有田焼の始祖。

問8．慶長の役の朝鮮名は③丁酉倭乱である。1592年の文禄の役の朝鮮名は①壬辰倭乱である。

問10．④平戸焼の窯を擁したのは細川氏ではなく，松浦（まつら）氏である。

Ⅲ)問11．朝鮮使節は，最初の3回までは，朝鮮出兵で日本に連行された朝鮮人捕虜の返還を目的としたものであり，回答兼刷還使と呼ばれた。4回目以降を①朝鮮通信使と呼んだ。

問13．己酉約条で貿易が再開するが，朝鮮出兵による関係断絶後だけに，従来以上に厳しい制約が設けられ，対馬からの歳遣船は①の年間二十隻と定められた。

問14．倭館は②漢城にも置かれていたが，1609年に日本使節の上京が禁じられて廃止となり，以後貿易は③釜山の倭館に限定された。
問15．朝鮮との外交に手腕を発揮したのは④雨森芳洲である。朝鮮語・中国語に通じ，対馬藩に仕えていた。1711年には朝鮮通信使の待遇を巡って，同門の新井白石と対立したことも押さえておこう。

Ⅲ　解答

A．問1．⑤　問2．①　問3．④　問4．②
問5．②　問6．①　問7．③　問8．④
B．問9．②　問10．③　問11．⑥　問12．④　問13．①　問14．②
問15．①

◀解　説▶

≪近現代の文化・外交≫

A．問1．やや難。ⅲ．「小泉純一郎首相が，北朝鮮を電撃訪問した」（2002年）→ⅰ．「衆議院議員選挙で民主党が第一党となり，政権交代が実現した」（2009年）→ⅱ．「東日本大震災が発生した」（2011年）。
問3．やや難。浮世絵はモネやゴッホらのフランス印象派の画家に影響を与えた。モネの「睡蓮」「ラ・ジャポネーズ」やゴッホの「タンギー爺さん」が代表的である。
①コッホはドイツの細菌学者で，北里柴三郎が師事した人物。
②ダリはスペインの画家で，代表作に「記憶の固執」がある。
③シーボルトはドイツ人のオランダ商館医師で，1823年に来日し，鳴滝塾で医学を教授した人物。
問4．①『時事新報』は福沢諭吉が1882年に創刊した日刊新聞であり，1885年に福沢諭吉が発表した論説「脱亜論」が掲載された。
③『日新真事誌』は1872年にイギリス人ブラックが創刊した日刊紙で，1874年に愛国公党が政府に提出した「民撰議院設立の建白書」が掲載された。
④『横浜毎日新聞』は神奈川県令の尽力で1870年に発刊された日本最初の日刊紙である。
問5．②誤文。副島種臣は明治六年の政変後は政府に留まらずに，下野した。
問7．1949年に起こった③法隆寺金堂壁画の焼損を機に，1950年に国宝や文化財などの国家的保護を行う文化財保護法が制定された。

問 8．やや難。ⅱ．「大阪府で，日本万国博覧会（大阪万博）が開催された」（1970 年）→ⅲ．「沖縄県で，沖縄国際海洋博覧会（沖縄海洋博）が開催された」（1975 年）→ⅰ．「茨城県で，科学技術万国博覧会（つくば万博）が開催された」（1985 年）。

B．問 9．史料は「二十一カ条の要求」である。α の「山東省ドイツ権益の譲渡」は認められたが，β の「中国政府の顧問として日本人を雇用すること」は拒否された。

問 10．①誤文。1915 年当時の内閣は第 2 次大隈重信内閣であり，本格的な政党内閣ではなかった。

②誤文。加藤高明外相は当時「憲政会」の総裁ではなく，「立憲同志会」の総裁であった。

④誤文。元老の山県有朋は二十一カ条の要求を批判していた。

問 11．ⅲ．「東京大空襲で多数の死者が出た」（1945 年 3 月 10 日）→ⅱ．「アメリカ軍が沖縄本島に上陸した」（1945 年 4 月 1 日）→ⅰ．「広島に原子爆弾が落とされた」（1945 年 8 月 6 日）。すべての選択肢が 1945 年の出来事であるが，アジア・太平洋戦争の流れを体系的に押さえておけば，月日を知らなくても解答できる。

問 12．図の左上に「ドッジライン」の語句が確認できるので，④1949 年と判断できる。

問 13．鳩山一郎内閣は日ソ国交回復・国際連合加盟を実現して 1956 年 12 月に総辞職した。①「社会党から民主社会党が分裂した」のは 1960 年，②「自衛隊が発足した」のは 1954 年，③「自由民主党が誕生した」のは 1955 年，④「テレビ放送が始まった」のは 1953 年。

問 14．①誤文。「造船疑獄事件で逮捕された」とあるが，指揮権が発動されており，当時自由党幹事長だった佐藤栄作は逮捕されてはいない。

③誤文。東京オリンピックが開幕したのは佐藤栄作内閣の時ではなく，池田勇人内閣の時である。

④誤文。首相在任時に発足したのは「環境省」（2001 年）ではなく，「環境庁」（1971 年）である。

問 15．やや難。①誤文。田中角栄が提唱した日本列島改造論は，閣議決定はされていない。

❖講　評

Ⅰ　原始から中世までを対象とした問題。政治・社会・経済とバランスよく出題されている。形式面では語句選択や正文（誤文）選択問題が多い。難問はなかったため全問正解を目指せる問題群だった。

Ⅱ　14～17世紀の日朝関係をテーマとした問題。日朝関係史は入試では頻出テーマの1つであるのでしっかり学習しておく必要がある。形式面では，すべてが語句選択問題であった。難問はなかったため全問正解を目指せる問題群であった。

Ⅲ　近現代の文化・外交を中心とした問題。近現代の文化は受験生が苦手とする分野なので，ここの出来が高得点を取れるかどうかの分かれ目となるだろう。問1・問3・問8・問15が，やや難しい設問となっている。問1は2000年代の問題であり，問3は世界史の知識が必要とされ，問8は日本万国博覧会（大阪万博）の年号は知っていても，科学技術万国博覧会（つくば万博）や沖縄国際海洋博覧会（沖縄海洋博）の年号まで知っている受験生は少ないであろうし，問15も受験生には判断が難しいだろう。しかし，その他は基本・標準問題であることを考慮すれば，全体としては高得点が期待できる問題であった。

世界史

I 解答

問1．④　問2．④　問3．①　問4．①　問5．④
問6．③　問7．③　問8．③　問9．④　問10．④
問11．②　問12．②　問13．①　問14．④　問15．①

◀解　説▶

≪前近代におけるヨーロッパの危機≫

問1．五賢帝はネルウァ・トラヤヌス・ハドリアヌス・アントニヌス＝ピウス・マルクス＝アウレリウス＝アントニヌスの5人の皇帝（96～180年）。

①誤文。帝国全土のすべての自由人にローマ市民権を与えたのはカラカラ帝（212年 アントニヌス勅令）。

②誤文。オクタウィアヌスが元老院からアウグストゥスの称号を授与されたのは前27年で，ここから帝政が開始された。

③誤文。プトレマイオス朝はアクティウムの海戦でオクタウィアヌスに敗れたクレオパトラの自殺によって滅亡した（前30年）。

問2．④ディオクレティアヌス帝（位284～305年）は軍人皇帝時代を終わらせ，専制君主政（ドミナトゥス）を開始した。

問5．①誤文。ロロ率いるノルマン人の一団がノルマンディー公国を建てたのは911年。

②誤文。アルフレッド大王は9世紀に活躍したアングロ＝サクソン王家のイングランド国王。

③誤文。アッティラ率いるフン人はアジア系の騎馬遊牧民である。

問6．①誤文。西ゴート王国を滅ぼしたのはウマイヤ朝（711年）。

②誤文。ユスティニアヌス帝が編纂したのは『ローマ法大全』。

④誤文。教皇ウルバヌス2世に十字軍の派遣を要請したのはアレクシオス1世。

問7．①誤文。ユンカーはエルベ川以東の地主貴族で，15～16世紀にかけて農民の隷属化を進めた。

②誤文。独立自営農民はヨーマン。ジェントリは郷紳といわれる地主層の

ことである。
④誤文。ドイツ農民戦争（1524～25 年）はルターの宗教改革の影響を受けて起こった。
問 8．①誤文。十字軍は 13 世紀に終了した。
②誤文。黒死病によって失われた人の数はヨーロッパの人口の $\frac{1}{3}$ とされている。
④誤文。ツンフト闘争は 13 世紀中頃から展開された，市政参加を求める手工業者の親方たちが起こした闘争。
問 10．①誤文。ウィクリフは聖書中心の考えを主張し，教皇の権威を否定した。
②誤文。ルターが九十五カ条の論題を提示したのは 1517 年のことである。
③誤文。アナーニ事件（1303 年），教皇庁のアヴィニョンへの移転（「教皇のバビロン捕囚」1309～77 年）ののちに教会大分裂（大シスマ）が起こった（1378～1417 年）。
問 11．①誤文。オスマン帝国はマムルーク朝を滅ぼしてエジプトを支配下に組み入れた（1517 年）。
③誤文。キリスト教徒の子弟を徴募（デヴシルメ）して組織した軍はイェニチェリである。
④誤文。オスマン帝国はスンナ派王朝。
問 13．②誤文。ロマン主義は 18 世紀末におこった芸術・思想潮流。
③誤文。ルネサンスが展開されたのは 14～16 世紀。
④誤文。ユグノー戦争が勃発したのは 1562 年で，1598 年に終結した。
問 14．④が正解。A．誤文。アルマダ海戦はイギリスがスペイン無敵艦隊を破った戦い（1588 年）。B．誤文。胡椒の原産地はインド。

Ⅱ **解答**

A．問 1．③　問 2．②　問 3．⑧　問 4．①
問 5．③　問 6．⑦　問 7．⑥　問 8．⑤　問 9．①
問 10．①
B．問 11．⑥　問 12．③　問 13．①　問 14．②　問 15．④　問 16．③
問 17．④　問 18．②　問 19．④　問 20．⑥

◀解　説▶

≪20世紀の東アジア情勢≫

A．問1．③張学良は奉天軍閥を形成した張作霖の息子。父親が日本の関東軍に殺害されると国民党に帰順，満州事変では蔣介石と衝突したが，国共内戦で共産党討伐の指揮をとった。しかし，かねてより抗日を主張していた彼は八・一宣言に動かされ，西安で蔣介石をとらえ，内戦を停止して日本の軍事行動への抵抗を優先することを説得した（西安事件 1936年）。

問3．⑧陳独秀は1910年代に『新青年』を発刊するなど新文化運動の中心的役割を果たした。1921年，共産党設立時に初代委員長となったが，のち除名された。

問5．③瑞金に設立された中華ソヴィエト共和国臨時政府の主席は毛沢東。1934年，国民党の激しい攻勢を受けた共産党はこの地を放棄，新たな拠点を築くため長征（大西遷）を開始した（～36年）。

問8．1940年に建てられた⑤南京の汪兆銘政権は日本から正統な政府とされたが，中国民衆の支持を得られず，蔣介石率いる重慶の国民政府と共産党の抗戦が続いたため，日中戦争の終結には至らなかった。

問10．難問。①が正解。(1)西安事件は1936年，(2)中華ソヴィエト共和国の設立は1931年，(3)第1次国共合作は1924年，(4)中国共産党第一回大会は1921年，(5)中華人民共和国の設立宣言は1949年，(6)汪兆銘の親日政権設立は1940年。したがって，古い順に並べかえると(4)→(3)→(2)→(1)→(6)→(5)となり，4番目は(1)の文章になる。

B．問11．⑥鄧小平は実務面で毛沢東を支えた人物。文化大革命期に失脚したが1977年に復帰，事実上の最高指導者として改革・開放政策を推進する一方，89年の民主化運動を弾圧した。

問12．③劉少奇は国家主席（任1959～68年）として「大躍進」失敗後の経済再建に取り組んだが，文化大革命で資本主義に走る実権派（走資派）として批判され，失脚した。

問13．①林彪は『毛沢東語録』を編纂するなど毛沢東思想の普及に努め，文化大革命期には毛沢東の正式な後継者とされた。しかし，1971年にクーデタを計画して失敗，逃亡中に飛行機が墜落して死亡した。

問15．④ウルムチは新疆ウイグル自治区の首府。

問16．③朝鮮戦争の休戦に関する会議は1951年から断続的に行われたが，

53 年の板門店における会議で休戦協定が締結された。

問 18. ②「大躍進」は農工業の大生産運動で，農村部では行政と生産の組織を一体化した人民公社が設立された。

問 19. ④文化大革命（プロレタリア文化大革命 1966〜77 年）は毛沢東が実権を奪回するために起こした権力闘争で，大衆を巻き込んだ政治・社会の大動乱となった。

問 20. 難問。⑥が正解。(7)朝鮮戦争への中国による人民義勇軍派遣は 1950 年，(8)民主化運動の武力弾圧（第 2 次天安門事件）は 1989 年，(9)アジア・アフリカの国々が参加したバンドン会議（アジア＝アフリカ会議）の開催は 1955 年，(10)「大躍進」の発動は 1958 年，(11)ウルムチ暴動は 2009 年，(12)文化大革命の発動は 1966 年。したがって，古い順に並べかえると(7)→(9)→(10)→(12)→(8)→(11)となり，4 番目は(12)の文章になる。

Ⅲ　解答

問 1．④　問 2．③　問 3．③　問 4．②　問 5．④
問 6．①　問 7．③　問 8．①　問 9．④　問 10．①
問 11．②　問 12．②　問 13．⑥　問 14．③　問 15．①

◀解　説▶

≪東西冷戦≫

問 1．④ヤルタ会談（1945 年 2 月）の参加者はフランクリン＝ローズヴェルト（米）・チャーチル（英）・スターリン（ソ）。戦後の東ヨーロッパ処理をめぐって米英とソ連が対立するなど，のちの冷戦体制の兆しがみられた。

問 2．③フルシチョフ第一書記（任 1953〜64 年，58〜64 年は首相兼任）は 1956 年に開かれたソ連共産党第 20 回大会でスターリン批判を行うとともに平和共存政策を発表した。

問 4．②レーガン大統領（第 40 代，任 1981〜89 年，共和党）は「強いアメリカ」を標榜して新冷戦と呼ばれる新たな緊張関係を生み出した。しかしその後，ソ連にゴルバチョフが登場したこともあり対話路線に方針を転換，1987 年にはソ連との間に中距離核戦力（INF）全廃条約を調印した。

問 5．④チャーチルは 1946 年，アメリカのミズーリ州フルトンでの演説で「バルト海のシュテッティンからアドリア海のトリエステまでヨーロッパ大陸を横切る鉄のカーテンがおろされた」と述べた。

問6．①誤文。全権委任法によって立法権を掌握したのはドイツのヒトラー（1933年）。

問7．③が正解。a．誤文。ポーランドで「連帯」の運動が起こったのは1980年代。1956年にはポズナニで暴動が起こったが，ポーランド政府によって鎮圧された。b．正文。

問9．④が正解。ベルリンの壁は1961年，東ドイツから西ドイツへの人々の流出を防ぐため，西ベルリンを囲む形で建設された。

問10．②誤文。サミット（先進国首脳会議）は西側諸国が世界的な経済問題を討議するために開いた会議。第1回会議は第1次石油危機を契機に1975年に開催された。参加国はフランス・アメリカ・イギリス・西ドイツ・イタリア・日本であった。

③誤文。ヨーロッパ石炭鉄鋼共同体（ECSC）の加盟国はフランス・西ドイツ・イタリア・ベネルクス3国。

④誤文。シハヌークはカンボジアの国王（位1941～55，93～2004年）および国家元首（1960～70年）。

問11．②誤文。マッカーシーはアメリカ上院議員（共和党）で，「赤狩り」と呼ばれる共産主義者追放運動を主導した。

問13．⑥が正解。a．第1次戦略兵器制限交渉（SALT Ⅰ）の妥結は1972年，b．核拡散防止条約（NPT）の調印は1968年，c．部分的核実験禁止条約（PTBT）の調印は1963年。したがって，古い順に配列するとc→b→aとなる。

問14．③日本と中華人民共和国の国交は1972年の日中共同声明によって正常化した。

①誤文。日朝修好条規が締結されたのは1876年。

②誤文。イギリスから中国に香港が返還されたのは1997年。

④誤文。世界貿易機関（WTO）が発足したのは1995年。

問15．東ヨーロッパの社会主義圏は1989年頃に崩れはじめ，1991年のワルシャワ条約機構の解体をもって完全に崩壊した。②不適。オーストリアは1955年のオーストリア国家条約で永世中立国となった。

③不適。ドイツでエーベルトが大統領となり，憲法（ヴァイマル憲法）が成立したのは1919年。

④不適。ポーランドでピウスツキが実権を握ったのは1926年。

❖講　評

Ⅰ　「3世紀の危機」「14世紀の危機」「17世紀の危機」を中心に古代ローマ，中世および近世ヨーロッパの情勢について問う大問。正文選択が中心で，語句選択と正誤文の組合せとして正しいものを選ぶ形式（問14）が加わる。おおむね標準的なレベルの出題となっている。

Ⅱ　東アジア情勢について，中国を中心に【A】20世紀前半と【B】20世紀後半に分けて問う大問。それぞれ6つの短文をもとに空所補充と設問で構成されている。空所補充は人名と地名を選択するものが中心で，標準的なレベルである。設問の正文選択は正確な知識が求められている。短文の中に一部詳細な知識が含まれるものもあるが，前後にヒントとなる語句や説明があるので対応できる。問10と問20の配列法は流れをきちんと把握していなければ正解が難しく，難問といえる。

Ⅲ　東西冷戦体制に関する大問。語句選択，正文（誤文）選択，正誤文の組合せ，事柄・人物と説明の組み合わせ，配列法とさまざまな形式で構成されているが，出題内容はおおむね標準レベルである。

政治・経済

I 解答

問1．③　問2．②　問3．①　問4．③　問5．①
問6．④　問7．③　問8．②　問9．①　問10．①
問11．②　問12．④　問13．③　問14．②　問15．①　問16．③
問17．④　問18．①　問19．②　問20．③

◀解　説▶

≪国際政治と人権保障≫

問1．③正しい。第一次世界大戦中のイギリスの二枚舌外交の一つで，1917年にイギリスがユダヤ人に対してパレスチナの地にユダヤ人国家の建設を約束したのがバルフォア宣言である。①誤り。ホロコーストは第二次世界大戦中のナチスによるユダヤ人大虐殺を指す。②誤り。シオニズム運動は19世紀末以降の「神との約束の地シオンの丘（パレスチナ）にユダヤ人国家を建設しよう」というユダヤ人の運動である。④誤り。フサイン＝マクマホン協定（マクマホン書簡）はイギリスの二枚舌外交の一つで，1915年にイギリスがアラブ人に対して独立国家の設立を認めたもの。

問2．②正しい。1947年の国連総会でイギリスの委任統治終了後にパレスチナをユダヤ・アラブ両国家に分割することを決議したことを受け，1948年にユダヤ人国家イスラエルが建国された。イスラエルはヘブライ語で「神の支配」を意味する。①，③，④はアラブ人の国である。

問3．①正しい。インティファーダは，1987年以降，イスラエルの占領地で発生したパレスチナ人の民衆蜂起のこと。②誤り。ラッダイト運動は19世紀初めにイギリスで主に繊維産業の労働者が起こした機械打ち壊し運動である。③誤り。ストックホルム＝アピールは，1950年に平和擁護世界大会で採択されて世界の人々に署名を呼びかけた，核兵器禁止を求める宣言のこと。④誤り。グラスノスチはゴルバチョフ政権下のソ連でとられたペレストロイカ（改革）の一環で，情報公開を意味する言葉。

問4．③正しい。オスロ合意はパレスチナ暫定自治協定のことで，クリントン米大統領の仲介でイスラエル（ラビン首相）とPLO（アラファト議長）が歩み寄り，1999年までの間，入植地という形でイスラエル人を居住させることを条件にヨルダン川西岸とガザ地区にパレスチナ側への暫定統治が認められた。①誤り。新和平案（ロードマップ）は国連，アメリカ，ロシア，EU によって 2003 年に出された提案で，これに基づき 2005 年 9 月にパレスチナ自治区のガザからイスラエル軍の完全撤退が行われた。②誤り。2010 年 12 月にチュニジアで起こった民主化運動が北アフリカ・中東に広がった一連の政治改革を総称して「アラブの春」という。④誤り。マルタ会談は 1989 年 12 月の米ソ首脳会談で，「冷戦終結宣言」が発表された。

問 5．①正しい。「国際連合の司法機関」とあるので国際司法裁判所である。オランダのハーグに置かれている。国連の機関の要請で，判決以外にも，拘束力のない「勧告的意見」を出すことができる。2004 年に「パレスチナ分離壁は国際法上違法」という勧告的意見を出した。②の常設国際司法裁判所は国際司法裁判所の前身で，国際連盟規約に基づいて設立された。③の国際刑事裁判所はハーグにあるが，国際連合の司法機関ではない。④のパレスチナ解放機構は 1964 年に結成されたパレスチナ人勢力の組織で，1969 年にアラファトが議長に就任して飛躍的に力をつけた。

問 6．④が正しい。日ソ共同宣言は，1956 年 10 月に日本とソ連の戦争状態を終了させ，国交を回復するために出された。この第 4 項の規定に基づき，日本の国連加盟申請をソ連が支持したことで，同年 12 月に日本の国連加盟が実現した。①誤り。サンフランシスコ平和条約の発効（1952 年 4 月）で日本の主権が回復した。②誤り。1972 年の日中共同声明で日本と中華人民共和国との国交が樹立された。③誤り。1965 年の日韓基本条約で日本と韓国の国交が樹立された。

問 7～問 9．戦後の東西冷戦の影響で，5 大国が資本主義陣営（英・米・仏・中華民国（台湾））と社会主義陣営（ソ連）に分かれ，両者の間に意見の対立が生じ，拒否権が発動されることで，機能不全に陥ることも多かった。1950 年の朝鮮戦争を契機に国連総会は，「平和のための結集決議」を採択。内容は，安保理が常任理事国の全会一致を得られないために，機能不全に陥ったときは，安保理の代わりに強制行動等の措置・勧告ができる緊急特別総会を開催できるというもの。緊急特別総会は 1956 年のスエズ危機（第 2 次中東戦争）の際に初めて開催された。

問 10．①正しい。2003 年 3 月，イラクの保有する大量破壊兵器廃棄を名日にジョージ・W・ブッシュ大統領（アメリカ）の指揮の下，米英軍がバグダッドを空爆，地上軍も投入してフセイン政権を倒した。しかし，国連安全保障理事会の決議なしに行われた武力の行使に国際世論は反発して各地で反戦運動が起こった。②誤り。コソボ紛争では，1999年にNATO軍が安保理決議なしで空爆を行ったが，大量破壊兵器の保有を理由としたものではない。③誤り。1991年の湾岸戦争時の多国籍軍は安保理決議に基づく。④誤り。ソマリア内戦では1992年にPKO活動のために安保理決議に基づき多国籍軍が派遣された。

問11. ②正しい。14条1項の「法の下の平等」は人はすべて自由・独立した存在であり，それぞれの相違・特徴に関わりなく人間として平等であるとの立場から主張される権利。①誤り。個人の尊重は第13条で規定。③誤り。基本的人権の享有は第11条で規定。④誤り。勤労の権利は第27条で規定。

問12. ④が正しい。1979年に国連総会で採択された女子差別撤廃条約の日本での批准は1985年に行われたが，この批准のため，国籍法の改正（父系主義を父母両系主義に変更）や男女雇用機会均等法の制定などの法整備や男女平等教育の推進などが行われた。①国際人権規約の採択は1966年。日本の批准は1979年だが，A規約のうち(1)祝祭日の報酬，(2)公務員の争議権，(3)中等・高等教育の無償化の3点を留保した（(3)の留保は2012年に撤回通告をしている）。②世界人権宣言は1948年に国連で採択された人権宣言だが，法的拘束力はない。③障害者の権利条約は2006年に採択され，日本は2014年に批准した。

問13. ③が正しい。1979年に国連総会で採択された女子差別撤廃条約の批准を行うために，1985年に国内の法整備の一環として制定された男女雇用機会均等法は，1997年の改正で，女子の募集・採用・配置・昇進の各段階での差別が禁止され（以前は努力義務），セクシャルハラスメント防止義務を事業主に課すことになった。差別禁止義務違反については，罰則として企業名の公表などの社会的制裁がなされることになった。①の男女共同参画社会基本法は1999年，②のヘイトスピーチ対策法は2016年，④の性同一性障害者特例法は2003年にそれぞれ制定された。

問14. ①，②，③はいずれも最高裁が違憲判決を出した事例である。下線部の「婚姻関係がない男女の間から生まれた子」のことを「婚外子」というので，②が正しい。民法900条で，非嫡出子（法律上婚姻関係のない夫婦間に生まれた子）の法定相続分は，嫡出子の2分の1とされており，最高裁は従来，この規定を合憲とする姿勢だったが，2013年9月，最高裁大法廷が相続差別を「法の下の平等を定めた憲法に違反する」と判断。この結果，同年12月の民法改正で非嫡出子の相続分を法律上の夫婦の子（嫡出子）の相続分の半分とする規定が民法から削除された。

問15. ①正しい。「高度に政治的な事柄であるとして憲法判断を避けた」とあるので，「統治行為論」を選ぶ。統治行為論は，高度に政治的な問題は裁判所の審査の対象ではなく，一見明白に違憲と判断できるもの以外は，国会・内閣の判断に委ねるべきであるという考え方である。

問16. ③正しい。「立憲主義」は広義には権力者による権力濫用を抑えるために憲法を制定するという考え方を指し，一般に憲法に基づいて政治が行われることを意味する。

問17. ④正しい。君主が定めた憲法が欽定憲法で，国民が定めた憲法が③の民定憲法である。大日本帝国憲法は欽定憲法，日本国憲法は民定憲法である。

問18. ①正しい。法律に基づく限り，個人の権利・自由に対して必要な制限が可能という考え方を法律の留保という。大日本帝国憲法下の臣民の権利は法律の範囲内でのみ認められ，人権の制約が可能であった。

問19. ②正しい。2014年7月安倍晋三内閣は積極的平和主義（日本と密接な関係にある第三国を守るための集団的自衛権行使が日本国民の生命・安全を守るという明白な因果関係をもつ場合，これを認めるべきという考え方）に基づき，集団的自衛権の行使容認を閣議決定した。個別的自衛権は自国が直接攻撃を受けた場合は自国のみで防衛行動をとるという自衛権。集団的自衛権は同盟国が攻撃を受けた際に，共同で防衛行動をとる自衛権。ともに国連憲章51条で保障される権利だが，集団的自衛権については，従来の政府見解は，憲法第9条2項の交戦権の否認より，保有しているが行使できないとしていた。

問20. ③安全保障関連法（2015年9月成立，2016年3月施行）のうち，平和安全法制整備法（既存の法律10本の改正）の中の改正武力攻撃事態対処法で「我が国と密接な関係にある他国」に攻撃があり，我が国に明白な危険がある事態を「存立危機事態」として国会の承認の下に集団的自衛権を自衛隊が行使できると明記した。①海賊対処法は 2009 年，②出入国管理及び難民認定法は 1951 年の出入国管理令を改正して 1981 年に，④テロ対策特別措置法は 2001 年にそれぞれ制定された。

 **解答**　問 21. ①　問 22. ②　問 23. ②　問 24. ①　問 25. ④　問 26. ②　問 27. ④　問 28. ②　問 29. ①　問 30. ①　問 31. ③　問 32. ①　問 33. ①　問 34. ④　問 35. ③

◀解　説▶

≪地球環境と資源エネルギー問題≫

問 21・問 22. 1972 年にスウェーデンのストックホルムで「かけがえのない地球（Only One Earth)」をスローガンに国連人間環境会議が開かれ，人間環境宣言（ストックホルム宣言）を採択した。20 年後の 1992 年にブラジルのリオデジャネイロで「持続可能な開発」をスローガンに，国連環境開発会議，いわゆる地球サミットが開催され，環境と開発に関するリオ宣言が出された。③国連資源特別総会は 1974 年に資源問題を討議するために開催された。④国連貿易開発会議は 1964 年に設置された国連機関で，総会は 4 年に 1 度開催。南北問題を解決するために途上国が先進国に対して要求する場となっている。

問 23. ②正しい。「持続可能な開発」は環境保全と開発は対立するものではなく，両立が可能であるとする「環境と開発に関する世界委員会（ブルントラント委員会)」が 1987 年の報告書「われらの共有の未来」の中で初めて提起した理念である。①「かけがえのない地球」は 1972 年の国連人間環境会議のスローガン。③「宇宙船地球号」はアメリカの経済学者ボールディングらが述べた考え方が基本であり，「地球環境は宇宙船のように有限で劣化する閉ざされたもので，全人類はその乗組員としての共同体である」という意味。④「国連開発のための 10 年」は 1961 年の国連総会でケネディ大統領（アメリカ）の呼びかけにより決定された開発戦略。

問 24. 1992 年の国連環境開発会議で採択されたのは①の気候変動枠組条約。温室効果ガス濃度の安定を目指し，各国に温室効果ガスの 1990 年排出レベルの凍結と排出削減努力の報告義務を課したが，排出削減数値目標の設定には失敗した。②ラムサール条約は 1971 年，③オゾン層保護のためのウィーン条約は 1985 年，④ワシントン条約は 1973 年にそれぞれ採択された。

問 25・問 26. 1997 年に開催された気候変動枠組条約第 3 回締約国会議（COP 3，京都会議）で先進国に対しては 2008〜2012 年に 1990 年レベルと比較して，EU は 8 %，アメリカは 7 %，日本は 6 %の削減，先進国全体で 1990 年総排出量の 5.2%削減目標を定めた京都議定書を採択。しかし，発展途上国の削減目標の設定は見送られた。2001 年に当時最大の二酸化炭素ガス排出国であるアメリカが国内の自動車産業と経済発展への配慮を優先して離脱を表明したが，2004 年に経済成長の妨げになるという理由で批准が遅れていたロシアが京都議定書を批准したことで発効条件を満たし，2005 年 2 月に京都議定書は発効した。問 25 の①モントリオール議定書は 1987 年，②バーゼル条約は 1989 年，③オタワ条約は対人地雷全面禁止条約のことで 1997 年にそれぞれ採択された。

問 27〜問 29. 2015 年に気候変動枠組条約第 21 回締約国会議（COP21）がフランスのパリで開かれ，パリ協定が採択された。(1)気温上昇を産業革命前に比べて 2℃ 以内に抑制することを目指す。(2)途上国を含めたすべての締約国（196 の国，地域）が削減目標を掲げることを規定した。2006 年以降，温室効果ガスの最大排出国となった中国（28.2%：2017 年）と 2 位になったアメリカ（14.5%：2017 年）が批准したことで他国も追従して批准した。

問 30. 化石燃料とは，太古に存在していた動物や植物が，長い年月をかけて変化してできた燃料であり，具体的には，石油や石炭，天然ガスなどが該当するので，①が正しい。

問 31. ③正しい。1986 年，旧ソ連（現在のウクライナ）のチェルノブイリ（チョルノービリ）原発の爆発・火災事故により多数の放射性物質が国境を越えてヨーロッパにまで飛散して広い地域が汚染された。

問 32. ①正しい。1999 年茨城県の JCO 東海事業所で臨界事故が発生し，日本の原子力開発史上初めての死者を出す惨事となった。②誤り。1995 年に発生した高速増殖炉「もんじゅ」のナトリウム漏れ火災事故。③誤り。1954 年にアメリカのビキニ環礁での水爆実験により日本の漁船第五福竜丸が多量の放射性降下物を浴びた。④柏崎刈羽原子力発電所破損事故は 2007 年の中越沖地震を原因とする火災事故。

問 33. ①正しい。2009 年 8 月の総選挙で民主党が大勝し，鳩山由紀夫を首相とする民主党・国民新党・社会民主党の連立政権が誕生した。もともと日本の原子力政策は 1955 年に成立した原子力基本法に基づくもので，同年に結成された自民党政権は原子力政策を推進していた。この姿勢は民主党への政権交代が行われても変わらなかった。

問 34. ④正しい。福島第一原子力発電所事故は 2011 年 3 月，東日本大震災にともなう津波により炉心溶融，水素爆発が発生。国際原子力事象評価のレベル 7（深刻な事故）に相当する多量の放射性物質が外部に放出された。①スリーマイル島原子力発電所事故は 1979 年にアメリカで発生した初めての炉心溶融事故で，放射性物質が外部に漏れた事故である。

問 35. ③正しい。固定価格買取制度は再生可能エネルギーで発電した電力を固定価格で一定の期間，電力会社が買い取る仕組みで，2012 年施行の再生可能エネルギー特別措置法で導入された。買い取り価格はやや高めに設定し，その部分は電気料金に上乗せされる。

問 36. ③　問 37. ④　問 38. ②　問 39. ①
問 40. ②　問 41. ④　問 42. ④　問 43. ①
問 44. ④　問 45. ①　問 46. ④　問 47. ①　問 48. ④　問 49. ②
問 50. ①

◀解　説▶

≪市場メカニズムとその限界≫

問 36. ③正しい。アダム＝スミス（イギリス）は『諸国民の富』の中で，個人の利己的な利益の追求が，個人の利益をもたらすだけでなく，自由競争を通じて社会全体の利益を増進させると主張し，これを「(神の) 見えざる手」と表現した。スミスはこの立場から重商主義政策に反対し，自由放任主義を唱えた。

問 37. ④正しい。商品市場において，価格は，需要量と供給量が一致する価格（均衡価格）に向かっていく。これを価格の自動調節作用という。これをアダム＝スミスが「見えざる手」と呼んだのだが，均衡価格において売れ残りも品不足もない資源の最適配分が実現する。資源配分の効率を重視する限り，市場には人為的な介入はすべきでないという結論に至る。

問 38・問 39. 市場メカニズムに任せて資源の最適配分が実現できないケ

ースを市場の失敗という。(1)独占や寡占による市場支配，(2)公共財のように誰もが必要としているのに市場が成立しない場合，(3)市場を通さずに他の経済主体に利益をもたらす外部性の問題などが該当するが，市場の失敗が生じた場合，公共部門の経済主体である政府が資源配分に積極的に介入することが必要となる。

問 40. ②正しい。市場内での売手と買手の取引が，市場の外側で，取引に関与していない経済主体に便益を与えることを外部経済という。例えば，駅周辺が発達して，その地域の地価が上昇し，無関係の第三者が利益を得ることなどが該当する。

問 41. ④正しい。ある経済主体の行動が，市場を通さないで，直接に多くの人々に不利益を与えることを外部不経済という。公害の発生で地域住民に公害病を発生させることなどが例として挙げられる。

問 42・問 44. 外部経済とは市場内部の経済主体の経済活動が市場を通さずに市場外部の第三者に利益を与えることを意味する。利益の享受者を供給者が排除できないとき，フリーライダー問題が発生して需要に見合った費用が回収できずに供給が社会に望ましい量に比べて過小になりがちである。また効用が企業の収入増につながらないため，企業にとっての最適供給水準は，社会的に望ましいレベルよりも下回ってしまうのである。

問 43・問 45. 外部不経済は，市場内部の経済主体の経済活動が市場を通さずに市場外部の第三者に悪影響を及ぼすことを意味する。企業が出す公害が社会全体に不利益をもたらす例が該当する。このとき，企業は公害などへの対策を講じていない分，安い費用で多くの商品を生産でき，供給は過大になりやすい。不利益を被っている市場外部の住民が不満を表明しない以上，企業は公害除去の対策を講じず，過大に生産し続けるため，企業から見た最適供給水準は，社会的に望ましいレベルを上回ることになる。本来は，企業が負担しなければならない公害防止装置などの費用を，第三者や地域社会に転嫁しているので，企業が公害発生防止費用を負担することで，社会的費用を内部化する必要がある。

問 46〜問 50. 市場メカニズムは理論上，資源の最適配分を達成するが，市場のある部分の欠落によってその最適配分を達成しないケースが市場の失敗である。この場合，企業の生産活動などにおいて，環境に悪い影響をもたらすことがあるが，積極的にその対策をとらないため生産コストに含まれないことが多い。こうした環境コストを生産者に負担させることを「内部化する」という。外部不経済の場合，発生する費用を課税によって生産者に負担させることによって供給量を抑制する。逆に外部経済の場合，市場に任せると供給が過小になるため，補助金を配分して供給を奨励する。

❖講　評

Ⅰ　国連や民族紛争などの国際政治と国際的な人権条約の理解を問う出題。問 1 の選択問題のバルフォア宣言とマクマホン書簡を問う問題は迷った受験生も多かったかもしれない。問 6 で問われた日本の国連加盟が日ソ共同宣言後に実現したことや，問 12・問 13 の女子差別撤廃条約と男女雇用機会均等法との関連は問われやすい内容であり，確実に正答したい。他の問題も問われている内容は標準的。全体的に基本・標準中心の出題といえる。

Ⅱ　地球環境問題と資源エネルギー問題に関する出題。問 21〜問 24 で問われた国際会議とスローガン，採択された宣言，採択された条約を日頃の学習で整理していた受験生にとっては基本的な出題であった。問 35 の固定価格買取制度はやや詳細な内容の出題だが，他の選択肢の内容が理解できていれば十分に解ける。他の問題も問われている内容は標準的。全体的に基本・標準中心の出題といえる。

Ⅲ　市場メカニズムとその限界を問う問題。問 42〜問 44 の外部経済，外部不経済が生じた場合の最適供給水準と社会的に望ましい水準との関係は詳細な知識が問われる問題だったが，他の問題で問われている内容は標準的。全体的に基本・標準中心の出題といえる。

例年のレベルからいえば，2022 年度は標準的な出題であったといえるだろう。

数学

◀数学Ⅰ・Ⅱ・Ⅲ・A・B▶

Ⅰ **解答**　1 3　2 5　3 2　4 1　5 6　6 3　7 7　8 5
9 6　10 7　11 9　12 7　13 5

◀解　説▶

≪さいころの確率，初めて 0 以外の数字が現れる小数の位≫

(1)　2 種類の出る目の選び方は $_6C_2=15$ 通りあり，各々について目の出方は① 2 回ずつ出る場合，② 3 回と 1 回出る場合があるから，求める確率は

$$15\left\{{}_4C_2\cdot\left(\frac{1}{6}\right)^2\cdot\left(\frac{1}{6}\right)^2+2\cdot{}_4C_1\cdot\left(\frac{1}{6}\right)\cdot\left(\frac{1}{6}\right)^3\right\}=15(6+8)\cdot\left(\frac{1}{6}\right)^4$$

$$=\frac{35}{216}\quad(\to \boxed{1}\sim\boxed{5})$$

(2)　(1)より，求める条件付き確率は

$$\frac{15\cdot 6\cdot\left(\frac{1}{6}\right)^4}{15\cdot 14\cdot\left(\frac{1}{6}\right)^4}=\frac{3}{7}\quad(\to \boxed{6}\cdot\boxed{7})$$

(3)　出る目以外の目が次の回に出る場合であるから，求める確率は

$$\left(\frac{5}{6}\right)^{79}\quad(\to \boxed{8}\sim\boxed{11})$$

$$\log_{10}\left(\frac{5}{6}\right)^{79}=79\log_{10}\frac{10}{12}=79\{\log_{10}10-\log_{10}(2^2\cdot 3)\}$$

$$=79(1-2\log_{10}2-\log_{10}3)$$

$$=79(1-2\times 0.3010-0.4771)=-6.2489$$

ゆえに，$-7<\log_{10}\left(\frac{5}{6}\right)^{79}<-6$ であるから　$10^{-7}<\left(\frac{5}{6}\right)^{79}<10^{-6}$

よって，小数第 7 位に初めて 0 でない数字が現れる。($\to\boxed{12}$)

また

$$-7+\log_{10}5=-7+\log_{10}10-\log_{10}2=-7+1-0.3010=-6.3010$$

$$-7+\log_{10}6=-7+\log_{10}2+\log_{10}3=-7+0.3010+0.4771$$

$$=-6.2219$$

より

$$-7+\log_{10}5<\log_{10}\left(\frac{5}{6}\right)^{79}<-7+\log_{10}6$$

ゆえに　　$5\cdot10^{-7}<\left(\frac{5}{6}\right)^{79}<6\cdot10^{-7}$

よって，小数第 7 位の数字は 5 である。（→$\boxed{13}$）

II　解答　$\boxed{14}$ 3　$\boxed{15}$ 5　$\boxed{16}$ −　$\boxed{17}$ 7　$\boxed{18}$ 2　$\boxed{19}$ 5　$\boxed{20}$ 1　$\boxed{21}$ 1

$\boxed{22}$ 5　$\boxed{23}$ 1　$\boxed{24}$ 1　$\boxed{25}$ 6

◀解　説▶

≪三角形の決定，角の二等分線の長さ≫

(1)　$\angle\mathrm{BAC}=\theta$ とおくと，条件より

$$\angle\mathrm{ACB}=2\theta$$

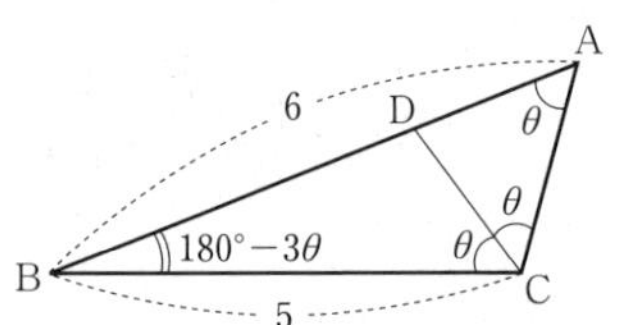

$\triangle\mathrm{ABC}$ において，正弦定理より

$$\frac{5}{\sin\theta}=\frac{6}{\sin2\theta}$$

$5\sin2\theta=6\sin\theta$ より

$$5\sin\theta\cos\theta=3\sin\theta$$

ゆえに，$\sin\theta\neq0$ であるから

$$\cos\theta=\cos\angle\mathrm{BAC}=\frac{3}{5}\quad(\to\boxed{14}\cdot\boxed{15})$$

$$\cos\angle\mathrm{ACB}=\cos2\theta=2\cos^2\theta-1=2\cdot\left(\frac{3}{5}\right)^2-1$$

$$=-\frac{7}{25}\quad(\to\boxed{16}\sim\boxed{19})$$

$\triangle\mathrm{ABC}$ において，余弦定理より　　$5^2=\mathrm{AC}^2+6^2-2\cdot6\cdot\mathrm{AC}\cdot\cos\theta$

$5\mathrm{AC}^2-36\mathrm{AC}+55=0$ より　　$(5\mathrm{AC}-11)(\mathrm{AC}-5)=0$

ここで，$\cos2\theta<0$ であるから，$90^\circ<2\theta<180^\circ$ より

$$45^\circ<\theta<90^\circ$$

このとき $135^\circ<3\theta$ であるから，$\angle\mathrm{ABC}=180^\circ-3\theta<45^\circ$ より

$\angle ABC < \theta$

よって　　$AC < BC$

ゆえに　　$AC = \dfrac{11}{5}$　（→20～22）

(2)　条件より，$\angle DCA = \dfrac{1}{2}\angle ACB = \theta$ であるから，$\triangle DAC$ は $AD = CD$ の二等辺三角形である。CD は $\angle ACB$ の二等分線であるから

$$AD : DB = CA : CB = \frac{11}{5} : 5 = 11 : 25$$

ゆえに

$$CD = AD = \frac{11}{36}AB = \frac{11}{36}\cdot 6 = \frac{11}{6}$$　（→23～25）

参考　$\left(\triangle DAC \text{ の底角が } \theta \text{ より，} \cos\theta = \dfrac{3}{5} \text{ を利用できる。}\right)$

$\triangle DAC$ は二等辺三角形より，AC の中点 M をとると

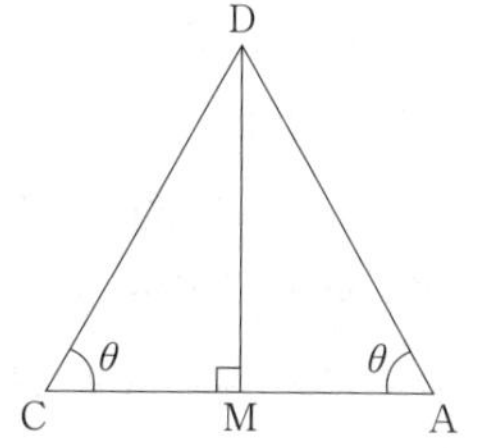

$$DM \perp AC \qquad CM = \frac{1}{2}AC = \frac{11}{10}$$

$\triangle CDM$ に対して，$\cos\theta = \dfrac{CM}{CD}$ より

$$CD = \frac{CM}{\cos\theta} = \frac{\frac{11}{10}}{\frac{3}{5}} = \frac{11}{6}$$

Ⅲ 解答

26 4　27 −　28 3　29 2　30 −　31 3　32 7　33 7　34 1　35 1

◀解　説▶

≪群数列≫

(1)　初項 a，公差 d とおくと，条件より

$$a_3 = a + 2d = 1,\ S_8 = 4(2a + 7d) = -10$$

連立して解くと　　$a = 4,\ d = -\dfrac{3}{2}$　（→26～29）

(2)　第 k 群までの項数は

$$\sum_{l=1}^{k} 2^l = \frac{2(2^k-1)}{2-1} = 2(2^k-1)$$

ゆえに，第8群の最初の項は $2(2^7-1)+1=255$ より，第255項。

よって，(1)より

$$a_n = 4+(n-1)\cdot\left(-\frac{3}{2}\right) = -\frac{3}{2}n+\frac{11}{2}$$

であるから

$$a_{255} = -\frac{3}{2}\cdot 255+\frac{11}{2} = -377 \quad (\to \boxed{30}\sim\boxed{33})$$

不等式 $-\frac{3}{2}n+\frac{11}{2} \leqq -5000$ を満たす最小の自然数 n は

$n \geqq \frac{10011}{3} = 3337$ より　　$n=3337$

このとき　　$a_{3337} = -5000$

a_{3337} が第 k 群にあるとする。

不等式 $2(2^{k-1}-1) < 3337 \leqq 2(2^k-1)$ を満たす自然数 k は

$$2^k < 3339 \leqq 2^{k+1}$$

$2^{11}=2048$，$2^{12}=4096$ より　　$k=11$

ゆえに，a_{3337} は第11群。すなわち -5000 以下の数が初めて現れるのは第11群である。（$\to \boxed{34}\cdot\boxed{35}$）

Ⅳ　**解答**　36 9　37 2　38 1　39 0　40 －　41 3　42 1　43 6

◀解　説▶

≪定積分で表された関数の極大値，グラフの変曲点≫

(1)　　$f'(x) = (3-\sqrt{x})e^{-\sqrt{x}}$

$f'(x)=0$ のとき $e^{-\sqrt{x}}>0$，$x>0$ であるから，

$3-\sqrt{x}=0$ より

$$x=9$$

x	0	…	9	…
$f'(x)$	／	＋	0	－
$f(x)$	／	↗	極大	↘

$\sqrt{t}=u$ とおくと

$$t=u^2,\ dt=2u\,du$$

t	$0 \to 9$
u	$0 \to 3$

$$f(9) = \int_0^9 (3-\sqrt{t})e^{-\sqrt{t}}dt$$

$$=\int_0^3 (3-u)e^{-u}\cdot 2u\,du$$

$$=2\int_0^3 (3u-u^2)(-e^{-u})'du$$

$$=2\left\{\left[-(3u-u^2)e^{-u}\right]_0^3+\int_0^3 (3-2u)e^{-u}du\right\}$$

$$=2\left\{\left[-(3-2u)e^{-u}\right]_0^3+\int_0^3 (-2e^{-u})du\right\}$$

$$=2\left\{(3e^{-3}+3)+2\left[e^{-u}\right]_0^3\right\}$$

$$=2(3e^{-3}+3+2e^{-3}-2)$$

$$=2+10e^{-3}$$

よって，増減表より，$x=9$ のとき極大値 $2+10e^{-3}$ をとる。（→[36]～[41]）

(2)　(1)より

$$f''(x)=-\frac{1}{2\sqrt{x}}\cdot e^{-\sqrt{x}}+(3-\sqrt{x})\left(-\frac{1}{2\sqrt{x}}\cdot e^{-\sqrt{x}}\right)=\frac{\sqrt{x}-4}{2\sqrt{x}}e^{-\sqrt{x}}$$

$f''(x)=0$ のとき $\sqrt{x}-4=0$ より　　$x=16$

$0<x<16$ のとき $f''(x)<0$，$16<x$ のとき $f''(x)>0$ となるから，求める変曲点は点 $(16,\ f(16))$ である。（→[42]・[43]）

[44] 3　[45] 2　[46] 4　[47] 2　[48] 2　[49] －　[50] 1　[51] 2
[52] 3　[53] 3　[54] 5

◀解　説▶

≪接線の方程式，曲線と x 軸で囲まれた図形の面積≫

(1)　$0\leqq t\leqq\frac{\pi}{2}$ のとき $0\leqq 2t\leqq\pi$ であるから，$x=\cos 2t=0$ のとき $2t=\frac{\pi}{2}$ より

$$t=\frac{\pi}{4}$$

ゆえに，$t=\frac{\pi}{4}$ のとき $\left(\cos\frac{\pi}{2},\ \sin\frac{3}{4}\pi\right)$ より　　$\mathrm{P}\left(0,\ \frac{\sqrt{2}}{2}\right)$

また　　$\frac{dx}{dt}=-2\sin 2t$，$\frac{dy}{dt}=3\cos 3t$

$t=\frac{\pi}{4}$ のとき $\sin 2t\neq 0$ であるから

$$\frac{dy}{dx}=\frac{\frac{dy}{dt}}{\frac{dx}{dt}}=-\frac{3\cos 3t}{2\sin 2t}$$

より，$t=\frac{\pi}{4}$ のとき

$$\frac{dy}{dx}=-\frac{3\cos\frac{3}{4}\pi}{2\sin\frac{\pi}{2}}=-\frac{-\frac{3\sqrt{2}}{2}}{2}=\frac{3\sqrt{2}}{4}$$

ゆえに，求める方程式は　　$y=\frac{3\sqrt{2}}{4}x+\frac{\sqrt{2}}{2}$　（→44～48）

(2)　$0\leqq t\leqq\frac{\pi}{2}$ のとき $0\leqq 3t\leqq\frac{3}{2}\pi$ であるから，$y=\sin 3t=0$ のとき

$3t=0$，π より

$$t=0,\ \frac{\pi}{3}$$

ゆえに，交点の座標は　　$(1,\ 0)$，$\left(-\frac{1}{2},\ 0\right)$　（→49～51）

(3)　$x=\cos 2t$，$y=\sin 3t$ $\left(0\leqq t\leqq\frac{\pi}{2}\right)$ の増減表は次表のようになる。増減表より，曲線 C は次図のようになる。よって，求める面積は

x	$-\frac{1}{2}$ → 1
t	$\frac{\pi}{3}$ → 0

$$\int_{-\frac{1}{2}}^{1} y\,dx=\int_{\frac{\pi}{3}}^{0}\sin 3t\cdot(-2\sin 2t)\,dt$$

$$=\int_{0}^{\frac{\pi}{3}} 2\sin 3t\sin 2t\,dt$$

$$=\int_{0}^{\frac{\pi}{3}}(-\cos 5t+\cos t)\,dt$$

$$=\left[-\frac{1}{5}\sin 5t+\sin t\right]_{0}^{\frac{\pi}{3}}=\frac{\sqrt{3}}{10}+\frac{\sqrt{3}}{2}$$

$$=\frac{3\sqrt{3}}{5}$$　（→52～54）

t	0	$\cdots$	$\frac{\pi}{6}$	$\cdots$	$\frac{\pi}{2}$
$\frac{dx}{dt}$	0	$-$	$-$	$-$	0
x	1	↘	$\frac{1}{2}$	↘	-1
$\frac{dy}{dt}$	$+$	$+$	0	$-$	0
y	0	↗	1	↘	-1

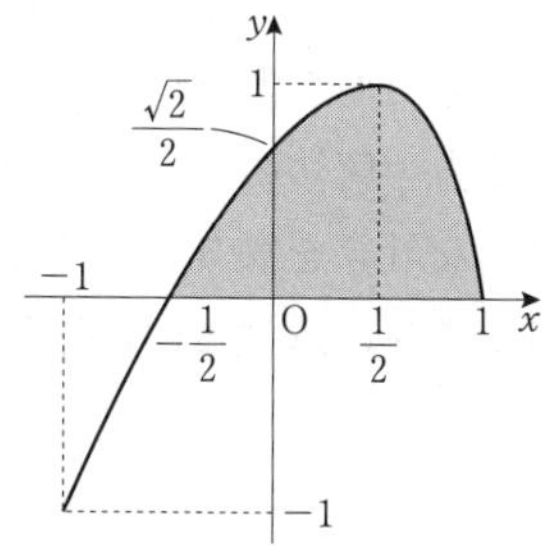

❖講　評

全問マークシート方式による空所補充形式である。全般的に基本から標準レベルの問題であり，幅広い分野にわたって出題されている。

Ⅰ　(1)さいころの目の選び方，目の出方を別々に考える。(3)$\left(\frac{5}{6}\right)^{79}$の常用対数をとり，真数が2，3または10の対数で表す。小数第何位かの問題は，$10^n \leqq N < 10^{n+1}$の不等式で表して求める頻出問題である。最高位の数は，$-7+\log_{10}m$，$-7+\log_{10}(m+1)$ではさむことから求める。丁寧に計算をしたい。

Ⅱ　2倍角の公式を利用するが，正弦定理・余弦定理・二等分線の性質を利用する基本問題であり，必ず得点したい。

Ⅲ　第k群の末項に着目して求める。群数列の頻出問題である。

Ⅳ　微分・置換積分・部分積分の基本事項が問われている。定義域に注意して増減表をつくり考える。積分区間の対応表をつくるなど丁寧な計算を心がけ得点をしていきたい。

Ⅴ　媒介変数表示で表される関数の頻出問題である。(1)$\frac{dx}{dt}$，$\frac{dy}{dt}$より$\frac{dy}{dx}$を求める。(2)$y=\sin 3t=0$を解き，tの値をx，yそれぞれに代入する。(3)増減表をつくり，グラフよりグラフの上下・積分区間を求め，$S=\int_a^b ydx$を対応区間に注意し，媒介変数で表して計算する。

すべての問題で，基本事項を理解できているかが問われている。教科書を繰り返し勉強することが合格への第一歩である。1つ1つの問題に注意深く対応し，見直しをするなど極力ミスを避けるようにしたい。試験時間が十分であるとはいえないため，普段から数多くの問題に接することで考え方・解法のパターンを身につけるとともに，微・積分計算など，基本的な計算を繰り返すことでスピードにも対応することができれば，合格ラインに達するのは難しいことではないだろう。

◀数学Ⅰ・Ⅱ・A・B▶

Ⅰ

解答　1 5　2 2　3 0　4 8　5 1　6 2

◀解　説▶

≪文字列の確率とカードの枚数≫

(i)より，$\dfrac{x}{x+y+z}=\dfrac{1}{5}$ であるから　　$x+y+z=5x$

より　　$y+z=4x$

(ii)より　　$\dfrac{1}{5}\cdot\dfrac{x-1}{x+y+z-1}=\dfrac{1}{5}\cdot\dfrac{x-1}{5x-1}=\dfrac{1}{30}$

ゆえに，$5x-1=6(x-1)$ より

$x=5$，$y+z=20$　（→1～3）

(iii)より　　$\dfrac{1}{5}\cdot\dfrac{y}{24}\cdot\dfrac{z}{23}=\dfrac{4}{115}$

$yz=96$，$y+z=20$ であるから，y，z は t の 2 次方程式 $t^2-20t+96=0$ の 2 つの実数解となる。

$(t-12)(t-8)=0$ より　　$t=12$，8

よって，$z>y$ であるから　　$y=8$，$z=12$　（→4～6）

Ⅱ

解答　7 1　8 2　9 3　10 2　11 7　12 4　13 8　14 5　15 2　16 1　17 4　18 2　19 1　20 1　21 0

◀解　説▶

≪ベクトルの同一直線条件・垂直条件，ベクトルの大きさ≫

$\overrightarrow{OA}=\vec{a}$，$\overrightarrow{OB}=\vec{b}$ とおく。1 辺の長さが 1 の正三角形 OAB より

$$|\vec{a}|=|\vec{b}|=1,\ \vec{a}\cdot\vec{b}=1\cdot1\cdot\cos60^\circ=\frac{1}{2}\quad\cdots\cdots①$$

(1)　点 M は線分 AC の中点，$\overrightarrow{OC}=3\overrightarrow{OB}$ であるから

$$\overrightarrow{OM}=\frac{1}{2}\overrightarrow{OA}+\frac{1}{2}\overrightarrow{OC}=\frac{1}{2}\overrightarrow{OA}+\frac{3}{2}\overrightarrow{OB}$$

$$=\frac{1}{2}\vec{a}+\frac{3}{2}\vec{b}$$　（→7～10）

(2)　3点A，B，Nは同一直線上にあるから

$$\overrightarrow{AN}=k\overrightarrow{AB}=k(\overrightarrow{OB}-\overrightarrow{OA})$$

$$=k(-\vec{a}+\vec{b})\quad (k\text{ は実数})$$

と表される。

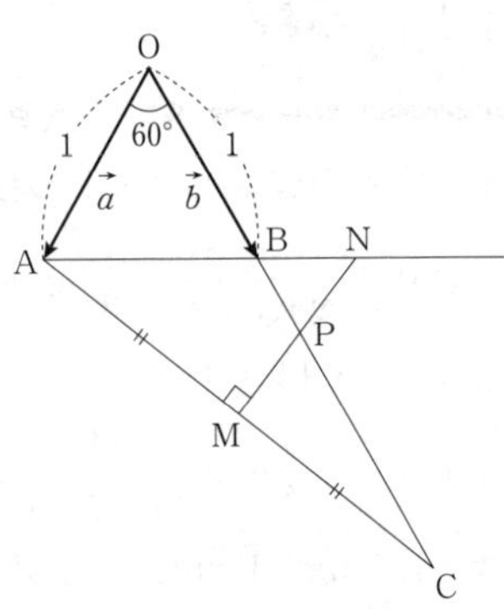

$$\overrightarrow{AC}=\overrightarrow{OC}-\overrightarrow{OA}=3\overrightarrow{OB}-\overrightarrow{OA}$$

$$=-\vec{a}+3\vec{b}$$

$$\overrightarrow{MN}=\overrightarrow{ON}-\overrightarrow{OM}=\overrightarrow{OA}+\overrightarrow{AN}-\overrightarrow{OM}$$

$$=\vec{a}+k(-\vec{a}+\vec{b})-\left(\frac{1}{2}\vec{a}+\frac{3}{2}\vec{b}\right)$$

$$=\left(-k+\frac{1}{2}\right)\vec{a}+\left(k-\frac{3}{2}\right)\vec{b}$$

AC⊥MNのとき $\overrightarrow{AC}\cdot\overrightarrow{MN}=0$ であるから

$$\overrightarrow{AC}\cdot\overrightarrow{MN}=\left(k-\frac{1}{2}\right)|\vec{a}|^2+\left\{3\left(-k+\frac{1}{2}\right)-\left(k-\frac{3}{2}\right)\right\}\vec{a}\cdot\vec{b}$$

$$+3\left(k-\frac{3}{2}\right)|\vec{b}|^2$$

$$=\left(k-\frac{1}{2}\right)|\vec{a}|^2+(-4k+3)\vec{a}\cdot\vec{b}+3\left(k-\frac{3}{2}\right)|\vec{b}|^2$$

①より

$$\overrightarrow{AC}\cdot\overrightarrow{MN}=\left(k-\frac{1}{2}\right)+\frac{1}{2}(-4k+3)+3\left(k-\frac{3}{2}\right)=2k-\frac{7}{2}$$

ゆえに　　$2k-\dfrac{7}{2}=0$

より　　$k=\dfrac{7}{4}$

であるから　　$\overrightarrow{AN}=\dfrac{7}{4}\overrightarrow{AB}$　(→⑪・⑫)

(3)　(2)より　　$\overrightarrow{MN}=-\dfrac{5}{4}\vec{a}+\dfrac{1}{4}\vec{b}$

$$|\overrightarrow{MN}|^2=\left|-\frac{5}{4}\vec{a}+\frac{1}{4}\vec{b}\right|^2=\frac{1}{16}(25|\vec{a}|^2-10\vec{a}\cdot\vec{b}+|\vec{b}|^2)=\frac{21}{16}$$

ゆえに，$|\overrightarrow{MN}|>0$ であるから　　$\mathrm{MN}=|\overrightarrow{MN}|=\dfrac{\sqrt{21}}{4}$　(→⑮～⑰)

点 P は直線 MN 上にあるから

$$\overrightarrow{\mathrm{MP}}=s\overrightarrow{\mathrm{MN}}=\frac{s}{4}(-5\vec{a}+\vec{b})\quad(s\text{ は実数})$$

と表される。

$$\overrightarrow{\mathrm{OP}}=\overrightarrow{\mathrm{OM}}+\overrightarrow{\mathrm{MP}}=\left(-\frac{5}{4}s+\frac{1}{2}\right)\vec{a}+\left(\frac{1}{4}s+\frac{3}{2}\right)\vec{b}$$

ここで，点 P は直線 OB 上にあり，$\vec{a}$，$\vec{b}$ は 1 次独立であるから

$$-\frac{5}{4}s+\frac{1}{2}=0$$

より　　$s=\dfrac{2}{5}$

ゆえに，$\overrightarrow{\mathrm{OP}}=\dfrac{8}{5}\vec{b}$ であるから

$$\mathrm{OP}=|\overrightarrow{\mathrm{OP}}|=\frac{8}{5}|\vec{b}|=\frac{8}{5}\quad(\to\boxed{13}\cdot\boxed{14})$$

また，$\overrightarrow{\mathrm{MP}}=\dfrac{2}{5}\overrightarrow{\mathrm{MN}}$ だから

$$\mathrm{MP}=\frac{2}{5}\mathrm{MN}=\frac{2}{5}\cdot\frac{\sqrt{21}}{4}=\frac{\sqrt{21}}{10}\quad(\to\boxed{18}\sim\boxed{21})$$

参考　$\overrightarrow{\mathrm{MP}}=\overrightarrow{\mathrm{OP}}-\overrightarrow{\mathrm{OM}}=\dfrac{8}{5}\vec{b}-\left(\dfrac{1}{2}\vec{a}+\dfrac{3}{2}\vec{b}\right)=-\dfrac{1}{2}\vec{a}+\dfrac{1}{10}\vec{b}$ として

$$|\overrightarrow{\mathrm{MP}}|^2=\left|-\frac{1}{2}\vec{a}+\frac{1}{10}\vec{b}\right|^2=\frac{1}{100}(25|\vec{a}|^2-10\vec{a}\cdot\vec{b}+|\vec{b}|^2)=\frac{21}{100}$$

ゆえに，$|\overrightarrow{\mathrm{MP}}|>0$ であるから　　$\mathrm{MP}=|\overrightarrow{\mathrm{MP}}|=\dfrac{\sqrt{21}}{10}$

でもよい。

Ⅲ　解答

$\boxed{22}$ －　$\boxed{23}$ 6　$\boxed{24}$ －　$\boxed{25}$ 1　$\boxed{26}$ －　$\boxed{27}$ 7　$\boxed{28}$ 2　$\boxed{29}$ －
$\boxed{30}$ 2　$\boxed{31}$ 5　$\boxed{32}$ 4　$\boxed{33}$ 1　$\boxed{34}$ 0　$\boxed{35}$ 9　$\boxed{36}$ 6

◀解　説▶

≪絶対値を含む関数の最小値，グラフと x 軸で囲まれた部分の面積≫

(1)　$x^2+4x+3=(x+1)(x+3)$ より

(i) $x<-3$，$-1<x$ のとき

$$f(x)=x^2+7x+6=(x+1)(x+6)=\left(x+\frac{7}{2}\right)^2-\frac{25}{4}$$

(ii) $-3\leqq x\leqq -1$ のとき

$$f(x)=-x^2-x=-x(x+1)=-\left(x+\frac{1}{2}\right)^2+\frac{1}{4}$$

$f(x)=0$ のとき

(i) $x<-3$，$-1<x$ のとき，$(x+1)(x+6)=0$ より

$$x<-3,\ -1<x$$

であるから　　$x=-6$

(ii) $-3\leqq x\leqq -1$ のとき，$-x(x+1)=0$ より

$$-3\leqq x\leqq -1$$

であるから　　$x=-1$

よって，(i)，(ii)より

$$x=-6,\ -1 \quad (\to \boxed{22}\sim\boxed{25})$$

(2)　$y=f(x)$ のグラフは右図のようになる。

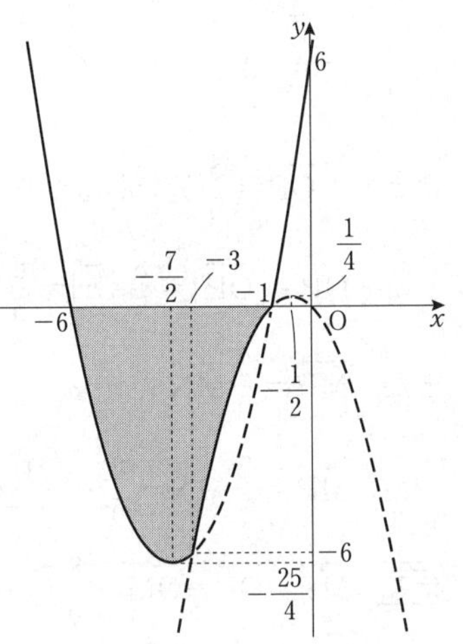

よって，$x=-\dfrac{7}{2}$ のとき最小値 $-\dfrac{25}{4}$ をとる。$(\to \boxed{26}\sim\boxed{32})$

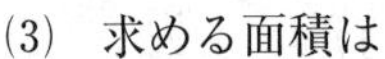

(3)　求める面積は

$$\int_{-6}^{-1}\{-(x^2+7x+6)\}dx-\int_{-3}^{-1}\{(-x^2-x)-(x^2+7x+6)\}dx$$

$$=-\int_{-6}^{-1}(x+1)(x+6)dx+2\int_{-3}^{-1}(x+1)(x+3)dx$$

$$=-\frac{-1}{6}\{-1-(-6)\}^3-\frac{2}{6}\{-1-(-3)\}^3$$

$$=\frac{109}{6} \quad (\to \boxed{33}\sim\boxed{36})$$

(注)　上記の積分計算は $\displaystyle\int_{\alpha}^{\beta}(x-\alpha)(x-\beta)dx=-\frac{1}{6}(\beta-\alpha)^3$ を利用して求めた。

 **解答**　37 −　38 1　39 2　40 2　41 9　42 −　43 7　44 5　45 2　46 4

◀解　説▶

≪指数方程式，方程式が実数解をもつ文字定数の値の範囲≫

(1)　与式の解 x は $2^x=\frac{1}{2}$ または $4^x=24$ を満たす。$2^x=\frac{1}{2}=2^{-1}$ より，整数解は

$x=-1$　（→37・38）

$4^x=24$ より

$$x=\log_4 24=\frac{\log_{10}(2^3\times 3)}{\log_{10}2^2}=\frac{3\log_{10}2+\log_{10}3}{2\log_{10}2}$$

$$=\frac{1}{2}\cdot\frac{1.3801}{0.3010}=2.292\cdots$$

小数第 3 位を四捨五入して　　2.29　（→39〜41）

(2)　$2^x=t$ とおくと，$x\leqq 2$ のとき　　$0<t\leqq 4$

$f(t)=(2t-1)(t^2-24)=2t^3-t^2-48t+24$ とおく。

$f'(t)=6t^2-2t-48=2(3t+8)(t-3)$ より，$0<t\leqq 4$ における $f(t)$ の増減表は右のようになる。

t	(0)	$\cdots$	3	$\cdots$	4
$f'(t)$	／	$-$	0	$+$	
$f(t)$	(24)	↘	-75	↗	-56

与えられた方程式が $x\leqq 2$ の範囲に実数解をもつのは，$y=f(t)$ のグラフと直線 $y=a$ が $0<t\leqq 4$ において共有点をもつときである。

よって，増減表より，求める範囲は　　$-75\leqq a<24$　（→42〜46）

❖講　評

全問マークシート方式による空所補充形式である。全般的に基本から標準レベルの問題であり，幅広い分野にわたって出題されている。

Ⅰ　左から順に文字を決める基本問題である。条件から確実に立式をして，必ず得点したい。

Ⅱ　(1)位置ベクトルの基本問題である。(2)同一直線条件 $\overrightarrow{\mathrm{AN}}=k\overrightarrow{\mathrm{AB}}$，垂直条件（内積）=0 を利用して考える基本問題である。(3)線分の長さは，ベクトルの大きさを 2 乗して，内積の項をつくり出し求める。Ⅱは

平面図形の頻出問題であり，丁寧に計算をして得点したい。

Ⅲ　場合分けをして絶対値をはずす。(1)文字の範囲に注意をして解を求める。(2)グラフをイメージすることで，最小値を求める。(3)積分区間を分けて計算する。公式 $\int_{\alpha}^{\beta} a(x-\alpha)(x-\beta)dx=-\frac{a}{6}(\beta-\alpha)^3$ を利用して計算を楽にしたい。基本問題であり，必ず得点したい。

Ⅳ　(1)底の変換公式を利用して，与えられた式を底が10で真数が2または3の対数で表す。(2)未定係数 a を分離し，2つのグラフの共有点を考える頻出問題である。$2^x=t$ とおき，t の3次関数の増減表をつくり求める。文字を置き換えたので，a の範囲に注意する。

すべての問題で，基本事項を理解できているかが問われている。まずは，定義・基本事項・公式などを教科書を中心に繰り返し勉強することが合格への第一歩である。

試験時間は十分と思われるため，1つ1つの問題に注意深く対応し，丁寧な計算と見直しをするなどして極力ミスを避けたい。また，普段から数多くの問題に接することで考え方・解法のパターンを身につけておけば，合格ラインに達するのは難しいことではないだろう。

物理

1

解答　(1)—①　(2)—③　(3)—⑧　(4)—②　(5)—①　(6)—⑤　(7)—⑥　(8)—⑨　(9)—②　(10)—⑤　(11)—⑦　(12)—⑧　(13)—⑧

◀解　説▶

≪等加速度直線運動する電車内でのおもりの運動≫

(1)　おもりは静かにはなされているので，はなした直後のおもりの速さは 0 である。よって，求める運動エネルギーを K_0 とおくと

$$K_0=0$$

(2)　はなしたときのおもりの座標は $-x_0-d$ となる。重力による位置エネルギーの基準は原点におかれているので，求める重力による位置エネルギーを U_{g0} とおくと

$$U_{g0}=-(x_0+d)mg\sin\theta$$

(3)　おもりをはなしたとき，ばねは自然長から x_0+d だけ縮んでいるので，求める弾性エネルギーを U_{s0} とおくと

$$U_{s0}=\frac{1}{2}k(x_0+d)^2$$

(4)　おもりの座標が $x=-x_0$ であるとき，おもりの速さが v_1 で与えられているので，求める運動エネルギーを K_1 とおくと

$$K_1=\frac{1}{2}mv_1{}^2$$

(5)　おもりの座標が $x=-x_0$ であるとき，原点を重力による位置エネルギーの基準としているので，求める位置エネルギーを U_{g1} とおくと

$$U_{g1}=-x_0mg\sin\theta$$

(6)　おもりの座標が $x=-x_0$ であるとき，ばねは自然長から x_0 だけ縮んでいるので，求める弾性エネルギーを U_{s1} とおくと

$$U_{s1}=\frac{1}{2}kx_0{}^2$$

(7)　おもりの座標が $x=-x_0$ であるとき，おもりには x 軸方向に重力の x

軸方向成分と弾性力とがはたらいてつり合っているので，このつり合いの式は

$$0=kx_0-mg\sin\theta$$

$$\therefore\quad kx_0=mg\sin\theta$$

(8)　$x=-x_0-d$ の位置と $x=-x_0$ の位置とで力学的エネルギー保存則を用いると

$$K_0+U_{g0}+U_{s0}=K_1+U_{g1}+U_{s1}$$

$$-mg(x_0+d)\sin\theta+\frac{1}{2}k(x_0+d)^2=\frac{1}{2}m{v_1}^2+(-mgx_0\sin\theta)+\frac{1}{2}k{x_0}^2$$

$$\begin{aligned}m{v_1}^2&=-2mgd\sin\theta+2kx_0d+kd^2\\&=-2mgd\sin\theta+2mg\sin\theta\cdot d+kd^2\\&=kd^2\end{aligned}$$

$$\therefore\quad v_1=d\sqrt{\frac{k}{m}}$$

(9)　ばねは自然長の位置でおもりが電車に対して静止していたことから，電車の中から見た非慣性系では，おもりにはたらく力はつり合っている。非慣性系ではおもりには，重力，垂直抗力，慣性力がはたらいている。おもりにはたらく力がつり合うためには，慣性力は図中右向きにはたらかなければならないので，電車の加速度の向きは図中左向きになる。

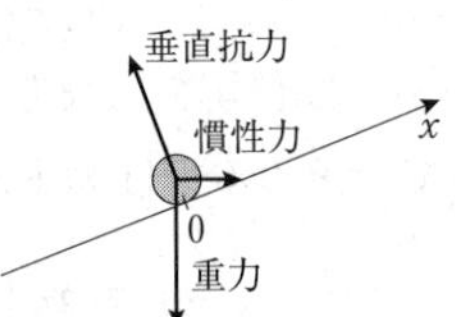

(10)　求める加速度の大きさを α とおくと，慣性力の大きさは $m\alpha$ で与えられるので，x 軸方向の力のつり合いの式は

$$0=m\alpha\cos\theta-mg\sin\theta$$

$$\therefore\quad \alpha=g\tan\theta$$

(11)　x 軸に垂直な方向の力のつり合いの式を考えると，垂直抗力の大きさを N とおいて

$$0=N-mg\cos\theta-m\alpha\sin\theta$$

$$N=mg\cos\theta+mg\frac{\sin\theta}{\cos\theta}\cdot\sin\theta$$

$$=\frac{mg(\sin^2\theta+\cos^2\theta)}{\cos\theta}$$

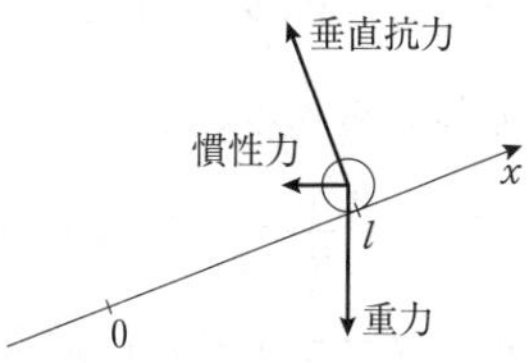

⑿　電車の加速度の向きが図中右向きなので，おもりにはたらく力は右図のようになる。電車内から見たおもりの加速度の x 軸方向成分を A とおくと，おもりの x 軸方向の運動方程式は

$$mA=-mg\sin\theta-ma\cos\theta$$

$$\therefore\quad A=-g\sin\theta-a\cos\theta$$

$t=0$ におけるおもりの座標が $x=l$ であることから，おもりの時刻 t での座標は

$$x=\frac{1}{2}At^2+l$$

で与えられる。求める時間を T とおくと

$$0=\frac{1}{2}AT^2+l$$

$$T^2=\frac{-2l}{-g\sin\theta-a\cos\theta}$$

$$\therefore\quad T=\sqrt{\frac{2l}{g\sin\theta+a\cos\theta}}$$

⒀　$x=0$ におけるおもりの速さを v とおくと

$$v=|AT|$$

$$=(g\sin\theta+a\cos\theta)\cdot\sqrt{\frac{2l}{g\sin\theta+a\cos\theta}}$$

$$=\sqrt{2l(g\sin\theta+a\cos\theta)}$$

2　解答

⒁―⑧　⒂―③　⒃―⑦　⒄―①　⒅―⑦　⒆―⑤
⒇―①　(21)―⑧　(22)―⑦　(23)―⑤　(24)―③　(25)―⓪
(26)―⑦　(27)―⑤　(28)―④　(29)―⑥　(30)―④　(31)―①

◀解　説▶

≪交流電源に接続された抵抗，コイル，コンデンサー≫

⒁　コイルの面の磁場に対して垂直な面の面積は次図より，$S\cos\theta$ となるので，コイルを貫く磁束 Φ は

$$\Phi=BS\cos\omega t$$

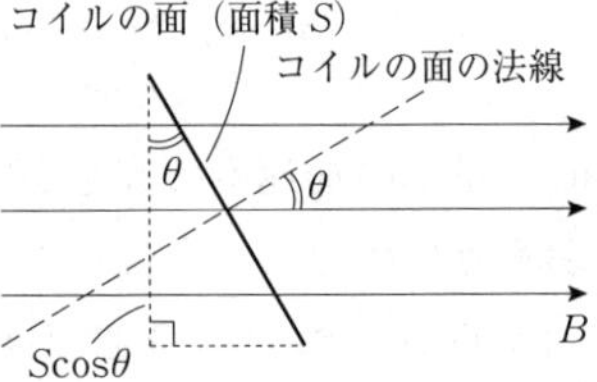

⒂　$x=\cos\omega t$ のとき，$\dfrac{\Delta x}{\Delta t}=-\omega\sin\omega t$

で与えられることから

$$\frac{\Delta\Phi}{\Delta t}=-BS\omega\sin\omega t$$

⒃　ファラデーの電磁誘導の法則より

$$V=-\frac{\Delta\Phi}{\Delta t}$$

$$=BS\omega\sin\omega t$$

⒄　キルヒホッフの第二法則より

$$V=RI$$

$$\therefore\quad I=\frac{V_0}{R}\sin\omega t$$

⒅　$V=V_0\sin\omega t$ および⒄の結果より，電流と電圧の時間変化を示すグラフは⑦である。

⒆　キルヒホッフの第二法則より

$$V_0\sin\omega t-L\frac{\Delta I}{\Delta t}=0$$

$$\therefore\quad \frac{\Delta I}{\Delta t}=\frac{V_0}{L}\sin\omega t$$

⒇　$\dfrac{\Delta x}{\Delta t}=\sin\omega t$ を満足する x が $x=-\dfrac{\cos\omega t}{\omega}+$(定数) となることを用いると，$\dfrac{\Delta I}{\Delta t}=\dfrac{V_0}{L}\sin\omega t$ を満足する I は

$$I=-\frac{V_0}{\omega L}\cos\omega t+(\text{定数})$$

となる。ここで，$t=0$ のときに $I=-\dfrac{V_0}{\omega L}$ となることを用いると，(定数)$=0$ となるので

$$I=-\frac{V_0}{\omega L}\cos\omega t$$

(21)　$V=V_0\sin\omega t$ および⒇の結果より，電流と電圧の時間変化を示すグラフは⑧である。

(22)　コンデンサーにたくわえられる電気量は

$$Q=CV=CV_0\sin\omega t$$

(23)　$y=\sin\omega t$ のとき，$\dfrac{\Delta y}{\Delta t}=\omega\cos\omega t$ で与えられることから

$$I=\frac{\Delta Q}{\Delta t}=\omega CV_0\cos\omega t$$

(24)　$V=V_0\sin\omega t$ および(23)の結果より，電流と電圧の時間変化を示すグラフは③である。

(25)　図2－5より，抵抗，コイル，コンデンサーを並列に接続しているので，各素子を流れる電流はそれぞれ(17)，(20)，(23)の結果を用いることができる。キルヒホッフの第一法則より，交流電源を流れる電流は

$$I=\frac{V_0}{R}\sin\omega t+\left(-\frac{V_0}{\omega L}\cos\omega t\right)+\omega CV_0\cos\omega t$$
$$=\frac{V_0}{R}\sin\omega t+V_0\left(\omega C-\frac{1}{\omega L}\right)\cos\omega t$$

(26)　三角関数の合成を用いる。三角関数の合成は

$$a\sin x+b\cos x=\sqrt{a^2+b^2}\left(\frac{a}{\sqrt{a^2+b^2}}\sin x+\frac{b}{\sqrt{a^2+b^2}}\cos x\right)$$
$$=\sqrt{a^2+b^2}\,(\sin x\cos\phi+\cos x\sin\phi)$$
$$=\sqrt{a^2+b^2}\,\sin(x+\phi)$$

という変形である。ここで $\cos\phi=\dfrac{a}{\sqrt{a^2+b^2}}$，$\sin\phi=\dfrac{b}{\sqrt{a^2+b^2}}$ を満たす ϕ を導入している。(25)で得られた式を，三角関数の合成を用いて変形すると

$$I=V_0\left\{\frac{1}{R}\sin\omega t+\left(\omega C-\frac{1}{\omega L}\right)\cos\omega t\right\}$$
$$=V_0\sqrt{\left(\frac{1}{R}\right)^2+\left(\omega C-\frac{1}{\omega L}\right)^2}\sin(\omega t+\alpha)$$

(27)・(28)　(26)の結果より，α は

$$\cos\alpha=\frac{\dfrac{1}{R}}{\sqrt{\left(\dfrac{1}{R}\right)^2+\left(\omega C-\dfrac{1}{\omega L}\right)^2}},\ \sin\alpha=\frac{\omega C-\dfrac{1}{\omega L}}{\sqrt{\left(\dfrac{1}{R}\right)^2+\left(\omega C-\dfrac{1}{\omega L}\right)^2}}$$

を満たすので

$$\tan\alpha=\frac{\sin\alpha}{\cos\alpha}$$

$$=\frac{\omega C-\frac{1}{\omega L}}{\frac{1}{R}}$$

(29)　(26)の結果より

$$I_{max}=V_0\sqrt{\left(\frac{1}{R}\right)^2+\left(\omega C-\frac{1}{\omega L}\right)^2}$$

となる。求めるインピーダンスを Z とおくと

$$I_{max}=\frac{V_0}{Z}$$

$$\therefore\quad Z=\frac{1}{\sqrt{\left(\frac{1}{R}\right)^2+\left(\omega C-\frac{1}{\omega L}\right)^2}}$$

(30)　(29)の結果より，Z を最大にするには，分母の値を最小にすればよい。つまり

$$\omega C-\frac{1}{\omega L}=0$$

となればよい。よって

$$\omega_0=\frac{1}{\sqrt{LC}}$$

(31)　$\omega=\omega_0$ のときにインピーダンスが最大になるので，I_{max} は最も小さくなる。よって，グラフは①となる。

3　**解答**　(32)―⑥　(33)―⑦　(34)―⑦　(35)―⑤　(36)―⑧　(37)―⑨　(38)―⑦　(39)―①　(40)―⑤　(41)―⑨　(42)―⑦　(43)―⑦　(44)―⑤

◀解　説▶

≪仕切り壁で隔てられた 2 気体の状態変化≫

(32)　仕切り壁はなめらかに移動できるため，壁は 2 つの部屋の圧力による力によってつり合った状態にある。よって，はじめの部屋 b の圧力は

$$P_{b0}=P_0=1\cdot P_0$$

(33)　部屋 a の気体について，理想気体の状態方程式より

$$P_0V_0=2RT_{a0}$$

$$T_{a0}=\frac{P_0V_0}{2R}$$

(34)　部屋 b の気体について，理想気体の状態方程式より

$$P_0\cdot 2V_0=3RT_{b0}$$

$$T_{b0}=\frac{2P_0V_0}{3R}=\frac{4}{3}\cdot\frac{P_0V_0}{2R}=\frac{4}{3}T_{a0}$$

(35)　操作(I)による気体の状態変化は断熱変化なので，部屋 a の気体について，問題文で与えられた関係を用いると

$$P_0V_0^{\frac{5}{3}}=P_1V_{a1}^{\frac{5}{3}}$$

$$V_{a1}=\left(\frac{P_0}{P_1}\right)^{\frac{3}{5}}V_0$$

(36)　部屋 a の気体について，理想気体の状態方程式より

$$P_1V_{a1}=2RT_{a1}$$

$$T_{a1}=\frac{P_1V_{a1}}{P_0V_0}\cdot\frac{P_0V_0}{2R}$$

$$=\frac{P_1}{P_0V_0}\left(\frac{P_0}{P_1}\right)^{\frac{3}{5}}V_0\cdot T_{a0}$$

$$=\left(\frac{P_1}{P_0}\right)^{\frac{2}{5}}\cdot T_{a0}$$

(37)　操作(I)の後も，部屋 b の圧力は部屋 a の圧力と等しく P_1 である。部屋 b の気体も断熱変化するので

$$P_0(2V_0)^{\frac{5}{3}}=P_1V_{b1}^{\frac{5}{3}}$$

$$V_{b1}=\left(\frac{P_0}{P_1}\right)^{\frac{3}{5}}\cdot 2V_0=2V_{a1}$$

(38)　部屋 b の気体について，理想気体の状態方程式より

$$P_1V_{b1}=3RT_{b1}$$

$$T_{b1}=\frac{P_1\cdot 2V_{a1}}{3R}=\frac{4}{3}\cdot\frac{P_1V_{a1}}{2R}=\frac{4}{3}T_{a1}$$

(39)　定積モル比熱は C_V であり，部屋 a の気体の温度は T_{a1} から T_2 へと変化したので，内部エネルギー変化の関係より

$\varDelta U_a = 2C_v(T_2 - T_{a1})$

(40)　(39)と同様に，部屋 b の気体に注目すると

$\varDelta U_b = 3C_v(T_2 - T_{b1})$

(41)　操作(II)の間に，部屋 a，b 全体で外部から熱の出入りはなく，体積の変化もないので，熱力学第一法則より

$\varDelta U = 0$

(42)　(39)〜(41)の結果から

$\varDelta U_a + \varDelta U_b = 0$

$2(T_2 - T_{a1}) + 3(T_2 - T_{b1}) = 0$

$\therefore\quad T_2 = \dfrac{2T_{a1} + 3T_{b1}}{5}$

(43)　部屋 a の気体について，ボイル・シャルルの法則より

$$\frac{P_1 V_{a1}}{T_{a1}} = \frac{P_{a2} V_{a1}}{T_2}$$

$$P_{a2} = \frac{T_2}{T_{a1}} P_1$$

$$= \frac{2T_{a1} + 3T_{b1}}{5T_{a1}} P_1$$

$$= \frac{2T_{a1} + 3\cdot\frac{4}{3}T_{a1}}{5T_{a1}} P_1$$

$$= \frac{6}{5} P_1$$

(44)　部屋 b の気体について，ボイル・シャルルの法則より

$$\frac{P_1 V_{b1}}{T_{b1}} = \frac{P_{b2} V_{b1}}{T_2}$$

$$P_{b2} = \frac{T_2}{T_{b1}} P_1$$

$$= \frac{2T_{a1} + 3T_{b1}}{5T_{b1}} P_1$$

$$= \frac{2T_{a1} + 3\cdot\frac{4}{3}T_{a1}}{5\cdot\frac{4}{3}T_{a1}} P_1$$

$$=\frac{9}{10}P_1$$

❖講　評

大問数は例年通り3題であり，解答個数の44個は2021年度と同程度であった。2021年度と比較して，大問ごとの難易度にそれほど変化はないと考えられる。ただし，計算量が少ないわけではないために，全問完答することは時間的には難しかったかもしれない。

1　電車の中でのおもりの運動に注目しており，慣性力を使いこなすことができれば易しい問題であった。慣性力を使う場面も複雑ではなく，計算量もそれほど多くないため，この大問は完答は十分に可能であったと考えられる。

2　教科書の交流回路の単元を，丸暗記の部分だと思って勉強した受験生には手強かったのではないか。コンデンサーやコイルの性質をきちんととらえ，キルヒホッフの第二法則や，電流と電気量の関係を考えることで，リアクタンスやインピーダンスは導出することができる。これを怠ってしまうと，教科書にある直列のRLC回路は暗記で何とかできても，それ以外の回路は太刀打ちできない。

3　熱力学の問題としては，過去に出題されたことのあるような典型的な出題である。自由に動く壁から2つの部屋の圧力が等しいことや操作(I)，(II)がそれぞれどのような状態変化に相当するかを正確に把握することができれば，完答は十分に可能である。正確な状態変化の把握によって，状態方程式（またはボイル・シャルルの法則）と熱力学第一法則の2つの道具を適切に使うことで解き進めていくのが，熱力学の分野である。このことは，どんなに難易度の高い問題でも同じである。問題を解き進める際は，状態変化の正確な把握を常に意識することが重要である。

化学

解答　[1]―⑤　[2]―⑧　[3]―⑥　[4]―⑤　[5]―⑧　[6]―④
[7]―①　[8]―⑥　[9]―③　[10]―①　[11]―③　[12]―③

◀解　説▶

≪有機化合物の性質，芳香族化合物の分離，アミノ酸の性質≫

問1．(1)(ア)　誤文。エタンは炭素間二重結合をもたず付加反応をしないため，臭素の脱色は起こらない。

(イ)　正文。メタンのようなアルカンは，ハロゲンと混合し光を照射すると置換反応を起こす。

$$\begin{array}{c}H\\|\\H-C-H\\|\\H\end{array}\xrightarrow[光]{Cl_2}\begin{array}{c}H\\|\\H-C-Cl\\|\\H\end{array}\xrightarrow[光]{Cl_2}\begin{array}{c}H\\|\\H-C-Cl\\|\\Cl\end{array}\xrightarrow[光]{Cl_2}\begin{array}{c}H\\|\\Cl-C-Cl\\|\\Cl\end{array}\xrightarrow[光]{Cl_2}\begin{array}{c}Cl\\|\\Cl-C-Cl\\|\\Cl\end{array}$$

(ウ)　誤文。ブタンはヒドロキシ基をもたず，分子間には弱いファンデルワールス力しかはたらかないが，1-ブタノールはヒドロキシ基をもち，分子間に水素結合が形成されるため，沸点は1-ブタノールの方が高くなる。

(エ)　正文。シス形のマレイン酸は加熱により容易に脱水されて無水マレイン酸に変化するが，トランス型のフマル酸は脱水が起こらず，酸無水物を生じない。

(オ)　正文。カルボキシ基のOHとヒドロキシ基のHからH_2Oが生じることでエステル結合が形成される。

$$\begin{array}{c}R-C\\\|\\O\end{array}\!\!\begin{array}{c}\fbox{$-OH+H-$}\\ \\ \end{array}\!\!\begin{array}{c}O-R_1\\ \\ \end{array}\longrightarrow\begin{array}{c}R-C-O-R_1+H_2O\\\|\quad\quad\quad\quad\\O\quad\quad\quad\quad\end{array}$$

(カ)　誤文。2-プロパノールを酸化するとアセトンを生じる。アセトンはケトンで，還元性を示さず，銀鏡反応は起きない。

(キ)　誤文。ヨードホルム反応は，$CH_3CH(OH)R$またはCH_3COR（Rは水素原子または炭化水素基）の構造をもつアルコールやケトンなどで起こる反応である。アセトンはCH_3COCH_3なので，ヨードホルム反応は陽性となる。一方，プロピオンアルデヒドCH_3CH_2CHOや酢酸CH_3COOH

はあてはまる構造をもたず，ヨードホルム反応は示さない。

(2)　塩化鉄(Ⅲ)水溶液によって呈色するのは，フェノール性ヒドロキシ基をもつ化合物である。ベンジルアルコールはフェノール性ヒドロキシ基ではなくアルコール性ヒドロキシ基を有するため呈色しない。また，アセチルサリチル酸はヒドロキシ基がアセチル化されているため呈色しない。したがって，呈色反応を示すのはフェノール，1-ナフトール，サリチル酸，サリチル酸メチルの4種類となる。

OH　　OH　　OH / COOH

フェノール　1-ナフトール　サリチル酸

OH / $COOCH_3$

サリチル酸メチル

問2．塩酸を加えると，塩基性のアニリンはアニリン塩酸塩となって水層に分離される。よって，ア はアニリン塩酸塩。これにNaOH水溶液を加えると，弱塩基のアニリンが遊離する。よって，イ はアニリン。フェノール，安息香酸，ニトロベンゼンを含むエーテル溶液に$NaHCO_3$水溶液を加えると，安息香酸は安息香酸ナトリウムとなって水層に分離される。ここに塩酸を加えると安息香酸が遊離する。よって，ウ は安息香酸。フェノールとニトロベンゼンを含むエーテル溶液にNaOH水溶液を加えると，酸性のフェノールはナトリウムフェノキシドとなって水層に分離され，エーテル層には中性のニトロベンゼンが残る。よって，エ はニトロベンゼン。

問3．(1)〜(3)　トリペプチドAはキサントプロテイン反応を示すことから，芳香族アミノ酸のチロシンを含む。pH9.0の緩衝液で電気泳動を行うと，ア，イ は陽極に移動したことから陰イオンに，ウ は陰極側に移動したことから陽イオンになっていることがわかる。よって，ウ の等電点はpH9.0よりも大きく，塩基性アミノ酸であるリシンと決まる。また，ア は不斉炭素原子をもたないことからグリシンと決まり，残る イ はチロシンと決まる。

(4)　酸性下でのグリシン塩酸塩とNaOHの反応は

$$H_3N^+-CH_2-COOH+NaOH \longrightarrow H_3N^+-CH_2-COO^-+Na^++H_2O$$

グリシン塩酸塩は

$$0.1\times10\times10^{-3}=1.0\times10^{-3}\text{[mol]}$$

加えたNaOHは約2.5mLなので

$$0.1\times2.5\times10^{-3}=2.5\times10^{-4}\text{[mol]}$$

よって，(Ⅰ)の点で残るグリシン塩酸塩は

$$1.0\times10^{-3}-2.5\times10^{-4}=7.5\times10^{-4}\text{[mol]}$$

となり，グリシン塩酸塩（陽イオン）が多く残っている。また，溶液のpHが2.0であることからも，陽イオンの存在比が高いと考えられる。よって，解答は①。

(5) NaOH水溶液を10mL加えた(Ⅱ)の点では

$$H_3N^+-CH_2-COOH+NaOH \longrightarrow H_3N^+-CH_2-COO^-+Na^++H_2O$$

の反応が終了し，グリシン塩酸塩はほぼすべてグリシンとして存在する。また，溶液のpHが6.0で等電点に近いことから，ほとんどが双性イオンになっていると考えられる。よって，解答は③。

(6) トリペプチドAはグリシン，チロシン，リシンをそれぞれ1分子ずつ縮合して得られるペプチドである。アミノ酸3分子から2分子の水が失われてトリペプチドが生じることから，Aの分子式は

$$(\text{グリシン})+(\text{チロシン})+(\text{リシン})-2\times(H_2O)$$
$$=C_2H_5NO_2+C_9H_{11}NO_3+C_6H_{14}N_2O_2-2H_2O$$
$$=C_{17}H_{26}N_4O_5$$

Aの分子量は

$$12.0\times17+1.0\times26+14.0\times4+16.0\times5=366.0$$

完全燃焼させると，炭素原子はCO_2に変化することから

$$\frac{732\times10^{-3}}{366.0}\times17\times44.0\times10^3=1496\text{[mg]}$$

よって，解答は③。

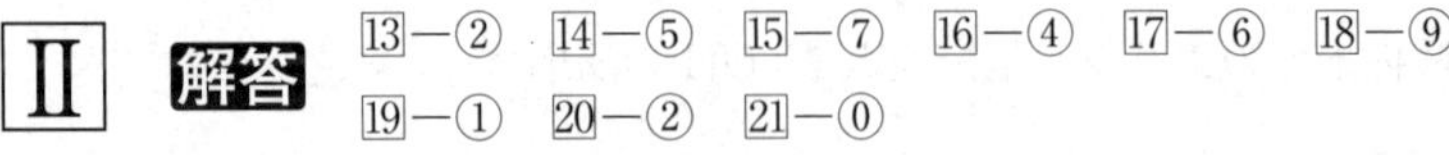

Ⅱ **解答** 13—② 14—⑤ 15—⑦ 16—④ 17—⑥ 18—⑨ 19—① 20—② 21—⓪

◀解　説▶

≪酸化還元反応≫

(1)　酸化還元反応は，より弱い酸化剤や還元剤が遊離する方向へ反応が進む。下線部①の正反応が進むことから

$$2K\underline{Br}+\underline{Cl_2} \longrightarrow 2KCl+Br_2$$

（Br から Cl_2 へ e^-）

Cl_2 の方が Br_2 よりも電子を奪う作用（＝酸化作用）が強く，Cl_2 より弱い酸化剤である Br_2 が遊離した，と考えることができる。また，Br^- の方が Cl^- よりも電子を与える作用（＝還元作用）が強く，Br^- より弱い還元剤である Cl^- が遊離した，とも考えることができる。よって，解答は②。

(2)　(1)と同様に，下線部②の正反応が進むことから

$$\underline{Pb^{2+}}+\underline{Mg} \longrightarrow Pb+Mg^{2+}$$

（Mg から Pb^{2+} へ e^-）

Pb^{2+} の方が Mg^{2+} よりも電子を奪う作用（＝酸化作用）が強く，Pb^{2+} より弱い酸化剤である Mg^{2+} が遊離した，と考えることができる。また，Mg の方が Pb よりも電子を与える作用（＝還元作用）が強く，Mg より弱い還元剤である Pb が遊離した，と考えることもできる。よって，解答は⑤。

(3)　化合物中におけるアルカリ金属の酸化数は $+1$，酸素原子の酸化数は -2 であることから，Cr の酸化数を x とおくと

$$(+1)\times 2+(-2)\times 7+2x=0 \qquad x=+6$$

(4)　Cl^- も還元剤としてはたらくが，Fe^{2+} の還元性の方がより強いため，二クロム酸イオンによって酸化されるのは Fe^{2+} と考えられる。酸性下における $Cr_2O_7{}^{2-}$ と Fe^{2+} の半反応式およびイオン反応式は以下のとおり。

$$Cr_2O_7{}^{2-}+6e^-+14H^+ \longrightarrow 2Cr^{3+}+7H_2O \quad \cdots\cdots(\mathrm{i})$$

$$Fe^{2+} \longrightarrow Fe^{3+}+e^- \quad \cdots\cdots(\mathrm{ii})$$

(i)＋(ii)×6 より

$$Cr_2O_7{}^{2-}+6Fe^{2+}+14H^+ \longrightarrow 2Cr^{3+}+6Fe^{3+}+7H_2O$$

よって，$K_2Cr_2O_7$ と $FeCl_2$ の物質量比は 1：6 となり，解答は④となる。

(5)・(6)　S は 16 族で価電子数は 6 である。電子を 2 個受け取ると酸化数

は -2，価電子 6 個をすべて失うと酸化数は $+6$ になる。したがって，S の酸化数の最小値は -2，最大値は $+6$ となる。

(7)①　正しいとは限らない。例として，酸性下における H_2O_2 と $KMnO_4$ の反応を考える。H_2O_2 と $KMnO_4$ は，以下のイオン反応式で表される反応を起こす。

$$2MnO_4^- + 5H_2O_2 + 6H^+ \longrightarrow 2Mn^{2+} + 5O_2 + 8H_2O \quad \cdots\cdots(iii)$$

H_2O_2 の酸化力は $KMnO_4$ よりも強いが，$KMnO_4$ 中の Mn が最高酸化数の $+7$ でこれ以上酸化されないこと，O_2 の酸化力が $KMnO_4$ よりも弱いことから，(iii)の反応が起こる。したがって，H_2O_2 が還元剤になるとき，相手の酸化作用が H_2O_2 よりも強いとは言い切れない。

②　正しい。H_2O_2 が還元剤としてはたらくとき，相手の物質に電子を与えるため，O 原子は電子を失い酸化数は大きくなる。

③　正しい。H_2O_2 が酸化剤としてはたらくとき，O 原子が相手の物質から電子を受け取る。O は 16 族で価電子数は 6 であることから，受け取る電子の最大数は 2 個であり，反応後の O 原子は最低酸化数の -2 になる。

④　正しい。酸化還元反応は必ず同時に起こる。H_2O_2 が酸化剤としてはたらくとき，反応する相手の物質は必ず還元剤としてはたらく。

(8)　塩基性下における MnO_2 と O_2 の半反応式はそれぞれ以下のとおり。

$$MnO_2 + 4OH^- \longrightarrow MnO_4^{2-} + 2e^- + 2H_2O \quad \cdots\cdots(iv)$$

$$O_2 + 4e^- + 2H_2O \longrightarrow 4OH^- \quad \cdots\cdots(v)$$

(iv)×2+(v) より，下線部④のイオン反応式は

$$2MnO_2 + O_2 + 4OH^- \longrightarrow 2MnO_4^{2-} + 2H_2O$$

KOH で原子の総数を合わせた化学反応式は

$$2MnO_2 + O_2 + 4KOH \longrightarrow 2K_2MnO_4 + 2H_2O$$

化学反応式から副生成物として H_2O が生じることがわかり，そのモル質量は 18 g/mol である。よって，解答は②。

(9)　NO の N 原子の酸化数は $+2$，NH_3 の N 原子の酸化数は -3 である。N_2 の N 原子の酸化数が 0 であることから，NO は 1 分子あたり 2 個の電子を受け取り，NH_3 は 1 分子あたり 3 個の電子を与える。反応における電子の総数を合わせると，NO と NH_3 の物質量比は 3：2 になる。同様に，NO_2 の N 原子の酸化数は $+4$，NH_3 の N 原子の酸化数は -3 なので，

過不足なく反応すると NO_2 と NH_3 の物質量比は 3：4 となる。酸化数の変化から反応式を考えるとよい。

したがって，NO，NO_2 が NH_3 と反応して N_2 を生じる反応式はそれぞれ以下のとおり。

$$6NO + 4NH_3 \longrightarrow 5N_2 + 6H_2O$$

$$6NO_2 + 8NH_3 \longrightarrow 7N_2 + 12H_2O$$

排ガス中の NO と NO_2 の物質量比が 1：1 であることから，NO と NO_2 がそれぞれ n〔mol〕含まれるとすると，NO から生じる N_2 は $\frac{5n}{6}$〔mol〕，H_2O は n〔mol〕。また，NO_2 から生じる N_2 は $\frac{7n}{6}$〔mol〕，H_2O は $2n$〔mol〕となる。よって，反応後の総物質量は

$$\frac{5n}{6} + n + \frac{7n}{6} + 2n = 5n \text{〔mol〕}$$

反応前の排ガス中の総物質量は $2n$〔mol〕であり，同温・同体積のとき物質量比＝分圧比になることから

$$\frac{5n}{2n} = 2.50 \text{ 倍}$$

Ⅲ　解答　22 5　23 8　24 0　25 3　26 1　27 2
28 1　29 6　30 4

◀解　説▶

≪メタンハイドレートの組成，蒸気圧と気体≫

0°C で密閉容器に入れた酸素の物質量 n〔mol〕は，気体の状態方程式より

$$n = \frac{2.04 \times 10^4 \times 1.0}{8.3 \times 10^3 \times 273} = 9.00 \times 10^{-3} \text{〔mol〕}$$

メタンハイドレート 0.53 cm^3 の質量〔g〕は

$$0.53 \times 0.91 = 0.4823 \text{〔g〕}$$

完全燃焼によって生じた CO_2 の物質量〔mol〕は

$$\frac{89.6 \times 10^{-3}}{22.4} = 4.00 \times 10^{-3} \text{〔mol〕}$$

メタンの燃焼における反応式は

$$CH_4 + 2O_2 \longrightarrow CO_2 + 2H_2O$$

なので，メタンハイドレート中の CH_4 の物質量も CO_2 と同じ 4.00×10^{-3} mol であり，その質量〔g〕は

$$4.00\times10^{-3}\times16.0=0.064\text{〔g〕}$$

よって，メタンハイドレート中の H_2O の質量は

$$0.4823-0.064=0.4183\text{〔g〕}$$

となり，H_2O の物質量は

$$\frac{0.4183}{18.0}=0.0232\text{〔mol〕}$$

m に対する n の比は，メタンハイドレート中の CH_4 と H_2O の物質量比であることから

$$\frac{n}{m}=\frac{0.0232}{4.00\times10^{-3}}=5.80\fallingdotseq5.8\times10^{0}$$

CH_4 の燃焼によって生じる H_2O の物質量〔mol〕は

$$4.00\times10^{-3}\times2=8.00\times10^{-3}\text{〔mol〕}$$

メタンハイドレート中の H_2O が 0.0232 mol 存在するので，燃焼後に容器内に存在する H_2O の総物質量〔mol〕は

$$0.0232+8.00\times10^{-3}=3.12\times10^{-2}\fallingdotseq3.1\times10^{-2}\text{〔mol〕}$$

燃焼後に容器内に残る O_2 の物質量〔mol〕は

$$9.00\times10^{-3}-4.00\times10^{-3}\times2=1.00\times10^{-3}\text{〔mol〕}$$

生じた CO_2 が 4.00×10^{-3} mol なので，27°C で平衡に達したとき O_2 と CO_2 の示す圧力は，気体の状態方程式より

$$P_{CO_2}+P_{O_2}=\frac{(4.00\times10^{-3}+1.00\times10^{-3})\times8.3\times10^{3}\times300}{1.00}$$
$$=1.245\times10^{4}\text{〔Pa〕}$$

同温，同体積下において分圧比＝物質量比となることから，27°C で H_2O がすべて気体であると仮定したときに示す圧力は

$$P_{H_2O}=1.245\times10^{4}\times\frac{3.12\times10^{-2}}{5.00\times10^{-3}}=7.76\times10^{4}\text{〔Pa〕}$$

これは 27°C における水蒸気圧を超えるため，H_2O は液体と気体が共存し，その圧力は 3.5×10^{3} Pa となる。よって，平衡状態における容器内の全圧 P は

$$P=P_{CO_2}+P_{O_2}+P_{H_2O}=1.245\times10^{4}+3.5\times10^{3}$$

$=1.595\times10^4 \fallingdotseq 1.6\times10^4$〔Pa〕

❖講　評

例年と同様，すべてマークシート方式で大問 3 題であった。総マーク数は 30 個で例年に比べると少なかった。計算問題は反応量計算を中心とした標準的な問題ではあるものの，例年に比べて計算分量がやや多く，やはり解答速度が要求される。

Ⅰ　問 1 は有機化合物の性質を問う内容で，基本的な知識があれば比較的容易である。問 2 は芳香族の分離に関する出題で，基本的な内容である。問 3 はアミノ酸に関する出題で，(1)～(3)はアミノ酸の性質やタンパク質の検出方法が把握できていれば完答できる。(4)，(5)は，溶液の pH に注目して考えるとよい。(6)は，ペプチド結合 1 か所につき 1 分子の H_2O がとれることに注意したい。

Ⅱ　酸化還元反応に関する出題で，全体的な難度はやや高かった。(1)，(2)は酸化剤や還元剤の強弱に関する内容で，酸化還元反応の原理を理解していないと選択しにくい。(4)はそれぞれの半反応式を書き出すことができればよいだろう。(7)は基本知識だけでは対応しにくく，深い理解が求められる。(8)はほとんどの受験生が見たことのない反応式だと思われる。反応前後の物質から半反応式が立てられるかがポイント。(9)は，原子の総数を合わせる未定係数法ではなく，酸化数の変化から化学反応式を考えるとよい。反応式が書ければ，あとの計算は容易である。

Ⅲ　条件や操作に基づいて，どれだけ整理して考えられたかによって正答率が変わると思われる。最初に入れた酸素の温度と，操作終了後の温度が異なっていることや，反応によって生じた水とメタンハイドレートに含まれる水をともに考慮することなど，注意する点は多い。解く速さも求められるが，各過程における計算の正確さも求められる。

容としてはむしろ説話である。過去の大学入試問題においては、よく採り上げられてきた話でもある。設問内容について、従来は識別問題等の文法問題が出題されていたが、二〇二二年度ではそれはなく、ただし文法が絡む問題はあった。問七の傍線部の意味を問う問題では、格助詞「の」の用法が問われている。問十一は設問条件に十分注意しなければならない。対句の構造とはどういうものかをあらかじめ知っていなければ正確な解答は出せず、国語の総合的な力が問われている。

③実方が死んだのは「笠島の道祖神についてはよく調べなかったため」ではなく、道祖神を蔑視して馬をむちで打って道祖神の前を通ったところ、神明の怒りを買い、馬とともに殺されたのである（第四段落）。③が正解。
④第三段落の内容と第四段落1行目「名所をば注して進らせたれども、勅免はなかりける」と一致する。
⑤第四段落最終行「横死にあへり。実におごる人なりけり」、第五段落「雀といふ小鳥になりて、…」と一致する。

❖講　評

大問は現代文二題、古文一題の三題から成る（古文は文学部日本文学科・史学科・比較芸術学科受験者のみ）。現代文・古文ともに問題の文章量としては適量であるが、設問量はいくらか多い。紛らわしい選択肢はとくになく、難易度としては標準である。

Ⅰ　アメリカの宗教史に関する文章であるが、政治思想も絡んでおり、思想史的な文章でもある。文章自体は難解ではなく、理解しやすい。設問内容は、まず漢字書き取り問題が三問出題されている。また、「お膳立て」「公序良俗」のように語意に関する問題が二問出題されている。空所補充問題、説明問題、内容真偽問題においては、文中の根拠が明確であり、その点、不適当な選択肢も切りやすいので、比較的解きやすい問題といえる。

Ⅱ　文章内容は日本語論であり、それも「仮名」に関して論じているものである。文章全体の出だしは、「仮名」に関する問題提起で始まっているが、全体の構成は起承転結となっているわけではなく、中盤から〈カタカナ〉の議論へと移っているので、そうした流れを念頭において読む必要がある。問一の空所補充問題では、やや難解な故事成語を含めた四字熟語が問われており、また問四の語意問題では「デフォルメ」という今日的な外来語の意味が問われている。いずれにしても言葉についての日頃の学習が問われている。また問六、問九の問題は指示語の絡んだ問題であり、それが何を指すのかについて文章構造の上から的確に判断する力が求められている。

Ⅲ　軍記物語からの出題であるが、『十訓抄』の「第八　諸事を堪忍すべき事」の一節と重複するところがあり、内

（＝探すことができなかった）が最適。

問七　傍線部5の直前に「松の木高きに」とあるが、「高き」は「松の木」の物理的な高さ以外の意とするには無理があり、また、「に」は接続助詞で順接（原因・理由）の意（〜ので）と解するのが適当。「出づべき月の出でやらぬ」の部分の格助詞「の」は、「月」と「出でやら」が主語・述語関係となるので主格（〜が）で訳す。以上により④が正解。

問八　傍線部6は〝陸奥と出羽が一国でございましたときは陸奥国と申していたけれど〟と訳され、出羽も陸奥国の一部であったことがわかる。阿古屋の松は出羽地方にあったのだが、そこもまた陸奥国のうちだった。⑤が正解。

問九　空欄Cの4行前に「この神は効験無双の霊神」、つまりこの笠島の道祖神は霊験あらたかであることこの上ない尊い神であるということが述べられているので、「これを祈り申すに、叶はずといふことなし」とすれば文意が通る。③が最適。

問十　傍線部7を直訳すると〝それほど上京したくていらっしゃるでしょう〟となる。「らめ」は現在推量の助動詞「らむ」の已然形である。主語は誰かというと、「人」が実方に対して、「敬神再拝し祈り申して、故郷に還り上り給へかし」と勧めているので、実方＝「あなた」である。⑤が正解。

問十一　設問は「この部分が対句の一部となっていることを考慮して」という条件を付けている。対句の前者となる部分は「人臣に列なりて人に礼を致さざれば流罪せられ」であり、後半の「神道を欺きて神に D 横死にあへり」が後者の部分である。よって、「礼を致さざれば」の語句構造に D を合わせればよいので「拝を成さざれば」となる。拝礼をしなかったという意で文意も通るので、⑤が正解。

問十二　①第一・二段落の内容と合致する。

②第三段落の内容、とくに「阿古屋の松を尋ねかねたり」、「即ち出羽に越えて阿古屋の松をも見たりけり」、「塩竈大明神とぞ聞こえし」と合致する。

ています。身分の上下や男女の区別なく、願い事があるときは、男女の性器をかたどったものを作って神前に掲げて飾り申し上げて、この神に祈り申し上げると、願いが叶わないということはありません。あなたご自身も都の人なので、さぞかし都に上りたいと思っておいででしょう。この神を敬い再拝して祈り申し上げて、故郷（＝都）へ帰り上りなさいませ」と言ったところ、実方は「それではこの神は、下品な女神であろう。自分は馬を下りるに及ばない」と言って、馬をむち打って通り過ぎたところ、道祖神は怒りをなして、馬も主もともに罰して殺しなさった。その（＝実方の）墓は、その社のそばに今に至るまで存在していると言われている。人臣として身を置き人に礼を尽くさなかったために流罪にされ、神の道を侮って神に拝礼を行わなかったために非業の死にあった。まことにおごり高ぶった人であった。

それでも、都を恋しいと思ったので、雀という小鳥になって、常に殿上の台盤に居て、台飯を食っていたというのはじつに哀れである。

▲解　説▼

問一　係り結びの問題であり、文中に係助詞「か」があるので文末は連体形となる。①の文末の「む」が、推量の助動詞「む」の終止形と連体形の二通りにとれるものの、それ以外の選択肢は文末が連体形となっているものはないので、正解は①。

問二　言葉の辞書的な意味を問うている。現代語と同じ意味で、正解は②。訓読みすると「傍らに人無きが若し」である。

問三　傍線部2の語句中の動詞「しらく（白く）」には〝きまりが悪くなる〟という意味がある。文脈からも、実方は感情的になっていることの非を行成に突かれたので、その場に居づらくなって逃げるしかなかった。④が正解。

問五　「歌枕」とは何かという古典常識を問う問題といってよい。「歌枕」とは、和歌に詠み込まれ、親しまれた名所のことをいう。また、傍線部4の後に「東の奥へぞ流されける」とあり、さらに空欄Dを含む文に「流罪せられ」とあるので、実方は今の東北地方へ左遷された（＝流罪にされた）のである。④が最適。

問六　空欄Bの前行に「尋ねわびて…」（＝〈阿古屋の松を〉探すことができなくて）とあるので、⑤の「尋ねかねたり」

帝は、ちょうどこのとき、格子の窓の隙間からご覧になって、「行成はすばらしくも穏便にふるまう者だ」と言って、ただちに蔵人頭に就かせ、その後の昇進も滞ることはない（＝順調に昇進した）。（一方、）実方の中将をお呼びになって、「歌枕を訪ね調べて報告せよ」と命じて、陸奥国へと流し下されたのだった。

実方は三年の間、あちこちの名所を訪ね調べたが、阿古屋の松という松はなかった。「ほんとうに陸奥国にあるのだと聞いたのだが」と言って、あちらこちらで男女に尋ね聞いたけれど、教えてくれる人もなく、知っている者もなかった。尋ねあぐねて休みをとりながら道を行ったときに、道中で一人の老翁と会った。実方を見て言ったことには、「あなたはもの思いをする人でいらっしゃる。何事を嘆きなさっているのですか」と問う。「阿古屋の松を探しかねているのです」と答えたところ、老翁は（それを）聞いて、「じつに簡単なことでございます。それはこれ、

みちのくにある阿古屋の松の木は高いので、上っているはずの月が隠れて見えないのだろうか

という歌がございます。このことを思い出しながら、都からはるばる尋ね下りなさったのでありましょう」と言ったところ、実方は「そのとおりです」と言う。老翁が言うには、「陸奥と出羽が一国でございましたときは（これらを合わせて）陸奥国と申していたけれど、両国が（二つに）分かれた後は、（阿古屋の松は）出羽国にあるのでございます。その国にいらっしゃってお探しなさい」と申し上げたので、（実方は）ただちに出羽国へと越えていき阿古屋の松を見たのだった。その老翁といった人物は、塩竈大明神と申し上げた（神の化身であった）。

このように名所を訪ね歩いて報告したものの、朝廷からの赦免はなかった。最期はとうとう奥州名取郡の笠島の道祖神に蹴り殺されてしまった。実方が、馬に乗ったままその道祖神の前を通ろうとしたときに、人が諫めて言ったことは、「この神は霊験あらたかこの上ない霊神であり、賞罰もはっきりしています。馬から下り再拝して通り過ぎなさい」と言う。実方がこれを聞いて言うには、「どんな神なのか」と。（人が）答えたことには、「この神は都の賀茂川の河原の西一条の北の辺りにまします出雲路の道祖神の娘であったが、大切に世話をして、身分の高い夫に嫁がせようとしたところ、商人に嫁いで親に勘当されてこの国に追い下されなさったが、この国の人びとがこれを崇め奉って、神として祀り再拝し

問三　④
問四　②
問五　④
問六　⑤
問七　④
問八　⑤
問九　③
問十　⑤
問十一　⑤
問十二　③

◆全　訳◆

一条天皇の御治世、大納言（藤原）行成がまだ殿上人でいらっしゃったときのことであるが、宮中に出仕したあるとき、（藤原）実方の中将も出仕していて、小台盤所に着座したところ、日頃の恨みがあったのかどうかはわからないが、実方は笏を持ち直して、ものも言わず行成の冠を打ち落とし、小庭に投げ捨てたので、（行成の）元結はむき出しになってしまった。殿上や階下にいた者は、（これを）目撃して驚き、どのような報復があるだろうと思っていたが、行成は騒ぐことなく静々と主殿司をお呼びになって冠を取り戻し、笄（こうがい）を抜き出して髪をすき直し、冠をかぶり、念を入れ袖をかき合わせ、実方に敬意を示して言ったことは、「一体どのようなことでございましょうか。突然これほどの乱暴な仕打ちを受けなければならない恨みを買った覚えはありません。それに加え宮中の出仕中であり、なおさら傍若無人な行為であります。そのわけを伺って、お答えし、その上での処置もあるかと存じます」と、ことさら立派な態度で言われたので、実方はきまりが悪くなって立ち去った。

整備』という意味があって、〈カタカナ〉で書かれたものは、何かしらしっくりしない」とあり、これと結びつく③が最適。他はみな理由としての根拠がない。

問六　指示語の問題であり、「ここ」は前文の「〈カタカナ〉のもとになった漢字は、時代を遡れば遡るほど、バリエーションに富んだものとなっていく」を指している。このことを簡潔に記している①が最適。

問八　傍線部7の前に「〈カタカナ〉は男性が漢文を読むための補助記号」、「これ（=〈カタカナ〉）を漢字の側に記して、読み方などを書いていく」とある。今日の漢文で考えれば、訓読する際の送り仮名に当たる。よって、漢文の文章を読む際の訓読手段について説明している④が最適。他はどれも訓読手段について述べたものではないので不適。

問九　傍線部8の指示語「それ」は前の「外来語」を指しており、「消化する過程」とは、「〈カタカナ〉で読み方が付され、次第に生活の中にシントウして日本語化」していき「日本語としてなくてはならない言葉として残った」ことをいっている。以上のことに結びつく③が最適。

問十　①第五段落の内容と一致する。
②最終段落三行目の「和歌は必ず『草仮名』つまり〈ひらがな〉で書かれる」という内容と一致する。
③第二・四段落の内容に合致する。
④第六段落の内容と合致する。
⑤「元々存在した少ない書き言葉」とは本文にはないので合致しない。⑤が正解。

Ⅲ

出典　『源平盛衰記』〈巻第七　日本国広狭の事〉

解答

問一　①
問二　②

問七　④
問八　④
問九　③
問十　⑤

◆要　旨◆

日本の古代、言葉を書く術のないところに漢字が伝来し、その後、漢字の形の一部が利用されて〈カタカナ〉が、全体をデフォルメした草書体が利用されて〈ひらがな〉が、我が国独自の文字として作られた。これは、漢字の意味や発音を捨てた「見せかけ」の部分を使うということから「仮名」という名称で呼ばれることになった。〈カタカナ〉の場合、「片」という漢字に「不完全、不整備」という意味があり、それで表記された言葉には日本的なものとは認めがたいという意識が現れていた。外来語を借用することの多い日本語では、〈カタカナ〉はなくてはならない記述記号だった。

▲解　説▼

問一　空欄Aの後に「sky」「天」といった自然の物象が挙げられており、それに結びつくものとして②の「森羅万象」（＝宇宙に存在する一切のもの）が最適。他の選択語句は人間の精神や行為の様相について示しているものなので、どれも不適。

問二　傍線部1の後で、「天」だけでは「あめ」「あま」「そら」と書き分けることも、読み分けることもできず、「自分たちが話している通りに書けないものか」とある。このことと結びつく②が最適。他は読み方の表記について述べたものではないのでどれも不適。

問四　「デフォルメ」はフランス語で、絵画や彫刻などにおいて、対象を変形し歪曲して表現することをいう。よって、⑤が正解。

問五　理由を述べた箇所は第八段落まで飛ばなければならない。同段落の第一文に「『片』という漢字には『不完全、不

問十二 ①第四段落に「教会が構成員の自発的な契約によって成立する」とあるように、「全員が神に従うことを強制された」わけではない。

②空欄Bの次段落で述べられているように、一七世紀ニューイングランドでは「世俗権力が重要な宗教的役割を帯びている」という「政教協力制」の状態だったが、建国期（一七七六年）のアメリカは「明示的な政教分離思想へと進んで」いった。一方、最後から二つめの段落で述べられているように、「『自由意志による契約社会』への移行は、近代市民社会の形成にとって重要な一歩」だったのであり、「近代社会に特徴的な形態」となっていった。そうした過程を歩んだのがアメリカであり、よって一七世紀ニューイングランドと建国期アメリカは、自由意志に基づく契約を社会の基礎とする点では一致している。②が合致する。

③最終段落の「自由な社会集団を作るには、どうしてもこの不寛容さを軸にしなければならない」の部分と食い違う。

④本文では、「アメリカの社会に、信仰を共有しない者に対する不寛容さがある」とは言っていない。

⑤本文でまったく述べられていない内容である。

Ⅱ

出典 山口謠司『日本語の奇跡――〈アイウエオ〉と〈いろは〉の発明』〈第7章 仮名はいかにして生まれたのか〉（新潮新書）

解答

問一 ②
問二 ②
問三 ①
問四 ⑤
問五 ③
問六 ①

③傍線部5の次文に「牧師給与のための税金を徴収し」とあるので合致する。
④傍線部5の次文の「教会権威の侮辱や異端を取り締まり」の内容と結びつく。
⑤傍線部5の次文の「法律で礼拝出席を住民に強制し」の内容と結びつく。
問七　「公序良俗」となり、正解は③。意味は、〝公の秩序または善良な風俗〟ということ。
問八　傍線部4の後に「これは『政教協力制』(coordinate system) と称される。政治と宗教が、同じ目的のためにそれぞれ別の人によって担われる」とあり、この内容と一致する①が最適。他の選択肢については、②「一体となる」、③「同一の行動をとる」、④「目的は違っても…」、⑤「各々の目的に向かって…」、がそれぞれ誤りである。
問十　空欄Bの次段落六行目以降に「異なる目的意志をもつ人びとや、交わることで害を及ぼすと思われる人びとを受け入れることを拒む」とあり、傍線部6のある段落二行目に「同じ契約に同意してもらわねばならない」とある。この二箇所の部分が、⑤の「一定の意志を共有し」と「契約に同意した者以外は所属できない」の内容と一致する。
問十一　最後から二つめの段落の「自由意志による契約社会」、最終段落の「自分の意志で所属を決める集団」というものが「近代社会に特徴的な形態」である。傍線部6のある段落の説明にあるように、その町に住む人は「同じ契約に同意してもらわねば」ならず、また「われわれの同意なし」にそこに住むこともできず、「われわれが受け入れたくない者」は所属を拒否されるのである。こうした内容に一致する①が最適。
②本文では「平等」の重視、「平等」の権利についてはまったく述べられていない。
③社会への参加を認められないのは、社会の契約に同意しない者であって、資格要件の水準に達していないと判定される者とは言っていない。
④近代社会の特徴については前述のとおりであり、「神の意志に従うことを目的として創られた」とは言っていない。
⑤最終段落に「自由な社会集団を作るには、どうしてもこの不寛容さを軸にしなければならない」とあるように、不寛容となる原因は「地縁血縁の自然なつながりを生かしにくい」からではない。

る時には「市民契約」を結んだ。タウンに新しく加入する人々も皆、教会と社会の両方の契約に同意することが求められた。この契約がもたらしたものは、政治と宗教について異なる目的意志をもつ人々や、害を及ぼすと思われる人々の受け入れを拒否する権利だった。その結果、アメリカの植民地は原則的に「閉じた」社会となり、自由な社会集団を作るためにどうしても不寛容さを軸としなければならなかった。

◀解　説▶

問三　空欄Aの直前の指示語「その」は、前文の「統治される者の自発的な同意」を指している。また、第二段落五行目に「『相互の合意』つまり契約」とある。よって、空欄Aは「同意」の語を含む①が最適。

問四　傍線部3の直前の指示語「ここ」は、前文の「統治者が神との契約を守らず不正を行うなら、服従は義務ではなくなる」を指している。これは、統治者が神との契約の上で神に責任を果たさないのならば、民衆は統治者に服従する必要のないことを述べている。この内容と合致する②が最適。①は「統治者が民衆に対する義務を」としているので誤り。

問五　傍線部4の二行後に「このシステム（＝政教協力制）では、宗教的な指導者が政治に直接あれこれと口出しをすることはない」とあり、次段落にあるように聖職者の発言が政治的に大きな影響力をもったことはあるものの、聖職者自身は実際の政治に関与していないことが述べられている。この内容と結びつく③が最適。

問六　「お膳立てをする」とは、〝すぐに取りかかれるように準備する〟ことをいう。この意の具体例に当たらないものを選ぶ。

①傍線部5の次文に「政府は、教会権威の侮辱や異端を取り締まり、……剣をもって正統的な礼拝を守る義務を有していた」とあるので、具体例に当たる。

②本文に述べられていない。「お膳立てをする」のは、政府が教会の権威を守るために立ち回ることである。こうした内容にも合致しない。②が正解。

国語

出典　森本あんり『不寛容論——アメリカが生んだ「共存」の哲学』〈第一章　虚像と実像のピューリタン　3. 二重の建設〉（新潮選書）

問一　③
問二　⑤
問三　①
問四　②
問五　③
問六　②
問七　③
問八　①
問九　④
問十　⑤
問十一　①
問十二　②

◆要　旨◆

十七世紀にアメリカへ渡ったピューリタンは、新たな社会を作るにあたり、教会を作る時には「教会契約」を、町を作

/////////////////// · memo · ///////////////////

//////////////////// · memo · ////////////////////

/////////////////// · memo · ///////////////////

教学社 刊行一覧

2025年版　大学赤本シリーズ

374大学556点
全都道府県を網羅

国公立大学（都道府県順）

全国の書店で取り扱っています。店頭にない場合は，お取り寄せができます。

1 北海道大学（文系－前期日程）
2 北海道大学（理系－前期日程） 医
3 北海道大学（後期日程）
4 旭川医科大学（医学部〈医学科〉） 医
5 小樽商科大学
6 帯広畜産大学
7 北海道教育大学
8 室蘭工業大学／北見工業大学
9 釧路公立大学
10 公立千歳科学技術大学
11 公立はこだて未来大学 総推
12 札幌医科大学（医学部） 医
13 弘前大学 医
14 岩手大学
15 岩手県立大学・盛岡短期大学部・宮古短期大学部
16 東北大学（文系－前期日程）
17 東北大学（理系－前期日程） 医
18 東北大学（後期日程）
19 宮城教育大学
20 宮城大学
21 秋田大学 医
22 秋田県立大学
23 国際教養大学 総推
24 山形大学 医
25 福島大学
26 会津大学
27 福島県立医科大学（医・保健科学部） 医
28 茨城大学（文系）
29 茨城大学（理系）
30 筑波大学（推薦入試） 医 総推
31 筑波大学（文系－前期日程）
32 筑波大学（理系－前期日程） 医
33 筑波大学（後期日程）
34 宇都宮大学
35 群馬大学 医
36 群馬県立女子大学
37 高崎経済大学
38 前橋工科大学
39 埼玉大学（文系）
40 埼玉大学（理系）
41 千葉大学（文系－前期日程）
42 千葉大学（理系－前期日程） 医
43 千葉大学（後期日程） 医
44 東京大学（文科） DL
45 東京大学（理科） DL 医
46 お茶の水女子大学
47 電気通信大学
48 東京外国語大学 DL
49 東京海洋大学
50 東京科学大学（旧 東京工業大学）
51 東京科学大学（旧 東京医科歯科大学） 医
52 東京学芸大学
53 東京藝術大学
54 東京農工大学
55 一橋大学（前期日程）
56 一橋大学（後期日程）
57 東京都立大学（文系）
58 東京都立大学（理系）
59 横浜国立大学（文系）
60 横浜国立大学（理系）
61 横浜市立大学（国際教養・国際商・理・データサイエンス・医〈看護〉学部）
62 横浜市立大学（医学部〈医学科〉） 医
63 新潟大学（人文・教育〈文系〉・法・経済科・医〈看護〉・創生学部）
64 新潟大学（教育〈理系〉・理・医〈看護を除く〉・歯・工・農学部） 医
65 新潟県立大学
66 富山大学（文系）
67 富山大学（理系） 医
68 富山県立大学
69 金沢大学（文系）
70 金沢大学（理系） 医
71 福井大学（教育・医〈看護〉・工・国際地域学部）
72 福井大学（医学部〈医学科〉） 医
73 福井県立大学
74 山梨大学（教育・医〈看護〉・工・生命環境学部）
75 山梨大学（医学部〈医学科〉） 医
76 都留文科大学
77 信州大学（文系－前期日程）
78 信州大学（理系－前期日程） 医
79 信州大学（後期日程）
80 公立諏訪東京理科大学 総推
81 岐阜大学（前期日程） 医
82 岐阜大学（後期日程）
83 岐阜薬科大学
84 静岡大学（前期日程）
85 静岡大学（後期日程）
86 浜松医科大学（医学部〈医学科〉） 医
87 静岡県立大学
88 静岡文化芸術大学
89 名古屋大学（文系）
90 名古屋大学（理系） 医
91 愛知教育大学
92 名古屋工業大学
93 愛知県立大学
94 名古屋市立大学（経済・人文社会・芸術工・看護・総合生命理・データサイエンス学部）
95 名古屋市立大学（医学部〈医学科〉） 医
96 名古屋市立大学（薬学部）
97 三重大学（人文・教育・医〈看護〉学部）
98 三重大学（医〈医〉・工・生物資源学部） 医
99 滋賀大学
100 滋賀医科大学（医学部〈医学科〉） 医
101 滋賀県立大学
102 京都大学（文系）
103 京都大学（理系） 医
104 京都教育大学
105 京都工芸繊維大学
106 京都府立大学
107 京都府立医科大学（医学部〈医学科〉） 医
108 大阪大学（文系） DL
109 大阪大学（理系） 医
110 大阪教育大学
111 大阪公立大学（現代システム科学域〈文系〉・文・法・経済・商・看護・生活科〈居住環境・人間福祉〉学部－前期日程）
112 大阪公立大学（現代システム科学域〈理系〉・理・工・農・獣医・医・生活科〈食栄養〉学部－前期日程） 医
113 大阪公立大学（中期日程）
114 大阪公立大学（後期日程）
115 神戸大学（文系－前期日程）
116 神戸大学（理系－前期日程） 医
117 神戸大学（後期日程）
118 神戸市外国語大学 DL
119 兵庫県立大学（国際商経・社会情報科・看護学部）
120 兵庫県立大学（工・理・環境人間学部）
121 奈良教育大学／奈良県立大学
122 奈良女子大学
123 奈良県立医科大学（医学部〈医学科〉） 医
124 和歌山大学
125 和歌山県立医科大学（医・薬学部） 医
126 鳥取大学 医
127 公立鳥取環境大学
128 島根大学 医
129 岡山大学（文系）
130 岡山大学（理系） 医
131 岡山県立大学
132 広島大学（文系－前期日程）
133 広島大学（理系－前期日程） 医
134 広島大学（後期日程）
135 尾道市立大学 総推
136 県立広島大学
137 広島市立大学
138 福山市立大学 総推
139 山口大学（人文・教育〈文系〉・経済・医〈看護〉・国際総合科学部）
140 山口大学（教育〈理系〉・理・医〈看護を除く〉・工・農・共同獣医学部） 医
141 山陽小野田市立山口東京理科大学 総推
142 下関市立大学／山口県立大学
143 周南公立大学 新 総推
144 徳島大学 医
145 香川大学 医
146 愛媛大学 医
147 高知大学 医
148 高知工科大学
149 九州大学（文系－前期日程）
150 九州大学（理系－前期日程） 医
151 九州大学（後期日程）
152 九州工業大学
153 福岡教育大学
154 北九州市立大学
155 九州歯科大学
156 福岡県立大学／福岡女子大学
157 佐賀大学 医
158 長崎大学（多文化社会・教育〈文系〉・経済・医〈保健〉・環境科〈文系〉学部）
159 長崎大学（教育〈理系〉・医〈医〉・歯・薬・情報データ科・工・環境科〈理系〉・水産学部） 医
160 長崎県立大学 総推
161 熊本大学（文・教育・法・医〈看護〉学部・情報融合学環〈文系型〉）
162 熊本大学（理・医〈看護を除く〉・薬・工学部・情報融合学環〈理系型〉） 医
163 熊本県立大学
164 大分大学（教育・経済・医〈看護〉・理工・福祉健康科学部）
165 大分大学（医学部〈医・先進医療科学科〉） 医
166 宮崎大学（教育・医〈看護〉・工・農・地域資源創成学部）
167 宮崎大学（医学部〈医学科〉） 医
168 鹿児島大学（文系）
169 鹿児島大学（理系） 医
170 琉球大学 医

2025年版　大学赤本シリーズ

国公立大学 その他

171 〔国公立大〕医学部医学科 総合型選抜・学校推薦型選抜※ 医 総推
172 看護・医療系大学〈国公立 東日本〉※
173 看護・医療系大学〈国公立 中日本〉※
174 看護・医療系大学〈国公立 西日本〉※
175 海上保安大学校／気象大学校
176 航空保安大学校
177 国立看護大学校
178 防衛大学校 総推
179 防衛医科大学校(医学科) 医
180 防衛医科大学校(看護学科)

※No.171～174の収載大学は赤本ウェブサイト(http://akahon.net/)でご確認ください。

私立大学①

北海道の大学(50音順)
201 札幌大学
202 札幌学院大学
203 北星学園大学
204 北海学園大学
205 北海道医療大学
206 北海道科学大学
207 北海道武蔵女子大学・短期大学
208 酪農学園大学(獣医学群〈獣医学類〉)

東北の大学(50音順)
209 岩手医科大学(医・歯・薬学部) 医
210 仙台大学 総推
211 東北医科薬科大学(医・薬学部) 医
212 東北学院大学
213 東北工業大学
214 東北福祉大学
215 宮城学院女子大学 総推

関東の大学(50音順)

あ行(関東の大学)
216 青山学院大学(法・国際政治経済学部ー個別学部日程)
217 青山学院大学(経済学部ー個別学部日程)
218 青山学院大学(経営学部ー個別学部日程)
219 青山学院大学(文・教育人間科学部ー個別学部日程)
220 青山学院大学(総合文化政策・社会情報・地球社会共生・コミュニティ人間科学部ー個別学部日程)
221 青山学院大学(理工学部ー個別学部日程)
222 青山学院大学(全学部日程)
223 麻布大学(獣医、生命・環境科学部)
224 亜細亜大学
226 桜美林大学
227 大妻女子大学・短期大学部

か行(関東の大学)
228 学習院大学(法学部ーコア試験)
229 学習院大学(経済学部ーコア試験)
230 学習院大学(文学部ーコア試験)
231 学習院大学(国際社会科学部ーコア試験)
232 学習院大学(理学部ーコア試験)
233 学習院女子大学
234 神奈川大学(給費生試験)
235 神奈川大学(一般入試)
236 神奈川工科大学
237 鎌倉女子大学・短期大学部
238 川村学園女子大学
239 神田外語大学
240 関東学院大学
241 北里大学(理学部)
242 北里大学(医学部) 医
243 北里大学(薬学部)
244 北里大学(看護・医療衛生学部)
245 北里大学(未来工・獣医・海洋生命科学部)
246 共立女子大学・短期大学
247 杏林大学(医学部) 医
248 杏林大学(保健学部)
249 群馬医療福祉大学・短期大学部
250 群馬パース大学 総推
251 慶應義塾大学(法学部)
252 慶應義塾大学(経済学部)
253 慶應義塾大学(商学部)
254 慶應義塾大学(文学部) 総推
255 慶應義塾大学(総合政策学部)
256 慶應義塾大学(環境情報学部)
257 慶應義塾大学(理工学部)
258 慶應義塾大学(医学部) 医
259 慶應義塾大学(薬学部)
260 慶應義塾大学(看護医療学部)
261 工学院大学
262 國學院大學
263 国際医療福祉大学 医
264 国際基督教大学
265 国士舘大学
266 駒澤大学(一般選抜T方式・S方式)
267 駒澤大学(全学部統一日程選抜)

さ行(関東の大学)
268 埼玉医科大学(医学部) 医
269 相模女子大学・短期大学部
270 産業能率大学
271 自治医科大学(医学部) 医
272 自治医科大学(看護学部)／東京慈恵会医科大学(医学部〈看護学科〉)
273 実践女子大学 総推
274 芝浦工業大学(前期日程)
275 芝浦工業大学(全学統一日程・後期日程)
276 十文字学園女子大学
277 淑徳大学
278 順天堂大学(医学部) 医
279 順天堂大学(スポーツ健康科・医療看護・保健看護・国際教養・保健医療・医療科・健康データサイエンス・薬学部) 総推
280 上智大学(神・文・総合人間科学部)
281 上智大学(法・経済学部)
282 上智大学(外国語・総合グローバル学部)
283 上智大学(理工学部)
284 上智大学(TEAPスコア利用方式)
285 湘南工科大学
286 昭和大学(医学部) 医
287 昭和大学(歯・薬・保健医療学部)
288 昭和女子大学
289 昭和薬科大学
290 女子栄養大学・短期大学部 総推
291 白百合女子大学
292 成蹊大学(法学部ーA方式)
293 成蹊大学(経済・経営学部ーA方式)
294 成蹊大学(文学部ーA方式)
295 成蹊大学(理工学部ーA方式)
296 成蹊大学(E方式・G方式・P方式)
297 成城大学(経済・社会イノベーション学部ーA方式)
298 成城大学(文芸・法学部ーA方式)
299 成城大学(S方式〈全学部統一選抜〉)
300 聖心女子大学
301 清泉女子大学
303 聖マリアンナ医科大学 医
304 聖路加国際大学(看護学部)
305 専修大学(スカラシップ・全国入試)
306 専修大学(前期入試〈学部個別入試〉)
307 専修大学(前期入試〈全学部入試・スカラシップ入試〉)

た行(関東の大学)
308 大正大学
309 大東文化大学
310 高崎健康福祉大学
311 拓殖大学
312 玉川大学
313 多摩美術大学
314 千葉工業大学
315 中央大学(法学部ー学部別選抜)
316 中央大学(経済学部ー学部別選抜)
317 中央大学(商学部ー学部別選抜)
318 中央大学(文学部ー学部別選抜)
319 中央大学(総合政策学部ー学部別選抜)
320 中央大学(国際経営・国際情報学部ー学部別選抜)
321 中央大学(理工学部ー学部別選抜)
322 中央大学(5学部共通選抜)
323 中央学院大学
324 津田塾大学
325 帝京大学(薬・経済・法・文・外国語・教育・理工・医療技術・福岡医療技術学部)
326 帝京大学(医学部) 医
327 帝京科学大学 総推
328 帝京平成大学 総推
329 東海大学(医〈医〉学部を除く一一般選抜)
330 東海大学(文系・理系学部統一選抜)
331 東海大学(医学部〈医学科〉) 医
332 東京医科大学(医学部〈医学科〉) 医
333 東京家政大学・短期大学部 総推
334 東京経済大学
335 東京工科大学
336 東京工芸大学
337 東京国際大学
338 東京歯科大学
339 東京慈恵会医科大学(医学部〈医学科〉) 医
340 東京情報大学
341 東京女子大学
342 東京女子医科大学(医学部) 医
343 東京電機大学
344 東京都市大学
345 東京農業大学
346 東京薬科大学(薬学部) 総推
347 東京薬科大学(生命科学部) 総推
348 東京理科大学(理学部〈第一部〉ーB方式)
349 東京理科大学(創域理工学部ーB方式・S方式)
350 東京理科大学(工学部ーB方式)
351 東京理科大学(先進工学部ーB方式)
352 東京理科大学(薬学部ーB方式)
353 東京理科大学(経営学部ーB方式)
354 東京理科大学(C方式、グローバル方式、理学部〈第二部〉ーB方式)
355 東邦大学(医学部) 医
356 東邦大学(薬学部)

2025年版　大学赤本シリーズ

私立大学②

357 東邦大学(理・看護・健康科学部)
358 東洋大学(文・経済・経営・法・社会・国際・国際観光学部)
359 東洋大学(情報連携・福祉社会デザイン・健康スポーツ科・理工・総合情報・生命科・食環境科学部)
360 東洋大学(英語〈3日程×3カ年〉)
361 東洋大学(国語〈3日程×3カ年〉)
362 東洋大学(日本史・世界史〈2日程×3カ年〉)
363 東洋英和女学院大学
364 常磐大学・短期大学 総推
365 獨協大学
366 獨協医科大学(医学部) 医

な行(関東の大学)

367 二松学舎大学
368 日本大学(法学部)
369 日本大学(経済学部)
370 日本大学(商学部)
371 日本大学(文理学部〈文系〉)
372 日本大学(文理学部〈理系〉)
373 日本大学(芸術学部〈専門試験併用型〉)
374 日本大学(国際関係学部)
375 日本大学(危機管理・スポーツ科学部)
376 日本大学(理工学部)
377 日本大学(生産工・工学部)
378 日本大学(生物資源科学部)
379 日本大学(医学部) 医
380 日本大学(歯・松戸歯学部)
381 日本大学(薬学部)
382 日本大学(N全学統一方式－医・芸術〈専門試験併用型〉学部を除く)
383 日本医科大学 医
384 日本工業大学
385 日本歯科大学
386 日本社会事業大学 総推
387 日本獣医生命科学大学
388 日本女子大学
389 日本体育大学

は行(関東の大学)

390 白鷗大学(学業特待選抜・一般選抜)
391 フェリス女学院大学
392 文教大学
393 法政大学(法〈I日程〉・文〈II日程〉・経営〈II日程〉学部－A方式)
394 法政大学(法〈II日程〉・国際文化・キャリアデザイン学部－A方式)
395 法政大学(文〈I日程〉・経営〈I日程〉・人間環境・グローバル教養学部－A方式)
396 法政大学(経済〈I日程〉・社会〈I日程〉・現代福祉学部－A方式)
397 法政大学(経済〈II日程〉・社会〈II日程〉・スポーツ健康学部－A方式)
398 法政大学(情報科・デザイン工・理工・生命科学部－A方式)
399 法政大学(T日程〈統一日程〉・英語外部試験利用入試)
400 星薬科大学 総推

ま行(関東の大学)

401 武蔵大学
402 武蔵野大学
403 武蔵野美術大学
404 明海大学
405 明治大学(法学部－学部別入試)
406 明治大学(政治経済学部－学部別入試)
407 明治大学(商学部－学部別入試)
408 明治大学(経営学部－学部別入試)
409 明治大学(文学部－学部別入試)
410 明治大学(国際日本学部－学部別入試)
411 明治大学(情報コミュニケーション学部－学部別入試)
412 明治大学(理工学部－学部別入試)
413 明治大学(総合数理学部－学部別入試)
414 明治大学(農学部－学部別入試)
415 明治大学(全学部統一入試)
416 明治学院大学(A日程)
417 明治学院大学(全学部日程)
418 明治薬科大学 総推
419 明星大学
420 目白大学・短期大学部

ら・わ行(関東の大学)

421 立教大学(文系学部－一般入試〈大学独自の英語を課さない日程〉)
422 立教大学(国語〈3日程×3カ年〉)
423 立教大学(日本史・世界史〈2日程×3カ年〉)
424 立教大学(文学部－一般入試〈大学独自の英語を課す日程〉)
425 立教大学(理学部－一般入試)
426 立正大学
427 早稲田大学(法学部)
428 早稲田大学(政治経済学部)
429 早稲田大学(商学部)
430 早稲田大学(社会科学部)
431 早稲田大学(文学部)
432 早稲田大学(文化構想学部)
433 早稲田大学(教育学部〈文科系〉)
434 早稲田大学(教育学部〈理科系〉)
435 早稲田大学(人間科・スポーツ科学部)
436 早稲田大学(国際教養学部)
437 早稲田大学(基幹理工・創造理工・先進理工学部)
438 和洋女子大学 総推

中部の大学(50音順)

439 愛知大学
440 愛知医科大学(医学部) 医
441 愛知学院大学・短期大学部
442 愛知工業大学 総推
443 愛知淑徳大学
444 朝日大学 総推
445 金沢医科大学(医学部) 医
446 金沢工業大学
447 岐阜聖徳学園大学 総推
448 金城学院大学
449 至学館大学 総推
450 静岡理工科大学
451 椙山女学園大学
452 大同大学
453 中京大学
454 中部大学
455 名古屋外国語大学 総推
456 名古屋学院大学 総推
457 名古屋学芸大学 総推
458 名古屋女子大学 総推
459 南山大学(外国語〈英米〉・法・総合政策・国際教養学部)
460 南山大学(人文・外国語〈英米を除く〉・経済・経営・理工学部)
461 新潟国際情報大学
462 日本福祉大学
463 福井工業大学
464 藤田医科大学(医学部) 医
465 藤田医科大学(医療科・保健衛生学部)
466 名城大学(法・経営・経済・外国語・人間・都市情報学部)
467 名城大学(情報工・理工・農・薬学部)
468 山梨学院大学

近畿の大学(50音順)

469 追手門学院大学 総推
470 大阪医科薬科大学(医学部) 医
471 大阪医科薬科大学(薬学部) 総推
472 大阪学院大学 総推
473 大阪経済大学 総推
474 大阪経済法科大学 総推
475 大阪工業大学 総推
476 大阪国際大学・短期大学部 総推
477 大阪産業大学 総推
478 大阪歯科大学(歯学部)
479 大阪商業大学 総推
480 大阪成蹊大学・短期大学 総推
481 大谷大学 総推
482 大手前大学・短期大学 総推
483 関西大学(文系)
484 関西大学(理系)
485 関西大学(英語〈3日程×3カ年〉)
486 関西大学(国語〈3日程×3カ年〉)
487 関西大学(日本史・世界史・文系数学〈3日程×3カ年〉)
488 関西医科大学(医学部) 医
489 関西医療大学 総推
490 関西外国語大学・短期大学部 総推
491 関西学院大学(文・法・商・人間福祉・総合政策学部－学部個別日程)
492 関西学院大学(神・社会・経済・国際・教育学部－学部個別日程)
493 関西学院大学(全学部日程〈文系型〉)
494 関西学院大学(全学部日程〈理系型〉)
495 関西学院大学(共通テスト併用日程〈数学〉・英数日程)
496 関西学院大学(英語〈3日程×3カ年〉) 新
497 関西学院大学(国語〈3日程×3カ年〉) 新
498 関西学院大学(日本史・世界史・文系数学〈3日程×3カ年〉) 新
499 畿央大学 総推
500 京都外国語大学・短期大学 総推
502 京都産業大学(公募推薦入試) 総推
503 京都産業大学(一般選抜入試〈前期日程〉)
504 京都女子大学 総推
505 京都先端科学大学 総推
506 京都橘大学 総推
507 京都ノートルダム女子大学 総推
508 京都薬科大学 総推
509 近畿大学・短期大学部(医学部を除く－推薦入試) 総推
510 近畿大学・短期大学部(医学部を除く－一般入試前期)
511 近畿大学(英語〈医学部を除く3日程×3カ年〉)
512 近畿大学(理系数学〈医学部を除く3日程×3カ年〉)
513 近畿大学(国語〈医学部を除く3日程×3カ年〉)
514 近畿大学(医学部－推薦入試・一般入試前期) 医 総推
515 近畿大学・短期大学部(一般入試後期) 医
516 皇學館大学 総推
517 甲南大学 総推
518 甲南女子大学(学校推薦型選抜) 新 総推
519 神戸学院大学 総推
520 神戸国際大学 総推
521 神戸女学院大学 総推
522 神戸女子大学・短期大学 総推
523 神戸薬科大学 総推
524 四天王寺大学・短期大学部 総推
525 摂南大学(公募制推薦入試) 総推
526 摂南大学(一般選抜前期日程)
527 帝塚山学院大学 総推
528 同志社大学(法、グローバル・コミュニケーション学部－学部個別日程)

2025年版　大学赤本シリーズ

私立大学③

529 同志社大学(文・経済学部−学部個別日程)
530 同志社大学(神・商・心理・グローバル地域文化学部−学部個別日程)
531 同志社大学(社会学部−学部個別日程)
532 同志社大学(政策・文化情報〈文系型〉・スポーツ健康科〈文系型〉学部−学部個別日程)
533 同志社大学(理工・生命医科・文化情報〈理系型〉・スポーツ健康科〈理系型〉学部−学部個別日程)
534 同志社大学(全学部日程)
535 同志社女子大学 総推
536 奈良大学 総推
537 奈良学園大学 総推
538 阪南大学 総推
539 姫路獨協大学 総推
540 兵庫医科大学(医学部) 医
541 兵庫医科大学(薬・看護・リハビリテーション学部) 総推
542 佛教大学 総推
543 武庫川女子大学 総推
544 桃山学院大学 総推
545 大和大学・大和大学白鳳短期大学部 総推
546 立命館大学(文系−全学統一方式・学部個別配点方式)／立命館アジア太平洋大学(前期方式・英語重視方式)
547 立命館大学(理系−全学統一方式・学部個別配点方式・理系型3教科方式・薬学方式)
548 立命館大学(英語〈全学統一方式3日程×3カ年〉)
549 立命館大学(国語〈全学統一方式3日程×3カ年〉)
550 立命館大学(文系選択科目〈全学統一方式2日程×3カ年〉)
551 立命館大学(IR方式〈英語資格試験利用型〉・共通テスト併用方式)／立命館アジア太平洋大学(共通テスト併用方式)
552 立命館大学(後期分割方式・「経営学部で学ぶ感性+共通テスト」方式)／立命館アジア太平洋大学(後期方式)
553 龍谷大学(公募推薦入試) 総推
554 龍谷大学(一般選抜入試)

中国の大学(50音順)

555 岡山商科大学 総推
556 岡山理科大学 総推
557 川崎医科大学 医
558 吉備国際大学 総推
559 就実大学 総推
560 広島経済大学
561 広島国際大学 総推
562 広島修道大学
563 広島文教大学 総推
564 福山大学／福山平成大学
565 安田女子大学 総推

四国の大学(50音順)

567 松山大学

九州の大学(50音順)

568 九州医療科学大学
569 九州産業大学
570 熊本学園大学
571 久留米大学(文・人間健康・法・経済・商学部)
572 久留米大学(医学部〈医学科〉) 医
573 産業医科大学(医学部) 医
574 西南学院大学(商・経済・法・人間科学部−A日程)
575 西南学院大学(神・外国語・国際文化学部−A日程／全学部−F日程)
576 福岡大学(医学部医学科を除く−学校推薦型選抜・一般選抜系統別日程) 総推
577 福岡大学(医学部医学科を除く−一般選抜前期日程)
578 福岡大学(医学部〈医学科〉−学校推薦型選抜・一般選抜系統別日程) 医 総推
579 福岡工業大学
580 令和健康科学大学 総推

医 医学部医学科を含む
総推 総合型選抜または学校推薦型選抜を含む
DL リスニング音声配信　新 2024年 新刊・復刊

掲載している入試の種類や試験科目，収載年数などはそれぞれ異なります。詳細については，それぞれの本の目次や赤本ウェブサイトでご確認ください。

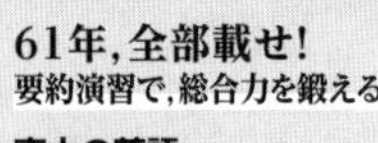

難関校過去問シリーズ

出題形式別・分野別に収録した
「入試問題事典」
20大学 73点
定価**2,310～2,640**円(本体2,100～2,400円)

先輩合格者はこう使った!
「難関校過去問シリーズの使い方」

61年，全部載せ!
要約演習で，総合力を鍛える
東大の英語 要約問題 UNLIMITED

国公立大学

東大の英語25カ年[第12版] 改
東大の英語リスニング20カ年[第9版] DL 改
東大の英語 要約問題 UNLIMITED
東大の文系数学25カ年[第12版] 改
東大の理系数学25カ年[第12版] 改
東大の現代文25カ年[第12版] 改
東大の古典25カ年[第12版] 改
東大の日本史25カ年[第9版] 改
東大の世界史25カ年[第9版] 改
東大の地理25カ年[第9版] 改
東大の物理25カ年[第9版] 改
東大の化学25カ年[第9版] 改
東大の生物25カ年[第9版] 改
東工大の英語20カ年[第8版] 改
東工大の数学20カ年[第9版] 改
東工大の物理20カ年[第5版] 改
東工大の化学20カ年[第5版] 改
一橋大の英語20カ年[第9版] 改
一橋大の数学20カ年[第9版] 改
一橋大の国語20カ年[第6版] 改
一橋大の日本史20カ年[第6版] 改
一橋大の世界史20カ年[第6版] 改
筑波大の英語15カ年 新
筑波大の数学15カ年 新
京大の英語25カ年[第12版]
京大の文系数学25カ年[第12版]
京大の理系数学25カ年[第12版]
京大の現代文25カ年[第2版]
京大の古典25カ年[第2版]
京大の日本史20カ年[第3版]
京大の世界史20カ年[第3版]
京大の物理25カ年[第9版]
京大の化学25カ年[第9版]
北大の英語15カ年[第8版]
北大の理系数学15カ年[第8版]
北大の物理15カ年[第2版]
北大の化学15カ年[第2版]
東北大の英語15カ年[第8版]
東北大の理系数学15カ年[第8版]
東北大の物理15カ年[第2版]
東北大の化学15カ年[第2版]
名古屋大の英語15カ年[第8版]
名古屋大の理系数学15カ年[第8版]
名古屋大の物理15カ年[第2版]
名古屋大の化学15カ年[第2版]
阪大の英語20カ年[第9版]
阪大の文系数学20カ年[第3版]
阪大の理系数学20カ年[第9版]
阪大の国語15カ年[第3版]
阪大の物理20カ年[第8版]
阪大の化学20カ年[第6版]
九大の英語15カ年[第8版]
九大の理系数学15カ年[第7版]
九大の物理15カ年[第2版]
九大の化学15カ年[第2版]
神戸大の英語15カ年[第9版]
神戸大の数学15カ年[第5版]
神戸大の国語15カ年[第3版]

私立大学

早稲田の英語[第11版] 改
早稲田の国語[第9版] 改
早稲田の日本史[第9版] 改
早稲田の世界史[第2版] 改
慶應の英語[第11版] 改
慶應の小論文[第3版] 改
明治大の英語[第9版] 改
明治大の国語[第2版] 改
明治大の日本史[第2版] 改
中央大の英語[第9版] 改
法政大の英語[第9版] 改
同志社大の英語[第10版]
立命館大の英語[第10版]
関西大の英語[第10版]
関西学院大の英語[第10版]

DL リスニング音声配信
新 2024年 新刊
改 2024年 改訂

共通テスト対策関連書籍

共通テスト対策も赤本で

① 過去問演習

2025年版

共通テスト赤本シリーズ

全12点

A5判／定価1,320円
（本体1,200円）

- 英国数には新課程対応オリジナル実戦模試 掲載！
- 公表された新課程試作問題はすべて掲載！
- くわしい対策講座で得点力UP
- 英語はリスニングを10回分掲載！赤本の音声サイトで本番さながらの対策！

- 英語 リーディング／リスニング DL
- 数学I, A／II, B, C
- 国語
- 歴史総合, 日本史探究
- 歴史総合, 世界史探究
- 地理総合, 地理探究
- 公共, 倫理
- 公共, 政治・経済
- 物理
- 化学
- 生物
- 物理基礎／化学基礎／生物基礎／地学基礎

DL 音声無料配信

② 自己分析

赤本ノートシリーズ 過去問演習の効果を最大化

▶共通テスト対策には

赤本ノート（共通テスト用）

赤本ルーズリーフ（共通テスト用）

共通テスト赤本シリーズ

新課程攻略問題集

全26点に対応!!

▶二次・私大対策には

大学赤本シリーズ

全556点に対応!!

赤本ノート（二次・私大用）

③ 重点対策

共通テスト赤本プラス

新課程攻略問題集

基礎固め&苦手克服のための分野別対策問題集!!
厳選された問題でかしこく対策

- 英語リーディング
- 英語リスニング DL
- 数学I, A
- 数学II, B, C
- 国語（現代文）
- 国語（古文, 漢文）
- 歴史総合, 日本史探究
- 歴史総合, 世界史探究
- 地理総合, 地理探究
- 公共, 政治・経済
- 物理
- 化学
- 生物
- 情報I

DL 音声無料配信

全14点 好評発売中！

A5判／定価1,320円（本体1,200円）

手軽なサイズの実戦的参考書

目からウロコのコツが満載！

直前期にも！

満点のコツシリーズ

赤本ポケット

2025 年版　大学赤本シリーズ　No. 222
青山学院大学（全学部日程）

2024 年 6 月 10 日　第 1 刷発行
ISBN978-4-325-26279-4
定価は裏表紙に表示しています

編　集　教学社編集部
発行者　上原 寿明
発行所　教学社
〒606-0031
京都市左京区岩倉南桑原町56
電話　075-721-6500
振替　01020-1-15695
印　刷　共同印刷工業